任乃强 著

任乃强全集

历史地理研究论文集

【第十四卷】

主　编　任新建
副主编　何　洁

四川人民出版社

图书在版编目（CIP）数据

历史地理研究论文集/任乃强著. — 成都：四川人民出版社，2021.12
（任乃强全集；第十四卷）
ISBN 978-7-220-12479-2

Ⅰ. ①历… Ⅱ. ①任… Ⅲ. ①历史地理-中国-文集 Ⅳ. ①K928.6-53

中国版本图书馆CIP数据核字（2022）第005617号

LISHI DILI YANJIU LUNWEN JI
历史地理研究论文集
任乃强　著

主　编　任新建
副主编　何　洁

总策划	罗桑道吉
出版人	黄立新
组稿统筹	喻　磊
项目执行	邹　近　章　涛
责任编辑	葛　天　冯　珺
装帧设计	戴雨虹
封面画像	蒋骊霄
责任校对	吴　玥
责任印制	祝　健
出版发行	四川人民出版社（成都三色路238号）
网　址	http://www.scpph.com
E-mail	scrmcbs@sina.com
新浪微博	@四川人民出版社
微信公众号	四川人民出版社
发行部业务电话	（028）86361653　86361656
防盗版举报电话	（028）86361653
照　排	四川胜翔数码印务设计有限公司
印　刷	成都东江印务有限公司
成品尺寸	185mm×260mm
印　张	32.25
字　数	570千
版　次	2021年12月第1版
印　次	2021年12月第1次印刷
书　号	ISBN 978-7-220-12479-2
定　价	2500.00元（全十五卷）

■版权所有·侵权必究
本书若出现印装质量问题，请与我社发行部联系调换
电话：（028）86361656

目 录

第一篇 历 史

得妥陈氏谱 …………………………………………………………（003）

芦山新出汉石图考 …………………………………………………（007）

  一、志　缘 ……………………………………………………（007）

  二、杨君铭 ……………………………………………………（009）

  三、王晖墓 ……………………………………………………（012）

  四、失名汉墓 …………………………………………………（020）

  五、其他汉物 …………………………………………………（022）

  六、芦山在后汉 ………………………………………………（023）

樊敏碑考略 …………………………………………………………（026）

  一、形制与位置 ………………………………………………（026）

  二、樊碑史 ……………………………………………………（029）

  三、碑文简释 …………………………………………………（032）

  四、拓本鉴别 …………………………………………………（034）

蚕丛考 ………………………………………………………………（036）

《牧誓》列邦考略 …………………………………………………（043）

筰国考 ………………………………………………………………（052）

  一、筰国得名的由来 …………………………………………（052）

  二、筰国的境域 ………………………………………………（053）

  三、沈黎郡的郡界 ……………………………………………（055）

  四、筰都夷的族属 ……………………………………………（060）

001

三苗、三危、赐支考辨 …………………………………………………… (064)

霍弋墓考辨 …………………………………………………………………… (071)

蜀枸酱、蜀布、邛竹杖考辨 ………………………………………………… (077)

    一、枸酱、蒟酱辨 ……………………………………………………… (078)

    二、蜀布考 ……………………………………………………………… (084)

    三、邛竹杖考 …………………………………………………………… (087)

张献忠屠蜀辨 ………………………………………………………………… (090)

    一、明末蜀人大量死亡之原因及其责任 ……………………………… (090)

    二、献忠之性格与才能 ………………………………………………… (091)

    三、献忠之开国规模 …………………………………………………… (094)

    四、屠杀事件分析 ……………………………………………………… (097)

    五、粮食问题与吃人惨剧 ……………………………………………… (102)

    六、献忠死后四川的劫难 ……………………………………………… (103)

关于张献忠史料的鉴别 ……………………………………………………… (107)

从大禹生地说到边疆人物 …………………………………………………… (113)

说　盐 ………………………………………………………………………… (118)

    一、盐在考古学上应有的位置 ………………………………………… (118)

    二、从我国古史说明食盐与文化发展之关系 ………………………… (119)

    三、巴东盐与巴民族历史 ……………………………………………… (121)

    四、蜀南盐泉与其附近之民族历史 …………………………………… (123)

    五、盐与形成中华民族和中华文化之关系 …………………………… (125)

    六、古籍中关于盐之文字与其音义 …………………………………… (128)

我国黄金铸币的历史考察 …………………………………………………… (134)

哥老会之策源地——雅州 …………………………………………………… (142)

    一、秘密结会之创作者 ………………………………………………… (142)

    二、四川之哥老会 ……………………………………………………… (143)

    三、雅州之大二三五爷庙 ……………………………………………… (144)

    四、哥老会之成就 ……………………………………………………… (146)

纪石达开被擒就死事 ………………………………………………………… (148)

始阳大悲寺述异 ……………………………………………………………… (153)

一、辟尘殿 …………………………………………………………………… (153)

　　二、摇亭碑动 ………………………………………………………………… (154)

　　三、不通文选 ………………………………………………………………… (155)

离堆和二江考 ……………………………………………………………………… (156)

　　一、离堆的开凿问题 ………………………………………………………… (156)

　　二、"开二江"，成都平原上古的第三个泄水口 ………………………… (157)

清末民初南充体育情况 …………………………………………………………… (159)

　　一、科举时代的武学 ………………………………………………………… (159)

　　二、开办学堂后的体育运动 ………………………………………………… (160)

　　三、拳术在南充 ……………………………………………………………… (162)

　　四、南充的杂技 ……………………………………………………………… (163)

　　五、南充民间的传统活动 …………………………………………………… (164)

　　六、戏剧、巫师表演的把戏 ………………………………………………… (165)

试论《山海经》的成书年代与其资料来源 …………………………………… (167)

　　一、比较我国最早出的几部地理书 ………………………………………… (167)

　　二、辨两种《山海经》和十八篇 …………………………………………… (168)

　　三、《山海经》采用殷代资料的证据 ……………………………………… (169)

　　四、《西次三经》的资料来源 ……………………………………………… (171)

　　五、《东山经》采自战国燕齐方士之书 …………………………………… (172)

　　六、《南山经》全是秦汉年代的产物 ……………………………………… (174)

　　七、海、荒九经诸国的资料来源 …………………………………………… (176)

　　八、海、荒九经"怪物"的资料来源 ……………………………………… (177)

　　九、《山海经》各篇成书年代总结 ………………………………………… (180)

《山海经》释名 …………………………………………………………………… (183)

　　一、《山海经》作者是谁，写于何时？ …………………………………… (183)

　　二、《山经》《海经》和《荒经》的命名取义 …………………………… (184)

我对新修《什邡县志》的管见 ………………………………………………… (186)

关于泸定历史沿革的一些问题 ………………………………………………… (190)

　　一、关于"康区为古三危地"之说与《禹贡》之九州问题 ……………… (190)

　　二、关于筰都在泸定沈村 …………………………………………………… (190)

三、关于晋乐县在沈村的问题 ……………………………………………（193）

　　四、关于泸定是否汉安上县的问题 ………………………………………（194）

略谈我研究历史的方法 ……………………………………………………（195）

从将信将疑到豁然开朗——跋刘子华先生《八卦宇宙论与现代天文》 ………（200）

　　一、所谓"伏羲画卦" ………………………………………………………（201）

　　二、易学与数学 ……………………………………………………………（201）

　　三、易学与中国科学 ………………………………………………………（202）

　　四、偶然否？ ………………………………………………………………（203）

第二篇　地　理

川康交通考 ……………………………………………………………………（207）

　　一、导　言 …………………………………………………………………（207）

　　二、川康间地势 ……………………………………………………………（207）

　　三、最古之川康交通（零关古道） ………………………………………（209）

　　四、宋元明之川康茶路 ……………………………………………………（210）

　　五、清初川康通道 …………………………………………………………（211）

　　六、康熙以来之川康大道 …………………………………………………（212）

　　七、香炉山路线 ……………………………………………………………（213）

　　八、川边军路（即荣经小路） ……………………………………………（214）

　　九、化林坪新路 ……………………………………………………………（214）

　　十、马鞍山小路 ……………………………………………………………（215）

　　十一、二郎山新路 …………………………………………………………（216）

　　十二、黄胜关古道 …………………………………………………………（217）

　　十三、巴郎山大道（俗称西路） …………………………………………（217）

　　十四、夹金山小道 …………………………………………………………（218）

　　十五、河　道 ………………………………………………………………（219）

　　十六、未来之川康铁路 ……………………………………………………（220）

　　十七、其他交通事项 ………………………………………………………（221）

　　十八、结　语 ………………………………………………………………（221）

西康地图谱 (223)

- 一、总图之部 (225)
- 二、部分图之部 (244)
- 三、县区图之部 (266)

四川经济地理大纲 (299)

- 一、自然区划与天产之配布 (299)
- 二、交通之配置与货物之流徙 (306)

关于木雅贡噶 (313)

- 一、中国专有之第一高山 (313)
- 二、全部形势 (314)
- 三、诸山之生成 (316)
- 四、名 义 (317)
- 五、发现与探测者 (318)
- 六、软性的国耻 (319)
- 七、献与续探此山丛者 (320)

冈底斯与昆仑 (323)

- 一、秦以前之昆仑 (323)
- 二、《山海经》中之昆仑 (323)
- 三、冈底斯山之发现 (325)
- 四、山名与译名 (326)
- 五、《禹本纪》与张骞所寻之昆仑 (327)
- 六、《十洲记》与《淮南子》所记之昆仑 (329)
- 七、由昆仑转为阿耨达 (330)
- 八、结 语 (332)

康藏标准地图提要 (333)

三体译文康藏地图略说 (337)

四川地名考释 (339)

- 一、成 都 (339)
- 二、重 庆 (346)
- 三、自 贡 (351)
- 四、温江地区 (353)

五、绵阳地区 …………………………………………………………… (365)

　　六、内江地区 …………………………………………………………… (382)

　　七、乐山地区 …………………………………………………………… (391)

再论成都得名 ………………………………………………………………… (407)

成都城址变迁考 ……………………………………………………………… (410)

　　一、蜀王创立的成都 …………………………………………………… (410)

　　二、汉代的成都城 ……………………………………………………… (414)

　　三、唐　城 ……………………………………………………………… (416)

　　四、罗　城 ……………………………………………………………… (419)

　　五、宋　城 ……………………………………………………………… (420)

雅安地区八县地名考释 ……………………………………………………… (422)

第三篇　其　他

论边疆文化与其人物 ………………………………………………………… (437)

　　一、所谓"边疆" ……………………………………………………… (437)

　　二、边疆文化 …………………………………………………………… (438)

　　三、边疆人物 …………………………………………………………… (438)

　　四、先进后进 …………………………………………………………… (440)

　　五、西康之文化与其人物 ……………………………………………… (440)

农本政治与儒术政治 ………………………………………………………… (442)

古剧角色辨 …………………………………………………………………… (445)

　　一、角色诸解 …………………………………………………………… (445)

　　二、老伶魏某其人 ……………………………………………………… (445)

　　三、"五伶"与"五方" ……………………………………………… (446)

　　四、"五正"与"四隅" ……………………………………………… (447)

　　五、"十三角"与"四时" …………………………………………… (448)

　　六、南戏与北曲 ………………………………………………………… (449)

　　七、川剧之流变 ………………………………………………………… (449)

　　八、结　语 ……………………………………………………………… (451)

灯影史话 ……………………………………………………………………… (452)

  一、从窗花剪纸说起 …………………………………………………（452）
  二、从滦州影戏到皮影戏 ……………………………………………（453）
  三、滦州影戏入海后的发展 …………………………………………（455）
  四、四川皮影戏的发展历史 …………………………………………（456）
  五、皮影的雕刻师和表演艺术 ………………………………………（459）
  六、传入四川过的外省皮影戏 ………………………………………（460）
  七、成都解放后的灯影戏 ……………………………………………（461）

灯影戏的皮刻艺术 …………………………………………………………（464）
  一、灯影戏发展简史 …………………………………………………（464）
  二、刻皮的工艺流程 …………………………………………………（465）
  三、皮灯影戏操纵艺术 ………………………………………………（468）

民间文学史话 ………………………………………………………………（471）
  一、我国民间文学的诞生 ……………………………………………（471）
  二、庙堂文学与民间文学的分野 ……………………………………（473）
  三、封建社会年代的民间文学 ………………………………………（476）
  四、现代民间文学的重点 ……………………………………………（477）

略谈易学 ……………………………………………………………………（479）
  一、卦爻起源 …………………………………………………………（479）
  二、周易以前之易 ……………………………………………………（480）
  三、周　易 ……………………………………………………………（481）
  四、周易的衰落 ………………………………………………………（481）

易学流派综述 ………………………………………………………………（483）
  一、迷信鬼神阶段的占卜之学 ………………………………………（483）
  二、研究物象与数理阶段的易学 ……………………………………（484）
  三、《周易》处于压倒优势阶段 ………………………………………（484）
  四、方术压倒儒士的易学阶段 ………………………………………（488）
  五、儒家易学革新阶段 ………………………………………………（493）

张澜先生轶事 ………………………………………………………………（497）
  一 ………………………………………………………………………（497）
  二 ………………………………………………………………………（501）

任乃强全集·第十四卷

第一篇 历史

得妥陈氏谱[①]

(1939年)

得妥陈氏，其先出于麻城孝感，始祖可恩，以都司服官在蜀，领垦于嘉定之胡溪乡，号为陈坝。时蜀当献逆乱后，千里无烟火。唯嘉定、保宁两地，赖明清官兵保据，尚有孑遗，然犹兵火卅余年，始获宁息。其地荒芜较晚，耕垦较易。故清初移民设官，首及两地，以渐布于全蜀。陈氏，盖移垦之最早者也。可思生养吉，庠生。养吉生广，廪生。广生启善，启善生世奇，世奇生尚武，武举。尚武生文达，文达生国元，贡生。国元生王道，庠生。王道生朝瑄，外委。朝瑄生延安，副榜。娶胡溪胡氏女名尚宏。尚宏之兄廷梁，从左文襄剿平回乱，官总兵，延安橐笔往依之，以佐幕功授南坪尹。在职三年又半，请告返籍，以宦囊雄乡里。同幕有李某者，素不相能，及是为乐山宰，因劫案引攀延安，赭衣收狱中。尚宏妹婿李某，家洪雅八面山，素以交通哥老，任侠自负，集众劫狱，夺延安逸入西番界，疆吏讳民变，撤李职，诛7人，悬赏1200两缉延安而止。陈胡族党并无恙。先是胡廷梁服官边疆久，随山陕商民设山货肆于打箭炉，曰"亿中营"。贸迁于巴、理、滇边等地。及是以赠延安，俾迎妻子自立。其时飞越岭外，尽土司治地，胥吏不能迹缉，久亦寖忘之矣。延安文人，不善经纪。数年间，噶耳（今九龙县治）二四营（今冕宁属之泸宁营）均被倮劫，康南驮队复被劫于营官寨[②]。打箭炉大火，亿中营被焚，由是倒闭。延安郁郁思土，窃自雅州浮筏返胡乡，至洪雅迎凤场，为胥吏侦得，事急投水死。

延安生四子，光明、光宗、光汝、光武，俱相从在边，延安死，胡氏复以所营

---

① 原载于《康导月刊》1939年1卷12期。得妥，在泸定县南境，大渡河岸，清代属沈边长官司辖地。改土归流后，多有内地汉族移居于此从事商贸或农垦，与当地少数民族相融合。本文以陈氏一家数代之事迹，从一个侧面反映近代以来汉民入边之情形。

② 今康定新都桥。

龙巴铺脚店赠之。然昆弟俱不善治生，凋落日甚，光明原武生，素习哥老，及是，以屠自给。有子名宗光，于二四营被劫时，为匪勒毙，绝嗣。光宗小贸于得妥，娶土著吴姓之寡媳陈氏，著籍于此。光汝入赘龙巴铺周姓。光武字建明，乐山人，庠生也。及时，授徒于咱威、奎武等处。岁修50两，足赡妻子。道光二十八年十月朔日，解馆返龙巴，过尼落渡，舟覆漂没。

建明妻易氏，峨眉青龙场旧家女，识诗书，精女红，强毅有志节，言笑淑婉，人咸敬之。生四子一女，躬自教育。夫死时年30余，守节抚孤，恃制售糖点与针工自给，乡里怜其志，敬其人者，遣子女往习诗文女红，每生岁奉斗米，油盐各2斤，岁修1200至4000不等，赖以畜子女。长子宗法，习武技，因纠众殴泰宁营兵（驻化林坪），避祸入甘肃，从泸定周兴禄军，（周兴禄咸丰时以勇目从征甘肃积功保侳光总镇，任四川普安参将。）阅四年归，无嗣。一女嫁沈村余姓。次子宗林入继光宗嗣。三子宗富，幼为光宗所爱，并抚入，家于得妥堡子之十字口，衣食粗给。季子宗耀，建明殁后七十三日生，家既贫乏，诸兄分散，莫能周恤。易授徒抚子，不辍诗书。昼出售易手制糖果，夜就灯诵习，以为常。边方瘠苦，百物昂贵。土著力田资生，客民货殖，易氏两无所倚，嫠妇弱子，困乏日甚。知得妥粮贱力贵，乃移居之。时宗耀年十四，使助宗林、宗贵耕，林富不能善遇。有姑嫁沈村龚姓，种罂粟，春末割浆，募工，每日工资50文，易使宗耀往，积得工资1500文，以为商贩本金。自得妥购胡桃5000枚，得桃仁107斤，负往荥经售之，易铁器，售沈村、得妥等地。数往返。渐积资置田业，居奇亿中，家以小康。光绪中，为宗耀娶土著吴姓女，始改业农。易氏调理家政，年老弥勤，卒于光绪二十年除夕，年78。

宗耀字敬三。壮岁躬耕，玉蜀黍刈茎伤脚，日久溃肿。得妥旧有麻疯癞，人谓似之，无敢近者。肩舆往洪雅嘉定就医，历岁不愈，闻母丧奔回。自分无疗望，时汉源某创圣谕坛，演教至冷碛，乩笔灵异，耀往李子丹家叩之，乩云可治。求方，开："心田一两，捐资五钱，戒欲八分，宣讲半斤"。耀因发愿宣讲三月，初延宣讲生为之，嗣渐习成其技，自讲，三月而脚创愈。益倾心奉善，创圣谕庙于得妥，兴宣讲支会曰信善坛，隶泸定之福善团，福善团隶汉源护德团，盖川边一小教派也。其教以五月望日会集信徒，诵经、礼忏、宣讲、供天、拜表，上诉一次，终日始毕，要旨在劝人为善。耀自为坛主，使家人尽奉之。鼎革后，改称信善培德园，地方男女奉者七八十人。每集会，人出千钱为平日灯供，会日所需油烛、纸钱、斋饭，则年由陈氏独任三次，余九次愿者轮供，至今为制。耀平时不轻出户，唯赴宣讲会，必早必速，娓娓劝人，终日无倦容，力为慈善，以倡于乡。岁施棺板及瘗领甲若干，任修路工三百，现已积修至加郡。沿河筑堤凿山，宽坦冠于泸定。又倡义建松林坪石桥与加郡沟铁桥，自任大部工资。得妥僻在泸南，令教不至，而地方修整，人民善乐，有如内地者，耀之德治也。

耀妻吴氏，世为沈边土司之得妥头人，虽贵族，而能操苦食力。归宗耀后，佐姑及婿，力田治产，家日以丰。易氏既殁，宗耀专务慈善，不事生产，赖吴氏力担家政。外课农工，内持计理，无不措置裕如，为人善谐谑，排难解纷，快利无匹。接物和易，女伴咸乐依之，终生未与人有乖忤。而对戚族子弟，教诲谆挚，未尝避嫌怨，生三子一女皆不育。光绪二十一年二月，既葬姑易氏，为宗耀纳其姑化林坪马氏之女为妾，和爱逾于妹娣。其年端午，生子德寿（即兴寿），委掬育事于马，自入善坛，法名陈吴善秀。佐宗耀从事宣讲，女伴乐其人者，相率皈依，善坛为之日盛。光绪二十八年六月六日卒，年□十□。

马氏勤朴谨厚，木讷自守，未尝议人长短，抚德寿爱逾己出。已自生一子名兴品，女名荣秀，不移其爱。治家甚勤，晨起必先，晚寝必后。家已丰，犹自与佣工同食，未尝以主妇自异。随吴氏入善坛，法名陈马德贞。生平不赴人宴请，唯圣谕庙集会必往，教子以宗耀为训，乐善好施，至老不替。疾恶无亲疏，内地某嗜鸦片，偷惰失业，屡次来家寄食，峻拒却之。生子兴品，怠惰褊陋，马氏恶之。析产后，竟依兴寿以居。为寿理家，勤如往时，今年63岁。康强乐善，守其素德不渝。

兴寿字德滋，泸定县短期师范毕业。少行逸宕豪放，人目为豹虎，曾入川边军军籍。已而退伍，益横行曲党中。以是人多畏而依之，号为得妥豪杰。陈遐龄与第三军战，曾委为民团总指挥，率乡勇拒守雨洒坪。红军入康时，又受川康边防军第二旅余旅长如海委为民兵大队长，率民丁据防洼角坝。红军大至，寿不能御，避匿深山中。红军既去，寿归得妥，时民国二十三年也。耀寻卒，年75。

兴寿初娶舅氏吴氏，俭朴和祥，能与姑嫜苦作。生五子六女皆早夭。纳妾汪氏，化林人，理塘土司家女也。（《泸定乡土志》曰："汪土司国珍，其先世居理塘。乾隆时，奉命移住化林，并无领土，仅存衙署一座。日用服食，仰给养廉。宣统时取锁印信。世称为理塘营官。"）无出。继母马，为纳次妾谢氏，名元贞，天全人。民国二十二年，生女名姑吉，二十五年，生子名端吉，时兴寿年43，吴氏年50，谢氏年20。吴氏能抚二妾，从无怨诉。汪氏善妒，宿疾。二十七年十月二十二日卒。谢氏端淑，有子，特见宠。

兴品怠惰褊陋，失爱于父母。既娶，屡求异居。父母恶而析之。民国十八年，以得妥与磨西产析为三份。宗耀夫妇提其一，为养老。一给兴寿，得磨西，寿所手置业也。一给兴品，得得妥。宗耀、兴品生母马氏，皆与寿和居，赖马氏督媳勤作，更置业于紫雅厂，徙寿妻吴氏居焉。兴品家境日落。品妻杨氏早殁，遗二子一女，长子永兴，今17岁，次永晖，14岁，女永莲，11岁。续娶余氏，生子名祥。

宗林生兴福，兴福生永文、永武。永文已殁，妇李氏能持家计。有子怀恩，今16岁，兴寿助之读，现肄业于康定中央政治分校。永武嗜烟赌，败家罄尽，现存。

宗富以爱入继光宗，得与宗林平析遗产。生四子，长兴瀛，家产不振，有二子存。次荣富、荣贵，并早卒。贵有遗子，失名。季兴华，生二子，永林，永焜，并以烟赌败。陈氏派叙曰："可养广启世尚文，国王朝廷光宗兴。永怀精一思治道，俊德克明万代荣。"独宗富四子，分以兴荣为字。

筱庄甫曰：余于二十七年冬，避冷游泸定，探雨洒坪。道出得妥，主于陈氏。承主人德滋，伴游雨洒。连袂三日，话其家世如此。近世国人，争言开发边疆，而不喜征询赴边人士之琐事，失败成功，无所取鉴，贸贸为之，如蝇投玻璃室中，殊可悯也。余传此事，以其足为赴边者训。夫赴边初计，必为经商。经商失败者，必为凭藉丰厚之大贾，而成功者，恒属艰苦经营之小贩。陈氏拥亿中营而败，有脚店而败，乃起家于1500文之小贸，此一训也。经商终局，多成地著。初得者恒为当时之弃地，经营日久，地价增长，遂以富称。余所知陈氏别业，在磨西面、紫雅厂、王家沟等处，向皆荒山老林，一般认为无用之地。今则紫雅厂已成村落，磨西意木场为康定建筑所恃，而王家沟有香杉之利，陈氏赖以富有，此一训也。既地著矣，化民成俗，必以善业。夫外人新至，孰敢信其可亲附哉。必有善业，而后人信附耳。陈敬三庸德庸行，竟成一乡重望，备享五福，泽贻后世，此一训也。边疆之俗，男逸而女劳，故兴业之要，在于内助，陈氏之兴，由三妇人。易氏创之，吴氏宏之，马氏守之。敬三恃此三助，克竟其功，母子夫妇之养，于斯为备，此又一训也。德滋自言：少行不轨，中年后，已举五子六女皆不育，而后悔之。勉述先人遗志，乃复有子，余尝见其岁施棺板氆氇领甲，修路不替。其座上客常满，未尝有吝色。远近赴诉，各使满意而去，汉倮人民，莫不尊而附之。其成其为一乡豪杰，固自有道，亦一训也。陈氏四支，所发唯嫠妇弱子，谓为天意。则何初时所遭之酷耶。其易氏坚贞苦节，有以转移造化之设施欤。

芦山新出汉石图考

(1942年)

一、志　缘

芦山樊敏碑，为现存汉碑最完好者。与雅安高颐阙，并为世所艳称，三十年夏（1941年），余因筹修西康通志，特往访之，已作图考发表，距樊碑二里，道旁有古墓。露石棺一角，土人相传为樊敏葬狐妻冢。余辨其石色与砌痕，判为汉魏时物，斥狐妻说荒谬，拟事发掘（著于《天芦宝札记》）。又见周凤山《芦山县志稿》载，姜维祠前有巨石，丰圆形，在两兽石间，土人呼为天狗吃月，谓此石为月亮石，传

---

① 载《康导月刊》1942年6、7期。

其月夜往往放光，明季县尹屠峦与土司相攻时，曾著灵异，周氏曾见某石，附有辨正文云：

谨案，月石形如碑帽，发掘视之，上有"杨公之铭"四字，不是汉隶，其断处，每行皆有上讣字，似当日纪簿之碑。二石犬，直同樊敏墓前石虎，当是姜侯祠中仪仗，汉官威仪每如此，如事者沿讹而妄言之耳。

余至姜祠访之，遍觅不得此石，唯见两石兽，乃仿樊墓石虎雕造之二狮，确非汉物。再查《芦志·古墓门》有云："宋进士杨巽墓，失考，唯平襄侯庙（即姜祠）碑帽有'杨公之铭'四字"。

意盖以此为杨巽墓碑也。再查杨巽，为汉嘉张祺之甥。曾从祺妻舅眉山史炎玉受业。祺与黄山谷为中表，山谷游青神，炎玉曾以芦山所产绿菜赠之，盖巽所遣也。山谷书绿菜赞以报，现刻姜维祠内，余以此，疑此碑石为巽墓遗物。念宋刻亦殊可珍，返雅后，更托同事庄学本前往拍照，并觅此石，仍无所得。是年冬，游成都，承金大李小缘、华大闻在宥诸先生，假以方便。得纵观两研究院所藏金石书籍，于张松坪《金石聚》见杨君之铭残碑摹本，乃有碑阴二十一行，"杨君之铭"题额上，且有"尉"字半存。张氏附有跋语数行，判为汉碑。余亟摹归，备发掘后印证。本年春，西康通志馆迁移雅安。部署略定，派采访员陈儒林以摹，本待请张县长凤宾，代雇民工，协助试掘，时适有人告：芦山东门外伏江寺似有汉墓，因嘱陈儒林并掘石棺与伏江寺。果得杨君铭断碑于姜祠外两石虎间，与《金石聚》所摹皆合；未得碑之下段，因农地玉蜀黍正茂，不便再掘。移掘石棺，得建安十七年王晖墓志，及石棺上浮雕之虬、螭、龟、蛇与椒图。陈将拓片归报，余以其价值伟大，六月五日，更自往考察，又得王晖墓明器陶人、碗、鸽等数种，不胜喜慰。发现其造墓规制，逐一测量绘图。杨君铭断碑，则已由张县长移至公园保存矣。芦人士知余征办金石，纷以所见相告，于是续得永初元年砖及其他汉代墓砖甚多。复于六月七日于王晖墓侧地名"石羊上"发现石豕一对、石羊一头，皆汉墓遗物。八日，间访城内竹、俞两墓，复于墓外"背街子"乱石瓦砾间，得永元八年砖一片，字皆完好。九日，游城外涌泉寺，见沿道多有古砖，皆汉物也。又闻城东残山间多炭窑，作窑皆拾古砖为之，悉有花纹，因事当速返雅，未暇从容考订，兹即日前所得各物，撮记如下。

二、杨君铭

巨碑，自穿横断，下半未得，碑冠高 86 公分，下宽 120 公分，厚 20 公分，上方图案，作三圭首错叠图案，无他雕饰，碑体存穿以上 10 公分至 5 公分不等，如图：

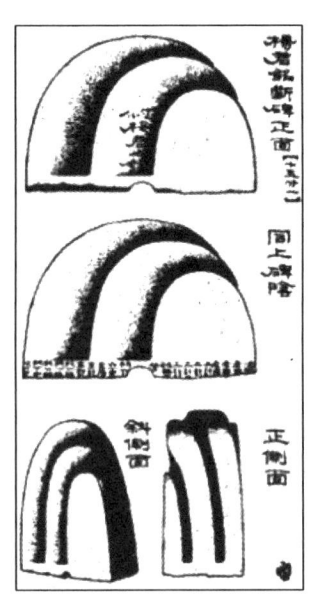

碑前方断裂较高，题额当穿正上，属第二圭首，一行，尉字以上被剥，隶法与樊敏异致，发笔长重，微类渠县冯沈两阙，第一圭首下方有磨迹，想见旧曾出土，被人平置磨刀。尉以上字，或即为此时牧竖所啄，尉以下五字，君字全明，周凤山作公者，误也，余字虽颇模糊，而收笔处每方深完整，盖石被平置，露涤于雨水霜雪间，剥蚀较易然其为时殊短，故浅划辄与剥痕相乱，深划卓然保存也。

碑阴三圭首，与前方同式，存字 21 行，穿左 10 行，首行存一"议"字。二三四行"孝廉"，五六七八行"上计"，九行"贼曹"，十行当穿左上侧存一"管"字，作草头，穿右 11 行，为"门下"，"门下史"、"卒史"、"主簿"、"主记"二，"门下贼"三，"门下史"二，第 21 行，半附碑棱，似碑阴原订 20 行，若干列，列尽而书名未完，故增此一行也，碑阴字小刻浅，乃反较碑额大字明显者，由过去出土时，平置覆在下方，未受雨露所致。

此石曾经出土，由二铭草堂《金石聚》已经收入可知何时出土，《芦山县志》与士绅胥无所识，余查雅安高君碑，碑侧有题字云，"道光乙卯春，虎林韩泰华退齐，奉命巡察上南，访古汉刻，得芦山樊敏碑，杨君铭，贯方贯光两阙，并此碑于民家，自谓结金石缘,曷深欣幸,遂偕其客柳芝生孝廉嗣昌,留题碑侧",是道光五年（1825年）上南道韩泰华初得此石也。金石聚刻于同治十一年（1872年）应即据韩氏拓本,当时笔画甚明,今乃模糊至此,足见碑之平露砌蚀,仅道咸间数十年事,其后因复入于土遂克保存。

此石何以入于土,耆老莫能言之。然有一事足怪,即姜维祠左侧田塍间,另有仿制一石是也,仿石长宽厚皆准,原石四分之三,亦三圭首错叠,一切与原石相似,唯无文字,下方不伪作断面,截然整齐,无穿,现亦扛置公园内,造此石者,非识汉碑之人,显然可知。为此巨工,亦不能毫无目的,查芦人士一般传说,谓"此石为月亮石,以喻姜维,二石兽为天狗,喻为邓艾钟会,望日之夜,此石对月放光,盖自庆其圆也,祀姜维者,当护此石",大约此石入土之原因,不过土人为避蚀害而藏之。其仿制一石,则虑天狗寻及地下,故仿制赝品以诱之耳,芦士周凤山最博雅,亦未知藏石时间,则其复入于土,应在周君出生之前,即咸同之际,此碑宽于樊敏碑约6公分,以樊敏碑长度推之,应高300公分即3公尺,为汉碑之绝大者,文在穿下,穿下一段未获,无从知其姓名籍贯与作碑因缘,然就碑式碑阴,与汉代碑制考之,约可得其轮廓,兹逐阐其要点如下：

1. 作碑较樊敏为早

此碑有穿,知为汉物,圭首简朴,知为较古之汉碑,隶法与樊敏、高颐及王晖墓志并异,知非建安时所作,出土甚迟,而砌蚀略同樊碑（就文字以外之部言之,文字更无论也）,知其早于樊碑,然臣吏为长官作碑之举,顺帝末年始见,顺帝以前；只有祝神纪功之碑也,故知此碑作于桓灵之世,即147—190年之间,尤以桓帝时为更可靠（147—168年）。因灵帝时改蜀郡属国为汉嘉郡,有太守,无都尉也。

2. 杨君系蜀郡属国都尉

查汉制,郡置太守,王国置相,皆掌治民,进贤劝功,决讼检奸,别置都尉,典兵禁,备盗贼。今雅安,芦山、天全、荥经、汉源一带,汉为青衣、严道、徙、旄牛四县地,属蜀郡（太守治成都）。蜀郡旧有西部都尉,驻青衣,无辖县,后汉安帝延光二年（《郡国志》作元年,兹从《西南夷传》）旄牛叛攻零关,杀长吏,益州刺史张乔与西部都尉击破之,于是分青衣,严道,徙,旄牛,四县置蜀郡属国都尉,领县如太守,所辖户111568,口475629,都尉治青衣县。顺帝阳嘉元年,改青衣曰汉嘉。至灵帝时,改蜀郡属国为汉嘉郡,以都尉为太守。今杨君碑题额曰□尉,而碑阴臣吏,皆太守所属曹椽官名,以是知其全文为"故都尉杨君之铭"七字,按之碑额地位,亦当有七八字,且不能更多于七八字,八字则文难拟定,故曰七字。

3. 为都尉杨君卒于任后臣吏致悼之碑

查汉碑约可分为三类（阙及摩崖除外）：一为祀神颂祝之碑，例如三公山碑是也，创制最早；二为臣吏哀悼主官之碑，大都为卒于任所之官，臣吏就其所卒地坛祭作碑，率有碑阴题名，例如北海相景君碑是也。顺、桓间最为盛行，用意在标榜善类，崇慕名德。党祸之局实开于此；三为子孙戚党门人为其亲师镌造之碑，率无碑阴题名，樊敏碑即是也。灵献以后始盛。魏以后墓碑，殆全可归入此类。再转，即为墓志铭，失碑之本义也。此碑高广，题额文及碑阴款式，皆仿景君碑，故知其作碑因缘亦正相同。

4. 碑阴题名约近百数，樊敏、高颐、王晖俱当在内

依前节推测，碑阴题字面积应高180公分以上，即约2公尺，依景君碑例，当有四列，依曹全碑张迁碑侧，则当有五列义上，每再列21行，故知列名在百人左右，首行议字下，当是议郎丞某地某人，查汉制，太守及属国都尉下，皆有丞一人食禄六百石，位次守尉，不在曹橼之列，汉官有议郎，亦六百石，无定职，无常员，此人或是以议郎外迁为丞，故列首位也。二、三四行孝廉，或是杨君所举之地方人士，或是他邑孝廉之任职于都尉署者，蜀郡属国，既有分县如郡，例得察举孝廉，樊敏在桓帝初年已30岁，桓帝末年，已48，使杨君任都尉于桓帝之世，则樊敏之"察孝除郎"（樊敏碑文）应在杨君任也，高颐与樊敏同时人，亦察孝廉，曾任上计史（高颐阙），其曾为杨君属曹又可知矣，上计者，县之于郡，郡之于部刺史，刺史之于朝廷，每值岁尽，具报所掌户口钱谷之数，遣吏赍往，以备询答。充此吏者部郡曰上计史，史犹今之秘书也，所选必为闲雅敏达之士，故虽亦食禄百石而地位较诸橼属为崇，序次于贼曹之前，王晖为上计史，建安十六年（221年）卒，去桓帝之末仅43年，汉代边邑人多寿至80以上，故疑晖名亦在此内。贼曹掌捕盗贼。主簿掌文书。卒史犹云兵曹，掌兵事。主记犹记室，掌记录。门下史，查汉刺史下有门亭长，主州正门；魏丞相属有门下督，司门卫，郡国则于此见门下史，当如今云收发之职。"门下贼"三字下应尚有"曹"字，皆《百官志》所未及也。

5. 杨君为成都杨竦之子名统

汉代蜀中人物，以《益部耆旧》与《华阳国志》为最详，惜陈寿生于巴西，于汉嘉仅收李磐、王谋、卫继三人，樊敏、高颐并阙。且其书今亦失传。常璩则全阙汉嘉一郡，致考雅属汉代人物者，倍感困难。查《华阳国志》先汉以来士女目录，有"猛略部从事杨竦字子恭"，本注"成都人也，子统，为二千石，失其官。"《后汉书·西南夷传》"五年（安帝元初五年，116年）以夷大牛种封离等叛，杀遂令，明

年永昌益州及蜀郡夷皆叛应之，众遂十余万，破坏二十余县……益州刺史张乔……乃遣从事杨竦将兵至叶榆击之大破之……斩首三万余级……封离等惶怖，斩其同谋渠帅，诣竦乞降……州中论功未及上，会竦病创卒。张乔深痛惜之，乃刻石勒铭，图画其像。"《后汉书》无竦传，附见于此，其卒年月未明。以情理揆之，当在元初六年（119年）之后，延光二年（123年）左右，旄牛夷之攻零关，乘此乱也（《西南夷传》所谓蜀郡夷皆叛应之，即指旄牛夷，旄牛属蜀郡故也）。是年析蜀郡四县置属国都尉，自必以原任之西部都尉为之，其时杨竦子统应尚幼（竦卒于壮盛之年）资历不当至二千石，《常志》云"为二千石"者，应是统晚年之事。再查后汉用人常例，立边功者，子孙任职亦恒在边地。班勇之于西城，张端之于越嶲，其例不胜举也。自延光至桓帝之初，凡二十五年。至桓帝之末，四十六年。诚使杨统丧父时尚在弱冠之前，则此时为四五十岁，亦可仕至二千石矣。统以边功世胄，仕于边郡，例当不出西南夷境，而蜀郡属国都尉，正二千石职，其置废之间，不过四十余年，正与杨统仕龄同时，而此碑适为杨君，余故敢指为杨统也。虽然，暗中摸索，纵得十似，未必即是，姑存于此，待掘得全碑后证之。

6. 芦山为汉青衣县，都尉所治

此碑关系芦山文献之大如此，惜下半湮没未得，诚使得之，则《华阳国志》关于汉嘉一郡之阙文，皆可补缀。而从来地书，以名山为汉青衣县，雅安为汉嘉郡治之说，均当推翻，其上段即得于姜维祠前，下段应亦去此不远，当于秋收后再掘觅之。

三、王晖墓

王晖墓志，镌于石棺之前和，其文曰"故上计史王晖伯昭，以建安十六，岁在辛卯，九月下旬卒，其十七年，六月甲戌葬，呜呼哀哉"凡35字。世传晋宋间始有墓志，得此，知汉末已有之矣。

其石棺红砂岩制（杨君铭、樊敏碑及其他汉石并同），左右墙与前后和连底，为长方匣状，长246.5公分，左右侧分雕虬螭二像，浮起约2公分，前和下宽82.5公分，上宽76公分，中线高55.5公分，西侧余高56公分，镌作双扉，右半启，有仙童抚门，作迎候状，露半身，发髻，风带，衣底见足，胫上着甲亦浮雕，左半门闭，镌上35字，雕迹全新，使无建安年号，将疑为近世造作也，后和下方宽83公分，上宽76公分，中线高55公分，两侧斜高56分，浮雕蛇缠龟体，两首相亲，棺底厚12公分，展出甚微，棺口四方皆有唇，俾与盖唇相扣合，外唇厚5.4公分，内唇突起 4 公分，厚 4.2 公分。

棺盖下方，亦有唇，恰与棺口二唇相合，四方各向外微张，上方作七条浅圆渠，自首达尾，并行，如图所示。盖之前端下宽 77 公分，左右各展出 4 公分，上雕椒图一，口衔环，两抓抚之，有翅，七褶渠各约阔 14 公分，后端下宽 76.6 公分，左右各展出 3.5 公分，七褶渠各约阔 13.5 公分，无雕饰。昔曾被人发墓，盖之右前后侧，各已离唇微斜偏左，似因盖重，未能揭去，故锤缺右侧距后和 35－104 公分处，为一长 69 公分，高 50 公分之一大洞，左侧棺盖，亦击缺为小洞，破痕附土固结，揆其时已数百年矣。棺内全空，无骨殖及其他物事，光线充足，无微不见，亦无雕饰。唯盖之下方，微凿作内陷状，意为减其重量，以便举卸耳。今其盖仍非人力所能举，足见汉代人体力，超于今人甚远。

图：王晖墓石棺左侧面（二十分之一）

浮雕一虬，衔绶带，有角，有鳍，无鳞

翅有三圆弧联纹，棺盖微缺

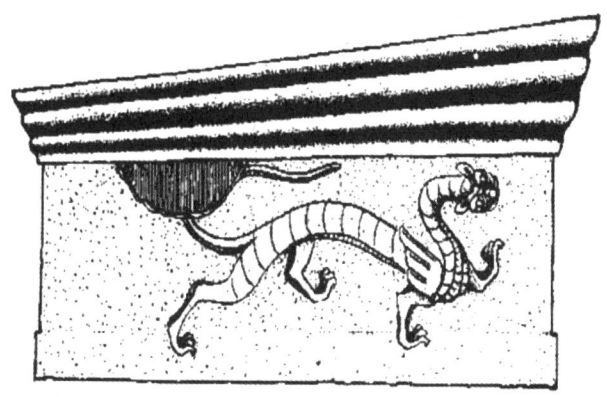

图：王晖石棺右侧面（二十分之一）

浮雕螭一，无角，体有环节，无鳞与鳍，近后端有破洞

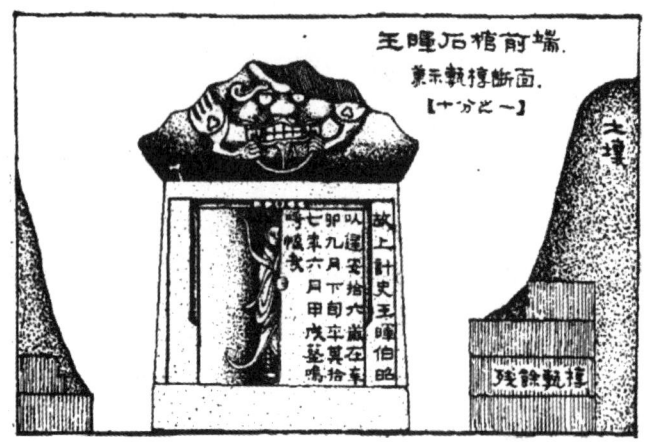

图：王晖石棺前端，兼示砖椁断面（十分之一）

土壤残余砖椁

图：王晖石棺后端

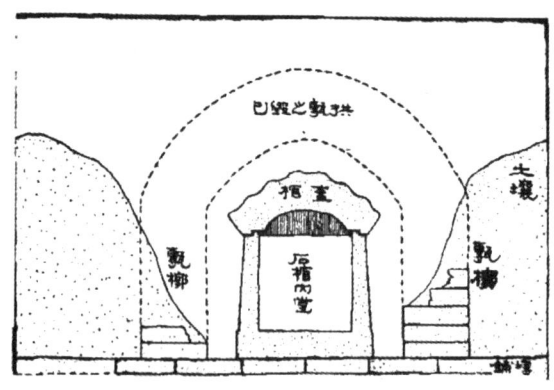

图：王晖石棺与砖椁后端上横断面（并行条线示棺盖挖空之部）

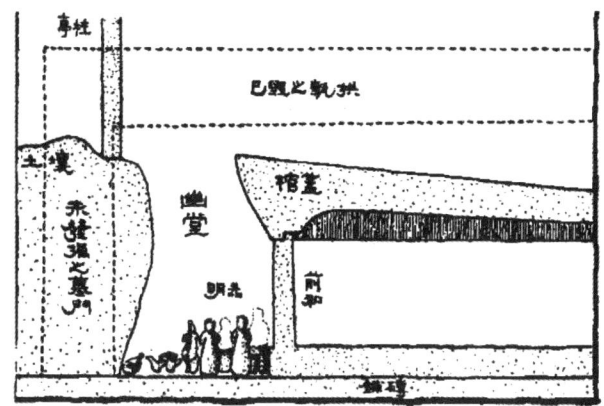

图：王晖石棺与砖椁下纵断面

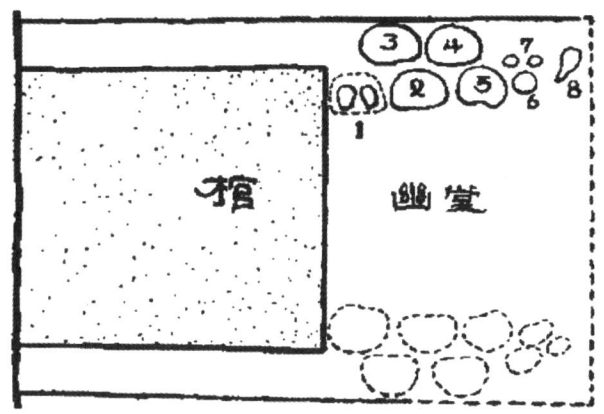

图：王晖墓明器上明器陈列部位（二十分之一）

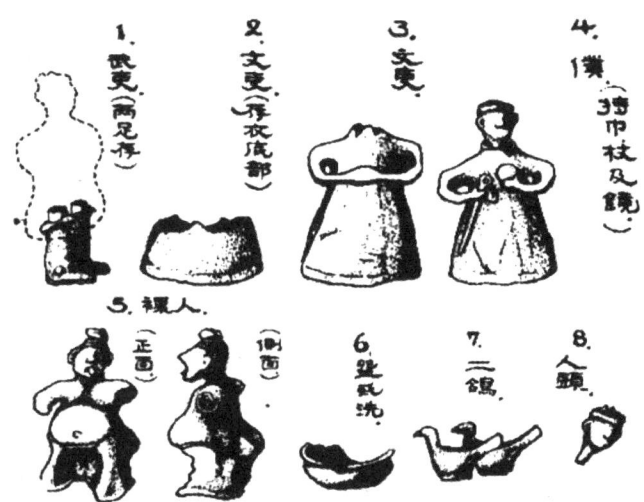

图：现得各器形状（十分之一）

棺上各图像，除椒图外，无一不暗示其为男女合葬之具。又时人对此各图像，多有误解，兹并逐一说明之如次：

双扉 左扉镌墓志，右扉无之者，似留之以镌其夫人之墓志，今察其棺内堂室难容二尸，苟纳二尸，则须同时入殓，大约是男子先死，其妻未殉。迨妻死时，因纳尸困难，或他原因，竟未合葬，故石扉无字也，此棺工程烦重，移运困难，非人死后所能赶造，应是生前即已营就，葬后乃勒字也。其字亦非用丹书于石上，因昭"辛拾呜呼"四字，皆近达底石，无法运腕，其时已有低，当是自纸转拓上石耳。

仙童 仙童二字嫌俗，或拟为荼儡。查神荼郁垒之说，出于风俗通，虽在建安时已流传，但其用在食鬼，用于宅门则可，用于墓门则不可。且其像亦不应和善若此，于时张道陵之教，流行蜀地，深入人心，升仙之说，必有仙吏导引，此墓当已受其影响，呼此童作仙吏可也。

椒图 在棺盖前端，衔环，或以为饕餮，或以为辟邪，（俗呼吞口）皆非。杨升庵云："俗传龙生九子，皆不成龙，各有所好。弘治中，孝宗御书小贴，以问内阁。李文正公具疏以对，据圭峰罗圯，芦泉刘绩之言，今影响记之，一曰赑屃，似龟，好负重，故为碑趺；二曰螭吻，似兽，好望，故为屋脊；三曰蒲牢，似龙，好叫，故为钟纽；四曰狴犴，似虎，好威，故立狱门；五曰饕餮，好食，故立鼎盖，六曰蚣蝮，好水，故为桥柱；七曰睚眦，好杀，故立刀环；八曰金猊，似狮，好烟，故立香炉；九曰椒图，似螺，好闭，故为铺首"（节录《升庵集》）。铺首，门上兽环也。汉人已屡用铺字，皆作此解，固未确定其具兽形，亦未名其兽为椒图。李文正公之对，亦不过采历代诗文词语影响附会之，类于游戏，然自此便成典实，未容错冒。此棺镌此图像，取义似在于闭，与门环不同，称曰椒图，于义为合。

蚪螭 俗呼为龙蛇，或龙虎，皆谬。螭蚪龙之小者，有角曰蚪，无角曰螭。俱已著于说文，古以龙喻天子，蚪喻公卿大夫。扬雄《答客难》"翠蚪绛螭之升于天"语，则旧传蚪螭能飞可知。故汉代蚪螭图像皆有翅，昔人亦知雄物乃有角，雌物无之，故以蚪螭为牝牡，埤雅"雄曰蚪，雌曰螭"是也，王晖墓志刻在左扉，蚪亦镌于棺之左侧，故知此为准备夫妇合葬而作。又其蚪无环节（仅有腹鳞），螭则有之，似为妇女重节操之寓意，盖蚪螭不过爬虫之属，断不能有角；亦未必有翅，其造像皆出想象，爬虫亦不应有环节，此则螭与龟皆刻环节，自应有其寓意在也。或谓女重节操，自宋代始盛，查《张裔传》，吴帝对裔讥文君私奔相如，则守节之风，后汉当已盛矣。

又蚪口衔带，螭无之，沈府君双阙，亦分雕螭蚪，唯皆衔带，带上各系一璧，此与微异。

龟蛇 古以龟为介虫之长,与龙凤麟合称四灵,以为瑞物,又以与龙虎朱雀配四方(亦得称为四灵,实则朱雀即凤,衹易麟为白虎,皆以为毛虫之长也),称为玄武,主北方,此墓后和向北,故雕此物耶,(汉墓雕饰,作龟者甚少),又俗传龟无雄,以蛇为雄,此石雕龟,而有蛇与龟交欢之象,亦由备作夫妇合葬故。唐以后,始以龟蛇为龌龊鄙贱恶劣等品之象征,时人睹此棺,具此雕饰,每致骇怪,盖未知汉魏以前,固甚崇拜龟蛇也,再龟蛇图为道家秘法,此棺前镌仙吏,后刻龟蛇,疑棺中人系好道术者。

此墓显然曾经被人发掘,询之土人,或谓"罗太爷盗宝去矣",罗太爷究为谁人?何时人?耆老莫能知,但称其人建芦山四门桥梁,颇著政绩。查《芦山志》,康熙时县尹罗之熊,政绩可称,当是其人耳,以石棺创痕颜色推之,亦当有二百余年,与康熙时亦合。唯余发掘墓前幽堂时,于深土中得光绪通宝钱一枚,足见光绪时又曾被人发掘,棺中物经两次搜劫已织芥不存,就此次发掘所得情形观之,前两次发掘者,皆非博古之世,不过出于好奇,或妄贪棺中殉葬物耳。徒开石棺,未及全墓,至余,始将全墓建造规制与明器布置情形发现,兹并分别纪次之。

砖椁 古者棺椁并称,周尸为棺,周棺为椁,椁原用木,"颜渊死,颜路请子之车以为之椁"(《论语》),"魏舒卒于甯,范献子去其柏椁"(《左传》),"桓司马为石椁,三年不成"(《檀弓》),无云用砖者,或曰"檀子云'有虞氏砖棺,夏后氏解周,殷人棺椁,周人墙置翣。所谓墍周,即以砖周于棺也",唯《说文解字》不作砖解,就《檀弓》文意,似殷人始作木椁,夏人但以土周于棺耳。兹避错误,姑称以砖周棺为砖椁。砖椁之墓,芦山甚多,其汉魏墓,殆无不如此,今遍地古砖,皆墓圮后所散布也,王晖墓先用红砖铺平乃置石棺。其红砖今悉化为红土,不可掘,唯可辨其镶嵌之状,石棺左右,距底约18公分处(前方较宽,后方较狭),周砌巨砖,平叠直上如墙,竟砖之长以为厚,约为40公分,其上更作何状,因康熙光绪时两次发掘,业已拆毁,揣其上方,应在棺盖上若干公厘处作圆拱。今其附近工人,随处掘得扇面形(即梯形)之巨砖长短两侧皆有花纹。余两侧及两面并无人,姜即作拱砖也。余见涌泉寺(芦山北五里)明代僧墓,砖椁,作拱,而其附近多扇面形砖。疑此间亦有汉墓,或仿汉墓,寺僧又仿为之耳。

幽堂 即宅穴也,就砖椁前端为之,宽12公分,高度因顶部早被揭毁,无从测知,先是棺盖原与耕地面相齐,历次发掘后,均被农人用土填实,但留方丈勿耕而已。此次发掘,深达棺底,遂使农地中成一深约1公尺之土坑,两侧成池。故张县长衔地方人土建草棚覆之，以免积水，其前后二中柱，皆植于砖椁界内因填之土上，苟掘达于幽堂前门，则棚必倒，积水墓中，为害殊大。余故罢掘，待改建瓦亭或掘通浅水沟后再为之，故幽堂之深度，方未探得也。

明器 象物殉葬之器曰明器，《檀弓》"其曰明器，神明之也"。一般陈列于幽堂内，凡死者生前享用嗜好之物，皆当备具。此墓两次被掘，皆从右来，右当大道故也，右侧椁砖，悉被掷去，明器亦全部被毁，此次发掘，初未知有幽堂，但为摩拓墓志便利，除去前和外积土。初得破陶片甚多，细碎不可镶合，无从揣知其形状，因叮咛工人，遇陶片无论大小，皆轻细剔取。遂于中央近底部，得较大之陶片两枚，似覆钵口部（后知其为陶人下半）又得如沙罐之耳者二只，以为是钵耳也。（后知为陶人之肩）渐至左侧，得一有柄陶县，土附似锤，柄插瓶口，拔之，土籁籁下，尚疑是献酒之瓶，锤其塞耳，洗涤视之，盖人头也。有耳有鼻，刻眼及口，有发巾，后脑一圆孔，剔土，内空，以颈为柄，工虽粗，而部位凹凸并佳，朴古可爱大喜。因手自掘之，遂得陶人五具，陶鸽一对，碗一枚，其他拟圭拟璧之陶，片多种，朱砂石缘少许，排列右侧近砖壁处甚密，陶人高出，上部多被击去，勉能凑合者仅三具。盖昔日掘此墓者，未识明器之价值，以其粗陋无用，任意击毁，此部倚壁，遂得保存待余也。

陶人分两列。前列近墓者，似为武吏，两足着靴，单制，上端作笱，另判躯体，于衣底留二孔，以承此笱，惜躯体全毁，今衣底二孔附连之部尚存，亦皆破碎，去土即制。第二人似为文吏，上部已毁，后列第一人，头已失去，躯部大体完好，两手相接于胸，无脚，即衣底为座无衣褶，简朴殊甚。第二人一手持镜，一手执巾与杖，杖上方作圆圈状，盖奴仆也，第三人制式最怪，挽髻不冠，裸体，张口，斜吐其舌甚长，两臂已断裂，巨腹高臀，似孕妇而无乳，袴褪于胯间。故腹与臀露，甚丑。盖奴之犯过受鞭者也，又疑是诅咒死者仇家而作，其像仰倒于碗上，碗中朱枘其断臂，鲜红夺目，两足下有平座，应是立像，疑右侧相当部位，另有执鞭之奴。

碗或盂或洗，在一鸽上，以土相胶结，其内土满，有朱。其内土满，有朱，其缘触手即碎，遂不敢剔土，今尚未窥其内容，二鸽制皆粗拙，鸽之外侧，又得一人头，冠后有二翅向上，疑是武吏之头，未知因何遥堕于此，按此排列形式，右侧亦应有臣吏奴仆陶偶，与狗马之属，惜皆无存矣。

遗砖 全墓用砖甚多，制式极复杂，其质有用陶土者，作灰黄色，用砂质壤土者，青色，用垆土者，黑色，用赤色页岩风化之沾土者，悉已还原为土质，似制砖时，故令火力勿足，以求美观所致。着水鲜红，又似杀有丹砂赤土也，其式，因概已破碎，不能尽知余所见砖椁幽堂左壁全砖，长方形，长 40 公分，宽 24 公分，厚 7 公分。其余残砖，有仅宽 11 公分，长 24 公分者，又有作扇面形者，率有文，其文多至十余种，除一种红色砖作银杏叶脉凹纹外，余皆凸起，或作哑铃文，或钱文，或细菱形织文，或套三角文，或作环佩璎珞之文，或作同心圆文，或作文字，余得一半红砖残片，有"羊"字，又拾一青砖残块，有文似"大君嘉"□是。已得墓志后七日，余始至，土人闻汉墓砖可作砚，盗掘者多，殊其砖久经水浸，悉已破碎，然其在土中，位置未变，外观完整，掘取始知碎，土人未悟全部之尽碎也。希得完砖，屡掘而屡弃之，力尽始去，他人又复如此，故坑之四周破块堆积，椁壁殆为之尽。余于破堆中得诸文色，不能审其原在位置。亦不得审辨字砖全文，殊憾事矣，兹摩其较特殊者砖文数枚如下：

1. 樊敏、高颐两碑，大小规制，无不雷同。地距不过 70 里，时距不过 4 年，今高碑已一字无存，然就《金石聚》《双钩本》比较其字，与樊碑风格一致，书法相同，如出一手，判为一人所写，一手所镌，于理应无违碍。王晖墓志，隶法又与樊敏相同。时距不过 7 年，地距不过 2 里，认为一人所书，应无不可；纵不然，亦应是刘盛薪传弟子所为，今樊碑浸蚀已甚，世传拓本与双钩本，相互差殊甚大。今以王晖墓志校之，孰为真赝，迎刃可解。此又墓志，之另一价值也。高碑拓本，自亦可以此志校之，兹摹三石相同之字，以备一校验。上就樊高王三石文字相同者举之，其笔风似若微有不同者，由于高樊两碑早已漫漶，《金石聚》本双钩，多有随意修饰之处，旧有失真之讥；艺苑真赏社本，则系用炭精修饰后拍照付印者，强隶近耶，亦非樊碑真趣。

2. 樊高两碑，系郑重着力之书，至于列入书者名字，其属聚精会神之作可想，此石寥寥 35 字，书未经意，苟省之笔颇多（如建字竖笔不上贯，在字省一笔，成字哉字皆以左侧之笔，入戈成字，皆是）。直如其他碑阴书字，虽出一手，精粗张弛互异。

3. 樊、高两碑，系平置书之镌之。此则棺石贴地，应是书低转拓而立镌之，且其石未经磨琢（因预刊有人物其上），转拓与镌刻，皆难尽善，唯能存其风格而已。康长素《广艺舟双楫》称裴镜民碑"笔兼方圆体，体极匀整……为干禄书无上上品"。又谓樊敏碑"虚和娟妙，如莲花出水，明月开天……与裴镜氏皆是完妙新碑，二者合璧联珠，当为折二妙，几不必复他求矣"。此 35 字，适与康氏"笔兼方圆，体极匀整"语合，故知与樊碑出自一手，樊碑特其书之尤工者耳。

四、失名汉墓

去王晖墓不足二百步,地名"石羊上",有石羊头一枚,自头以下断,高66公分。双角各长80公分,雕刻甚精,制式甚古,失身躯,头在一民宅后竹林内。其旁有一石兽,失头身,亦破败,竹根盘结其背,因兽体连雕于一平方石座上,故未倾侧。剥视其脚,具五爪如狮虎,又有长尾,足见其非羊。昔有好事者,于羊颈兽项,各凿一孔,木贯而强合之,大谬。与此相对约三十步,复得一兽,除左前脚与尾断失外,余皆完整,与前兽俨然一对。首皆南向,长及高度皆与樊敏碑前石虎相同。

俯仰屈伸文饰,皆仿樊虎,而工巧胜之,工作亦更精细,颊与肩皆有翅,肩翅有二健羽,长达臀部,亦与樊同。(高颐墓石虎亦然)所不同者,此兽后腿有飞毛,颐下有须,眉长而卷曲,顶有独角,脑盖亦有长毛掩之。拟为兕,虎、狮、羊皆不合。盖所谓辟邪也,孙宗文先生《汉墓漫谈》引《封氏见闻》云:"秦汉以来,帝王陵前有石麒麟、石辟邪、石象、石马之属。人臣墓前,有石羊、石虎、石人、石柱。"辟邪,即獬豸,似羊独角,相传其能辨奸邪,见即触之,邪人自避,故曰"辟邪"。《淮南子•主术训》"楚文王好服獬冠",《后汉书•舆服志》"法冠谓之獬豸冠。獬豸,神羊,能别曲直,故以为冠"。大抵汉儒,痛邪人难辨,故造此说,以讽人君,非必即有此兽,后即以为帝王辨识贤奸之象征。故陵寝以为饰物。言官职在弹兕纠贪,有类于獬,故后世又借以喻言官。近世,则解辟邪为可辟邪祟,绘悬门首,俗呼"吞口",多不知原义所在矣。《封氏见闻》谓帝王陵始有辟邪、石马,亦不尽然。《西京杂记》载陈缟挝张丞相墓前石马,足见公卿亦得用之。芦山无帝王陵,此石獬自是人臣墓饰,意者墓中人或是公卿,或是言官,故得用獬耳。

古人以虎豹喻文章,故人臣墓多有石虎;羊喻吉祥,故又多有石羊。樊敏墓与此皆有石羊。樊墓羊无角,像绵羊也。此有双角,像山羊也。樊墓虽已泯灭,赖碑与羊虎位置,尚可推知其地。此墓石獬虽败,位置未移,石羊已不知旧在何处。更无碑阙表志。去石羊后方不远,河原下陷为阔十余丈之沟渠(现亦为农田),又其东北乃为岸山,地名茶坪,去石獬已里余矣。意者,葬时原平抵茶坪,后因大水,凿开水道,致石獬与茶坪间地势断隔。墓及碑与阙,已随沧桑转变而泯灭也与。

此墓造作时代,固无明文可证。然就三石砌败程度与作风揣之,决可判为后汉,就工巧较樊敏墓为精细言,应较樊敏为后。(樊墓虎颈直上,高颐墓虎后四年作,颈向后扬,姿势较佳。此兽颈扬而头仰,情态最妙,是皆匠师相袭而逐渐改良之也。)

然巴蜀至晋惠帝时遭流民之乱，衣冠大族东徙荆湘，南入七郡，蜀中千里无烟火，文物由是断绝。下逮隋唐，雅、芦各县，尚为汉夷杂居之地。宋代始渐兴学，宋以后人物，皆已著于方志，无堪此墓之人，以是判断此墓石造于汉代，最近亦应为蜀汉之时；或疑为与杨君铭碑为一墓，是必不然，獬在河东，碑在河西，碑虽断，石亦甚沉重，谁肯运致西岸而无所用之耶。尤有最大辨识，在碑饰仅三圭首，极简朴，而此三兽，雕饰皆甚精细，决非同时所作。大抵碑成于顺桓之际，兽则当在建安后也；又或疑其石即王晖墓物，是尤不然，无论上计史不当用此隆制，即僭用之，亦当在墓前，安得立于墓右，与墓同向耶。查汉嘉人物，除樊敏、高颐、王晖各有墓外，其见于史籍而无墓者，有下列四人：

李磬，字文寺，严道人，为严道长（大县曰令，小县曰长）章表主簿，旄牛夷叛，入攻县，倾身捍表，为夷所害。表竟得免，蜀郡太守嘉之，图像府庭，《华阳国志》有，列于前汉之末，而士女目列在后汉。

王谋，字元泰，汉嘉县人，有容止操行，刘璋时为巴郡太守，选入为益州治中从事。先帝定益州，领牧，以为别驾，先帝为汉中王，用荆楚宿士赖恭为太常，黄柱为光禄勋，而谋为少府，皆九卿，中二千石，名位相亚。后主即位，赐爵关内侯，后代赖恭为太常，盖蜀人之最贵者也。后大将军蒋琬问张休曰："汉嘉前辈有王元恭，今谁继者？"休对曰："至于元恭，州里无继（谓益州境内），况鄙郡乎？"其见重于时如此，见《三国志·杨戏传》"辅臣赞注"，赞曰"少府修慎"。本注曰"失其行事，故不为传"。

张休，官至云南太守，见《华阳国志·女士目录》云"汉嘉人士，在刘氏世"县籍、字并阙。

卫继，字子业，汉嘉严道人，父为县功曹，有五子。县长成都张君无子，向功曹乞继，遂为张姓。敏达凤成，学识博通，进仕州郡，历职清显。而其兄弟四人，各无堪当世者。时法禁异姓为后，故复为卫氏，屡迁拜为奉车都尉、太尚书。忠笃信厚，为众所敬，钟会之乱，遇害成都。见《三国志·杨戏传》附。

以上诸人，唯王谋官至九卿，名位最高。史称汉嘉人，例指汉嘉县，非泛指汉嘉郡也。蜀汉汉嘉县，即今芦山县，故王谋确为芦山人，官至九卿，故敢用獬，卒于后主之世。在樊、高后，故墓石模仿樊、高，而工更精。其时蜀中承平，故得从容营造也。

果使上项判断为确，则石羊应在獬后数十步，另为一对，又后尚有阙与石人。墓道甚长，碑与墓俱应在茶坪山麓，或更在山上。其碑应较杨君铭更伟，铭诔文字俱应可观，石阙亦甚有艺术价值。惜问原被劫，土徙地陷，今不得而考矣。然而赖三石兽，启余考究，使王谋之名，获入《芦山县志》，幽宫朽骨，仿佛若存，少府有灵，亦当微喜。

五、其他汉物

余发王晖墓时，有土人曰："此等砖，吾侪掘地，往往得之。"索观，即赠余一匹，扇面形上下有文，确是王墓上方作拱用砖。当日宿芦山，与士绅论汉砖石不尽可作砚事。士绅渐渐以所拾砖来验，一时得扇面形砖多匹，皆完整，或仅下侧有文，或上下皆无文，文之线条又多互异，而比重则率与王墓之砖相当。其拾取处皆在城郭以内。县有一匹，为最近修理广福寺垣墙掘得者。广福寺明代创修，而仁嘉乡明代所建白塔内，铺地正方砖沉重有光，叩作金声。几疑明代亦有此类砖矣。旋有县绅王家修，邀视其有字砖，谓得于旧宅壁下，赫然永初元年砖也。（年以下字缺）询其先世戚，觉有宦游他省及好古物者否，并云无之，始复信芦城汉砖之多。劝人搜求，冀更得全砖，证其全文，藉增考古资料；余每出步，亦注意道旁砖瓦破块，遂于六月八日，在背街子菜圃外乱石堆间，得永元八年砖残片。他汉砖字画间黏附土壤，韧结不可剔。此则粒土俱无，凸线亦就敝败，盖侵凌于樵夫牧妇、风雨霜露者千余年矣。尚有汉瓦残片，布纹极粗，既尚未见整瓦，又未发现瓦当，虑有错误，概未拾取。

又，余探茶坪山古墓时，于麓拾得古砖一角，文似汉制，询之土人云："此带炭窑，皆用古砖为之，因古砖随处可得，作窑殊便也。"余因时促未往查看，返雅安日，绕道游涌泉寺，沿途见古砖甚多，皆未暇检究。兹拓永元永初二砖，以见一斑。

其砖厚 7.6 公分，字有廓，宽四公分，长不可知，凸起约 2 公厘，元字首二画剥脱存痕，书法颇佳，永初元年，即安帝即位之第一年，公元 107 年，其砖长方形，长 31 公分，宽 23.3 公分，厚 6 公分，廓甚宽厚，其内深陷达 5 公厘，始复凸起为文，文与廓高差 3 公厘，拓摩甚难。反文，永字上多一横画，年字下文阙，仅存二画，似青字首。两砖相距十一年，制式全异，书法亦不相袭，足见东汉中叶，芦山文化已高，艺术发达，造作丰富，且雅妙是比两京，樊敏王谋之产生，非偶然也。

芦山又有姜维卫瓘二墓。姜维在金井阁，有道光十六年知县段恩荣培修碑，谓康熙丁亥列入祀典，立石标之，查姜维为北来将士杀于成都，裂尸见胆，安得来葬于此。或谓是其胆墓，亦不通，或谓维筑城置戍于此，遇害后，戍将招魂为衣冠塚。

较可信，亦无确据，今金井阁附近，往往拾得汉代墓砖。大约往时，汉墓甚多（俗称墓穴为金井阁以此名，非因有井），世俗妄指一墓为维墓耳。（世俗附会姜维遗迹多妄，另详《芦山劄记》。）

俗传卫瓘墓在县府后，余曾访之，残石丛莽，微具墓形，无碑阙石兽之属。芦人多卫姓与李姓，传俱出于卫瓘。每岁清明，两姓扫墓宴饮于此。近年培修县府，拦入垣内，挂扫始绝。查卫瓘，安邑人，仕晋极贵，为楚王玮所陷，被杀。故主簿刘繇冒难收葬，墓在洛阳，葬于难中，后获昭雪，遗裔贵盛，具见《晋书》，安得远葬于此，余疑是卫继墓。继与姜维同死于钟会之乱，其子孙戚好，觅尸归葬于此，亡国以后，封树草草，故作此状也，永嘉以来，此地屡经浩劫，居民变迁绝大，今之卫姓，未必即是继之嫡裔，或旧时曾有遗迹，着其官阶姓氏而泐其名。鄙士不知继而知瓘，遂误传耶。

姜维祠外石兽一对，适在杨君铭两侧，高长宽及屈伸姿势，皆仿樊墓石虎，及石羊上之石獬，或疑为杨君墓前饰物，细察非也，此二兽亦红砂岩所造，历世露立，而石色尚赤，体未畸斜。石曾未有剥落，凿痕泐蚀甚微，无苔藓附着，此非汉物，一证也。此二兽无角而有颈毛披散，脚具五爪，非羊非马，非虎非獬，盖狮子也。汉以前中国无狮子，后汉顺帝时疏勒献狮，国人始见此物，初无适当名字，书作师子，唯朝臣见之，郡国莫能传也。魏晋以后，东南海道通，运输便，狮入中国者始多。唐宋以来，士大夫以其字与太师少师字同，借以贺祝图像，寺庙茔墓，始以为饰。故汉墓绝无以狮饰者，二证也。汉墓阙，雕饰龙虎诸像多有翅。汉嘉郡界，如汉墓高墓，及前述石獬皆然。此独无翅，三证也。杨君卒于官，未必亦葬于此。

铭碑是臣子追思念义，悼祭时褒述德业之物，不必即为墓石，古者作坛以祭，则必有碑，北海相景君沫及此碑，便是此类。景君碑未言墓葬官所故亦无阙及石兽之饰，杨君铭当亦相同，四证也。此二石实非汉物，因论汉石，并及之。

六、芦山在后汉

汉蜀郡有青衣，严道，旄牛，徙四县。后汉安帝延光初，析此四县隶属国都尉，治青衣，顺帝阳嘉元年，改青衣曰汉嘉，灵帝时，改蜀郡属国为汉嘉郡，都尉曰太守，辖四县如故并见前后汉书，是四县中，青衣为最繁紧，历为都尉太守治，明也。汉青衣县治，究是今日何地，地书从无确考，嘉庆四川通志，以今名山为汉青衣，雅安为严道，天全为徙县，汉源为旄牛。荥经为严道县地，芦山为青衣县地，夫名山与芦山之间，间隔罗绳，蒙山两重山脉，形势不相连属，决不至划为一县。故知通志之说不足据也。《清一统志》以雅安为汉青衣县，名山芦山皆为青衣县地。荥经为严道县，天全为徙县，比较合理，然《太平寰宇记》谓严道为秦县，青衣乃汉初所开，则谓雅安为严道故治，荥经为严道境地较合。青衣应在严道西徼外，秦为夷地，故入汉始开辟也。秦时临邛（今邛崃县）严道间已有邮传，其道必经今名山境，名山之非汉青衣县地，尤为明白。《太平寰宇记》曰："严道县（雅州治）秦始皇二十五年灭楚，徙严王之族以实此地，故曰严"，"芦山县，亦严道县地"。名山，百丈，荥经三县，并云"本秦严道县地"，不言青衣，盖自"永嘉分崩，李雄窃据，此地蕪废，且二十纪，夷人侵轶，獠又间之，公私路绝，无可推访"（《太平寰宇记》引李膺《益州记》文）。故阙疑也。

余旧撰《西康疆域沿革考》，亦以名山为故青衣，雅荥为严道，天全为徙，芦山则不知所属，以为属徙县。后见樊敏碑，以为汉志叙徙县最后，当是夷县，不应产生如此人物。又以为芦山在汉隶严道县，兹得杨君铭碑，及永元永初等砖，与王谋墓石，始知今芦山为汉青衣县治，其理据如下：

1. 《后汉郡国志》"汉嘉，故青衣，阳嘉二年改。有蒙山"。刘昭注《蜀都赋》曰"廓灵关而为门"，注曰"山名也，地在山南"。靈（灵）关，今天全灵关镇，明以前皆隶芦山县，今曰灵鹫山，在芦山县西南。昭，梁人，去汉最近，所引书较可恃，即以灵关为青衣县地，则青衣是今芦山可知；志列蒙山者，盖青衣东境达此山故也。

2. 《汉志》"蜀郡属国四县，首列汉嘉（青衣）"，可知都尉所治在此。今都尉杨君碑铭，得与芦山城内，可知芦山即汉青衣县地。

3. 自蜀郡通西南夷，必经临邛。自临邛而西南，古代有二道：一经百丈、名山、雅安，逾大相岭，通邛筰。秦代所开也，曾置邮亭，《淮南王传》"处蜀严道邛邮"是也。司马相如似循此道通西南夷。一经火井、芦山出西徼，汉代所开青衣道也。《华阳国志》云"高后四年开青衣"应是此道。诸葛武侯南征，似亦出此（世传武侯曾观火井），此道仍可自飞仙关通雅安（严道），亦可自飞仙关□出荥经通于邛筰。就今日形势言，雅安重于芦山，就后汉情势言，则芦山重于雅安，西控灵关以镇羌氏，南制邛崃山（今大相岭）以备旄牛（后汉时旄牛夷屡叛，已略记如前）。倚山临水，原野腴沃，后卫火井（火井附近产盐及铁，自秦以来即已著名，隋唐时置县），而去临邛亦近。故能为都尉治所也。至于名山县境，虽较芦山平阔，然其土质，属于第四纪之赭色黏土，与石砾固结，耕垦颇难，故至今尚多林地，远不逮芦山之肥美。当时汉族以农商资生,移殖之初,必乐居留芦山之河原区域,以其农工易施;而地近羌夷,利于贾也。朝廷没官,必就汉族聚居之地,以此知汉青衣县为今芦山县境,非名山境也(名山境在后汉时或系临邛县地。至于徙县,当另文考之。)附邛芦雅名四县地理形势图,以资参证。

4. 史称王谋为汉嘉人,谓汉嘉县也。芦山石狮,唯王谋墓足以当之,而名山雅安皆无如此发现。以是知芦山为蜀汉时之汉嘉,即阳嘉以前之青衣县。

所惜杨君铭碑大部湮没,而王谋墓已无文记,使余此说,仅为暗中探索之语。然试反复颠扑,终无可得不然之反证。甚愿今世博雅君子更有以是正之。

芦山既为汉代都尉治地,是为蜀郡西南政治重心,自县踰百步关,经大井槽(今高场)、平落坝(古火井县)至临邛一路,应甚繁荣,雅荥与邛蜀间之通路,皆曾取道于此,今名山境,在此时似甚寂寞。魏周隋时,芦山以西悉为夷獠所居,名山始渐重要也。

前汉时,芦山汉族似已多于雅、名、天、荥各县。汉武天汉四年,罢沈黎郡,置两都尉,"一居旄牛,主徼外夷;一居青衣,主汉人",足见当时芦山汉族,多于其他各县。王莽时,公孙述据蜀,蜀境人士恶之,或集兵反抗,或自残避征,或远迁边荒自晦。大约此时,多有衣冠之族,怀其文物,来居此邑,故在后汉,芦境不唯地方繁荣,文化程度亦殊高绝。不过其人仍具蜀士不喜仕进之习,显达者少耳。即樊敏、王谋,经术文章、人品器识,皆非礼乐后进之邦所能诞育。两墓碑文、书镌,以及其他技艺,亦非蜀中所有汉墓如王稺子,沈府君,冯涣,杨宗等所能及。即永元永初二砖,亦可窥见东汉中叶时芦境文化之一斑矣。

余非治金石者,考察匆匆,未能尽芦山秘藏之万一,此文所记,仍偏在史,甚愿有好古之士金石专家,因余介绍,续起探寻,阐发西南之幽光,而补史籍所阙佚,斯幸甚矣!

樊敏碑考略①

(1944年)

自赵明诚以来，金石家谈樊碑，著于木石者，多至二十余种。未见原石，仅就拓本审字者实居多数。碑石漫漶，拓片模糊。加以碑估割接，艺人修饰，扪烛扣盘，讹伪滋多；聚讼纷纭，尚无定是。余三年来，数过芦山，屡审原石。更参诸家，详稽群史，私撰为《樊敏墓石图考》《樊碑集释》《樊敏年谱》等篇。词繁义琐，未敢同世。顾以边疆文物，亟宜表扬；故先撮其大略，写为此考。

一、形制与位置

樊敏碑，在今西康省芦山县南五里官道侧。高七市尺半，腰宽三市尺半，厚半市尺。下丰上削，作琬圭形。碑为五百五十七字，分二十七行，八分书，镌在穿下，穿上圭首，浮雕双虬，曲作环拱为饰。拱内镌"汉故领校巴郡太守樊府君碑"十二字，篆书，双行。碑阴双虬环拱与前方同式，拱下刻朱鸟一。穿下凿陷分许，镌宋人丘当程勤二跋。正跋十四行，一百三十五字，在上。亦八分书。程跋亦十四行，一百四十七字，真书。碑趺为龟，首偏向右，截壳达裙为巨槽以嵌碑石，余罅甚宽，碎石楔之。显然为后代配制。碑右前下方石棱脱裂，去"息懆书"三字之半。盖配换龟趺植碑时所损也。

碑左前方十余步，有石虎陷田塍间，仅露首背。首向右。官道挠曲出其侧。右前方对称位置，一石虎植立稻田中，首向碑。爪以上全露，而首背水平高，与左虎齐。足见两虎，皆属原在位置。其异向者，似由农人辟稻田时。曾拟移去。因其巨重仅掉一尾而罢。或中右虎曾仆，扶起时，适转向碑，遂未拨正故也。二虎前方数

---

① 原载《说文》1944年第四卷合刊。

武，地面作层阶下降达于青衣水岸。

碑之后方，为高七八尺之土坎，小道斜过此坎，转入一稻田台地。有石羊一，侧卧土坎道间。形制较虎为小。昂首。项间长毛一列，或是狻猊。间系近世某县尹发掘得之。

越稻田台地至任家庵山麓处，民宅之侧，有平丘，相传为樊墓所在。审其对双虎之位置与距离，及山水形势，皆合。其前坎下稻田中，一小圆土堆未属，已有清代人营葬其上。疑是樊墓故穴。抑旧竖碑处也。

考樊敏葬于建安十年。同郡益州太守高颐，建安十四年卒，葬地相距七十里，今存遗石，有双虎，四狻猊，双阙，一碑。双虎相对，距二丈许，为墓道入口。虎后十余步为双阙，阙后五十余丈皆稻田。稻田尽处，地势略高，越今马路，得小土丘，有明弘治年碑，题"汉孝廉高君之墓"，盖汉代竖碑旧址也。原碑与狻猊，今皆移景贤堂内。碑制与樊敏全完相同。圭首雕饰，碑文风格，书法镌工，皆如出自一手。唯碑趺方形，浮雕虬螭盘绕衔璧，与樊敏之龟趺异。双虎制作，亦全与樊墓相似。足见樊高二墓，规制完全相袭。据高考樊，应尚有阙。且樊阙所在，即今竖碑处也。

余考樊碑原植地位，在任家庵山麓民舍旁，即世传樊敏墓址前稻田中之小土丘。宋以后人，始移植于墓阙故址。其时碑趺已坏，故改造龟趺承之也。徙碑之证有五。

证一：墓碑为臣子墓祭君父时丽牲述德之物。应去墓坛不远。石虎为墓道最外饰物。碑不应与相近。以高颐墓虎与阙之距离位置揆之，此处均应为阙，不当是碑。

证二：崇宁元年丘常跋"有兽已倒，有阙已摧，而此碑将仆"。足见樊墓原自有阙。果其有阙，即应在此部位。今此碑四侧地中埋陷巨型曾经斧凿之石块甚多。零乱外露，虽未见雕文，亦可判其为圮阙遗石。此外地方则皆稻田沃壤，绝无乱石。

证三：碑后土坎，侧卧石羊一枚，显然系自碑后台地移来（人情唯当自上向下移，不至自下向上移。且离官道移向台地稻田为无谓。坎间亦非原来安置石兽之所）。若果碑原在此，则石羊位于碑墓之间。此必无之理也。

证四：稻田中，不应留存土堆。其留存土堆者，由土人相传其为有鬼神呵护之古迹古墓。高颐碑早于宋代被移，而明弘治时始竖墓址碑者，由碑址经人保存故也。任家庵民宅侧田中土堆，当亦为徙碑人封识保存之遗迹。

证五：此碑若植于官道侧，则魏周隋唐之世，应已有人发现。不必至崇宁元年始为县尹丘常所觉。

谓龟趺为宋以后人所易者，亦有数证。

证一：汉视龟麟龙凤为灵物，有作碑阙雕饰者，无以承碑者，龟趺之制，始于唐。此碑发见于宋。故易趺移碑，当是宋以后人。

证二：樊碑雕镌甚精，若原系此龟趺，必当有甚精之碑座连雕于龟背上，以承此碑。不应凿断龟壳。且凿痕甚粗。衔碑亦不密合。

证三：丘常跋文，已去"此碑将仆"。今此碑竖立龟上，不可摇动。可知旧趺至宋已坏。非趺坏，碑不当仆也。

证四：高颐碑一切与樊碑同制，雕镌亦出一手。高碑系方趺，浮雕螭蚪衔璧。樊碑当亦为有雕饰之方趺。方趺空中，始易裂坏也。

证五：趺龟之首，偏向右望。而相去百步外，尚有一未经雕琢之龟趺弃在河干道旁。足见作趺时，原作双枚对称准备，拟配立一碑于其右侧也。樊敏只一碑，如作龟趺，不当偏首向右。

洪氏隶释录樊碑，有刘盛"息憀书"等字。今盛字以下半随碑棱损去，憀字全失心旁。使宋时已失此棱，则洪氏无从知其为憀字矣。碑石为极坚无层理之红页岩，露立千八百余年，未曾损浮雕一鳞爪，何得无故裂脱碑棱尺许？碑棱之裂，显由换植新趺所致。余以此疑徙碑换趺，乃在南宋之世。或即为县令程勤。程于绍兴二十九年，发见此碑"于荒山榛莽间，巫作大星覆其上，表而出之，目其颜曰复见"张大其事，以为恢复中原复见汉官威仪之瑞。夫既云得碑于荒山榛莽间，则原碑不在官道侧也。表而出之，则宜徙置于官道侧。即此龟趺作风，亦颇古雅，背穹甚高，与近代龟趺异趣，石色亦已甚旧。故疑其事，出程勤也。

王象之碑目，既列樊府君碑于雅州下，又云"有两面碑与府君碑相近"。所为两面碑，即丘程镌跋碑阴后之樊府君碑。象之据雅州图经以为碑目，固未亲至其地。其以两面碑与樊碑重列者，樊碑名从赵明诚与洪适，两面碑名从图经故也。云"与府君碑相近"，可知府君碑系指旧碑位置，两面碑系指新移位置。雅州图经久失传，不可得检证原文。度其撰集时，旧碑破趺及墓均尚在，而土人不学，已称徙后碑为两面碑也。

据此诸点，可判断樊碑原植地在任家庵侧樊墓前小土丘上。崇宁时因碑趺破裂，碑仆。县令丘常扶正之。绍兴时又仆，程勤改造龟趺，徙植故阙遗址，以就官道。移植时损其一棱（穿前方左上角之微损，亦当出于此时）。然移植前，已有拓片。故洪适隶释，独能举全文也。

二、樊碑史

樊敏者，汉蜀郡青衣县人。县旧为青衣羌人居地。汉高后开青衣，置县，属蜀郡。武帝开西南夷，置沈黎郡，治旄牛县；割蜀青衣，严道，徙三县隶焉。其后废郡。以县远蜀。置两都尉：一居青衣，主汉人；一居旄牛，主徼外夷。青衣，今芦山县，于当时临邛通西南夷道之冲途（秦时，西南夷道不经雅州。另有考）。青衣水两岸，平原腴沃，汉人聚居最多，故都尉治焉。公孙氏据蜀，蜀士不附，多避地来青衣，青衣文物始盛（今发现有建初元年等砖，书法甚佳）。后汉并两都尉，亦治青衣。延光二年，进西部都尉为蜀郡属国都尉，领四县，如太守。仍治青衣。阳嘉二年改青衣曰汉嘉县。时敏年十四，以好学称。既长，任青衣夷邑长丞，以经术德行博世誉。年四十举孝廉，除三署郎。历永昌长史、宕渠令、诸部从事，至益州治中从事。中平元年，米巫马相据蜀称天子，敏时年六十九，亡归汉嘉，以县人助州从事贾龙起兵，讨灭相，迎州牧刘焉。焉上其功，改蜀郡国为汉嘉郡，仍领四县。辟敏司徒，不就。改授巴郡太守。兴平元年，刘璋袭州牧，从赵韪议，分巴为三郡，改敏汉中太守。时张鲁僭肆，敏不赴，引疾回里，就授助义都尉。建安五年，赵韪结蜀中大姓叛璋，敏独不应。璋拜敏褒义校尉，以抚吏民之未叛者。建安八年，敏年八十四卒。璋嘉其贤，深致褒崇。门生故吏，醵资作墓，宏侈比于冯涣、杨宗、王稚子等。建安十年三月葬，镌造此碑。时汉帝禁厚葬与作碑（建安元年魏武禁，见《宋书·礼志》）。刘璋据益，不奉王命。故敏与高颐诸墓，犹得用桓灵时制也。

晋永嘉后，此郡为夷獠所据，衣冠沦没，文物消沉。下逮魏、周、隋、唐、五代，虽复置芦山县，文教未兴。此碑遗在荒郊，榛莽郁蔽，人无知者。是为其第一晦暗时期。宋徽宗崇宁元年，县令丘常始发现之"其文尚可读"。乃"扶其既倒，植其将仆，又为屋以庇之"。由是拓片流行中土，欧阳《集古》所未收者，赵明诚《金石录》已载之矣。

樊碑之就仆也，似由树根胀破方趺所致。斜仆向前，碑文在下，故受风化不甚，文尚可读；碑阴之门生故吏名字，则因仰受雨旸，字全漫灭。丘常因属其一方，刊跋文十四行，为横幅。行十字。首行"书雅州芦山县樊侯碑阴"，其题目也。丘亦擅八分书，此其手迹也。

丘后五十八年，为绍兴己卯，碑屋复坏，碑体复仆。县令程勤，再发现之于荆莽间。时值偏安初期，人思光复，程以得此汉物为瑞，徙植于官道侧，以张大之。

更易龟趺，欲其寿也；屋署复见，截"不图今日复见汉官威仪"语为文也。又属碑阴之下幅，镌跋文十四行，与丘跋相续。于是，碑阴题名旧迹，始全灭矣。

洪适《隶释》，录樊碑全文，所据似为丘常拓本，审字间有未合（据明刻本校），然克存末行盛息憬书四字，至可珍。丘云"文尚可读"则其难明辨之字已多，洪氏误审，固无足怪。洪氏又误谓碑在黎州者。似由曾见程勤跋文有"仕于芦山天下最远处"未言雅州所致，宋时西南最远处为黎州也。若曾见丘常跋文，则明言"雅州芦山县"，不至误指为黎。故又疑洪所据为程勤未损碑棱前拓本，并见其跋文。

宋世金石之学尚未大盛，嗜碑者少，程勤以后，似更无人拓碑，至王象之撰《碑目》，竟以两面碑与樊碑并列。蒙古侵蜀，雅芦沦陷最早。元代百年，芦山复为汉夷杂处之地，混于土司，作大宝法王领域。明代亦以土官与流官并治。文艺淹没，如隋唐时。"此碑踞于道周，蚀于莓苔"（李一本文），无能识者。是为第二晦暗时期。明初修《一统志》，曾录此碑。采访者不学，妄截丘跋"世传魏受禅碑，为世绝出"句，抹其下文"此碑……又在黄初之前"等句，称此为受禅碑。又谓"其文漫灭不可考"。盖石蕊侵蔽，拓不成字，即碑额巨篆亦已不识矣。弘治中，忠州李一本官此，屡过碑下。偶"束筱为帚，拂之，条见字画隐隐而出。……亟为磨洗，寻具楮蜡，如法摩拓"得墨本三纸归，"样以隶本，参以众目……可识者仅得什之九"，是为明初拓本。然时人未能重之，碑竟不传。正德中，天全土司与县尹屠峦争界相攻。李必钦引碑阴宋刻两"芦山"字，证水东乡为县壤。数年兵祸，由是弭息，足见此时芦山官民，亦素未识此碑也。

嘉靖二十年，修《四川通志》，征取文献金石，芦山县以樊碑上。拓工拙恶，字画模糊，升庵杨慎，主艺文志，矜其博学，不参隶本，迳以己意审之。其所录文，谬者四五。至以领校为"朝请"，严氏经为"谷氏经"，投核为"投袂"，毕志枕丘为"卑走枕北"，岳渎演仁为"岳渎空兮"或"治匠"，今遂逝兮为"命迄巡兮"，刘盛息憬书为"刘武良镌书"。所绎碑阴文，尤谬。其后《雅州府志》《芦山县志》皆沿用之，少有订正。皆由震其博学，不敢改也。明清间诸金石家，颇以此斥升庵为谬妄。然唯其升庵未参《隶释》，故其所审字，反有可资以校订隶释之处。例如敏字，《隶释》作升达，升庵作叔达。"当举逯季"句，《隶释》阙举字，升庵补之，皆其独到处也。

明之末世，似有人洗镌此碑，故顾亭林云"重刻本字旧拙恶"。由顾氏有此语，清世碑估，乘之作伪。或妄以拓本剪接装册，窜乱他碑，故为增损，以欺世人。如孙承泽所得本是也。（《庚子销忧记》谓"余所收本无一字残阙，题额及镌书人刘武良俱全"。张德客痛驳之甚是。)或就近拓用炭精修饰,使字字明显,托名家所藏,谬称宋拓。如沈云伯所得本是也。(即艺苑真赏社影印本,沈跋指为顾芸美所藏宋拓,而文与隶释不符。显微镜下,炭精绘饰之迹宛然。)亦有双均拓片,改窜笔画,强碑文以就己意者,如徐紫珊《随园金石》双均本,张松坪《金石聚》是也。(徐本尚未见,据沈云跋,知其与沈藏本同文,故知其非宋旧。《金石聚》双钩失真,世有定评。)亦有以炭精烟炱之属,作轮角崭然之字,谬称新出土之原拓者,康祖诒所得本是也。(广艺舟双揖,誉樊碑为干禄上品,谓系道光时新出土者。以康之精博,乃不知此碑有宋明拓本。碑估之欺人至此。)

综有清一代,谈樊碑者最多,其失大抵如此。其能具精凿特识,不以枝节贻笑者,当推叶奕苞刘燕庭两家。叶氏《金石录补跋续》续赵氏书,补缀考订之处并佳。鉴识工夫非顾霭吉隶辨所及。又与孙星衍访碑录,李两村蜀碑考之略著数字者不同。训诂工夫,亦足追顾亭林氏。然其刊行甚晚,可疑在伪托耳。

刘燕庭《三巴汉石纪存》,专收蜀碑,摩其全文,存所疑阙,兼绘图像。引文亦极审慎之致。鲜所发明,以矜己意。于诸家中最为恂恂厚雅。

刘氏与徐渭《仁随轩》,张德容《秋坪》之书皆成于道光之世。查道光初,虎林韩泰华任上南道,曾至芦山,手拓樊碑,又访得杨君铭,高君碑等于民间,大建亭阁庇覆之。樊碑之介绍于国人者,此时为最盛。(故欺康南海之碑估,谓樊碑系道光时出土。)刘张诸家所据本,盖道光时拓也。

道光以后,拓碑者多,碑面浣蚀最速。迨至今日碑文多仅存影迹,又有俗工就原画加镌横轻直重之刻画。拓片迷离,文难辨诚。芦山拔贡周凤山,于光绪初摩挲碑石,审订其文著有《汉碑释文》二卷。虽仍不免囿于杨升庵成说之处,究以抚石日久,所获新义颇多。虽其未见隶释,见解与洪氏相去不远。同时定海方若著《校碑随笔》,太仓陆星农著《金石补正》,皆论樊碑。所见既多,器识固自高于周氏。陆书尤精博,足洗前代诸家之陋。惜其未见原石,史事亦尚未精。尚不足解樊碑全文。且亦未可尽服周凤山矣。

国人论樊碑者,略如上列诸家,唯重训诂,隶续之外,不言形制。西人记樊碑者,阿隆(Qlllane)、色伽兰(Segalen)等,唯重形制,略其碑文。

余于考古非素习,训诂非所长。特于康省汉石,考订其相关之史事一点,用力为勤。亦有可以补益中西诸家之处。兹故撷诸家之长,参以己意汇订樊碑全文如次。

三、碑文简释

君讳敏，字升达。肇祖宓戏。远苗顾禝（稷），为尧种树。舍潜于歧。天顾亶甫，乃萌昌发，周室襄微，霸伯匡弼。医（晋）为韩魏。鲁分为杨。充曜封邑，厥土河东。槭（楚）汉之际，或居于槭（楚），或集于梁。君缵其绪，华南西疆。滨近圣禹，饮汶茹汸。

右叙姓氏源流，与其地望，至樊氏徙居青衣止。青衣为梁州西界，梁州在华山之南，故曰华南西疆。青衣界接广柔，故曰滨近圣禹也。饮汶茹汸，周凤山曰，饮文茹芳也。汉人重世族，樊君生于边裔，故其子孙门人侈言祖德以明其非夷族。

总角好学，治春秋严氏经。贯灾（究）道度，无文不睹。于是国君各备礼招请。濯冕题刚，杰立忠謇。有夷史审之直，卓密之风。

此言樊君壮年，至仕夷国，即以正直见称。濯冕题刚，诸家皆释作提纲。余解为整饬冠裳，以临地方刚强之民。夷史，谓伯夷、史犹正直能谏。卓密，谓卓茂伏湛，以经德佐君。密伏古通。

乡党见归，察孝除郎。永昌长史。迁宕渠令。布化三载，遭离母忧。五五断仁（二十五月除服），大将军辟。

此记君察孝廉后，初期仕迹。大将军，谓窦武也。事在建宁元年。君应辟赴洛，武已败死。故不著所辟何官。

光和之末，京师扰攘。雄狐绥绥，冠履同囊。投核长驱，毕志枕丘。国复重察，辞病不就。

此言君自洛返蜀经过。雄狐绥绥，刺中常侍也。投核，谓弃仕。长驱，即载驰载躯之驱字。枕丘，犹首丘。国，谓属国都尉。后汉重察。"虽位经朝要，还为孝秀。"（司马胜之传语）君不欲出仕中原，故辞病也。然君仍仕蜀中，为从事，非肥遯也。诸家从隐士作解，大非。

再奉朝娉（聘），十辟外台（州府屡辟）。常为治中，诸部从事。举直错柱（枉），谭思旧制。弹纋纠贪，务鉏民秽。患苦弛俗，喜怒作律。按罪杀人，不顾倡獗（猖獗）。告子属孙，猒（厌）若此者，不入墓门。州里佥然。号曰吏师。

此综叙君仕州府时期（建宁元年至中平四年）凡十九年事。非谓重察不就后，又经再聘十辟也。再聘，谓建宁元年与中平元年征至京师，皆出朝命。十辟，谓窦武死后，各州刺史争辟君为从事，即所为常为治中诸部从事也。治中从事秩较高，故叙诸部从事前,并为一句。以下各州府任内政绩,全是法家精神。弛字诸家皆释作"政"或"改"陆星农始释为弛。猷字诸家皆释作敢。余始作厌。审文,如此乃通。审碑,亦是此字。州里佥然,谓益部吏人皆从其风也。汉人习称本州为州里。见秦宓王谋等传。

季世不祥,米巫(指马、相张修等)凶虐(凶虐)。续蠢(蠢动)青羌(即青氐,或青衣羌,为汉嘉徼外土夷。)奸狡并起,陷附者众。君执一心,赖无洿耻。

此言中平元年,益州黄巾马相张修等作乱。杀刺史太守,称天子。徼外青羌乘之,进扰汉嘉。(君与贾龙等自汉嘉犍为起兵讨相,青羌之来,殆相召之。)吏民怯惧,君独与贾龙坚持讨贼,卒灭马相也。青羌与张修,后皆为刘焉抚用。而龙以讨焉败死。碑碍刘璋,故于此巨绩,但隐约言之。文虽混涵,义殊了了。

复辟司徒,道隔不往。

考,君辟司徒在中平六年七月,当丁恭后,黄琬前。时朝廷大权,内操于中常侍,外操于大将军。三公充位而已。故敏托道隔不赴。道隔,谓羌人北宫伯玉等扰陇南。非谓张鲁。时鲁尚未入汉中。

牧伯刘公,二世钦重。表授巴郡,后汉中(皆太守)。秋老(衰老)气身(乞身),以助义都尉,养疾闾里。又行襃义校尉事。

此叙君辞三公后,刘焉父子表授之官。授巴郡守,在初平六年。改汉中,乞老,在兴平元年。行襃义校尉事,在建安五年。与助义都尉及督义司马,皆二牧临时设置之官。校尉秩较尊,碑额云"领校"者是也。

君仕不为人,禄不为己。桓桓大度,礼(体)蹈箕首(箕山首阳)。当穷台衮(三台衮职),松侨(桥)协轨。八十有四,岁在汁(协)洽。(协洽,即未年,谓建安八年癸未)纪验期臻(当至期颐),奄智(奄忽)臧(藏)形。凡百咸痛,士女涕泠(涕零)。臣子哀术(述),刊石勒铭。其辞曰:(下空十九字)

以上综君生平,叹其才位不副,惜其未臻期颐。及门生故吏,子孙士民零涕思慕,勒碑述德因缘。

于戏(呜呼)与考(予父)!经德炳明。劳谦损益,耽古俭清。立朝正色,能无挠廞(倾)。恩威御下,持满亿(虑也)盈。所历见慕,遗歌景形。书载俊艾(乂),股肱干桢。有物有则,模楷后生。宜参鼎铉,稽建皇灵。王路阪险,鬼方不庭(羌乱)。恒戬(常其欲)节足(守分知足),轻宠贱荣。故敕(辞)天选,(不作朝廷官)而捐陪臣。(亦不为方镇自擅者用)晏婴邶殿,(见《左传襄二十八年》。)留侯距(拒封)齐,(见《留侯世家》),非辞福也,乃避降(祸)兮。

以上铭辞，综论君一生志行。多用经传成语。最后用晏子之言，明君辞三公、汉中守，与征辟不就，而非肥遯。明其恒戢节足之德与晏子、留侯同风。

乱曰：浑元垂像（天垂象），岳渎濬仁兮。金精火佐，实生贤兮。岂（愷）欲救民，德弥大兮。遭遇阳九，百六会兮。当举遐季，今遂逝兮。戏嘑（呜呼）哀哉，魂神泄兮。

以上"乱曰……"四十九字，汉悼诔文末，每每用之。骚体，短叶，是为定式。仁当读言音，与贤叶韵。大当读如太。曾读如桧为韵。泄与逝为韵。

建安十季，三月上旬，造石工刘盛，息愅书。

此为末行，上齐碑腰，下达碑底，书镌人也。刘姓，盛名，息愅字。洪适解息为子，诸家遵之，殊谬。息，固可解为子。亦不能谓息愅不得为盛之字。犹"仇绋子良书"，不得谓良为仇绋之子。汉碑阴题名，皆以字缀名下。建安王晖墓志，即在樊碑附近，亦云"王晖伯昭"。息愅之为盛字，当无疑义。盛与息愅，文义亦相应。

四、拓本鉴别

康长素誉樊碑字如"明月开天，荷花出水"。推干禄上上品。而顾亭林乃早于三百年前谓其"重刻本字殊拙恶"。遂有人谓今碑非原石。是三者，皆未见碑石之说耳。

今碑之为汉物，验其形制、镌工、石色、泐痕，皆属毫无问题。其字仅存汉刻轮廓者，十之二三，（属第三四五行者最多），确为八分妙品。康氏之言，未为苟誉。唯谓道光出土，则显然为碑估所欺。碑字自宋世已不明者有"故□天选"句一字。今乃显为"敕"字，而石甚陷。此显然为后人所补雕。其余十分二三字，多有横轻直重之笔（第一二行最多。）或于旧镌痕中，刻一细画。则顾氏所斥重刻，为不诬矣。只非另石重镌。不过就字刻入，即所为洗碑者耳。

据余考查，重镌不止一次，宋时即已为之。其人不为丘常，即为程勤。但其刻工甚精。且其时碑文可读，汉隶轮廓全在，可以循镌。故此次洗刻，无损于汉隶之美。何以知为宋人洗刻。丘、程二跋，迟镌数百年，字亦不甚小于碑文。今碑阴文字，已甚难辨，碑文乃反较清楚。颇似碑文与碑阴，是同时刻。一证也。碑额篆文，笔画甚宽，泐蚀较缓，未曾经人洗镌。乃今其刻画深度，反有不及碑文小字者。以年代推测，宋时应曾洗镌。二证也。原碑书丹，引有格画，故其字整齐非常，无溢格之笔。今试以尺度绳墨，牵引格画，始复书丹之旧。则中列各行字，仍在格中。

靠近空行各字，皆有肥画逸出格外。其为洗镌时因无障碍而宽刻外线所致可知。三证也。必判于丘程二人有关者：宋时洗镌之迹，皆能保持汉隶风，此非原刻漫灭后之所能得。即使明清之世尚有旧痕可遵，植立之石，亦难镌洗如意。今察逸格肥笔，皆圆满，非植立所能刻也。丘令亦善八分。程令曾将碑平置镌刻（徙碑时必曾平置），故皆为可疑之人也。

宋后，经人洗镌，亦尚不止一次。其可知者，一为明之末叶。碑首两行横轻直重之笔，当即此时所为。其人姓名不可知，要是俗士之谬附风雅者，见当时碑文有拓坏处，遂刻补之。其所依据，似从《隶释》。故文不谬而字拙恶。见斥于顾亭林氏。今第三四五诸行内，所存汉法之字，当亦曾经其洗镌，但尚能遵循原迹，未为大谬。"字升达"之升字，原颇似升字。杨升庵即审为叔。今竟无上中一点，明作升字，当即此时缘《隶释》刻成。自升庵外，更无宋明文人可以校订此字。此则明末洗镌之遗憾也。"故敕天选"之敕字，疑即此时所补。道光以后，又曾被人洗镌。旧痕中之细画，当即此时所作。其人未敢妄有增改。洗刻亦不甚深。余见金陵大学所得旧拓，铭辞末空行，有牧竖所刻四五字（文似"更各名生"）今碑无之。金大购得此本于成都肆中，应不出为清代拓本。清拓以道光时为盛，故疑重洗在道光后也。

言樊碑者，侈言宋拓。宋拓今实未可得矣。宋遭胡骑蹂躏，故家大族，流离辄数千里。乱后遗民，文物散佚，五经且不易聚，况樊碑乎。果有存者当可鉴别：(1)"刘盛息悚书"五字完整。(2)临空行处之字不溢线外，此绍兴以前拓也。(3)汉隶完好，缺"盛息悚书"四字之半。此绍兴以后拓也。

明代拓本，与绍兴以后拓本，相去应不甚远，所不同者，字画较为模糊。碑石露立，摩拓者少，镌痕易为苔藓浸蔽。洗涤不易净故也。唯其时绝无横转直重之笔。其有之者，断非明拓。

明末与清初拓本，始杂俗刻。唯保存汉隶丰神之字甚多。文字亦较明拓明显（由经洗碑故）。康熙至道光间，有牧竖胡雕字迹在行间，甚易辨别。如此拓片，在今日已为珍品。若道光以后拓本，则什八九皆失汉旧，非唯字不足重，即其文亦有可疑者。

拓片所贵，在于全碑。若装册本，则悉已经碑估增损窜乱，迨无一册可以信任。苟其碑文、字数，俱能与前举碑文符合，斯为较佳者耳。至双钩本与修饰本，则其价值，又去近拓远甚。今拓保存汉隶形格者尚什三四。均双修饰，易致全非故也。

蚕丛考①

(1976年)

蚕丛之名，始著于扬雄《蜀王本纪》，其书已佚，唯有辑本。所辑魏晋以来杂史、地书及类书，文字小有异同，大旨若一。无非出于扬雄所传。兹于《华阳国志》外，选录数种以便参订：

《文选·蜀都赋》注云："蜀王之先名蚕丛、柏灌、蒲泽、开明。是时，人萌（民）椎髻、左言，不晓文字，未有礼乐。从开明以上到蚕丛，积三万四千岁。"（按：左言，谓不同于汉语。六朝有"左郡"，亦谓语言不同之郡。）

《艺文类聚》卷六云："蜀王始曰蚕丛，次曰伯雍，次曰鱼凫。"

《太平御览》卷一六六云："蜀之先称王者曰蚕丛、柏灌、鱼易（凫），开明。是时，椎髻、左衽，不晓文字，未有礼乐。自开明以上至蚕丛凡四千岁。"（左衽非氐羌俗，应是"左言"讹。）

该书卷八八八又云："蜀王之先名蚕丛，后代名曰柏灌，后者名鱼凫。此三代各数百岁，神化不死，其民亦随王化去。"

综合分析，以求扬雄本语，则蜀王先世最先著名者为"蚕丛氏"。其时与中原不同俗，无文字，无礼乐，年代荒远，连坟墓亦无有。质言之，还是原始社会的初期或中期，或说是中石器时代以前的社会。自蚕丛氏开始，乃有氏族组织，所谓"王"，乃后人加于其氏族首领之称，正如称伏羲氏、神农氏曰"帝"，非即已经有国家制度之王号也。

常璩在《华阳国志·序志篇》，用特笔反对扬雄所传之说云："世俗间横有为蜀传者，言蜀王、蚕丛间周回三千岁。……按《蜀记》，'帝居房心，决事参伐。'参伐，则蜀分野。言蜀在帝议政之方。帝不议政，则王气流于西。故周失纪纲而蜀先

---

① 原载《中国纺织史资料》，1976年第2期，后收入《华阳国志校补图注》。

(称)王。七国皆王，蜀又称帝。此则蚕丛自王，杜宇自帝，皆周之叔世，安得三千岁？"所据《蜀纪》三语，与《三国志·秦宓传》"请为明府陈其《本纪》"文同。璩固云："司马相如、严君平、扬子云、阳成子玄、郑伯邑、尹彭城、谯常侍、任给事等各集传记以作《本纪》。"则从前汉至魏晋，作《蜀本纪》者凡八家。扬雄仅居其一。璩与秦宓所据之《蜀本纪》，出于星象家言，非扬雄语。扬雄"怀铅握椠遍访故老"（《方言序》），传其《方言》。其记蜀王事，当亦如此。凡民族在无文字时，率有口诵其先代历史之能力。（近世彝族奴隶主，有能诵其祖先名氏至七十代以上者。）扬雄生于蜀，与故老习，记其传说如此。虽其真实性不能甚大，亦应较其他学人专恃书本推断者为可靠。故璩所持以驳雄说者，不能成立。

用历史唯物主义观点分析旧籍所传关于蚕丛氏之资料，可以肯定其为原始社会最先形成一个氏族集团之首领。其至周末之时间，说三千岁，为保守数；四千岁，为近似数；估万余岁亦非甚夸。此为结论之一。

胡为称曰"蚕丛"？凡古籍记述原始社会之氏族名称，有录音者，有录意者。"蚕丛"为录音耶？必不取于如此繁画之两字，意必亦如"伏羲""神农""有巢""豕韦"之为录意；或由其饲养原蚕成功，创缫丝法，为民族兴利，故号"蚕丛"也。宋黄体复《茅亭客话》曰："蜀有蚕市，……耆旧相传，古蚕丛氏为蜀主，民无定居，随蚕丛所在致市居。此其遗风也。"是蜀人相传蚕丛氏时尚无都邑，随桑林所在，聚其人，教以养蚕缫丝，故曰蚕丛。然宋去蚕丛已远，后于扬雄一千余年，既非秦汉人传说，更难信赖。窃疑蚕丛之义，谓聚蚕于一箔饲养之，共簇作茧，非如原蚕之蜎蜎独生，分散作茧。是原始人类一大发明创造，故成为氏族专称也。今蜀人犹称作茧之草树为"簇"（cù），语音作"丛"（còng）之入声。疑即蚕丛语变也。

古史相传，黄帝元妃嫘祖，教民养蚕（出《世本》）。《史记·五帝本纪》据《世本》与《大戴礼·帝系姓·五帝德》撰成，称："黄帝居轩辕之丘，而娶于西陵之女，是为嫘祖。嫘祖为黄帝正妃，生二子，……青阳降居江水。其二曰昌意，'降居若水。昌意娶蜀山氏女曰昌仆，生高阳……是为帝颛顼也。"蜀山氏居于何地，暂可不论。论蜀之为字，盖即原蚕之本称也。就我国文字发展过程言，先只象形，次会意。周秦以降，谐声字乃多。蚕字，从，朁声。其非原始之蚕字甚明。较蚕字早出者，有蜀字，（古文作）后加虫字成为"蠋"，象形兼会意。所表者为蛾类之幼虫。蛾类幼虫与人类生活最关切者莫如蚕，故蜀字系古人专为原蚕制造，象巨目之虫。内又加虫为"蜀"者，是象形末期字，以明其非他种巨目动物。原蚕眼实微小，然有大黑斑为伪目，故其造字如（家蚕经人工改良变化，多失其眼斑）。我国象形文字，在渔猎经济时代开始，畜牧时代大盛，进入农业时代转衰，乃渐进入会意、谐声阶段。估计蜀字之制成，即在黄帝之世。其字，亦即为当时之蚕字。后世乃以"蜀"为原蚕，而于人工改良之蚕种，则造"蚕"字以相区别。故《淮南子》云："蚕与蜀似，而爱憎异。"其所云"蜀"，即原蚕，今云野蚕者是也。（蠋字则后来成为用以代表蛾、蝶等昆虫幼虫之字。）

野蚕，今四川有桑之处皆有，桑林岁久，即自繁生。其蛾与蚕蛾无异，产卵于桑之枝干，不甚密集。春暖自孵出，就叶芽。恒自分散，鲜共叶者。蜕变四化而后成茧。体较家蚕短小，形质全同。散向桑下枯草、篱栅、墙垣间结茧，或就桑皮皴裂间。茧淡灰黄色，较家蚕茧小而坚硬，可煮以抽丝。丝与家蚕丝无异，但多颣结。性不群聚，故"蜀"字引伸之义为独。扬雄《方言》云："一，蜀也，南楚谓之独。"盖蜀人古语读一为蜀，其字作～，像蚕之形，亦即古代之蚕字。我国古代传养蚕法者，初亦只呼为"蜀"。是故"蜀山氏"，即古人用于蚕丛氏之旧称也。其义皆谓最先创造养蚕法之氏族。西陵氏女子嫘祖得其法，转施之于中原地区，故其子娶于蜀山氏。疑西陵氏居地与蜀山氏近，故传其术于中原独早。然则蚕丛氏在黄帝之先已养蚕矣。

蜀族在蚕丛时无文字，似可定。自其入居蜀地，进入农业社会以后，即不能不有文字。其字在出土文物中颇有可验证者，如手纹是造作义；花蒂纹是王之义，持刀人是兵之义，舞蹈人是快乐及胜利之义，唯不识其作何音。其字，像蚕形读蜀音，可缘《方言》定。又有字，像二蚕对望待饲，读蚕音，则可由《后汉郡国志》蚕陵县字作"八陵"而定。（《前汉志》作"蚕陵"。《后汉书·帝纪》及《西南夷传》并记有安帝永初元年、桓帝永寿二年，"蜀郡夷叛，攻蚕陵"。字并作"蚕"。唯《郡国志》作"八陵"。）故可知此"?"字乃蜀人习惯使用之"蚕"字。《帝纪》用汉字，作"蚕"，《郡国》用地方字，作"?"。是蜀王时已有之古蚕字，一（蜀）表单数，音如独。（蚕）表复数，为蚕字音，蜀人已知中原称此虫为蚕，缘之读为蚕字音也。

由文字发展的时代变化，与区域性的不同，可以证明蚕丛氏之所以著名于世，乃由其创始发明养蚕也。是为结论之二。

蚕丛氏居住何地？《汉书·地理志》记蜀郡有蚕陵县，"莽曰步昌"，叙在蜀郡十五县之末，可知其为武帝时新开县。《后汉志》作"八陵"，可知其为蜀山氏故地，亦蚕丛之故邑也。《元和志》"翼州，北至松州（今松潘）一百八十里。……周武帝置，本汉蚕陵县地。汉元鼎中开。梁大清中，肖纪于旧县置铁州，寻废。周天和元年，讨蚕陵羌，于七顷山下置翼州。"考地理者，皆一致将其故地定为今松潘县南百八十里之叠溪。其地当松坪河岷江会口，旧有小平原。1933年地震，山崩壅江，今为叠溪湖，其北山为蚕陵山。（见《旧唐书·地理志》"翼州卫山县"）

县名蚕陵者，盖旧传有蚕丛之墓在此。犹楚之"夷陵"，巴之"故陵"，皆因旧墓为称。抑或谓蚕丛氏所居之丘，与"蜀山氏"之蜀山同义。要必与蚕丛氏旧居有关。汉元鼎时，去蜀王杜宇未远。武帝时蜀人必能知其先王住地所在，故立县时用此名也。

上古人类，原从牧业渐进入干农耕。方其牧业经济时，以草原为乐园，暖谷为畏途。岷江上游地区，为一丘低谷浅之低草原，北连陇西，接于河套。西连大渡河上游与雅碧江上游之康北大草原，接于析支、洮湟。如此连成一片之大草原，兼有浅谷河原，可以种植麦类与牧草，是为我国畜牧时代民族活动之中心地区。其后中原农业，与巴蜀吴楚农地次第开辟，蔚起为新的经济中心。初犹与此旧的牧业中心不能无频繁之经济联系。在黄帝世，此草原与中原农区，犹是一大家庭。故黄帝"西至于空同"，而娶西陵氏女（此西陵当指陇西某地，与楚之西陵无关）。其二子又降居江水、若水地区，与蜀山氏婚。其孙、曾孙颛顼与帝喾，又次第入为中原大君。大禹亦生于此江水河谷，而入为尧舜之"司空"。其后遂克建成夏后氏之国家，开始了我国的奴隶社会。而此牧业时代中心之大片草原，受地理条件限制，社会停顿不前。秦、汉以后，差距日大，遂形成夷夏畛域之别。人有论及蚕丛为蚕丝业之发明者，则反群起疑之，以为唯嫘祖是养蚕之创造发明人也。

蜀地与华夏之原始交通，原本以岷江上游河谷为媒介。绵虒（茂州旧名）与蚕陵，为其枢纽。蚕陵以上，道路大体平易。故王莽改名步昌。蚕陵以下，河谷深狭，岸道险窄，至绵虒乃略开展，多农地。故秦县止于绵虒。绵字，古为茧絮之义，亦与蚕丛文义有关。自绵虒东逾土门关（今地名），仅一浅岭（属九顶山脉凹部），循湔水（海窝子之白鹿河）而下，至瞿上（彭县北之关口，《元和志》指为天彭门），穿短峡而出山，入于成都平原之郫邑。此蜀王柏灌、鱼凫由蚕陵渐迁入蜀农业地带之道路也。别自土门关循雒水下行至绵竹，一日可达。今世犹通行。远古时，成都内海未全出土，其东北已出土部分，为郫、什邡、绵竹等地区。此地区人物之往来于中原者，恒自绵虒点、蚕陵，溯江源（黄胜关），入于陇西地区，转入渭水平原。（当时蜀与内地交通，只能如此。）其后自宝鸡、故关，入武都盆地，再循嘉陵江水至葭萌入蜀，是为殷周时代蜀与内地交通孔道。沿线多有桥梁与阪险，唯捷于草原旧路。此则必待至人民已能凿山、架桥之农业经济时代乃能开通。故知其为殷周世开。其时，蜀山氏（蚕丛氏）部落亦已转进至瞿上（海窝子）与郫矣。又后，巴蜀与中原商业发达，经济联系紧密，政治联系逐渐加强，褒斜栈道乃建成。然蜀与内地交通孔道仍更东移，而以汉中为枢纽；时则已在秦图统一之始。于是草原故道无复有人过问矣。秦灭蜀后，乃开湔氐道，即自今灌县龙溪出汶川娘子关之路，是为岷江上游河谷与成都平原间新开之捷径，为汉置汶山郡创立了基础。于是土门关古道亦渐废矣。又至蜀汉时，修成剑阁桥道，南栈新路成，马鸣阁旧路亦废。不知此种交通发展过程者，妄谓"三皇乘祇车出谷口"（《三国志·秦宓传》文），为今之褒斜谷口，而以为蚕丛氏之入为蜀王，是循江水而出，反以疑翟上为蜀王故治之说焉。昧乎地理故也。

以此考订古代西陲交通路线的发展变化，决定蚕丛氏最先住居地点，亦合于旧籍沿革之文。当为结论之三。

蚕丛氏属于何种民族？由其居地所在，即可肯定其为氐类。氐与羌族同源，为人类最先入居于康、青、藏大草原者。由于草原辽阔，多食草兽，易猎食；又富于白石英块，成天然的犀利石器；其地干燥少雨，空气清洁，人鲜疾病；又无毒虫猛兽害敌；故原始人类乐于留处。从而较早育成卓越之牧业文化。其贡献留存于今世者为：育成驯服之牦牛与藏狗，更进而育成乳肉兼用之良种犏牛，与耐寒之来麦（青稞）。来麦，为世界麦种之始祖。欧洲之黑麦至今仍用其音。我国之麦类名字，皆从来字为文，大麦、小麦、燕麦、莜麦，今已普种于世界各地，皆来麦之变种也。羊类、马类及玉类之为商品，莫不以羌族为最早、最多。中原文化，在牧畜经济时代，尚落后于羌族。虽已进入农业经济时代，依凭于羌族商品者仍多。"黄帝以玉为兵"（出《韩非子》），或多资于羌族之产品。后稷之"贻我来牟"（《诗·生民》），正谓开始引种青稞。《禹贡》之"织皮"，谓连毛羊皮，古人市以织褐也。《史记》《汉书》之"莋马、牦牛"，秦汉世犹依赖于羌族供应。羌虽限于地文，日渐落后于中原。若言石器时代之经济文化，则或较我国他族为古老矣。（吕详《羌族源流探索》）

羌族的原始住区，为藏北之绛塘草原（羌塘），与康北之俄洛草原（《禹贡》之"析支"，《汉书》曰"赐支"。赐，古读如锡）。当其极盛时，人口发展无已，分向四方延展：南入雅鲁藏布江河谷者，为"播"族（《西羌传》云"发羌"，隋唐时为"吐蕃"）。更南延展者，为喜马拉雅山南斜面尼婆罗、哲孟雄、不丹、珞巴诸族。向西延展者，为克什米尔，在唐为大小勃律与西女国。向西北越昆仑而下，入于塔里木盆地者，后为"西王母"，与鄯善、于阗、龟兹诸沙漠绿洲国族。向东北延展者，别为党项（秦为义渠，唐为党项，宋为西夏）与犹及赤狄、白狄、长狄等族。其向东南延展于西康高原者，在汉为牦牛羌，在隋唐为附国、白兰、东女（苏毗），在元为霍尔、木雅、梭罗，在清为明正、理塘、巴塘、德格等土司部。其更早已入居于西康高原与四川盆地，及云贵高原间之河谷地带者，是为氐族。又有更早已远入汉水流域与大巴山区者，则于唐虞时为三苗，殷周时为楚芈，魏晋时为巴氐；皆已进入农业社会，渐与内地民族融合矣（楚国芈姓，其字为羌之变体，而读音如"米"，与羌氏语呼人为"米"同音。盖羌族语犹存之迹证）。未能更向东南延展。向东扼于文化较高的中原，向南扼于越族故也。凡文化较高民族，恒向其四周文化落后地区作波浪式延展推进，其规律如此。

氐者，居于低地之羌也。岷江、大渡河、金沙江诸河谷，比较羌族居住之高原地方低暖，宜于种植，而交通不便。地理既异，经济生活不同，民俗随之变化，形成新的支派。自武都之白马，汶山之冉，汉嘉之青衣，沈黎之莋，越巂之白狼，皆称曰氐。蚕丛，盖居岷江河谷之尤早者。蚕丛之族徙蜀，而后冉承居其地。是故蚕丛氏，虽蜀之先王，亦氐类也。

《殷武》之诗，称"自彼氐羌，莫敢不来享，莫敢不来王"。谓成汤时，住居陇蜀之氐羌民族，咸与殷商民族发生和好关系，商品市易不绝。殷墟甲骨文中，刻人羌字甚多。其字从羊从人，形态甚多。有羌加"石"字的，它表示羌族卖石器（玉器）的商人。石器最美者以古羌族住区为多，中原古代人珍贵的玉器，大都由羌人运来出售，故加石字的羌字，仍应读为羌字的音。另还有大量的加"系"的字，有人解为被系虏的羌人，窃以为那是表示的卖丝的羌人。蚕丝是羌族所居温暖河谷才能生产的，岷江上游河谷生产得最早。那些河谷地区的人，中原古代把他称作"氐人"。故从羌加系的字，实际是指的"氐人"，即羌族入居温暖河谷经营农蚕业的人。

羌人善养马牛羊。既居河谷，不利于牧牛羊，行动咸需于马，故氐族皆有宜于山道之良马及行销内地，是谓"莋马"。蚕丝与马，为殷、周间氐人与内地商人市易之两大商品。故秦、汉恒以蚕与马为类。《荀子·蚕赋》谓蚕神"马首"。郑玄注经，谓："蚕与马同气，故蚕月禁杀马。"《甘石星经》谓房四星其一为"天马"，一为"天驷"。《协纪辨方书》谓："天马为丛神，为掌蚕之命神。"《唐月令注》谓"先蚕为天驷星"（并据《辞海》引）。而隋唐时以马明王为蚕神。马明王塑像，额上多一纵目，乘白马，此盖表示其神为纵目人，属白马氐类，隐指蚕丛也。宋王钦若驳天蚕为天驷之说（详《宋史》卷五五本传），于是朝廷祀典称"先蚕"。废其燔柴，但瘗埋以祭。神亦另作翁媪持茧像，拟嫘祖。人民不愿从钦若说者，乃因马头娘娘故事，塑女子披马皮者为蚕神，或私祀马明王如故，但改称其庙为白马庙而已。马头娘娘故事者，唐人所造。谓高辛氏时，蜀人为贼掠去，其女誓于众曰：能使父还者嫁之。家有马，绝缰逸去，乘其父归，父不肯以女嫁马。马咆哮嘶啼，其父怒，射杀之，曝其皮于庭。女过其处，皮蹶然起，卷女飞去，栖于桑上，女化为蚕，食桑成茧（见《太平广记》）。此明是迷信蚕马同气者所造，仍称"蜀人"，远托于"高辛氏"时，其意犹指蜀山氏也。明清人又谓蚕神为"青衣神"，徐光启《农政全书》谓："蚕丛氏衣青衣。"青衣、白马，皆氏族支别之称。要皆足以说明养蚕为蜀地氏人所创。是为结论之四。

近世，有西人传教士著书，谓中国蚕丝业始于山东。其人不知蜀地有蚕丛，有原蚕，但缘山东有柞蚕，有黄丝（较原始的为绿色），遂言之。夫若先无天然自生之野蚕以启发远古劳动人民，即不可能有养蚕的创造。四川自岷江河谷入四川盆地一带，今犹多野蚕，亦其证也。

《牧誓》列邦考略[①]

(1977年)

《牧誓》载于《尚书》，产生于我国文字足够全面记录历史的年代，应是可靠文献。《尚书》原文云：

> 武王戎车三百两，虎贲三百人，与受（殷王受）战于牧野，作《牧誓》。（以上书序）
>
> 时甲子昧爽，王朝至于商郊牧野，乃誓。王左杖黄钺，右秉白旄以麾，曰："逖矣！西土之人。"（孔传："逖，远也。'远矣西方之人'，劳苦之。"）王曰："嗟我友邦冢君御事，司徒、司马、司空，亚旅、师氏，千夫长、百夫长，及庸、蜀、羌、髳、微、卢、彭、濮人：称尔戈，比尔干，立尔矛。予其誓。"王曰："……勖哉夫子！尔所弗勖，其于尔躬有戮。"（《孔传》"夫子，谓将士"）

《史记·周本纪》云："武王即位……东观兵于盟津……是时，诸侯不期而会盟津者八百诸侯。诸侯皆曰：'纣可伐矣。'武王曰：'女未知天命，未可也。'乃还师归。居二年，闻纣昏乱暴虐滋甚……于是遍告诸侯曰：'殷有重罪，不可以不毕伐。'乃遵文王，（上文云："为文王木主，载以车，中军……言奉文王以伐，不敢自专。"）遂率戎车三百乘，虎贲三千人，甲士四万五千人，以东伐纣。十一年十二月戊午，师毕渡盟津。诸侯咸会。……二月甲子昧爽，王朝至于商郊牧野，乃誓。……誓已，诸侯车会者四千乘，陈师牧野。帝纣闻武王来，亦发兵七十万人距武王。武王使师尚父与百夫致师，以大卒驰帝纣师。纣师虽众，皆无战之心，心欲武王亟入。纣师皆倒兵以战，以开武王。武王驰之，纣兵皆崩畔纣。纣走，反入登于鹿台之上，蒙

[①] 此为作者未刊稿，写于1977年5月。

衣其殊玉，自燔于火而死。"《尚书·武成篇》云："既戊午，师逾孟津。癸亥，陈于商郊，俟天休命。甲子昧爽，受率其旅若林，会于牧野；罔有敌于我师，前徒倒戈，攻于后以北，血流漂杵。一戎衣而天下大定。"牧野战斗实况，大体如此。

《史记》言"不期而会盟津（即孟津）者八百诸侯"与"车会者四千乘"，所据资料固属夸大。要亦必有若干属于华夏已经使用车战之诸侯，亲身或派遣其大臣率军来会。当时使用数字，百为最大数。千、万、亿等字所代表之实际数量，并不明确。"八百诸侯"，只可设想为八方众多之氏族部落君长。

即"虎贲三百人"，《史记》作"三千人"亦不当谓孰为错误。当时千百为姊妹字，万亿亦为姊妹字，并非如后世有十倍含义之差别也。考订此史事者，不必在数字方面有所胶执，唯对其称谓方面，则不能一字疏忽。因其在当时，为誓词之第二人称，即发令的对象，不能有一字失误也。

此次进军，在牧野会战前，尚有誓词三篇（《泰誓》），亦载于《尚书》。在"一月戊午，师渡孟津"前，有《泰誓上篇》，称"嗟我友邦冢君，越我御事、庶士，明听誓"。是向华夏来会之诸侯及其将吏，发布渡河命令。故曰："以尔有众，底天之罚"。"弼予一人，永清四海。时哉，弗可失。"誓毕，武王率周师先渡。诸小邦、夷落附周者，从之。大邦诸侯尚有徘徊不进者。

当日，"王次于河朔"（河之北岸），乃向既渡之周众，及附周先渡之部属，宣布必往诛纣之决心，以固众志，是为《泰誓中篇》。其称曰："呜呼！西土有众。"其誓词中，强调人民立场，有"天视自我民视，天听自我民听。百姓有过，在予一人。今朕必往！"等语。《史记》用孔丘未删之《周书》本语，作"勉哉夫子，不可再，不可三"。谓不能再如前次之自孟津旋师，示今必往之。"夫子"，犹后世云"丈夫子"，亦俗语"男儿汉，大丈夫"之谓也。

军心既固，南岸未济诸侯，亦相从同济。于是又发布《泰誓下篇》，则称曰："呜呼！我西土君子"。"君子"二字，按验西周时《风》《雅》《颂》诗，皆属奴隶阶级对奴隶主阶级之称谓。殷周代谢间，整个中华均属奴隶社会。会师孟津之诸侯与率兵将领，皆奴隶主阶级，故向殷郊进军前誓师，漫作此称，以暴各路统帅。其言亦与勖勉周众不同，有"独夫受，洪唯作威，乃汝世雠。""肆予小子，诞以尔众士，殄歼乃雠"等语。

迨已至牧野与纣军对垒将战时，再作此《牧誓》，则全面举出参加战役各级人物，作最后一度勉勖。

兹依《牧誓》全文，分析其参加战役之国族如下：

"友邦冢君" 谓以诸侯身份亲驾会师者。"八百"之数，断不能有。但亦必有亲身至者，主要是西伯权力所及之国。如《大雅·绵》诗"虞芮质厥成"（《史记》作"断虞芮之讼"）之虞国、芮国，皆河东盐池附近之国。则郇瑕与虢国、桧国等旧邦君长亦必因地孟津而亲赴也。又歧周婚姻之国，如《大明》诗中之挚（王季妃国）、邰（武王母国，"在洽之阳"），与厉宣世婚之申，褒姒本国之褒（在汉中），皆丰镐附近之"大邦"，亲附于周甚久者，应以国君亲赴矣。又如巴国、骊戎，及《左传》所谓"江汉诸姬"之国，皆非周王之族，而得赐姓为姬，若非国君亲赴，何能遂得赐为同姓。（文武子弟皆有封国。可查。江汉诸姬，楚尽灭之而周不问，明其非出自周族。而是赐姓姬也。）又如吴太伯，时已建国，其国君因省旧族而至，亦有可能。吴距周京远，距孟津则非甚远也。

"御事" 时华夏诸王侯，皆已习于乘车与车战。诸侯之御者，其重要亚于诸侯。主将之御者亦亚于主将。故因"友邦冢君"次举之。

"司徒、司马、司空" 皆氏族公社时代已有职官之称，见于《虞书》。在周，号为"治事三卿。司徒主民，司马主兵，司空主土"。（《孔传》语。土，谓财赋、器械所出。）周倾全力以兴此役，故此三卿皆赴。其政治地位，实高于列邦诸侯，为是周人，且不作战，故逊叙于御事之次。其时列邦诸侯职官，或亦已有如此分职者，如虞、芮之国，即是芮虞故国所演变（周灭殷，统一天下后乃发展为六卿，见《周官》篇）。

"亚族" 《孔传》云："亚，次。旅，众也。众大夫。其位次卿。"窃谓此指随国君率军与会之将领，及国君不来只命其率军与会代表国君之将领。即各国率军贵族之漫称也。

"师氏" 为奴隶主管理宫闱奴隶之高级奴隶也。犹今人所谓"管家娃子"。有战争，则率奴隶军伍指挥战斗。《周南·樛木》"言告师氏"是也。此其人，虽权势同于国卿，而身份仍属奴隶。其为主人率师同来者，及代表主人率师来者，阶级地位逊于列国大夫，故叙于亚旅之次。

"千夫长、百夫长" 皆奴隶主之部落或四夷之原始部落君长未能亲至，但派遣率领兵士赴会者；其人皆无职名可称；率众较多（如在百人以上）者，则称之以千夫长；率众少（在百人以下）者，则称以百夫长。其身份更低于师氏，但为临时指派之亲信奴隶。

"庸""蜀"等八国 特称"人"者，谓其既非国君亲至，又非派遣将领率队来赴，只有人从军赴战，自为族别。世有荒唐儒生，粗心大意，竟谓从周灭纣者只此八国。因而称为"牧誓八国",此当辨矣。又或妄谓《春秋》书法,"君不亲行则书人"。亦与《牧誓》文义不合。又或疑非出国君使命,系其商人自往助师。其时,各民族部落,皆有人常至周地进行市易。主要是以土产及牲口交换周之工艺品。其人皆雄勇好斗。至周,则假其酋长名义致送贡品,取得使臣待遇,以便与在周各商贾进行交易。武王伐纣,预遣使臣驰告各国订师期。(《小雅·皇者华》之诗是也。)亦命诸商转告其国君长。其酋长不能派遣军伍者,诸商即自请行。亦只为便于扩展其交易范围,不尽由利在功赏。其出售奴隶者,则将所携牲口相从。人数各不过十数以至数十。此时武王亦盼其能勇敢战斗,故举名及之。

此八部族所在之地理位置。兹亦考订说明如下:

《孔传》云:"八国皆蛮夷戎狄属文王者国名。羌在西。蜀、叟、髳、微在巴蜀。卢、彭在西北。庸、濮江汉之南。"(据相台本,加句读点。《史记集解》引此文,无"属文王者国名"及"叟",七字。卢,作纑。)《史记正义》引《括地志》云:"房州竹山县及金州,古庸国。益州及巴、利等州,皆古蜀国。陇右岷、洮等州以西,羌也。姚府以南,古髳国之地。戎府之南,古微、卢、彭三国之地。濮在楚西南。有髳州,微濮州,卢府,彭州焉。武王率西南夷诸州伐纣也。"汉唐人说八国者,皆同此两家。然孔说空洞,无实地可指。张守节用《括地志》,妄以西南唐代羁縻州字附会,竟谓武王权力已达金沙江外之云贵高原,昧于历史实际尤甚,不值论驳。兹考古今地理记载,考订此八个民族当时地理部位如下:

"庸" 见《春秋左氏传》文十六年。盖百濮之最选进者。其核心地区为今湖北之竹山、竹鸡两县。发展至春秋时,已成为与楚、巴鼎足之大国。辖地包括今襄樊以西,房山、郧阳与陕南兴安地区。曾与秦、蜀互争汉中之地。兹败,又与百濮联合侵楚,几凌楚国。结果为巴、秦、楚三国所败,瓜分其地。其国在周初世,似已强大,由于对周交通不便,商队在周者人多,故被列于八族之首。

"蜀" 即蚕丛蜀山氏之族。周初世,已由岷山进入成都平原,建成国家。当时辖境,不出成都平原北部与岷江河谷。未到涪江以东。《正义》云"巴、利等州",亦误。叟为青羌别称,与蜀有别。孔传误。庸、蜀皆有使臣与其商队住在台镐,虽未出兵,其人自从者较多,故叙在前。

"羌""髳" 皆西羌民族也。住于大积石山以北之青海高原者,善于养羊,以羊毛与毛皮与华人市易,华人呼之为羌。住于大积石山以南,之析支河谷与西康高原者,其人善养牦牛。以其毛与尾与中华市易,故华人呼之为髳。一曰"牦牛种"。字亦作犛。《后汉西羌传》又作氂。(《小雅·角弓》)华人用其毛饰矛,故字亦作髳。

周之初世，此两部牧民，似尚未能组成强固之氏族部落，（其明显之氏族组织，初见于汉代记载。）固不可能有国家，只可能是原始集聚群落之社会形态。（只其东向移居入陇右与川边河谷者已进入农业社会，组成薰育、义渠、蚕丛等部落。并各有兵队参加牧誓，则当在冢君、亚旅、师氏之列。）其停留于青海高原者，被称为羌，停留于析支河谷与西康高原者，则被称为髳耳。《后汉·西羌传》之"牦牛种"，《三国·张嶷传》之"旄牛王"，住地在今康定之木雅乡。距丰镐窎远。不能谓其地为《牧誓》之髳。

"微" 《孔传》云"在巴蜀"。查巴、蜀古地名无与微字音义相通者。唯汉置犍为郡之为字，蜀人读音与微同。在《诗韵》为属"四支"，微属"六微"，亦是叠韵，有可通假之理。汉犍为郡，大江以南，为僰侯国地。大江以北，今仁、井、荣、威四县间铁山地区，两汉未有郡县，疑即是古微人住地。《说文》："为，母猴也。好爪。爪，母猴象也。下腹为母猴形。"（谓古字形，上像爪，下像腹。）世无"为猴"实物，盖微族之图腾形象如此，故世传其字形，而读音如微。又《说文》"犍，辖也"。谓驾车之牛也。是犍有驯服管理之义。郡名犍为，取义如此欤。

张澍《蜀典》，有长文考订此八族，征引已繁，皆只循前人说，多未能合实际。于微字提一新说。谓：微与尾通。"《书》'鸟兽孳尾'古文作字微。《论语》微生高，《人表》作尾生高。"又引《九州要记》"越巂郡界千里，有木耳夷常居木上，作屋。有尾长二寸。若损尾，立死。若欲地上居，则预窟穴以安尾。盖以此夷生尾，故谓之微"。又引《水经注》言建宁郡温水侧高山"悉是木耳夷居"，以为即是其地。此正如张守节，因《括地志》言"姚府以南，古髳州之地"，遂谓髳在南诏界。（唐人所言姚府，姚州都督府，治今云南大姚县。姚府以南即南诏地。）同一不合地理实际。而信夷人有尾，尤昧生物学理，无足取矣。即如盘瓠种衣后有尾，哀牢种衣有九尾，可协于尾之实义。然亦皆远在长江以南，窎远之深山穷谷间，不可能是《牧誓》之微人也。

"卢" 《左传》桓十三年，屈瑕代罗，"罗与卢戎两军之"。杜预以为即中卢。《太平寰宇记》襄州、中卢县云"州西南五十八里，本汉中卢县地，春秋卢戎之国"。遵"杜注"也。今考中卢南不百里，即楚旧都鄢地，卢戎不当迩近如此。按《华阳国志》，宕渠郡有宕城、河南城。宕城在今广批准渠县界上。河南城无考，以汉代地理推，当在今通江万源、城口县界，与巴东及庸国接近。又巴东郡，有"奴、獽、夷、蜑之蛮民"。奴蛮，盖即卢人之异字。今四川城口县地，高厂兀立，疑即古卢人之国。其族源同于巴氏（賨）而更接近巫载，故组成部族较早，参与牧野之师也。

麋国，今郧西地。两地亦近邻。

"彭" 《孔传》谓"卢、彭在西北"。北地郡有卢水胡，魏、晋世扩散遍陇右。孔氏拟为《牧誓》之卢，犹可。

若彭，则非西北地名所曾有。唯蜀中地名称彭者则甚多。成都平原之北有天彭门（天彭阙）。唐于其下置彭州。今为彭县。眉州平原之北，有彭模山，彭亡聚，相传彭祖宅、墓在此。唐以来为彭山县。《汉志》阆中县，有"彭道将池""彭道鱼池"，皆在县城外。足知秦灭巴时，本称彭道，后乃改称阆中也。县东渝水一带居民，在汉称为賨民。唐宗人说《牧誓》者，谓彭即賨人。缘彭道地名为说也。《太平寰宇记》陵州始建县云：有"彭首山，在县东九十二里"，不知何指。《路史·国名记》云"彭、黔之彭水县"，谓隋、唐、宋之黔州所治之彭水县也。张澍遵之，谓"彭即彭水夷"。查彭水县本《汉志》涪陵县，隋唐始曰彭水，则与周初之彭人应不相干。《水经注》江水，羊肠、虎臂滩下云"又东，彭水注之"。彭水又作彭溪，即今之开县河。邓少琴先生《巴史新探》以为即《牧誓》彭人之国。指板楯之盾，又曰彭排，为旁证。较旧说彭山、彭水与姚府南者为胜。然犹莫如取"彭道"之说。凡汉县，夷道、羌道、氐道、湔氐道、甸氐道、严道、连道等，皆以蛮夷中新开山道为称。阆中之称"彭道"，盖为彭人故居。巴国灭彭，并徙，都之。谓賨人即彭人之新称，理有可能。板楯本与賨人同为一族，汉代始分别称之。彭溪之由彭人入住得名，理亦可通也。

"濮" 见于《左传》文十六年，"庸人帅群蛮以叛楚。麋人帅百濮聚于选，将伐楚。于是申息之北门不启"。则所谓"百濮"当在庸与申息附近，不远矣。蔿贾曰："百濮离居，将各走其邑。"则所谓百濮，又不只庸、申、息附近有之，邑落分散不相统率，分居地面甚广矣。又昭十九年，"楚子为舟师以伐濮。费无极言于楚子曰……若大城城父而寘太子焉。以通北方。王收南方，是得天下也"。据此推之，其濮地在楚南，江水附近，属今湖北长阳、巴东一带也。《尔雅·四极》"南至于濮铅"，则极南有濮称也。《华阳国志》会无县，"渡泸，得住狼县，故濮人邑也"。又蜻蛉县"有濮水"。《汉志》作青蛉县，云"仆水，出徼外，东至来唯入劳"。来唯县又云"劳水出徼外，东至麋泠入南海。"则濮水即今云南元江县之红水河（宜良江），至越南入海也。《华阳国志·南中志序》又有"滇、濮、句町、夜郎……"等侯王国，谈藁县"有濮獠"，兴古郡"多獠、濮"。又句町县云："其置自濮王。姓母。汉时受封。"是汉昭帝封亡波为句町王前，本称"濮王"。然则濮族分布已接越南界矣。永昌郡又有"闽濮、鸠獠，其渠帅皆曰王"。闽濮，即孟族，南诏之本族也。然则南诏亦濮人类矣。

以上单就濮本字资料举之，在周秦汉世，其分布地域之辽阔如此。大抵当春秋世，尚停滞于原始社会，住地主要在楚、巴、秦三国之间，庸国附近诸山地中，与麇人、悠人、鱼人同被称为"群蛮"。初则臣服于巴，而亲庸仇楚。故有鲁文公十六年伐楚之役。旋因巴秦援楚，群蛮退走，三国遂灭庸而分其地。百濮散离分窜，有留住于江南长阳巴东地区者，后亦为廪君之蛮所逐。其留居于大巴山区之濮，臣服于巴，与賨夷（板楯）合为一类。其不服巴王而更西徙者，则扩散于蜀西南山区与云贵高原以内。夜郎与邛国，是否濮人所建，尚当详考。若云南高原中之濮王，其为百濮西徙者所建国，则可肯定。其证在于《华阳国志》会无县云"有濮人冢，冢不闭户，其穴多有碧珠"。明其冢有石椁而不闭，棺有碧珠殉葬。此非西夷制也。西夷之源出于羌者，皆火葬，无墓。北自义渠，南至巂昆明，是间诸氐叟、青衣、徙、莋、白狼、古宗、摩些，皆然。即分布云南最广之彝族，亦然。棺与石椁，为华人葬制。濮族原习近华，故参加牧野之师。甚语言习俗，与中华甚为接近。故虽入居云南，葬制犹有类似于中华，与土著之火葬不同也。

古籍文字，同音者皆通空假。至于录用夷音，更无定字。《周书·王会解》有"人人以丹沙"之贡。丹沙本出濮地。故知所谓"人人"即濮人也。其字又作僰，作蒲。《汉志》犍为郡、僰道县注："应劭曰：故僰侯国也。音蒲北反。"音近于濮。盖周人曰濮，汉人曰僰，音蒲伯反。唐人读如迫耳。常璩《蜀志》谓："（保子）帝攻青衣，雄张獠僰。"《南中志》则屡言"獠濮"，是僰为濮之异字可知。字又作蒲。司马相如传"邛莋之君，西蒲之长"，谓西夷地区亦有濮人，对楚侯国言称为西蒲。唐蒙作楚，相如作蒲也。《华阳国志》临邛县云："有布濮水从布濮来，合火并江"。今邛崃县南河水是也。其源在名山县界。足知布濮为濮人之西徙，深达临邛西界，成为支别新种，称为"布濮"，即西僰之类也。（《汉志》临邛县作仆千水。）卜、濮、僰、蒲、仆，皆是一字之别写，随时随地随人而异其字。在唐世，又称西蒲为"白蛮"。然学者仍每称之为僰人。其时濮人已随华人进入封建社会，多有读书识字，能文学者，能自指其为僰，而语言其为濮矣。

凡族性顽强而文化落后之民族，每遭受相邻高文化民族之凌逼，不断迁入于政治低压之地区，苟以自存。结果在长期反压迫斗争锻炼中，亦自能保存其族性而取得若干进步。周之百濮，汉之巂昆明，其著例也。参加牧誓之濮，其地应与庸巴相近。今已无迹可寻。

以上考订《牧誓》诸邦，重点在最落后之八个民族部落。此八部落，当时皆尚未建成国家，以至于尚未建成健全之氏族部落。其他诸邦，则皆已进入奴隶社会，或已成立氏族公社，或已建成小型国家。周武王多方争取其参加此役者，非欲得其战斗之力，徒为战略关系，藉以说明殷纣之孤立为丧失"天命"，以鼓励周师之勇气而已。实际作战，仍专恃在周师。《大雅·大明》之诗，咏叹牧野战斗情形曰："殷商之旅，其会如林"。是纣所纠合者，更远远多于周方。周方人心，颇多动摇。武王亦颇畏惧，乃誓于师以自振曰，"上帝临汝，无二尔心。"于是描写战斗曰："牧野洋洋，檀车煌煌，驷騵彭彭。维师尚父，时维鹰扬。凉彼武王，肆伐大商，会朝清明。"《大雅·大明》言师尚父不惜衰龄，率战车驰冲纣师。武王乘之大进。纣师立即瓦解。便只此一朝曦之际，摧破纣师，迫纣自焚而死，天下清明矣。

周师何以能获得如此奇功？儒家旧说只归之于天命。加上太公的计谋和勇敢。其实安有所谓"天命"，又安得有八十老人的冲荡决战。实际原因，只在于周师与纣师之实质不同。

纣师与诸侯之师，皆属驱使奴隶为之；战车唯贵族乘之，如林之旅，只有步卒。周师甲士，皆乘车以战，虽只三百乘，各有善御者，驱良马（驷騵）以驰逐于奴隶之步兵间，冲突刺射，"血流漂杵"。纣师惶乱崩溃，此太公之谋，为制胜一原因也。

周自太王迁岐，施行奴隶改良主义，深得奴隶死力，发展生产，以致强盛。文王拔泰颠、闳夭于置罝之中，用为将帅，故能灭密灭崇，拓地于灞浐之东，故其诗曰"肃肃兔罝，椓之丁丁。赳赳武夫，公侯干城"（《周南》）。"伐木丁丁。鸟鸣嘤嘤。出自幽谷，迁于乔木"（《小雅》）。人之才勇，悉得开展，而文王勃兴。故其诗曰："予曰有疏附。""予曰有御侮"（《大雅·绵》）。又曰："济济多士，文王以宁"（《大雅·文王》）。《周书·克殷解》所举当时出力人物，自闳夭、泰颠外，如南宫括、散宜生、新荒、百弇、尹氏八士之类，由与周公、召公、毕公、管叔、蔡叔、史佚、太公等身份不同，虽立大功，未有封爵，亦未得为食采之邑君。盖以其出身于奴隶阶级，虽重用，亦不得与贵族比也。然由周公旦创为农奴军赋之制，改变立功奴隶身份，使得授田私有，世为自由农民，皆得自有其室家妻孥，享受其生产劳动果实。唯对国君承担兵役与力役。此种农户，实为农奴。（在大小凉山彝族社会中，称为"庄房娃子"。）为奴隶社会向封建社会过渡开始萌芽之一种社会制度。《周官·司徒》有"国比之法"，即管理此种农户人民之法（详具《周礼·地官》）。最初只试行于丰镐附近。成为一乡。由于立功奴隶渐多，展拓至于三乡。故武王伐纣，有戎车三百乘。乡各具戎车、战马、甲士，在百乘左右也。此种战士，所具人生之趣，远较奴隶兵士为高。故能热情拥护周王，出死力为之战斗。相反，纣率之奴隶兵士，见周之农奴"歌舞以凌殷人"（《华阳国志》用《白虎通》文）的愉快情绪，及其战车凭凌之优越装备，则莫不欣羡而思归周。"前徒倒戈，攻于后以北"（《尚书·武成》文）之局成，而纣败死矣。此周公所制，农奴军赋之师，为能战胜纣家之根本原因也。

合此两种原因，故能以三百乘众，一朝而胜纣如林之师。诸侯虽称八百，多只如"壁上观"，非皆有战斗力也。其亦有助于战胜者，厥唯巴人。"巴师勇锐，歌舞以凌殷人"，足助士气。故巴国得赐姓曰姬。《白虎通》谓："武王伐纣，前歌后舞。"武王缘是制大武乐以象之。其之灭商，有巴人歌舞也。巴渝舞由是流行中华，汉高祖好之，曹操亦好之，并使军谋祭酒王粲改译其语为华言，曰"昭武舞"。晋，复改曰"宣武舞"。唐太宗仿之，制为"秦王破阵舞"，皆有文献记载。故在牧誓诸侯中，巴最为杰出云。

如此之农奴军赋制度，在武王时只试行于王畿之三乡。既克殷，立功奴隶更多，故展拓为六乡。于是天子有六军，军各百乘左右也。武王虽克殷，犹未敢遂有其民。故立纣子武庚于殷，而以管叔、蔡叔之国监之。甫二年，武王崩，成王立，周公摄政，以图贯彻推行农奴制度。管、蔡等留恋奴隶社会，憎恶如此之新生事物，遂结霍、奄、徐、淮、薄姑等东方诸侯，拥武庚以叛周。周公再率六乡之农奴军赋东征。军至殷南之卫邑而群叛，联合之奴隶军队，即因奴隶不战一时瓦解。故其诗曰"薄言震之，莫不震叠"。（《周颂·时迈》）知周公所率已非奴隶兵而为农奴军赋者，《东山》之诗曰："鹳鸣于垤，妇叹于室。洒埽穹窒，我征聿至。有敦瓜苦，蒸在栗薪，自我不见，于今三年。"又曰，"亲结其缡，九十其仪"。他如"制彼裳衣"，"敦彼独宿"，"町畽鹿场"，"伊可怀也"，皆思念室家田宅之辞，则其兵士非属奴隶，而为享有室家田宅之农奴，甚明矣。故曰两次灭殷之周师士卒，皆农奴军赋之甲士，而非奴隶兵也。

《牧誓》中，凡三言"勖哉，夫子"。其命令语，有"今日之事，不愆于六步、七步，乃止齐焉。""不愆于四伐、五伐、六伐、七伐，乃止齐焉。""尚桓桓，如虎如貔、如熊如罴于商郊……尔所弗勖，其于尔躬有戮。"皆非施于列邦友军之词，而系对其自率武士之命令。故虽遍举参加此役列邦军帅名称，亦只是例当称及，固知其克敌致果之实际力量，为自所率领之戎车三百而已。

筰国考①

(1984年)

一、筰国得名的由来

筰国之名，早著于周代。《华阳国志》云：周赧王三十年，"张若因取筰及其江南地"。这与《史记》记载司马相如宣抚西夷后奏说"邛、筰、冉、駹者，近蜀，道易通，秦时尝通为郡县。至汉兴而罢"。是吻合的。可知筰与邛和冉駹都是西南的古部落国，其建国约略与夜郎同时，远在西周年间或春秋之世（徙国则汉代乃有）。这是邛、筰相邻是常被连称的一个原因。

"筰"字的本义为"竹索"。《说文》："筰，筊也"，又"筊、竹索也"。内地于渡头两岸牵竹索，渡者登舟，援索引舟以达彼岸，不用篙楫，称为筰渡（扯索渡）。刘熙《释名》："引舟者筰"。又云"筰，迮也，编竹相连，迫迮也"。故编竹为桥，亦称为筰（今云竹索桥。）筰、苲、筰三字古通用。又通作簎，编竹为桥曰"簎桥"。蜀西南至滇、藏间，河谷深狭，水激不可以舟渡的紧要路口，土人用竹索斜牵两岸，渡人夹一木壳贯索上，缘索飞渡，称为"索桥"，古称为"筰桥"。集韵："筰，疾各切，音昨。筊也。西南夷循之以渡水。"杨慎《谭苑醍醐》引独孤及赞云"筰，悬空一索……渡彼绝谷"，都是目击川边地区溜索渡的记载。古代汉人，未能流传夷人对于这种索桥的译音，用个"筰"字来代替它，是很自然的。筰国这个筰，显然也是因为其人有使用索桥这一特点而强加于它的代称，不是它自呼之名。如其他们的自称是筰国，那就必然是僰人建的国。僰人懂汉语、汉文的多，他们见至国境随处都是筰渡，采用汉语的筰字作国名，以表达他本国交通方面的特点是有可能的。

僰人建立的国，不必国人都是僰人，便如夜郎与邛国，境内也有"獠""僰"和

---

① 此为作者未竟稿《后汉书西羌传笺证》中的一篇，写于1984年。

氐、羌、斯叟这些民族，不过统治阶层与其支持者是僰人罢了。关于僰人的论述，别有专章。

二、筰国的境域

《史记·西南夷传》载汉武帝开西南夷建七郡，其中"以冉駹为汶山郡、莋都为沈黎郡，邛都为越嶲郡"。《后汉书·筰都夷传》载："筰都夷者，武帝所开，以为筰都县……元鼎六年，以为沈黎郡。至天汉四年，并蜀为西部，置两都尉，一居旄牛，主徼外夷；一居青衣主汉人。"参以司马相如宣抚西夷的记述和汉使为求身毒道的四出的情形，结合相关的地形地理，我们可以大致将筰国的境域界定出来。

筰国的东方，以蒲麦地这个山口，与汉严道县为界；以二郎山这个山口，与徙国为界。蒲麦地、二郎山这两座山口，北连马鞍山、夹金山、巴郎山、洪峤山、鹧鸪山等山口之间的一带山脉，直抵岷山羊膊岭；南折东连大相领、瓦山、东瓦山，成为一条长千余里的山脉，一般地理书把它叫作"邛崃山脉"，是四川盆地西侧面的实际边界，也是大渡河与岷江及其支流青衣江的分水岭。虽然它一般海拔只在3000公尺左右，但它两侧的河谷都低到海拔1000公尺以下，所以它是一列直上2000公尺左右很险峻的山脉。因此，它与"木雅贡嘎山脉"一样地能限制山脉两面人民的相互流动，成了民族区域的天然界线。也就是古代民族部落的天然界线——它的东边（山内）青衣江流域，在秦汉间是徙、青衣羌、丹犁和蜀、冉、駹诸国；它的西边（山外）大渡河谷，地面狭窄，只有一个筰国著名。

筰国的南方，与邛国连界，也有一条一般地理书上没有名称的山脉，从汉源县大渡河南岸的乔白马山崖起，斜连越嶲、冕宁两县交界上的羊糯雪山，是越嶲河与大渡河中游的分水岭。山内（北面），是大渡河盆地（今为石棉县）；山外（南面），是越嶲高原。（汉时属邛国，今属凉山自治州）。成为邛、筰两国的界线。羊糯雪山的两侧，有一个由故河道上升形成的大分水岭，叫"拖乌台地"（我暂时给它取的名称）与羊糯雪山作正交。这个台地，南北约三十余里，便下陷为北方的洗马姑河和南方的安宁河谷。这样南北两侧的断层间，很明朗地露出十丈左右厚宽的新生的河沙沉积层。而台地顶部，宽平狭长二十余里间，全是一个干涸古河床的形象，海拔大概在2300多公尺（粗测），已经种植农作物若干年代，表土全作深黑色了；随处还有大石块石堆未被移走，其石皆有被水冲磨光滑之部，但磨面还很浅，显然为从山崖坠落未久的石砾。这些现象说明：大渡河在远古年代是从石棉县南流入金沙江的。直到人类已经产生，并且已经临近真人出现的年代，才由于地壳变动，涌起这一地垒（拖乌台地），把旧河隔断。北方的河水被迫东流，入青衣江，即现今的大渡河。洗马姑河就是其一小段遗迹，所以河虽弱小而河谷宽平，农户稠密，与其他支流河谷不同；南方的一段，便成了今日的安宁河。所以安宁河从上源部的大桥起，便是横宽一里至十里，长连数百里的宽平河原。这样一个地垒，是不可能阻碍南北人民交互流动的，所以不能成为邛、筰两国的界限。

今日的冕宁县，位于泸沽以北，安宁河平原的最北部分，在汉为苏祁县，属越巂郡。但不可因此遂谓邛都国已经早已占领冕宁盆地了。文献记载，苏祁县的土著名称是"斯都"，自有"邑君"。（参看《三国志·张嶷传》和《华阳国志》关于张嶷的记载）。"斯都"的人民叫作"斯叟"，与邛国的人称作"邛人"不同。斯与徙古同音。《张嶷传》说的"斯都"，可能与《西南夷传》的"徙都"为同一民族，他们分居在筰国的左右两面，相互间的联系必须要过筰国。这就可以判断：他们是与筰国友好而不是与之为敌的，可能在经济上和政治上还是从属于筰国的。不只斯都邑君如此，在冕宁盆地西南的雅砻江下游河谷地区，即包括今日金阳、盐源、盐边三县地面的小部落，也是与筰国发生密切联系，而与邛国是对立的。筰国亡后，这些雅砻江下游地区的民族部落，改置为定筰、大筰、筰秦等县，留下一个"筰"字地名，正是为了它们原是筰国之地（这三个筰县，本属沈黎郡。郡废后，才改隶越巂郡）这样说，筰国南界就远达金沙江边了。但是筰国的本土，可能只到拖乌台地。拖乌台地以南的斯都、筰秦和定筰等部，都只能是自有君长的独立部落或半独立部落。广义的筰国，应该包括它们。狭义的筰国，就不该包括它们。

筰国的西界，应是以木雅贡嘎山脉为限。因山脉西侧，乃是一个著名的牧部首长，叫作"旄牛王"的地盘。《后汉书·西羌传》叫这地区的人为"旄牛种"，属于羌类。这旄牛王部落，虽然原是羌人，由于它与筰国交通较便，接触频繁，因经济上发生的联系，文化上也发生了一定的影响，从而构成了政治方面的从属关系。这正如"庸、蜀、羌、髳"之附属于西周（见《尚书》），且兰、头兰之附属于夜郎，劳深、靡莫之附属于滇一样。故汉开筰国，置沈黎郡，郡界西抵旄牛王部落西极的若水故关去了。即是说：广义的筰国境域，应该西抵今天的雅江县。

筰国的北方，是大渡河谷上游一些民族部落。这些部落的名称，大都已泯没了。只有一个名字被《后汉书》给我们留下来。《后汉书·冉駹传》说："其西又有三河槃于虏……其表乃为徼外"。"槃于"这个"槃"，与《筰都夷传》里的"白狼槃木王"的槃字正同。《张嶷传》说："定筰率豪狼岑，槃木王舅，甚为夷所信任"，说他盘踞定筰盐井，被张嶷挞杀。看来定筰一带是槃木王地方。羌语"于"，是地域之意。汉文或译作"榆""瑜""玉""隅""域"，译无定字，古今皆然，《史记》《汉书》和《范史》中的"叶榆""斯叟""槃于"皆是此义。"木"字，在羌语为"下部"，或"南部地方"之义。汉文或译为"末""密""门""弥"。如"木里"，便是"里塘下部"的意思（木里喇嘛寺是从理塘喇嘛寺分出来的下寺）。"木雅"，是"下部牦牛王"的意思（藏语称牦牛为"雅"）。看来"槃于"，是整个筰国地区的旧名。它的南部雅砻江下游地区，别称为"槃木"。正如西藏地方的波部，其下部称为"波密"一样。"三河槃于虏"是说三河地方，原是属于"槃于"分野的，其人与冉駹不同，故别称为虏。它们在冉駹之西，在汉世，要算是徼内地方。过了它，才是极西的边徼。冉駹是今茂汶羌族自治县地，则"三河盘于虏"应当是今大小金川地方了。大小金川之西，更到雅砻江边，才是汉武帝时的边徼。所以文中说"其表乃为徼外"。三河，可能就是指的在今丹巴县会合的大金河、小金河与牦牛河这三条河，由于汉时这里除槃于外还没有分部的地名，只有强悍的民族部落，故用汉语统称之为"三河槃于虏"。《后汉书·莋都夷传》还记有："安帝永初元年，蜀郡三襄种夷与徼外汙衍种并兵三千余人反叛，攻蚕陵城，杀长吏"。蚕陵城在今岷江上游的叠溪，而三襄、汙衍等种是莋都界内的，能远道攻入蚕陵，则可知莋国地界的属部，远到冉駹西方的大小金川地区。三襄，是否即是三河槃于虏的别称，抑是槃于部的另一部落，虽无可考定，但可证明广义的筰国此界，到了大小金川地方。

《史记·大宛传》和《汉书·张骞传》都说汉朝为了求通身毒的路，发使臣四出，北方出冉、出駹的，为氐、筰所闭阻。也可证冉駹的西界是筰国，是筰人。

三、沈黎郡的郡界

明白了上列关系，就可知沈黎郡的郡界应该包括哪些地方了。《茂陵书》说：沈黎郡领21县。查《汉书·地理志》96郡国中，辖县20以上的仅仅18个。（东海38县，汝南、沛郡37县，西河36，临淮29，会稽26，左冯翊、河东、泰山、益州24，上郡23，河南、东郡22，右扶风、太原、安定21，颍川、钜鹿20。）就西南诸郡说：汉武帝新开的牂柯郡仅21县，已经比今贵州一省占地还更宽。益州郡24县，已几乎占了今天的整个云南省。越巂郡15县，占了今天凉山自治州，西昌专区和云南西北的一部。蜀郡15县，占了今天温江、雅安两个专区和阿坝、甘孜两个自治州的部分地面。单就牦牛县的地面说，它的县治在今汉源县，但它的辖地便远达雅砻江了。

《汉书·地理志》蜀郡旄牛县条，班固注云："鲜水出徼外，南入若水。若水亦出徼外，南至大莋入绳，过郡二，行千六百里。"绳水即金沙江，是可由《水经》与郦道元的《水经注》肯定下来的。因而也可判断若水便是雅砻江。鲜水，由是雅砻江的支流道孚河。恰好，现今的康藏人民，还把道孚河叫作"鲜曲"（金子河）。鲜水从俄洛地区流出，经炉霍、道孚、查坝，到雅江北界与雅砻江合流，再经木里、盐源两县境，到盐边东南界入金沙江（绳水）。就汉代说，是经过蜀郡、越巂二郡地界。"行千六百里"，是说除去"徼外"之部不计，单说徼内的长度有千六百里。《水经》说："若水，出蜀郡旄牛徼外，东南至故关为若水也。南过越巂郡邛都县西，直南至会无县，淹水南流注之。（《水经》的淹水，指安宁河，郦注叫作孙水。）又东北至犍为朱提县西为沪江水，又东北至僰道县入于江。"（《水经》这一段说的是金沙江与雅砻江会合以后的一段。）"水随决入而纳通称若"，故《水经》把它叫作若水。至于雅砻会口以上的金沙江，《水经》未曾提到。只郦注把它叫作"绳水"。（有人说《水经》的淹水，是指的金沙江，只把它作为若水支流提出而已。也说得通。但与《水经注》是不合的。）据此，可以肯定若水便是金沙江大支流雅砻江的汉代旧名，从旄牛西界徼外，流经"故关"入徼。"故关"二字，显然就是汉武帝时建立的极西边徼上的一座稽查商旅出入的关。《史记·司马相如传》说："除边关，关益斥，西至沫、若水"。即是说相如为武帝开西夷，置县道，把旧时的边关拆除了，延展到沫水与若水的要隘去，开拓地面益广了。沫水的边关，原在灵关。（这个灵关为今宝兴县治，唐宋元明清直到近年都仍叫灵关。与越巂的零关是两地。）相如曾经把它推展到更远之处，可能就是现在的夹金山下的硗碛。若水原无边关，经相如从筰国都邑的筰关，把它推展到若水岸上去了，开拓旄牛王所辖的地面为县道，为沈黎郡的西徼（或即叫作若关）。后来废沈黎郡，又把边关迁回筰都来了。所以后汉、魏、晋的人，把若水关故地叫作"故关"。由故关这两个字在桑钦时还存在（绝大多数学人肯定《水经》是魏初桑钦撰的），可以想见相如开筰国和旄牛国地方至若水岸时，经营的这座边关是很费了些力量，建置得相当牢固的。那时旄牛国地面（即今康定县木雅地区）也置了一至几个县的。后来郡废，这些县也废了。但还未放弃那块地面的统治，仍把"故关"以内的地方划为旄牛县属地。所以《汉志》里，班固用注文指出旄牛县的西境到了鲜水和若水。据此，沈黎郡的西界，应当是到了今天的雅江、新龙（若水流域）与道孚、乾宁（鲜水流域）一带去了的。

再结合上文所举《后汉书·冉駹传》里"其西又有三河槃于虏……其表乃为徼外"这句话看，又可判定今日大小金川地面，也该是沈黎郡辖境，并且是曾经置有一个以至于几个县道的。"三河"可能就是一个已废的县名。

沈黎置郡仅十四年就废了。《后汉书·莋都夷传》说："元鼎六年以为沈黎郡。天汉四年，并蜀为西部，置两都尉；一居旄牛，主徼外夷；一居青衣，主汉人"。这里说的徼外夷，是指废郡后的新边徼，亦即是开置沈黎郡前的故徼——筰关。"徼外夷"应该是无统治权地区的夷人，不应该还要设个都尉去管它。但这里特提出驻旄牛县的西部都尉"主徼外夷"是什么意思呢？缘因废郡后，筰关以外，若水故关以内，从前隶属沈黎郡各县的徼内夷人，虽成为徼外之夷了，但不能与其他徼外夷人一例弃绝，仍专设一个都尉在此料理他们对汉朝廷例尽的义务（如贡赋、征发）和应享的权利（如赏赐、贸易、保护）。《地理志》说旄牛县境西抵鲜水、若水，正是旄牛国人乐于与汉人作经济联系，废县、缩还边徼后，仍要求内属的反映。所以汉廷仍把它划为旄牛县地，并特设个都尉在旄牛县管理所有沈黎故郡的夷民。这个"徼外夷"，并不包括其他各郡的徼外夷，（如蜀郡徼外的冉駹夷，即不是属他管的）。但是"三河槃于虏""三襄""汗衍"等大小金川地区的夷人却归他管。所以后汉永初元年蚕陵县城被他们攻破，与延光二年旄牛夷攻破零关的事，在汉代史籍里都一并写在蜀郡西部都尉的账上，表明这都是他的属下。不过，事实上他因交通困难，无法管理到那些远地去，只旄牛一部还暂时受他约束而已。

后汉"延光二年春，旄牛夷叛攻零关"（《后汉书·莋都夷传》），说明这个时候的西部都尉，连旄牛部夷也管理不了也。经过益州刺史张乔派军协助讨平后，加强都尉权力，升为"蜀郡蜀国都尉，领四县，如太守"。到灵帝时，再升为汉嘉郡。（同上引）这四县是汉嘉（故青衣，阳嘉二年改名），严道，徙，旄牛（见《后汉郡国志》）。旄牛原是筰国故地，应为沈黎郡属县，是很明白的。括《史记》《汉书》说"自筰以东北，君长以十数，徙、筰都最大"，就可判断徙和筰国都是属于沈黎郡区的。严道县，虽是秦时已经开辟的驿道上的要地，住的汉民，但它夹在徙与旄牛两县之间，可能也是曾经划属沈黎郡的一县。青衣县，本是汉初高后时开置的旧县（见《华阳国志》），但后与徙、旄牛、严道同划为蜀郡属国，又同划为汉嘉郡，应亦由原是沈黎郡属县的原因。如此，便可得出沈黎郡二十一县中名称确凿的筰都、旄牛、徙、严道、青衣五个县名，和"若关""三河"等难于肯定的几个县名了。

如上节所述，越巂郡所属定筰、大筰、筰秦这三个县都是筰国故地，以筰为名，显然不是越巂郡原有的县。即是说它们原当是沈黎郡的旧县，郡废后，以其地分属蜀与越巂两郡，才转入越巂的。《汉志》的越巂15县中，遂久县位置最西，一般地理书皆判断它的县治在今云南省永北县金沙江岸（金江街）。姑复县次之，一般地理书皆判断是今云南华坪县和宁蒗县地。又东才是定筰县,即今盐源县;大筰县,为今盐边县(《水经注》:若水"经大筰入绳");筰秦县,可能是今金阳县。既然东面的三筰县是沈黎郡地,则越嶲郡属的遂久、姑复两县,也当是沈黎故属的了。

再如上节所说,号称"斯都"的苏祈县,可能也是以与徙国同族的人聚族所在;他们与筰同类而与"邛人"有别;所以苏祈虽在安宁河平原以内,却不是邛国的故地,而当是属于筰于范围的,而且它成了从筰于中心的筰都通向筰木地区的桥梁。即是说汉越嶲郡的苏祈县也原是沈黎郡的属县,郡废后才同定筰等县一并划归越嶲郡的。

总结以上各段的意见,沈黎郡旧属的21县,县名与其县治位置如下:

筰都,郡治,今泸定的沈村,辖今泸定、石棉两县地。

青衣,今芦山县治。辖今芦山、宝兴两县地。

徙,今天全的始阳镇,辖今天全县地。

严道,今荥经县治,辖今荥经、雅安两县地。

旄牛,今汉源县汉阳街,辖今汉源县地。

苏祈,今冕宁县治,辖今冕宁县地。

筰秦,今金矿县治,辖今金矿县地。

定筰,今盐源县治,辖今盐源县地。

大筰,今盐边县地,辖今盐边一县。

姑复,今云南华坪县治,辖今华坪宁浪两县地。

遂久,今云南永北县金江村,辖永北县地。

以上,县名可考者十一县。

若关,今四川雅江县治为若水渡口。鲜、若会口以下,唯此处渡口最为繁要,汉"故关"应在此处。(引号内为假定地名。下同。)

木雅,今康定木雅乡营官寨,地面最宽平扼险,当为汉旄牛王驻牧处。

鲜水,今道孚县治为鲜水河全域中心地区和历史重镇,《汉志》记入鲜水,应是汉时曾经推展政治势力到达此地。以上三县,郡县废后,与筰都同划为旄牛县地。

三河,今丹巴县治为大金、小金、旄牛三水合流处,疑"三河槃于虏"即指此处民族。原曾为县,县废后被称如此。

三襄,今小金县地,与汉冉䮾夷区最为接近。疑永初元年入寇蚕陵之三襄种夷驻牧于此。原亦曾置县。

汙衍,今大金县地,去冉䮾夷区较远,而与小金地区向来联合一气,故疑永初入寇之汙衍种驻牧于此，原曾置县。凡边远民族，未曾与内地交往者，不可能入寇内地；服应内地文化，震慑于内地强盛者，亦相戒不敢轻易入寇。唯仅曾发生政治联系，仅有少数人往来于边腹内外之部落，最易发生深入内侵的军事行动。其原因大都由于内地官民杀害其商民，怨家以报仇激起其民众，并以内地财丰物富利诱之，乃能集众深入为寇。以此推知三襄与汙衍是旧曾置县之地。

夏阳，今康宝鱼通区的大堡子，民初曾为金汤设治局，由泸定县北的亢州、岩州，逾马鞍山，通天全、雅安，为唐代的"夏阳路"。雅州所管四十余个羁縻州，多在大小金川，皆由此路与雅州联系。可以想见：三河槃于地区的人，汉世亦系由此一路沿大渡河谷而下，联系筰都。

考《竹书纪年》曾说到"瑕阳人"，是青衣江流域的部落。青衣江流域的宝兴县与上鱼通，从来是联为一体的民族部落区。直到元、明、清的穆坪土司，其辖境皆是如此。再"瑕阳"与"夏阳"音近，分别出现在战国与唐代，疑汉代曾借瑕阳旧名，在此立夏阳县。唐代仍保存这一名称。

槃木，今木里自治县与左所后所、永宁土司地方，本汉白狼槃木王国。槃木王永平中曾举种内属，献诗三章，这不是素与汉朝无政治联系或经济联系所能办得到的。因疑是前汉曾经置县的地方。

西姑，云南永宁故土司地，邻泸沽海（左所海），原是槃木王地。其地面开展温和，农牧林渔诸业并盛，在宋齐为西姑复县，汉世疑亦曾置县。

楼薄，今云南丽江，盖汉白狼楼薄王地。后汉永元十二年，继槃木王后举种内属。当为前汉已曾置县之地。

以上，失去县名者十县。盖置县时即因仍其夷王或邑君为令长，但置吏以督导之。废郡后，即皆各还为夷王、邑君，故设旄牛都尉以主之。县名仅存十四年，或为夷民所保存较久，或当时泯灭。其夷王、邑君，因贪汉赏赐，或仍愿内附；或犹保存贸易关系；或挟怨背叛，殊不一致。旄牛王与白狼槃木、白狼楼薄两王，都是废郡后才开始强大起来的。也正由于设置郡县，使他们与中华发生了经济和文化关系，他们才由小君长发展为大夷王。他们对汉朝廷具有经济依附的需用，才会有要求内属的表现，或候掠内地的行动。也才会出现于史籍记载。

广义的筰国，是说以筰国为民族经济中心的广大地面，也就是沈黎郡21县的地面。狭义的筰国，则只有筰都县一县的地面，最大也只能包括旄牛县和夏阳的地面。旄牛王地区是与筰王最为亲近和合的一个牧部，或许是最甘心"请臣置吏"的领头夷王。故废郡后，筰与旄牛合为一个旄牛县。

四、筰都夷的族属

探讨筰人的族属,是一困难问题,因为它不比地域位置问题,可以依据实际的地理形势来做推断。只能依据文献资料和民族语言、习俗,以至于多数人的体质来做推断。筰国消灭已两千年了,文献资料原很贫乏。加之这一地区两千年来的统治者所强加于土著民族的同化压力很大,又是汉族、藏族、彝族和纳西族等势力交互迭承统治的地区,他们的风俗、习尚和语言文字已作了许多次的改变。他们本身又没有可靠的历史记载,所以这一工作是特别困难的。从现有的各种资料,初步推究有三个来源:

1. 是从西康高原的氂牛(牦牛)部落来的羌族裔。羌族原是我国最古老和石器时代最发达的一个伟大民族。他们四面扩散于康青藏高原及其周边的大草原中,从事牧业。后来有一部分人逐渐从草原徙居到低暖的河谷,改而经营农业,改变了他们的经济生活和政治生活。并较容易接受其旁农业先进部族文化影响,产生了较高的文化。因而被人看待为与羌族相异的一个民族,所以《史记》把他们划为"氐类",并把它划为与徙国(斯榆)为同性质,最接近的氐类。但氐与羌实同源,故汉武帝把筰国和氂牛夷同划属于沈黎郡,废郡后还把筰都夷地与旄牛王地同划为一个"旄牛县"。

2. 或是青衣江流域的氐叟,迁徙到大渡河谷来的。徙与青衣两个民族部落,并居在青衣江上游的沫水(芦山河)与和水(天全河)两个相邻接的河谷内(即在今"天芦宝地区"的小盆地内),同于公元前二世纪改置郡县(青衣在汉高后六年,徙在武帝元鼎六年,相去72年)。他们不可能是两支来源不同的民族,而只可能是一个民族分建的两个部落,正如之冉与駹,羌之与夆是一样。也可能是汉朝廷灭了青衣王国,其遗臣退守和水流域,依靠筰国的援助,别建徙国,阅72年,才同筰国一同灭亡,改置郡县。但还有一部分遗民在更远的安宁河上游的苏祈县团结聚居,到汉末年,树立了一个"斯都耆帅",实即是斯榆(徙)国的后身。无论是哪一种情况,由徙(斯榆)通往苏祈(后立的斯都)必须通过筰国,若还筰国不是与徙同类,这是难于设想的。这青衣江上游河谷住居的青衣和斯两部,虽亦是"河道赐支"迁来的羌族后裔,但因与汉族接触日久,文化相当的高,在秦汉间,已经具备国家组织形式了。同时他们的流动性也很大,在一部分人愿意追随汉族向封建社会过渡的同时,已经有一部分人逾越重山的叠谷,远迁至安宁河谷,甚至远迁到云南高原的北部，保持其奴隶社会，甚至原始社会的生活。筰国在他们远迁路线的门户位置，在与徙同时建成国家组织，而他西边的旄牛王国却是沈黎郡废后才强盛起来的。这就可以判断：筰国经济文化的发展，是由于通过青衣和徙，受到秦汉文化的影响，而旄牛之兴，则是受到筰国文化的影响。筰国与青衣盆地之间，只隔有海拔 3000 公尺以下的山口，其与旄牛草原之间，则隔有 4500 公尺以上的雪山山口，故族群从青衣盆地迁流到大渡河谷是顺而易的，从旄牛草原迁流到大渡河谷是比较困难些，因为两地气候、物产与同生活形式相差太大了，就不利于民族的移徙。这样说来，筰人虽是康青藏大高原里羌族移徙来的民族，却只能是从"赐支河"出的西羌部落，逐渐由岷江或大渡河上源地区流徙来的，而不是从西康草原的木雅乡羌族迁徙来的，把第一说推翻了。

3. 也可能是从东边的僰道县向西流徙来的僰人。"僰"与《左传》所记的"百濮"，和《周书·王会解》所说的"卜人"，可能是一个民族称呼的异译字。颜师古《汉书地理志》僰道县注引应劭曰："故僰侯国也"。《华阳国志·蜀志》说保子帝"攻青衣，雄张獠僰"。此时僰人尚与獠人一样，无国家组织，与"百濮"相似。但在周秦之际，便已有"僰侯国"了。这个僰侯国，可能是蜀王分封其宗亲建立的。（依蜀王对其弟于苴，封号曰"苴侯"，推知之。说详《华阳国志校补图注·蜀志》注。）抑或为僰人自建之国。要之，必是蜀王国的附属国，故不称僰王而称曰侯。僰这民族的特点，就是特别倾慕汉族的文化，很早就使用汉族的语言，所在与汉亲和相处，未曾发生过反抗中华官吏的记载。他们大概是善于远道经商的民族，因而扩散性也很大，秦汉间汉族在西南夷中商业市易能远达身毒和越南，主要是得力于他们的导引。从秦时起，直到明清开发云贵高原的政治工作，都是依靠僰族作翻译。他们性格柔弱，为掠卖奴隶的秦汉商人所乐于贩运，"僰僮之利"是史记和汉书公开宣称的秦汉时西南区的第一宗商业。许多封建地主，购买僰僮至数十百人。因此，这个民族，散布虽广，数量虽大，消灭的时间很早，建成的国家不多（除了"僰侯"国以外，夜郎、邛国、且兰，都可能是僰族建的国家）。筰国，也可能就是其中的一个。这可以作出下列的论证。

《史记·司马相如传》的"谕巴蜀檄"中说："南夷之君，西僰之长，常效职贡。"所说"南夷"，指的唐蒙从僰道开路通往夜郎一路的夷落，即后来划归牂牁郡的各民族部落，当时是隶属犍为郡的。（郡初治鳖，今贵州遵义。后徙南广，今四川高县。又后徙治僰道，今宜宾市。后汉才治武阳，今彭山县。）当然包括"僰侯之国"在内。"西僰"二字，显然是在"南夷"范围以外的部落，在"僰侯之国"（僰道）的西方，也是僰人所建的国家，属于"西夷"的范围。相如是开辟西夷道路，设置郡县的人。他在"难蜀父老"一文中说："朝冉从駹，定笮、存邛，略斯榆、举苞蒲。"（蒲，《史记》作满。《汉书》与《文选》皆作蒲。《史记索隐》引服虔曰："夷种也。满字或作蒲。"）又云："夫邛、笮、西僰之兴，中国并也，历年兹多，不可记已，仁者不以德来，疆者不以力并"。对照这样两段话，足见苞蒲就是西僰，在当时是作为与邛、笮、徙（斯榆）和冉、駹等国并称的西夷中之一独立部落。即当在西夷中几个"君长以十数"内的一个部落，或若干个僰族部落的统称。就"西僰"两个字义看，不像是个民族国邑的自称，可能只是汉人统称他们中间许多民族部落的用字。"苞蒲"两字，亦可能是对许多尚未形成国家的民族部落的统称，犹如"百濮""群后""诸羌"一样，用苞来表示多数的字义。更还有上引《华阳国志》"帝攻青衣，雄张獠僰"一句，（实际是扬雄《蜀王本纪》旧文的引用。）更可证明周代的巴蜀之西的青衣地区已经住居有众多的僰人和獠人了。不然，则青衣与獠僰各在一方，这句话就结合不起。如此说来：西夷中的许多尚未形成国家的小君长和他们的人民主要都是僰人了，所以有关西夷文献，连称西僰。岂只若干小部落的人民是以僰人为主，即如上文与"西僰"连称的邛国人民以及他的王族，其实也是僰人。史籍里经常是以邛笮连称的。邛人既然主要是僰人，笮人是否也是僰族呢？邛笮周围的许多小邑落都是僰人，笮国是否至少有一部分主要人民是僰族呢？由于"斯叟"是氐类，他们可以通过笮地远徙到苏祈，就可知笮国的统治阶层或其多数的人民是氐类，不是僰人。又由于史记把邛与滇和夜郎划为同类，而把笮、徙、冉、駹同白马氏划为"氐类"，更可见笮国的人民主要是氐类。但笮国的王族，就不见得是氐类，而可以假定他是僰族。这一假定的依据是：

（1）当时僰族的文化较氐族高，已经组成了具备国家组织形式的夜郎、邛、且兰、僰侯等国，而氐族还大都停滞于氏族部落阶段，除冉、駹徙和仇池被称为国以外一直到唐宋朝代还未见有够得上称为国的氐族组织。

（2）氐族是半农半牧的经济，僰族是纯粹的农业社会。在今泸定、石棉和汉源三县大渡河谷的河原部分，是相当干燥、温暖、肥腴宜农的地面，是僰族人民所必争，而氐羌族人民所不乐于居处。这种自然条件，必然会形成氐族住山地，僰族据河原的分层混居现象，（这在川滇之间是常见的民族分布现象），其结果，必然是经常农业的僰人建成国家，而统治着半农半牧的氐人。

（3）笮国建成的时间很早（蜀父老说"历年兹多，不可记已"），他征服的民族部落也很宽（包括沈黎郡21个县地方），但当汉军杀了笮侯，改置郡县以后，不但笮人没有叛乱,而且被笮国征服的部落反与汉朝廷亲近起来,并且如旄牛、白狼这些夷王,还继续表示愿受大汉的统治。这不仅反映了僰族的畏惧汉朝,而且反映了笮国的被统治阶层与王族不是同心一德的族类,而是被笮国较高的经济和文化所压服的异族,他们才会感到受汉廷统治,比受笮王统治好些。这样假定,在事理方面是说得通的,只文献资料还没有证据。若还要勉强拉出一条证据来,就只有"西僰之长"一语,是说的"西僰"包有邛、笮诸国的侯王,绝不单是指的邛国之君,也不会指的西夷其他小部落,他应该是包括以邛、笮为首的一切"西夷"君长。

既然笮国王族是僰人,他必然就有很多的僰人村落和较远的僰人邑君来支持他的政权。故说笮国王族和部分人民是僰族,另一部分人民和属邑是氐族,也是可以的。

三苗、三危、赐支考辨

(1988 年)

《后汉书·西羌传》曰："西羌之本出自三苗，姜姓之别也。其国近南岳。……及舜流四凶，徙之三危，河关西南羌地是也，滨于赐支，至乎河首，绵地千里。赐支者，《禹贡》所谓析支者也。"

三苗是今何地？《尚书·大禹谟》云："帝曰：'咨！禹，唯时，有苗弗率。汝徂征。'禹乃会群后，誓于师曰：'济济有众，咸听朕命。蠢兹有苗，昏迷不恭，侮慢自贤，反道败德，君子在野，小人在位，民弃不保，天降之咎。肆予以尔众士，奉辞罚罪。尔尚一乃心力，其克有勋。'三旬，苗民逆命。益赞于禹曰：'……至诚感神，矧兹有苗。'禹拜昌言，曰'俞'。班师振旅。（《益稷》篇有'苗顽弗即'。《史记》作'不即功'。谓军事失败。《舜典》有'分北三苗'，谓苗人顺者抚，逆者窜。）帝乃诞敷文德，舞干羽于两阶。七旬，有苗格。"

《尚书》的《虞书》五篇，是殷周人根据先民世传的诗歌故事撰写的，不能说当时尚无文字，就不可信。按这段传说的文字分析：所谓"有苗"，就是上篇《舜典》"窜三苗于三危"的三苗。"苗"，是这个民族的本称，也是虞夏华族对这个民族的部落的称呼字。"有"，是当时华人对于民族部落称呼的前加字，与囿字含义相当（如"人皇九囿"，一作"九有"）。"有苗"，即谓"苗"族部落的统治者（有扈、有绒、有莘、有熊，与有虞、有夏、有商、有周，皆同此义）。又称之为"三苗"，是说的苗部落有三个首领，或说三个分部的首领。"窜三苗于三危"也说的是流窜他三个首领，不可能说成是把"苗"族人全都赶走了（《舜典》云："分北三苗"，谓逆者窜之，顺者抚之）。

还当注意加"有"字和加"方"字的区别，"有"字所加，全都是与中华中央集

---
① 本文原载《西北史地》1988 年第 1 期，系与任新建合著。

团（无论是公社或国家组织）有经济联系和有政治联系的部落；用《舜典》的语言说，就是"四岳""十二牧"联系到的"群后"。若还是没有联系到的民族部落，则照例是在族称之字下系一个"方"字（如朔方、鬼方、荆方、犹方），就不是前加"有"字了。这是上古用于部落名称的规律。由"有苗"称谓，而不是苗方的称谓，就可知《大禹谟》所说的苗族部落，距当时中华的政治核心部位不远。这是我们探寻三苗部落地理位置应注意的第一点。

古史相传：尧都平阳，舜都蒲坂，禹都安邑。皆在今山西河东专区界内。由此可以断定：有苗部落与河东的安邑（也就是夏禹故邑所在）不远，有夏氏在当时已经成为中央公社的主要成员之一（伯禹作司空，是虞舜政权二十二干部中的重要领导干部），所以帝舜命禹率群后之众去讨伐他。三十天征服不了，便罢兵回来，说明苗与夏禹两个部落相距很近。除开来去的日子，作战不到一个月，便决定为征服不了，自行撤兵了。可以估计他们相距不过五天左右的路程。又由于后人多说三苗之国在洞庭、彭蠡之间，即今两湖盆地，也就可以推断舜、禹时的三苗，当在两湖盆地的北面，与河东相距不远之处。这是推断依据的第二点。

为什么禹率"群后"之师，"奉辞罚罪"，这样丢脸撤退回来，却又"诞敷文德"七十天就感格了有苗，使他自己来降服了？什么"文德"能收这样的效果？还应当考虑：当时文字都没有（或不够用），能有什么文化的感格力？史文只说到有"舞干羽于两阶"的方法。干（盾），是防卫的武器。羽，是表示快乐的舞具。都不是能感格敌人的东西。但这样做了七十天后，有苗却折服了。这就可知应该还有另一种实质性的原因潜涵在这句话内。是什么原因呢？我们认为很可能是生活资料需求的问题。

河东解池的食盐，是上古冀、豫、荆、雍四州部落人民生活所必需的。尤其是豫西、鄂北地区，无论你民族如何强大，只需虞、夏断绝交易，没有盐吃，人民内部便会恐慌起来。舞干，表示只图自固，不相交往了。舞羽，表示我们人民是生活得好，不缺物资，心境是快乐的。三苗首领对于武力征服是反抗裕如的；对于部民没有盐吃的恐慌，却无法克服。熬到七十天，存盐吃尽，便不能不自己来恳求恢复交易和经济依附的旧关系。按地理条件和当时社会经济的历史条件来说，对于这个故事只有如此才说得通。（食盐的供需关系，是研究上古史的一把很重要的钥匙，从前还没有人涉想到过，故特此重点提出。）这是探寻三苗部落位置的第三点。

以此三点，可判断"三苗"在虞夏世的住地在今河南省的南阳地区，可能还更北一点，在黄河以南的外方、卢氏、嶒氏与北邙等山区，以至于陕西省的商雒地区

（这些山区高寒，华夏农业民族所不乐居，直到周代还是西戎住居）。

舜既已命禹率"群后"之众去征苗，用兵三旬，不克而归。这是已经建成华夏中央公社的黄帝之族所最丢脸的事。有苗既自己屈服来归了，帝舜不能不惩罚对敌的首恶。所以"窜三苗于三危"，并把他与共工、驩兜和鲧同列为"四凶"①。但这并不是惩罚"苗"族人民。其人民也不能不另推头人领导。经过悠长的夏商年代，"苗"族无力北进，只能向南方的两湖盆地发展，所以他占领到南至衡山，东至彭蠡（鄱阳湖），西尽洞庭之地。后为楚国所通，又向西南流徙，进入贵州、云南。并在近几百年内远徙，竟至进入泰、缅、老挝境内的山区去了。

周初《牧誓》文里的"庸、蜀、羌、髳"，有人解说髳即《后汉书·西羌传》的"犛牛种"，《三国志·张嶷传》的"旄牛王"部落。也有人说即苗人。虽都有字音或字义依据，但却缺乏史文和地理资料的依据。笔者意见当从后者一说。因为现在云南的苗人，仍自呼为"蒙"。蒙、矛、髳、苗音近。他们的语言属于汉藏语系苗语支，大都兼通汉语。有可能是从汉语地区流徙去的。他们只住高山，种火耕地，并且年年搬家（民谣："桃树开花，苗人搬家"），所以流动很快，这可能是因为受到封建大民族主义压迫的结果，从古就养成了迁徙习惯②。

"姜姓"，周诸侯中，如鄫（一作缯，即与申侯和犬戎联合灭宗周者。其国在今陕西与河南接界地区。可能就是王子余臣立国之处。余臣与平王同时立，王子朝檄称之为"携王"）、申、甫、许、齐五国王族皆姓姜。《诗·生民》说周后稷诞生于"姜原"。或说"原"是地名，即后稷受封的邰邑。或说"姜原"是人名，字亦作嫄。（按后稷弃生时，人还没有姓，后说不能成立）。姜与羌字音近，形近，义同为西方牧民的性别称谓字，周古公亶父娶太姜，武王娶邑姜，皆姜姓女。太姜无国族，盖即羌人也。姜族很早就已入居于陇西与河套地区。其入居渭水平原者，与华族通婚，故以姜为姓。申、鄫、甫、许与齐太公，大抵皆周之舅家受封（太公固有功，然其女嫁武王，故也是周族的舅家）。"姜性之别"一句，说明羌与姜的关系，即周族的舅家羌人为"姜姓"，作姜姓的羌人乃为"羌"，故曰"姜姓之别"。

汉世以衡山为南岳（以前曾以安徽的霍山为南岳）。"地近南岳"是据吴起、韩非等说"衡山在其南"之文。

《尚书》"窜三苗于三危"。《孔安国传》释曰："三危，西裔之山"。是把三危说

---

① 《左传》列浑敦、穷奇、梼杌、饕餮为四凶。杜预《左传集解》谓浑敦即驩兜，穷奇即共工，梼杌即鲧。张守节《史记正义》谓饕餮即三苗。
② 参看云南省历史研究所《研究集刊》1987年第三集李国文《苗族》一文。

为西戎部落。

《史记·五帝本纪》云："三苗在江淮荆州数为乱。于是舜归而言于帝（尧），请流共工于幽陵以变北狄；放讙兜于崇山以变南蛮；迁三苗于三危以变西戎；殛鲧于羽山以变东夷，四罪而天下咸服"。《集解》引马融注亦云："三危，西裔也。"看来两汉人都是把三危说为西夷部落名，而不是说为山名的（古谓四夷为"四裔"）。两汉人传的《山经》《水经》也未有说过三危山的。再上溯到《禹贡》，它说："三危既宅，三苗丕叙"，以三危与三苗对称，也当是说的民族部落。"既宅"，是说流动部落已定居（由游牧转为经营农业了）。又云："导黑水至于三危"，也只是说的到三危部落去导治黑水。禹本就是"生于西羌"的人，他到西羌部落去治黑水，发展农业，是说得通的。不能说他到三危山去开辟水源。《孔传》释上文为"西裔之山已可居"，疑山为地字之讹。因后世皆以三危为山名，故传写转讹，宋刻承讹作"山"。

三危山名，始于秦汉方士的纬书。郑玄好引纬书说经。他引《河图》注《禹贡》，说："三危山在鸟鼠（同穴山）之西南，与岐山相连。"（这当是指今青海省的大积石山，藏名阿尼玛卿。）《水经》云："江水又东，过江阳县南，洛水从三危山，东过广魏洛县南……"洛水即雒水。其源在什邡县高景关，桑钦称其山为"三危山"，与三苗毫不相涉。定三危为沙州山名者始于唐世。《史记正义》引《括地志》云："三危山有（三）峰，故曰三危。俗亦名卑羽山，在沙州敦煌县东南三十里"。李贤《后汉书注》、孔颖达《尚书正义》同。所指敦煌石窟所在山也。山不能自举其名，唯人命之名。高峰三耸之山甚多，何能此山乃独专之？其不得即为《禹贡》山名可定。《禹贡》导山，已言西倾、鸟鼠，不言三危之山，则今大积石山与敦煌石室诸山皆非《禹贡》有三危山明矣！唯当释三危为西羌部落在当时的名称而已。

危与微、尾同音，周初《牧誓》有微人。近年陕西发现微氏钟鼎彝器甚多，足证周初微氏为大国。"三危"是否唐虞世西方大族落，当更考。

无论三危故地在今青海、甘肃或陕西，总之是古西羌部落所在地。说舜把三苗头领放窜到羌族部落里去，是很近情理的，自唐虞至殷周，羌族与华族都是农牧分工，友好相处。因此，中夏把三苗流放到羌地去是可能的。

河关，即积石关，今甘肃临夏县（古河州）西，青海界内，山跨黄河为峡，从来为西陲军防要地。汉置河关县，属金城郡。《汉书·地理志》云："积石山在西南羌中。河水行塞外（即河关峡口外）东北入塞内。……"今青海界上之官亭镇，盖即汉河关县治。"河关西南羌地"应包括辽远、大小榆谷、赐支、牦牛、发羌、唐旄地西，皆是相当于今世青海、西藏全部与四川的甘孜、阿坝两自治州的绝大部分，用现代地学名称即青藏高原的全部。

"是也"字上承"三危",正说明传语"三危"是部族之义,非谓某一山名,读史细心,自能辨识。

"河首",谓黄河发源处。汉世言河源者始于张骞。张骞未至河源,但从西域人说,谓新疆之塔里木河为河源。《史记·大宛传》载骞为汉武帝言之曰:"于阗(按今地图当作葱岭)之西,则(当衍)水皆西流,注西海,其东(则字当在此)水东流注盐泽(今云罗布泊)。盐泽潜行地下,其南则河源出焉"。意谓于阗河入盐泽,潜行至赐支河首,复出为黄河源也。赐支以西世为羌人所据,唐以前华人所不能至,故皆仍骞旧说,至元代乃由国家派人探河源。清代继之,始定星宿海汨泇区涌泉为河源。汉世人所称"河首",非指星宿海,亦非指鄂陵湖与扎陵湖,所指为今青海省玛多县,旧称"黄河源"。其西有哈姜盐池,为赐支与康区及松潘草地(今甘孜州与阿坝州)仰给食盐之处,故虽非华人所至,由于羌人重之,故很出名,传入中原。由羌人言,知其近黄河,故曰"河首",亦知其非河源,但称曰"首"也。其东即赐支。

《禹贡·雍州》云:"织皮、昆仑、析支、渠搜,西戎即叙"。《孔传》云:"织皮,毛布。有此四国,在荒服之外,内沙之内,羌髳之属,皆就次叙。美属之功及戎狄也。"《史记·夏本纪》文同。《索隐》云"郑玄以为衣皮之人,居昆仑、析支、渠搜三山,皆在西戎。王肃曰:昆仑在临羌西。析支在河关西。西戎、西域,王肃以为地名而不言渠搜。今按《地理志》,金城临羌县有昆仑祠,敦煌广至县有昆仑障,朔方有渠搜县"。孔安国把织皮作为四国之一名,不如郑玄说是。王肃以西戎合三国为四,以就孔氏"四国"之说,亦非。皆不如司马贞见解正确。今考"织皮"系羌人商品,即连毛皮也。华族织毛为褐,其羊毛仰给于羌商。羌族养羊历史久远,其羊毛粗长,然乏铁无剪,连皮售于华夏,故华言称为织皮。郑玄说为皮衣,亦非也。"昆仑"羌落,即今通天河区与柴达木区的地面,今尚存昆仑之名为青藏公路所经。"析支"即今大积石山(阿尼玛卿山)与巴颜喀剌两山脉间的果洛州地。《后汉传》作"赐支",赐与析同音,古有锡字,无赐字,锡即赐予之义。小篆时乃分别为赐字,故赐字古音同于锡。大约是六朝以后才又别为两种发音的。

附　关于前人考订三苗疆域的商讨

《魏策》云:"彭蠡"即鄱阳湖。《禹贡》《史记》《汉书》并同。洞庭从来无异称(只有称湘江之部为青草湖者)。中原帝居对南方言,西为左,东为右。"文山"即汶山（嵎山同），今作岷山。《禹贡》岷山导江。《史记》作汶，《汉书》作嶓。"衡山"在其南，是地理规定了的方向。作"北"，是肯定的错字。汶山本在两湖盆地的西北，说它在"其南"，也是错字。可能是由于中原不明地理的人因习知汶山在中原的西南，便误写为在洞庭、彭蠡之南了。于是又把相对的衡山写成在北。《国策》是汉代人辑写的书，传写到宋代才刻成定本，错字是难免的。

《韩非子》的写成，实际早于《国策》。它说："衡山在南，岷江（山）在北，左洞庭之陂……"就比《国策》正确。"陂"字也比"波"字妥当，更显得《国策》是依《韩非子》文讹误。陂是湖泽的含义。

《韩诗外传》成书也比《国策》早，韩婴与韩不唯同姓，时距也近，其说全用韩非旧文。而传者讹汶山为岐山，又讹陂为波，正与《国策》同误。

《史记》于吴起言只记"左洞庭，右彭蠡"，删去南北二山，是司马迁的审慎。他写《夏本纪》就取《禹贡》全文，而把"岷山导江"写作"汶山道江"。导山亦写成"汶（今本作岷）山之阳至于衡山"。司马迁是到过四川与湖南，审核古今地名的史官，必然感到汶山与三苗故地不相应，所以并衡山删去了。

《山海经·郭璞注》说"三苗之君"被杀，是据《尚书·舜典》文。说"有苗之民叛入南海"，未知依据何书。但却是很有道理的。郭璞为东晋人，对两湖地区掌故熟悉。似可相信他这句话。因为它与今天苗族分布地理符合。所谓"南海"，并非指今天广东以南的海洋。《尔雅·释地》云："九夷、八狄、七戎、六蛮，谓之四海。"郭璞于《尔雅》研究颇深，故袭此说把南方少数民族称为"南海"。这也是与历史实际符合的。"有苗"之族，从华夏南境移进到两湖盆地，又由双湖盆地向西南移入湘西五溪地区（汉武陵郡地。《后汉书·南蛮传》记的槃瓠种人，实即苗民别称）。由于散居贵州溪洞甚久，历代置有土司管理。清代改土归流，苗民反抗，遭到残酷镇压，孑遗逃入云南，匿居高山，一直流移至印支半岛。故郭璞说他"叛入南海"，是可信的。

钱穆的《古三苗疆域考》是一篇牵强附会的谬说。他的书虽读得多，但地理知识太浅薄，缺乏调查研究，而妄恃"本本"小慧，侈谈疆域考，只能自欺欺人贻误来者。他所依据的，几乎全是不加鉴别取用陋儒、下士的荒谬陈言。不须多斥，只看"南阳雉县有衡山"这一条就够了。《汉志》雉县注："衡山、沣水所出，东至郾入汝。"兹考其地在今河南南召县东，属伏牛山脉末梢丘陵部分，今铁路过此，不觉有山。即沣水、郾邑，亦皆非史籍知名之地，因其横亘，为古车运者所微苦，谥曰横山，字转为衡。如何可与南岳衡山比拟！《禹贡》《周礼·职方》《史记》《汉书·

地理志》皆以衡山为荆州镇山，何能谈三苗疆域不取衡山而取此车道能逾之丘陵。《左传》襄三年说：楚子重伐吴，"至于衡山"。是吴国也有地名衡山。《吕氏春秋》的"北至人正之国，夏海之穷"，也有衡山。全国各县，小地名"横山子""尖山子"甚多，岂皆可据为三苗界山哉！这是鉴别资料之失。

《齐语》谓桓公从管子教"一战帅服三十一国，遂南征伐楚。济汝（水），逾方城（山），望汶山"（《管子》同）。《左传》僖四年，屈完说："楚国方城以为城，汉水以为池。"齐桓与盟于召陵而还师，实未逾方城、汉水。言"逾方城"，已是不符史实的夸语。纵逾方城，升极高处，亦不可能望见江源的汶山。而钱穆云："《禹贡》汶山，正与《齐语》《管子》之汶山地望相符。"这真是"尽信书，则不如无书"了。

古地图以最远处给在上方，故东方幅则海在上方，南方幅则南在上方。从而左右方位不同（汉地图才开始定北为上方）。钱穆不知此故，扭于今地图左右方位，硬要把彭蠡扭到左方，竟至于考证彭蠡不在江域，也是可笑的。

但他引黄丕烈等成说，判"古三苗疆域在今河南鲁山、嵩县、卢氏一带山脉之北"，部位是合理的。至于说"今山西南部诸山，自蒲坂、安邑以至析城、王屋山脉之南夹黄河为居"，这就问题太多了。蒲坂、安邑是舜、禹的都邑，哪能会有苗族部落逼处，与虞、夏对抗？而且禹率群后之众把它打不下来，若还三苗占有这些地方，则已会占有盐池一面或全面了。又何至于怕舜舞干羽，七旬就来臣服于舜？既然用《尚书》文说三苗，而不考虑到这些方面，则这篇《三苗疆域考》，是无足取的。

霍弋墓考辨①

(1963年)

1963年3月5日，云南昭通县后海子中寨砖瓦工人发现晋霍刺史墓。经云南省文物工作队前往清理，写成简报在《文物》1963年第12期发表。共5页，插附图版13幅。其北壁壁画有墓主人趺坐像与题记8行，存86字，残脱仅五六字。原报告楷释其字如下：

晋故使持节都督江南交宁二州诸军事、建宁越巂兴古三□□守、南夷校尉、交宁二州刺史、成都县侯霍使君之像。君讳□，字承嗣。卒是荆州南郡枝江牧，六十六岁薨。先葬蜀郡，以太元十□□二月五日，改葬朱提越渡□，余魂来归墓。（有摹本图版）

其讳下字提行，摹本作似"哉"字，脱口。似有人判为霍彪墓。原简报云："至于霍承嗣是否就是霍彪，沿尚有质疑之处，有待于进一步研究。"兹审其文与壁画，非霍彪墓，乃彪祖父霍弋墓也。关于霍弋祖孙之旧籍资料，汇录如下：

《三国志·蜀十一·霍峻传》：南郡枝江人也。……率众归先主。……先主定蜀，嘉峻之功，乃分广汉为梓潼郡，以峻为梓潼太守、裨将军。在官三年，年四十卒。还葬成都。先主甚悼惜。……亲率群僚临会吊祭。因留宿墓上，当时荣之。子弋，字绍先，先主末年为太子舍人。后主践阼，除谒者。丞相诸葛亮北驻汉中，请为记室，与子乔共周旋游处。亮卒，为黄门侍郎……后为参军、庲降屯副贰都督，又转护军，统事如前。时永昌夷獠恃险不宾，数为寇害国。乃以弋领永昌太守，率偏军

---
① 此文为未刊稿，写于1963年。

讨之。遂斩其豪帅，破坏邑落，郡界宁静。迁监军、将军，领建宁太守，还统南郡（郡当作中）事。景曜六年，进号安南将军。是岁，蜀并于魏。弋与巴东领军襄阳罗宪各保全一方，举以内附，咸因仍前任，宠待有加。

《华阳国志·南中志》云："（张）表后，以南郡阎宇为都督，南郡霍弋为参军。弋善参毗之礼，遂代宇为监军、安南将军。抚和异俗，为之立法施教，轻重允当，夷晋安之。及晋世，因仍其任。时交阯不附，假弋节，遥领交州刺史，得以便宜选用长吏。今官和解夷人及适罚之，皆依弋故事。弋卒，子在龚领其兵，和诸姓"。又"咸熙元年，吴交阯郡吏吕兴杀太守孙谞，内附魏。魏拜兴安南将军。时南中监军霍弋，表遣建宁爨谷为交阯太守，率牙门将建宁董元、毛炅、孟幹、孟通、爨熊、李松、王素等领部曲以讨（字当作援）之。……无几谷卒，晋（当作弋）更用马忠子融代谷。融卒，遣犍为杨稷代之。……""战于古城，大破吴军，杀（刘）俊、（脩）则。因表炅为郁林太守，元为九真太守。……泰始七年春，吴主孙皓遣大都督薛翊、交州刺史陶璜率二十万军、兴扶严恶夷合十万伐交阯。……至秋七月，城中食尽，……吴人遂得入城。……"

裴松之《三国志注》引《汉晋春秋》曰："霍弋闻魏军来，欲赴成都。后主以备敌即定，不听。及成都不守，弋素服号哭，大临三日……得后主东迁之闻，始率六郡将守上表曰：……今臣国败主附，守死无所，是以委质，不敢有贰。晋文王善之，又拜南中都督，委以本任。后遣将兵救援吕兴，平交阯、日南、九真三郡，功封列侯，进号崇赏焉。弋孙彪，晋越嶲太守。"

《晋书》卷二十七《陶璜传》云："初，霍弋之遣稷、炅等，与之誓曰：若贼围城，未百日而降者，家属诛。若过百日救兵不至，吾受其罪。稷等守未百日，粮尽，允降。璜不许，给其粮，使守。诸将并谏。璜曰：霍弋已死，不能救稷等必矣。可须其日满然后受降，使彼得无罪，我受有义，内训百姓，外怀邻国，不亦可乎。稷等期满粮尽，救兵不至，乃纳之。"

《晋书·地理志》交州："吴黄武五年，割南海、苍梧、郁林三郡，立广州，交阯日南、九真、合浦四郡为交州。……蜀以李恢为建宁太守，遥领交州刺史。晋平蜀，以蜀建宁太守有脱霍弋遥领交州，得以便宜选用长吏"。

关于霍彪事，除《汉晋春秋》外。《华阳国志·李特雄期寿势志》云："（咸和）七年秋，（李）寿南征宁州……朱提太守董炳固城。宁州刺史尹奉，遣建宁太守霍彪、大姓爨深等助炳。时寿已围城，欲逆拒之。（费）黑曰：料城中食少，霍彪等虽至，赍粮不多。宜令人入城共消其谷。犹嫌其少，何缘拒之。彪等皆入城。……八年春正月，炳彪等出降。……九年春，分宁州置交州，以霍彪为宁州，爨深为交州刺史。"又咸康五年，"夏，建宁太守孟彦率州人缚宁州刺史霍彪于晋，举建宁为晋。遣右将军李位都讨之。"

《晋书·成帝纪》，咸康五年："三月乙丑，广州刺史邓岳伐蜀。建宁人孟彦执李寿将霍彪以降。"又六年三月"李寿陷丹川，守将孟彦、刘齐、李秋皆死之"。

关于霍弋祖孙之原始资料，今存者如此。用与此墓画像题记对勘，可判其为弋墓，非彪墓之理由如下：

1. 魏晋官制，"持节都督无定员。""都督诸军为上，监诸军次之，督诸军为下。使持节为上，持节次之，假节为下。使持节，得杀二千石以下。持节，杀无官位人；若军事，得与使持节同。假节，唯军事得杀犯军令者"（《晋书·职官志》）。节，所以代表天子尊严，代表国家威刑政权，非重臣肩重任者不得假。此墓主人主人称"使持节"，《华阳国志》但谓"假弋节"，似不合。然，南中镇将之假节，实自弋始。弋在蜀汉时地位已高。入晋，由于交阯隔绝，唯宁州一路可以应援，故假弋节。迨弋组织大姓部曲出援交阯，大破吴军，斩其大将刘俊、脩则，拓地四郡；同时军事亦臻繁重，晋廷"宠待有加"，则进为"使持节"有可能。观其便宜选拔将守，及与杨稷、毛炅等誓要，足见其权已可诛杀二千石与其家属，则晚岁进为"使持节"为必然。但《常志》附记交州事，未及弋之官阶，别无资料证之耳。至于霍彪，则尹奉时只为太守。降李雄后，雄为利用其与爨深之地方势力，欲借以招徕南人，授为刺史。南中之州，仍在"建宁王"李寿统筹兼管之下，不可能假节。纵使假节，在晋为伪官，亦不得于太元年中书入墓志。至于咸和以后，彪之在晋，系俘虏伪官，纵使起用，不可能至都督刺史，更何得言"使持节"。

2. 墓壁题记，"使持节都督……诸军事"为一官衔。"交宁二州"为魏晋已置之州，其军事付一人督之，易解。"江南"二字，非行政区划名称，乃与交宁二州并别。晋统一后，不能有此官衔。唯吴、蜀、魏鼎峙及晋、吴对抗时，北人称吴为江南。霍弋组织宁州大军援交，除交州之合浦一郡尚未全克外，军事发展至占有广州之郁林郡，委出太守。晋为号召江南其他州郡人民叛吴起见，假弋督宁、交二州及吴地诸军事，漫称广州与扬、越、荆、湘为"江南"，亦自然之势。平吴以后，"江南"一词即当以扬、荆、湘、广等字代之。至于东晋，则国境即是"江南"，安得有"督江南、交、宁二州军事"？此为墓主人只能是东晋初年之霍弋，而绝不可能为东晋时俘人霍彪之铁证。

3. 题记中"建宁、越巂、兴古三□□守"为一官衔。霍弋援交阯时，已兼镇建宁太守，《三国志》有明文。（其前曾以护军兼永昌太守）。别无史文证其曾领越巂、兴古太守。若霍彪曾任越巂太守（见《汉晋春秋》），任建宁太守（见《华阳国志》）。此或是判墓主人为彪者所依处。兹据史法与一般习惯，书前后任三郡太守者，（如《华阳国志》卷九，"许在晋，历巴郡、襄阳、宜都太守"。）不当有"三"字，唯同时兼三郡太守者，则必当有"三"字（二郡、四郡同）。蜀灭之初，南中旧守吏多有逃者，一时难得人选，由刺史兼领，亦自然之势。越巂险远，自蜀汉以来由南中推派将守，张嶷、李恢皆是。晋初由弋兼领，可能。兴古为宁州进援交阯之门户，一时军事繁剧，由弋兼为便。故承上文都督诸军事，续举兼领三郡太守。若霍彪墓志，则当云："越巂、建宁太守"不得有二、三字矣。

4. "南夷校尉"为一官衔，晋置南蛮校尉于襄阳，西戎校尉于长安，护羌校尉于金城，西夷校尉于成都，南夷校尉于宁州。并持节统兵，开府，置官属，理少数民族政务。亦多由刺史兼之。"南夷校尉"由宁州刺史兼领，为西晋通例。而江左初，"改南夷校尉曰镇蛮校尉"（《晋书·职官志》）。故若霍彪时，则只有镇蛮校尉，无复"南夷校尉"之称矣。

5. "交、宁二州刺史"为一官衔。在诸衔中为最尊，叙在最后，亦汉魏南北朝碑志通例。霍弋为晋交宁二州刺史，有明文。彪唯李雄时为宁州刺史，时交州刺史为爨深。亦有明文。迨彪为孟彦缚送江左，宁州仍为李氏所处。桓温灭蜀后，宁州刺史为周抚子孙，未曾以假他人（见《晋书·周抚传》）。交州刺史亦有人名可考。彪入晋后，迄无所闻，绝不可能官至"交宁二州刺史"。且亦不敢以伪官宁州刺史入墓志。

6. 《汉晋春秋》谓弋以平交州"功封列侯"。在汉制，关内侯为"列侯"。谓其实无封邑，列于侯爵而已。若魏晋，则封侯皆无食邑，但有县、乡、亭与关内侯等品级。故其乡邑亭侯皆泛举县名，不能实指乡邑名。其县侯之县名，亦但取佳字或侯所悦地名，竟有用其本县名以示尊宠者。故六朝时每或称一切侯皆为"列侯"。此墓主人称"成都县侯"，与"列侯"二字不为抵牾。至于霍彪，则无史料可证其曾封侯。就现有关于彪之史料言，亦不可能得封侯。又《华阳国志·南中志》，太安元年，"复置宁州，增统牂牁、益州、朱提，合七郡为刺史。加（李毅）龙骧将军，进封成都县侯"。与此墓主人重复。史无两县侯同名例。若非李毅史文有误，即当是此墓题记有误。原摹本此县字残甚，疑是成都乡侯或亭侯之讹。或由摹时审字未明，或由题写者误之为县也。

7. 讳下一字，即作戈旁，则既不是彪，亦不是弋。在旁上部残迹，摹本作"土"，颇似载字蚀去车形。若然，则《华阳国志》之霍弋子在，亦可作载字。定为霍载，与字形最合。然霍在并无功称，但以荫领其父部曲，调和诸姓而已。不唯《华阳国志》无所称道。即如《汉晋春秋》，亦但称弋有孙彪，而不著其子在。不当是此墓葬者无疑。晋世南中霍氏可称者，唯弋与彪。就残存字画分析，尚有释为弋字之可能：魏晋南北朝时碑石，书弋为戈者颇不乏例。盖戈字习用，弋字不习用。边方文化落后，小学不修，笔画讹误实所难免。即如此题记8行86字中，讹别字亦不少。书弋误戈，可以理解。

8. 弋"字绍先"，见《三国志》。绍先与弋无联义，不似因弋字所取之字号。三国时每有随时改名之习，如李严改名平，其子丰又名农。大凡魏晋史籍人名各书互异者，率多可以改名释之（例如《晋书》中之姚崇与姚岳、爨量与爨亮，互见于本纪与列传间，实为一人）。疑霍弋又名绍先，字承嗣。两义关切，可以判为一人。若彪字，则与"承嗣"毫无关联之义，绝无理由判承嗣为彪字也。

9. 原摹"卒是南郡枝江牧"七字，文义难解。霍氏祖峻，为南郡枝江县人，著于《三国志》本传。疑原文是"本是南郡枝江县人"八字。"本"字，由绘误审成"卒"字。又"县人"二字挤写相混，被审为"牧"字。抑或是原题笔时已误之字。或由误本为卒，遂误县人为牧。或由峻之先世本以县令落籍枝江，谱牒称令长为牧使然？皆可不辨。唯"卒"必是"本"字，重审当得其证。霍峻随先主入取益州，在建安十七年。建安十九年先主定益州，峻为梓潼太守。在官三年卒，则建安二十一年也。年40，在蜀几五年。然则其生子弋，当在荆州时。故弋为南郡枝江人。唯自幼已随父入蜀，即蜀为家，故晋初从其父墓返葬成都。若其孙彪，则当生于宁州。去其家离枝江已近百年，不可能犹以枝江祖籍填入墓中矣。

10. 霍弋卒于泰始七年，有《陶璜传》可证。墓中人年66，拟为霍弋甚合。自泰始七年逆推66年，为建安十一年，时峻犹在荆州。建安二十一年峻死，弋年10岁。年15以父荫为太子舍人，时太子禅亦15岁，取其年龄同，性习易洽，用"佳士"（先主赞峻语）子导后主也。由弋端正"尽言规谏，甚得切磋之体"（弋本传文），故诸葛亮驻汉中，更请以为记室，使伴导诸葛乔。时乔十四岁，更小于弋，已授官领数百兵从亮习军事。弋21岁"通古义"，故亮请以辅导乔也。弋至延熙初为阎宇副时，已将50岁。蜀亡降晋时58岁。其明年出兵交州。领交州刺史几七年。霍彪年龄无可推测。中置不论。

11. "先葬蜀郡"，亦为判断弋墓与彪墓之要证。霍峻葬于成都，本传有明文。

即霍氏已于成都建立祖茔矣。弋虽卒于南中，依封建礼制，当还葬祖茔。晋初蜀中屡乱，世家大族逃徙空，各祖茔并当荒废。大姓能在他郡立脚者，皆已别创世业，别立祖茔。故弋虽还葬成都，其子孙仍别于朱提另立茔墓。迟至百年而后迁葬者，以李雄处蜀，期、寿、势与范贲继之，后又没于苻秦。是皆晋之敌国，墓园不可能获得保护，不唯子孙无法迁葬，即旧墓遗迹亦难保存。住居朱提之子孙，追念先世德业，别营墓于新祖茔间，亦大姓装点门面伎俩。其时已不可能搬回遗骨，但招魂改葬耳。故曰"余魂来归墓"也。若霍彪，则无条件归葬成都：李氏处蜀时，彪以降俘受李氏官在南中，不得谋葬成都，但当谋葬于南中新茔耳。追缚送入晋，则早迟死皆无先葬成都之条件。即使其随周抚入蜀，死于蜀，获葬于成都祖茔。其在朱提之子孙亦不至于不徙葬功名辉耀南中之祖弋，而反独迁此屡作降俘之彪墓，此事理之易知者也。

12. "太元十□年二月改葬"者，太元十年苻坚败亡，其所署益、梁、宁三州文武官吏始退走，晋复有三州。其后义熙元年，蜀始复为谯纵割处。中间承平时间，霍氏子孙始有入蜀省墓之机会。时则墓园或已夷为草莽，不可踪迹，故更谋于朱提祖茔添建弋墓，称曰改葬也。其时霍彪或犹在，或已早死于江左，不可能有为之改葬者。南中人性强悍，以降为耻，亦必无子孙愿假其声名，故不至于有为之改葬者也。

13. 北壁所绘墓主人像，"盘膝坐于蒲垫上，脚底交合，露于衣外。蒲垫置于石座上，左手抚摩脚底，右手执麈尾。"此种坐法，为密宗佛教徒参禅西壁之结跏趺坐法。《华阳国志》谓"弋善参毗之礼"，即谓其能习密法。佛教密法自缅甸、越南输入云南之时间应甚早。其法不读经律，但习咒与仪轨，唯静悟是求①，甚利于推行于文化落后之异民族地方。又不戒酒肉，不废妻妾，不拒政务，不禁贪嗔，故在初进入封建社会之大姓豪门官绅士流辈，特别乐于信奉。霍弋由善此道，故能与地方人物接近，悉其情俗宜忌，"立法施教，轻重允当"。李氏处蜀时，"和解夷人及适（谪）罚大姓，皆依弋故事"。"参毗"，即面壁参禅之法。毗即毗卢，密法加于一切诸佛法身之通称。显宗译云佛法，密宗则称曰毗也。不曰参毗法而曰"礼"者，中华称一切习俗行动为礼，佛教徒称之为法。常璩不解佛法，用儒家礼字代之也。

---

① 南充天宫山宝王墓佛法图案浮雕有夜叉飞天，可证汉代密法已从云南传入四川。

蜀枸酱、蜀布、邛竹杖考辨①

(1987年)

《史记·西南夷列传》载,汉武帝建元六年(前135年),唐蒙出使南越,食蜀枸酱,问其所从来,"曰:'道西北牂柯,牂柯江广数里,出番禺城下。'蒙归至长安,问蜀贾人。贾人曰:'独蜀出枸酱,多持窃出市夜郎。'夜郎者,临牂柯江,江广百余步,足以行船。南越以财物役属夜郎,西至同师"。唐蒙从这一拨索,料定巴蜀有条商道通夜郎国,从夜郎浮船牂柯江(今西江),可以直取南越国都番禺(今广州)。遂上书劝汉武帝发巴蜀兵与夜郎合兵攻取南越,而为武帝采纳。

无独有偶,"元狩元年(前122年),博望侯张骞使大夏(今阿富汗)来,言居大夏时见蜀布、邛竹杖,使问所从来,曰:'从东南身毒国(今印度),可数千里,得蜀贾人市。'"张骞据此谏汉武帝重开西南夷,以巴蜀求道通身毒。汉武帝于是派淡"间出西夷西,指求身毒国"②。

这样,由于蜀枸酱、蜀布、邛竹杖这三种四川的土产在异域的发现,激起了汉王朝向广大西南地区开拓疆土的劲头。在耗费了巨大的人力、物力,经过前后三十来年的努力之后,虽未达到打通身毒道的目的,却使我国西南地区的少数民族部落夜郎、滇、且兰、邛、筰、斯榆、冉䮾、白马、劳深、靡莫等一百余部归附了汉王朝,设立了犍为、牂柯、越西、益州、武都、沈黎、汶山七郡,对我国多民族国家的统一起了巨大的推动作用。故司马迁说:"南夷之端,见枸酱番禺,大夏杖邛竹。西夷后揃,剽分二方,卒为七郡。"③

这三种东西既在历史上起过如此重大作用,自不可不研究一番。但两千多年来,众说纷纭,讹误相传,一直没有搞清楚。六十年代初,我在校注《华阳国志》时,

---

① 原载《四川历史研究文集》,四川省社会科学院出版社,1987年。
② 《史记·西南夷列传》。
③ 同上。

曾搜罗有关这三种东西的资料百余条，发现歧异之处甚多。今乃翻捡旧稿，参考诸书，略作考辨，以抒管见。

一、枸酱、蒟酱辨

枸酱二字，最早见于前面所引《史记·西南夷传》中。此后，班固撰《汉书·西南夷传》，司马光撰《资治通鉴》，朱熹撰《通鉴纲目》，郑樵撰《通志》，在记唐蒙故事时，俱仍写作枸酱。但晋代以来的文学家、方志家、医药家和注释史籍者却大都将枸酱写作"蒟酱"，或释枸酱即蒟酱，并把枸酱说成是伴吃槟榔的扶留藤。枸酱即蒟酱，似已成为一种通行的解释。

枸酱真的是蒟酱吗？否。东汉许慎著《说文》中，枸与蒟是分别归于木部和草部的。其文曰："枸，枸木也，可为酱。出蜀。从木，句声。""蒟，果也。从草，询声"①。据此，枸是一种木本植物，当读如苟，入有韵；蒟，是一种草木植物的果实，读如矩，入麌韵。

枸木是一种什么样的树木呢？许慎未作说明，但东汉郑康成的门人刘德，在注《汉书》枸酱时则称："枸树如桑，其椹长二三寸，味酢。取其实以为酱，美。蜀人以为珍味。"三国时吴国韦昭作《汉书音义》注枸酱曰："枸木似谷树，其叶如桑叶，用其叶（应为实字）作酱，酢美。蜀人以为珍味。"②（枸树，蜀人通常称为构树，中原人称为楮。这种树，叶不与桑同，但果实却是带酸味的，可食。明朱橚《救荒本草》称其为"构桃"。）

上述三种解释略异，但有两点是一致的：一，枸木是一种树，用其果实可以做成一种可口的带酸味的果酱，即枸酱；二，这种果酱是蜀中比较珍贵的特产。

蒟是什么呢？《本草纲目》称："蒟子，一名土荜茇，苗名蒌藤，一称扶留藤。"晋郭义恭云："蒟子，蔓生依树，子似桑椹，长数寸，色黑，味辛如薑。以盐淹之，下气、消谷。生南安。"③（南安，疑是南定或高安之误。据《宋书·州郡志》：三国时为吴武安县。晋平吴，改为南定县，属交阯郡；又分九真郡常乐县，立高安县。二县俱在越南境）。宋祁晚年曾官成都，其所作《益部方物略记·蒟酱赞》也说是：

---

① 《段注说文解字》。
② 《史记·西南夷列传》注引裴骃案。
③ 《太平御览》卷九七三，《艺文类聚》卷八七。

"蔓附木生①,实若桎累,或曰浮留,南人谓之。和以为酱,五味告宜"②。这就是说蒟即是扶留,以其果实为酱即是蒟酱。那么,扶留是何物呢?

扶留,即胡椒科胡椒属植物蒌叶(又称"蒌予""蒟酱"),学名 piper betle,原产印度尼西亚,我国南部栽培较广。三国时孙权派宣化从事朱应、中郎康泰出使海南诸国。回来后撰成《扶南异物志》《外国传》等书,一时引起轰动,从而形成了魏晋以来学人研究海南异物之风。江左士大夫如杨孚、万震、郭义恭、顾征,嵇含、刘歆期等撰写了不少记载南方植物的书籍。对这种胡椒科植物,因译音之别,又有"浮留""蒌""勃蒌"等名称;同时因它与荜茇(piper lon um)同类相似,故常被人混淆。其实,扶留,蒌都是 betle 的译音。蒌,即是扶留二字的促读。

扶留与荜茇,都是胡椒科藤蔓植物,都是穗状花序,卵形浆果,卵圆形叶片,但荜茇叶不似扶留厚,故只采其干浆果用。扶留叶厚如王瓜叶,含芳香油,有辛辣味,"以其叶合石贲灰与槟榔并咀之","则滑美,下气消谷"③。魏晋以来,江左士大夫多染有岭南人吃槟榔的习惯,故扶留被大量引种到内地。但胡椒科植物喜温暖,荜茇只能产于岭南较热地方,扶留适应性则稍好些,我国南部一些亚热带地区和温暖河谷地带皆宜栽种。四川的长江、金沙江和岷江一些河谷曾引种④,但究因气候差异,品种退化,成为"土蒌藤",已不可再用作伴食槟榔之物;到了后来,"蜀人唯取蒌叶作酒曲"⑤。

扶留叶拌上蚌蛤灰裹槟榔以食的这种吃法,在我国流传甚广。但扶留叶要新鲜才辛香!干枯后则味淡。由于扶留叶难于保管和运输,因而人们又发现同扶留相近的荜茇子有类似的味道和功效,故将它取代扶留叶。这样,有人又据此将荜茇当作蒟。⑥ 嵇含《南方草木状》竟以为二者为一物之二形,称:"蒟酱,荜茇也。生于番国者大而紫,谓之荜茇;生于番禺者小而青,谓之蒟焉。可以调食,谓之酱焉"。

上述关于蒟酱之解释,虽然含混不清,但有两点是明确的:一,蒟酱是用胡椒科藤蔓植物扶留或荜茇的叶和花实所制的调味品,是作为与槟榔并食的食品。二,它原为岭南特产,并非自蜀中"流味"而来。

由此可知,枸酱与蒟酱从植物分类学来看,是用两种根本不同的植物所制。无

---

① 《广群芳谱》,"蒟酱"条引。
② 据《植物学大辞典》及《辞海》等。
③ 嵇含:《南方草木状》"槟榔"条。
④ 《益部方物略记》:"蒟,出渝、泸、茂、威等州……或言即南方所谓浮留藤,取叶合槟榔食之。"
⑤ 李时珍:《本草纲目》。
⑥ 邝露《赤雅》曰:"蒟酱,瑶峒中家家食之,以荜茇为主,杂以香草。"

论是味道、功效、食法、产地都不相同，不应当作一物。而且，从上引资料可知，晋以前人和晋以后人对蜀枸酱之解释各不相同。是故，晋代为指枸为蒟的发端。稽诸史籍，造成这一误解的起因，乃是刘逵为左思《蜀都赋》所作的一段注文。

刘逵，又名刘渊林，济南人，与左思同时代人。左思作《三都赋》，苦于对蜀中情形不甚了了，多求助于熟谙蜀地风物的张载。但张载后来仅注释了《魏都赋》。其余的《吴都赋》《蜀都赋》俱由刘逵注释。刘逵生平无考，但从他的注文看，他对江南风物、掌故较熟悉；对蜀中事物则较陌生，许多注释都是取于传闻或他人笔记。刘逵在采用这些资料时，缺乏严肃认真的态度，剪裁失误，往往错谬，甚至以讹传讹。作为倜傥不羁的文士，当然我们不好用史家的标准去苛求于他。但他对蒟酱即枸酱的一段注文，竟把后来诸多学者引入迷途，这恐怕是他始料未及的了。

《蜀都赋》："其圃则有蒟蒻、茱萸……"句下，刘逵注道："蒟，蒟酱也。缘树而生，其子如桑椹，熟时正青，长二、三寸，以蜜藏而食之，辛香，温调五脏。蒻，草也。其根名蒟头，大者如斗，其肌正白，以灰汁煮则凝成，可以苦酒腌之，蜀人珍焉。"然后，刘逵又在"邛杖传节于大夏之邑；枸酱流味于番禺之乡"句下注曰："《南越传》曰：'使唐蒙风指晓南越。南越食蒙蜀蒟酱，蒙问所从来，答曰：西北牂牁，江广数里，出番禺城下。'故《汉书》曰：'感蒟酱、竹杖，则开牂牁、越巂也。'"① 很明显，为了和蒟相对应，《汉书》所记的枸酱便被他改成蒟酱。

那么，刘逵所描述的蒟酱形态所据何来呢？由前述刘德枸酱注和郭义恭《广志》所记蒟子两段文字，可知，刘逵是将刘，郭二人所说拼凑而成蒟酱之注的。他将刘德"枸树子如桑椹，长二三寸"文，套入郭义恭关于蒟的形态描述中，写成上述一段注释，自然是非常牵强的。何况他将蒟蒻释成蒟酱、蒻头两种东西，就更大错而特错了。左思在《蜀都赋》中所说的园中栽培植物蒟蒻，即《华阳国志》所记之"芳蒻"。它是天南星科草本植物，又名蛇六谷，俗称魔芋。李时珍《本草纲目》称："蒟蒻，一名蒻头，一名鬼芋。出蜀中。施州亦有之，呼为鬼头。闽中人亦种之……秋后采根，……以酽灰汁煮，……即成冻子。切片，以苦酒五味腌食。"蒻是什么呢？《说文》曰："蒻，蒲子，可以为平席，世谓蒲蒻。"

是故，刘逵关于蒟蒻一词的注有三大谬误：其一，以一物为二物；其二，以岭南新引种之物而妄加于巴蜀；其三，因枸、蒟可同音，而改枸为蒟，释蒟为唐蒙所食之蜀枸酱。但奇怪的是，有此三大谬误而历来学人却盲目遵之。这大概要"归功"

---

① 引自胡刻《文选》。

于颜师古等大学问家的附和吧!

晋末徐广作《史记音义》，集诸家异同之说，遂抛刘逵之说曰："枸，一作'蒟'，音窭"。① 窭有二音，一读为矩（jǔ），一读如楼（lóu）。如前所述，扶留促读为蒌（音楼），蒟即为蒌。岭南人故读蒟为蒌。因此，徐广音蒟为窭，实是取'楼'音。但唐司马贞作《史记索隐》时，因晋灼音蒟为矩，遂误以为窭当读矩之音，故注曰："窭，求羽反。"② 这样就为刘逵改枸为蒟找到音义上的依据。

颜师古注《汉书》"枸酱"条时，因袭刘逵之说，认定"蒟"就是"枸"；而魏晋以来关于茹之描述，与刘德所说的枸树大不相同。于是他武断地说："刘（德）说非也。子形如桑葚耳。缘木而生，非树也，子又不长二三寸。味尤辛，不酢，今宕渠有之。"③ 这样就认定枸酱是扶留藤了。

其后，苏恭撰《唐本草》，更杂取《南方草木状》《交州记》《广州记》等晋以来记载南方植物的书籍，把枸酱释为吃槟榔的伴食品了。他说：

"蒟酱，味辛温，无毒。主下气、温中、破痰积。生巴蜀。《蜀都赋》所谓流味于番禺者。蔓生，叶似王瓜而厚大，味辛香，实似桑葚，皮黑肉白。西戎亦时将来，细而辛烈，或谓二种。交州、爱州人云：'茹酱，人家多种，蔓生，子长大，谓苗为浮留藤；取叶合槟榔食之，辛而香也。又有荜茇，丛生，子细，味辛于酱。'此当信也。"

照他说来，这种伴食槟榔的蒟酱，是原生于蜀地，后来被交州、爱州人引种的了。

宋代苏颂作《图经本草》时，感到把热带植物扶留说成是史书上明载"独蜀出"的枸酱，于理难通，于是搞出个"调停古今之说"，曰："蒟酱，生巴蜀，今夔州、岭南皆有之。……刘渊林注《蜀都赋》云：'茹酱缘木而生，……'今云蔓生，叶似王瓜而厚大，实皮黑肉白；其苗为浮留藤，取叶合槟榔食之，辛而香也。两说大同小异。然则渊林所云乃蜀中如此；今说是海南所传耳。今唯贵荜拨而不尚蒟酱，故鲜有用者。"④ 因为很难自圆其说，他只能含糊地解释说，蜀中的蒟酱和岭南的蒟酱因地方不同，故说法略异。显然这是难以令人信服的。

到了清代，小学大师段玉裁在《说文解字注》中，仍囿于成说，作了一段非常

---

① 《史记·西南夷列传》注引《集解》。
② 同上。
③ 《汉书·西南夷两粤朝鲜传》注。
④ 据《政和证类本草》引。

牵强的注释。他在许慎："蒟，果也"一句下注曰：

《史记》《汉书》有枸酱。左思《蜀都赋》、常璩《华阳国志》作蒟。《史记》亦或作蒟。据刘逵、顾征、宋祁诸家说，即扶留藤电。叶可用食槟榔，实如桑椹而长，名蒟，可为酱。《巴志》曰："蔓有辛蒟"。然则此物藤生，缘木，故作蒟，从草；亦作枸，从木。要必一物也。许君木部有枸字，云可为酱，于草部又有蒟字，盖不能定而两存之……其实名蒟，故云果也。果，木实。当云："蒟果也"，为三字句。

其实，是他冤枉了许慎。许慎在《说文解字》中，曾很明确地将二者分别清楚。《说文》成书于公元 120 年，距《汉书》之成不过二十多年，加之许慎之博学，所记汉代事物，当然要比刘逵这样后代人的道听途说可靠得多，而且证之汉儒刘德等人的注释，他对枸酱的解释也是有据的。

或云《巴志》既载有"树有荔枝，蔓有辛蒟"①，《益部方物略记》也称："蒟出渝、泸、茂、威等州，即汉唐蒙所得者。"这岂不证明琴地原有扶留（蒟），它就是《汉书》等所记的蜀枸酱么？

我的看法是：早在汉武帝攻取南越时，槟榔就已引种到中藤地区。三国时朱应、康泰出使南洋，促进了岭南对海外的贸易，海南吃槟榔之俗也传入了中原。吃槟榔要用扶留叶，专靠岭南供应则难以满足，故推动长江流域和西南一些亚热带地区引种扶留。滇、黔、川的一些河谷冬无霜雪，可以栽种，做晋时宕渠（渠县）郡、南巴郡、涪陵郡等地都有栽培。颜师古《汉书注》说"今宕渠有之"，《元和郡县志》也记"涪州贡蒟酱"，这就是证明。

但是，如果以此证明它就是唐蒙吃到的蜀枸酱，则完全错了。因为扶留原是由亚热带地区向热带地区引种而来，四川省若有，广东省更应当有，《史记》等书却明明白白地说它"独出蜀"，而"流味于番禺"，则乃自蜀丽粤。如果粤早已有之，又何须自蜀经夜郎输入呢？再者，吃槟榔乃通俗，扶留叶也算不上什么珍品，蜀人何"以为珍"呢？南越招待汉王朝的使臣，请他吃由蜀商"持窃出市"的枸酱，证明南越也把这种枸酱当成珍品。倘是扶留之类，岭南多有，又何必珍之呢？因此，可以认为，如果晋人所说的蒟酱是扶留一类的话，那么《巴志》等书所说四川产的辛蒟，蒟酱，也是伴食槟榔之物，并非汉代流味于南粤之枸酱。四川古有吃槟榔之俗吗？

---

① 《华阳国志·巴志》。

回答是肯定的。直至六十余年前,四川许多饮食馆的桌上都还间置槟榔一碟,任顾客取食,就像北方饭馆桌上放有大蒜一样。那时四川民间流传"饱吃槟榔,饿吃烟"这句话。但我却从未见过合扶留叶吃的,因为此时四川的扶留藤,早已退化为"土荖藤"了。

那么,唐蒙所食的蜀枸酱究竟为何物呢?

明杨升庵依刘逵说,附会为魔芋所制的"黑豆腐"①。这显然是不对的。刘逵是将蒟蒻一物说成为二物。杨慎则是将枸酱与蒟蒻二者合而为一物了。

比较合理的解释是枸酱即枳椇酱。《诗·小雅》:"南山有枸",毛氏小序释曰:"枸,枳枸也。"段玉裁解说为:"枳枸,即《札记》之具。许(慎)于枸下不言枳椇,具字亦不录。"②似疑许慎拿不准枸酱之枸,是否即为枳枸。考枳枸即俗称为"拐枣""鸡距子"之类落叶乔木,属鼠李科,叶广卵形,边缘有锯齿,似桑叶,花序呈聚伞状,分枝扭曲。它的果实呈球形,青时味酸,熟时果肉呈棕红色,味甜,供食用,可以用以酿酒,或做成果酱,味甘美,故亦被称为木蜜,树饧③,今我国黄河流域及长江流域均有出产。但它原本为南方植物。三国时吴人陆玑的《毛诗草木虫鱼疏》就说它"本从南方来","江南特美"。《齐民要术》引《广志》说,枳具出南方,"邛郯(今江苏地)枳椇大如指。"然则枳具非蜀之特产,说为"独蜀出"的枸酱亦不通。如果非要说它就是唐蒙所食之蜀枸酱的话,那么只能这样解释:由于蜀与夜郎近,且当时有商旅相通;夜郎闭塞,只知蜀有此物,不知他处亦有,才有"独蜀出"之说。番禺一带不产此物,故出夜郎输入,以为珍品。是否如此,待考。

除此之外,我认为尚有一物似为唐蒙所食之枸酱,那就是枸杞。枸杞,一名枸继(纟为木),属茄科,落叶小灌木,其浆果亦成卵圆形,生青熟红,味甘美。它原是温带野生植物,后陕、甘、宁、冀、川、粤等地都有栽种。因为其一身都是宝(嫩茎、叶可作蔬菜,根可入药,实为补肾益精,一养肝明匾的补药),故在中原地区几被采伐殆尽,只甘凉,川蜀等"边隅",还保留较多,于是才开始栽培。秦汉时,中原地区栽培尚少,野生枸杞又多被采伐净尽。巴蜀其时人稀地旷,出产此物较多,制以成酱,作为一种保健食品。因被人偷偷拿到夜郎出售,才流味于番禺,故亚热带的广东地方,后来也开始种起枸杞来了。

---

① 杨慎《丹铅总录》。
② 《段注说文解字》。
③ 吴其睿《植物名字图考》。

当然，这只是一种推断，其依据是：一、唐蒙在未到南越前必吃过或见过蜀枸酱。否则怎能在南越辨知他所吃的就是蜀枸酱呢！这说明蜀枸酱作为一种珍贵食品早已行销或贡献到京师（长安）一带地方了。二、西南少数民族地区如夜郎等部，素乏甜食。枸杞甘甜，粒粒如红珠，是当地少数民族喜爱之物，故向蜀人购取，并沿牂牁江流到南越。这就像过去尽管交通不便，西藏上层人家却总爱从新疆购入葡萄干，作为一种高级食品一样。三、枸杞具较强的滋补性，南粤人素尚滋补，故由夜郎输入。

或问：枸杞今多以子粒食之，有用此作酱的吗？回答是肯定的。清以前有部叫《养生杂纂》的书，记有枸杞酱的做法："采枸杞予红熟者，去蒂，水洗净，沥干，砂盆内烂研，以细布袋盛，滤去滓，澄清一宿，去清水；若天气稍暖，更不待经宿。入银、石器中，慢火煞成膏，不住手搅之，勿黏底。候稀稠得所，泻向新瓷瓶中盛之，蜡纸封，勿令透气。每日早朝温酒下二大匙。夜卧再服。百日，身轻气壮，耳目聪明，须发乌黑。"① 是否这就是汉时蜀枸酱的制法，已不可知，仅作为一条线索，记此以备研究者参考。

二、蜀布考

张骞在大夏见到的蜀布为何？历来尚少有人考释。"布"，如果单从字面解释，可有二释：一是货币，二是衣料。

当秦汉之时，曾称钱为"布"。《周礼注》曰："布，泉也。其藏曰泉，其行曰布。"故汉以来人们把流通用的货币称为"布"。汉王朝的通行货币，不得称为"蜀布"。因此，张骞所见到的"蜀布"，不是铜钱，而是蜀中所产的一种布匹。

秦汉时我国尚无棉花，当然无棉布。那时用作衣料的乃是丝织品（绢、帛），毛织品（褐），麻织品（布）等。《吕氏春秋》记："戎人见暴布者而问之曰：'何以为之莽莽也？'指麻而示之。"② 证明当时称为"布"的衣料是麻所织造。麻有多种，古时用作织布者，主要是大麻和苎麻等纤维较柔细的麻。汉时中原地区无苎麻，用以织布者只能是大麻。故《说文》曰："布，枲织也。"枲，就是大麻。

大麻俗称火麻，雌雄异株，雄株称为"枲"，又叫作牡麻；雌株称"苴"或"子

---

① 《广群芳谱·枸杞》引。
② 《汉书·佞幸传》。

麻",俗称"母麻"。前者主要用其韧皮纤维织麻布;后者主要用以收子(即中药之"火麻仁")可榨油。苴麻之实古称为"蕡",其韧皮虽亦可沤渍,但麄短不堪作"绤"(细麻布),只能作粗布或绳索,故称其为"纻",与绤字为对偶字。故《尔雅》曰:"蕡,枲实。枲,麻。荸,麻母"。孙炎曰:"蕡,麻子。纻,苴麻盛子者。"崔寔曰:"苴麻,麻之有蕴者,荸麻是也。一名蕡。"①《说文》曰:"绤,细布也。纻。萉(几为林)属,细者为絟,粗者为纻"。"萉(几为林),枲属。"这些都证明,古代黄河流域织布之麻乃是大麻。

三国时陆玑作《诗经草木虫鱼疏》,把《诗·陈风》"东门之池,可以沤纻"的纻字解为苎麻,是把纻与苎搞混了。他说:"纻,亦麻也。……荆扬之间一岁三收,今官园种之。岁再割。便生剥之,以铁若竹刮其表,厚皮自脱,但得其里如筋者,煮之,用缉。谓之'徽苎'。今南越纻布皆用此麻。"这明明说的是苎麻,故无怪自唐孔颖达作注疏以来,解经家都遵此说,不敢立异。其实陆玑作为吴人,习见长江流域所产苎麻,遂以苎、纻同音之故,以为中原地区作纻的麻也是苎麻。后来之人迷信其说,有更将《尔雅》和《四民月令》中的"荸麻"也改作"苎麻",来为陆疏作证的。

这里必须辨明:苎麻是长江流域和我国南部地区原产之物,因其喜阳光和温暖湿润气候,适合于温带和亚热带地区生长。对中原水土颇不相宜,故向北引种较迟,元代才开始在淮水流域种植。《农桑辑要》(元至元十年即1273年成书)卷二记云:"苎麻本南方之物,木棉亦西域所产。近岁以来,苎麻艺于河南,木棉种于陇右,滋茂繁盛与本土无异。"② 这是汉代中原地区尚无苎麻的证据。所以,徐光启说:"五代以前,所谓纻,所谓枲者,殆皆苴麻之属。而今所谓苎者,特南方有之。陆玑始着其名,唐甄权乃以入药方③。至宋,掌禹锡云,'南方绩以为布'。显是北方所无,而释《诗》者尚未知陆玑所谓苎,非《诗》所谓纻也。"④

从汉代起,出于对南方用兵的结果,南北方经济、文化交流有了很大发展。苎麻布逐渐输入中原。但为了与中原固有的枲麻布相别,往往在"布"字前加上产地或表现其外形特点的名称。于是有了"蜀布""越布"等名称的出现。《后汉书》卷一百十一《陆续传》:"祖父闳,字子春,建武中为尚书令。美姿貌,喜着越布单衣,

---

① 均引自《齐民要术》。
② 此处所谓之木棉,即今草棉,非攀枝花。
③ 指《药性本草》始收苎根入药。
④ 引自《农政全书》卷三十六。掌禹锡云指《嘉祐本草》有此语。

光武见而好之。自是，常敕会稽郡献越布。"又，卷十《邓皇后纪》："赐周、冯贵人……白越四千端。"此外，《吴都赋》"蕉葛、升越，弱于罗纨"。刘注曰："蕉葛，葛之细者，升越，越之细者妒。""越"是什么东西呢？"越，即苎布"①。因为汉代华北人还不知道苎麻，只喜欢苎麻布的莹白，知其产于越中，故冠以"越布"之名，分以"白越""升越"之品类。

"蜀布"又是何物呢？从上述考辨，我们可以判断它也是一种苎麻布。因为蜀也是苎麻的原产地之一。蜀中的苎布（即夏布），素来都是与湖南、江西和闽，浙齐名的。汉时蜀中工商业尤为发达，又有商道与印度通。而当时海道则未通。故蜀布可销到身毒和大夏，越布却未能。

或有人问：印度自有苎麻，何必远市蜀中苎布呢？这里必须说明：世界各国之苎麻都是从中国传播去的，并且传播得很迟。亚洲诸国如日本、朝鲜、印度、泰国、缅甸等国皆系传自我国，而且不早于唐代。1690年德国植物学家在南洋巴诺亚岛发现苎麻，已是我国苎麻之变种——马来西亚绿叶种苎麻。这种苎麻品质远较我国原种苎麻为差，故英国于十八世纪从我国引入苎麻种栽培。法国和美国则于十九世纪中叶才从我国输入苎麻苗栽培，欧美诸国从此才有苎麻。因而欧洲人把苎麻称为china－grass（中国草）②。

苎麻布纤维强韧，抗水力极强，轻软，有光泽，吸收和发散水湿极迅速，故用于制作夏衣是很理想的衣料。印度等亚洲热带地区的人尤为喜爱。可以设想，在秦汉时中印间的商业贸易往来时，中国乃是以丝绸、苎布为主要输出品的。

除苎布外，还有其他东西可解释为蜀布吗？《蜀都赋》有"布有橦花"句，则橦花布是现成的资料了。但橦花是指永昌以南的树棉，即今所称的木棉。它是热带植物，四川盆地内无有。故橦花布可入《蜀都赋》（因蜀国兼有南中地方），却不可以称为蜀布。它更不会是由蜀销行到印度的商品。因为在印度这种东西比永昌更多。此外，汉时蜀中有一种名贵衣料，叫作"黄润"。司马相如《凡将篇》曰："黄润纤美，宜制裈"。扬雄《蜀都赋》："筒中黄润，一端数金"。左思《蜀都赋》也说："黄润比筒，籝金所过。"都证明这是一种很珍贵的、行销很远的衣料。它是否就是"蜀布"呢？我觉得不合。首先苎麻布是白色的，而且愈洗愈白，冠以"黄"字不妥；其次，苎麻布虽细软，但比起丝绸来，很难说它"润"（手感柔和）；再其次，苎麻

---

① 引自《南越笔记》。
② 张勘《种苎麻法》。

是多年生植物，"可活数十年"，南方多种，其所织之布，也不能昂贵到比丝织品高许多。因此，把"黄润"释为苎麻布是不通的。所谓的"黄润"，当指的是"黄绢"之类的丝织品，或丝、葛交织的葛布。又有人以今夏布有筒装之法，而据为"筒中黄润"之证。其实古时以竹筒将衣料卷成筒状装入以便运输之法，并不限于苎布，其他的绢、帛等亦有用此法的。

唐欧阳询《艺文类聚》引《张骞传》曰："臣在大夏时见邛竹杖、蜀赍（来为宗）布"。衍出个"赍（来为宗）"字。因而有人把"蜀布"释为"赍（来为宗）布"。但赍（来为宗）布乃是夷赋的名称，不可作为商品之名。那种赋予巴蜀赍（来为宗）民的布，可能是苎布，也可能是葛布或其他的布。就当时生产发展情况而断，蜀中的大奴隶主或大地主已能建立起生产苎布的作坊，并把这种苎布作为一种商品通过西南少数民族地区行销到印度和中亚。张骞既能在异域辨识，说明他早在京师时就已见过。这种流到京师一带的蜀布，到底是作为贡赋而献来的，还是作为商品行销来的呢？可能兼而有之，只不过质量品级不同罢了。

三、邛竹杖考

邛竹杖，《史记正义》曰："邛都邛山出此竹，因名邛竹。节高实中，或寄生，可为杖。"[①] 考邛都即今西昌县地，那里并无有什么邛山，今天无此山名，历史上亦从无此山名。只有今之大相岭，秦汉以来叫邛崃山，《华阳国志》说是因"邛人之所来也"。（《后汉书》注引）但那里隔邛都甚远。且此山海拔近三千公尺，只生有丛箐纽竹和纸料竹（白甲竹），何来"高节实中"能作杖的竹呢？张守节此注自不可靠。

颜师古注《汉书》引臣瓒曰："邛，山名。生此竹，高节，可作杖。"师古自注曰："邛竹杖，人皆识之，无假多释，而苏林乃言节间合而体高，误后学矣。"[②] 但这位唐代的大经师却因当时"人皆识之"，没有仔细将其形态、产地说出来，倒真是使后学者多误了。例如《四川通志》《雅州府志》里都有这样一段记述："邛竹，出邛徕山。汉张骞奉使西域，得高节竹，还而植此，今人取以为杖，鹤膝者佳。"[③] 竟把邛竹说成是张骞从西域移植于邛崃山的了。

那么邛竹到底是产于何地，是何种之竹呢？晋人顾凯之撰《竹谱》遍辑竹类，

---
① 《史记·大宛列传》注引。
② 《汉书·张骞李广列传》注引。
③ 嘉庆《四川通志》，乾隆《雅州府志》。

详为考订,他对邛竹是这样说的:"竹之堪杖,莫尚于筇。磈砢不凡,状若人功,岂必蜀壤,亦产余邦。一曰'扶老',名实具同。""筇竹,高节实中,状若人剡,为杖之极。《广志》云:出南广(一作广南)邛都县。然则,邛是地名,犹高梁堇。《张骞传》云:于大夏见之,出身毒国。……张孟阳(即张载)云:邛竹出兴古盘江县。《山海经》谓之扶竹,生寻伏山,去洞庭西北一千一百二十里。《黄图》云:华林园有扶老三株。如此,则非一处,赋者不得专为一地之生也。……此竹实既固,杖又名扶老,故曰名实具同也。"①

元代李衎作《竹谱详录》,又作了进一步说明:"筇竹,又名扶竹,又名扶老竹,又名慈悲竹。凡二种,出西蜀。"《广志》云:出广南邛都县。近地一两节多曲折,如狗脚状,节极大而茎细瘦,高节实中,状若人剡。俗谓之扶老竹。《山海经》"龟山多扶竹",注云:"邛竹也。高节实中,名扶老竹。"② 南中僧人取作柱杖,甚佳。然不可击搘,击则随即断折,故此亦谓之慈悲竹。枝叶与常竹无异,昔张骞西至大夏所见者也。峨眉山中一种,细如箭杆,人呼为佛柱杖竹,游人携归置于佛所。《蜀都赋》(指扬雄所作之)为"筌(王为巾)(原注音邛)竹,又作《乃叶反》竹。《砚谱》云:西域以此竹节为砚"。

顾凯之、李衎虽博引诸说,但除了"高节实中"这一条相同以外,其余都互相矛盾,譬如:所谓"扶竹",是指这种竹"两两相比","对抽并胤"③。而扶老竹则系因其结实(实中)、轻巧可供老人作杖,原意本两不相干。但却被说成一回事了。至于峨眉山之竹杖,今尚有之,节虽大却并不实中,更不能拉到一起来讲。可以这样来设想:高节不应作节间突出来讲,而应是当作节间距较长来讲;实中者实心也。但竹篓皆非实心,只不过有的心管较大,有的较细而已。从节间距大、实心这一特点来看,所谓的邛竹杖,应是一种藤竹类的东西。因为藤竹虽亦称为"竹",实际上并非竹类,而是一种棕榈科藤条。用藤作手杖,古今中外俱常见也。由于它轻而结实,是云游僧人和商旅喜携带之物。秦汉时巴蜀商贾,所谓"奸出者",在脱离政府的保护下,负运商品,间行于少数民族地区和深山旷野,丛丛密箐之间,远到大夏、身毒等数千里外去市易,这种杖自然是随身之杉。因此,我们似可认为,邛竹杖并非竹所制,而是一种藤杖。

张载和刘逵都说这种邛竹杖产于兴古盘江以南,这也可以作为一条证据。兴古

---

① 今传《竹谱》错字较多,引文据《汉魏丛书》及《龙威秘书》随文校正。
② 《山海经·中次十二经》郭璞注。
③ 杨慎:《丹铅总录》。

是南中最偏南的一郡，主要各县皆在南盘江流域，接近北回归线地区。《晋书·地理志》记兴古郡有十一县，其中八县皆前汉旧县。据杨守敬依《水经注》与《汉地志》整理出的《前汉地理图》，对照今之地面，这八县是：

律高，郡治，今云南开远县。

句町，今云南富宁县。

宛温，今云南宣威县地。

漏卧，今云南师宗县地。

毋敛，今贵州罗甸县地。

贲古，今云南弥勒县地。

藤休，汉作胜休，今云南沐川县地。

铎封，汉作镡封，今云南邱北县地。

从上列各县可知，《晋书》无盘江县名，张载，刘逵说的"兴古盘江县以南"，其中县字系误衍，应为"盘江以南"。这些地区河谷气候炎热，是生长藤竹的地方。且句町、镡封等县正是清代的顺宁府地。《顺宁府旧志》说："藤竹杖出顺宁"[①]，这与《蜀都赋》注中"邛竹，出兴古盘江以南，竹中实而高节，可以作杖"之说正好相符。故张骞在大夏所见到的邛竹杖，实为藤竹杖。或因邛都与南中相近，遂以南中所产之藤竹称为邛竹耶？

或问即是藤，何得称为竹？其实，由于古代对植物分类不科学，多有将藤类纳入竹类中的记载。如前述之《竹谱》《竹谱详录》就将藤类的"海篠""箣（利为科）藤"等收入。王象晋《群芳谱》也记有"利竹，其竹蔓生，若藤蔓属，实中而坚韧"；"藤竹，出占城"。至于有关云南的记述中，有关这方面的记载就更多了。如《云南记》"实心竹，斑驳殊好。可为器用，土人取以为枪杆、胡床"；《腾越州志》云："实心竹，分水岭产，一名藤条竹"；《顺宁府志》："藤竹，可为鞭"等等。

藤类印度亦有，又何必自蜀输入呢？我以为这要从蜀民的手工技艺来考察，蜀中手工技艺从来是闻名遐迩的。寻常的麦秆、蒲草在民间艺人的手里可以制成非常美观实用的工艺品。即以近世论之，蜀中制的广藤杖仍是手杖中的珍品。故安知邛竹杖不是蜀人以精巧的技艺加工而成的一种美观实用的藤竹杖呢？它被商人使用到身毒等地，受到当地人的喜爱，从而成为输到那些地方的商品，难道不是一种很合理的解释吗？正如竹手杖何处不有，但游峨眉山的人不都仍要买一支峨眉竹手杖一样吗？

---

① 引自《续云南通志》。

张献忠屠蜀辨①

(1947年)

一、明末蜀人大量死亡之原因及其责任

史家通病,为乏于客观之侦察力,偏用直觉的主观评议。苟不慊于其人,天下之恶皆归之。虽如不近情理之说,亦肆采不疑,抑若天实为之,原不必以情理解者。如世所传张献忠屠蜀事,其一例也。

《明史》谓献忠屠蜀,"共杀男女六万万有奇。"同时,在《地理志》中,又谓四川十三府六州,所辖一百四十四州县,土司。万历六年户二十六万二千六百九十四,口三百一十万二千零七十三。万历六年至张献忠据蜀,六十余年,蜀人遂已增生至二百倍耶?况献忠所据之地,不足蜀之三分之一,虽合鸡犬计之,亦不能达此数。正史之谬尚如此,野史胡言更可知矣。

今日传献忠事者,多依《蜀碧》。《蜀碧》撰于雍、乾之际,去献忠据蜀已远。徒欲褒扬所谓忠义,记载遂多失实(如吴继善降农民军,服官礼部,此书则谓城破,阖家三十六人同日死难),竟以浩劫全案,归罪于献忠一人,借以颂美清军。实非佳书。至于张献忠杀蜀人之原因,毫未探索。妄谓张为杀星,天谴以完此劫数者,一则曰"上帝放汝收生",再则曰"天书夜坠庭中,命我剿绝蜀人",三则曰"放我下界杀人,今乃以雷吓我耶"。其他各书,亦多有此类传说。这些说法,纯属捏造。

研究张献忠时事,应以当时人物目击之记载为据。以余所知:如吴梅村《绥寇纪略》,轶名之《大西通纪》,费密《荒书》,欧阳直《蜀乱》,李馥荣《滟滪囊》,王开禧《山城纪事》,沈荀若《蜀难叙略》,韩国相《流离传》等,大都详于兵祸,而忽于当时社会民生动态。《蜀乱》与《五马先生纪年》两书最为时人所忽;然其所

---

① 原载《社会月刊》1947年1期。

记，独能及此。《明史》与《蜀碧》《蜀龟鉴》等，皆未采之。余自是书，参验诸家，寻绎当时蜀人绝灭之原因，盖死于饥馑者什七八，杀于献忠者什一二而已。近得西教士安文思、利类斯之《圣教入川记》阅之，得悉献忠御营实况，益足证余说不误。故辑其事证，解释屠蜀之真相焉。

四川号称天府，历为人口稠密之区。然对外交通不便。每值长期兵燹，妨及农事，则常以饥荒成浩劫。有史以来，人烟绝灭者，已达三次：两晋间、宋元间、明清间是也。明清间一劫，始于崇祯七年农民军入蜀，终于康熙二十年吴世璠覆亡，兵祸延续达四十七年。蜀人死亡最烈者，为顺治二年至顺治七年之间。张献忠之杀蜀人，在顺治二三年间，为时约十七个月。据利、安二教士言，每日杀一二百人。则五百日中，不过十万人。再合其军历次"屠城""洗剿""草杀"之数估计，亦不能过五十万人。于时蜀中人口稠密，应不止《明史·地理志》所载三百余万之数。若其与今日密度相当，则应有五千万人。是献忠所杀，也不过百分之一也。若其密度为今之半，亦有二千余万人。是献忠所杀，最大限度也不能超过全蜀人口百分之二也。夫献忠全盛时，不过有兵一百四十余营。据《蜀碧》所载，执戈矛者不过百万，搜逃死弱民于荒林绝涧、山岩野穴之间，杀抗命丁壮于坚垣崇墉、石矢挺刃之下，又安能于十数月中，使蜀人为之绝迹乎？

饥荒发生于顺治二年，至三、四两年为极。一时农民军固恃人肉为粮，明兵实亦相掠而食。乡民皆结队袭人，莫能自已。蜀人之死于此两年者，约在千万以上。中间，摇黄军之所屠食者什之四五，明军与人民相食者亦什之四五。献忠军所屠食者，军属多于平民。平民不过全省什之一二而已。军民劳困，疫疠乘之。烟火既稀，虎豹昼出，越窗升屋，与人争命。估计死于虎豹与疫疠者，亦数百万。于是四川盆地中心，腴沃平坦之区，人烟断绝，成为沙漠。其后，南明军队、地主武装、李自成农民军余部（夔东十三家）与残余民众，皆就盆地四周山险荒僻之地，内恃屯垦，外仰贩易少数民族之粮以资苟活。仍复相互掠夺、火并。战争至顺治十七年，蜀人略尽，蜀土暂宁。余波尚有西山农民军起义以及吴三桂之乱。直至康熙二十年，战乱始完。此二十年，兵祸频仍，已无民粮可搂，亦无遗黎可食。军饷资于屯垦，杀戮限在敌人。故其所耗人口，至多不过百万，未及前数年之什一也。

二、献忠之性格与才能

《明史》所记农民军数十家，唯李自成、张献忠两家尚能"假行仁义"，收人心，故所成就较大。献忠"狡谲"过于自成，而屠杀之惨不逮焉。盖农民军，多起自"徒隶"，无学德名位足资号召，不能不持杀戮以威众。献忠之忍于惨杀，非献忠之特性，盖农民军之通性也。献忠于此通性，又其较弱者耳。如：与献忠同时之摇黄十三家，其杀蜀人之惨毒，即过于献忠十倍，凡涪江以东，渝万以北之人，大抵被此辈杀尽。即如曾英等亦皆食人。史家于此辈不传，独著献忠，世遂谓献忠屠蜀。献忠于崇祯六年，十二年两次入蜀，皆无屠剿之名。迨崇祯十七年，占据蜀土，建号设官，方作创业垂统，传世子孙之计，讵反愿屠尽蜀人，建国于骷髅之上耶？诸书皆诬献忠嗜杀出于天性，余谓其必不然也。

余尝研究献忠之性格与才能，知其在农民军中，特能有所成就，可与李自成比肩者，亦自有故。兹分析言之：

粗识文字　《明史》云献忠"延安卫柳树涧人也"。不言其出身，但云"聚众据十八寨，称八大王"。余疑其人，盖乡绅也。《蜀碧》说："献自为万言策，历评古今帝王，以西楚霸王为第一，命颁布学宫。"又谓："过梓潼七曲山……自谓文昌之裔，宜帝巴蜀，建太庙于山，铸像祀之。落成，赋诗其中。命右相严锡命以下皆和御制，稍迟者斩。诗刻石，置八卦亭内。"《圣教入川记》谓献忠自制诗文，嘱利、安两人翻译为西文，寄之外国，以张其聪慧。其格言云："天生万物为人，而人之受生非方天。"又云："造天之神，亦即造地之神也。"其诗云："高山有青松，黄花生谷中，一旦冰雹下，黄花不如松。"此皆真实，显见献忠文学程度。《蜀碧》又传资阳某藏有诏书云："奉天承运皇帝诏曰：'王珂你回来，饶了夹江那个龟知县罢。'"又谓其祭文昌帝君文："咱老子姓张，尔也姓张，为甚吓咱老子。咱与尔联了宗吧。尚享。"此则似当时近臣录其口语，不敢改窜，非献忠不解文艺也。

知人善任　献忠颇喜才艺之士，而善于任使，有古帝王之略。如孙可望、刘文秀、李定国与艾能奇，即所封东南西北四将军也。除艾能奇早死外，余三人皆成残明柱石。刘文秀以武侯自况（有遗碑在洪雅天生城），李定国尤忠烈可称。孙可望虽为史家所诟，然在献忠据蜀时，甚有声誉，不愧为诸将表率。故于献忠死后，能集其余众，别著勋业。利、安二教士曾见其人，誉为"少年英俊，知识出类，才能卓越，深得众心"。足知献忠之能任人也。《滟滪囊》载杨嗣昌奏玛瑙山捷疏有云"搜太平溪林中，获贼六名，押到，臣讯之。内一人言称难生刘若愚，系黄冈县生员，被献忠寇湖广时掳入营中。其人昂视阔步，疏诞自若。口称计足缚献，舌能抚曹（罗汝才号曹操），有平治天下之略，欲献朝廷。臣未敢深信。旋于随行中审出，献贼书办尹日凰供，伊实献贼腹心潘独鳌，非刘若愚也。囊中搜出白土关阻雨一律云：

秋风向雨声，战客听偏惊。漠漠山云合，漫漫涧水平。前筹凭共划，借箸待专征。为问彼苍者，明朝可是晴。又过清禅寺一绝云：三过禅林未开禅，纷纷羽檄促征鞭。劳臣岁月皆王路，历尽霜华又改年。是其向贼称臣，争先借箸，罪恶不在献贼下也"。此其人盖牛金星、李锦、宋献策之流，怀才草野，为献忠所罗致者。又如汪兆麟，虽为史家所恶，然自种种方面观察，其人实有才略。献忠任为首相，终始不渝，是皆其知人之处。《滟滪囊》又载"广元有吴宇英，阆中有周建鲁者，谒献忠求任。献忠即授宇英川北巡抚，建鲁监军，随宇英保宁"。又"巴州士民因献忠所设伪官虐民，另举都归极者诣献忠，愿守州城。献忠授以伪副将，使守城"。是皆其善于任使之处。

颇有志略 献忠用利、安二西教士两度制造天地球仪，陈列庙堂，摩挲赏玩。又嘱二教士翻译天文机巧诸书。行师之际，亦必携二教士同行。虽谗谤纷沓，终不加害。立国之初，招抚缘边土司，远达乌斯藏境（详开国规模条），此其志固不小也。《滟滪囊》载其论蜀中形势云："二年岁在乙酉，元旦，献忠受朝……酒酣言于众曰：自古以来，汉中原属四川。今吾定都四川，不取汉中，能免他人得陇望蜀乎。闻闯王遣马科守汉中，此庸才耳。若不早取，他日易以能人，则难图也。吾计熟矣，因蜀土新定，士民尚须经理，故迁延未果。方今春和，须平东（孙可望）、虎威（张能第）二将军北行，平定汉南。如川南杨展、王祥，何足介意。唯川东曾英，宜速图之。况重庆乃楚蜀要冲，不可为人所扼。都督张广才，遐迩咸服，可灭曾英，以定下东。咱无忧矣。"迨孙可望至汉中，李自成已以贺珍代科，可望败还，而张广才为曾英所破。据蜀之局，实败于此。则献忠明晓形势，知所缓急。虽以狂躁致败，尚有胜于刘璋、谯纵之处。

轻率易怒 献忠最大弱点在此。诸书所传"残酷暴虐"之事，皆由此点造成的。《蜀碧》所载，多系传闻，不尽可靠。兹以利、安二教士所目击者为断。二人谓献忠颇有才略，唯喜怒不常，若有神经病者，"屡见献忠震怒，七窍烟生，人莫敢正视。无论宫人、官吏，偶逢其怒，祸即随之。或绞，或斩，或凌迟，或剥皮令其缓死。种种虐行，令人心悸。曾亲见尚书吴继善，即推荐二教士者，因奉命散给军士马匹，继善请先造列军士名册，以此细故忤旨，立遭惨戮"。（《滟滪囊》云"成都令吴继善，受伪职。旋以郊天祀版不敬，阖门被杀"。当以教士之说为正。）又谓："离成都前，杀三军官，罪状为祖饯席间，高声谈论，肆无顾忌。又杀文官一员，谓其吸烟无度，精神不振。又杀太监七名，谓将弁当朝偶语，不予纠察具报。"大抵献忠所杀，以新附蜀人为最滥，如吴继善、龚完敬、江鼎镇辈，皆以降人为尚书，旋罹惨刑。右相严锡命、状元张大绶、国丈陈某，皆以细故被诛，尽蜀人也。其次则宦官官妾，偏裨偎贱之流。其有才能德望者，则未尝轻杀。如二教士、汪兆麟、孙可望等是也。二教士因执天主教礼，不肯跪拜，又数数直谏。献忠数度狂怒，将其信徒诛杀，亦不杀此教士。教士谓出"天主庇佑"，应不然耳。

好用谲术 《明史》谓献忠狡谲。其据蜀建号时，似曾引用符命。惜今史证阙佚，然如谓"文昌之裔当王蜀土"，即可征之。后因杀戮过多，俱人叛离，每托天地鬼神之言欺世，使杀人者与被杀者归咎于天。世传其为杀星，即由此故。《圣教入川记》，谓其杀大臣后，又对众自解云"实不忍其有生中所受诸苦恼。杀之，俾早解脱，意固出于爱也"。又谓其弃成都前，曾至江干某庙，跪祷三日，忏悔其滥杀之罪。"一日出巡，见人口稀少，官吏锐减，欲抽刀自刎，经左右拦夺不死。乃以残杀之罪归咎于副阁老（指严锡命）一人，痛恨不已。"其实，皆谲术也。诚如献忠之严酷，彼欲自刎，谁敢夺其刃者。残杀之计，诸书皆云汪兆麟主之。此乃以归咎于既死之严锡命，非欺人乎？此外诡谲欺世之例尚多，不可胜记。

个性强毅 献忠自信才武谲智，皆出时人之上，故喜谀恶净，一意孤行。贯彻号令，不择手腕。其残杀官民，实由此故。《明史》载献忠在湖广"欲渡洞庭，卜于神，不吉。投珓而询（谓诟神也）。将渡，风大作，献忠怒，连巨舟千艘，载妇女焚之水，光夜如昼，骑而偪长沙"。《蜀碧》谓其屠成都时，迅雷奋击者三。献忠怒，用三炮还击之。又谓其死前，谍者告清兵突至。献谓其速捷不至此，三斩谍者。乃轻身出觇，遂被射死（他书皆同）。足见其个性坚强。

三、献忠之开国规模

献忠于崇祯十七年，即清顺治元年甲申，十月十六日据成都称王，旋称帝。国号大西，改元大顺。各书所云皆同。"以成都为西京"者，盖其志尚欲兼有湖湘云贵之地，与自成及福王三分中国，将以西京与南、北京鼎足也。《圣教入川记》，谓其"著位之初。假施仁义，以收人心。"此时，蜀人咸知北京已陷。未知弘光绍位。全蜀除明将曾英保重庆，王祥保遵义（明代属四川省）外，一百四十州县，皆奉大顺正朔。

西朝官制可考者：文职有左右二相，六部尚书，部院监察科道各衙门。又有学院四员，取士察吏。武职有东平、抚南、安西、定北四将军。分辖百二十营。（初称将军，献称帝后，此四人封王）献忠自统御营，居中制驭。王尚礼总制皇城，是为五军都督府。州县外官，则有监纪通判、驻防参将、巡抚、知府、州、县官等。大抵损益明制，适合当时情势，非同草寇者流毫无体统者比。《蜀难叙略》云："献忠设宰相以下各府部内外文武官，以汪兆麟为伪相。兆麟桐城诸生，从贼已久，残忍狡狯。知逆好杀，每先事承迎以固宠。又以绵州严锡命充伪吏部，彭县令湖广王国麟充伪户部，彭县龚完敬充伪兵部，某县令某充伪礼部。（按：指成都吴继善，以与其父同寅，讳之也。）而伪工部者，王其姓，同逆起延安之工弓也。"《滟滪囊》："以汪兆麟为伪左承相，严锡命为伪右承相。南充江鼎镇为伪礼部尚书，彭县龚完敬为伪兵部尚书。鼎镇、完敬，随以郊天祀版不敬各杖死，立剥皮。"《蜀碧》载："命汪兆麟为左承相，严锡命为右承相，南充江鼎镇为礼部尚书，彭县龚完敬为兵部尚书。封养子大将四人为王：孙可望东平王，刘文秀抚南王，李定国安西王；艾能奇定北王。马元利、刘进忠、狄三品、张能第、张化龙等为将军。易蜀王府正殿为承天殿，以府门外屋为朝房。诏民间皆称老万岁。又建东西二府，以可望、定国居之，命皆称千岁。"《蜀乱》云："以蜀王府为宫阙。加孙可望监军，节制文武，东平将军。刘文秀挂先锋印，抚南将军。李定国安西将军。艾能奇定北将军。王尚礼总理皇城都督。汪兆麟为阁部。余皆晋级有差。全设部、院、监、寺、科道各衙门。升成都府为西京。四道设学院四员，取士察吏。"又"献忠设监纪通判，驻防参将，同有司官赴广安。摇黄贼攻围杀之"。诸说微有出入。利、安二教士之书，不言可望等封王。又云有正副两阁部。则《蜀乱》之说可靠。欧阳直从孙可望多日，故其言能近实也。礼部系吴继善，江鼎镇当系吏部，大抵当时军官重于文吏。各部多以新降之县令为之，其权必甚轻。然亦足见此时献忠颇能延揽蜀人，不尽任用延安同起之党，更可见其初无仇杀蜀人心理。

献忠招抚缘边僧俗土酋一千余部，远达乌斯藏境，皆授援剿营总兵官金印。此事为内地诸史家所忽。余囊年人康，在德格八邦寺，见献忠所颁印一颗，编号为一千二百零四。窃惊其政治运用之广远，且以知其政府中颇有人在，并不如一般史籍所传之野蛮愚昧也。

其印长方形，长百零四厘米，阔七十三厘米，厚二十厘米。铜质镏金，具长圆柄，颇重。厚廓内，篆"援剿营总兵官关防"八字，侧方凹镌真书"大字一千二百四号"八字，背面柄侧，上行镌"大顺二年十二月（空）日"，下行镌"礼部造"三字。考八邦寺为噶举巴派喇嘛教之大主寺，原名噶玛寺，在昌都之西。明永乐年封其僧为思达辅教王。宣德年又赐灌顶国师金印，今并存。清康熙时，徙寺八邦，两印一同搬来。形制镌法，均颇庄严，具存泱泱大风。当是时，明宗室唐王在粤，仓卒称帝，刻印不及。以锥画之。与献忠较，有愧色矣。

《滟滪囊》载："黎州壮士马经，亦募兵以卫地方，贼畏其骁勇，闻于献忠。献忠铸总兵金印一颗，赍往授经。经笑而掷之地。"《蜀碧》亦传此事云："黎州宣慰司马经……贼用降人为招诱，铸金印予之，易其章。……掷之地，誓死不服。"查马经为黎州土千户，非宣慰司。其起兵，由受邛州举人刘道贞勖勉。野史表扬"忠义"，特掇载之，乃不知如此金印竟有千数百颗之多也。又汶川瓦寺索土司，亦云其先人拒受献忠金印，抗击于龙溪。其事不为诸书所采。

献忠建国称帝后，立井研陈演女为皇后，迎娶之礼甚隆，《蜀碧》记之颇详。唯云"不十日，皇后赐死，其兄亦受极刑"则误。利、安二教士所记，屡言"献忠之岳丈"未著其名。大顺元年冬至日大宴，其人与献忠、汪阁老及二教士同席。后遂以全家皈依天主教。至大顺三年时，因二教士谏献忠残杀，迁怒受诛，非十日即刑死也。

献忠曾开科举数次。初次在大顺元年，所录士皆分发各营及部按任用，未施屠杀。屠士乃于大顺二年秋以后事。

诸书所传献忠开科举之时间不一，《蜀碧》谓甲申十月即位后，"开科取士，中乡试者八十人。中会试者五十人。以汉州樊姓为状元。探、榜皆具。……所取状元，后随川北，不知所终。"又谓："贼诡称试士，……唯二士年幼，不及绳，留作书记。一忘其名。一嘉定欧阳直也。"查欧阳直自传，乃广安人。谓："甲申之乱，献贼屠川，初被执入骁骑营，赴成都案验。奉伪旨发光禄寺给养。再发监军东平将军。再又发回骁骑营。历七月而三易迹。……乙酉春三月，营将刘敬忠叛献走秦陇。乃乘间计脱归。"大抵欧阳直即是年所取之士，先后在光禄寺、东平府及刘敬忠营供职。后随敬忠入保宁，以计脱回。自传讳污伪命，故云被执耳。直后依嘉定杨展，与彭氏联姻，故彭传其为嘉定人。又误为献忠二次开科取士所未杀者，由撰《蜀碧》时未见直所著书故也。

《滟滪囊》载："谕礼部开科举。乙酉乡试，士夫不令子弟入闱者，妻子没于卒伍，连坐十家。"八月乡试，献忠自出题云："以兵胁蜀。温江史传为解元。旋会试，汉州樊生为状元。初甚宠爱，旋亦杀之。"后又云："二年岁在乙酉……谕礼部再行乡试，府州县衙起送应试生员。不到提究，连坐十家，照新法治罪。八月，届期至者五千余人，尽杀于青羊宫侧。"二事时同而前后不同，文亦互异。则前之乙酉八月，当即《蜀碧》所云甲申十月，科试之误也。《蜀难叙略》云："顺治二年九月，献逆诡以秋选科试之法，诱杀进士、举人、贡监生员及其家属各数万。"是即青羊宫之役。其诱杀士人,盖别有作用,下章详之。

献忠设局铸钱。其钱质佳,量重,优于明室之钱,此亦可主意之事。如此劳费事件,非有创业垂统之志者决不肯为。以此知献忠之志,原不在于屠杀川人也。

《蜀碧》云:"贼设铸局,取藩府所蓄古鼎器玩,及城内外寺院铜像,镕液为钱。文曰大顺通宝。令民家悬顺民号帖。以大顺新钱钉于帽顶。……贼钱肉色,光润精致,不类常铜。至今得者作妇女簪花,不减赤金。"献熔古物铸钱,有类焚琴煮鹤。然其钱能令土民爱悦至此,则其为道,亦有可取。

献忠立保甲之法,户籍周密,能彻底管理其部队与人民。蜀人习于放弛,骤受约束,甚感暴扰。因其为史家所恶,故详情不得而传。兹举其可征者数则:

《蜀碧》云:"又行保甲法甚严:诸门各设一兵部,二都督,稽诃出入。民之出城者,先期报某甲姓名,以某事往,约某日归。合符而入。有失期及踰时者斩。"(顺治元年),此就成都一市言也。亦即后世居留证与出境证之法也。《滟滪囊》载:"有不降顺,报城门守者,即发兵屠其地。"则成都四门所设一兵部二都督,除稽出入外,又得专剿各路州县之不降服者。此其事,大约由东南西北四将军主之,故不必经奏请,即可发兵也。

《蜀碧》又云:"简阅其民,壮男少妇选入营中。民间父子夫妇,皆散失,无复聚者。已而遣兵四出,令归诚。"(顺治二年)此彻底管理州县户口之旁证也。《蜀乱》云:"献贼开科第,定为例:凡应乡试生员,会试举人,后至者妻女充院,本犯剥皮,有司教官俱斩。左右邻里连坐,诛十家。查明时乡绅,调入京,后至者法亦如之。"他强迫抽丁,强迫应试,强迫出仕,皆曾收效。虽有严刑峻法,亦非保甲户口管理严密不能致此。

《蜀乱》云:"抚南营内,逃去都司张斗南,献贼大怒,除将军都督外,凡南营大小官悉诛之。宥死者二人。责抚南百棍,都督各百五十棍。"又云:"每剿一处,先令地方官清四至界,并乡导人,送领兵官。前一日,照四至界扯布兵环围,次日开剿。……尝见郫县解一逃民,审系峨眉人。查剿峨眉官洪都督,剥其皮。"此皆足见管理部队与户口之严密。

四、屠杀事件分析

兹分析献忠屠杀事件,推究其原因如下:

屠成都 屠城为农民军示威之一般习为。《明史·李自成传》谓:"攻城,迎降者不杀。守一日，杀十之三。二日，杀十之七。三日，屠之。……城将陷，步兵万人环堞下，马兵巡徼，无一人得免。"献忠在当时农民军中，为较不乐于屠城者。此次入蜀，自六月十七日破佛图关，至二十夜始破重庆，只杀瑞王与巡抚陈士奇等官吏。城中官军尚存三万七千余人，"尽断其臂而纵之"。官军尚且不杀，其未戮百姓可知。此后，合川、永川、内江诸城，皆曾抵抗。城破，亦只杀官军首领。官吏降者皆录用。献忠攻成都若干日，史无明文，以刘佳印出城拒战，赵嘉炜决都江堰益濠水，与农民军数次用地雷轰城等事推断，当有十日左右之久。《蜀碧》谓城破后，"贼大杀三日"，此说可疑。盖献忠既将定都于此，必不至于屠城，不过纵其军士，便宜三日而已。《蜀乱》谓攻成都，素日不下，攻陷后"屠城三日，贵贱同尽。唯少艾妇女为营伍所匿者暂得免"。当有过甚之辞。或系误将大顺二年屠成都事移入于此时也。依利、安二教士所记，则献忠初破成都，并未屠城。屠成都事，始于一六四五年（大顺二年）十一月二十二日。即《蜀碧》所记中园之役。此役真相，二教士曾目击。兹采记其意云："各地蜀民皆起义兵。献忠怒甚，忽发疯狂，决意洗剿成都。一六四五年冬十一月二日（阳历），献忠收剿杀全城居民。先暗遣一人，伪报某路敌军将到。乃谓当整饬军马，为御敌计。次日，大集人马，若将赴战……剿洗成都后，旋即传令，谕各乡镇村民入住城内，填实京师。残杀之后，成都空虚。除少数官员及文士外，别无居民。献忠率队奏凯而归，谓外患已除，当安享太平。"

似此，则献忠突出此举，盖疑城内居民，响应城外地主武装（即所谓"义军"）故也。献忠政令苛虐，蜀人不愿，往时无力反抗，勉强服从。此时闻弘光登极，各地地主武装蜂起，则城中人暗相结约，谋应城外地主武装，为必然与事。献忠诡为应敌，使人无备，乃突起袭击，市民无少长皆尽。此其中必有苦衷，故云"外患已除"。史家仅欲著其"残暴"，遂谓其赋性嗜杀如此。《蜀乱》云："剿局始自崇庆州，终于再屠成都城。盖初时所屠，原住城内之人。兹所屠者，招劝进城之人也。"此所谓再屠，指大顺三年献忠弃成都时之屠杀。然则所谓初屠，即一六四五年十一月之事。故知前谓破城初屠三日者，为误记也。

屠州县 献忠初据蜀，蜀人无敢抗者。乙酉（一六四五）春，弘光登极诏西至，阁部王应熊（巴县人）督师入蜀。依王祥于遵义，檄调故明诸将，议恢剿，总督樊一衡（宜宾人）督诸军三万，收复叙州。虽旋仍失陷，大江以南遂为明守。参将曾英，攻破献忠所遣张广才军，摇黄亦逐杀川北诸州县吏。明抚马乾（内江人）恢复内江富顺。蜀人先后起兵相应者，有黎川刘道贞，天全杨之明，绵州叶大宾，洪雅余飞，眉州陈登，夹江周鼎昌，龙安赵荣贵，松茂朱化龙，雅州曹勋，夔万谭宏、谭文、谭谊，渠县李含乙，永川刀古二族，顺庆谯冯二姓，潼川杨先志、林时泰，岳池刘武举，内富犍威余朝宗，其他无有姓名可考者尤众。献忠辖地日蹙，援剿不暇给，乃以屠杀示威。大抵距成都较远之地，地主武装最多，起兵亦最早。献忠初期所屠之州县，皆属之。屠剿之法，注意界至，已如前章所述。所屠州县之可考者：

成都龙安二府所属州邑。乙酉秋七月，由马元利、艾能奇等执行。见《蜀碧》。查明代成、龙二属州邑三十三，远包资、内、仁、井、安、绵、茂、汉，安能悉屠？所屠，盖仅地主武装起兵之村邑耳。《蜀乱》谓"剿局始于崇庆州"，当是崇庆州最先逐杀献忠所派之官。

邛州。与前同时，由刘文秀执行。《蜀碧》谓："取遗民万余家悉屠之……邛蒲二百里为血肉之场。"

丹棱。继邛蒲之后，刘文秀军所为。

峨眉。是年十月。见《滟滪囊》。

眉州。丙戌正月，狄三品所为。《蜀碧》谓："凡五千余人，悉杀之。"

顺庆。丙戌年八月，《明史》所记唯仅屠城，未及四乡。盖此时献忠兵力薄弱，粮食困难，已有内溃之虞，未敢纵兵草杀也。

杀乡绅士子　献忠初征乡宦出仕，不至者杀之，至则给官。士子应举亦然。及各地地主武装起，虑州县绅衿倡导，乃悉征而杀之。《蜀碧》载："查检乡绅学校，诡云选用，用军令严催上道，不至者孥戮，并坐比邻。既集，令之由东门入，西门出尽斩之。"《滟滪囊》云："成都生员颜天汉，谒广元（谒孙可望）祈代进谏表，可望许之。……献忠回成都（大顺二年乙酉）月余，忽忆天汉谏表。谕礼部再行乡试。……八月，屈期至者五千人，尽杀于青羊宫侧，笔砚投于河中。献往观之，抚掌大笑。是日闻张广才为李占春、余大海所破，广才死江中，由是献忠图霸之心尽隳，剿民之心意切。"又说献忠每闻所在地主武装杀官据土，笑曰："是唯尽诛之，始不起义耳。"则其屠杀士绅之原因，为防止地主武装蔓延耳。献忠恶直谏，颜天汉表，必有触其忌恶处。《蜀碧》则谓："获诸生颜天汉等通书自成。大怒，因杀士于青羊宫。"《蜀乱》谓："调远近乡绅赴成都，尽杀之。调各学生员听考，到即禁之大慈寺。齐集之日，自寺门两旁，各站甲士三层，至南城。献忠坐街头验发。如某县一庠过，前一人执高竿，悬白纸旗一幅，上书某府州县生员。教官在前，士子各领仆从行李在后，鱼贯而行。至城门口，打落行李，剥去衣服。出一人，甲士即拿一人，牵至南门大桥上，砍入水中。师生主仆悉付清流。河水尽赤，尸积流阻，十余日方飘荡去尽。"此时尚未屠杀成都居民。故知杀士绅在防倡乱，与通自成。

杀医僧匠役 《蜀碧》云："太医院有旧制铜人，……，召诸医至，考验针法，内有一穴差者立死。""大慈寺，僧逾千人，初因藏一宗室，阖寺俱斩。至是，尽拘会城所有寺院僧道戮之。"《蜀难叙略》谓："僧道医卜百工技艺之人，或托斋醮，或考试，或兴大工之类，悉诱至杀之。"余疑其杀医僧工匠不以其罪，当有之也。若必如人捕鼠，诡道诱杀，则或是地主武装缘杀士子事，造为此说，原诬之以人使同叛耳。

杀四路遗民 《蜀碧》谓："丙戌三月……令伪帅孙可望等四将军，分道出屠，穷乡僻壤，深崖峻谷，无不搜及。得男手足二百双者授把总。……正月出，五月回。上功疏，可望一路，杀男女若干人。……"《蜀乱》亦谓："每官兵回营，以所剁手掌验功。掌一双准一功。凡有军官衙门，掌如山积。而成都城内，则几如假山之万叠千峰矣。"此其事，一般认为献忠之疯狂行为，别无解释。余考此时，距献忠放弃成都之日尚远。君其地而屠其民，此必无之理也。纵令献忠一人疯狂，孙可望等诸将，未必悉皆疯狂，诸书皆言初屠成都日，因孙可望等苦谏停止。此时岂得不谏？抑又岂得遂无出剿军队逃向地主武装，而必相从入此疯狂自绝之途耶？详推其故，盖由农民军中食粮断绝，故派兵四出，袭杀遗民，以为粮食耳。

当是时，蜀民因恶献忠苛扰，强者起兵，结堡抗拒。弱者逃匿山谷以避难。良田沃野，悉皆荒弃。粮食缺乏，至丙戌岁。大西军与南明军，同时俱困。食人之事，乙酉岁即已有之。献忠所据，成都平原，最为腴沃。然因耕种者少，至乙酉岁，亦已呈不支之象。《蜀乱》乙酉年下云："献贼五日十日一发人采粮。如一人不回营，领人管队小剥皮，同伴俱斩。"由此可见，是此岁献忠已因粮食恐慌，人情思逃，不得不派人外出劫掠粮食。又畏部队因而逃去，故特以严法绳之。此时农民军中人众食寡，掠粮数百里，已不免有食人肉事矣。迁延至于丙戌春，成都平原农民应已逃散略尽。据《大西通纪》所载，献忠曾大办屯垦，《蜀碧》亦有"留屯久者"语。然食众生寡，仍不足给。舍吃人外，别无生路。人掌最无肉，故以掌计级也。人肉专供军用与宫粮，故成都城内，唯"军营所在，积掌如山"也。利、安二教士之书，不言农民军食人肉，但云"每日杀人一二百"。盖二教士闭居御营，而大西军复讳食人，故不知耳。

杀戮士卒 常理所最不可解而易解者，为其自杀军士。《蜀碧》云："检各衙军及各营新兵，年十五岁以上者杀之。各路会计，所杀卫军七十五万有奇。新兵二十三万六千有奇。家口三十二万。"《蜀乱》曰："献忠欲北行入陕，恶其党太多……汪兆麟谋之……先立法，要各将军都督等，多置谍者以伺察营伍，有偶语者及小过，俱置之法，并连坐。……是日所杀，即十余万人。"《蜀难叙略》："既而无民可逞，乃自戮其卒，日一二万人。初杀蜀卒，蜀尽及楚卒。楚尽，乃杀其同起之秦人。……凡领人头目，每日必开报十余人赴死。先疏后亲，亲尽及己。人不自保，莫可如何。"此皆采之传说，非由亲见。然献忠将弃成都时，曾以谲道滥杀其部队，则确也。夫献忠既严防其部队之逃逸，又复自嫌其人众，千方设法以计杀之，矛盾如是，诚不可解。然苟从粮食推测其故，则朗如观火矣。盖丙戌（顺治三年）春夏，尚有四路遗民可食。入秋，遗民亦尽，唯有自食其兵。"领兵头目，每日开报十余人赴死，先疏后亲，人不自保。"此其情可知。至秋八月，不能不弃成都，就粮他处。为防部队逃逸资敌，与节约行军食粮计，固不能不汰其老弱与无心从献忠者。《圣教入川记》谓："贼僭位之初，朝官计千人，东走时尚有七百人。临死时，仅二十五人。"朝官尚且如此，兵士之消耗可知。苟非军粮缺乏，献忠安肯自斫如是。大抵乙酉丙戌之岁，四川遗民之未逃者，皆投效献忠为兵，以分军食，此时唯军籍可以得食，然属军籍者不必尽为战士，故献忠虽已屠杀士众一百余万，迨自川北败溃时，尚有军卒数十万也。

杀戮妇女　据西教士之记录，献忠后妃宫女凡三百人。东走时，留后妃二十人，余皆杀绝。至各营所有妇女，则集而杀之。所杀妇女，凡四十万人。《蜀碧》亦云："移营之日（谓弃成都日），有金银必弃，有妇女必杀。其屯留久者，或已成夫妇，有子女，军行发令，辄惨恸。"又"杀家口三十二万"。大西军兵皆许取妇女为眷属，迨弃成都东走时，为节食计，勒令杀绝，理所必然。此时不唯屠杀妇女，即其不愿同走之老弱、官吏、军士与其家口，以及牛马牲畜，亦皆屠杀，不留一口。即《蜀碧》所谓"再屠成都"之役也。此次屠杀之法，系以人马围扎城外，乃将全市付之一炬（《圣教入川记》）。或怪献忠东行，弃其宫妃老弱妇女，听之自死可也，何为必杀之耶？不知献忠正虑去后，敌兵入城，资此弃众之肉以为食粮，而追击之。屠其人，焚其居，即所以拒退军也。献忠之走，系先浮江，向嘉定。由知嘉定食粮丰赡故也。迨为杨展所败，乃沉所携金银于水，由陆路趋川北。盖川北刘进忠等能抚集民众，粮食尚不乏，故就之也。杨展追献忠至汉州，仍返嘉定。时自彭山江口以东，人烟绝迹，鼠雀俱尽，无所资为军粮，故至汉州而返也。献初入川，所向无敌。及是，虽以全力南下，仍败于杨展，则其军之饥疲乏力可知。其必使成都为焦土之用意又可知。按：《蜀碧》谓献忠东走时，"令取牛犬尽磔之，毋为后人遗种"。余疑此杨展追兵，见城内除人骨外，尚多牛犬骨，因妄揣其情如此耳。城中粮食缺乏时，应已食及牛犬。屯田军可能保留一部分牛，亦当于弃成都时，杀制干粮矣。杨展屯田嘉定，峨眉、青神、犍为间，不乏食，未知农民军饥荒至彼，遂谓献忠之屠杀人畜，为残暴之性使然。

杀内官宫人　献忠除弃成都前之大屠杀外，平时亦常杀其内官宫人。《蜀碧》谓："贼屠杀出天性，偶夜静无事，忽云此时无可杀者，遂令杀其妻及爱妾数十人。唯一子，亦杀之。令素严，无敢争者。晨兴，召诸妻妾，左右以告，则又怒其不言，举左右奴隶数百人悉杀之。"此说不近情理。唯如利、安二教士所见，则日必杀人，实有其事。今之推测，献忠或曾食人肉，或人肝之类。相传：食人肉者，皮肤与睛底皆黄。清初蜀中多见之。《明史》云："献忠黄面，长身，虎颔，人号黄虎。"故疑献忠亦食人肉，当秘杀其近侍以治餐。顾献忠谲诡，托云有罪杀之，使外人不觉耳。

五、粮食问题与吃人惨剧

诸史于献忠屠蜀之原因，但云嗜杀于天性，无道及粮食问题者。前章已略为辨析。兹更引证遗文，以见当时蜀中社会之一般情况：

欧阳直《蜀乱》云："摇黄贼袭破达州、渠县、营山县。出劫蓬州、西充、南充、南部、广安、岳池、邻水、大竹各地方。至定远、合州复回。壬午（崇祯十五年）各地土贼蜂起。往来官兵亦肆劫掠。绅士人民，俱扎山寨自固。每寨悬锣。无事，人皆空身下寨耕插，寨上望有贼兵将至，即鸣锣，人督趋寨守。自壬申至壬午，凡贼前行，兵即后至，贼去兵来，循环旋转于川北、川东，迄无宁日。"此其幼年时目击情况，足知农民军与地主武装、南明军旋转之际，农民不可安于耕种，故使粮食缺乏，酿成饥荒势所必然。摇黄扰川东北如此，献忠据川西，地主武装蜂起之时，讵能例外。故乙酉丙戌岁中，川西南社会情形，史虽无记，亦可想象得之。《蜀难叙略》谓当其饥岁，"山寨遗黎，或有种粮，下寨布种者，旋亦被他人掘食。"《滟滪囊》谓丙戌九月，献忠曾议及"蜀地数经残破，地方无民。兵且乏食，欲往楚。但须先退马科、贺珍（时在汉中）始入楚"。遂屠成都趋川北，此皆足以窥见其概。

天启三年春，贵州水西上酋安邦彦叛，围贵阳府，抚臣李枟固守，至十一月围始解。史传："围城中，草木败革俱尽，以人为粮，至亲相啖。部卒屠人售肉，四斤易银一两。城中旧户十数万，解围时，存千余人。"距四川开始吃人时，仅二十四年耳。又传"崇祯七年，河南大饥，人相食"；"九年，山西大饥，人相食"。（俱见《明史》）则吃人固明人早已为之矣。

《蜀乱》又谓："丙戌，摇黄贼行十万、争天王、夺世王、争食王、马朝，俱移大营屯住于广安州之河东,顺江棋布而居,上抵达州,下抵合阳,连营千余里。数月内,草木根皆为采薪掘尽。采粮至月余而后返。……时官兵无粮。曾英条议云:今沿江闲田,一望荒芜,各营所获牛支颇多,请准兵丁择便屯种。无事则登岸耕作。(时曾英等部多居舟中,游击沿江,拒农民军窜渡。)有警则登舟敌忾。阁部(王应熊)以田地乃朝廷疆土,百姓己业,未经奉旨,何得给兵,不允其议。于是饥兵尽抢劫以自活。自叙、泸,以至重、涪两岸打粮,至一月,路上地方残民尽饿死,田土尽荆莽矣。"是时欧阳直陷在摇黄,行十万营中,又逃入曾英营,所言皆其目击之事。叙、泸、重、涪、沿江,皆明臣号"恢复军"者屯驻之地,良田荒芜,军事乏粮,出于掠夺。则献忠所据之地,社会情形应可想见。又谓:"乙酉岁,献贼每五日十日一发人采粮。"则献忠地区,饥荒较叙、泸、重、涪为早,又可知矣。

又谓:"余初在曾营(乙酉冬间),每闻兵云:某处饥人食人肉。某处某人被其人食。余不信其说,及奉抚军马公(马乾)命往安居(拜安居令,在乙酉冬),有人告余曰:我辈久无粮食,每赖人为食,渠等今且谋及县君矣。感公多盛德,心不忍负。当急从此导公同遁去。于是余乃得夜脱逃回。又马公驻内江(时为丙戌岁春),有乡绅范文光弟,奉其母太夫人诣公求济,赠以斗豆,米数升。归夜,即为恶邻所劫去。并杀其弟为资。太夫人老瘦无肉,乃舍之去。太夫人奔控,公发兵捕至,解验,有腌人肉数方,状如腊羊,唯皮上细毛森森如簇。"此为乙酉丙戌间川东南开始吃人情形。唯其时民间尚有种植。官吏军士,尚得掠取民粮,不患不饱,且有余力分惠亲友。但人民已无可为食,迫于食人。至于劫食绅衿,谋及官吏,腊而藏之,以当脂蓄。则社会饥荒之状可想,军队给养情况又可想。此时张献忠正搜杀四路遗民,以掌级记功。故余知其为供军食也。至于遗民杀尽以后,乃自杀其军士与妇女,以至于弃其国都,就粮异地。余疑其弃城之日,屠杀男女数十万,盖为腊制干粮以供行军所需。惜在传献忠者,胥不及此。莫由取得遗文为证,故特撰此长文,以发明之。

六、献忠死后四川的劫难

张献忠于丙戌八月弃成都东走顺庆。十二月,掠粮至西充凤凰山,为清军所袭杀,孙可望率余众南奔。过重庆,曾英以水师拒战,败没。可望遂入黔,降永历帝。是岁,清顺治三年,明永历元年也。清军追可望军入黔界,转而收拾四川。以无粮食,退回汉中。时利、安二教士,为清军所得。解见肃王,甚蒙优礼。其后分居二小王处。小王南追农民军，属二教士于管事。利教士日供军人食马肉，尚不缺乏。安教士之家乏食，几至饿死。迨回军保宁时，始获粮秣接济，得以康复。肃王自保宁旋军陕西，复因粮食缺乏，二教士饿不能忍。利教士曾跳入农田采取蚕豆充饥。据《圣教入川记》所云：他随清军所经，乃顺庆、保宁、汉中一线，历受刘进忠、贺珍保全，为当时全蜀元气最厚之地，乃亦乏食至此。则张献忠乙酉、丙戌之行为，为受粮食问题逼迫之所至，明矣。

是年，永历帝以大学士吕大器（遂宁人）代王应熊，同樊一蘅督诸军收复川局。巡抚李乾德（西充人），宗室朱容藩，皆入蜀为总制。于是一蘅驻叙州，杨展守嘉定，范文光、曹勋在雅州，詹天颜在茂州，朱化龙在松潘，赵荣贵在龙安，侯天锡在永宁，马应试在泸卫（今古宋县），王祥在遵义，袁韬至重庆，李占春在涪州，余大海在云阳，谭宏在天子城（丰都），谭文在万县，谭谊在巫山。何腾蛟招抚之李自成遗众刘体仁、郝永忠、王光兴、袁宗第、李来亨等十三家在大昌、房、竹、施建之间。各屯田自给，招抚遗民。时摇黄十三家，皆已绝灭。除保宁、广元一角为清军驻守外，全蜀尽为南明所有。

此时有当注意者，明清诸军，尽皆屯驻于四川盆地四周，偏僻山谷，历为人所不甚注意之地。盆地中央，向所称为沃野千里者，此时已同沙漠，无人顾及。适以形成沃野荒芜，边隅繁荣之景象。此何故耶？盖往时富庶之区，专恃农粮为食，农粮既绝，相与食人，同归于尽。边僻山邑，救荒植物多有。附近少数民族地区可以经营转贷。而山险径杂，易守便逃，不易为吃人者所猎获，以此保存遗民较多也。

兹举欧阳直目击二事，以见盆地内部人口消灭之必然。原文云："余自内江同溃兵过威远，遇数十饥人邀于路，见人众，不敢近，犹狂呼曰：'走不去的丢下两个与我们做饭罢'。及入一村，见冷肉一锅，一小儿传呼吃牛肉。众争奔食之。时已绝粮六日矣。亦曾掬食。（及进厨中，乃见烹熟一无发小人头及皮脏在箕内。盖所食者即人肉也。）又合州土豪李调燮，尝对余言及：彼集士兵扎寨时，无粮。每发兵捕人，谓之人粮。凡拿到人口，选肥少者付厨下，余者瘠瘦，乃付士兵。烹宰俱按整猪羊法。彼（李调燮）受招安，入杨展营，人赠以绰号曰万人坟。余所目击者如此。则其外有不忍言者也。"

盆地内部"人粮"断绝，即在丁亥、戊子岁中（顺治四、五年）。《蜀难叙略》云："是岁（丁亥），蜀大饥，藜藿、雀鼠皆穷，遗民相食殆尽。如父子夫妇死，欲葬，必用荼毗法（火葬）。否则人发而食之矣。有哭之虽极哀，旋于火中攫而啖之者。亦有毁灭天性，迳自相食者。"《滟滪囊》云："时（戊子）土寇各据一方，每以强凌弱，相互劫害。……农废耕稼，民用乏食，各以劫夺为活命计。甚且同室之人，亦相谋害。荆棘满途，人迹稀罕，往往自引子女于无人之地，谋死密埋。……岁愈凶荒，献忠掠野无获，捕民而食。最堪怜者，饥疲余民，孤踪潜匿，剐树皮，觅野菜、蕨根，期延残喘。而黠贼深夜登高遥望，烟火起处，潜往劫杀，聊以充饥。"此所云"土寇及贼"，实指地主武装。盖至戊子岁时，苟驻盆地四周之南明"恢复军"，亦多以"人粮"为活矣。

于时全蜀，唯嘉定不饥。由杨展得献忠沉金，运以籴粮于边缘土司地方，致力屯垦。以是积粮甚丰，遂能以粮食支配全蜀。诸明臣如李乾德、袁韬、武大定，皆往依之。樊一蘅、范文光、李占春等皆赖其接济，其后展为李、袁、武等所害，刘文秀两度北上，与清军争蜀土，亦皆以嘉定为根据地。直至明室覆灭，全蜀入清时，郝承裔尚凭借此区抗清年余（顺治十七、八年）。明末蜀人之能保存至清世者，仅嘉定与保宁两隅有之而已。

欧阳直曾为杨展办理钱谷，兼管屯田。其所记杨展之事，较他书为深刻。兹录数则，以证粮食关系之大：

"时（丁亥岁）无栽插，内地无粮，唯远诣董卜（穆坪土司）、高杨（天全土司）、各边土司籴运。计斗米需值六七十两，尚难再买。饿死兵民，尸复为饿者食。展以所得银，散给兵民，远籴救荒，故上南之人多所全活。"

"杨展分官督农，严卒兵民，耕屯于上南嘉、峨间，储粮于峨眉万年寺。"（丁亥岁）。

"武大定（自固原叛清，经龙安入川）至成都，大饥困，差官投杨展求救。展发饷，运粮，差官持币以迎之。时袁韬驻泸州，呼九思驻富顺，俱绝粮，饿死者甚众。皆兵册投展求救，展按月运粮以济之，不受册。武、袁、呼俱赴嘉。……令袁韬移营驻犍为，武大定驻青神（屯田）。"（呼九思病死）。

"李鹞子占春晋定川侯，邀展会盟于泸。李以粮匮为言，杨发峨眉储米万石，差官运粮以济之。"

"清兵取龙安，满汉骤至。赵营将兵，以采粮于远，难遽集。定川侯赵荣贵不屈，率亲丁力战。死之。部将兵多投于杨展。"（以上皆戊子岁）。

"李乾德留嘉定，……欲赴重庆，展奉银二千，米百斛以赠之，抵犍为，留袁营不去。己丑……八月，韬生日，展、武俱赴贺。伏甲士壁间，就席擒展，遂围嘉定。……西川大扰。"

《蜀乱》又云："自乙酉以迄戊己（顺治二、三、四、五、六年），计九府一百二十州县，唯遵义、黎州、武隆等处免于屠杀，上南一带稍存孑遗。余则连城带邑，屠尽杀绝，并无人种。且田地荒废，食尽粮空。未经大剿地方，或有险远山寨，间存三五遗黎。初则采芹挖蕨，继食野草，剥树皮。草木俱尽，而人遇亦相食矣。"此则沿边僻邑，在较晚期间，亦因无粮至于吃人之证也。大抵顺治二、三年间，为摇黄与大西军屠食蜀人时期。三、四年间，为四川盆地内部蜀人相食时期。五、六年间，为盆地边缘军民相食时期。至顺治七年（庚寅）时，蜀人大体已尽。唯嘉定、峨眉、青神、犍为一区最称丰足。叙、泸、重、涪、万、遵义与松、茂、雅州、保宁一带，略有人迹而已。

杨展死后，刘文秀自滇来。讨诛袁、武，驻节嘉定。顺治八年（辛卯），清军大举图蜀，朱化龙、詹天颜、范文光、樊一蘅皆败殁。川东南诸将，亦被困还走，全蜀陷没于清。十年，癸巳，刘文秀、白文选分自滇黔入川，逐清军回保守，全蜀复为明有。十六年己亥。孙可望叛明降清。清军大举伐明。明年庚子，全局复沦于清。此时期中，保宁、嘉定、重庆三埠之间，纵横数百里。全无人迹。野树合拱，豺虎纵横。明清两军相攻于保宁嘉定之间者，皆携半月粮，急行穿过。清军初过成都日，城内外皆野树丛莽，无可下营。营于城上，以避虎豹。虎豹之害，诸书亦皆言之，以顺治五、六、七年为最盛。直至十三、四年，始自绝迹。彼其时死尸亦尽，蛇鼠无遗，虎豹亦不能生存，因而绝迹也。

顺治十七年辛丑，明永历帝入缅。全蜀大定，已有陕甘人民，入川占垦。康熙元年，壬寅，滇事告终。滇黔两广人，亦有入川占垦者。当永历危缅时，明臣文安之（夷陵人）纠合刘体仁、郝永忠、谭宏等，自川东袭重庆，未克。于时诸家分屯川鄂诸山间，凭险种田以自给，誓死抗清。清人称为"西山寇"。康熙元年起，川督李国英，数度率军围剿。至三年，乃告肃清。于是湖广江西人民，亦入川占垦。诸省人初至，率皆插木为界，先施棚帐于骷髅瓦砾间暂处，乃因树为屋，诛茅覆之，以为定居，从事垦殖。地既久荒，田皆丰获。力之所到，即为永业。纷纷邀约其亲族戚党，陆续以来。更历六十年，至乾隆初世，始编产笈，定税则，限移徙。时距献忠之死已七十余年矣。

余写此文，非仅为张献忠辨屠蜀也。欲辨明清间蜀难在于粮食问题而已。诸史记载，曾未顾及社会经济情形，对于农村破产，食粮穷竭之影响，莫或加意叙述，甚至抹煞不谈，致使三百年来，对此浩劫之酿成，仅以"张献忠屠蜀"一语盖之，讵不可慨！

关于张献忠史料的鉴别[①]

（1983年）

关于张献忠的史料，为历来封建史家出于对农民革命领袖的诬蔑，搞得最为混乱不堪的一种。我自1927年开始搜求有关张献忠的书史迄今，合方志计，约在百种以上。根据我个人的体会，这些史料大约可以分作四类，现列举于后，以供大家参考。

第一类，为作者自记亲身经历、实见实闻的原始资料。这类史料属于第一手资料，是我们研究张献忠问题的主要依据。如：

《大西通纪》 作者失名，应是献忠战友逃死遁世后所写的私史。原叫《劫余传信》。1942年，我闻雅安沙坪场有人善谈献忠事，自言世守此书，不肯示人。我托人往其家抄回。只二卷，记献忠经历，文殊简略。但有许多处是过去封建史学家所未说到的，如：张献忠曾在成都四郊荒芜后办过屯垦；招抚沿边土司若干部；破泸州后整饬军纪；用骡子载西洋教士铸的大铜炮去轰反叛的寨堡等。1944年，我又在德格八邦寺发现了他颁给该寺的"援剿营总兵关防"金印，和看到《圣教入川记》，证实了那部书所说是可靠的。《传信》这部书的短处在于，记的只是统治阶级的行动，全未说到下层社会的情况。

《圣教入川记》 我是在1944年看到的。利、安两个西洋教士，自张献忠称帝那年被接去，直到献忠被清军射死时都在献忠身边。献忠卫队溃散后，他二人才转入清军手中。这书所记甲申至丙戌三年成都的事比较可靠。但存在以下几个问题：（1）献忠只叫他们治历和铸炮，未让他们参与大西朝军民诸政务。（2）所记献忠的情况，只一部分是亲见的，另一部分是从教徒大臣那里听来的，应当分别看待。（3）他们是用传教士的眼光看待中国的农民革命的，因此对于他们的一些认识和观

[①] 此为作者提交《中国农民战争史——张献忠在四川研讨会》的论文，载《张献忠在四川》，四川人民出版社，1984。

点必须加以分析。例如说张献忠乙酉年以前是彬彬有礼的，乙酉年以后就成为一个暴乱无状的狂人了。这究竟是张献忠思想性格有了变化，抑是这些外国基督教徒情感和认识上有了变化还须进一步研究。（4）原书是用西文写的，上海教会翻成中文时，译笔文字难免有所歪曲。现在四川所见本，又是1913年川东传教士铎古洛东翻印的。他据《明史》加了校注，可能有所增删。例如，在甲申年冬至节的大宴会后，教士已经用"智识宏深，决断过人"和"天恣英敏，足智多谋，其才足以治国"赞扬献忠。跟着却说："然有神经病，残害生灵，不足以为人主。"试问，那时他们刚才会晤不久，正是全川归心的时候，何得就说他"残害生灵"？又何由就说他"有神经病"？更何至有上下两句如此矛盾的语言！举此一例，已足见它虽属第一手资料，却也有第二手插入，引用不能不慎。（5）他们是脱离社会下层人民生活的高级传教士，因此关于下层人民生活的记述，可信的资料不多。

《欧阳遗书》亦叫《蜀乱》 是广安生员欧阳直记叙身经目击四川三十五年（1627—1661年）战乱的真事。他二十二岁时中了张献忠的进士，派在光禄寺任职。后调东平府，再转到骁骑营。刘进忠叛献忠降清军时，他乘乱逃回广安，想率眷买舟向重庆。中途被摇黄镇西王邢十万的兵捉获，得充头目两年。后逃就明军，经驻合州的巡抚马乾委作安居县令。因县民密告要杀他充饥（丁亥年），又逃到嘉定给杨展管钱粮。吴三桂率清军取嘉定，也用他办钱粮。刘文秀自滇入川赶走吴三桂，仍用他办垦务。清军取四川，总兵龙守嘉，仍用他主文书（癸巳年）。刘文秀再次入川（丙申年）又拜他礼部仪制司主事，办蜀王府文牍（丙申年）。后随文秀回滇。文秀死，王妃仍留他教世子。清军大举入滇，他随世子走永昌。永历帝入缅甸，他逃匿蛮箐中。以后复出仕于清，卒于楚雄。他自言二十余年，转仕于大西、明、滇、清诸将间，历数十官，倾家十余次，流转数千里，七次娶妻。晚年写这部书，教子孙知做人之难。他对当时各统治阶层与下层社会是全了解的。自己始终居于两阶层间。但他对于任何人都无贬词。只自己老老实实说自己的遭遇；可惜未把下层社会的具体情况写出来。由于他的历史这样复杂，所以他的子孙不敢暴露。至道光二年（1822年），他的第五世孙欧阳鼎，才把其书在成都公开梓行。我曾见过三个版本，文字皆同，是研究张献忠与其部属李定国、刘文秀等史事最好的一种史料。

《荒书》 新繁费密著。有康熙六十年席帽山人史照序。费密字此度，清初诗人。与孙星衍、王渔阳等以诗文相敬重。家为新繁大姓，父子皆名士，任侠，为乡里所重，初亦为"大西顺民"。乙酉年（1645年）因农村坏乱，率族造反，上什邡高景关，依李调燮，在后山垦种。调燮以人为粮，密更投嘉定杨展。因放诞中谗，遂赴滇仕。康熙八年（1670年）还蜀，撰此书。赴滇途中为黑彝奴隶主所掳，赎出时已跛，故时称"费跛子"。有自序云："别书所载，或有异同。盖知者不能言，言者未能悉。此历代野史稗官，足备正史取材而密荒书所由作也。"但当清修《明史》，求书时，他不肯献，并嘱子孙秘藏之。据他儿子锡琮跋，成书时费已"年近六十"。后虽遍游南北，迄未仕清。所云"别书"，据锡琮校语，系指不同意《绥寇纪略》谓献忠"诛于盐亭"，与谷应泰《明史纪事本末》"谓献忠病死"；在跋语中，还揭发"吴继善降任礼部"，与沈苟蔚盗剽其书等事（详锡琮跋）。足见其书所载是可靠的。其不愿示人者，为其事永历帝，而文直，惧以书贾祸耳。就文字说，在有关献忠史料中为上品。唯所收事不多，仍略于社会下层的叙述。又子孙皆文士，似于传写中为避讳，有所节删。光绪时始有刻本。

《山城纪事》　营山王开禧撰。记述摇黄起义军在川北的活动，记大西事较少。李氏《滟滪囊》全取其文。李书既刊行，王书遂不传。

《流离传》　南充韩国相记丙戌逃避大西军流转事。1928年修县志征书时，其裔孙乃献出。大抵当时幸存人物所记祸乱之书，皆饬子孙秘守，不愿示人。故愈晚出者愈可贵。

《劫后录》　开江冯梦龙记其身所经历见闻，详致质实。为有关明末川东下层社会最好史料。其子孙保存到民国初始石印。

《破山集》　大竹双桂堂破山和尚，能诗文，有声望，在明末清初剧乱期间，周旋于大西与残明及清军之间，未蒙祸难。其徒众辑其诗、文、行事为全集。有刻本。

《五马先生纪年》　简州（今简阳）傅迪吉撰。为近年新发现记载明末四川社会实况最佳的一部史料。傅家是简州西乡的大族，皆农户。张献忠甲申年入据蜀地时，傅迪吉才十八岁，已考中县学后，改业作商贾。乙酉年冬月初二，误入城卖。不知已有令全城戒严。城闭遂不得出，与城民同缚待刑。傅迪吉以秀慧有文才，为诸将所爱，有人潜脱之，至都司张洪宇营，收为义子。曾随营往剿仁寿，中途折回搜剿"土豹子"。行军适过其乡，因路熟得乘间逃出。潜行山林间，得遇其父母家人于逃窜中。他终身未仕。世平后，犹屡往荣经经商。丙子（康熙三十五年）年七十，家复富足时写成此书。

为什么叫"五马先生"？全书无说。查他出生于明天启丁卯（1627年），至此丙子（1696年），凡经过了庚午、壬午、甲午、丙午、戊午五个马年。在庚午时，六十四岁，其子傅霖始中举，自己在云龙寺教书，故号五马先生也。凡记述献忠文籍，只《大西通纪》与此书说到农村生产破坏情形。《蜀乱》《蜀碧》等书只说到荒芜乏食而已。如何至于荒凉，则唯此书独详。

第二类，是转手材料。作者虽非亲身经历，但得自别人实见实闻，并能质实地加以记述。这类史料属于第二手资料，是研究张献忠问题的重要依据。如：

逸民氏《蜀记》 其书自甲申六月，四川闻京师之变起叙献忠事，至丙戌孙可望率残部入黔，数杀汪兆麟误国止。通篇夸言杀人。谓丙戌年"正月初十，献忠传令，将川中各卫所军余，并收川营兵（可能是指《五马纪年》说的"里兵"）。除年十四以上者留营，其余成丁、不问老弱男，尽命杀之。自初十日起，至十五日止。各路呈报杀过川兵开册：卫军七十五万有奇；川兵二十三万有奇；家口三十二万余，共百三十万。又说：十六日命东平将军等分头四出"剿杀百姓。限三月尽复命"。据它说的四路杀人数目是：

东平一路：男，5988万，女，9500万，皆有奇余。

抚南一路：男，9960万，女，8660万，

安西一路：男，7900万，女，8800万，

定北一路：男，7000万，女，9400万。

只此就有六亿七千八百零八万有余。合成都所杀就该有七万万了，超过了1949年时的全国人口，可谓荒诞骇人！与上举诸书的真实程度相差天渊。《明史》与《蜀碧》都采用了它，足见是康熙年间已经流行的妄书。但它也有可取之处。如：列举"南厂营总兵温自让"，"八卦营总兵王明"及隆兴、三奇、决胜、永定、三才、干城、援剿、永定、中厂、英勇、天威、龙韬十四营总兵的姓名和籍贯，和"天讨、金戈、神策、虎威、虎贲、虎略"等营的名称，并说"总兵不记姓名，俱以搜括（人粮）无功，坐殉比谋逆，尽行剥皮"。又举"前营一哨头号飞山虎，在眉州私释一十三岁小儿被发觉，遭到凌迟酷刑的事"，皆与其他第一手资料有可合处，非后世人所能编造。又说：献忠被清兵射死后，"伪皇后丁氏、白氏、刘氏、陈氏拼命逃出"。丁氏系在谷城娶，陈氏是称帝后娶井研陈演女，皆确实有证。峨眉山金顶旧藏有陈皇后献珍珠，余曾亲见。白、刘二女不详。且其叙次先后，未乱，亦足见其确有依据。若删去四路杀人数所系之万字，只作六万七千八百余人，则理有可能。疑实有献忠中营老兵口传其事，记录时有夸大耳（书中特别夸述刘文秀英勇。又疑是蜀王故吏之言）。

著者不露姓名，但称"逸民"或"虞山逸民"，显然是曾由大西入滇做官，以后遁归虞山（今江苏常熟），不更出世者。因修"明史"求书，乃献出，揣朝旨在贬献忠，故突出其杀人部分，而抹剔其可称部分耳。故此书当属"转手资料"。

《绥寇纪略》 太仓吴伟业（梅村）撰。吴氏原是崇祯朝史官，得见镇压明末农民起义军的军事行动的各省奏报。随事摘取，用纪事本末体撰为此书十二篇，各以三字为题。崇祯十六年以后，各省驿报多绝，则又参采传闻辑为"通城击""盐亭诛""九江哀"三篇结束李、张、左、马事（其末"虞渊沉"篇总记灾异）。前八卷的时、地、人、事，是可靠的。只九、十卷记李、张事问题很多。又以私恩回护杨嗣昌与左良玉。然在观察明末农民革命全局方面，它要算最好的第二手资料。其书流行甚早。有康熙甲寅（1674年）康熙十三年"逸民邹式金"序。即刻此本者，疑纂《蜀记》之"虞山逸民"亦即邹氏。

《续绥寇纪略》 康熙二十七年（1688年），"梅亭叶梦珠滨江纂辑"。凡四卷，自张献忠据蜀，至永历入缅。自云取材于《滇蜀纪闻》及《楚中遗事》。卷一"川蜀沸"与梅村"盐亭诛"时间从同，而叙事各别。盖嫌前篇失实，故重叠为之。

《滟滪囊》 通江李馥荣（锦山）撰。凡五卷，自崇祯二年"流寇"入蜀起，至吴三桂王朝败灭。采《山城纪事》《荒书》《蜀乱》《滇蜀纪闻》者为多。亦多有他书所未见的资料。皆直自叙事，不言出处。文甚精简，取材扼要。当为第二手材料之佳书。书中每见"轶其名"者，度其身分属献忠从龙功臣，言论纯正而无官爵称。疑即撰《大西通纪》者。或疑其人即孙可望或李定国。因他书记孙可望及李定国事，有与此书轶其名事相同者。但此书每以轶其名与此二人连举，则非同是一人可知。我写《张献忠实录》那部小说时，造为王志贤来影射他，以便于利用他来补缀史料的残阙部分。

《老神仙传》 桐城方亨咸撰。据亲见者言其医术之奇。避父讳拱乾，隐其名。吴梅村《鹿樵纪闻》亦传其人，而文不同。皆当属第二手资料之夸诞者。其人则实有。近年四川地下发掘有大顺二年礼部铸镏金长方大印，篆"南川县医学记"六字。考旧制：理民官印正方，非理民官印信长方。依秩级制其大小。方者称"印"，长者称"关防"。此长方印大而称"记"，疑即颁赐老神仙者。南川县医学，疑为其人官署之称，地点可能是南川金佛山。此次讨论会上获见大顺年铸的"道纲司印"小方印。为献忠崇奉道教之证。县道纲司管道徒，故只小方印。县医学衙门，亦当有小方印。唯此"南川县医学"为大关防而称曰"记"，故疑其是赐老神仙印信也。

第三类，为再转手材料。作者在编纂中多有所歪曲，但大体上仍能保存其原始面目。这类史料属于第三手资料，可以用来参订史料。如：

刘献廷《广阳杂记》、计六奇《明季北略，南略》、李调元《井蛙杂记》等，文皆隽永，事多出自直接采录，不少可以列为第二手资料，或为第三手资料，亦属上品。

《蜀碧》 丹棱彭遵泗（端淑）撰。自有"义例总言"，其"征实"章，列有"明史，明史纲目，明纪本末，诸家明录，绥寇纪略，三藩纪事，明季遗闻，启祯野求，豫寇纪变，天问阁文集，尧峰文集。寄园所寄，荒书，志乱，甲申野录，陇蜀余闻，东林列传，见闻录，庆治录，蜀通志，眉州志，邛州志，夹江志，故老遗言，家谈"等二十五目，当时记载献忠据蜀事的书大体已尽了。他考订去取的工夫也是做得很深的。比过去史家的记载，包括《明史》在内，都能胜过许多。但他的目的偏在表扬封建忠义，自不免歪曲了张献忠的形象。又未能见到粮食问题所造成的影响，比第一手资料是相形见绌的，但在第三手资料里，确算是最好的。所引据书，有一部分今天已不可得了，也是它可贵之处。

第四类，为再三转手材料。主要是嘉、道以来的方志等。歪曲性很大，多属不可信。偶有一两条名人遗著和民间传说的新鲜资料，足供参考，也都是一口的诟骂张献忠，表扬地方死事者的，佳章极少。这类史料，属于第四手资料。如：

《明史》与《罪唯录》两部正史都有《张献忠传》，但也都是极其不好的，再转手的坏史传。反不如傅维麟的《明书》，率性阙了他好。

《蜀破镜》 道光二十三年（1843 年）郫县孙（子俊）撰。有自序，说他于道光辛巳（元年）重刊《蜀碧》，任校雠。其冬又借得《荒书》，因"博征胜国诸老传记及国初史馆名臣奏书纂述"。他痛骂张献忠，欲有以胜过《蜀碧》，而迂腐之气十分可笑，世人莫肯重之。可以说是第四手资料之尤劣者。

《蜀龟鉴》 内江刘景伯撰。成书在孙后。开篇有"卷首二十六条"，大书明嘉靖三年（公元 1524 年）杨廷和罢相，和嘉靖三十八年清太祖出生。又万历十七年（公元 1589 年）播州杨应龙叛乱，说到崇祯三年八月。卷一至五，自三年十二月魏忠贤提督东厂起至康熙二十年（1681 年）平云南，函吴世璠首止。按年月日仿《左氏春秋》《朱子纲目》编次。其第六卷，表蜀中"以孝弟自全者五十七人"，又引《内江旧志》与《欧阳氏遗书》论风俗之变。卷七附张令、张凤仪、何以政妻顾氏、"义民"王九相及其十世祖刘邦彦传，什邡刘应选妻陈氏及广安欧阳直等传，并雅洁，足补正史。引据史籍，皆附注书名，并能注意到社会风俗的变化。在第四手资料中不失为最佳的一种。

从大禹生地说到边疆人物

(1949年)

扬雄《蜀纪》，说大禹生地石纽在广柔县。汉广柔县，是今汶川、茂县一带。《华阳国志》与《水经注》，皆主此说。后世地书，言石纽所在者，虽颇发生争执。但皆承认禹为广柔县人。无论其生地是刳儿坪，是涂禹山，抑是北川县墩上的禹穴，以及其他所指为禹穴者，总之，都说大禹生地是今四川的边区，文化落伍之地。于是有人怀疑了："像大禹这样人物，乃是汉族的代表人物，无论如何，他应生在诸夏文明之乡。不该生到西蜀。因为一般传说，西蜀是文翁才开化的。况且广柔县，更是文翁教化未及的蛮夷之地，迄今仍是文化落伍的边区，从来未闻产生过中华民族的第一流人物。"

如此怀疑者的看法，最易使专门注重现实的人物同情。于是他们责问扬雄与许多说禹生于西羌的人，有何根据？扬雄们早已死了，无可答复。怀疑派便胜利了。跟着这线索来做更进一步的翻案，说禹父鲧，是中原世族，仕于唐尧，死于羽山。何能生个儿子在西羌界中？据《帝王世纪》，"鲧纳有莘氏之女名志，是为修己……生禹于石纽。"而伊尹亦曾耕于有莘之野，这显然是中原之国。石纽必然也在中原，不会在西徼。如此推论下来，似乎扬雄们真是在胡说。

我想扬雄这位学者，在当时要算第一位博学的了。并且他治学与作文的态度，都很忠实，不是拿学门做敲门砖的人；亦无偏颇乡土的陋习。他说禹生于广柔，定有许多根据。可惜他的著作，除收入本传者外，今所保存的很少。便是《蜀纪》，亦只剩有几句几文，被引用其书者保存下来。因此，我们不能用他的遗文来替他辩答。但我可从旁的方面替他辩难：

第一，论广柔县可不可能产生大禹这样人物。

---

① 原载《康藏研究月刊》1949年第25期。

若说大禹是个文学家，那便不能。因为西蜀的文学，的确是文翁开发的。大禹早过文翁二千多年，所以他并不能作辞赋，也懂不得五经。《尚书》所载他的几句话，都是很质朴的。他的功业，端在刻苦奋斗，完成了治水的工作。他足迹遍天下，随处表现出他那种坚苦卓绝的精神，使华夷各部落的人都佩服了他，所以两会诸侯，都能招致万国。因是这样，遂能代舜为天下共主。综他一生成功之处，不外能吃苦，有毅力，足迹宽，见识广，由丰富的经验，启发了明哲的脑力，言行都能使人拜服而已。这正是边疆人物的特长，而是中华内地养尊处优之世家子弟所不能做到的。

再说广柔县，便是今日川西北的岷江河谷地方。自今看来，虽是山高水疾，地狭土薄，生产贫乏之地。但在上古时代，中华农业文化尚未成熟，华人尚保持几分牧畜社会的流动性，"迁徙往来无常处"（《五帝本纪》）的时候，这条河谷，乃是西蜀与中原的交通要道。那时南北栈道未立，秦岭巴山不通。中原农业部落与黄河上游的牧畜部落交涉频繁，从泾渭上游，逾黄土陵，而入洮水及白龙江与黄河九曲诸草地甚易。再由此诸草地，循岷江河谷，而入四川盆地之农业区亦易。因此这岷江河谷，成了当时农牧社会交易上的通道，亦即成为巴蜀与中原最古交通的冲途。上古所谓江水，即是专指这段河谷的。黄帝大儿子玄嚣降居江水，便是派在此河谷某部落作酋长。鲧是玄嚣之子，可能生长于这河谷。玄嚣又有孙名叫帝喾，到中原做了天子。看来鲧与帝喾，便是此地生长的人，又岂止大禹一个。（有人说青阳降居的江水，其地是今日的荣县。这不可能。荣县距江水太远了，在上古沿江河建国的社会情形下，是说不通的。）

《禹贡》这篇书，正确告诉了禹的足迹所至。它于松潘草地与洮湟以西，指出许多地名，如"西倾""岷山导江""导河积石""三危既宅，三苗不叙""织皮、昆仑、析支、渠搜"。都是后世认为的西徼外地。自禹以后，华人莫能知其究竟。而至近代地学昌明，方得明确：西倾，便是洮水上源的西倾山。岷山，是黄胜关外的浪架岭（甘肃人主张是卓尼司界内的岷山）。积石，是俄洛草原的阿尼玛靖山。析支，当读为斥支，即《后汉书·西羌传》的赐支川，即今大积石山南之黄河上游俄洛草地所在，古之羌人大部落地也。昆仑，《汉书》说在和阗南山，我考即古西王母国，乃今西藏冈底斯附近的牧部。（详《康藏研究月刊》第一二期）三危山，在今敦煌县南，舜徙三苗之族居焉。渠搜，暂无考，应亦康青藏间的羌族部落。禹在其他各州所记边徼地名，皆不及此部之详而辽远。尤可异者，雍、梁两州，皆以黑水为界。后世浅薄之儒，解经至此，发生困难，遂创两州各有一黑水之说。我考《禹贡》黑水，便是巴颜喀喇山外的金沙江（详《西康图经·地文篇》）雍、梁两州西界，皆抵此水，是极通的。禹知此江发源于三危相连之昆仑山山脉，向南流去。以为"入于南海"。未知其折入四川盆地与江水合流。足见禹迹未至西南，而偏详于西北，确曾跑过青海全境，采访到西藏、新疆地界。而于松潘草地，更是情形烂熟。以此来判断他是生长于岷江流域的人，还能错么？

禹不但是岷江生长的人，而且是从小在西北草原里奔走的人。或许是经商，或许是政治性的探险。当他父亲治水失败的时候，他或许未在中原。不然，何以不得佐父治水，必待其父失败被殛，而后自展才能呢？况且西北草原上这许多地名，皆非他治水所当经历，而乃一并收入《禹贡》。可知《禹贡》是他治水完工后，将他生平游迹所到之地，综合编纂而成。这显示禹的一生，可分为三个时期：青年游历时期，游迹以西北牧部为多。中年治水时期，游迹以内地农业区域为多。晚岁当政时期，便是他编纂《禹贡》的时候。由于他生于边徼，才有他青年时代的游走经历。由于游历增长见识与才能，才有中年的治水成绩。由于治水成绩，又才有晚年的政治成就。若在现代，一个人纵然如此努力，亦不易有此成就的。但在上古时候，全民都很低能，而且都能崇拜英雄，他便成就了。

第二，论贵族的鲧，可不可能养个儿子在西徼。

上面说过，上古时的岷江河谷，是个农牧交易的冲途，中原通蜀的要道。黄帝虽然已奠定了中华大一统的基石，但亦是个"迁徙往来无常处"的人。所以他把长子玄嚣降居江水，次子昌意降居若水。若水，是今雅砻江，比江水更为遥远。黄帝何苦要如此做呢？纵然黄帝忍心远徙其子。他的太太西陵氏，相传是发明养蚕丝织的嫘祖，也算当时有名望有力量的人，能满意把亲生儿子谪到那么险远的边荒去么？以今日情理度之，则不可能。以当时社会情形来说，这"边徼"二字，根本不会使人发生歧视。因为当时中原产业与文化，并未特别发达，到处都是过着半狩猎，半耕牧的原始生活。只要是块河谷区，有耕地可垦，有森林可猎，便是善地。大多数平野（如黄河大平原，长江三角洲，两湖盆地，成都平原与渭水平原）反不被人重视，而荒弃之。若是河谷而有可牧之山原相杂，那便是再好莫有的立国之处了。岷江河谷，正是当时认为上好之区。黄帝降玄嚣于江水，正是放的优缺。若水虽然远些，他亦是合于耕、牧、猎三大生活条件的善地啊！

上古教育未兴，人的知识能力之积蓄，全凭游历见识。鲧在唐虞之际，甚有声名，故被四岳推举出来，担负治水的重任。如此才能名望，当亦必得力于游历学习。他是黄帝长子玄嚣之子。"玄嚣降居江水"正是今日的岷江河谷。算来鲧已经是广柔县界生养的人了。他虽入仕于中原，留个太太在此养儿子，又有何不可呢？鲧的嫡堂兄弟颛顼，生于若水之野。鲧的侄孙帝喾，亦生于江水之区，先后从四川边徼，到中原去作了大君，名列五帝。与鲧父子，皆自西陲发迹。足为行万里路者成功之证。中原当时已有舟车，人安于舒适，腿子软了，缺乏行万里路的人才，所以被西南土人压到，这是自然合理的事。由此可以反证禹之能有过人的成就，正因为他是生在西南边徼。

《帝王世纪》这部书，原是难于凭信的。因曾被司马迁选中，可证明他是较古出的一部史料，不妨习时接受，以待发掘新史料来校正。今即以其所载有莘氏生禹一条言之：第一层，有莘未必即是中原之国。因为莘草（细辛）是多处都有的，有莘氏既以其地产莘草为名，便不得为一部落之专称。譬如今世的黄桷树、黑松林、观音岩、凉风垭一样。岷江亦产莘草，何尝不可不有个有莘氏的部落？第二层，即谓有莘氏为中原之人，鲧亦可以，娶他到此间来。譬如说"昌意娶蜀山氏女曰昌仆，生颛顼于若水之野"。蜀山氏，当然是江水流域的部落。昌仆嫁到若水部落的昌意，便在若水为他生子。则有莘氏生禹于江水，又何足怪呢？第三层，据一般考古说，有莘国在陕西，很近情理。陕西与此地的交通，当时算是很近便的。当时中华文化中心区域，只有平阳，蒲阪，安邑之间的河汾黄土区，即今山西省西南角上盐池附近之地。此外自渭水平原以至江水流域，皆是半开化的准中华区，婚姻制度并不十分严格。男女生活能力亦都相差不远。大都各自独立生活，并不十分相依。譬如说大禹娶涂山氏，是今四川的人（一说是安徽的人）却在河南的嵩山为禹养了儿子，今存"启母石"的遗迹。但他并非与禹同居，禹曾"三过其门而不入，生子启呱呱啼不及视"。尧的二女，跟舜南巡到洞庭湖，作了湘水之神。但他亦未与舜同路。所以舜崩于苍梧之野，他们在湘江泣血染竹。这虽是神话性的故事，亦可看出古代夫妇间的距离如此，方能发生这些传说。故鲧虽入仕于中原，未必即携眷同行。禹生于广柔的石纽，是必然可能的。

第三，论边疆人物往往有胜过内地人物之处。

在同一肤色的人种之中，所谓文明野蛮的程度，只是礼俗上可以分别的，文字上可以分别的。脑力上则是无甚分别的。许多边疆人物，较内地人更为聪明。他们学习内地的语言文字礼俗，较内地人学他们为易。并且这样学习成功的边民，往往成了内地的第一二流名人，而不至于成了第三流以下的庸碌人物。比如说墨翟、许行和老、庄，便都是边民或夷狄之人。太王、王季与勾践，岂不皆生长于夷狄间么。自汉朝以下，胡人入仕于中国者很多，其名不可胜数。至如辽、金、元、清、突厥、吐蕃等初兴时期，一代人物，那更是内地帝王所不能望及的了。近代边疆人物之杰出者，亦不乏人，世多谓者，毋庸详举。

边疆人物易于杰出人上之原因无他，为有磨砺人才之艰苦环境，不似内地人物之容易沉湎怀安而已。故"圣土之于民也，择瘠地而处之"。孟子谓"苦其心志，劳其筋骨，饿其体肤，空乏其身，行拂乱其所为，必使动心忍性，增益其所不能"者，边民则天然习之。此即伯禹之所以为神禹，而吾人之所以为庸人也。

说　盐[①]

(1987年)

一、盐在考古学上应有的位置

今世考古学所注意者，主要是石器、陶器、人兽骨骼、金属器物、葬制与殉葬物品；及于文字、图像，则已是有史之考古矣。对于史前文化之研探，所能资藉之方面犹少。雅博诸家，则能于石器，陶器、骨骼诸主要条件外，更参验于所在地之地质、气候、植被、水泉、土壤等生活相关之多种条件，而综合分析之，故所判断能至极精。然，迄今尚未闻有注意于食盐供应之条件者，是则未得为能全面分析问题也。

人类各种动物，以至于原生动物，凡具新陈代谢之生理功能者，无不需要一定的盐分供给。愈高级至于人，需要之量愈多；苟完全脱离食盐（氯化钠），即不能活；不唯食欲为之衰退，排泄发生困难，即血液循环亦将发生奇变。牛、羊、马、鹿等草食兽，每牧至盐泉浸渍处，恒舐土不肯去。家畜消化不良时，微饲以盐，即能康复。人类之天然食物中，虽具有盐分，足以保其生命，若当运动剧烈时，则需要食盐之量亦必增加，此生理之自然，非可以嗜好拟之也。

是故，人类有火、有石器、有食物之后，虽无追求食盐之意识，但在偶得咸水可饮，或岩盐可吮之处，必相与密集以依之。从而容易发展成为原始的群落，又从而形成氏族集团及氏族文化。苟非有如此，或其他类此具有吸引力之自然条件，人各散漫生活，漂流不聚，则不可能有突出先进之文化集团。是故，上古民族文化最先形成之地区，即必为自然产盐之地区，或给盐便利之地区。此语起码适用于石器时代以前之人类社会。即至石器时代结束以后，人类文化程度发展不平衡的现象，

[①] 原载《盐业史研究》1988年第1期。

亦与食盐供应之便利与否密切相关。史学诸家必能证实此言。

或谓：世界文明古国，如巴比伦，如印度即非产盐之地，此亦未深思耳。今人所称之巴比伦、印度与埃及之文明古国，皆其社会已进入奴隶社会阶段之文化也。当其原始社会时代，则皆兴于海边。由农业发展，盐道已便，而后文化中心，转入非产盐地。社会愈前进，愈能摆脱自然条件之制约。此岂可语于原始社会之事例哉？

食盐对民族文化之形成，虽关重要如此，但由于其遇水即溶解流失，甚至于吸收水气亦即解化消失，故不能成为古遗址中可见物。虽然，如火与水，亦非古遗址中可见物，要有可以推断之道。若未见古遗址中无灰烬与液汁，即不关心当时人类与水火之关系，可乎哉？窃谓食盐在原始遗址研究中所占地位，当仅次于遗骨、遗器与他文物，而与当时气候，地质同为判断其人实际生活之一重要条件。以如此遗存物考订其人之生活固不可能，以此已知遗物，求得其文化与食盐之关系，则可能，且属必要矣。

二、从我国古史说明食盐与文化发展之关系

近年于巫山县大溪沟新旧石器时代古墓中，发现皆有大量鱼骨。可以肯定是殉葬食物。鱼为最易腐臭之动物，今人知之，原始人类亦当知之。唯腌以盐，乃能久贮。巫山县北之宝源山盐泉，自古迄今，从未衰减。地距大溪沟，一水相通，不过二百里。由此可知此间之原始人群，得盐之易，用盐之早，与腌鱼殉葬之必然。此地区大部地质皆石灰岩，可耕之地甚少，唯渔业发展较易。右瞿塘，左巫峡，南北皆大山，适于发展生产之面积狭促。然其在古史记述中，声光则颇广大。《山海经·大荒南经》："有巫山者，西有黄鸟，帝药八斋。黄鸟于巫山，司此玄蛇……有载民之国。为人黄色，帝舜生无淫，降载处。是谓巫载。巫载民盼姓，食谷，不绩，不经服也。不稼，不穑食也。（谓自然有布帛、谷物。）爰有歌舞之鸟。鸾鸟自歌，凤鸟自舞；爰有百兽，相群爱处。百谷所聚。"此书，凡言鸾凤自歌舞者，"丹穴之山"，"轩辕之国"及"嬴民""封豕"，皆谓极乐世界。此言巫载之国，不绩不稼，而备服食，百谷所聚，如极乐世界。其为拥有食盐，与邻部交换谷帛，享用不尽，为可知矣。所言"黄鸟"，谓其人自中华来也。（中央黄色，黄帝之裔。）指舜子无淫也。所言"玄蛇"谓盐泉也。"盼姓"之盼，音颁，与巴音近，谓巴人之祖也。其《大荒西经》有"夏耕之尸"。谓成汤伐夏桀，"斩耕厥前。耕既立，无首。走厥咎，乃降于巫山"（逃罪，奔投巫山。）又云："大荒之中，有山名曰丰沮玉（巫字讹）

门，日月所入。有灵山，巫咸、巫即、巫盼、巫彭、巫姑、巫真、巫礼、巫抵、巫谢、巫罗，十巫从此升降。百药咸在。"上古所谓巫，字从工、二人，即后此所谓方士。盖有先后诸巫，采药至此，发现盐泉，创煎煮之利，故称"丰沮"。巫咸，名见《尚书》，为商相臣。与汤时近。疑此灵山盐泉，发现虽早，煎煮远销之利，则盛于商代。春秋世之鱼人、巴人，皆缘此盐业远销而致富强。《山海经》虽秦汉间方士纂辑之书，其原始资料尽出于先代远游采药之方士，往往有实体根据；后人裁割分乱，其迹可得而稽如此，验于上古文化发展之形势，与地理实际所可能，为必然矣。

史文最明了者，尤莫如河东盐池与中华文化之关系。山西河东专区，在黄河大三角洲与渭水大平原之外，仅属涑水小河谷之一狭小盆地；以有解池盐田故，成为中华文化最先结胎发育之地区。尧都平阳，舜都蒲阪，禹都安邑，皆近临此池之地也。即上溯至黄帝，史称其"迁徙往来无常处"，"东至于海"，"西至于空桐"，"南至于江"，"北逐荤粥"（獯鬻），则固以此区为中心矣。其所以能"以师兵为营卫"远至江、海，极徼而不乏者，盖由其挟盐以行也。当时无货币，市易之赀，唯重在盐。赍盐以行，如近世之赍黄金，故能行远而不乏也。否则无法解释之矣。虽周穆王之游，盖亦如此。自黄帝组成氏族部落，因此解盐与四方部落市易；阅数世至尧、舜，遂已形成权力高于四方族落之中央公社。至禹而组成国家。世称此区为"华夏"，称从属之于族落为"诸夏"。夏后氏虽至桀而亡，华夏文化则随时发展前进，迄无止境。是故，无解池，则无唐、虞、夏后诸氏；无唐、虞、夏，即无中华文化。谓中华文化摇篮是解池，至允当矣。而中华史家莫曾及此。考古者亦无人涉想"仰韶""齐家"诸遗址与解池之关系。亦且未闻解池附近有何发据。凡此皆考古之蔽也。

解池与中华文化之关系虽明著，而史家若无所见者，盖史家生于车马运致便利之世，已不依靠解池得盐，故忽之也。若夏后氏以前，则解盐控制全华之力，大于百万之师。《书·大禹谟》："帝曰'咨'禹。唯时有苗弗率，汝祖征。'禹乃会群后，誓于师……三旬，苗民逆命。……班师振旅。……七旬，有苗格。"夫集"群后"兵力，"奉辞伐罪"，不能征服有苗。"班师振旅"，"舞于戚于两阶。七旬而有苗格。"文德之效，果能若此耶？有苗氏在今南阳，食盐不能不仰给于解池。但扼其盐运，至七十日之久，则其人因盐荒而乱，故不能不来就范也。此解盐威力之证，而儒生不识，以为"修文德"所致，岂不谬哉！

居近解池之国族，以其盐利，控制广大之"诸夏"族落。此诸广大之中原，皆黄土厚积，有利于农业文化发展之地区。故华夏文化成就较早、较大，成为上古东亚文化之核心。华夏之四周，亦多产盐之地。举如：东南之海盐，西南之泉盐，西北之池盐与岩盐、与土盐（煮土为盐）。凡此，皆曾成为上古人类密集之地，并多有石器时代之文化遗迹。然其地理条件，大都不利于原始社会之经济发展，故遥较华夏落后。西北之盐池，多在贫草原内，远在旧石器时代（牧业社会阶段）亦曾放璀璨光芒，其后渐形落后，至于无可与华夏比拟。其详，将另篇论述。东南之海水，以含食盐多量故，曾吸引部分原始人类沿海移近。然其制成商品盐之时间，则远落后于池盐（包括解池）。盖凡海岸为巉岩者，不能得晒盐之利，唯可汲而煎之。其为沙岸者，潮采潮去，瞬息数十里，汹涌为人所畏，人除暂乘潮退拾取遗介外，皆远避之，不知如何利用海水晒盐。《世本》传"夙沙氏煮海为盐"。《齐世家》亦谓太公及管子"煮盐"。未曾云晒盐也。唯渤海北岸有升降迭互之海滩，每有凹地受潮被留，天然成盐，应是人类发明晒盐最早之处；中华文化领域之能远达辽河松花江地区者，此或为其主要原因之一。然利用芦台海盐之时间，最早不能过周之燕国。其事绝非华夏人所注意，故史籍无可考见，但能就其社会发展情势推之耳。西南盐泉，下章论之。

三、巴东盐与巴民族历史

上章述及巫山盐泉，为大西南地区人类发现盐泉之最早者。其泉自山岩间石隙流出，原始人类接触易，故能利用早，使巫载成为夏殷年代之极乐国。此小小自然区域之石器文化，可以称为巫载文化（载当音垤，与岱、泰音近）。后世称为蜒族与傣族之民族，可能与巫载有关。自此以外之盐泉，则皆从溪河流水中涌出，人类发觉不易，截取其水之技术亦难创立，故其汲煮当较迟，大约皆在巴族入峡以后。巴族原住地在云梦泽区之巴丘从事渔业。大约夏时，受到华夏族压迫（淮南子言羿斩巴蛇，其冢成丘），且因巫盐吸引，西溯大江，入于巫峡，成为巫载之食盐运销民族。（《山海经》所传"夏耕之尸"是否即指巴人西窜？尚待讨论。若其传说，避无首之咎，则有似矣。时世亦合。）巴人善舟楫，能远行，使巫盐势力扩展至长江上游，与巴、涪、诸水支流地带。至各地人皆知有巴人而忘巫载，则巴族建国之势成，而巫载亡。其时间当在殷末周初。故武王伐殷，巴王以其师往，留巴渝舞乐于中夏焉。

巴国之所以能骤然强大，兼并巫载，正由其能于瞿塘以西发现更多之盐泉。其产盐量已经超越巫载，并能封锁巫溪，夺其销场，至于楚人亦仰巴盐。按《左传》

所载春秋世巴楚关系，可知其时已无巫载，但有鯲鱼之人与百濮，皆已役属于巴。故巴与楚合而灭庸矣。东周世，巴国已拥有之盐泉，除巫山泉外广列举如下：

1. 鱼复江岸、碛坝盐泉。冬季水落时乃煮。先揭去江水运致之石砾成堆，而后就沙洲煮之。其每岁所成之砾堆，即俗称之八阵图也。其地在鱼国。其利创自巴人。

2. 朐云安盐泉。出云阳北云安水畔，南距江口三千里，可行船，用土石围泉以隔汇水。传其法为汉初当地仙人扶嘉所创。然其采煮远在周代，自巴人始。产量甚大，过于巫山泉。

3. 云阳西双江口，可以溯航至开县。又有温汤井盐泉，产量不大，具硫磺味。虽自巴人发现，以近朐盐价廉便，不常煮。

4. 其西万县，江南有长滩井盐泉。相传因羊龙舐水发现。有三处涌泉，以木桶隔水汲煎之。其水下至奉节故陵镇入江。故陵，巴王古墓所在也。巴国最初都邑似即在此（庾仲雍谓是楚先王墓，必非）。至魏晋世，尚以"巴乡酒"著名，并传其上游为乐土。以此推断，其发现与煎煮当更早，在巴国初兴时。

5. 其西忠县界，有涂溪、盐溪二盐泉，二溪并行，相距五十里左右，中流并涌盐泉。产盐量更高于朐。秦汉置临江县，王莽改曰监江。临与监，皆古语煎盐之义也。今称盐溪为井。读如盐音，《华阳国志》作监溪，《水经注》作盐井溪。土人读盐如拿，后世作此字，以适之。两家尤近巴蜀，故煎煮特盛，然其法，当始于巴人。开煎时间在长滩井后，约与朐同时。

6. 其西南，郁山盐泉。在今彭水县郁山镇。有伏牛山，两侧并出盐泉。右侧泉尤佳，是为郁井。实皆甃池贮之，非凿地也。由于泉出陆地，故可判其煎煮甚早。可能稍后于巫山盐井，为原是巫载之一部。是为黔涪流域（乌江流域）文化最先发育之地区。其往民，《华阳国志》称为"蟾夷"。随盐利发展，又最先发明丹沙冶炼。《货殖传》言："巴寡妇清，其先得丹穴，而擅其利数世。"丹穴即其近地。估计煮盐始殷世，采丹始于周初。殷周之间，为此区文化发展时代。但似未建成国家，即为巴人所灭。其声光不逮巫载。然已为秦建黔中郡奠定基础矣。

7. 又其西，有淯井盐泉。在今长宁县淯江畔。去巴东盐泉郡为远。然亦巴人所开发。盐产量小而去蜀国最近，利于行销，应亦巴国时煎盐颇盛之处。后世富世井与自流井代兴，淯井乃失其重要地位。

巴人既次第占有此诸盐泉之利，次第向西发展，亦次第徙其都邑，自故陵，而平都，而枳，以至于江州（今重庆）。经济势力远达南安（今乐山）、郪国（今中江）及苴国（今广元），与秦蜀接壤。于是始重农业，轻武功。居处安定，国都更向北面紫土丘陵区移近,由垫江(今合川)至安居于阆中,而国亡。

楚与庸国,向仰食盐于巫载。巴国强大,则仰给于巴,春秋初世,巴强于楚。其后巴楚世婚。战国时,巴已北徙其国邑,疏于备楚。楚人乘隙而侵夺其盐泉。最先夺得者似为郁山盐泉。其道自宜都溯清江(夷水)之谷,至郁山。《后汉书·南蛮·廪君传》所谓"巴氏之子生于赤穴",从盐水,乘土船,出为"巴郡南郡蛮"之道路,即楚国西据黔中之道也。赤穴者,丹穴也。盐水者,楚人取盐于郁山之水道也。楚人先开此道以取郁盐。巴氏之子(巴王族)之不愿北就农区,而愿自王黔中以托庇于楚者,即廪君,后遂为巴郡南郡蛮。楚在当世,盖已占有黔中,即所谓"江南地"也(巫、朐、临江与枳仍属巴)。

楚既有此大江以南之地,以其盐利,承巴旧时商销之域,推行商业,侵略南夷部落。遂建鳖邑,置令长,称为"商于之地"。鳖令开明氏以罪奔蜀,为兴水利,遂夺其囯。其人即此邑之令。故《蜀王本纪》曰"荆人鳖令"也。

秦灭巴蜀时,楚亦进兵夺巴国枳邑以东诸盐泉。巴御秦,不能自顾江州以东。故楚取之甚易。秦得巴蜀而失盐泉,民难安抚,故复倾陇、蜀之众,大举浮江攻楚。然楚尚强,能守枳县以东,秦仅得渭井盐泉,及楚商于之地。其后数攻楚,尽取鄢、郢、夷陵,以断楚与巫盐之路。楚顷襄王兵散,东走于陈。故苏代曰:"楚得枳而亡。"谓得秦所必争之地,祸至亡国也。顷襄王既失郢都,东走。巴东盐泉亦不能守。其次年,蜀守张若遂得取巫,以与江南地合置黔中郡。巴东盐泉全入于秦。然楚人不能放弃此诸泉,楚王旋复组成十万大军,结合沿江十五邑人民,夺回诸盐泉,又约二十年,乃复为秦所夺。楚既不能复守盐泉,乃东徙巨阳,又徙寿春,以就海盐。其事明著于《秦·楚世家》与《六国表》。(已考订其发展过程,写入《华阳国志校注》)

四、蜀南盐泉与其附近之民族历史

蜀国盐泉,唯临邛之火井槽曾一度涌现。似为濮人所发现,故其附近民族称为"布濮"。其地海拔高,泉在地下溶解之盐易尽,故未几而盐绝。火井煮盐时,水虽淡,得盐能偿所费。火井熄,盐业亦随之而息。魏晋时,已徒传火井之事,无复言及产盐者。布濮之民族亦遂湮灭。蜀南盐泉,唯在云南高原内者克以保存至今。每有可以反映其附近民族历史发展之处,兹亦辑而论述之。

蜀南盐泉,殆全部为昆明夷人所开发,而汉民承之,革新其煎煮技术。

昆明夷者，原是河源地区之羌族，以牧羊牛为生业，《禹贡》雍州所称"织皮、昆仑、析支、渠搜"之西戎。其地有两大盐池，含盐浓度高达60%—90%。一在青海湖西之都兰县，今云察卡盐海。是为殷周以前羌族文化最高之区。（另篇详）昆仑之名所申著也。其一在黄河上源札陵湖东，河水之南，今云哈姜盐海（属青海玛多县），是为周、秦、汉世析支羌族核心地。（渠搜在其东南，即氐叟也）。其人既习于贸盐之事，亦善于鉴别盐泉，与晒煮之法；随牧转徙，以求新产盐地。其一支族循澜沧江而南，得盐泉于昌都东北之察零多。昌都地区民族由是凝聚，形成苏毗民族之东女国文化。（见于隋书与两唐书，其所由来则甚早，因未与中华通，故不传也。）其更南徙者，又得盐泉于澜沧江畔之察曲卡。唯冬季水落可以取之，晒于房顶得盐。后亦渐知煎煮。其地今为盐井县（近又并入芒康县），属于云南高原之边缘。

其人更自察曲卡南徙者，停留于叶榆地区（今大理洱海附近）甚久；又发现澜沧江支流兰坪河谷众多盐泉。两汉比苏县地是也。某盐为哀牢国人所仰。又后，滇国与哀牢争之。汉武帝灭滇而有其地，逐哀牢人于澜沧江外，置巂唐、不韦两县。而以比苏盐与哀牢通商，哀牢款服，至后汉初，遂以哀牢地为县，置永昌郡。于是中华与印缅商路大通。其说在另篇。

史迁《西南夷传》，谓滇国之西，"自同师以东北，至于叶榆，号为巂昆明"，皆游牧民族。今考巂族在南，为哀牢国之主要属民。巂唐县缘之命名。其后发展为彝族。昆明牧在其北，即自察曲卡南徙之羌民，善于治盐之民族。其初附于哀牢。后乃亲附于汉。其经营盐事者，成为专业之盐工，后遂与汉族盐工融合。其只营牧业者为古宗，与自西康高原南下之白狼、摩沙、普米、栗栗等支，皆属藏语民族。与巂族之属保苏语系者分途矣。"昆明"，盖其人自称。羌语昆为崇高之义，明为人民之义。亦作"昆弥"（隋书）。盖血缘出于"织皮昆仑"，（以连毛皮出售于中华之昆仑部落），故曰昆明也。

昆明自叶榆而东，逾金沙江者，发现邛国西界之黑盐塘与白盐井。黑盐塘历世皆是昆明汲煎，其法甚陋，"积薪，以盐水灌，而后焚之，成盐"。（《华阳国志》）故称黑盐塘。白盐井则自汉开越巂郡后，已有华工助其改进。设灶，以瓦杯煎之，成盐洁白，故称白盐井。其实皆盐泉也。齐梁后，越巂陷没，白井仍归昆明汲煎，唯已参用新法。故唐于此置昆州。后为昆明县（今为盐源县）。

昆明之东进者，于滇池出口之螳螂川上游，发现安宁盐泉。并汲煮，行销于牂牁国地，其时间在夜郎建国时，夜郎由是而强，其后为滇国所夺。汉开益州郡，于此盐泉置连然县。与其西之双柏属益州郡。凡此盐泉更西南之毋单、西随等县，则逾益州郡境，以遥属于牂牁。盖其胶附夜郎，不属于滇，故听其成为牂牁飞地。此足以推知：滇夺夜郎盐泉犹未甚久，即已置为郡。久则西随等县人亦必附于滇矣。

安宁井盐，舟运入滇池，以转运于夜郎与滇国诸属邑。故滇池一曰昆明池。今沿岸尚为昆明市与昆泽县。昆明夷未曾建国，而专滇池之名者；当时诸夷部落人民每食盐即联想及昆明夷。以至于以昆明为食盐之代称（如华人以朱提为银之代称），故知其盐泉为昆明种所发现利用也。

安宁井之西北属青蛉县界（今为元谋县）之青蛉水（今云龙川江，其入金沙江处曰龙街），沿岸亦有盐泉。今云南人亦呼之为"黑盐井"，疑亦昆明所发现利用，属于滇国。后因滇国已夺安宁盐泉，弃之于土夷。即《汉志》越巂青蛉县之"临池灢"（与定筰之盐池泽有别）。由土夷所煎者盐夹炭灰，故称黑盐也。近世虽已用华人煎盐，犹称其盐泉区为黑盐井。

南诏时，又于姚州西北连水畔发现盐泉，直用汉法煎煮，亦被称为白盐井。清代曾置盐丰县（今并于大姚，仍称盐丰镇）。唯此非昆明夷开，发现者由于羊舐土不去，今尚有羝羊石神话流行。

研究西南盐泉，对研究文献资料缺乏之西南各民族历史有益，故肆论之。

五、盐与形成中华民族和中华文化之关系

大凡民族文化之形成，必须先有促成地区民族团结不涣之力量，食粮也，衣住也，环境之安定也，领导之贤能也，失其一者，民族虽得形成，亦难发展文化。若皆失之，即不可能形成一个民族，更何以言文化。而民族文化之发展前进，又必须有与其远近邻部交换之物资，由经济交流以促进文化交流。优者自升，劣者自伏。强弱势成而主从之道生焉。文化愈高者为主，转低者相从。经济控制力强者为主，较弱者相从。主从之位，出于自然，初非可以人之意志造成之。此上古民族发展之规律也。于是民族间文化发展，不能平衡。大抵与其经济发展相一致。或亟进，或迟滞；或顺利，或有挫折；或受自然之制限，或有人事之差误；于是规律性之不平衡中，更有超现实之变化产生，使不平衡更复杂化。中古世各民族历史之发展不平衡，又不可以上古世之规律衡之。近古之世更无论矣。此历史唯物辩证法之所肯定者也。

食盐之为物，在今世为不值轻重。在近古世，则有若干地区住民，经济生活受其制限，至于影响于地区文化之发展。例如贵州，虽汉代已置郡县，且亦已有优秀

之个别文化人物,为中原人所尊重,而地区一般的文化水平,则远远落后于其他各省,汉中地区,在大西南,实为最先进入中华文化领域之地。近世犹见其山居之民,以乏食盐,多患喉瘿,生活愁苦,文化落后。远不能与中华一般地区相比。亦有若干地区,皆于中华人民共和国成立后发展交通,食盐能依国家牌价充分供给后,其人始得文化生活的真解放。(此在西南少数民族地区事例甚多)。

即如中古世,举凡郡县繁荣,人口密集文化较高者,必为交通便利,供盐无碍之地区。若夫产盐之地,则交通虽极不便,亦无碍于繁荣。四川之巫山与郁山,其著例也。其不产盐地区,如荆州部,虽饶山泽之材,"饭稻羹鱼,果蓏螺蛤之利不待取而给",然而人口较之他部为稀,亦无千金之家,甚少杰出之才。每当天下崩裂,割据此区者,鲜能长久。从来史家未究其故,而其故不能自掩者,在盐也。

兹就东周诸霸国言之:齐、吴、越、燕四国皆以仗海盐故,蹶起暴兴,或久或暂,霸于诸侯。晋国拥有郇瑕氏之盐,历世强大,虽在庚君庸臣执政之世,霸业不衰。楚在当时,大与晋等,虽亦图霸,卒受制抑于齐、晋,无所成就。其最强时,在夺得巴巫盐泉以后。此于《六国表》可以按验。迨失巴东盐泉,而民散国亡矣。秦亦国于无盐地区,然陇西有岩盐、土盐,差足资赖。北有河套盐池,西有临羌盐海,虽在夷中,可以农产交换,车马取给。然而穆公图霸四十年,惠民之政,厉兵之术,尊贤礼士,料敌和戎,无不克尽其力。私德之高,为政之勤,俱为诸侯之所未有。然而竟不克霸。孝公用商鞅耕战之术。发展生产以自强国。兵力既强,犹必先夺魏之安邑,(孝公十二年)"东地渡洛",然后周主致胙。安邑,解池所在也。秦之强大自此始矣。

再就三晋言之:分晋之初,韩为最强,然以未得盐池,削弱最速。其于七国,战械最精。而灭亡最早。战国初,魏以得盐池故,强于韩赵。迨割安邑,遂屡蹶不振,以至于亡。赵虽失盐池,而近燕齐,车马致盐,不虞匮乏,故能抗秦甚久。燕齐,则七国最后亡者,亦为其自有盐故,民情能自固也。凡此诸国,兴衰、存亡之机,实系于盐。而人无所觉,岂非史家有所蔽乎?

春秋战国,乃是中华民族与中华文化已经形成,属于奴隶社会向封建社会过渡之末期,中原交通已经便利,商贾转运已大盛行,物资供需已经进入自然调整之时期,食盐关系人民生活、国家兴亡之大,尚且如此。若乎原始社会,食盐对于民族文化发展之关系,更可知矣。

食盐在原始社会,实为各民族部落间相互影响最大之经济力量。其重要,更高于食物与衣住。食物与衣住,各民族皆得有自给之道。唯食盐则必受地理限制,非可以自力创造而给；然而人必赖之以生；此其所以必然成为民族间相互关系之重力也。

在原始社会时代，广大之中原地域，唯河东解池产盐。原居解池旁之人类，由于共同满意于此盐水利益而团结，其克成为氏族部落，必然较无天然物资作为团结力量之原始住民为早。迨已知晒盐、煮盐，使晶盐成为商品后，用与其他地区氏族组织进行交换，从而使其生活需要之物资，具备各氏族部落之所有。并从而吸收其他部落杰出之生活经验，综合成为本氏族特别突出之知识，形成为优于其旁任何氏族所不能及的华夏文化。又复藉供应食盐为控制，使邻近各氏族不能不亲附于己，逐步融合成为一个经济领域与文化领域。不待军事征服，而已自然组合整个需盐部落成为华夏文化整体中之成员矣。

世传黄帝战胜炎帝于阪泉，斩蚩尤于涿鹿，及其他扑灭妖魔之事多矣。试究称述黄帝之说推之，黄帝时实尚未建成氏族公社，但只曾在中原地区显现出挟有不可抗御之力量。世传颛顼、帝喾、尧、舜及禹皆其子孙（可以设想为解池氏族之成员），从无能言此四人有武力征服之事者。（《尚书》传征有苗，亦只遇抵抗即自动罢兵，退修文德。）世传《虞书》虽皆殷周人就当时流传之歌谣编纂，不值尽信。审其所述，与原始公社一般情致殆皆吻合，较史迁之《五帝本纪》更为可靠。兹试分析《尧典》数句："克明俊德，以亲九族。"殷周人以九为最多数。"九族"谓其氏族公社成员有若干多支，尧皆能使之相亲睦也。"九族既睦，平章百姓。"古以血系成员为一姓。"百姓"，谓解池公社四周，尚未成立氏族组织，只有以血统联系之母性中心部落，附丽于有虞氏者，尧能悉得其人心服，使更亲附不漓。"百姓昭明，协和万邦。"谓解池经济文化领域以内部落皆已显明亲附以后，与之相邻接而未亲附尧，必有纠纷产生，尧皆以睦邻关系教诱之使其协和。故凡亲附解池之人，皆得安居乐业，接受领导，向前发展；而其他自有经济基础与独立文化民族部落（万邦），亦得渐以物资交换，文化交流关系，发生逐步亲附。"黎民于变。时雍。"时称本公社成员为"九族"，非公社成员如"百姓"，"万邦"之民为"黎民"。黎犹言黑，与"昭明"对举也。此言黎民渐变就昭明，而时则雍和无战争也。

知尧时只成立原始公社，尚未成为国家者。按《舜典》所命分职干部才九员，只合是一公社组织。其"四岳"，盖四分区表达民意之代表也。"十二牧"者，联系"万国"之行人，其实只是经理市易之商业干部。是舜时内外组织已在尧时基础上显然加强而已，尚未具备国家形式也。

对他邦使用战争，自夏后启对有扈氏始。《尚书·甘誓》文，已有"六卿"领军,是则已具备国家组织。然而夏自此衰。旋为东海之有穷后羿所灭。有穷国倚东海盐。而夏后氏之臣仍据解池。故少康克以复国。(按竹书纪年所载,当是如此。)盖其时武器幼稚,不似文化与经济之能突出于"群后"之上,故不可以倚恃武力。尽夏殷世,至于西周,中华文化已入固定阶段,皆缘经济发展一直突出于四周民族以上所致,非由武力。其关键只在于盐。不知此者不足以言中华古史。更安可以言原始社会之探索哉。

六、古籍中关于盐之文字与其音义

盐,最初见于甲骨文者,像皮袋贮盐之形①。隶书迄今作鹵。引申为虏获之义,又借为斥卤(碱地,或盐碱土)之义。

审鹵字形意,本非谓盐,谓分配得盐耳,其中::形乃为盐也。※字;字书无之,疑即必字。必字,今在心部,古文无心之义。《说文》云:"分极也。从八弋。弋亦声。"八为分之义。"分极"谓分事毕也。故读如毕。许氏盖小篆作说之。窃谓:华文制自中夏(即解池区)必之字即※之变,谓分盐也。::像盐之形(省作∴)。×则匀分之象也。是即最古之盐字。其音则该如伏。凡古文从必之字皆是伏音如伏羲,一作宓羲(皇甫谧《帝王世纪》)亦作虙羲。《颜氏家训》云:"单父宰虙子贱,碑作伏字。"汉嘉《樊敏碑》称卓茂为"卓虙"。伏羲氏始"养牺牲以充庖厨",故《易系辞》又作包羲氏(一包音庖)、包与宓,皆卤字之变体。渔猎时代,人以肉类为主食。肉得盐中而后甘美。世传之伏羲氏,盖即首先分食盐于其族人者。是为制成※字之始。若然,则其字为牧畜经济时代所已有。同时并有卤字,以明分得之义,时则音读如伏。盐本藏于地下,既为人所得有,亦易融解消失,故宓又为潜藏之义。从而有密字,为秘藏之义,亦为繁密之义者,亦缘盐粒集聚为引申之义也。

※正书则为米字,谓谷粒之可食部分。造食盐为※字时,中华尚无农业,未有谷类文字。其后既已育成粟谷,乃借※字以示其可食部分。时则伏音已变如密,故米读如密上声。窃推伏音转变为密之时间,在中夏人采得野蜂蜜后。因其与咸味同为甘嗜,用一宓字表达之,而呼称之音不同。于是宓有伏密二音。后得粟而分食之,而甘,遂再有米字之音。此说古所无有,前人未涉想及之。然就华夏历史与地理推详,暂为此假说,其可耶?窃曾以此字质于伍仕谦先生。伍先生函复云:"《说文》

---

① 甲骨文无"盐(鹽)"字。——编者注

十二卤部，西方咸地也。从西省。像盐形。安定有卤县。东方谓之，西方谓之卤。"
"戴侗《六书故》曰：'按：润下作咸。东南多咸地。不当从西。内像盐，外像盛卤器。'按：卤字像∷盛卤中，盛器也。∷，卤屑也。"余受此启迪，辄疑原始造字，盛器不必有×纹。以为※是原始之盐字。遂联想及米。只是假说，供讨论耳。唯卤不是卤字省则可定。

查字书、韵书，从卤之字，什九为盐之别称。如《广雅》鹻、鹾、䴡、䰞，并云"盐也"。《广韵》有䰐、䴢、䴣，皆各地区呼盐不同音字。（䰟即䴣之别书。）余或为咸、淡味别字，（如䰴、䰵、䰶）。或为盐碱土字（如䴘），或为煎盐之义，（如《玉篇》，煎盐也）。凡盐土（斥卤），缘含化学盐类太多，亦兼有氯化钠，故乏盐之时，人亦吮食微量以代食盐。凡海水、咸湖、盐池，与盐岩，亦皆含有多种化学盐类。食盐品质之劣者，即含他种盐类较多之盐。上古人类不能细别之，通称为卤也。

大约夏殷之际，中华人已以咸字代表食盐，《尚书·洪范》云："润下作咸。"《洪范》，殷代文化之总结也。其时已有"五行哲学"，以一切事物归纳于五行之内，五方、五色、五味、五政之说，成为处理生活之唯一方法。其言云："水曰润下。火曰炎上。本曰曲直。金曰从革。土爰稼穑。""润下作咸"，谓水煎得盐也。"炎上作苦"，谓火灰也。"曲直作酸"，谓果实也。"从革作辛"，谓铜矿也。"稼穑作甘"，谓稷黍也。其时已将食盐斥于甘嗜以外，农业已盛，重在粮食也。又其时已能辨食盐之品质，区别咸与辛、苦，故不复概称为卤，而专用味觉之咸字代之矣。

入周以后，语言区别益细，咸乃专为味觉字。盐则别有专称之字。兹考其字，初只作监，故其后盐、鹽之字皆从监。监字，原作𥃩，像人注视皿中之形。嗣变作鉴。（伍仕谦供给）。其如此发展变化时间可能有数百年，乃成鉴字。说者谓是以皿盛水，自鉴其貌，古无铜镜，妇女修饰。或须如此。然此阶级社会贵族妇女所需之事。若夫原始社会，则不如此。劳动人民亦不需如此。窃谓监者，烹食之义。者釜灶也。注目视，察火候也。虽然尤莫如谓是煮盐，或冶矿。矿冶与煮盐，火候不能稍差误，故特造作此字。

原始人类用晒盐，未知煎煮之法，《世本》谓煮盐始创为夙沙氏。不言何时人，亦不知所煮为海水，为盐池、泉，抑是滤煮盐土。要之较饮盐水，用晒盐已是一跃进（《汉书·地理志》）。东莱郡昌阳县"有盐官。莽曰夙敬亭"。疑其地人传为夙沙氏之国，有夙沙氏祠。监字或即自此时有。

夙沙氏虽创煎盐法。可以利用无尽之海水。然海滨诸国并不尽行之，至太公封齐，乃大煮海以兴盐铁之利，遂以强齐。史称太公、管子者，皆曰"煮盐"（无截海滩晒盐之义）。疑凤沙氏去齐太公不远，是夏殷世人。监之为字，当时用为观察火候之义。后遂成为盐之专称。又后乃监督、与鉴察等引申之义。知其然者，王莽好用古义，悉改产盐地名之称临者为监，足知华人呼盐为临，较后于呼盐为监也。

監与臨，原是一字。臨亦，作鹽，作監，皆監之变体，形义与監相同。甲骨文但有監字，无臨字①，设其有之，亦必作臨。去皿，易以三口锅形。品者更进步之煎煮法，一灶三锅也（近世盐灶尚如此法）。《易》六十四卦文，传为周文王作。有《临卦》，其繇辞皆以煎炼物喻吉凶，而首要在盐。如云："八月有凶。"象曰："消不久也。"谓煎盐保存逾，时八且必消融靡涣。《周诗》屡有"王事靡盬"，即盐靡之义，是为"凶"也。"初九，咸临，贞吉"象曰："志行正也"。咸即鹹之省字。"咸临"即谓煎盐，得质味之正，故曰贞吉。"九二咸临，吉无不利"，谓如煎盐，决无失败也。"六三甘临"，谓煎制饴糖。非盐，故象曰"位不当也"。然亦"无咎"。唯必忧之。谓盐灶炼饴或蜜，皆非其位，唯必先涤之使无盐质，则甘不败，故曰"即忧之，无咎"也。"六四至临"，"六五知临"，"上六敦临"财皆当时冶炼各种矿物之术语，大约是冶锡、冶钢、冶铁。皆须加盐而后能纯。成败在当时无把握吉利不似咸临、甘临。故不云"忧之"，亦皆云"无咎"。是皆有益于人类之事，成固利贞，虽败亦何咎哉。

卦名曰临，既是煎炼之义与监正同。是否即当仍读为监，抑别读林音？按卦叙："乾、坤、屯、蒙、需、讼、师、比、小畜、履、泰、否、同人、大有、谦、豫、随、蛊、临、观"，若有音韵比联，疑当读如监。然在东周以后，临字已读林音，并为盐之专称，直至两汉皆然。其证在《汉书·地理志》。凡《汉志》地名临字，皆具食盐之义。若秦汉流传之其他篇籍，则无以临训盐者。盖凡属义当作盐之字，传写者，皆已直改作鹽。唯地名已习用久，不可改，故独原字保存，克存其迹证。兹益州郡县起。举例说明：

巴郡·临江县，"莽曰监江"。凡巴郡属县十一，无一不在江岸。何独此县称为临江？《常志》云："有盐官，在监涂二溪，一郡所仰。是临江为盐江之义，故莽改监江也。"

蜀郡·临邛县，"有铁官、盐官，莽曰监邛。"县有火井煮盐，秦汉为盛，县因盐为名，曰盐邛。浅人说为县临邛崃山。实则县治距火井不足百里，距邛崃山过三百里，尚有严道相隔，何得为临其山哉？

---

① 甲骨文有"临（臨）"字。——编者注

金城郡·临羌县,"西北有西王母石宝,仙海、盐池……莽曰盐羌"。所云仙海盐池,即今青海湖与莱卡盐池。羌中最大之盐海也。其盐自临羌运销陇右,故王莽改名盐羌。此临字含义最为明了。若说为依近之临,则凡金城、陇西、天水、北地诸郡县,无不与羌接者,岂能此县为临羌哉?

西河郡·临水县,"莽曰监水",又有盐官县,无注,此皆今河套北大池,吉兰泰诸盐池所在地。

朔方郡·临河县,"莽曰监河。"又临戎县,"莽曰摧虏",皆今内蒙古草原盐池所在。莽不悉改监字,为一郡两县产盐,不可从同也。

五原郡·临沃县,其旁成宜县"有盐官,莽曰艾虏"。同在一盐池上,故仍旧名,艾虏与摧虏同义,谓北虏失此盐则灭也。

郁林郡·临尘县,"莽曰监尘。"

颍川郡·临颍县,"莽曰监颍。"

齐郡·临朐县,"莽曰监朐。"(与东海郡同,共是各半县。)

东莱郡·临朐县,"莽曰监朐。"

琅琊郡·临原县,"莽曰镇夷亭",又临安县,"莽曰诚信"。此郡县皆近海,各俱有盐,《志》言"有盐官"者只郡治海曲与计斤两县。此二临县虽不言盐官,莽亦不改监字。然其以盐得名可定。

武陵郡·临沅县,"莽曰监原"。凡莽改临作监者凡九县。明白产盐而莽未改临作监者四县。合汉县以临名而产盐者十三县。此外则有东郡临邑县,涿郡临乡县,齐郡临淄县,既不言有盐官,亦不改监字者三县,是即非产盐之义亦颇可疑。如临淄,一作临菑,并无淄水,为齐国都。齐以盐业兴,则临菑虽非煮盐之县,亦当为盐商所集,说为盐菑亦无不可。正如临颍,应非产盐之地,但为盐舟所集,亦得称临。东海涿郡皆沿海地,临邑、临乡虽不煮盐亦当为海盐所荟。然则谓秦汉时人呼盐为临,无可疑矣。

此外尚有越嶲郡姑复县云:"临池泽在南。"《后汉志·注》引《地道记》云:"盐池泽在南。"与临羌之"莽曰盐羌",皆秦汉人呼盐为临之铁证。(又青蛉县曰:"临池灢在北。"今考即楚雄之黑盐井区盐泉。)

又不仅秦汉时人呼盐为临矣,虽至唐宋。亦尚有人呼盐为临。但已不知用临字而别造字以存其音。《广韵》《集韵》并云"郎当切,音灵",是也。

临字古文(西周世之篆文)作𪊥,像三人搅拌一列煮盐锅,一盐师观察火候。此可能是西周世煎煮盐已进入专业分工的级别时所造字。其字经后世简化作監。《左传》成六年晋大夫所云："郇瑕氏之地，沃饶而近盬"之盬字，实临之别体。当时读音为临为古，殊未可定。"自隶书通行，乃必读如古耳。《左传》正义："唯此地之盐独名为盬，余盬不名盬。"足见唐时只河东盐从《左传》作盬。他处无此称，字亦不作盬。

语言，随时代前进发生音变，又随地区方言而有更多之音变。文士缘之增造新字。于是有醝、䘓、䕖、䤴、䴡、䶮、䰠、盬、临、鹹、鹻等字。即临之形变，醝即盬之形变，䘓即盬之形变，盬为之形变，盬又卤与盬之合体也。

盬字产生较晚。大约自周世齐国始称曰盐。后遂为食盐之专称。中华秦汉以后儒生习用之。于是凡古籍中可知为表示食盐之字皆易作盐字。（除地名外），直行用至今，几无人知古盬、临字本谓盐也。

临字，在西南夷语中，又由 lín 音变为 líng，或蓝。最近发现江陵凤凰山汉墓遣册盐字作"蓝"。《老子》"涤除玄览"，马王堆出土帛书《老子甲本》作"脩除玄籃"，乙本作"脩除玄监"，伍仕谦云"盬、监、籃、蓝、鹽、盬俱可通假，可说是一字的异形"。

《前汉地理志》益州郡有连然县，即云南安宁井盐泉所在，又《西南夷传》，昭帝"始元元年益州廉头姑缯民反"，姑缯即古宗为民族名称，他处多有其证。廉头，只此一见，他处无见，足知其非民族名称；盖盐头之义。此西南夷因汉官吏推行榷盐，由世擅临池泽盐利之民族姑缯倡乱，南夷群起响应之，"牂柯、谈指、同并等二十四邑凡三万余人皆反"。为争民族盐利故也。是连与廉皆临之音变也。北地郡有廉县，亦今宁夏盐海旁故县也。长沙郡有连道，亦谓输盐之道。（犹临淄、临淮、临颍，之为盐商所聚为名。）

盐字，秦汉地名有作阳作延者，如巨鹿郡堂阳"有盐官"。东莱郡昌阳"有盐官。莽曰凤敬亭"，谓古夙沙氏之国也。雁门郡沃阳"盐泽在东北"。辽西郡海阳"有盐官"及渔阳都之渔阳县，实因芦台盐场为名。疑夙沙氏初煮海水，称之为盐，儒家重夙沙氏遂以盐为统一名称也。

1962 年于川大华西村

附　记

余早年曾习经济地理，对食盐产地颇留心之。后治史，尤感盐对上古社会之发展影响极大。一般认为，我国文化孕育于中原的原因，乃是因黄土地面和水利条件适应上古人类发展农业生产之故。但细考之，中原文化的核心地方却在河东解池。这里大河绕于前，群山阻于后，山谷盘错，沮洳舄卤，对农牧业发展均不利，为何尧都平阳，舜都蒲阪，禹都安邑，都是围绕解池立国？其原因即在于解池盛产食盐，古人皆仰给之。盐业的发展促进社会经济的发展，在上古物质极为缺乏，商品经济极不发达的情况下，食盐成为部落间交换、贸易的重要物品，占有食盐之利的地方，经济往往最发达。故"晋人谋去故绛，诸大夫皆曰：'必居郇瑕氏之地，沃饶而近鹽。'国利君乐。"（《左传》成六年。鹽即盐，见《说文》）所谓中原文化，其实即由解池向四方发展，形成河南之伊洛文化，河内之殷墟文化，以及后来之渭水平原的周秦文化，汾水盆地之晋文化等等。

再如，川鄂交界的巫溪河流域，亦因大宁宝源山盐泉之发现，使这一山险水恶，农牧不便的地区，成为长江中上游的巴楚文化之核心。为争夺盐泉之利，秦楚进行了数十年之久的战争。史谓"楚得枳而国亡"，前人多不解。其实，即指楚占巴东盐泉，犯秦所必争，故遭强秦所灭。

1960年余撰《华阳国志校补图注》，于《巴志》一章注释中，初阐发此见解。稿成后，又以注文篇幅所限，言不尽为憾，乃更写成专论一篇，名曰《说盐》，作为附录收入是书。

我国黄金铸币的历史考察[①]

(1980年)

从战国末年到东汉初年，是我国使用金币的年代，时间大约只三百多年。最先使用金币的是楚国，时间在楚顷襄王时，或可上推到楚怀王时。徐中舒先生《试论岷山庄王与滇王庄的关系》第二章《春秋战国时代楚国市场上流通的金币》说得很明确。此文徐先生赐阅时，尚未发表。谨借全文，补我浅陋。为需要部分不同，小有删节。兹借用他的原文如下：

春秋战国时代，楚国市场上已有两种形制不同的金币。一种是圆形的金饼，一种是板状的金钣。《尔雅·释器》"金饼谓之钣"，指的就是这两种形制的金币。解放后，在陕西临潼废丘遗址和安徽阜阳，皆有金饼发现。(见1967年《文物》7期及1973年《考古》3期)这种金饼，都是楚国市场上早期流通的金币。一九五四年，湖南长沙左家公山楚墓中出土泥质金饼十余块，一九六六年湖北江陵楚墓中出土外包金、银箔的铅质金饼数十枚。这些金饼都是作为明器用的冥币，说明金饼已在楚国市场上流通甚广。……废丘的金饼，也是从楚国输出的金币。……

金钣上钤有"郢爰"小方印的金币，出现的时间较晚，解放前出土的"郢爰"相传出于安徽寿县和凤台。解放后安徽阜阳、六安发现了数量较多的金钣。其中有三块比较完整，前两块各钤有"郢爰"的小方印十六方，后一块钤有十九方。凤阳、阜阳、六安皆去寿县不远，这都是楚国迁都寿春以后的金币。这种金钣，除钤有"郢爰"小方印者之外，还有一种为数很少的"陈爰"。陈是楚国失鄢郢之后襄王东保于陈城(今河南淮阳)所铸的金币。……东迁于寿春，仍号寿春为郢。是郢爰金钣在楚国市场流通必尚在陈爰之后。

[①] 原载《社会科学研究》1980年第3期。

爰在经典中皆从金，作鍰。古代以青铜作为赎罪的罚金，称为罚鍰。鍰就是要求纯铜在青铜中以及纯金在黄金中所含的剂量有一定的比率。现在检验出土的金币所含纯金都在百分之九十以上。鍰就是指铜或黄金必须达到一定的比率而言。

楚国黄金之多，不但有金饼金钣，以及仿制的冥币作为见证，同时还有大量的天平及大小不等的一整套法码作为更有力的旁证。湖南省博物馆自解放以来，在湖南长沙、常德、衡阳等地区清理发掘了将近三千座楚墓，其中有一百零一座出了天平和法码。其年代，据同出土的陶器形制和纹饰推断，知为春秋末至战国中期之物。

黄金是贵金属，在质量方面其所含纯金量不仅要达到一定的比率，在重量方面更要求一定的精确，所以这一类比较精致的小天平和法码都是专为衡量黄金而特制的工具。……楚国黄金之多实已达到惊人的地步。[①]

徐先生此文，对我启发很大。我从而探求楚国产金的地理条件，补充下列几点。楚国的郢都，逼近武陵山脉和雪峰山脉这一相当大的产金区。从这两大山区亿万年来风化崩坠的金粒，沉积在沅、澧、资水与鄂西的清江（施南河）河谷内，积累丰厚。当华人尚未发明熔铸黄金方法（主要是很高的温度）时，黄金用途不大，市价不高，人们亦未注意到河原易取的金粒。一经发明冶铸黄金的方法后，黄金的市价突增，楚国的劳动人民，便不顾生死地去争采黄金。于是楚国的黄金便多起来，有条件最先使用金币了。《韩非子》说：荆南的丽水中产金。人民犯禁窃采，被罪诛者尸浮蔽水，而冒死偷采者不止（文在《内储说》篇内）。"丽水"，今云"澧水"，与沅、资、湘水皆入洞庭湖。澧最近郢，是为楚人最先发现的富矿区。其时淘采之盛，远闻邻国，故韩非能道其盛旺如此。

武陵、雪峰两大背斜产金带，殆分布于整个洞庭水系地区；远越鄱阳湖区，达于皖南，皆属楚境，在战国末期俱当为采金已盛之地，不必限于澧水。只缘澧水距韩境较近，故韩非得先知而入书。其他如沅水、资水、清水及鄱阳地区，不为文士所知者尚多。故衡金之天平与法码出土于湖南楚墓者多至一百余座。江西、湖北楚墓，或亦当有，但不可能如湘西采金之盛。采金者必自有天平，收金商贾与官吏亦必有天平。湖南之金当集郢都。故疑郢爰即是郢都所制，行于楚国全境，不必是寿春所作。

安徽之凤阳、阜阳、六安，皆刘鸿允《中国古地理图》的"淮扬古陆"产金区。

[①] 高至喜：《湖南楚墓出土的天平法码》，1972 年《考古》第四期。

史籍但记有巢湖黄金一条，不足说明其产金之多。就徐文指示，已可知在楚末叶此地产金之盛。所谓"陈爰"与"郢爰"，实为两大铸币机构的产物。当公元前278年秦师入鄢郢、焚夷陵时，楚国军溃，顷襄王不顺流走吴会，而奔向陈邑者，盖亦因其为金币所出，足依之为号召也。果然他能于次年，合十万之众，收复郢都与沿江十五邑。更阅三十六年（前276至前240年）乃东徙寿春（考烈王时）。顷襄王破国之余，次年复振，并且强盛，能纠合六国以制秦。此必有经济力足为依恃。金币之流行，应即为其一端。

楚徙寿春时，已是秦始皇之七年，统一之势已成。又十七年而楚灭。徐先生谓郢爰为寿春称郢时制，"尚在陈爰之后"，窃疑尚宜商酌。又，春秋世不可能已知熔铸黄金。高君因天平出土诸墓陶器形制纹饰，推断为"春秋末至战国中期"，亦嫌太早。殉葬用物（陶器），不必即是葬时产品。金币之产生，只当在战国末叶或中叶。春秋世所谓金，皆指铜言。《史记·苏秦传》所言"黄金千镒"，"位高多金"，"散千金以赐宗族朋友"，及贷百钱"以百金偿之"，与《张仪传》之"发金币、车马，使人微随张仪"，诸多金字，与金币字，究是黄金，是铜，尚难断定。《孟子》所云"王兼金一百"，仍当是铜，不是黄金。《汉书·食货志》谓"太公为周立九府圜法：黄金方寸而重一斤。钱圜，函方，轻重以铢"云云。必为秦汉间人所伪托。所云"黄金"，正亦如《尔雅》"黄金谓之"那样的黄金。实际是指的铜。大概在中原未能熔铸黄金之前，已经有人把纯铜铸成方寸的整块，以作货币，称之为镒了。其重量，赵《孟子注》说，为二十两。郑玄注为三十两。后人说为二十四两，即是一斤半。其比秦汉黄金币要重要些，则是肯定的。《史记·平准书》未说秦有金币。而谓汉"一黄金一斤"。《索隐》引臣瓒曰，"秦以一镒为一金。汉以一斤为一金"。古时金铜不分。疑秦之一镒实是铜。后统一天下，乃从楚制，以黄金一斤为一钣，如郢爰、陈爰之重也。若"郢爰""陈爰"与较早出之金饼，乃可确定其为金币。

按《货殖列传》及《左传》所载，我国在春秋末叶，民间商业已经普遍活跃。刀币圜钱，断不能适应商人的要求。金币应运而生，是自然法则所必至的。行使金币，必须有大量的黄金。楚国产金多，故金钣最先出世。金钣出世，足使商业更向较远地方发展。是故战国末期（即秦统一前不久），楚国商业最为发达。岭海外的珠、犀、象、药、香料、奇珍，由是大量流入中华。中华丝帛、美味、工巧物品亦大量行销岭海。微物如蜀枸酱之行销番禺，蜀布之行销身毒，（详《西南夷传》与《史记·大宛传》《汉书·张骞传》）皆自此时开始。于时西南亚之商业国家如罽宾、大食，皆已使用金银钱币，海陆商道已与秦楚通联（于时巴蜀已并于秦，滇与南越已通于楚）。这对于我国金币之生产当有影响。这也是我国经济史上一大重要问题尚未揭开者，然其端绪透露已如此矣。

《史记·平准书》："太史公曰：农工商交易之路通，而龟、贝、金钱、刀布之币兴焉。……及至秦，中国之币为三等。"《汉书。食货志》作"秦并天下，币为二等：黄金以镒为名，上币"。言"并天下"，则始皇统一后制也，统一以前之金币，当是铜质。灭楚后用楚地黄金币制，枚重一斤，仍称为镒。然燕、赵，齐犹存，仍行使重二十两之纯铜币，曰镒。至汉乃一律定为枚重十六两，曰斤。故《史记》《汉书》云汉兴，"一黄金一斤"。（上一，谓划一）。黄金以镒名，为上币；铜钱，识曰半两，重如其文，为下币；而珠玉龟贝银锡之属为器饰，宝藏，不为币。

楚汉之际，纯铜与纯金，一般人尚难分别，似曾混合使用，或混合铸造。故一时金价颇低。如：《留侯世家》，汉王初到汉中，还很贫乏时，就"赐良金百镒"。《淮阴侯列传》，韩信初贵，便"召从食漂母，赐千金"。《灌婴传》，因军功多，亦"赐黄金千斤"。又高祖以万金使陈平行间楚君臣。都说明那时的金币多是铜质。汉既统一，对于金币的质量要求高了。叔孙通率他的弟子跟随汉高祖吃苦十多年，制成朝仪，使汉高祖快活长叹"今乃知帝王之尊"，亦只赏赐五百金，已是他既定天下后最大一次赏额。其他功臣，都只以爵邑为赏。那时他所聚敛的金币，大概已入少府宝库了。

汉文帝由恒山王，在陈平周勃们扑灭诸吕，夺回刘家天下之后，被迎请作现成皇帝，他才开始发出少府黄金币行赏。"以勃为右丞相，赐金五千斤"；"徙平为左丞相，位次第二，赐平金千斤"。此外，朱虚侯章，襄平侯通，邑各二千户，"金千斤"，并见各本传。此后直到武帝用卫青大征匈奴，又才动支金币。《卫青霍去病列传》云："赏赐数日累千金"，"赐金千斤"。这些都是纯金币。

最大一次金币赏赐，是卫青率六将军出征匈奴，胜利归来，"斩捕首虏之士，受赐黄金二十余万金"。这一次，似已把他所掌握的金币用完了。又才有人替他想出卖武功爵的方法来。武功爵名为"以宠有功"。其制，设爵十一级，"级卖十七万。凡直三十余万金。"（俱详《平准书》，《食货志》同）因而又把国库里的金币收回来了。

秦汉能够行使金币的原因，主要是统一管辖的地面宽，和商业已很发达，需要有此轻便高质量的通货，以省转输之劳。这时黄金价大大提高，采金的人，就不只楚国才有了。人民都知效法楚人去找金矿。于是齐地的胶莱半岛，燕赵的塞外草原，秦地的陇西、秦岭，蜀地的岷江、涪江和东西汉水，淘金者相继而起。国家黄金便积多了。这些地区采金的事实，虽无典籍明文记载，亦可由当时使用黄金的广泛推断出来。《直不疑传》，说他文帝时做郎官，有同舍郎官归家，误把另一郎官楼中金币取走了。失主和群众都疑是他偷用了的。他便自诬"盗金"，并用钱向市上买金来赔了。这故事，说明那时市场上随时都可兑换金币。没有金币的人也可用铜钱或其他物资去兑换。

金币在前汉年代的用途：皇帝和诸王，主要用于赏赐。皇家聚敛黄金之道，则有酎金、有赎罪、有卖爵、有抄没、还有卖官（田赋和关税，不收金币）。"酎金"是最主要一项，大概是叔孙通制汉礼仪时就已规定了的。每逢皇帝祭祀祖宗与天地神祇，则凡有食邑的诸侯都要来献金助祭，参加燕饮。这种献金称为酎金，又叫献酎，是按秩级规定有定额的。临时有少府官员来检查成色和数量，叫作"少府省金"。成色不足，数量不足的，即为不敬，要受夺去爵邑的处罚。《史记》《汉书》各传及《诸侯年表》中，所载因"酎金失侯"者极多。这是一种剥削者的方法。所以逼得诸侯们都去经营商业，或者委托属邑的商人去搭营商业。这也是桑弘羊实行"算缗"以前，商业发达的原因。赎罪，也是汉代公行的制度。有官爵犯了死罪，都可以纳金"赎为庶人"（《张骞传》及其他传，如此同文者甚多）。"罚金"也是载在《汉律》的。（如《张释之传》云："一人犯跸，当罚金"。如注引《已令》）。卖爵，是汉景帝以前就有的。《平准书》云："孝景时，上郡以西旱，亦复修卖爵令而贱其价，以招民。"至武帝卖武功爵，则直如是卖官了。（"诸买武功爵官首者，试补吏，先除"）。另外，亦曾实行卖官。（"募民能入奴婢，得以终身复；为郎，增秩；及入羊为郎"，皆武帝时事）似因民间金尽，才卖取奴婢、羊、谷、铜钱等赀财。事皆详具《平准书》。

大抵汉武帝时全国金币的总额，约有百万斤。皇室所藏，不过五十万斤。桑弘羊、孔仅等虽多方设法，把天下金币收合拢来，到元狩四年霍去病与卫青分道大击胡一次，"赏赐五十万金"，便说"财匮，士颇不得禄"了。

这次内府金尽以后，有司建议：用皮尔代替黄金，为上币。"以白鹿皮方尺，缘以藻缋为皮币，直四十万"。"又造银、锡为白金"，有圜、方、椭三品，直钱二千、五百、三百，与五铢钱并行。但民间只用旧金币和五铢钱，不用皮币。岁余，白金亦废不行。旧发金币，藏在民间，或被商人带向远方经商去了。于是"杨可告缗遍天下。中家以上大抵皆迁告。杜周治之，狱少反者。乃分遣御史、廷尉正监分曹往，即治郡国缗钱。得民财物以亿计，奴婢以千万数；田，大县数百顷，小县百余顷，宅亦如之。于是商贾中家以上大率破"。如此，自然没收了民藏黄金的一大部分。又制均输平准之法，"尽笼天下之货物，贵即卖之，贱则买之"，使商贾无所牟利，利

皆归于朝廷，"民不益赋而天下用饶。于是桑弘羊赐爵左庶长，黄金再百斤焉。"（上引文，俱引《史记·平准书》）

班固《食货志》续司马迁《平准书》云："宣、元、成、哀、平五世无所变改"。谓仍如武帝时，以黄金、白金为币与铜五铢钱并行也。王莽曾两次改革币制。初于居摄政时，改上币为"错刀"，只以黄金错其文。似甚惜用黄金。即位后，仍恢复全金铸币，与银货二品，龟宝四品，贝货五品，布货十品，钱货六品，凡五物、六名、二十八品并行。人民惑乱，以至于亡。

当王莽垂败时，"省中黄金万斤者为一匮，尚有六十匮。黄门盾臧、府中尚方处，处各有数匮。长乐御府、中御府及都内平准帑藏、钱帛珠玉财物甚众。莽愈爱之，赐九虎士人四千钱。众重怨，无斗意。"（《汉书·王莽传》）故旋即败死。前汉赏功臣、贵戚，黄金以千两、百两计者甚多；百两以下者记传中亦数十起。而产金地迄无所见。历世学者亦未加以考订。窃谓：当时西羌与匈奴相结，与汉为敌，其黄金不会输入。东南海市未兴。则中国黄金，唯只依靠自己采取。估计长安一城公私黄金总量，当常在八十万斤左右。合全国计，当武帝至王莽时，宜有百万斤以上。虽无采金记载，亦可知中原地区的黄金已快采尽了。采金技术和矿工辨识金矿的能力，都要受到时代的限制。在西汉年代，山西高原，陕北高原和陇西地区的黄金，大概已经采尽了。胶东古陆、淮海古陆和秦岭南北的金矿，大体已将告罄。但不是真的已经罄尽了。北宋年代胶东地区还曾发现富矿。近年，这区又已发现富矿。故必须说是当时技术可能采取的黄金采尽。不能漫言"金已采尽"。现在我们国内地下埋藏的黄金，正是我们过去技术受到局限所留下来的。例如塔里木沙漠下面，便埋藏有大量黄金，由于无水的问题采出不了。西藏地区，到了现在我们都还难于采取。这段时间，黄金价格始终只得白银的十倍，在我国历史上，还当是金价不高的时代。但比金铜不分时代，则已高过铜价的一千倍了。按《史记·平准书》和《汉书·食货志》黄金一斤值铜钱一万推算：万钱重量为千二百余斤，故金与铜的比价，高过了一千倍。

《汉书·食货志》言：汉初"物价腾跃，米至万万钱，马至匹百斤。"《后汉书·光武纪》言："王莽末，天下旱蝗，黄金一斤易粟一斛。"这些因兵祸旱灾造成的物价，不足用为衡量金价的标准。

这一时期，史籍所载黄金的使用，在历代为最多了。它的产地，却没见有系统的记录。勉强可以收集到的资料有下列几条：

1.《史记·货殖列传》："江南出……金、锡、连、丹沙、犀、瑇瑁、珠、玑、齿、革。"（其中金字是黄金）又云："豫章出黄金。长沙出连锡。然堇堇（堇，仅同义）物之所有，取之不足以更费"。（这说明：汉武帝时，鄱阳湖地区采金已经很有名了。但取来还很费力，开采不能很盛。）

2. 《汉书·地理志》豫章郡、鄱阳县，班固本注云"武阳乡右十余里有黄金采。鄱水西入湖汉（水名，见雩都注），莽曰乡亭"。唐颜师古注："采者，谓采取金之处。"（查即修水、昌水合流处。二水从赣东矿山流出，沿流沉淀的金屑多，汉代成为最有名的产金地。阅唐、宋至今，仍未枯竭。汉代金矿记名能确指者只此一处）

3. 又金城郡，注引应劭曰："初筑城得金。故曰金城。"（地滨黄河。正是沙金沉积处，故掘土能得金）

4. 《汉书·武帝纪》：元封六年，"三月，行幸河东，祠后土。诏曰：'朕礼首山，昆田出珍物，化或为黄金'"。注"应劭曰：昆田，首山下田也"。（此谓河东首山下昆田出黄金与其他珍物。化或二字当倒）

5. 又，太始二年诏曰："有司议曰：王者，朕郊，见上帝。西登陇首，获白麟以馈宗庙。握洼水出天马，泰山见黄金，宜改故名。今更黄金为麟趾蹄，以协瑞焉。"注者应劭曰，"获白麟，有马瑞，故改铸黄金如麟趾蹄，以协瑞焉。"师古曰："今人往往于地中得马蹄金，金甚精好，形制巧妙。"宋人刘攽以为"泰山"是"首山"之讹。

6. 《后汉书·郡国志》益州、永昌郡、博南县"南界出金。"左思《蜀都赋》，刘逵注，"永昌，有水出金"。（皆在今云南西境澜沧江和怒江流域）

7. 又，兖州山阳郡金乡县，刘昭注，引《晋地道记》曰："县多山。所治名金山。山北有凿石为冢，深十余丈。隧长三十丈。傍却入，为堂三。方（书）云，得白兔不葬，更葬南山。凿得金，故曰金山。"《水经注》曰："汉司隶校尉鲁峻，穿山得白蛇白兔，不葬。更葬山南，凿得金。"云出戴延之《西征记》。（今金乡县属山东济宁区。按地质论，不当产金。疑是后人附会。抑或是得铜以为金）

以上七条资料，都表现了西汉年代中华采金地面的难得，和采金技术的幼稚，可以说是还在淘沙洗金的原始时代。且发现采金之地不多，产量也小。只水道通便的鄱阳湖金区，已经有矿商开采了。山东半岛金区似还未被发现。然而史籍所载，西汉黄金最多。这就不能不涉想到是由西北两方牧区人民的输入了。首先是西羌与其大后方的青藏高原，是一个大块金粒广泛暴露的地区。在西汉年代，它们还不可能有熔铸黄金的技术（但可能已有汉人锤制金器的工匠），可能有大量的金块作为商品运转到中原来。《后汉书·张奂传》"先零酋长又遗金璩八枚"。李贤注，引郭璞说为"金食器"。郭璞《山海经注》作"金银穿耳器"。无论何器,要皆当为锤打成之黄金器,可定。足见羌地黄金之多。其次是匈奴住地,亦多自然金块,已见另篇所引《匈奴传》。《盐铁论》言与匈奴市易之利,谓:"以中国一端之缦,待匈奴累金之物。"足见匈奴市易多有黄金。至于西域,则葱岭内有于阗高昌等国,葱岭外则罽宾大秦诸国,皆以产金银著称。并已铸有金银货币流行西域,及于华夏。《史记·大宛传》:说"罽宾国以金银为钱"。《汉书·西域传》同。并云乌弋山离国"钱货皆与罽宾同。安息国以银为钱。大月氏国同"。《后汉书·西域传》谓大秦国"土多金、银、奇宝"。"以金银为钱。银钱十当金钱一。"此必其国拥有金银多,乃能使用金银货币。故凡使用金银币之国家,其金银未有不随商品外流者。

《隋书·食货志》言"河西诸郡,或用西域金银之钱,而官不禁"。正是说的三国与南北朝时。其因中华黄金价高,以生金作商品输入是必然的。英人威尔斯《世界史纲》谓中国之丝"至罗马与黄金同价,用之者众,故金银乃如潮东流"。(商务印书馆有译本)这三方面黄金入华,证据虽不多,已经足够证明了。

哥老会之策源地——雅州[①]

(1943年)

一、秘密结会之创作者

哥老会，一曰"袍哥"，亦曰"汉留"，为川、康、滇、黔、陕、甘间秘密结社之名称。与江、浙、闽、广之天地会、三点会、洪门、帮会同出一源。由其发展之基地与历史之不同，而异名耳。其起源距今约280余岁，即明末清初之世（永历末年）。其创始人为郑成功。

郑成功初据闽南海岛抗清，在永历元年（顺治四年）时，当"薙发令"下，各地士大夫绅衿，为护发故，纷起义师抗清。江南各省，复为明守。成功亦曾自海隅大举北上，攻克镇江，规复南京。其时，但以扶明护发为号召，义师所至，无不附从。迨清人以大军分道痛剿江南各省，杀人如麻，士绅略尽，义军瓦解。遗民唯农夫负贩之徒，无绅衿号召，不能凝集赴义。朱明仅存之帝裔永历皇帝，奔窜黔、桂苗黎中，声息隔绝。郑成功乃退保台湾，创立天地会，打破贵族平民、君臣上下、绅民文野之阶级观，以天为父，以地为母，藉示生于其间之人，一律平等，如兄弟然。

其会统分十排，排各有所司掌；手订律例，规定新的德行标准，运用宗教仪式，开山结盟，以忠义相激。欲从平民社会，重新建设革命力量。是为我国秘密结会之始。

因其活动对象，悉为不通文墨之野人，故其经教律文，皆是口传，不刊书籍。且利用桃园、瓦岗、梁山泊等小说故事为宣传训练资料。但所派出分向内地活动之人员，则皆有才辩，明学术，达世故，经济有为之士流。故所向皆能掌握民众心理，

[①] 原载《康导月刊》1943年第5卷第7/8期。

获大成就也。

当时既系秘密组织，派出人士，皆伪装为商贾，更改身份，所属名姓，多已不可知。其收效最大者，为浙、闽、粤、桂、川、滇、黔、陕各省。近之，如李成栋之反正，李定国、白文选、李赤心、郝摇旗等之由流寇余孽变为残明忠臣；较远，如耿、尚、吴三藩之叛清（吴三桂一自称帝而众心大叛，即由与扶明宗旨不合），林文爽之再据台湾；再远，如白莲教乱与太平天国之勃兴，皆与此组织有密切关系。至革命党之推翻清朝，尤得力于此项组织。但因传世历久，名称组织均略有歧变耳。

二、四川之哥老会

四川自顺治三年张献忠败死后，盆地中心诸县已无人迹。唯自保宁北连汉中一线，历为清军保守，未受屠戮，颇有遗黎；嘉定（乐山）、雅州，外连蕃、猓土司，经杨展、曹勋购种运粮于蕃夷中，屯田兴垦，耕战自给，各方难民咸来归附。在全蜀中，最为富乐；此外，则大江以南，如泸卫（今古宋县）、遵义（后划属贵州）、武隆（后并入涪州）、酉阳，因地杂夷獠，溪峒深阻，保存遗民较多，是为永历所派督川大臣王应熊、樊一蘅等历届驻节之地；下川东，则有大学士吕大器、文安之等先后招抚之李闯余党刘体仁、王光兴、李来亨、党守素、郝摇旗、谭宏、谭文、谭谊等，屯军于万、开、巫、夔诸山谷中，亦皆兵多于民，恃远出劫掠为活；西北则平武、松潘、茂州等处，有赵荣贵、詹天颜等旧将，采芹掘蕨为粮，保据山谷，均奉永历年号。如此诸明军与保宁清军，攻战相寻，阅十余载。至永历帝奔缅甸时，全川唯保宁与嘉、雅两隅，尚有编民。余皆榛莽蔽地，豺虎昼行，人烟断绝，等于沙漠之地也。

郑成功派遣之秘密结会活动者，此时方始入川。因保宁一隅，为清朝川督驻扎处，驻军多，防范严，人心从清已久，不复思明，不能进行秘密工作。故专力于嘉、雅一隅。

先是嘉定为明蜀王刘文秀根据地。顺治十四年，文秀回滇，留咸宁侯高承恩镇嘉、雅。十五年，清军大兵三路入滇，永历帝走缅甸。蜀中清军循地至嘉，高承恩退雅州，拒守不降。其义子郝承裔，川边人也。谓大势已去，苦守无益，劝承恩降。不允。遂杀承恩，率其众迎降清军。清帅任为总兵，令仍率众留守雅安。其众皆思故明，憎清师，地方民众尤不服清。但苦力弱，不能相抗。此时有陈近南者（或云郑所南。郑为陈之音误，所为近之字误）衔郑成功命抵此，游说承裔与雅部将及附近民众，组织天地会。初谓军民团结，则可保持禄位，不易调移。迨开山结盟后，乃以忠义之气激动之。诸将士与民众，皆愿抗清。承裔思想亦为之转移，更名承义（谓将承绍高氏之义）举义兵于雅州，遥遥应台湾，仍奉永历年号。更出兵东下嘉定，逐杀满官。川督李国英时驻保宁，以大军来攻。苦战逾年。承义败死，已是顺治十八年，即郑成功入据台湾之翌年。亦即吴三桂执杀永历帝之岁也。

郝承义既败死，哥老会徒除死难者外，逃匿深山夷箐中。浸久渐出，耕垦于雅州附近，或入城市为商贾，仍以帮会暗相结合。于时清廷以嘉定为府，雅安为州，俱驻重兵震摄。官吏从北方来，垦民从外省来，皆不习土民情俗。土人既皆已入帮会，莫敢以其情泄于官府者。而帮会中人，亦严守秘密，深自掩护。不用天地会名义，但相呼以哥弟，故曰"哥老会"。会党称为"在袍"，亦取诗经"与子同袍，同仇敌忾"之义，故又曰"袍哥"。不敢再言扶明，但以满汉示别，故曰"汉流"，一作"汉留"也。

三、雅州之大二三五爷庙

雅州哥老会之秘密发展地，在近郊平石坝、桐子林与芦山之白家沟等处。其社系分排建立，曰大爷庙，二爷庙，三爷庙，五爷庙，六爷庙，八爷庙，九爷庙，幺爷庙。无四、七排庙宇。各庙皆假托有神，造像立碑，以欺官府。每年有一定日期为神诞日，举行赛会，极一时之盛。实即纪念其开山时之各排首领也。

大爷庙，在平台上坝一山沟内，距城八里，去赴沙坪、孔坪大道不远。地势偏僻，往来人甚少注意。今已圮矣。闻往时规模甚大，赛会最荣盛。其神为古衣平民装束，无袍笏冠冕。传者不能道其出处。疑即陈近南之生祠。

二爷庙，在平石坝内，距城五里，正对龙洞庵，曾作省立雅中疏散期之女生院。有殿三重。后殿塑关帝像，大殿神云"月乌将军"，有石碑，文辞惝恍，谓"将军为有道之士，曾显灵平蛮，理宜庙食"。究不详其何许人也。神像被学校封钉，不可瞻。据云：赤脸凶恶，着袍甲。殿外四古柏，排列为正方形，显然为建庙时栽植，今已合抱。被土人削去部分皮部，就材质刻四大将像。估计树龄，近三百岁。与雅州创立哥老会去今二百八十余年之时间吻合。前殿塑灵官，有"月乌祠"匾额。其前，复有花树、池沼、桥梁，皆人工所为。可以想见往时之崇丽。余疑此是郝承义祠，托言月乌将军也。"月落乌啼"为夜景与愁叹之表示，亦为鬼灵与哀怨之象征。承义抗清而死，故托为月乌将军以祠之。所谓平蛮，盖暗指抗清也。

三爷庙，在桐子林旧大道侧，距城四里，近青衣江。现马路近山麓，建筑去此已远，故罕知之者。庙今已圮，只存后殿，祀水府三官。大殿与前殿，俱已化为农田，只土中瓦砾、塍埂似庙基，微可辨其旧迹。想见旧时规模不小。土人但呼为三爷庙，莫曾注意三爷究是何神。亦无碑迹可考。考水府三官，为司财帛之神，其祠例称三官庙、三官堂，断无称三爷庙者。三爷为哥老会三排之尊称。三排职掌钱粮，故曰"钱粮三爷"。此其神之后殿，配祀水府三官，含义甚为明显，与月乌池之配祀关帝，理致正相同也。（二排司执法，别云"圣贤二爷"。哥老会开山辞例比二爷为关帝。）

五爷庙，在芦山县南六里，汉樊敏碑南，近山麓，距雅州六十四里。庙外为小河岸原田，近河处为山道，道侧为山门，门距大殿约半里。余三十年初访樊敏碑经此，见殿宇山门全在，庙屋甚高广，作层楼连合状。梁柱覆瓦均存，唯壁与神像全毁。据土人云：民国初岁，尚按年报赛，远近广集，演剧连数日。其后会产为官府提卖，报赛遂衰。问为何神，云是白起。并谓附近白姓人家，即其子孙。查《芦山县志》，果云此是"武安君庙"。夫白起为秦将，足迹未尝入蜀，亦无边功。其时芦山、雅安，尚为青衣羌盘踞，至汉高后四年，始经改流置县。白起子孙，何能移居在此?! 即使后世有远裔迁来建此祠堂，亦当为一姓私祠，何得为万姓报赛之公庙?!又何得称为"五爷庙"，而不云"白爷庙"或"武安君庙"耶？以大、二、三爷庙情形次之。此庙显为哥老会五排之公社，或系开山五爷之祠堂。其人或即姓白，或因五爷故，诡音托为武安君以欹障官吏耳目。不托为"五通""五显"等类者，缘五通、五显皆有一定传说，一定法像，不易虚为假借。若武安君白起，则作任何塑像，他人亦无人识之。此则开山时智计之士所为狡猾耳。

六爷庙以下，或云在草坝、沙坪等处，余皆未访得。哥老会以龙头大爷，圣贤二爷，钱粮三爷，管事五爷为要职。故此五庙最大。六、八、九、幺各排，仅司奔走之役，职位较低，纵然有庙，亦当甚小，当圮败已久。知此四庙，则其余已可推想。

相传台湾天地会中，七排郑泰降清，故削去七排。四川哥老会中四排去官府告变，故又削去四排。（见刘师亮《汉留史》，卫聚贤《帮》）雅州无四爷庙与七爷庙，亦以此故。

四、哥老会之成就

哥老会既系秘密结合，典章文献，专恃口传，历时既久，甚易变质。唯因创始人设计巧妙，方法严密，义理通俗，规模足以持久，不易蜕变，故其在清末岁，尚能保存开山初期精神。今世多有阅"海底"文，笑其鄙俚，遂斥哥老创始人为不学无术者。须知任何事业，苟能深入人心，历久不拔，养成社会内不可磨灭之普遍势力，至于禁之不能止，诛之不肯避者，则其创始人无论如何渺小，人格亦伟大；其方法无论如何委琐，智计亦殊超人。举凡世界之宗教祖师、政治领袖、技术成功人、文化权威士、主义创制者，莫不属于此类。非有经纬天地之略，超绝群伦之智，不足当之。曲巷腐儒，安足以辨是耶！

余幼时，曾亲见袍哥开山仪式，威严整肃，至今不忘：堂内灯烛辉煌，各排首领，依次就位。其下立者数百人，有缙绅、农夫、商贾、胥吏、差役、制台、优戏等各色人物。问答进退，庄敬肃穆，若演剧然。堂外刀仗邂逅，彻夜未懈。为防官府逮捕，放哨远近十余里外，皆由会员义务担任。堂中清出非真袍哥者一人，被指为官府奸细，立遭群殴几毙，弃诸垣外。于时官府以哥老为厉禁，余谓此人或将控诉于官，乃经其亲友扶去后，竟自无息。盖袍哥之律，有向官府告密者，当处极刑，幺排人员有便宜执行之义务，不待有人下令。会中诸人既皆地方土著，防不胜防，避无可避。密告甫发，身死随之，所谓损人而不利己。故虽奸险人，亦不敢为之也。当时官威之重，今古鲜及，哥老会乃能于厉禁之下公开活动，使胥吏差役亲见其势，而莫敢告发；受害之人亦不能控诉。其控制人心力量之大，诚堪惊异！此其为术，亦足称矣。

又见：当时袍哥，尚义侠，重然诺，言忠孝，崇节烈，廉洁有礼，平等待人，不欺弱寡，不畏强御。同袍或有急难，数十里外，闻风奔赴，拔刀相助，忘其身家；社会纠纷，官府所不能决之，龙头出而评理，一言立决，两造帖然。不唯公允令人心服，亦且清廉毫无诛求。故当清末岁，乡村百姓老死不识官吏作何状。大县数十万人，每年民刑案牍，不过数十百起而已。于时虽学校未盛，教化不行，而民敦礼让，一方睦和。如闻有盗伤失主，或叔侄殴詈事件，则社会骇然，认为大逆。余乡偶有乞丐相杀，一死崖穴中，遂成为轰动一方之非常事变。地方报案，官府临验，远近奔视，历数日久，附近数十庙田禾，被闲人踏成赤地。如此太平盛况，令人追思不已。于时官吏昧于令教，学校尚未兴行，而能成就如此者，实唯哥老会旁施社教之方。于此足知创立哥老会者，其才不仅足以革命而已，同时亦且有安定社会，健全民心之部署。

唯哥老会因历时过久，组织窳败，迨清末匪风已盛。匪徒皆属袍哥，亦属实情。唯闻此等匪徒，初亦有若干戒条，如劫室不奸淫，劫路不杀命，在袍不劫，孤寡不劫等。大抵民生凋敝或帮会经费困难时，似曾有派遣幺排出劫不义财物以充公费者，一处行之，群社靡从，至于不可复止。此正如清明政治，历久之成贪污，非政治本身之罪，由执政者偶一不检，遂酿成耳。

哥老会虽有沦为匪团者，其忠义任侠之风，初未泯灭。辛亥革命时之保路同志军，即其显例。彼辈皆上南一带之袍哥团体，初未接受任何人之劝诱勉励，一闻成都诸绅因争路权为总督赵尔丰逮捕，即发挥其世守之任侠美德，揭竿而起，围攻成都，以武力营救。苦战逾年，牺牲者不下十余万人，战地远达康定、泸定、汉源、雅州等处。卒将赴救赵尔丰之边军克服，四川政府推翻，建立大汉军政府。为革命各军中，别开生面。尤可异者，汉军政府建立以后，除少数留任军职外，多数首领，乃于功成之后，自行退回田里，从事平民职业，不自居功。就余所知，如雅州罗子舟，茂汶杨卓之（后在瓦斯沟行医）等皆是。可知其当时挥剑长呼，出生入死之烈迹，纯由义侠心理所冲动，无利禄观念杂其间。此其人格，视冯异、介之推均有过之。余所不知，如此类者，尚不知凡几。

入民国后，哥老会兴盛日甚。近年有青帮、红帮参入，情形尤为复杂。余既无所调查，不能为之议论。因居雅州久，知哥老会策源地实在雅安，故叙其源流如此。

纪石达开被擒就死事[①]

(1943年)

太平天国十二年，即清同治二年，翼王石达开，自宁远窥蜀，阻大渡河，粮绝被擒，解成都遇害。其时去今八十年，故老无及见者。今所存史料，有《骆秉章奏疏》《薛福成笔记》《唐友耕年谱》《太平天国野史》《宣统越嶲厅志》《民国西昌县志》《石达开日记》等书，皆不详被擒以后事。清稗史所传"养女婿某代死""舟中遗伞"各节，不过爱惜英雄者幻想之小说，与"李陵归汉""熊廷弼祭枕"一类相袭，不足取信也。

邛崃乐凤鸣先生，生有异禀，力兼十人，擅拳技，寡嗜欲，好学能文，博闻强记。今年七十三矣，须发犹黑。谈少年时事，人地时皆能确记，恍如隔日。自云弱冠游泮前，从卧龙场名宿陈少甫学。言当时父执士流，目击翼王过邛及在蓉遇害情形者甚多。集其所闻，足补官私史籍所未备，余曾专请谈说而记录之。持与各史所载印证，皆可契合，足相发明，因参互订正，以为此记。（乐氏曾屡任县长，皆有善政。近在西康省训团与军训团作国术教官，现任西康省府民政督察员，恂恂长厚，未尝作妄语大言也。）

先是翼王自湖北窥川，历涪州、綦江、怀仁、至叙永，皆阻江，与蓝大顺、李永和军隔绝，不能相呼应。乃移向上游觅渡，破高县，筠连，窥叙州，恒为骆秉章军所扼。乃资给蓝、李扰川南，别命先锋赖裕新，自滇乘虚入宁远，迳趋雅、邛，与蓝李合势，以乱川军；自率大军，循赖军故道入蜀。时清廷方集全力于长江上下游与河、淮、陕、洛之间。滇、黔、宁远，绿营窳败，防备空疏，故赖、石两军西趋，所向无阻。

同治元年冬，赖裕新自云南巧家厅渡江。经披砂（今为宁远县）、普格，逾大箐

[①] 原载：《康导月刊》1943年第5卷第7/8期。

梁子。十一月十一日至西昌城南之泸山，未攻城。明日，渡安宁河，驻河西西溪一带。至翌年正月初九，始拔营北进。时蓝大顺已转战入陕，李永和在犍为界被擒，名山何蚂蚁亦溃灭，川中无"发军"矣。骆秉章命萧庆高率湘军，防堵赖军于大渡河。萧军轻锐，既至河，无警。乃自越嶲南进索敌。至西昌，则赖军已自西岸北上矣。萧不暇食，向西岸蹑追之，与赖后队战于太和场、樟木箐等处。赖前队遂入越嶲。越嶲素为夷冲，频有警，故其绿营尚能战。同知周歧源，先闻赖军入宁，增练民兵，及是，乘城拒守。赖军越城北趋大渡河，二月十三、四两日，用布系船，浮梁以渡，遂入雅州。周歧源督绿营与民兵截击其后队。相传白沙沟之役，裕新阵亡。其军由赖文光统率。自雅州分两道，一由名山百丈，一由芦山火井槽，并趋邛州。

二月二十八日，翼王自率大军二万人，自猛粮坝渡金沙江，循会理、德昌一路侧上。三月十四日，至河西樟木箐等处，连营三十余里。萧庆高过西昌时，留稗将唐、张二小队于昌，训练民军。及是，出与战，皆败亡。石军锐意入川，不更攻城。知越嶲守军能战，为避阻滞，求别径。得樟木箐民赖由诚为向导，自冕宁拖乌出紫打地（今安顺场），以避越嶲。十九日，至冕宁，二十七日军至大渡河。时湘军方与赖军相持于崇庆、大邑，闻石军续至，急调总兵唐友耕，与雅州知府蔡步钟，督军民防大渡河，皆仓促不及赴。石军至河，见北岸无备，拟待后方辎重毕集同渡。分驻于紫打地、新场、洗马姑、察罗、纳尔坝各地，所谓越嶲河道也。

大渡河自泸定南流，于越嶲、汉源界间，突折向东，破乔白马山脉，出富林与大树堡间，入峨边县境。此急折处，称为河道。北岸地势狭急，南较平敞。有二支流：一为松林河，自九龙县境之雪山东出，经湾坝、洪坝、至紫打地场北入河。松林土司官寨。即在北岸。又北有海尔漄、田湾两场、皆隶越嶲；一为察罗河，自菩萨冈经铁宰宰、洗马姑，至老鸦漩入河。其下游近乔白马山麓，有纳耳坝场。洗马姑附近，有小支流，自竹马山流出。沿此支流逾竹马梁子（乔白马山脉之一山口）路过海棠，即宁越营，其东为暖带坝暖带密尔土司地。紫打地、新场、察罗、洗马姑、纳耳坝与松林河北之海尔漄、田湾，皆有市集，称为"河道七场"，为汉民住地。此外皆西番与倮夷村落。石王军循察罗河而北，集驻于紫打地以东五场，尚未越松林河。未虞雪山融雪之际，一夜风雨，河水猛涨丈余，骤不可渡。辎重集，而唐友耕、蔡步钟等军亦大集。松林土千户王应元，乘涨阻松林河。驻打箭炉、泸定桥等处之阜和协营兵，受调来此助之，遂成坚壁。越嶲营参将杨应刚，即越嶲人也，明悉地理，督越嶲、冕山等营兵，自大桥、拖乌，尾石军后，据铁宰宰等处山险，相机阻击。同知周歧源，督宁越营兵，与暖带田土司岭承恩，自竹马梁子西下，逼洗马姑。石军被围于群山巨河间，粮食渐困。于四月初四日，抢渡北岸。水急，船复尽沉。夷兵乘险四逼，击之，则散没山林，不可得战；退守，则焚掠夜袭，防不胜防，石军大困。四月初八日，宰辅曾仕和，以二千金，噉松林地土司，求让路回泸定，王应元不敢受。十二日，夷军据马鞍山。十三日，蔡步钟率官军渡大树堡，塞乔白马山道，策应土夷。石王怒甚，杀向导赖由诚祭旗，大举出击夷军。一面抢渡，乃未济。石军精锐，折耗者大半矣。

越嶲参将杨应刚，见相持一月，两军皆困，自赴谒石王，议降。石意踟蹰。四月二十三日，以书射达北岸唐友耕营，其书云：

窃思求荣而事二主，忠臣不为；舍命以安三军，义士必作。缘达生逢季世，身仕天朝，悉非诣士，不善媚君，因被谮而出朝，以致东奔西逐；欲建功于当世，不惮旰食宵衣。无如命薄时乖，故尔事拂人谋。矢坚贞以报国，功竟难成，待平定而归林，愿终莫遂。转驰驱天下，徒然劳及军民，且叹战斗场中，每至殃运鸡犬。滞甲经年，人无宁岁，运筹终日，必少围时。天邪人邪？□终无益，时乎运乎？穷竟未通。阅历十余年，已觉备尝艰苦；统兵数百万，徒为奔走焦劳。每思匿迹山林，遂我素心，韬光泉石，卸其仔肩。无如骑虎难下，事不如心，岂知逐鹿空劳，天弗从愿。达思天既如此，人将奈何？大丈夫生不能开疆报国，奚爱一生！死若可安将全军，何惜一死。

达闻阁下，仁德普天，信义遍地。爰修斯书，特以奉闻。阁下如能依书赴奏，请主宏施大度，胞与为怀，格外原情，宥我将士，请免诛戮，禁毋欺凌，按官授职，量材擢用，愿为民者散为民，愿为军者聚为军，推恩以待，布德而绥，则达一人可以自刎，三军饷以全安。达舍生果得出全吾军，捐躯稍可仰对我主，虽斧钺之交加，死不为辱，任身首之分裂，义亦无伤。唯是阁下为清大臣，当得巨任。志果推诚纳众，心实以信服人。不设诈虞，能依请约。窃冀飞转先覆。并望台驾近临，以便调停，庶免眈阻。否则阁下迟行有待，吾军久驻无粮。三千之师，犹足攻城掠地；况数万之众，岂能束手望天乎？特此寄书，伫候希鉴。(此书载于唐提督年谱，为他史所不收。年谱世罕传者，故录于此)

唐得书，不敢奏，亦不敢报。石军不得覆，欲杀应刚。应刚叱曰："此行本以拯尔辈于死。即不愿降，杀我可耳。"石王意决，款应刚，与议降事。应刚锐身以保全全军自任。二十五日，军中闻决降，多自溃败，王妻妾赴水死。二十六日，王与幼子石定忠、宰辅曾仕和、中丞黄再中、丞相常普成，同杨应刚东行。当日宿马颈子王通把家。二十七日，入杨应刚营，立发路票，遣散石军愿归农者。尚有官二百余名，兵二千余名，不愿去，俱缴械，送大树堡寺庙中看守，待后命。北岸诸军，闻石王等在应刚营，纷纷渡河索俘，至相争夺杀伤。结果为唐友耕军索去。应刚不能争。五月初一日，石王等五人至唐友耕营。初三日，用八人肩舆解赴成都。其子定忠同坐舆内，与曾仕和等三人，皆仍天国衣冠，不加刑具。但以营兵执刀矛枪铳环护之。是日，宿清溪，县吏奉膳，如款贵宾。

初四日，雅州知府蔡步钟，奉骆秉章密札，率军渡河，包围大树堡降军，初五日拂晓，焚所住寺庙、杀降二千二百余人。降军睡梦中，有跃升屋脊图逸者，悉被铳击堕，无一幸免。今其地有碑，曰"鲸鲵封处"。其先遣散者，亦多为官军所袭杀。

初六日，石王舆过雅州。初八日，过邛崃。沿途居民聚观，见王面白有微须，着蓝绸袍，圆领大袖，厚底靴，颇似战装。蓄发挽顶髻，用黑色缎一小幅束之。仪容严肃，眼光有神。邛州巨绅牟某，左脸半黑，通呼为牟黑脸，富势冠一邑。闻石王至，逼城门观之。王在舆中，见其人丑怪，怒目注视之。牟惶乱失神，大病数日。其孙与乐凤鸣同砚，乐常出入其家，见其人，知其如此。

邛州知州许培身，字伯南，浙江人，（旋转建昌道）。迎王舆驻试棚内，送海珍席，参谒如臣礼，仍称王爷。石饭已，谓曰："沿途官吏，足下为贤也。此行倘得至北京，当图奖拔。然骆公量隘，恐不能见容耳。"许唯唯侧立，绅民多闻见之。翌日，王舆出城，清军森列，止王舆，请上刑具。王子定忠甫六岁，骤见清军甚众，牵衣语王曰："这许多蛮子，何不杀却？"王谓许曰："固知骆督之不见容也"。遂受刑具，入舆去。初十日，至成都。骆督命一府尹与王晤谈，询其起义以来经历，有人记录之，凡二日乃竟。骆奏疏所称之供状，盖即指此，其状存藩库中，辛亥蓉乱，散失。余疑今世所传之石达开日记，即就此录敷衍所成。石王虽能文，军行奔突中，安能有日记耶？

六月二十二日，奉清廷谕，凌迟。行刑于北较场，市人聚观者数十万，环叠成人山。邛人李某（有子与乐凤鸣同学），时方壮盛，先趋入刑场，得薄观之。石王与曾仕和对缚于十字椿上，行刑人分持利刃，先剜额头皮，下掩双目，次剜双腕。曾文弱，不胜其楚，惨呼。石徐止之曰："何遂不能忍此须臾？当念我辈得彼，亦正如此可耳。"曾逐切唇无声。凡百余刀，剜全体殆遍。初流血，嗣仅淡血，最后仅滴黄水。历炊许时，乃刺胸剜心肝。终刑，气早绝矣。

石王子定忠，以齿稚免刑，见骆督奏稿。于法，待成龄时。仍当处决，不知何故，其人竟未死，改姓名曰时雨化，入绵州州学。光绪丁酉，与邛州龚秉衡玉泉同拔，又同分发贵州做知县，甚相得。尝密告龚，实翼王子也。其人能诗画，书学赵孟頫，吐属风雅，潇洒出尘，虽在仕途，有林泉风韵。龚与乐氏相善，尝以时所赠一诗，与纨扇画一幅相示，于时其人尚在黔。使今尚存，亦已八十六岁也。

强按：凌迟之刑，用刀百零八次，巧者刀尽乃许气绝。《明季北略》载凌迟郑鄤事，令人不忍卒读。清野史，载成德谋逆事败，拷讯之，但曰："我自图富贵耳"。凌迟时，二子方在塾，皆韶秀，执至刑场，令跪向成德，杀之。成德不视。既行凌迟，但切齿无语。十余刀后，乃呼曰："快些干！"刑者曰："有诏叫你慢慢死。"遂不复言。惨酷哉！虽倔强之士，亦有不能忍者。石王困河道时，尚有万众。使其奋突南向，克达冕宁、西昌就粮，唐友耕诸军，亦无如之何耳。乃为一水所阻，遂谓天命绝之，欲以一降，保全部属，可谓误矣！清人不能得志于战争，徒知快意于杀降。大树堡之鲸鲵封处，北较场之利刀惨割，一时罪业，千古憾事，痛哉！骆督能保全其子者，殆亦有所悔耶？

始阳大悲寺述异[①]

(1985年)

四川西部天全县城东二十里有一大镇，名叫始阳镇。秦汉时，其地为斯榆国。汉武帝时，司马相如略斯榆，置徙县。斯、徙、始，古同音，得相假用。西魏时合徙与严道为始阳县，始阳之名始见于此。宋代辟碉门茶市，以茶易马。西番人民来黎、雅两州市易者，概由碉门交易。始阳成为囤积茶包之所，故番商虽止于碉门，茶商则集于始阳，其繁盛尤盛于碉门。

天全有高、杨二姓土司。高土司建土署于始阳，世居于此，杨土司则治于碉门。明代高杨两土司比肩，虽共设土署于黄铜坡，而治地划分井然。清雍正改流时设州于碉门，以控徼外。始阳亦因其历史长远，未便夷为场镇，而设立分州。道光中始裁撤。其后，始阳商贸日衰，民国时，已难与天全相比拟，仅为一大集镇而已。

始阳虽近代已沦为不起眼之集镇，但作为一历史上的有名州县，自有其璀璨之文化瑰宝留存。余1941年夏为筹备撰修西康通志，由芦山赴宝兴，转赴天全蒐采志料，曾于始阳探古访幽。知大悲寺为始阳胜景所在，专程造访，凡三往。浏览之中，觉确有不同凡响者，聊记之，以证我国古代工匠技艺之精巧。时过境迁，转瞬已四十余年矣。闻十年浩劫，古迹多已损毁，今特检抄原笔记，略作整理以发表，盼使人稍知其当时的景象耳。

一、辟尘殿

大悲寺有五大奇迹：辟尘珠、古壁画、斜立塑像、断尾泥龙、摇亭碑动。除辟尘珠为附会之物而外，其余俱为实物。然辟尘之珠虽无，其辟尘之殿却颇值一观。

[①] 原载《文史杂志》1985年第2期。

大悲寺临和水绝壁，凡殿宇五重，建筑时代不一。前殿塑风火二神，为道光时建筑，甚朴陋。稍进为弥勒殿，两侧塑四天王，中有石香炉，系弘治七年镌。又进为大雄殿，正面塑释迦、文殊、普贤三尊，左右十二园觉，四角四大部洲。中存石炉一座，系成化年作。四壁存有壁画，殊简陋。两侧有旁殿，神像杂乱无次，似自他处移来者。廊庑有石碑四通，皆明代天启、万历、弘治、成化时重修碑。再进才是全寺精华所聚之所——辟尘殿。辟尘殿长阔各在十丈以外，无楼，故不甚高。地面全部石墁。相传建此殿时藏有宝物辟尘珠，故能辟尘，终岁不扫而洁净如洗，即梁间、像间亦从无蛛网尘垢。为本寺奇迹之一。余查此殿卑矮而闭阖，出入三门皆与风向相背，尘沙自应较少，且闻住持亦时一扫地，则四时洁净固无足奇也。以辟尘珠辟尘之说，固为无稽之谈，但其设计建筑时之工细慎密，匠心独运，实足令人叹为观止。

此殿正中塑五大佛，左右塑十八罗汉。五佛巨龛塑大弥勒像及八菩萨像。像皆庄妙。尤妙者为像后之精致壁画。颜色鲜艳，世传为唐画或宋画，年代湮久，色泽不褪，亦为本寺奇迹之一。余查各幅皆留白笺，题有施画者姓名年月，盖尽皆弘治十六年绘也。虽为明代之画，今存且完好如新，亦甚可珍也。

五佛巨龛前方，左右有韦陀护法立像二尊。像各高丈六，塑法甚佳。尤妙者二像皆前倾而立，四无依倚，仅一杆抵地，支其倾斜。测其像各重千余斤，非一杆所能支，想系塑像时，故以铁柱斜植地中，据此塑成斜立之像，以为奇迹，炫于世人也。然像过重，年久不支，微倾裂，未识何时，有人植木抵横梁为柱，以铁带加二像腰，缚于柱上以支之。

韦陀护法二像之外侧二巨柱间，塑有灵龙蟠绕，亦甚生动，此即该寺奇迹之一的"断尾泥龙"。《天全州志》纪闻云："始阳镇大悲寺毗卢殿，柱上泥盘龙，爪甲如活。一日僧扫至殿，殿有小水流出，一物游戏其中。僧以帚击之，忽举头见柱龙活动，其尾已断。取铁钉锭之，泥水从龙口中流出，洗濯不去。至今痕迹宛然。"盖亦寺僧故弄神虚之作。然当地人皆信之，致成大悲寺奇迹之一。

二、摇亭碑动

大悲寺奇迹之最，为"摇亭碑动"。辟尘殿外，左右各植有碑，皆明正德中立。荣昌石匠冯守相镌字，有亭覆之。左碑眉州进士喻文碧撰文（《天全州志·艺文志》载有碑文）。碑阴记寺田甚详。亭与碑皆植地下，固定不动。右碑唐安右史定雪岩撰，文甚不通，但其奇在于力撼亭栏，则碑石摇动，故曰"摇亭碑动"。《天全州志》云："亭环碑外，毫不相连，观者试摇其亭而碑自动，亦古迹也，迄今如故。"是为始阳八景之一。

余凡三临此碑。初时匆匆一过，见人摇亭栏而碑微动属实。当时系立碑侧亭栏外，以为是亭摇栏动，人从栏外视碑，误感栏之恍漾为碑动也。一般习科学之人都按相对运动原理作如是解。及再过，立于栏内，以目注碑，使人摇亭，见碑确摇动甚明，始异之。然未得其解。三过，偶因抚碑，见碑自摇动，始知纵不摇亭碑亦可动。详察四周，亭虽与碑离立，而四础皆系木制，知碑跌与亭础之下有机捩，暗自地下相连。古人故设此奇以炫世俗耳。此碑可摇动之理，盖因碑石下方有长柄插入碑础内，碑础受柄之穴，上促下阔，为椎形，故使碑柄可摇动。又因碑石甚坚，决不虞其断扑。但其制并非仅有之独创，雅安县姚桥之汉建安高颐阙碑，亦是采此术，能摇动而不扑。此碑之胜处在于以机纽自碑柄下端穿础而出，横连于前后亭柱木础下，上贯柱心。四柱各装疏栏，摇栏则柱动，柱动则牵动机纽，带动碑柄，于是碑即随之摇动，此盖物理学上杠杆原理之活用也。封建时代每建一巨工，常设为世人所不易解释之奇巧机关，以资炫诱。宗教建筑尤喜为之，盖能增其神秘色彩也。大悲寺之能长久存在，飞名于西陲，实赖此碑之玄妙。

此亭甚简陋，而碑石坚致，镌工绝佳，自明正德时迄今四百余年，全无剥蚀。碑既巨伟，又须长柄，选材甚难，故碑面较差，有凹凸不平者多处，亦皆随势雕刻，石工刻入极深。由附近石香炉等各件所刻年代看，此碑亦花费一年之久始竣工。

三、不通文选

不通文选者，选集文义不通而有传世价值之文。或因其能代表一时代之作风，或因赖其传一地方之文献。其足以资谐噱者亦附著之。"摇亭碑动"之碑，设计精巧，镌工高明，然其碑文则应列入不通文选。但其文亦有一定历史价值。

文中有诗云：

碉阳第一古禅林，占断烟霞远市尘。
丹桂枝枝浮雨露，梅花朵朵冷深春。
和番有路禁衢近，边境无虞气化淳。
万载山河金界净，年年常祝圣明君。

碑阴亦有长文，详记当地寺院产业与土司执事人情况。但文义不通者多，错别夹杂，可供游人浏览。

离堆和二江考[①]

(1982年)

一、离堆的开凿问题

都江堰的宝瓶口，世传为李冰开凿。其实乃天然生成。盖四川盆地西北边缘，从江油到灌县，接青城山，直到芦山、天全一线，有一列白垩纪砾岩层竖立，岩性坚硬，多有天然脆裂的断口，两岸壁削，中开通道。剑门关、窦圌山、青城山与芦山县的大岩腔、灵关峡皆是。灌县宝瓶口则为最明显的一例，因为它是从山脚斗犀台处断裂，所以就形成伏龙观这样一个"离堆"。《四川通志》说："蜀有五离堆"（指灌县伏龙观，乐山乌尤山，名山龟都寺，芦山飞仙关的二郎庙，苍溪离崖），还远远不够四川离堆之数。如果把离堆作为一个地文学词汇来看，则近年地理工作者实地考察，仅嘉陵江沿岸就有二十三个离堆，计入长江沿岸则更多（例如小南海、滟滪堆之类），但都不是砾岩层断裂的。伏龙观这座"离堆"是砾岩断裂的，它不能是鳖灵或李冰以及其他任何人工所能开凿成的。试看，这个裂口，水面上高十来丈，水面下深十来丈，才到砂卵石底。砂卵石层下，似还有若干丈的裂隙，如果是人工开凿，水下部分又是如何凿的呢？无论是上古，还是今天，都只能在陆地开凿山洞，不能在水下开凿。

只有乐山乌尤离堆，才是人工开凿的。四川省内其余若干处"离堆"，都是江水侵蚀形成的，因此可以肯定李冰凿的"离堆"是乐山乌尤山。第一，乌尤地质是不太坚硬的砂岩，可由人工开凿。乌龙北面的大佛镌入崖内十余丈可证；鳖子门北崖上有汉代人工镌凿的崖墓群，更是强有力的证据。第二，青衣江与大渡河合流，正

[①] 本文为任乃强先生1982年9月在四川水利史研讨会上之发言，由《四川水利史研究》编者记录整理刊出。

是《水经》所称的"沫水",水流直冲溷崖,使岷水舟行被迫触崖覆没,故有凿崖泄流以杀水势之必要。第三,由鳖子门通水,灌溉岷江东岸牛华溪、五通桥一大段河原的农田,与当时"穿二江于成都"效果相当。第四,人工河只能在水面上施工,闸断流水,勉强向水面以下施工,一般只可能下到三、五尺的深度。自秦至今,岷江河床下落已数丈,所以鳖子门水道断绝了。何时从乌尤山下游另开水道灌溉溪桥平原,无考。只由岁久,渠水今已不通,更可证明它是秦代的人工河。

二、"开二江",成都平原上古的第三个泄水口

据《蜀王本纪》与《华阳国志》考订,蜀王杜宇从瞿上(今彭县海窝子)下山,建成郫邑(今彭县九陇的"小郫")时,成都平原内还只有沿龙门山脉,天回山脉,与龙泉山脉的第三纪黄土丘陵地带才可居人;其余冲积平原部分,当时还是沮洳大泽。所以蜀王开明氏的都邑,只能向东南的黄土丘陵地带前进。开明九世,才由新都(天回山北麓)、广都(龙泉山北麓)迁都到赤里街(今成都北郊将军碑附近。是最靠近冲积平原中心的一个都邑),说明当时岷江主流外水造成的新津河口和分流内水沱江造成的金堂峡,两个泄水口,河床已经日渐冲深,成都大泽的积水逐渐流尽,陆地增多,森林茂盛,猎业与农耕遂可施展,蜀王也就把都邑迁移来靠近它了。秦灭蜀后,另筑城在今日成都市位置。但那时,还没有今天的第三个泄水口。秦昭王至秦始皇时,李冰继张若为蜀郡守,始从内水"开二江于成都",就是分内水的郫江和分外水经犀浦流经城南的南江,在合江亭汇为一河,即为府河,再经秦皇寺(广都县属),入黄龙溪(古称赤水,从龙泉山北麓西流入岷江的小河)。李冰利用它作为成都二江的泄水口,于是成都平原才有这第三个泄水口了,而且,这个新泄水口府河还成了成都水运外通的主航道。

成都平原初成陆时,是一大片楠木森林。经过鳖灵开沟排水以后,陆地渐多,才逐渐出现耕地。完全成为耕地,需要经过几百年甚至几千年的时间。有一份资料,可以说明这个古代大泽里森林茂密的情形。

1942年我在雅安筹修《西康省志》时,有唐永晖师副官夏某(江津人,忘其名)为我言,岷江有乌木滩,原在黄龙溪内,逐年向下游移动,或进或止。舟人传说,曾因水浅露出,乃巨木也。乌木滩漂移出江口镇进入眉山大河,才不过几百年事。入大江后,移行较速,民国初年已至乐山附近。夏副官兼营商业,有洋货店在乐山。募人入水探视,确是乌木,木体硕大,长过三丈,因募工曳上河坝,解成棺

材二十余付皆漆黑发光。取残块请某科研机构化验，判为三千年前古楠木入水所成，夏某谓所成棺材，比香杉花板更为珍贵，遂以此致巨富。我详询后，撰《府河乌木记》三千余字。夏取去用夹江贡川纸排印数百份散发，给了我十余份，久已散失。今只记其大意，并判其树为成都大泽原生的古楠，系李冰开成都二江时，因逼近人工河岸，倒入水中，因树冠庞大而轻，树干竖直，遂顺水下流，不碍舟行。久而树叶磨削，只存巨干，遂每成暗礁阻水，人称"乌木滩"。夏言，乌木曳上岸后，聚观者日达数千人。解工对立拉锯，只能望见头顶，盖入水时已是数千年巨树也。以此可知秦以前成都平原天然林木茂盛情况。楠类为性喜潮湿气候与疏松土壤之温带树，木质坚匀，寿命极长。近世成都平原各县的寺庙犹多有楠木林，足知夏副官所得乌木为秦代楠木[①]。

[①] 原编者注：1977 年 3 月在灌县城东 10 公里成灌公路旁田野改土中，发掘出树身直径 3.6 米木化石，存放在二王庙正殿后面，经北京大学历史系碳 14 测定距今 3410 年（我国夏商时代），可为任老所述成都平原古代为大森林佐证。

清末民初南充体育情况[1]

(1983 年)

一、科举时代的武学

追溯我国的上古年代，学校教育原是文武兼习的。故孔子教士"射御"与"礼乐"并重。而礼乐，皆侧重舞蹈、仪容。《鲁颂·泮水》之诗云："矫矫虎臣，在泮献馘。淑问皋陶，在泮献囚"。那是歌颂鲁僖公参预平定淮夷之役，回国来在泮宫（当时的学校。后世叫作"文庙"），献馘、献囚（统称为"献功"典礼）的诗。献馘（献割下的敌人首级之耳）、献囚（献俘讯囚），不在他的祖庙，而要在泮宫举行，是为了旌表学校培养出来的将士之功。我国夏、殷、周、秦年代，大将行军所至，都要树立一根木桩，上方横嵌一块木条作丁字状，称之为"桓"，表示威武。学校门外亦经常要树立一对"桓"。故汉儒杨序，亦或写作"杨桓"（夏代学校曰"序"）。这些史料，证明上古教学是文武不分的。近世所谓"智力体力均衡发展"或"身心两健"。与古制是一致的。

自汉以来，文武分途，并且重文轻武，士大夫阶级都崇尚峨冠博带，缓步从容，羞与武士为伍。非士大夫的所谓读书人，效尤学步，勾腰驼背，规行矩步，轻言细语，之乎者也，号曰"斯文"。斯斯文文，既成风气，人体衰弱，年龄短促下来了。南北朝时，读书人的平均寿命二十余岁，三十者为中寿，五十者为上寿，七十者为"古稀"之寿，称作"人瑞"了。唐以后科举取士，亦只取文学。元、明、清才兼开试武科。府、州、县设立教官（学署），兼管文武两科。尽管仍是重文轻武，到底也把强身自卫列为国家的一个部门了。

我的父亲是个武秀才，担任过武学教师。我幼小时习见他的教学方法只有骑、

---

[1] 此文为作者1983年，应新修《南充县志》之询所写。

射、刀、墩四目，都是应武考科名所必需的。

"射"，用弓箭。有弓箭专业作坊供应，受县府"工房"（各县府分为吏、户、礼、兵、刑、工六房。工房是最冷的一房）监验督造。"射侯"（俗称"靶子"）分若干圈，与今世射法相似。

"骑"，马由教师供给。马价高，养马有法，学生亦兼习之。演习考试时，除地作长跑道，夹道植草人。应考者上马，持弓负矢，扣弦持满，乃鞭马疾驰，自马上发矢射各草人，中多者胜。心、目、手、胆并用，其敏捷准确程度，随练习次数渐增。是当时学武最重要的一科。武考凭此可得秀才。

"刀"，是三十六斤重的大关刀。以能盘旋舞弄，霍霍有风声者为上选。

"墩"，是石墩。重八九十斤，以能提举过膝者为入选，能举至头上者为上选。其所举重量，也是随练习次数可以增长的。石墩长方形，平底，上窄下宽，左右各有一马蹄形凹处着手。私塾无力制造，用一木杆担两石滚代之练习，与今举重相似。习武者有益于强身，故平民衣食稍裕者乐于习之。应科考，亦能得秀才、举人、进士衔称。唯武秀才与文秀才皆由文学台考取。学台全是文官，对武考极其轻视。

清末，瞿鸿机（西太后的宠臣）作四川学台时，厌恶应考武生。每临试场，随意点几个人的名字考试便罢。未点名者不得应考，纷纷控诉。他乃捉弄武生，忽然传牌宣布在某处点考，待武生齐聚候点时，他点了十来个人考试后，又宣布改在某处点考。如此捉弄若干次，武生步行奔跑，衣冠零乱，气息迫促，仍多不得点名入试。相与大怒，夺取卫士刀、矛、弓、矢，奔向学台。瞿惶恐逃避。经道、府、县学官出为调解，始得宁息。官府讳乱，瞿亦逃避激乱罪名，默然离去。我闻张表方（张澜）先生言其如此。其事出在保宁（今阆中）。举此事，可以说明清末武科被儒士轻蔑的一般情况。

二、开办学堂后的体育运动

清光绪二十七年（1901年），清廷迫于国际形势，准备废科举、兴学堂。南充地区，广安兴办学堂最早（在1902年7月，清廷颁行学堂章程时）。但次年便被顽固官绅嗾使刁民驱散了。1905年，清廷明令废科举、兴学堂。南充县首先成立了县立高等小学堂，开始招生。筹备人骆腾焕，即是南充县的学官（教谕）。县知事称"监督"。张表方先生时从日本回国，是主要的筹划人和主要教师。他介绍日本明治维新以来的办学情况，德育、智育、体育并重，开设"体操"一门功课。我是当年第二次招生考入的,只十一岁。记得第一任体操教师叫聂云峰(世阳场人,是个军官学校毕业生),不久便做军官去了。继任教师伍平阶,是县知事伍星辉的儿子,留日学生,思想进步,主张中国革命(与他父亲思想相反,在学校,父子亦往往发生矛盾)。当时校址新建在大北门外平城门与三公庙一段外城墙内,操场还很狭小(前后左右都是菜园,右方依城为墙)。张先生做校长时,又购入前方约二倍地方作操场,并修建中学校舍,便发展到内城的大北门墙下了。操场(运动场)扩展了十倍。于是杠架、秋千、浪桥、平台、木马、沙坑都设置齐全(最早的小型操场只有一架铁杠)。

早在1907年时,顺庆府八县联立中学已经成立,在张先生主持下,开办过一次联合运动会,在南门外大坝上辟地树栅,举行数日,规模甚大。但当时限于教师水平和技术设备,内容只有团体操、赛跑、接力赛跑(当时叫"传旗竞走")、哑铃操、木棒操、越虹、拔河和传球(手持小木勺载木圆球赛跑)、杠架、跳远等项目。我是参加越虹队的(与小孩跳绳相似,用一条五彩布袋塞草为绳,两队分合对错跳越)。还无木马、打球、游泳等竞赛。在当时已经是万人空巷的盛会了。少数绅粮说这是"读书人跳闹玩世","劳民伤财",表示反对,但这是经过府县政府批准的,他们只好腹诽。张表方先生也不惜与他们决绝,在各道栅门上悬牌"禁止风帽、烘笼入场"。这无异于拒绝那些老绅粮参观。因为这些人全是冬季需戴风帽,提烘笼出门的"斯文人"。

南充提倡女子入学和放足,也是此时开始的,由张先生创办的。但还未能参加那次运动会(后来在端明女校内也举行过小型的校内运动会,时间已是1920年了)。

民国元年(1912年),南充中学成立。林莆丛先生任校长。张先生作北京众议院议员。1914年,袁世凯露骨地图谋称帝,张先生回到南充任中学校长。提倡军事操。聘赵葆贞教练,用仿后膛式木枪操演。每天下课后他都到操场观看学生们在操场从事各种体育运动。有两个体育教师指导各种体育技术。直到他起义讨袁(1916年),南充中学学生体育锻炼非常活跃。曾有人密告他将领导学生造反。他镇静对付,照常不变。军政官吏不能禁制。详见拙作《张表方先生轶事》(载《龙门阵》期刊)。

顺庆八县中,广安县是开体育风气之先的。南充中学的体育教师粟丰、何庆荣都是广安人。粟丰的杠架功夫好。何会舞蹈、游戏、体操,花样多,使学生脑力活泼,在南充体育方面有较大的影响。

三、拳术在南充

　　拳术，是我国数千年来强身自卫的国粹。《诗·小雅·巧言》曰："无拳无勇，职为乱阶。"拳，谓技击之能；勇，谓果敢之气。两者都说的是士大夫必须有的基本修养。没有这两种修养的人，是不配做士大夫的，而只能成为酿成祸乱的阶层。这是周代对士大夫的一般要求。自儒生专擅政权，偏重斯文，轻蔑武健，拳术、技击受到学生排斥。只劳动人民需要它和重视它，所以它只能在民间流传。凡必须只身远行的人（例如僧、道、商贩等流动生活的人），为了防病、防匪、强身、自卫，就必须学习它。所以，拳术武技名师仍受社会尊重，得以师承传授。拳师平时可以授徒资生，乱世易于从军立功。就我所知南充拳师有三人：

　　南路大松垭（俗呼大循垭）李姓，从元末入川，就世传拳技与"堪舆"之术。族人多习拳勇。明末蜀乱，兵燹频仍四十余年，人烟几绝。唯他们这一支，遭大军能疾行趋避，遭土匪能格斗惩处，毫无损伤（韩国相流离逃生时，就曾托他们保护，载在《南充县志》）。清代各省农民填川，插占田地，本籍不同，常常发生两姓人械斗。弱的一方凑集重金，暗地聘请大松垭李家，认为亲戚，便足以压倒对方；如其对方硬打，无不惨败。甚至有两造都来聘他相助，他叫和解，亦没有敢不和解的。所以大松垭虽是个小山沟，声名却震动很远。但他们却讲义气，讲信用，有品德，受聘金必遵守契约，死伤自行病葬，不额外需索一文。清代官吏贪污无厌，打官司往往数年不结，两造都拖穷了，仍不得申冤服罪。所以人民常说"气死莫告状"，宁愿械斗。械斗成风，大松垭便远近信服了。李家的拳技有其世守的拳法，称"八卦拳"，据说是武当山祖师张三丰传授的，附带有品德规矩，发誓遵守。又不许混入仕途。所以他唯以农桑、堪舆为业。虽名著一方而官吏不忌，得以长时享受地方盛名。清末，有名的拳师和堪舆师李渥如，便是此处人。城都不进，没有人能知他师传世系。我父亲与他相识，言其如此。其人民国初年还在，年龄已很大了，据说他世代皆享高寿，名声甚大。他们把练习拳技称为"扁卦"，义不可解，窃疑是"辨卦"的音讹。在别州县未闻如此称呼。

　　南充城内，我所知拳师有杨卓之者，青年行侠，效石秀、武松，杀其嫂之奸夫，亡命至茂州墨水，以行医、相术与教拳为业，深受羌、汉人民敬重。川督赵尔丰逮捕保路同志会九人后，他组成革命同志军达万人，杀官二十余员，自称都督。四川独立后，都督尹昌衡勒令解散。他不敢回川，只身改变姓名，避到康定瓦斯沟行病授徒。医术甚高,名满康定。刘文辉驻康定,延之至署治病。余家人与其交谈始知其为同乡。时已七十余岁,健如五十岁人。民国二十六年(1937年)卒于瓦斯沟。无子,抚子名杨开堂,只习医,不传拳技。闻近年尚在。

南充城内还有两个著名拳师,一个邱小东,号称洪拳(一云红拳),其拳法务在克敌,每因伤人,累讼,故授徒而不传子。其次子邱馥丹,北京法政学院毕业,长期在成都行律师,中华人民共和国成立后尚在。另一拳师陈惠东(惠字可能也是小字,记忆未准),其拳术,兼运气功,务在强身自卫。循循儒雅,与士绅周旋,不以拳术自炫。1921年,张表方先生任南充中学校长,延聘为拳术教师。时我任教务长,经常与他接触,未曾询其师承。次年我出省考察,归来后未再见他,似已死去。学生亦未有人获传其术。

乾、嘉年间,川北还有个罗思举,达州宣汉县人。魏源的《圣武记》记载他的事迹不少。他初有别名,为大盗。习轻功,能缘壁、穿堉,技击莫能当。曾参加农民革命军(白莲教),被清军招诱变节,平定大巴山地区后,又在甘、新与川边瞻对等处立过许多奇功。官做到提督后,才关会各府州县把他当盗时的旧案销毁了。历代农民革命军中,姓名不张的拳技师很多。

四、南充的杂技

杂技,是民间体育花样表演的体现。每当国内战争平息后,武术拳技不复得入仕途。当时传习拳技者,贫困不能自振,于是创造花样以卖艺谋生。平民乐于欣赏,每有卖艺者开场,总有群众围观。见艺高者亦乐于解囊相助;或即迎留于家中教习。故挟技豪杰不以卖艺为耻。这在四川的嘉庆、道光年间最为流行。其后逐有传习成为专业谋生者,大都兼售医治跌打损伤的膏药。只以拳技武术招徕观众,便于宣传。实为卖艺末流的变相。光绪年间南充城内有人名袁飞熊,能演各种拳术,舞弄刀、叉、剑、棍,因从学者少,贫不自聊,迫于趁集市卖药,名声颇大。终以潦倒没世。

清末民初,民间杂技班流行。一般十余人,多者至二三十人,其组织与草台戏班相似,男女成员皆以巧技博人观赏,如走绳(时呼"踩软索")、蹬技(蹬坛子)、驯犬(耍狗)、骑术(马上功夫)、滚叉、飞刀、顶竿、云梯(蹬云梯,梯上小儿翻行)、竿顶玩弄(俗呼"三上吊")、钻刀圈、火圈等,亦掺杂一两场魔术。配合锣鼓表演。其人皆贫穷强健,通哥老会,循规守法。演场不售票,唯每场演毕,向围观者讨钱一次。给否自愿。观者大都掷小钱一二文,日得钱数百,多者千余,足以生活而已。时人不呼为杂技，而呼作"把戏"，每有小儿表演，亦不呼姓名，而呼之为"小把戏"。

此种组织，大多来自贵州、河南、湖广等省，南充地区无有。他们流行传演至重庆者，往往得到富商支持，教练男女贫民，组织成大班再出表演。成都至中华人民共和国成立后，才将两个大杂耍班合组为杂技团，改进成员生活，参用科学理论，提高技艺。重庆、自贡与各大都市相继成立了杂技团，遂有今日之盛。其发展历史，是与昔年悲惨的"耍把戏"不能割断的。

五、南充民间的传统活动

龙灯、狮子灯、旱船、车灯、亭台、高跷、连枪、龙船是南充地区传统的活动，表演者全属农民、商人与舟人，平时没有研习排练之地。每逢国家大庆典礼、每年春节或其他节日（如朝山会、端午节与其他神会）临时编组青年矫捷者排练为之。各地商会、神会、祠会、乡会，多有集资储备各种道具，延师教习表演方法和歌唱的。演员皆无工薪，只以取乐。其中最受大众欢迎的是狮灯与高跷。两人舞狮，配一笑头（笑和尚头具）弄狮，作腾跳滚转。艺高者能翻攀叠桌三四重，最上重桌四脚朝天，三人六足能同上四脚表演随时移转，必须有一双足同立于一方寸之桌腿上做戏。因其高出地上丈余，远近高低皆能目验，欢呼大乐。此种演员大多是习拳技之尤矫捷者为之。灯节后亦有受聘在盛大集会上表演者，殆亦成为一种专业。

龙灯、龙舟，青年有力者一学便会。龙舟仅端午节为之，船员皆能泅泳，跃水抢鸭，是真本领。

亭台，皆办演戏曲人物，装饰可观，无技艺可言。平台尤无奇，高台俗呼"亭子"，有奇巧者，如扮武松杀嫂，王婆仰跌在地下，武松踏在他仰跷的足上举刀，潘金莲又站在他刀尖上，作惊骇状，一脚空摇摆。令人不可思议。访装饰者，乃知台上有纯钢铁签，回曲上天，仰卧者，扬刀者，与最上之潘金莲，皆有座位，刀即钢签通过处，作刀形加银饰如真。三人皆绑于钢条上作戏剧姿势，然后穿衣。衣饰全在钢条之外，故表演如真，而演员定形终日不疲。唯不得饮食便尿。大都雇适当身材儿童为之。食高营养品，先数日不得饮水。以奇巧博群众喜乐。足见民间寻乐之巧思而已。

高跷，即两足下各支一长木棍绑固于胫行走。练者先由高寸许练习，逐升，有能高达五尺者。如此扮成八仙庆寿和各种戏剧，配合管弦，就广场演唱，远近皆视听无碍,以陕帮商民最为擅长。又能以高跷演狮灯(俗称高脚狮子),但不能上桌翻滚。我见一演笑头者能独足立地,用一足与狮子作戏。并能腾跳,翻筋斗,坐地复起,可称绝技。问其何能致此,亦无如何奇术,但大胆为之,积千百练而至致耳。

六、戏剧、巫师表演的把戏

巫师(端公)是现社会已经淘汰了的迷信行业。但中华人民共和国成立前,尤其是辛亥革命前,它在城乡基层社会里非常活跃。他能在基层社会活跃几千年,不全由于说神道鬼迷惑愚民,另还有他适合基层人民思想和生活趣味的需要。我幼小时,每闻有人家"跳端公",总不惜道远结伙跑去观看。尤其是晚间。"大跳",有几十个端公搞五至七天的,有几晚要演戏。不须戏台,只在屋内设个神位就开演。唱的调子简单,称为"灯戏"。所演故事,全是市井民俗所有的现象,许多地方令人笑不可仰,有的人一直笑到全剧完。到了下半夜,总有一场杂技表演,如"过刀桥""和煤山""抓油锅""翻天杆"之类。吸引人通夜欣赏。"和煤山",要出"煤山神",是以两双手代双腿,两双腿代两双手,倒立行动,仍突出头部说话歌讴。要把供品用双足拈来喂进嘴里,还要表演一些谐剧。如"抛师刀""令牌收鬼"等等。直到宣布鬼已收服,病人某日起床才罢。

"过刀桥"是预用桌椅扎成相距丈余远的桥头,用竹竿搭成空心桥面与扶栏,在空心桥上横缚十来把长刀,刀口向上。巫师赤脚扶栏念念作法后,随着锣鼓声喧,践刀口而过。据说是能为病人解危。

"下油锅"是熬沸一锅菜油,说病鬼藏在里面,巫师作法,赤手伸进油锅抓鬼出来,用这些形式安慰病人心理,有时亦能生效。要病家肯出重金,才能聘得远方巫师前来表演。

"和煤山"与近世表演的"万能脚"相似。"过刀桥"实际上就是近世所谓"空功",两手扶栏更易表演。"下油锅",有人猜他手上涂有化学药品。有人猜油是化学药品制造的假沸。究不知他是用何术。

巫师高级者,亦获掷飞刀,翻飞叉。但这两种表演须不伤"下手"(配演的犯人),不适用于捉鬼,另自传授到杂技团与舞台戏使用去了。

"飞刀",即我国古代投壶、击剑的武技,练习到手眼敏捷和非常准确才可上场表演。上下手多是父子或弟兄,彼此相信神魂不摇,便可无伤。"翻叉"比较更难,抛出钢叉后要经过首柄翻转一周才依原定处着物。叉尖锋锐,着木后深入难拔,中人必死。故非重金致聘不演。

四川有一部四十八天才演完的连台戏叫"搬目莲"（又叫目莲救母），是把梁武帝与傅大士两篇故事合编而成，每天都是半朝半野，半阴半阳的场面。热闹非常。这个戏连续多天都要"打叉"，两个叉手是用重金聘来的，一扮刘氏，一扮鬼王。刘氏为"滚叉手"，鬼王为"翻叉手"，叉随人转，打出多次，皆近身着木而人无伤。最令人骇目惊心的是刘氏奔抱台柱时，一叉翻来，正中颈侧，入柱甚深。

试论《山海经》的成书年代与其资料来源①

(1986 年)

一、比较我国最早出的几部地理书

《禹贡》《禹本纪》《穆天子传》和《山海经》，是我国最早出的四部地理名著。《禹本纪》见称于《史记·大宛列传》和《汉书·张骞传》，但其书久佚，班固以后更无人提到它。《史记·大宛列传》太史公曰：《禹本纪》言"河出昆仑。昆仑，其高二千五百余里，日月所相避隐为光明也。其上有醴泉瑶池。"他引用《禹本纪》原文如此。但他怀疑，因为张骞穷河源，并未见有昆仑山。又说："至《禹本纪》、《山海经》所有怪物，余不敢言之也。"班固《汉书·张骞传》亦如此说。此外更未见人引称《禹本纪》了。余考：《山海经》《中次十二经》末，所云"禹曰：天下名山……"云云一百四十三字，就是引据《禹本纪》。《管子·地数篇》《淮南·地形训》和他书引用《禹本纪》的文字还多（另有论证）。

《穆天子传》，晋代才从汲县魏塚出土，迁、班皆未曾见。但它是周穆王随从史官逐日记录他游迹的起居注。《穆天子传》晋太康二年（281 年）出土，竹简，古文。荀勖校定为六卷，有序云："汲郡收书不谨，多毁落残缺。"故今传本并非史官原文。唯有若干段落是完整的，完全可与今地印证。卷一记"帝曰穆满"两次，是书名"穆天子"的原因，卒后以为谥。称传者，盖晋人改。原书当作"本纪"字。是当时最真实的地理书。可惜竹简残脱，只有西逾河至舂山，和西王母国与盛姬死葬两大段是完整的。可以不论。兹只比较《禹贡》和《山海经》两种：

《禹贡》，文字精简，叙述条理好，描述九州风物、道路、山脉、水系，几于完全符合地理实际，经孔子把它收入《尚书》，作为经典传世。但它不可能是夏代的文

---

① 载《山海经新探》，四川省社会科学院出版社，1986。

章和制度，也不是商（殷）、周、秦实际施行过的制度，而只能是西周末期地理学家（史官）寄托其划野经邦理想的著作。三千年前已有这样美备的地理知识，提出这样的政治理想，无论伪托于禹者是何人，都是中华文化的骄傲。无怪孔子欣赏它，收为《夏书》冠首，克以流传至今了。

今传的十八篇《山海经》，文字和内容远远跟不上《禹贡》。唯一的优胜处，在导山之部较《禹贡》详密。《禹贡》导山，才87字；《山海经》只《五藏山经》就有两万字左右（旧传郭璞注本，经文15503字。郝懿行注本，为21265字）。它和《禹贡》共同的优点，是取用资料，都力求踏实可靠，经得起检验考核（包括古籍文字、地理实践和民间传说的核对）。这一优点，稳固了历代人民对它的信任，克以成为保存至今的两种地理书。

《禹贡》作者所依据的，是国家机构征集拢来的地理资料，故能很全面，很核实。《山海经》十八篇，是刘歆"秘书言"与"太常属臣望"（当时奏表皆称名不举姓。时歆已改名秀，故只称臣秀。）依据民间所藏三十二篇（种）地理书纂合成的，（参看刘秀《上山海经表》），不是一人一时编写的书，而是纂集若干时代的实地探险考查者所经路线与所见闻的记录，或出于口述，他人代为记录的书。所以与《禹贡》写出的形式不同。

二、辨两种《山海经》和十八篇

《汉书·艺文志》是依刘向、刘歆《七略》写成的。其《数术略》的"形法六家"中，首列"《山海经》十三篇"。但那与刘歆上表的十八篇《山海经》是截然不同的两部书。"形法"，即近世所谓"相法"。相人，相六畜，相刀剑器物，相地形建筑、城郭、朝堂、宫宅和坟墓，古代皆有书籍传授。此六家之"山海经"应是相地形的，即后世所谓"堪舆书"。或许就是后世所谓"葬经"。葬经讲究来龙（即山脉来势）、沙水（即山下水陆形势）。相城郭、宫、宅亦是如此。统称"堪舆"，即能勘察地形之义。刘秀（歆）表上的《山海经》，即今传郭璞注本的十八篇《山海经》，并无一字涉及相城、郭、宫、宅和墓葬地形的话。且刘歆表上《七略》的时间在前，又表上十八篇山海经的时间在后（已经改名刘秀了），不可能把两种性质不同的书混同起来，又分作两次表上。窃疑《七略》的"山海经"原作"山水经"，后人传写作"山海经"。因为相地形，以山水为重，与海洋无关。海字本义，原谓西北沙原中的低洼之部，得雨则潴水成为绿洲，草木生长，牧民依集；干涸则牧民徙去，故其字从水从每（每字，从中从母，隶变作每，即草与灌木本字），并非以每为声。故初无海洋与湖海之义，周以前文字，皆以"海"字表示民族部落。《禹贡》行后，才有海洋之义。这类相书，是无山海真实性可言的。

刘秀表上的"十八篇《山海经》"（下专称《山海经》）为《五藏山经》五篇，《海内外经》八篇，《大荒经》五篇。"五藏"的藏字，表示为"内地"之义（如今云腹里州县）。"海内外"的海字，是用《尔雅·释地》"九夷、八狄、七戎、六蛮，谓之四海"之义。等于现代语"少数民族地区"，非海洋、湖海之义。"大荒"之荒，亦是用同书"觚竹、北户、西王母、日下，谓之四荒"之义。还可能推至远到"四极"，故云"大荒"。其《五藏山经》二十六章，全是采用前人入山踏勘者的旧文，包括有夏、殷、周、秦、汉，大约一千五百年中巫师、方士、祀官和探奇猎土者的实践记录。自然有些最早出的资料，经过长期的传写，会要发生或多或少的变样；有些最后出的资料，也会受早出传说或文记的影响，而陷于偏见。大体说来，总是要与纂录时实际情形符合，才会被收录的。所以在古地理书中，具有较高的真实性。尤其是《中山经》，所记中原诸山，由于能够鉴定的人多，他的选择更严。

《海经》和《荒经》，真实性比较差些，因为原始资料就已有采自传闻之处，和纂辑人无法核对地理实际，只合依据旧文；并且在删节改录时也会发生误解。但采择是慎重的，大体能符合当时的实际。决无随意捏造之说。这是他远胜于《禹本纪》之处。所以《禹本纪》早消灭了，而他能流传至今。

《荒经》五篇，原是海内外八篇写定后，又由纂辑者本人或后人，再从旧文籍里辑录得原辑八篇未收录的好资料；往往是比原辑《海经》更可贵的史料。其末篇标云《海内经》，表示为《海内经》四篇的增补。疑原作《海内荒经》。因篇中所举朝鲜、巴国、衡山、若水等地与若干古人，皆中华界内，只时间荒远。

三、《山海经》采用殷代资料的证据

例如：《西山首经》总称"华山"。从"钱来之山"开始，四十五里"松果之山"，又西六十里便是"太华之山"。又西八十里至"小华之山"（今云少华山）。凡阅十九山，至"騩山"，二千五百九十七里。这十九山，除了古今异名难于指出者外，如"南山"即今之终南山（《周诗》亦只称"南山"）。如"蟠冢之山"，自《禹贡》至今名称未变。还有"时山"和"大时之山"。毕沅云："时，读如泰畤之畤。黄帝立畤，于雍多有其名。"谓古除地而祭之场所曰"畤"，关中称畤之地多。"时山"为曾作畤之山，字作时。又云："太畤之山，疑即太白山也。在今陕西郿县东南四十里。《广韵》引此作'泰时'。当为泰畤。《封禅书》称：自古以雍州积高，神明之隩，故立畤，郊（祀）上帝。盖黄帝时尝用事（于此山）。《说文》亦云：古扶风有五畤，皆黄帝时祭。则泰畤之名起于黄帝……"云云。沅治陕久，幕中罗致地理学者多，其说当遵。然则此章所言是秦岭山脉可定。

可怪在：秦岭山脉，北麓即是渭水平原，周、秦、汉代的王畿所在。汉族古称"华族"，中原古称"华夏"，都是依华山取名。无论《山经》作者生于周代、秦代或汉代，总当把它列在《中山经》内，为何偏是把它列在《西山经》？相反，《中次九经》的岷山、女几、来山、崌山、高粱之山、玉山（巫山），明明皆是巴蜀的山，在秦岭的西南，去中原甚远，秦代才开置郡县，却又不收其山入《西山经》或《南山经》，而收入《中山经》。窃以为这是因为纂辑此书者，于西山首经华山，是使用殷代巫师的记录。只有夏、殷两代，华山山脉乃在王畿之西。殷巫或因祀祭，或因猎狩，或因采药，或因奉有其他使命入山探险（巫在殷代是高级知识分子，文化的创造者，政治地位很高），考察了这条大山脉，记录得翔实认真，原称《西山经》，故后世纂《山经》者，列它于西山之首。至于它西南梁州诸山之收入《中山经》，则是因为原资料是秦开巴蜀为郡县后，探险者的考查记录。因其已经属于华夏领域了，原就列在《山经》的中山。正如中次十一、十二两篇为两湖地区之山，而不入《南山经》，是一个道理。

"钱来之山"，毕沅谓"当在今河南阌乡县"。"松果之山"。毕云"《初学记》及《文选注》引此作松梁山，在今华阴县东南二十里"。今按，钱字，本义为农耕之具（小锄）。来字，本义为麦类。均见《诗经注》。（见《周颂·臣工》）"痔乃钱镈，奄观铚艾"。《思文》"贻我来牟，帝命率育"。两注。钱来山名取义，当为黄土冈陵种麦之丘。即还是农村地带。依毕沅注，当在潼关之东，崤函之间，正是殷代王畿最西部分。那位巫师从此上山，升入松林地带，靠松子补助食粮走向太华、少华、符禺之山、石脆之山、英山、竹山、浮山、羭次之山、时山、终南、太白、太畤诸山，才到汉水发源的嶓冢山，均经毕沅考订明确，毋庸怀疑。只嶓冢以西，极于山，是今甘肃省内之地，古今地名变革尚待详考。自嶓冢以下诸山，毕氏无考。但注"黄山"云："今始平槐里县有黄山，上有故宫，汉惠帝所起。疑非此。……或说即今陕西兴平黄山，斯错简耳"。经文"騩山"云"是錞于西海"。毕注西海为《汉书·地理志》之仙海（今云青海湖）。但又引《太康地记》曰："河北得水为河，塞外得水为海也。"又引张衡《思玄赋·自注》"黄帝葬于西海桥山"，皆与海字本义符合。否定其为青海湖。但不能定是今何地。窃按《水经注》卷十九有骊山，为霸水之一发源处，应在骊山西南。疑嶓冢以上是此人东还补记之山，抑是后人参附之文。亦皆只能算殷代西徼之山，周、秦、汉畿辅郡县地面不得以"西山"称也。

四、《西次三经》的资料来源

《西次三经》，自崇吾之山至翼望之山，凡二十三山，六千七百四十四里，全在河西徼外。其路线与周穆王西巡至西王母国路线相当。中间地名如"长沙之山""密山""槐江之山，南望昆仑"与"乐游之山"及"玉山是西王母所居"，皆与《穆天子传》表里相应。又所谓"积石之山""三危之山"，均见《禹贡》，但部位不能与实际相应。又如"不周之山"亦见《淮南子》。"河出昆仑"之说同《禹本纪》。见《史记》与《汉书》，足知此二十三山的一章，决非一人考查所记，而是纂合若干人的记录所成。只西王母一条可以定点，全部诸山部位排比则是零乱错出的。

例如"乐游之山"若即《穆天子传》说的"西济于河，爰有温谷乐都"，其地应在河西武威县界。此经说自山西"水行四百里，曰流沙"，指的是到了白龙堆沙漠，古今合得。但说自此流沙"二百里至于蠃母之山。又西三百五十里曰玉山"，便是"西王母所居"（应指今和田大绿洲），道里便嫌太短了。这都还可诿为数字抄误。其尤难为解的，是自此"又西四百八十里曰轩辕之邱"，"又西三百里曰积石之山"。还说这积石山，"其下有石门，河水冒以西流"。若说"石门"指的今循化县东的积石峡，则在流沙之东两千里，和在于田县东四千余里，不合为西行。似此，必由纂资料者不明西王母国所在，谬因《汉书·地理志》临羌县记有"西王母石室"，又因《禹本纪》有河出昆仑，潜流复出于积石山下之说，而错误连缀如此。又"三危之山"，按之《禹贡》，当在今玉门县南，而此经亦排次为玉山又西一千一百里。而且更西五百四十里即为"天山"。若谓祁连山本义即是天山，则道里、方位，叙次全谬。若谓天山即今新疆之天山，虽道里方位皆可强合，中间山名则剌谬难解。从来研究地理者莫能说通。

我的看法如下：

从河西走廊出玉门，循昆仑山脉、喀喇昆仑、葱岭山麓的塔里木大沙漠边缘的绿洲地带，是一条平坦的车马、驼队通行的道路。早在四千年前，西部亚洲各民族国家就已有商队与中华往来了。（即今天通称的"丝绸之路"。）这条线上的沙漠绿洲，原始居住的民族是从西藏高原上来的羌族分支，古称"葱茈羌"。葱茈羌名，见鱼鳖《魏略》和杜佑《通典》。苁与支同音。月氏一作月支。龟兹，一作屈支（见《大唐西域记》）。大月氏为匈奴所破，西徙到葱岭以外，便是通过这些国的，出于他们同种的同情，所以顺利通过。他与河西地区月氏和天山南路的龟兹同类，语言、习俗与中华相近。很早就成为中华与葱岭外西亚诸国商队的东导主人。以供备商旅食宿、刍秣致富，文化相当高，但国小人少，绿洲分散，不能建成大国。于田、和田绿洲面积最大，很早便已建成了文化相当高的国家。他以女子为王，官吏都是女子，男子只做远道经商与战斗射猎的工作，西藏高原上的牧业民族（羌），原是女性中心的社会（母系氏族组织）。《隋书》和两《唐书》都称他们为"女国"。到宋元时，始以男子执政。于阗国亦是汉代才以男子为王的。所以华人称他作"西王母"。周穆王好远游，曾到其国，属实。当时史官记录其行程（《穆天子传》）。其后好奇往来者益多，但皆属商贸关系。春秋战国之世，匈奴渐强，征服这些绿洲国家，征用其兵员和粮食。赶走了河西的月氏部族，据其农田城堡，势凌华夏。汉武帝欲断匈奴右臂，派张骞出使西域，招抚诸国同拒匈奴。诸国乐于听命，果然收到了削弱匈奴的实效。于是出兵屯田、保护诸国。直至宣帝、元帝时，葱岭内外三十余国都是亲附汉廷的。在这期间，汉廷遣使考查诸国者，先后数百人次、无国不到。就不是到于阗国而止了。于阗已以男子为王和官吏，汉使、汉商亦皆不复知其为西王母之国了。沿途的山名水名，亦多与周穆王时不同，汉使汉商，侈谈见闻，而不能详其沿革。纂山经者，蒐集旧文，自夏殷商人、周穆从臣、武、宣世使节访问之说，纂为此章，所以叙次那样错乱。若有时间，对正现实地理，细加改订，是可以调整错简，改正叙次，查出资料依据来的。

五、《东山经》采自战国燕齐方士之书

《东山首经》原文云："首曰樕𧐓之山。……又南三百里曰藟山。……又南三百里枸状之山。……又南三百里曰勃齐之山。……又南三百里曰番条之山。……又南四百里曰姑儿之山。……又南四百里曰高氏之山。……又南三百里曰岳山……又南三百里曰犲山。……又南三百里曰独山。……又南三百里曰泰山。……又南三百里曰竹山，錞于江"。（郭注"江，一作淮"。）"凡十二山，三千六百里"。

审此十二山中，可定在今山东境内者，唯泰山与独山，古今名称不变。皆在济宁地区。泰山高大特出，独山小而近水（独山湖缘山为名），特点鲜明，故能古今不变也。"岳山"，为五岳山名的地方省称。可以拟为华山、恒山、嵩山，但皆已明著

于《西山》《北山》《中山》三篇了，不当窜在《东山经》内。沅注"疑即泰山"，则与下文"泰山"重复。唯淮水以南之霍山，为古之南岳。历世有"岳山"之称。《汉书·郊祀志》谓汉武帝始以天柱山（霍山）为南岳。自有五岳即以此山为南岳。其在全国部位，实属偏东。汉代以衡山为南岳，于是世人只以霍山为"霍岳"，不更列入祀典。史迁《封禅书》云："自齐威、宣之时，驺子之徒论著终始五德之运……而宋毋忌、正伯侨、充尚、羡门高最后，皆燕人，为方仙道，形解，销化，依于鬼神之事。"又云："自威、宣、燕昭使人入海求蓬莱、方丈、瀛洲"。所谓燕人"为方仙道"，即秦汉所谓方士之言神仙者。周、秦、汉世所谓"方士"，并非都是讲神仙形解不死之术的。实际包括阴阳、五行、数术、医方、天文、历法、声乐、望气、占星、易卜、气功、祈禳、黄白烧炼、工巧、技艺，各种生产致富，却病强身的方法创造者与教导者在内。它是与专讲礼教的儒士不同的士流之称呼。与夏殷的巫师操业相似。他们大都具有科学实验的眼光，能使人信服的本领。隐居不仕者多。自然有部分企图弄虚欺骗，博取富贵的人。也有见解错误，终无实效的事，受到儒生们的指斥。却不是全都妖妄骗人的。齐燕方士最多，是因为他们居近大海，幻惑于海洋景象所致。在科学尚未发达，不能战胜迷信的时候，自然会要产生这样的人，而且他们有些人也会从实践中得到经验教训，对社会有所贡献。例如：呼吸导引之术，发展为现代的气功。砭刺穴道，发展成为现代的针灸。阴阳五行，发展为现代的中医理论。丹铅烧炼，发展为后代的采冶之术。入海求仙，也与航海术发展有关。

所谓"蓬莱"，指山东烟台外海中之山，莱州因以为名。所谓"方丈"，谓海中漂蓬之仙山，盖因海舶隐显假托之言。所谓"瀛洲"，盖缘舟人已见日本诸岛而说，用邹衍"裨海圜瀛"之说命名。燕昭王曾遣人求之于齐地沿海也。

此经首七山，皆无文献可资考订。然自霍山向北逆推二千三百里，无论古今度量如何不同，道路如何曲折，椒蛛亦当在燕国极北，或东界的渤海北岸。则作此行探险者为燕昭王所遣方士，如宋毋忌、正伯侨、充尚、羡门高之徒中某人，可定。神仙家方士，皆谓五岳与海上三山为真仙所在，故此行使者先向霍岳。当时，恒岳在赵，华岳在秦，嵩岳在韩，泰岳在齐，霍岳在楚。齐、楚临海，而燕、齐方交恶互攻，唯燕、楚最睦。故此使者先诣霍岳。时间当在齐国灭宋之前（公元前286年稍前）。自燕京出发，缘太行东麓低山行进，故首七山名皆无高山意义，而水皆"东向"流走。山亦不为世人所重。既至霍岳，而燕用乐毅，与秦及三晋共击齐，下齐七十余城。（前284年。见《史记·六国年表》）。"齐城之不下者，独唯聊、莒、即墨，其余皆属燕"（《史记·燕召公世家》）。时为燕昭王二十八年。故此求仙使者，自霍岳转向泰山，历豺山、独山，凡九百里而达。所云"竹山于涯"者，盖谓登莱州之芝罘山（半岛），望见崆峒岛，以为蓬莱，遂归报于昭王。缘六年而昭王卒，乐毅中逸走，田单自即墨反攻，尽复齐地，燕人求仙者不复入齐。然而其书则传，故纂《山海经》者采为《东山经》首。

独山在霍岳之北，泰山又在独山之北，而经皆云"又南"者，盖因手惯而讹。实当作"又北"，和"又东至竹山"。东山首经资料来源，只合如此解释。

《东次二经》"自空桑之山至于䃌山，凡十七山，六千六百四十里"。则当是依据齐王派出的求仙使者的记录。或是威王，或是宣王，或是更后的齐王。其出发所登第一山，当在曲阜县。即孔子出生之处（见毕沅注译）。其南一千里"峄皋之山"以下，"水行五百里，流沙三百里"，显然是进入黄海的海州湾了。又因风浪不胜，登陆沿沙岸行，"至于葛山之尾"，与"葛山之首"，在楚国吴越地面寻找仙山。未得遇仙而还。

《东次三经》"凡九山，六千九百里"。向南"水行八百里"乃得一山（岐山）。"又南水行五百里"，再得一山（诸钩之山）。"又南水行七百里"，又得一山（中父之山）。显然都是停泊避风之岛，当在江浙沿岸。"又东水行千里，曰胡射之山，无草木，多沙石"，可能已是琉球群岛中的一个小岛。"又南水行七百里，曰孟子之山"（毕沅据藏经本改作盂于）。乃是大岛，有草木，鸟兽，居民。又水行二千余里乃登陆（流沙），极于"无皋之山"，合当是闽海沿岸了。这样一次海上航行，若非齐宣王派遣的，便只能是秦始皇派遣的。按《封禅书》文，以齐国派出为是。大约在齐称东帝以后，"齐楚方睦"之时。亦可能是刘歆误将齐、秦两篇误合为一篇。

《东次四经》"八山，一千七百二十里"，全在齐国界内。路线始于"临于北海"（指渤海）的"北号之山"，最初向南，转东南，又转东北。最后转东，至山东半岛东极之小泰山（在成山角）而止。未曾入海。亦当是齐国所遣使者求仙的记录。

六、《南山经》全是秦汉年代的产物

《南山三经》，都是自西向东行进的勘探记述。首经称为"山，其首曰招摇之山，临于西海之上"。我考即是云南大理的点苍山。"凡十山，二千九百五十里。"终于"箕尾之山"。此山"踆于东海"，我疑是指雷州半岛。依据只在于点苍山自古相传有鸟会，又临洱海。（自然海字亦可解为叶榆、嶲、昆明民族地区），和"箕"是南方星群。自然这样依据是不足靠的。后读谭其骧先生论述，指出在桂林、厦门之间，我亦心折。唯无论是在大理，在桂林，都是秦始皇和汉武帝时才开辟的郡县。始皇统一天下以前，不可能派员到此诸山祠祭。而经文戴有祠礼仪物。所以他不可能是秦汉置郡县前勘探的记载。（尽管商路早已开通，祠官却不能到）。最鲜明的证据，尤在《南次二经》，连续有"兽"、"狸力，见则其县多土功"；长舌兽"见则郡县大水"；猾魂兽"见则县有大繇"；和鸟"见则县多放土"等文句。

郡县之制，虽是秦统一前就曾有过，但那时是以县辖郡。若以郡领县，则是秦统一前后才有的制度。此文以郡冒县，则是秦统一后的记载可定了。并且说鸟兽见即有祥兆，须是多次经验得出的总结，是必待积有岁月才能制定的。秦祚甚短，它有可能是汉代祠祭山川使者的记录。

凡《南山三经》所记鸟兽、虫鱼、草木、矿产，与神像、祭品，皆与长江以南地理、物产、人物情俗符合，应肯定为确有祠官实地考察之记载。《中山十二经》《北山三经》亦然。

考祠祀鬼神，自黄帝始。初只除地为畤，渐至封禅祈福。秦以前祠祀之地不出中原。秦始皇始施行于长江流域。汉武帝用公孙卿言，定祠官之制，遍祀名山大川，建宫观。史迁《封禅书》言："天子所兴祠，太一、后土，三年亲郊祠。……凡六祠，皆太祝领之。……方士所兴祠，各自主，其人终则已，祠官不主。他祠皆如其故"。所谓"方士所兴祠"，皆随方士所至任意创立，祀其所称之神。凡《山经》所言诸神像与所制祭典，殆皆是也。例如：《中次三经》，仅五山，四百四十里，皆在黄河之南，属于黄河支流畛水、正回之水、庸庸之水、五曲之水所划割的五个山爪，并非属于一条山脉。徙以属于一个方士所兴之祠，称为"蓇山"，共祠一神。《中次四经》"凡九山，千六百七十里"，分在伊水两岸，属于熊耳、外方两大山系。祠祀路线，或逾伊水而南，又逾伊水而北，时南、时北，尽伊水源。而统称为"鳌山"，共祠一神。甚至如《中次七经》，围绕嵩山。纵横地面约一百平方里内，祠祀"十有九山"。其祠祭路绕横跨伊洛诸水，长达"千一百八十四里"。其十六山神"皆豕身而人面"，合称为"苦山"之神。唯苦山与太少室三祠之神"状皆人面而三首"，太室、少室，即嵩山也。经云"冢山"，与其他十室、六山祀典不同。盖即苦山方士兴祠之部。苦山方士出自嵩山，故三山同祠一神，均为冢山也。凡《五藏山经》所言山神，皆如此例。不过汉武以前，方士多缘山脉前进，次第命祠。汉武以后，方士多就所在划地兴祠，不更缘山脉，故多有横渡江河，跨数条山脉者。至宣帝世，祠祀之官遍天下。至于"武帝巡幸所至皆立世祖庙"，和遣使迎致金马碧鸡。甚至于祠祀猎获白虎之爪牙残体。又遣官祭祠遍郡国（详《汉书·郊祀志》）。《南山三经》，即有可能采自宣帝时祠官之言者。

七、海、荒九经诸国的资料来源

《海外四经》《海内四经》记载许多异域民族部落，大都称之为国。所称诸国，每有见于《禹贡》《竹书纪年》《穆天子传》《周书·王会》与《伊尹献令》《管子·小匡篇》《淮南·地形训》和《尔雅》的。不过各书所记的时代不同，《海经》把他们广泛收列，不加区别，竟把上古曾经有人说过的异域民族部落，当作当时仍然存在；又复因历时久远，误采传说，有所加工而已。例如：长股，贯胸，僬侥，西王母，就早见于《竹书纪年》的上古年代。"西王母"已经《穆天子传》详细证实，又见于《汉书地理志》和《尔雅》。虽然《汉书·西域传》不见此国，那是因为汉时这个国已改称"于阗"，更立男子为王，与其他绿洲诸国一同脱离女性中心社会了。《西域传》里有个"婼羌"，不在三十六国之内，却叙冠三十六国之首。我考他是指青藏高原上牧民部落（保存着母系氏族制度的部落）的华人称呼。指的是今青藏高原上羌塘、柴达木和阿里诸地面的牧部，不属于沙漠绿洲之国，而是沙漠绿洲之国的人种（葱茈羌）来源地，语言相通，农牧交易不绝，故《西域传》附带言之。他们自呼为 ruò，故云"婼羌"。羌人、藏人，途遇不相识者，呼为"阿喏"，有尊敬之意。疑即缘婼羌古族为称。这样的母系氏族部落，满布于青藏高原的游牧区。《隋书》《唐书》称之为"女国"，有东女国、西女国与苏毗诸名。汉以前人皆称之为西王母。《汉书·地理志》临羌县西海盐池说的"西王母石室"，所指为茶卡盐湖附近古女国的遗迹，不是《穆天子传》的西王母。《海内北经》说的"西王母"，可能即是指的这里古女王之国的传说。《海内西经》所说的"女祭女慼"和"女丑之尸"，也可能是指的这个部分，或柴达木部分的羌落。尽管《西山经》《海内北经》《大荒西经》皆曾说到"西王母"，各所依据的资料则不同，其所在地与时间亦皆不同。《西山经》是依据的《穆天子传》，可定。《海内北经》与《大荒西经》所引，与《班志》同地，可能同出于《禹本纪》。云"梯几而戴胜杖"者，是近实之言。云"戴胜、虎齿、有豹尾，穴处"者，后人加工之言也。

《淮南·地形训》举有"海外三十六国"，殆全与《海经》相同。可为同取自《禹本纪》之证。这些国名，汉代全都不见。可知其为周秦年代收纂之书，《禹本纪》而汉代人采用之。故司马迁斥其所记为"怪物"。语在《大宛传》末。其他诸国资料来源，不可尽考，大抵皆古代史家所记，原书久佚。即《管子·小匡篇》与《王会》《献令》诸篇，亦皆周代好事者依据旧文所造，又在《禹本纪》之外矣。所引书籍，自《禹本纪》外,全皆书存。文繁,不胜列引。向曾比列参验,只录结论如此。

八、海、荒九经"怪物"的资料来源

《史记·大宛传》所云"怪物",在《山海经》者,大抵可分为三类:一是畸形动物。如双首、双身、四角、独脚之类。《五藏山经》最多。本是双胎连体所致,世不恒见。积数千年人所遇见者聚为一篇,加以夸大,则令人厌恶以为怪物也。二是宗教徒臆造之神怪图画。如《山经》所言山神"龙身人面""羊身人面""人面蛇身""身而八足、蛇尾"之类。皆巫师妄造之形象。巫师职业如此,亦不足为怪。另有一种婆罗门教徒妄造的多臂神像,与持蛇人像,在海荒诸篇中颇多,古探险者见而记录之,纂《山海经》者遂误以为实有。如《海外西经》的"三身国,在夏启北,一首而三身"。《山海经》图绘作六臂人。按婆罗门教与佛教绘塑之神像六臂、八臂以至千臂者皆有。中华汉以前人不知密宗法,远行入西域者望见多首、多臂诸图像遂谓为三身国耳。盖承上文"大乐之野,夏后启于此舞九代"的画片而言。不云在大乐之野北,而云"在夏启北",明是表示其为画片,非实见有如此人也,又"巫咸国,在女丑北,右手操青蛇,左手操赤蛇"。又"西方蓐收,左耳有蛇乘两龙"。试问其人食息起居皆操蛇耶?皆乘龙耶?操蛇何用?乘龙何往?其仅见之于固定之画幅,而非实其国人中有此形象亦甚明。婆罗门教与喇嘛密法所造丑恶持蛇、衔蛇、戴蛇、缠蛇,以蛇为腰带者极多。海荒经中采入者亦多,不可胜举。

另一种为记山灵、人鬼的古代传说,几于全在海、荒九篇中,大都已经过若干次的辗转加工,成为脱离实际的话。如羿落九日,羲和浴日之类,例多不可胜举。姑举昆仑一例,以概其余。

就我所知,昆仑实有其地,在今西藏高原阿里草原上,旧云"冈底斯山",别有"冈仁波齐""阿隆冈日"等藏语译称。(义为雪大宝与阿里雪山)。其山体正圆壁立,绕行一周须二日半,约二百五十里。其岩壁望不见顶,大约超过五千公尺。远望其上尖圆积雪之白顶部亦在一千公尺以上,恰似古代华北贮粮的仓囷。为远古羌族信奉并按时朝拜之神山。古羌语呼万年积雪之山峰为"昆"。(今云贡嘎。贡与冈及昆为一音之转,古今译字不同)中华初传此山,不习用单音,语译作"昆仑",以利于传其形象。何人创此译称,已不可考。以历史地理学方法推测,远在原始社会文字初创时代(相当于黄帝至尧舜之世),中华与羌人和睦如一家的时候,华巫行法,深入羌中,曾有与羌人偕行至此山者。其后华巫至者少,至于无人更知此山所在,其名则人多知之。北印度人至此山之时间亦早。原因在于市易羌塘之食盐与毛皮，羌塘为海拔五千公尺之贫草原，只湖泊多，盛产食盐、硼砂、土硷。沿湖草原牛、羊、驴、马繁殖。缺乏粮食、布帛、铁器与生活需要的各种工艺品。每年夏季，因朝冈底斯山，而来进行市易者恒在百万人次以上。尼泊尔、北印度克什米尔、新疆、青海、西康商民各以土产来此市易。印度来者恒二十万人左右。专运其食盐、硼砂与牲畜。故牧羌虽地产贫薄，各帐富民养生之具堆集，消费不尽。至阿育王遣使四出传演佛法，有印僧曾至此山，惊其奇峭，认为即是须弥世界之地轴须弥山。佛书中有《俱舍论》造须弥世界说，谓大地如轴陀，地轴贯之。中部展为四大部洲与八小部洲，与九金山，十戏海。轴顶端为须弥山，地释天子居之，其四方为四大天王之天。其上还有三十三重天。佛教徒至今深信不疑。于是吸引五印度人夏季开市时结队前来朝拜。同时佛教输入塔里木盆地诸绿洲国家（其后即由西域传入中华）。此诸绿洲国家、民族（葱茈羌），本系高原羌族迁来，亦早知有此山，既奉佛法，相信须弥世界的《俱舍论》为经典，每年来朝此山者，亦皆须取道于阗绿洲。新疆羌民，傍于田南山者为葱茈羌，傍葱岭天山者为屈支羌（龟兹同），早在两千多年前已奉佛教。宋元以后转奉回教。故周秦中华人恒以西王母与昆仑联想。周、秦时华人，习于车马代步，生活于农业社会中，与草原牧场完全隔绝，于是自河西玉门出塔里木盆地，沿绿洲地带逾葱岭成为亚欧两洲间唯一通道（丝绸之路），莫能更至世界屋顶之昆仑地轴所在处矣。

唯此时羌族肇源之西藏草原（羌塘）之羌族，亦已支分扩散于整个青藏高原，远达陇西、塞北与长江上游诸山谷间，建成若干独立的部落族（包括华人所谓的西戎、北狄、西南夷和西域诸国）。他们仍都惦念着其祖先崇拜之昆仑山，从而扩散其传说。于是所在雪山皆被称为昆仑。这是上古典籍中，多有记录昆仑的原因。不止《山海经》，现存之书如《尚书》《尔雅》《竹书纪年》《穆天子传》《淮南子》《史记》《汉书》皆有。至先秦诸子书及《禹本纪》等更因散亡者多，难于核证了。

《山海经》各篇明言"昆仑"者，如张明华同志《索引》所引，凡十六条。散在各篇，详略不同，内容亦异，使读者目眩头晕，不能知其究在何处。我曾抄录诸文，为十余张卡片，参以他书所有昆仑之文，互相校订，验以地理实际，核以各地区社会发展变化的历史过程，探寻各条资料的来源，做出初步结论如下：

《海内西经》所云"流沙出钟山西行，又南行昆仑之虚"者，为实指昆仑所在之文。由于误牵于《穆天子传》，衍"出钟山"三字。余十一字是真实方向和部位。盖得自随周穆王同行至西王母国者之说，实未曾至其山。故不能详其形貌。其下文

"海内昆仑之虚在西北……非仁羿莫能上冈之岩"一段，则当是最原始曾至其地者之言。所云帝之下都，与《俱舍论》言三十三天最下层须弥山顶为帝释天子所居（四天王天）合。云"方八百里，高万仞"与实际山形合。所谓"九井"谓夏季雪融时下流的九大飞瀑。所谓"九门"，谓环山绝壁九个凹部。所谓"开明兽"实指羌巫意造之山神形象。所谓"八隅之岩"即谓环上绝壁。夏殷周巫师盛传有穷后羿为神人，故云"非仁羿莫能上"也。又其下文云"赤水出东南隅"，即谓今之雅鲁藏布江，印度教与西藏喇嘛教经典，同称为自山分流四大水中之"马口水"也。所云"河水出东北隅"、"洋水、黑水出西北隅"与"弱水、青水出西南隅"，则是缘西王母人所传"四大水"（狮口、象口、马口与孔雀口所出四水），更窜入《禹贡》之弱水、黑水与河水。当属于秦汉人改窜之言。其所云"昆仑南渊"，即今之玛法木错（旧译马品木达池），有人说为穆天子与西王母会饮之瑶池者，亦非。周穆王不可能至此山。其与西王母会饮之"瑶池"和《禹本纪》言"河出昆仑"之昆仑山（即《西三经》所言之"玉山"）皆在今于田县南山（喀喇昆仑山口）北侧。在真正的昆仑山北千五百里以外，海拔相差约四千公尺，缘于阗人谓属于昆仑山体之北麓。《禹本纪》以于阗河为黄河真源，遂谓"河出昆仑"耳。

佛经所言须弥四大水者："孔雀口水"为恒河源（今呼那卡那里河。西藏普兰县在其上游）。"象口水"为印度河南源（西藏札达县在其上游）。"狮口水"为印度河北源（即克什米尔河。西藏噶尔县在其上游）。"马口水"为雅鲁藏布江源。四水皆导源冈底斯四方百里以内，故有此四口水的传说。于阗河、弱水，黑水及黄河源皆在此山千里以外。故知六水之说为秦汉间人指河西青海诸雪山为昆仑者之说，纂《海荒经》者混千余年人前后之说为一目也。

言昆仑四水者，《西次三经》近之。"槐江之山"云"南望昆仑，其光熊熊，其气魂魂。……西南四百里曰昆仑之邱，是实唯帝之下都，神陆吾司之……而南流东注于无达。赤水出焉，而东南流注于汜天之水。洋水出焉，而西南流注于醜涂之水。黑水出焉而西流于大杅"。四水名称尽管不同于羌人旧说，分流方向则能一致。谓马口为"河水"，孔雀口为"赤水"，象口为"洋水"，狮口为"黑水"，皆当时译著者谬贴之标签。昆仑四方出四大水之说，则未失于羌语本意，斯则可贵耳。按此经文，槐江之山，应在今敦煌玉门之南，属祁连山脉两端。自此渡四百里流沙，又五百五十里至玉山，是西王母所居。则谓槐江之山，南望之昆仑，又当是今柴达木与通天河之间的昆仑山，亦即《禹贡》雍州"织皮昆仑"这一民族部落位置，（部落因山为称），而决不能是冈底斯四大水源之昆仑。

以上，足以说明《海经》所据资料不是一人、一时考察所得的记录，而乃是不同时代若干人员和书籍文字，缘其同名而纂成一章。若还遂认为是一人一时的记述，那就失之千里了。

《西次三经》叙述之昆仑，与《淮南地形训》所述之昆仑，几于实质全同。只各所增删的字句小异。可以肯定他们是同采自于一书。其书，显然就是《禹本纪》。而其他许多与昆仑相关的地名，则参用了《穆天子传》。今本《穆天子传》卷二，记穆王西征会西王母前，曾"宿于昆仑之阿，赤水之阳"。又"升于昆仑之丘。以观黄帝之宫而丰丰隆之葬"。又云："天子封昆仑以守黄帝之宫，南司赤水而北守舂山之宝"。此昆仑与舂山，显然是陇西地区黄河上游，青海东方的某山，或许就是桥山，或许就在青海盐池附近，即《汉书·地理志》临羌县的"西王母石室与昆仑山祠"。穆王从舂山北征至赤乌氏部落。又自赤乌氏"北征"（己卯日）"庚辰济于洋水"。壬午"北征东还。甲申至于黑水"。至"戊戌天子西征，乃渐入于西王母之国"。其为循河西走廊入塔里木绿洲可定。故《西次三经》参采《穆传》之文不少，而叙述次则不似《穆传》准确。《竹书纪年》谓周穆王十七年"王西征昆仑丘，见西王母"。徐位山《统笺》引据多书订昆仑山为祁连山。盖缘《穆传》文，而昧于地理实际者多矣。《海内西经》之以弱水，黑水，河水混淆于须弥四兽水口者亦缘是耳。

海、荒经纂辑昧古地名之实位考订，而发生之分卷错误，地名歧出，与古今混乱之处极多，举此昆仑，足概其余。至于《海内东经》亦纂入"昆仑山"。然固云"在西胡西"，足知其非谬谓东北徼外别有昆仑山，但排比资料时有误耳。

荒经最后之《海内经》所收多属秦汉内地郡县地内故事。但在上古则为徼外荒远之国。以此可知其资料来源为上古之书（起码也是先秦以前人所记之上古传说），颇多考订中华古史之珍贵资料。纂者不识其地望，因原著指为荒远，遂亦附于荒经也。

九、《山海经》各篇成书年代总结

司马迁说"《禹本纪》《山海经》所有怪物，余不敢言之也"。这已说明：那两部书是史迁编撰《史记》以前就有了的（即公元前二世纪就已有了的）。并且《禹本纪》比《山海经》尤早。大概《禹本纪》比《禹贡》晚出，是东周年代的书《禹本纪》东汉已亡。据西汉人地书、纬书引文看，应是先秦反对儒书的方士之作。他因反对儒生把《禹贡》奉为经典，故取前代巫师、方士所记殊方异俗，结合诸子所传禹的事迹，纂为《禹本纪》以图压倒《禹贡》。当时曾受广大人民抄录流传。大为儒士所恶。至汉武崇儒以后。被禁绝了。《山海经》成书与《淮南子》同时。所以他与《淮南·地形训》都大量采用了《禹本纪》，而文又各不同。即是说，汉武帝初年已经有这《山海经》了。但那时只有《山经》与《海经》合成一书，尚无《荒经》。《大荒经》五篇，可能是宣、元、成三帝时人因发现上古书记异域事未被《海内外八经》收入者，纂合拢来补充《海经》的，时间大约在王莽执行之后，刘歆改名以前。因为刘歆表上其父刘向所撰书《七略》时，仍称臣歆，迨表上此十八篇《山海经》时已改名秀了。刘歆改名秀在平帝时（公元一至六年）。

并且亦不只《大荒》五篇是宣、元、成时收录的，即《五藏山经》内，亦有宣帝时祠官记录窜入。这可由刘秀《上山海经表》中说的"秘书太常属臣望所校《山海经》凡三十二篇，今定为一十八篇"这句话分析得来。因为今传十八篇《山海经》，是刘秀校改的定本。其南山、北山各三篇，西山、东山各四篇，中山有十二篇，共为二十六篇。合《海》《荒》九篇，为三十五篇，比较"臣望所校"多了三篇。刘秀又把《山经》二十六篇合并为南、西、北、东、中五篇，乃成十八篇。很显然，臣望所校的三十二篇中，除去《海》《荒》九篇，有二十三篇都是《山经》，比刘秀改定本《山经》又少了三篇。少去的三篇，只可能设想为刘秀改定时删省的，多了的三篇，则只能设想为"臣望"与"秘书言"二人收录的宣、元，成时祠官记录，必然都在《五藏山经》里。如此一增一删，皆属刘秀与言、望三人同时做出的。其迹可见者，如：

《南次二经》凡十七山，七千二百里。"首曰柜山，西临流黄"。流黄，我考即巴人。说在拙著《华阳国志校补图注·巴志篇》。是其山当在鄂西。东行一千一百四十至"羽山"，在东海。应是缘大别山脉东进。中间只记有长舌、尧光两山。而其下文所记皆今江、浙、皖三省间，太湖（县区）附近之地，甚为详密，乃在其南甚远。此其为两篇旧文合为一篇可知。可能即是刘秀因巫言其同为"龙身鸟首"之神而合并之，又删除其中与他卷同名之"荆山""霍岳"等名所致。但"羽山"以上一段有郡县字，则两篇可能出于同时。

又如《西山首经》十九山，二千九百五十七里，前经考订，系殷代巫师考察华山与终南、墦冢之记录。唯自墦冢以下"天帝之山"至于"山"，一千三百六十里中，皆当在陇西地界，远达青海，非殷代使者所能至。秦灭义渠，始开陇西郡县，汉武始开置金城与河西四郡，王莽又才开置西海郡。则此云"山于西海"与淒水"西流注于海"者，当为今之日月山与倒淌河，均唯汉代探险者能至，殷巫不可能至。这亦当原是两篇资料，刘秀因其同有嶓冢与同是西行而误合之。即误将千年前后两篇资料合为一篇。《山经》如此误合者尚多。亦不尽出于刘秀。唯此篇出于刘秀的可能性最大。

又如《东次三经》六千九百里，几于全是水行，出发于齐，终结于越。"胡射之山"以上，皆沿海小岛。"孟子之山"则是大岛，当是闽浙远海，流球、台湾之类，非齐威、宣时力所能至。唯汉武帝已开闽海郡县，乃可能资遣海舶远航求仙到彼耳。应亦是前后两篇航海记录，刘秀又误合之。

至于所多宣、元、成时的三篇，应均属于祠官记录，应在《中山经》中。与宣帝多设天下祠官有关。唯宣帝时祠官所祀之山神，亦多是秦皇、汉武时祠祭名山大川之神，故前后记录重复者多。后出者每已收入旧文入记，难于清理其先后作者特点。可以不论。若以时间细致分析，即可辨出。

结论是：司马迁所见的《山海经》是汉武帝初年方士所辑，只有《山经》与《海经》两部分。原文已被刘（秀）、言、望三人窜乱。窜改最甚的是《山经》。窜入部分是宣、元、成三帝时祠官所记资料，并还补辑了《荒经》五篇。最后经刘秀改称《五藏山经》，定作十八篇。经郭璞校注后，文字固定，直传至今。

《山海经》释名[①]

在浩如烟海的我国古籍中,《山海经》是一部著名的"奇书",它内容广博,3万余字篇幅中,记载了上古社会我国的地理、历史、民族、宗教、生物、矿产、医药等各方面情况;插图奇异,多幅图画中,展示了许多奇形怪状的生物。过去,由于人们对它记载的许多内容难以理解,往往误把它看作怪诞不经的神话小说,连鲁迅先生也认为它是"古之巫书"。其实,现代的研究证明,《山海经》乃是记载上古社会情况的一部重要文献,具有很强的科学性和学术研究价值。那么此书的作者是谁?因何取名为"山海经"呢?历来说法多有不可信处。笔者最近对此作了一些初步探讨。

一、《山海经》作者是谁,写于何时?

今世流行的郭璞注本《山海经》18篇,自刘歆(秀)《上山海经表》,郭璞《山海经传序》,毕沅《山海经新校正序》,至郝懿行《山海经笺疏序》,皆深信其为禹、益所作,两千年来几无异议。颜推之虽疑"禹、益所记何以有长沙、零陵、桂阳、诸暨等地名",但亦解为"由后人所窜,非本文"而已。

然以现代历史科学知识推断,则禹、益时尚无足够叙事记物的文字,安能有此30900余字的长篇记述。今世所见殷墟甲骨文,时间后于禹、益约千年,尚未能有长达二三百字者。《尚书》为孔子所辑三代古文(除《禹贡》一篇为误采周代作品有确证外),亦皆未有上千字的篇章。今之《五藏山经》,以《东山经》文为最少,亦2000余字。仅从字量而言,其不得为禹益所记,已可定。更何况其文内有"郡县"字样,及秦汉时乃能有之地名,其非禹益时已有之书可定。

然则,今传之《山海经》18篇究为何时,何人所写呢?据我的分析研究,此书

[①] 载《文史杂志》1987年3期。

的成书过程是：夏、殷巫师，为了采药、求法与行化，远行海内外者，归而向其弟子矜炫其见闻，其言有被记入先秦诸子文籍者；以及周、秦、汉代方士采药、采矿、告祠、求仙活动中之见闻记录，散在官、私各书者，被好事之士搜集合纂所成此书。

其中《中山经》原只称为《山经》，纂成于秦统一前。南、西、北、东四山经，纂成较晚，约在汉景帝、武帝时；两汉，魏晋陆续有人傅益。

《大荒四经》与最末之《海内经》，又晚到东汉、魏晋之世，是克辑《山海经》所未取的神话、异闻，作为补充附录。要皆有所依据，不是杜撰臆说，亦未审核所得资料的可靠与否。

二、《山经》《海经》和《荒经》的命名取义

今传郭璞注的《山海经》18篇，可以分作3个部分：

《山经》，即《五藏山经》。包括《南山经》3篇，《西山经》4篇，《北山经》3篇，《东山经》4篇，《中山经》12篇，共26篇。这26篇写作的格式相同，即：先叙述入山开始，至考察结束，自首至尾各神山之名，各记其距前山的道里与其水流的地理形势，以及特产、怪异。最后总结全部山数和全部行程的里数，及全线山神形状与祠祀的方法。很像是取材于26个山脉的勘查者、采集者、祠祀者的路线记录，所以叫作《山经》。

"五藏"的藏字，古原作"世"（藏），是隐匿不显的意思。"五藏"可以说是取义为"五方的山神"，因为山神是主宰一山，而人不能见的，又可引申为脏腑的脏字（古"脏腑"二字皆无肉旁，因为古人认为内脏隐存体内而有"神"）。再引申，则为内部和外部，边地和腹地的区别字，这里的"藏"字就是表示"内地"之义。可能原只有《中山经》，直称为《山经》。随后续有南、西、北、东四篇山经，才称为《五藏山经》。

《海经》，这个"海"字不是用的海洋、湖海之义，而是《尔雅·释地》中"九夷、八狄、七戎、六蛮，谓之四海"的"海"字之义。也就是今天所说的"少数民族地区"之义。其字从水，从每。每字，古篆从"少"，从"母"。少音灌，表示的野草（崔）和丛生的矮树（灌木）。华夏西北草原地区，气候干燥，唯有水之草原和绿洲，才适居人，形成族落。这与当时华夏地区几乎遍地皆利生产，可供养民聚族不同。水之所归，必为低下之地。故古造字作每，取母为声，亦为孕育草丛之义。语云"每每……"即取的是不常有，但偶亦有之的意思。至于水旁，乃后人通加，

以明必得水之意。

故"海"字初不解为汪洋大海。许慎《说文》云:"海,大地也。以纳百川者"。但言为低下之陆地,并不释为海洋。刘熙《释名》云:"海,晦也。主承秽浊。"亦只是洼陷地方之义。自周人伪撰《禹贡》,有"江汉朝宗于海"句,后人奉为经典,海之本义乃失。《山海经》里,《海经》外、内各4篇的命名,未失古义。其《海外四经》所记,皆距华域较远的民族部落的奇事怪物,以国名为纲,犹今言"远边的民族部落";《海内四经》所记则犹言"近边的民族部落"。近边的民族部落得称为"国"者少,故此4篇多以山名与地区名称为纲。疑为汉武帝即位后,好事者辑先秦文献中有关异域之记载成书,以补《山经》所未及者。至刘歆(秀)乃更订为18篇之《山海经》也。

《荒经》,即《大荒经》4篇与最后的《海内经》1篇。它又是另外一种体裁。也不录于刘歆(秀)表上的《山海经》内。盖当为后汉、魏、晋间,更搜辑18篇所未及者,作为补充。郭璞一并为之作传(注)。取名"大荒"者,亦是用《尔雅·释地》中"觚竹、北户、西王母、日下,谓之四荒"之义。"觚竹",即孤竹,伯夷叔齐之国,在今渤海之北。"北户",即越南,地近赤道,民户皆北向以迎凉。"西王母",为西羌母系氏族部落,与中华交通最早。"日下",即北狄所在的塞北草原。因无树木与房屋,日照强烈无掩蔽,故云日下。上古华夏地面小,此等部落在"四海"外,虽间有使节相闻,而无通商市易关系,故称"四荒"。秦汉以来辟地日广,这些地区先后内附,置郡县,不得再谓为荒远。但纂辑者为有别于海外、内八经,故用此"荒"字为称,实则仍当在四海之内。故毕沅云:"详此经文,亦多是释海外经诸篇"。但他遂因此疑为"即秀(刘歆)等所述也",也是不对的。

以上但就"山经"与"海""荒"命名所取之义,作了一些简略的论述和推断。至于《山海经》所记载的山川、河流,民族、物产等等的考释,则是一项十分艰巨复杂的工作,并非三言两语所能说明。

我对新修《什邡县志》的管见

我国之方志，自东周年代已有之。如晋之《乘》，楚之《梼杌》，鲁之《春秋》便是。鲁《春秋》全文今尚在，所记不出朝聘、会盟、祭享、征伐之事，即所谓"国之大事唯祀与戎"也。至于基层社会、人民生活等，则非所顾及。盖奴隶社会之遗俗，封建领主仍沿袭之。

东汉时，封建社会已经成熟。乃有专门记载基层社会、人民生活情形之方志产生。初亦只作小地区的、单线的记述。如《耆旧传》《风土记》《岁时记》《山水记》《异物志》等等。嗣后，渐发展为记述大区域、综合性的巨著，如《蜀记》《三巴记》《楚记》（荆州记）、《吴地记》《南中志》《华阳国志》《三秦记》等皆是。《华阳国志》与《三秦记》，至今尚存，其他诸书则多散失矣！这些巨著大都综合记录了一个地区的地理、历史，包括政治、军事、经济、民族、民俗、文化等各种资料，成为典型的方志。它们大都是该地区内的文士在个人努力下，汇集地方人民撰述及官府档册而纂成。一般未受官府干预。

五代迄宋之时，雕版印书出现，各府、州、县皆有方志，称为"图经"。内容增添了地图和风物的图画，进一步强化了地方的特点。但已多在官府的操纵下修成，逐渐偏重于软化的宣扬，隐蔽了社会基层人民的生活真实。这一缺点，以后愈来愈突出了。

元、明、清代，府、州、厅、县俱有"志"。各省还有综合各府、州、厅、县志，调整成书的"通志"。朝廷则更有综合各省的"一统志"等。方志体系层层相督，似已臻至完善了。其实，较末之图经变本加厉，全成为弘扬封建道德、旌表忠孝节义、歌颂皇朝盛世、官吏政绩的虚文。脱离人民实际更远，使方志之意义大为逊色。这正是封建社会文化腐败的结果。

民国以来，每有地方人士倡议，由本地人自己修地方志的。渐有注意到民生问题者。但主持人多为封建时代成专之儒士，难以摆脱封建成规之陋习，谓为半封建半殖民地的方志可也。

新修《什邡县志》是中华人民共和国成立三十多年后在党的领导下编成的一部社会主义的新县志。它是在党的十一届三中全会精神感召下，在各级领导部门的扶持下，发挥地方人民的积极性，集中一批本地的知识分子，经过几年的努力而编撰出来的。在四川二百余县、市中，它是最先成功，出类拔萃的新县志。在全国也算是名列前茅的。

我有幸得先读修撰同志提供的部分志稿，并因参加讨论该志之便，考察了县境地理特点和社会经济概况，深有慨于社会经济与文化发展的相互关系。偎承邀作序言，惭在耄昏，未敢言序，唯愿得附骥末，妄抒管见，与当代修志诸贤讨论三点：

方志，是记述地区社会发展各阶段中文化内容之"软件"。随着社会的发展前进到另一阶段，便会失去它的应用价值，渐被淘汰，更修新志以替。所以我国三千年来写成之方志书不下万种，而当前尚保存下来的方志，则不过千百种而已。其中属上古年代者，可能仅百分之一；一千年前的中古时代成书者，亦难到百分之三；二百年前之近古时代者，可有百分之十；而，近代出品者，竟占百分之八十以上。书籍淘汰之速，未有甚于方志者。然而，仍有时代远去的方志保存至今，且愈古愈见贵重者何耶？这乃是因为它的真实性大，为研究古史者所爱。现代史学强调古为今用，我们并不摈弃封建时代的方志，而是要取其有用之处，弃其糟粕之物，修撰社会主义之新方志，以服务于四化。

是故对方志的评价，首先要注意它的史料的真实性和人民性。其次才是它的深度、广度和精度。至于旧时经学师所称道的"微言大义"，文士所优为的文彩装潢，在现代方志里都属不必要的了。

新修《什邡县志》是熟悉地方情形的人士，选辑科学考查的资料，经过五年的反复讨论、修改纂成的，是按照上述的真实性，人民性的要求编辑的。这是我看到它的志稿后，要特予祝贺的一点。

现代方志是社会主义计划经济的重要依据资料，应当显示出本地社会发展的规律的证验来，以资施政行化的借鉴。我从这部新县志的经济资料中，看出什邡的地理特点是跨越成都平原北侧龙门山脉的一个狭长小县。北半部是从八百公尺斜升到四千公尺的山地；南半部平原是雒水从山地搬运富于磷、钾肥质的冲积扇。这就是它固有的经济条件。历史上，它是秦代开置的新县，生产原很落后。李冰导雒水开渠，才开始种稻。冲积扇土质疏松，堤埝不固，农业起色不大，所以汉高祖封他所不喜爱的故人雍齿于此。到了唐代，这里才升为旺县，亦只由于开辟了山区茶场的关系。唐至北宋，行销蕃、回地域的"边茶"，是由陇西起运的。种茶，则就近提倡于成都平原北部的灌、彭、什、绵、安、龙等龙门山地区，在这一带开办茶场。由于政府倡导与什邡的地理条件相适应，县境的茶业蓬勃兴起，农人富裕起来。北宋时陇西多事，边茶取道松、茂运销，什邡仍为旺县。南宋时松茂亦多事，边茶改由黎、雅运销西蕃，茶场亦渐向川西转移，是为南路边茶。此后南路种茶大盛，北路茶业日衰。什邡经济亦一蹶不振，沦为下县。

当茶业正盛时，什邡工商业曾发展到开盐井。这是由于雒水冲积扇覆盖在海迹平原面上，保存在含盐质多的基土中的盐质，未被雨水与河水流失。这一科学秘密被什邡人发现，于是继李冰之后穿井取盐。虽水淡利微，但在成都平原人口稠密、需盐量大的市场上，因能就近手车供应，仍较陵、简两州逾山供应廉便。故克以维系茶业衰落后的商品经济。迨自贡溪桥筒井兴盛，大量行盐入川西平原后，什邡盐销场日缩，至于停产。今日只存废井之地名，人们多莫知其兴衰事迹了。从宋末至清初，什邡经济处于冷落年代，成为川西平原中少人注意的山区小县。直到清中叶后，乃以烟业复兴。

烟草，是明末从吕宋引种入川的。初种不在什邡。由于它特别需钾、磷肥土，故在什邡盛种。由于县人民努力研究其耕种、烤晒方法，创出"什邡烤烟"这一名牌商品，畅销盆地各县与川边地区。远方商贾争来贩运，遂逐步富裕了农民，繁荣了地方。文教、艺术之复兴，山林水利之培护，凡诸百业，俱由烟草生产的兴盛而兴盛起来。至清末叶，已由"叶子烟"之生产进而发展成雪茄烟、卷烟二工厂作坊的产生，组成了腹地内最先兴办的烟业公司。虽遭军阀蹂躏，一度濒于破产，但什邡之经济收入仍大部赖于此。且在抵御舶来品的斗争中起了一定作用。

中华人民共和国成立后，濒临破产的什邡烟业得到人民政府的大力扶持，崛起腾飞，成为满足四川人民所需和运销外地的国内名产。不唯政府税收增加，人民富力亦大增，遂有财力兴办各项应兴未办之事业。这部县志亦缘人力、物力之丰盛和社会发展之急需，克以在全国领先诞生。我游县境所感到的是风淳俗美，百废俱兴，安居乐业的情景，仿佛与五十年前我考察南通、无锡时的感受一般。实践证明，社会发展与经济基础的关系、经济发展和地理条件的关系是何等重要啊！而尤为重要者，乃在于人们是否能充分认识本地之地利条件，因地制宜，因势利导，使本地之优势得以完全发展。如是者，虽偏鄙小县亦得腾飞；反之者，即通都大邑亦难免衰落。

马列主义的历史科学总结出一条历史规律：上层建筑必须与经济基础相适应，社会才能顺利发展。反之，则会停顿，甚至动乱崩溃。新修什邡县志很好地体现了这一规律,使读者能从中受到教益,使四化事业能从中吸取教训和经验。这是我祝贺它的第二点。

方志体裁,叙事至成书年止;顾其效用,则在成书之年之后,尤其是在今四化建设高涨时期,今年修成的方志,可能就是明年施政的依据参考。即如这部什邡县志,成书于第七个五年计划内,但可能在省、市、县制定"八五"规划时便要吸取它的经验教训,作为借鉴。是故此书印行后全川乃至全国关心四化建设的人士都会注意它的效用,从而带动今后修志质量的提高。

此外,就什邡而言,我们不妨就经济方面提出一些问题。如烟业使什邡经济发展了,它是否还能带动一省,或一个地区,或几县的经济发展?如其能,应如何办?如其不能,又该怎么办?这些宏观的经济问题,在修志中都应该予以注意,这也是新方志与旧方志不同的地方。

从可能方面看,窃认识在当前社会发展阶段,是可能的。因我国有十亿人,吸烟之人可能不少于三亿,需要量大。全国像什邡这样的烟叶基地不多,且产品又有特色,值得保护、发展,使其成为内地一大烟草工业地,并开拓海外市场。办法是:打破县营的局面,向彭、灌、绵、安等龙门山脉流出诸水的冲积扇地区推广,再逐步组成联合的大公司,使一方人民致富,社会繁荣。然后,更向盆地边缘和其他地区推广,在地理条件许可下,把这一种植业发展起来。同时,配合技术培训、品种改良、病害防治、工业配套等各项工作,从而带动各方面经济、科学的繁荣。这是符合国家社会主义建设需要的。若还停滞在个人致富或小单位的经营上,便难于乐观了。

再从不可能方面看,必须考虑到烟草是不可能长久不败的。因烟草是夺取地力最大的农作物,早在半世纪前,一些先进国家已经停种了。卷烟又是对健康有害之物,当前世界普遍提倡戒烟,故烟草的命运难以再延长一世纪。作为我国现阶段一种商品是必要的,但它不可能成为我国社会经济的永久性支柱。是故,我们在当前扶植烟业的发展时,不可不考虑另一种地区商品的新兴,譬如什邡的茶业、矿业、漆、蜜等项的恢复和改进,旅游事业的开发等,都各自有其发展前途。这是读了什邡县志后,我感想到的第三点。

吾已耄耋,值此新修什邡县志即将付梓之时,聊以数点管见表示祝贺和希望。相信在什邡新县志的带头下,必将有更多的新县志脱颖而出,为盛世增彩。

丙寅九三初度试笔

关于泸定历史沿革的一些问题①

（1982年）

一、关于"康区为古三危地"之说与《禹贡》之九州问题

把康藏卫说成是"三危"，是康熙帝凿空的谬说，尚书家从无此言。所谓"窜三苗于三危"，与泸定无关。

《禹贡》这篇书只是周代人的著作，并非夏禹时已分天下为九州了。这正如《黄帝内经》并非黄帝所著，《神农本草》并非神农所著一样。因神农、黄帝之时，中国尚无文字，不可能写成这两部书。夏禹时中华还是原始社会，亦不可能有分区贡赋之制。不过，从自然地理来讲，这篇书的设想还是有道理的。如以禹贡九州来看的话，泸定是在梁州的西部边境地方。

二、关于筰都在泸定沈村

泸定县的沈村是明清两代"沈边长官司"住牧所在。因何叫作"沈边"，没有文献可考，据从前土司衙门的汉文师爷传说，是因从前做过沈黎郡，历世保存下来这个沈字，内地人读音作姓沈的沈（音审），土著的人则读音为"沉"。自然，前汉已经废了的郡名，经历千多年未见有文献承用，到明清时又才出现，这是不可靠的说法。但沈村这地方，古迹不少，也可能在明清年代里发现了什么金石遗物，留下故郡名字，才使用为土司印号的称呼。比如云阳在清末发现了建安中赐予巴夷王"賨邑侯"的金印。叠溪在清末发现了"蚕陵"字的石碣。芦山县还是抗战期中才发现了王晖石棺、王谋墓道和许多摆在田间的有字汉砖，证实了他是汉嘉郡治。古地名

---

① 本文为1982年作者答复泸定县志编委会所询而写。

埋没后千多年再出现，是有可能的。这是定沈村为沈黎郡治的第一个理由。但这还不是具有决定意义的理由。

具有决定意义的理由，还在于它在古地理学上位置的重要。大渡河谷，在沈村部分，海拔只有一千多公尺，直上到大金川，也只一千多不到两千公尺；直下到石棉县大渡河桥下，也还是八九百公尺。但它的两侧高山，却全在三千公尺以上，并且夹河骈列，连亘千里。西侧的"木雅贡嘎山脉"，更是我国内地最大、最高和最长的一条雪岭。最高峰已经测定，是七千五百余公尺，衔联七千公尺以上的高峰十多座，五千公尺以上的山不可指数。四时积雪不化的部分，隔断了西康高原与大渡河谷的交通。只有康定到泸定沟之间长二十多公里的一隙绝峡，成为今天康藏公路和的清代的茶运路线。但这条峡道，是元代才开始有人依崖梯险开辟的，宋代以前，不通行人。这条峡路未开以前，西康草原的羌族到四川盆地来进行市易，只有两条路：一条是从康定南近的"雅加埂"翻过木雅贡嘎大雪山脉中这个便陷到海拔只有四千五百公尺的山口。一条是从道孚和丹巴两县间翻过海拔还不到四千公尺（已经是木雅贡嘎山脉北端之外了）名叫"党岭"的山口。党领虽易翻过，山下却是大小金川盆地，又有绝峡封锁河谷，更须翻越重山才可以到四川盆地。只是在隋唐年代，雅州茶绢输销金川地区之际，才在大渡河的东岸，缘峡顶山谷开成崎岖道路，与康区羌番进行市易。汉时此路亦是未通的。雅加埂虽然海拔高些，并且雪、雾很重，但不过半日就翻过了。过山便是一片林海，相当温暖，不到半日就下降到"摩西面"这块农业村落。次日不久便到了大渡河边的"咱威"。对岸就是沈村台地。大渡河上下几百里间，这里河原最宽阔，渡口最平稳，人户最集中，生产最发达，气候温暖，可种暖温带果树和粮食作物（如稻、橘等）。从沈村向东，翻过飞越岭一座小山，进入黎州盆地，（今汉源县地），是唐宋年代开始兴盛的一条茶马大道。在康藏路未通车前（中华人民共和国成立前）一直是繁荣的。这条路，汉代已经通了，在邛崃九折坡下合上驿道，筰人经常有由此路逾邛崃山到临邛城与蜀人市易的，故邛崃山原叫"邛筰"山。（见后汉郡国志注引华阳国志）后来似由于筰人入蜀开辟了新道。邛筰只有邛人通过了，才易称邛崃山的。从沈村向东北一条小河谷翻过"蒲麦地"这一个座比大相岭低平的山岭，下入荥经"小河场"这条河谷到荥经，（汉严道）合大驿道，到临邛，大概就是筰人开辟的新路，也可能就是司马相如为了开发筰国而凿通的。这条路，迄今还通行商旅，它比官马驿道低暖捷径，避开了大相领和飞越岭两座险难的山道。不过沿河道路也是艰险的。从沈村循大渡河谷南下，到大渡河折向东流的转折部分，便是今日的石棉县。从来也有一个渡口，使南岸的人渡向北岸，到富林合驿道，进达黎、雅。这样走，对于西康草原来的人，和沈村的人说，是迂回了些。但如对雅砻江下游河谷里的住民说来，则是近便的。实际上，远在秦汉时代，筰国地盘已经通过这一段向南的大渡河谷，又循溯南岸支流"洗马姑"河谷，翻过"拖鸟梁子"，转入安宁河上游的河谷草原，伸达雅砻江下游河谷去了。（说明下详）。从沈村沿大渡谷向北，经过今日泸定，康定鱼通区崎岖小道进大小金川盆地，都是温暖河谷，很早就有农业人口居住，他们在秦汉时，被邛崃山脉（下详）隔绝，只可能役属于各筰国。这样的地理形势，就秦汉时代的历史背景说来，在整个大渡河谷地区里它是应当居于领首地位的。更还有：若从小河场通连驿道，则它距成都也只能是一千二百多里。从大渡河谷转拖鸟梁子入安宁平原至成都，也只能是四百六十多里。这是定沈村为沈黎郡治筰都县遗址的第二个理由。

沈村附近有许多古迹，可以证明它是大渡河谷文化开发最早之地。例如有一座伟大的古墓，全用砖块砌成，有狭隘通道可以进入，但因深黑多野物，灯火易灭，当我往探时，无人敢与做伴，亦无曾有人入探的传说，迄今完好。这条河谷迄今并无砖窑，他处亦未见有砖。独有此伟大砖墓。其砖青灰色，外观甚古。可能是筰王墓，或筰王之后某一富强夷王的墓。其他任何人是不可能有此墓葬的。（此墓有待计划发掘。）又高台地上，凿有一大池，四时澄碧，中有菱角与金鱼。这也是大渡河谷别处无见的珍物。其菱角与金鱼并非十分进化到现代的品种。不知是由于孤生退化，或是古代尚未十分进化时引进的品种。沈边土司原是很落后民族的土司，与其北的冷边长官司，咱哩长官司同时受封，沈边早绝了，咱哩土司民国初年还在，是一个不识汉文不解汉语的人，沈边土司文化不能高过他多少。以此这怀疑这鱼、菱不可能是土司引入的，池不会是土司做成的。砖墓，更断不可能是土司的。此外，还有几个石室，在古代渡头的石崖上，未曾往探。如其不是古代崖墓，就可能是因古时河位较高，凿在渡头供待渡人休止的石室。现距江面十多丈了。若还是待渡石室，则依河身下降的速度，已当是几千年的造作了。崖还是崖墓，那也可能是汉代已有的。此外还家一座"铁椿庙"，是一座非常短的神庙。在这森林参天的地区有这样一座很矮而难以估计年代的神庙，是难以理解的。原供何神，已无人知了，只传说庙子从来就有。庙前竖一铁碑，纪乾隆年间山崩塞江造成水灾事，文极鄙俚，别字蝉聊，可见乾隆时这里虽已有汉人，用汉字（大约是土司延聘的师爷），文化却仍然是很低的。然而它有许多文化较高的古迹。这是判沈村为筰都的第三个理由。

三、关于晋乐县在沈村的问题

晋乐县名始见于《宋书》益州之晋原郡属县条下。原书云："晋乐令《何志》故属沈黎。晋《太康地志》无沈黎郡晋乐县。"沈约这篇州郡志工作做得很细致审慎，是整理纷乱庞杂史料中实事求是的典范，与《汉书·地理志》异曲同工。由于东晋年代各州郡人民流徙，所在成为侨郡县，与旧有的州郡县区混杂淆乱，多有同名异地，或同地异名。加之随时迁徙，坐在家里的学人，靠文簿来编次州郡，实是一团纷乱。只好混合序列，各志出处，老老实实进行核对，指出哪部书有，哪部书无，并不自己裁断，让览者自去分析。他这种客观的态度，使后人能容易分析考证。这是沈志最值得人称道之处，也为我们今天修志者的示范。

话说转来，还是谈晋乐县吧。《沈志》的益州"晋原太守领县五"，那就是江原、临邛、晋乐、徙阳、汉嘉。除晋乐外，全是汉代旧县，其地全在今雅安地区与温江地区的邛、崇，大三县境。而晋乐这个县是《太康地志》所无的，即是说，西晋时还没有这个县。另方面，西晋的太康末年，巴蜀已乱，邛州地面全已为"夷僚所据"。这个晋原郡无由新立，如新立也只是能邛州的前身，不合以江原为首县。因此可以判定这个"晋原太守"是个侨郡。再看：在李雄与罗尚战争期内，蜀中的大姓世族，几乎全部向外流徙了。史家综括内"东下荆湘，南入七郡"这两句话（见《华阳国志》）。南中七郡、越西郡（今西昌地区）与蜀郡交通最早，蜀民由此流入者必多。江原以下四县，流入越西地面是极其顺便的，入越西后，就地垦居，联合成立为一个侨郡，江原人多，便以江原为首县，郡名晋原，表示他们是不服李雄新朝的"晋人"。临邛、徙阳、汉嘉三县人也不少，便各自成为侨县。另外还有些其他蜀地流来的侨民，被摈弃在四县之外。则组合成一新县，取名"晋乐"。我之所以这样推断，是根据当时西南的社会历史情形而做出的。1939 年我在泸定考察，写《泸定导游》一文，曾指出泸定即晋乐县地。当时仅根据泸定一些古迹粗略考订。1959 年我撰写《华阳国志校补图注》一书时，才反复根据当时大西南的地理形势与民族活动的历史发展过程，综合各种资料做出这一判断。写进了书里。我的论断是：

泸定县的沈村是汉魏六朝时旄牛王国与蜀郡交易的最大市场，所谓"以筰都为沈黎郡"，便在此处。它也是唐时设置过的大度县地。我 1958 年编撰《四川州县沿革图说》时，曾作过详细考订。（巴蜀书社已列入出版计划，尚未印行）这里只说晋乐县在沈村的理由。沈村、冷碛、得妥和化林坪这带地方是温暖宜于农耕的河谷，与四川盆地以大山相隔,李雄的军队不容易达到。所流向越西郡的人,留在大渡河谷而就地垦居者应该较多。再由汉源盆地旁流入石棉的人,则会比较少些。转入泸定河谷的人,就更少些了,并且应是更后一些来的人。所以,其他蜀郡地方来的人组成的晋乐县,合当在泸定多些。并因其地是筰都旧县,他们要求建立新的侨县更具充分理由。不用筰都改为晋乐,表示晋人居于此也。当然,以上的论断,不过是用历史地理学的方法所作的一种假设,并非结论。有待地下发掘之资料来相互验证。如果你们觉得可以作为一说收入县志,留待后人讨论,我想也是可以的。

四、关于泸定是否汉安上县的问题

1945年我游西昌,应当地文化界人士之约,写过一篇《武侯南征史料疏证》,发表在《边政月刊》上。在这篇文章中我依据"旄牛道闭绝百余年"(《张嶷传》)这句话,认为诸葛亮南征不能走大相岭,而张华《博物志》说诸葛亮曾观临邛火井,《雅州府志》又说诸葛亮南征曾遣将军郭达到打箭炉造箭,遂推断他是从邛崃、芦山、天全进入大渡河谷去征越西高定之叛的;并且从《亮本传》由"水道至安上"一语,便以水道是指大渡河,因而把筰都旧地定为安上县了。因为我这一论断是错误的,后来我在撰写《华阳国志校补图注》时在注中另写了一篇《诸葛亮南征考》,否定了我原来的论断,把安上县定在今昭觉县的古城坪(近年已经得到更多的证明)。因此,我在这里要修正过去把泸定定为安上县的错误,并向曾受这一错断影响的同志致歉。

虽然我否定了安上县在泸定一说,但不是否定了泸定作为古代重要郡县的可能性。相反,泸定特别泸定之沈村,自秦汉以来都是边徼重镇。沈村的白马墓,我考证就是唐代的藩王墓,可能就是所谓"三王部落"的刘王之墓。过去在《泸定导游》中我作过一些考订。现在有条件了,希望能请考古部门进行发掘,它将对研究四川地方古代历史大有裨益。化林坪地方有一些古寺庙,神像艺术高超,宜妥善保护。沈村渡口山石上有古石刻,至得妥路旁过去布个小庙,内有铁碑一座,记有乾隆年间地震山崩阻江与决溃的情形,是研究地震史的非常可贵资料,都应加以保护,使其长存。

略谈我研究历史的方法

(1981年)

有人要我谈谈史学研究的方法，令我一时局促不安。因为对于史学，我是"玩票下海"，并未曾经名师指授过研究方法，正如小儿学步，只是试探着摸索着。不过既有几十年的阅历，也应该总结出一些经验来，抛砖引玉，求教于众。

我个人的经验，总括为一句，就是把历史和地理综合起来研究。我原是搞地理专业的。地理这门科学，是需要有各种自然科学知识为基础，才能解决地体结构的认识问题；同时，也需要有各种社会科学知识为基础，才能解决地面现象的认识问题。地面一切现象都有它各自的发展历史，所以研究地理的人也有懂得事物发展的历史的必要。因此，我就逐步把研究兴趣转移到历史方面来了。

我研究历史的方法，其实就是研究地理的方法。我分析任何一个历史问题，都不离开地理条件的依据。可以说，是把历史资料全面落实到地面上来，再从当时地面上的自然条件与社会条件去找寻产生这一历史事件的前因后果。这样的方法可称作是"地理历史学"或今人所谓"历史地理学"的研究方法。

举两个具体事例来说：

我国文化诞育于中原地区，这是任何人都没有怀疑的历史大事。但若问到"为什么会诞育于中原地区"？答案就会有见深见浅的不同了。仅仅掌握了典籍史料的人，他会回答说："因为伏羲、神农、黄帝、尧、舜、禹、汤、周公、孔子等圣人都生长在中原。"这是19世纪以前封建儒生必然会做出的答案，在今天看来是可笑的。

我是废科举、兴学堂以后的学生，微微懂得用科学方法分析问题。对于上述这个历史问题的解答，由浅及深，曾经有过若干阶段的答案。大概是平均十岁进入一个新阶段。

---

① 原载《历史知识》1981年第1期。

当十一岁进入高小以后，在老师的教导下，我知道了中原是个地势大体平坦，土壤腴厚，气候条件也适合于发展农业的地区。于是我懂得，在这里定居下来的农业民族，能够在生活较好的条件下，研究进一步发展生产、改进生活的方法，因而诞育出中华文化来了。这样的看法，比较过去说"圣人"创造文化的看法进步一点。但有人问："江浙的长江三角洲，面积也很宽广，土壤比中原更肥沃，气候也更良好，为什么它不能形成更早的中华文化中心，而落后于中原了呢？"当时我不能答。

二十岁以后，有点关于黄土（李希霍芬叫作"卢斯"）的知识，便能够解答了。解答是：因为只有黄河流域才有这种黄土分布，长江三角洲没有。中华文化是在黄土丘陵地带诞育出来的，不是在黄河三角洲地面诞育出来的。回验于历史传说：伏羲氏活动在黄土分布地方；神农氏活动在黄土分布地方；轩辕氏以至于尧、舜、禹又是活动于黄土分布地方；下至夏、商、周、秦、汉所兴起的地方，也没一个不是黄土分布的丘陵地区。这就可以肯定黄土与中原文化的关系。但那时还不能了解黄土为什么能有发展文化的作用。

大约在三十岁左右，学过了地质学和土壤学以后，知道黄河流域的黄土（卢斯），与四川盆地内的黄土（第三纪和第四纪的冲积土）不同。卢斯是风积土，是地质年代长久从蒙古沙海搬运来沉积成的。它的细粒多是角片，很少是圆粒的，所以它能互相抓扯，不易决裂和崩溃。它被流水截割成绝壁状的土丘后，人们从绝壁上打洞进去，无论你挖多么空，作堂、作室、作楼、作柜、作窗、作榻，都可不必用木石加固，而能若干年不圮。这就给原始人类解决了定居的问题。（只要有块蚌壳、有片石刀作工具，就能造屋。）又，适合定居的黄土，具有发展农业生产和养畜方便的条件，所以能领先诞育成功中华文化。长江三角洲与云梦盆地、四川盆地这些冲积平原，就还没有具备选中的条件，所以他们虽然也具备发展农业的条件，发展文化的时间却落后于中原了；他们只能在接受中华文化以后才有可能发展更高的社会文化。——包括更高的农业文化、工商业文化与现代文化。这就是我运用地理知识解决历史问题的第二阶段。

四十岁以后，我发觉上古时代中原的兖州地面没有兴国，即在周秦年代，也还没有名城。从而推测到《孟子》所谓"怀山襄陵"的洪水，就发生在这个地区。在地球海陆变化理论知识的帮助下，我认为上古所谓"渤懈"，就是今天所谓"渤海"之原始面积的本称。那时渤海作千余里的狭长形状，西南端抵达孟津，东北端要越过沈阳。古所谓兖州和营州地面，在远古都还是海。所以神农氏虽然兴于烈山（即厉山，今湖北随县地），他向华北平原进展的路线却不是向北直进，而是向东北黄土分布地带斜进。先建都邑于陈（今河南淮阳），更徙至曲阜（今山东曲阜县）。自然，他的氏族也会向西北发展，入于伊洛地区的。后来与黄帝氏族发生冲突，被征服了。与此同时的黄帝之族，一方面征服了东方的炎帝之族，另一方面征服了北方的蚩尤之族（在冀北地区），却未在兖州地面有何活动。因为那时的兖州，还是楔入中原的一块沮洳草海，不能容人活动。一直到唐尧、虞舜建成氏族公社，鲧、禹父子治理了洪水，疏导九河入海以后，才有陆地可居人。所以神农氏之民只能在豫、徐两区，向东北方向发展；而伏羲氏之民，也只能活动在雍、冀两区。他们都不能进入兖州。这就是说，兖州虽是中原最平衍的地区，却不是中华文化的诞生地区。兖州地面是秦汉以来才繁盛起来的。这就是地理和历史要互相印证，互相阐发，才有可能更进一步说明问题的一个例子。

封建社会的史学家，专靠文献典籍去研究历史。他们脱离了地理知识和自然科学知识的研究方法，则纵然烂熟四库五车，也无法涉及这些方面，因而只能知道帝王将相或个别人物生活起居的历史。

我是五十岁以后，才接触到马列主义科学的人，由于学习不够，落后太远，长期不敢说曾经研究过历史唯物论学说。不过由于在地理研究方面下过功夫，好用地学知识分析历史。这与现代所谓"历史地理学"的方法是接近的。这种方法，在我国，司马迁和班固，都曾使用过。清代顾祖禹的《读史方舆纪要》，就曾有很大的跃进。但他们都受到了自然科学知识不足的限制。

中华人民共和国成立以后的三十年中，我在困顿踟蹰中，继续摸索前进，也还发觉一些新的历史问题，值得研讨。譬如说：中原这个地面，也很辽阔，究竟哪个地区是孕育中华文化的祖地？

一般解答这一问题的，都必然说："尧都平阳，舜都蒲阪，禹都安邑"，经过这三代人建成的氏族公社，便首先发展成为"夏朝"这个国家。他们宅居的地点都在今山西省西南角的河东地区；应该说河东地区是华夏文化的祖宅地。从夏代开始发展成为中原文化，所以中原称为"华夏"。此说是不会有人怀疑的。

但若更进一步问：中原的河内（"殷人后河内"，指太行山东侧，今邢台、邯郸、安阳地区）、河南（指今伊洛盆地）、淮水平原、渭水平原，地理条件都比河东地区更好，为什么都未能成为华夏文化的祖宅地，而只能成为祖宅的支属呢？这问题，是从来还没人作过解释的。近代史学家，在这地区发掘过许多先民遗址，以至于古生物遗骸，可以证明这是远古原人居住区，但却还未有研究说明它能孕育华夏文化的原因。

我在五十岁以后，研究古代民族分布情形，发觉任何一个民族形成的地区，都不仅有衣、食、住居的地理凭借，更还有食盐资源的地理凭借。因为人类都是需要食盐的。原始人类为了找寻食物，流动性大，但都必然会在沿海或盐湖、盐泉附近停留、聚集起来。若还是个既能产盐，又有衣食资凭的地区，就会长久聚集，形成定居的氏族。也会由舐食盐水，进而晒煮盐粒。晒煮盐粒成功，就会运销于附近族落，兑换各方土产。因而就会物资丰富，发展文化。中原的广大地面，如所谓河内、河南、淮水平原与渭水平原地区，都不产盐，只有河东的解池，盐富利厚。所以定居河东的人能在进入氏族公社以后，拥有食盐这一商品（相传夙沙氏发明煮盐，他是黄帝之臣）。拥有食盐这一商品后，便可聚四方之货，最早出现不耕而食，不织而衣，有余闲时间研究发展生产方法和文艺教化的人。因而最先孕育出了华夏文明，并能随着时代发展，推行到整个中华各地面去。这是五千年前，中华尚无文字记载时代的事。商周已有文字记载以后，人们吃惯了解池盐，不感缺乏，习以为常，便如生活在空气里不觉有空气，生活于水、火间不虞无水火一样，史官亦不说到食盐与氏族发展关系。我仅见《左传》成公六年有"必居郇瑕氏之地，沃饶而近盬，国利君乐，不可失也"这一句话。盬，就是指的解池盐。

我先前由于未见有人说到食盐与文明的关系，亦不懂得这个道理。追研究到盐产的地理分布以后，才发觉了这一问题，发现了川东盐泉与巴楚文化、云南盐泉与南中文化、康青藏各盐池与羌族文化，以至沿海盐业与齐、燕、吴、越的兴国等关系，从而才对他们的历史渊源有了新的认识，写出过几篇论说，（其中《羌族源流探索》已发表。《说盐》及《巴东盐泉与巴巫文化》两文还未发表①）这些文章都是在这样的历史地理综合研究的基础上写成的。

关于中原地区的历史，还有许多问题，都是我六十岁以后才感觉到的新问题。例如：周与秦都兴于西北的黄土丘原区，而覆灭于统一天下之后。七国称雄，独秦能兼并天下；楚、赵、燕、齐这些立国于中原边缘的国家，也能比较后亡。而居于中原核心的国家，郑、卫、宋、鲁等古老的大国最先亡了。即号称三晋的韩、魏，亦不免于先亡。为什么中原之国尽不振、边僻的国家会兴盛呢？还有，为什么华夏文化最先诞育之地的中原，也最先为异族所摧破。继承发展中华文化的地方却在长江以南？又，汉魏以来的中国历史，总是北方强于南方，文化落后的民族征服了文

---

① 《羌族源流探索》1979年发表于《民族研究通讯》，1982年由重庆出版社出版。《说盐》后载《华阳国志校补图注》中，上海古籍出版社1987年出版。《巴东盐泉与巴巫文化》后载于《四川上古史新探》中，四川人民出版社1986年出版。

化先进的民族。这是什么道理？我自七十岁以来，一直在寻找这些问题的答案，我想，构成这样一些问题的因素就不会是上古史事那样简单，除了也有地理因素存在之外，还当有更复杂、更多的社会、人事因素起了决定的作用。

历史是人创造的。原始人类，只有适应自然的能力，没有征服自然的能力。在那样时代，地理因素曾是决定性的因素。迨人类文化渐高，开始有了征服自然的能力，人事与社会的因素就变得重要起来了，而地理因素的作用则逐渐下降了。随着人类征服自然的能力不断前进，地理因素的作用会更加缩小。是故，地理因素不能是推动人类社会发展的决定性因素。但地理因素仍然是历史发展中一个极其重要的因素，例如：上面提出的，我国历史上文化最高、物产最富的地区常被文化落后民族所打败的问题，就必须要重视人事因素，才可能作正确有效的解答。但若单谈人事，完全无视地理因素，也不可能做出正确的解答。人事与社会因素，是极其庞杂而多变的，远远不似地理因素那样稳定易知。我们今天用地理、历史综合研究的方法，地理因素与社会因素综合分析的方法来研究历史，尤其是偏远的、特殊的地区和少数民族的历史，仍然是很必要的，故这种方法用于研究民族史、地方史和经济史、文化史最为有效；用于本国史、世界史，以及其他各种性质的专业史也是相宜的。它的好处在于：可在文献资料以外，找得更多的分析手段；在文献资料丰富而有分歧疑惑时，能起鉴别真伪的作用；在文献资料缺乏时，能从地理条件方面找得探索的途径和有效的佐证。例如：研究民族发展的历史和边僻地区的古史，若还仅仅从典籍里去找资料，是困难的；纵然加上地下发掘，收获也仍有限；若能追探到地理环境的变迁和生计进化、物产分布、交通条件等方面去，用社会发展的规律，来衡量其社会发展历史阶段和地理条件是否许可，如此分析研究的结论，才有可靠依据；由此而做出的推断，才可以叫作"科学的推断"，可以说是"虽不中，亦不远矣"。

运用这种方法来研究历史，有一定的难度。首先要求具备各种自然科学与社会科学的基本知识。其次是把这样广泛的基本知识融合进地理和历史两门科学的理论里去。再次才能做好综合分析研究的工作。就我个人说，天资鲁钝，又是独学无友，暗自摸索，摸索了六十多年，才取得了这点很不成熟的经验和体会。发表出这点浅见来，是希望引玉于史学界的同仁们。

从将信将疑到豁然开朗

——跋刘子华先生《八卦宇宙论与现代天文》[①]

我于1946年在一次集会上会见到刘子华先生。那时他新从法国取得国家博士学位回川,与会人员盛称他用八卦算出九大行星外还有一个新行星存在,以此取得博士殊荣。其时太阳系的八大行星之外,已经发现一颗新行星——冥王星了,但时间还不太久,没有人敢于设想到冥王星以外,更还有一个尚未被发现的行星(法国报纸的译称是"冥外星")。我对于这些赞颂,当时是疑信参半的。由于会上未得与他谈论,不明究竟,只好将信将疑。

我持这将信将疑的态度30多年,才有机会再与刘先生晤见,并得从容请他告知其博士论文的内容要点和评审经过,这才开始从怀疑转到信服。最近有机会细读他论文的汉文本,参阅了他论文的法文原件,顿觉思绪豁然开朗,疑团尽释,深受启发。感到自道学祖师周敦颐之后,刘子华真可谓"学贯天人"的易理阐发者,是"易学在蜀"的见证者,也是"中学为体,西学为用"的力行者。他把沉埋于地下数千年的"易理",从我国古代哲学的废墟中发掘出来,又当得是真正的爱国学者。他所阐发的易卦、河图、太极演化之说,不止可用以作天文推验,也应能广泛应用于自然科学和社会科学中去。正如他这篇论文最后结论所说:"八卦宇宙论之印证,虽只限于太阳系,而其实也能应用于我们的全部宇宙;只需以大宇宙(我们银河系宇宙,包括太阳系在内)比之小宇宙(人身),自见其可能。"

以下我把读过这篇论文后,思想上"豁然开朗"的一些看法写出来。算是为刘先生这句话作一注脚。

[①] 此文为任乃强1981年应四川人民出版社之约审定《八卦宇宙论与现代天文》一书所写。

一、所谓"伏羲画卦"

"伏羲画卦"之说，只缘《周易·系辞》有这样几句话：

"古者包牺氏之王天下也，仰则观象于天，俯则观法于地，观鸟兽之文，与地之宜；近取诸身，远取诸物，于是始作八卦，以通神明之德，以类万物之情"。

《系辞》，儒家相传是孔子作的，或说是文王、周公作的，总之是最早莫过于周代的作品。兹用人类文化发展的历史过程来推断，畜牧时代（"野蛮时代"）已开始有奇、偶二数的概念是可能的。伏羲（庖州、包牺）开始制出一与二这两个符号，来代表奇偶之数，用为区别万象、万事、万物的意识表现。他从天上习见的日、月；地上习见的水、土；人与鸟兽的男、女，牡、牝，雌、雄；物性的刚、柔，强、弱；形量的大、小，多、少；运行的顺、逆，迟、速；时间的早、晚，久、暂；气象的昼、夜，寒、暑；情感的喜、怒、哀、乐；事态的美、恶，难、易……举凡一切相对的事物现象的两端，都用这两个符号来做区别。名之的"阴阳二爻"。其后复发展为八卦，为六十四卦。为四千零九十六卦，成为中国数学、哲学的起源。再发展为多种支系派别，即是先秦的各种学术（诸子百家）。从这两个"阴阳二爻"错列组合之形象，与其对立统一、相辅相成发展变化的理论而演化出的《太极图说》，就是宋儒的"道学"。它导源于汉儒的"易学"，是我国最早出现的伦理学、哲学、数学和天文学的基础知识。

二、易学与数学

从数学发展的历史过程来看，由最原始的一与二两数，发展到九与十两数，是要经过若干历史年代才得的。由个位数发展到十位、百位、千位、万位，以至若干亿位，无穷大的计算，又要经过若干历史年代的演进。而在以八卦为算筹的中华数学，早在秦汉间已能计算到亿位数了，比世界其他民族发展要快得多。在易学的理论上，将它的发展过程归纳为"一生二，二生三，三生万物"这样一句话（《老子》第42章）。就《易卦》的爻象说，则是把阳爻"━"等分为二，则成阴爻"╸╸"，是为奇与偶，整与分，单与复。将两个爻象重叠，则组合成"四象"。易学家把这样的发展称为"无极生太极，太极生两仪，两仪生四象，四象生八卦"。即是说数始于"无极"（只一圆圈，无两极）。无极内部分裂而生"太极"（圆圈中一曲线 s）。分裂成功，则生阴阳"两仪"，即阴阳二爻。就笔画来说，"两仪"共有三画，故谓"二生三"。两仪配合不同，便成"四象"。四象中有两个三画与一个四画符号。卦爻三重，则成八卦（☰☱☲☳☴☵☶☷）。自纯阳的乾"☰"至纯阴的坤"☷"之间，产生了两个四画，两个五画。若还在八卦上各再加一爻，则组合成四与八之间的各画了。如此不断发展下去，就会成为十、百、千、万、亿数，以至无穷大。最值得注意的是：由卦象发展成的画数，无论大至何数，小至何数，其基数也只是奇、偶二数，我国古代使用的算筹，就是依据此理而制成。近年神奇的电子计算机。瞬息间算出极繁复的数量，亦只利用奇偶两个基数（二进制）。一些速算之人，能凭心算很快得出准确数字来，其奥妙也在利用奇偶二数。故易学通于数学，应无可怀疑。

三、易学与中国科学

我国习易之人，分为数、象、气、理四大派。数学是一切科学的钥匙，它首先诞育了我国古代天文学。《周髀算经》尚不知地球是圆的，但把它当作半个球体，用勾股弦的关系（三角学）算出了天体的数据。这在古代，算得上世界最先进的了。汉代的张衡、六朝的祖冲之，亦皆用数学原理和方法，创造出令现代科学家惊奇的科技成果。此皆易数一派的发展。

易象之学，则诞育了阴阳、方技诸科。其中最卓著的是医学。扁鹊用针砭而效，仓公用汤药而效，涪公用灸脉亦效，华佗兼用多方面皆效，张机专用经方而亦效，可见中华医学为真科学也！儒士虽鄙薄"巫医"，然当其病困时，仍不得不求治于良医。医效既明著，后之儒士也愿习医了。"医者易也"。中医之理论即建立于易理。

易学之推阐者多属方士、道流，方士道流之尤著者，周有苌弘，曾为孔子之师。汉有落下闳，曾为武帝制太初历，达到数百年仅差一日之精确度。易道自老庄施于教化，教化之尤贤者莫如严君平，其弟子扬雄亦为大家，曾作《太玄》以拟《易》。易术之奇者，莫过于"黄白术"，即炼水银为母砂（氧化汞），烧铅铜为"黄金"（假金），实为世界上最早又最成功之化学实验。其术相传自彭祖。此数人皆为蜀人，故曰："易学在蜀"。

儒术开创于孔子，然孔子晚年乃求易道，虽反复读《易》，以至"韦编三绝"，而终未能通达，故叹曰："假我数年，五十以学《易》，庶可无大过矣！"孔子以后，孟、荀诸儒皆不明《易经》。秦焚诗书，不毁医药、卜筮之书，易仍流传。汉武帝罢黜百家，独尊儒术，然仍重方士。不过方士累以倖进被祸，自好者遂不愿入朝堂，潜伏于草野。儒家斥易学科技为"奇技淫巧",不令重视。部分易学方士亦受环境所诱转入封建迷信者流。故《易》虽列"六经"之首,两千年来,未得昌明。导源于易学的我国古代科学技术终未能有大的进步,岂不可叹!

四、偶然否?

刘子华先生简阳洛岱人,以勤工俭学到巴黎,做钳工达 26 年。其写这篇论文时,仍在工厂做钳工。其治易学之书,均从法国图馆书借得。论文经巴黎大学与法国文教部延聘权威哲学家、天文学家、汉学家评审,往还阅三年,乃得授予国家博士之学位。不可谓不审慎,不可谓不严格。论文经法国报纸介绍,天文学报发表,一时轰动欧美。适因欧战爆发,他不得不放弃学术讲座回国。结果载誉归国之学者,在军阀混战之际归到四川,竟未得重视,其汉文本之论文竟在国内无法发表,除国内个别学者不远千里来川论难,在报上攻评外,埋没至今。中华人民共和国成立后刘先生被聘为四川省人民政府参事,以薄薪养家四口,未尝叹贫,默默无声于社会,未尝叹晦;年过八旬,而不谈养生之道;其惊世之作埋没数十年,亦不求发表,恂恂讷讷于人事无所求,唯谈及学术,则如长江大河,滔滔不能自已。我读其文,接其谈,窃以为真正得易道之至深者也。

刘先生此文乃运用易卦哲理,校阴阳子母之数而推演出新行星之存在。是为科学、哲学相为表理之验。然非科学者,往往以其所知毁所不知而否定其说。否定而无理可说,则曰:"偶然巧合耳!"夫偶然巧合者,必有其巧合之理。不得其理,乃视为"偶然巧台"。故世俗之斥为"偶然"者多矣!尝闻昔日西充王进士,童子应考入学时,老学相与嘲之曰:"偶然耳!"后连科中举,仍嘲曰:"亦偶然耳。"于是王报以《偶然诗》曰:"科名原来出偶然,偶然之后又偶然。科名自可偶然得,诸君何不乃偶然?"刘氏所推太阳系的"冥外星",今已有所发现,且其各项数值,大体与刘文所说相符,可谓"偶然之后又偶然"乎?

刘以易数验于天文,其效验如此,则易数亦可推验于一切自然科学与社会科学与否?乃是当前应有的疑问。如果亦可推验于一切科学,则易学当为我国家之光,亦为推进科学发展的道,安可盲目非之?若其推于事物而无验,则谓之"偶然"可也;谓之"妖妄"可也;亦当鸣鼓而攻。岂可闭目置之哉!窃愿刊行此书,使国人知其说而评判之,有认为真理者,则愿能有继承发煌之;有以为邪说者,则可予揭破以清视听。两者皆国家之利,愿爱国学者图之。

任乃强全集·第十四卷

第二篇 地理

川康交通考[1]

(1932年)

一、导　言

西康统治之困难，由于交通之梗塞，故欲解决西康问题，须先解决川康交通问题，此语已为国人所熟知，所共道，无须更以繁言解释之矣。

顾国人之为川康交通设计者，或曰飞航，或曰马路，或曰铁道，或曰电报，方案多种，而视线总不出荥经、汉源一路，此皆井蛙之见也。真欲解决川康交通问题，应从川康间地理上的实地调查着手，考究所有大小各路线，比较其优劣，相其所宜，因宜设订，从事开发。即各路兴废沿革，变迁大势，皆当考论及之，然后言之中肯，行之无失。不然，则曲士谈道，闭户造车之类耳。

余自西康视察回省，钻研关于康藏各种图书，已阅两载。对于整理吏治，开发利源，同化番夷各节，觉皆易办。唯其先觉问题——打通川康交通一事，独无办法。本年初夏，闻青飞如司令[2]将往天全、穆坪视察，因请同行，便于近边各部探检道路，看有可经营之新路与否。为时不过一月，行程才1000余里，并前所经历，亦不过9000里，所知有限，未遂能解决如此问题，仅能以忠实之言，将所知川康间古今各道路，比列铺叙，微附建设意见，庶有有心人览之，续起探寻，得其真确正当办法，以贡献于当道也。

二、川康间地势

西康东方门户为打箭炉（以下省称炉城）。四川之西陲总汇为雅州。通常所称之

---

[1] 原载于《新亚细亚》1932年3卷4期。
[2] 青飞如为刘文辉二十四军之屯殖司令，时奉令勘修川康公路。

川康交通，即雅州与炉城间之交通也。其道出成都南门，故俗称"南路"；又自灌县西行，逾巴郎山至金川，亦通炉城，且能直接联络于西康之道孚、甘孜，亦为川康间重要路线。其道出成都西门，俗称"西路"；又自嘉定循大渡河谷，亦通炉城，俗称"河道"。本题所论，并南路、西路、河道言之。

打箭炉海拔2300米，有水自此穿深峡奔腾东出，自瓦斯沟入大渡河。60里内，低降达1000米。入川大道，即沿此水敷设。

大渡河俗称铜河，即古沫水，清康熙帝以为即泸水也。发源于巴颜喀喇，直向南流，至越嶲县安顺场之南，折成直角，东流至嘉定入岷江。河曲以上，谷深岸狭，水激滩多，不能通航船舶。明代以前，未尝有汉官逾越此河。河曲以下，始较平缓，中国征服宁远①，遥早于西康者，以此河故也。其河两岸，时有绝壁，束断沿河道路，将全流分为数段：最北曰金川，即绥靖、崇化、懋功、抚边、章谷五屯之地（懋功、章谷，今已改县），为一汉番杂处之区域。其南曰孔玉、鱼通，属康定县，至今尚为半秘密地区。又南为泸定，现已成为完全汉化之富庶县矣。又南为河道，即当河曲之部，北岸属汉源县，南岸属越嶲县。越嶲有7场，汉源有2场1乡，并颇富饶，而世罕知者。自富林以东，亦称河道。沿河皆熟倮村堡，汉人分布地皆在岸北百里左右。总之：沿河土著，泸定以上，昔皆番人；河道以下，昔皆倮倮，近则汉人渐多，夷人渐少，殆有完全汉化之势矣。入河之水，大都短促。因两岸急斜，自河面起，直上雪山，水平十里距离之间高差至1500余米故也。

邛崃山脉，自羊膊岭南来，与大渡河并行。平均海拔3000米，最低处亦2700余米，为川康交通绝大障碍。其山脉自蒲麦地分歧：南支为飞越岭，直抵大渡河曲；东支为大相岭，东连瓦山、峨眉。大相岭即大相公岭，在汉为邛崃山，亦作邛徕，谓邛国（今西昌县）来贡道也。今之二十四盘，古称九折阪，即王阳返齐，王遵叱咤驶之地。自武侯南征经此后，始称相公岭。邛崃山脉，由是命名。坊间地理书，谓因邛崃县之某山得名，非是。此山脉气势磅礴，岩石坚硬，雪峰重叠，人迹罕至，遗为野牛雪羊之园地，未具名称。其较低凹之部，为往来川康人所取径者，反称为山。在理番、金川之间者，曰洪峤山。灌县、金川之间者，曰巴朗山。金川、穆坪②间者，曰夹金山。穆坪、鱼通间曰野牛山。天全、泸定间，曰马鞍山、曰二郎山。荥经、泸定间，曰香炉山、曰蒲麦地。汉源、泸定间，曰飞越岭，皆是也。山

---

① 指四川省凉山州的西昌市一带地区，清代于此置宁远府，民国时习称其为宁远地区。
② 穆坪，指穆坪宣慰使司驻地宝兴县。

脉以东之水，大都与山脉成直角而东流，汇于雅河。川康通路，即沿此诸河谷而进，以求升降之徐缓。

三、最古之川康交通（零关古道）

中国与西康各部之交涉，始于汉代。汉时，自今雅州以西之地，皆为夷部。其大国曰邛，曰莋，曰徙，曰冉駹。"武帝建元六年，定西南夷，以邛都为越巂郡"（《通典》）。郡治邛都县，即今西昌县也。邛地现存郡属十四县，除邛都外，其可考者：定莋为今盐源县，会无为会理县，台登为冕宁县，卑水为昭觉县①，三绛为宁南县（皆为今宁远地），遂久为云南之永北县，姑复为丽江县，均古邛国境也。"元鼎六年，以莋都为沈黎郡。天汉四年，并于蜀郡为西部，置二都尉：一居旄牛，主徼外夷；一居青衣，主汉人。后汉安帝延光二年，旄牛夷叛攻零关，杀长吏，益州刺史张乔与西部都尉击破之。于是分置蜀郡属国都尉，领四县，如太守"（《后汉书》）。四县者：曰汉嘉，今雅安县；曰严道，今荣经县；曰徙，今天全县；曰旄牛，后详。要其地皆在今雅州以西，大渡河之内，即莋国旧壤也。后汉时，西康诸部白狼槃木、白狼楼薄等数度入贡，皆由莋境。若今之大相岭，汉为邛崃山，为邛人入贡大道。《华阳国志》云："又名邛莋山，故邛人、莋人界也。"则邛、莋分界，似不为大渡河而为大相岭。今汉源县地，皆属邛国，非汉代川康通路可知。换言之，即汉代西康诸部入蜀，非取道于今之汉源县境也。

《康輶纪行》《西康建省记》等书，皆谓打箭炉为古旄牛县，似汉代已置县于西康矣。然其说殊无据。通观《史记》《两汉书》《通典》诸书，言西徼事，未云渡河。即撰汉代官民才智，亦无术渡此激流，以与蛮夷争地。又查炉市发达，实在茶运既兴之后。汉代无茶，此地决非可置县者也。《通典》谓汉置沈黎郡于旄牛县，《四川通志》谓沈黎郡为今汉源县，是汉源为古旄牛县也。考亦不合。无论今汉源为古邛国地，抑莋国地，尚难断定。即就《汉书》所记，曰"旄牛主徼外"，曰"旄牛夷叛零关"。夫汉代以邛崃山脉为西徼，则旄牛应在山脉之西。又汉之零关，即今芦山县之灵关，俗称玲珑关者是。雅州自此通穆坪，穆坪逾山，即鱼通境。则旄牛夷应在鱼通境，故其内犯，首及零关。且旄牛初为沈黎郡治。郡废犹为一都尉治。其后，属国都尉治汉嘉，遂降为最末一县。其为偏远地方而非今汉源县境无疑。当时宁远

---

① 作者后在《华阳国志校补图注》中，改考昭觉为汉代安上县。

尚为繁剧大郡，汉源在其内方，决不至反为荒僻小县也，以后汉蜀郡属国四县地势揆之，大抵今邛崃山脉以西，大渡河以东，所有泸定鱼通之地，皆为汉之旄牛属。县治屡迁，已湮没无考。县属皆番夷，即所谓旄牛夷。旄牛即犁牛，为该地所产，汉人不通其语，因所产旄以名之也。其与蜀之交通，系取道于今之穆坪灵关云。

旄牛夷与大渡河之西诸夷落，必非被河阻隔全不交通。当时已制有皮船溜索，以资横渡。故白狼槃木、白狼楼薄等国，得自此以通使节于中国。不过汉人未尝渡此河耳。莋亦作筰，渡水竹索也，今称溜索，边地随处有之。莋国由是得名。

《史记·大宛列传》"天子欣然以骞言为然。乃令骞因蜀犍为，发间使四道并出，以求身毒。出駹，出冉，出徙，出僰，皆各行一二千里。其北方闭氐筰，南方闭嶲、昆明"。駹、冉二国名，后置汶山郡，今汶川、茂县地是也。自此北循岷江，行入松潘，阻羊膊岭，古氐羌分布地也。又自此西循理番河谷，行数百里，阻洪峤山，又数百里阻大小金川。金川有竹索桥，桥即筰。此"北闭氐筰"之解也。徙国名，今天全县与芦山、灵关、穆坪等地皆属之。出灵关至旄牛境，阻大渡河。大渡河，古亦称嶲水，故汉以邛都为越嶲郡，言越嶲水而至其地也。邛、僰，二国名。已见前。僰国后为僰道县，在今宜宾县南。自此两地西求身毒，皆须逾澜沧江。昆明，水名。《云南通志》以为是洱海。洱海水入澜沧江，故澜沧江亦称昆明，后世称昆弥水是也。其水漂激多瘴，汉时人不能渡。此"南闭嶲昆明"之解也。《司马相如传》云："朝冉，从駹，定筰，存邛，略斯榆，举苞蒲。"又云"关沫若，徼牂牁，镂零山，梁孙原"。杨慎《徙阳县辩》云："略斯榆，谓斯与楪榆也，此斯即西南夷之徙。"（按：徙音斯，见《史记》正义。）镂，凿山也。零山凿通，是为零关。足见零山古道，为汉所闻。

四、宋元明之川康茶路

唐代始有茶业，同时畅销于西域诸夷。吐蕃人尤嗜茶如命，初由陇西、青海运入藏地，未经川边。迄唐末叶，西康诸部亦染藏人嗜好，且营茶入藏之转输事业以为利，川边茶业由是而盛，川康商路亦由是开。至宋而交易大盛。于时康藏未有货币，知中国需马，故以善马来边，易茶而去。"神宗熙宁七年，始设茶官于蜀，推茶买马。于时茶官事权，出诸三司之上，而其富亦甲天下。"建炎初年，易马五六千匹，得引息钱 500 万缗（具详《续通典》），可见当时交易之盛矣。其时番商茶路，系自打箭炉，分二道赴雅州。司茶之官，则设于碉门，即今之天全县也。其二道为：

1. 自打箭炉出瓦斯沟渡河，自亢州斜上，经岩州（今俗称昂州，亦作岚州。）逾邛崃山脉，循岩州河、天全河至雅州交马，取得茶票，回天全（时称碉门）易茶，从原路归。其道在牦牛古道之南，较古道直捷，山径亦低而短，为比较进步之道路。今世已废，遗迹犹可考见。

2. 自打箭炉逾雅加埂，经磨西、咱威渡大渡河，经沈村，逾飞越岭，过黎州（今汉源县）更逾大相岭至雅州交马。赴碉门领茶运回。此路较前者纡远，原非正道。不过朝廷对于此路之马，恤其道远，特予高价；且黎州至雅州大道，开辟已久，行旅便之，故有来者。

《续通典》载："明太祖洪武二十一年，礼部主事高唯善自长河西、鱼通、宁远等处还，请许天全六番招讨司八乡之民，悉免徭役，专蒸乌茶运至岩州，置仓收贮，以易番马。比之雅州易马，其利倍之。且以打箭炉原易马处，相去甚近，而价增于彼。从之。"此岩州商路之证也。

又云："明年六月，岩州卫奏：每岁长河西诸处番商，以马易茶。其路由岩州路黎州始达雅州（案：明时长河西一带属岩州卫，番商须向岩州取道行证，始能至黎，非必由岩州绕道运茶也。）茶马司定价，每马一匹给茶一千八百斤，令碉门茶课司支给；不唯番商往复路远，实亦给茶太多。乞量减马价，将碉门茶运司所贮茶，运至岩州，设茶马司。诏茶马司仍旧，唯改订其价。"此黎州商路之证也。且可见黎州商路纡远而番商仍赴之者，为此道马价特高之故。

《名胜志》云："按《通略》，韩亿知益州，移永康鬻马场于黎州境上。以灌茂地接番部，岁来互市，觇我西川，故徙于此。"永康军，唐置，即今灌县地。据此，则黎州茶路，系唐末所开。

五、清初川康通道

明时以岩州卫官统治大渡河之番夷。清初，废岩州，而统之于化林坪营官。其时，打箭炉已成著名市场。化林坪自沈村、磨西进炉城为顺道，故番汉商人皆舍岩州旧路而趋大相岭。泥头、沈村、磨西等处，皆曾繁盛一时。又其时未有泸定桥，亦未开凿冷竹关大路。安乐坝以北一带，土民之赴炉城者，仍由察道至亢州渡河，进瓦斯沟。亢州为明代之夷州，亦明清间西陲之重镇，与岩州齐名。自泸定桥修，商旅改道，此地顿形衰落。今仅存夷碉一座而已。

于时大渡河亦有三渡口，以通济两岸土民。曰烹坝，曰紫牛，曰沈村，皆土民所开，以皮船或溜索济渡。康熙九年，炉城番叛，犯此三渡口。三十九年，炉番再叛，又犯此三口。俱赖冷碛土司拒阻，未济。（并详《雅州府志》）其后，官军克炉，抚定近边诸夷部，史称"西炉之役"。此役行军，仍以磨西为正路，瓦斯沟为偏路。乱定之后，始建泸定桥。泸定桥成，川康交通始为今道矣。

六、康熙以来之川康大道

康熙四十年，平定西炉，"四川巡抚能泰奏言：泸河三渡口，高岩夹峙，一水中流，雷犇矢激，不可施舟楫。行人援索悬渡，险莫甚焉。兹偕提督岳昇龙相度形势，距化林营八十余里，山址平坦，地名安乐坝。拟即其处，仿铁索桥规制，建桥以便行旅。诏从所请"（《御制泸定桥碑》）。桥成后，川康商旅，皆渡桥入瓦斯沟，磨西旧道遂废。

冷竹关者，为一大绝峡，向未开路。咱里、烹坝土民赴炉城者，皆自黄草坪、大冈下瓦斯沟，以避绝峡。桥成之初，川康往来，尚取此途。雍乾之间，西藏用兵，转饷运输，深感其陡降不便，始凿冷竹关峡壁为路，平行达瓦斯沟。又其后累经官府铲高垫平，劚岩加宽，通引水道，架筑桥梁，使此路益臻完善，行旅趋之，如水赴谷。于是泸定桥头，市场勃兴。设巡检，设税关，以至于建设县治。而岩州、亢州、察道、沈村、磨西诸市场，相继冷落。化林坪、冷碛、咱里、烹坝诸市，又起而代之矣。

此路，由雅州出凉关，经紫石里、观音铺，逾麂子冈，出麻柳湾，入荥经平原，又自黄泥堡登大相岭之北坡。其间曰二台子、曰小关、曰大关、曰板房，一带道路，尚温暖平易。自长老砦以上，皆冰河雪岭，盛夏若冬。其最险处，曰三大湾、曰二十四盘，即王阳返齐之处。虽经二千余年之培修，而艰险如故。草鞋坪为岭道绝顶，海拔2800米。自此下瞰清溪城，如在脚下。南下40里中，坡度全在50度以上。只此一点，即已毫无修路价值。徒以其有2000余年之历史，官府又未曾经营有更佳之新路以代之，人民习惯往来，遂能维持其地位耳。自清溪（即古黎州，今汉源县治）至富庄、泥头，昔时系由汉源街绕道，使雅炉路线，恰成一锐角形；亦自清代，改由猛虎冈直达富庄，将此锐角尖端消去一部，不能谓非此路进化之一点也。自泥头逾飞越岭（2700米）下化林坪，俗称小山，以其高度较相岭为小也。然其坡度恰与相岭相似。旅人之评，以为小山更较大山难行也。自化林坪下达大渡河谷，循河岸至炉城，经历代修葺，成为佳路，已如上言。

此路之吸引力甚伟大，无论达官大贾，负贩苦力，往来雅炉之间者，皆愿绕此锐角，度此险岭而行。虽知他道较为平捷，亦不愿赴。其原因由于：

1. 此路亦经2000余年征服之提倡与修治，颇为宽阔。即奇险急坡，亦有碎石铺砌，便于舆马往来。

2. 沿途店肆繁密，尖宿俱便，虽大山巅部，亦随处可得食物、饮料与坐息之所。

虽然此路必废，亦有数点可以推知：

1. 自雅安至炉各路，以此为最纡远。

2. 自海拔400米之雅州河谷，渐升至800米之磨子冈。又下降至500米之荥经河谷。又升至2800米之大相岭，又剧降至1000米之流沙河谷。又升至2700米之飞越岭，又剧降至1000米之大渡河谷，垂直的曲屈太剧。

3. 逾大山三重，不唯奇险，又皆匪窟。历用兵洗剿，皆无成功，地势使然，非人力所能治也。

七、香炉山路线

清末，民众不满于大相岭路者渐多。群思借政府力，建设比较适宜之川康新路。值赵尔丰经略川边，锐意建设，有荥经人陈某，经商泸定有年，对于近边厄塞险夷，甚为熟悉，上书赵使，请修新路：由荥经、花滩进沟，经小河场、新场、飞水场、茶盒冈，渡紫眼河上山，经大包、二包、三包，渐渐斜上香炉山顶，顺黑沟下山，（黑沟即冷碛河支流），渐斜渐下，至皂角顶，接泸定大路。绘有略图呈验。赵使有意采用，未果行而边事已坏。

余于西康旧卷中，检得原图，虽甚粗略，而部位准确，明晰易解。此路线之优点，在于渐次斜上，又渐次斜下，避开陡坡，适于建筑车路。且较相岭大路缩短四分之一路程。其劣点，在于经过荒山太长，自飞水场至皂角顶，皆无人户；开路之后，又必须以大款建筑沿途尖宿旅店，并招民住垦其地，始能使商旅无苦。且黑沟与白托沟，皆系峡江，如逾沟而过，则垂直的升降太剧。绕越沟顶而行，则水平的曲屈仍嫌太大。是以此议至今竟未有人采行也。

八、川边军路（即荥经小路）

民国元年，有人建议修正香炉山路线，改由飞水场架桥（今名康威桥），循荥经河，经九把锁、炭厂、逾蒲麦地，下瓦板岩、鱼进沟，至龙巴铺，到泸定大路。其年八九月中，四川政府派人勘测，认为可行。都督胡景伊，允拨军票20万元，派周星辅为总办，开工建筑，称为川边军路。时尹昌衡方率师西征也。民国二年正月兴工，自成都至泸定间，分16段，同时进行。泸定一段，将金菜花大岩凿通。佛耳岩溜槽亦经开凿，为此役最大成绩。成都至新津一段，则已开成马路。然工料不坚，雨则泥泞，反为行旅所苦，怨声载道。未几，路工因款拙停顿，路亦为人所毁。瓦板岩至九把锁一段，则因山势陡峻，崖壁悬绝，工人望而却步，无敢着手，未有丝毫成绩。刘成勋当边政时，曾有重开此路之议，仍以无款而罢。二十四军接防川边，计划川康马路，即拟遵此线进行。曾经派员测绘千分之一精确地图，以为设计标准。随即建筑成都至雅州马路，今亦完成。唯雅州以西，尚无办法。民国十八年，荥经县政府，先行集款修筑此路为舆马大道。已将九把锁打通，直修至蒲麦地。蒲麦地以西，应由泸定县修造。泸定财力不足，瓦板崖一段，又为工程最难之处。因此之故，未曾兴工。一段未通，全路皆废。荥经工程，如掷虚牝也。

此路优点在较相岭大路为直捷，较香炉山路线为接近人户。而其短处，即在蒲麦地山岭过于险峻。鱼进沟以上，坡陀峻急，有大相、飞越二岭同具之缺点。若云建筑马路，恐尚不如香炉山路为较适宜也。

九、化林坪新路

民国十七年，西康政务委员会委员吴三泽提议完成荥经新路。当曾派员踏勘。言者谓：鱼进沟至蒲麦地一段，峻坡陡落，层崖重叠，实难建筑佳良大道。且其路线不经化林坪。化林坪为泸定第二市场，有商民百余户，恃以资生者，端在其为大道宿站而已。（其带在飞越岭下，地高土薄，农业不盛。）若使新路成功，旧路必废，则化林坪百余户住民，将失业为匪。其时何开荣监修新路，兼摄化林坪县佐事，力主改正路线，由化林坪进沟，逾山，循大黄沟斜下，自炭厂割九把锁路。既避瓦板岩之险，复能顾全化林坪市场。且化林至龙巴铺，炭厂至荥经，皆属现成大道，新开之段反较鱼进沟至炭厂为短。政委会采其议，拨款开工，当年完成。乃路成之后，绝少行人。查其原因，只为化林坪至炭厂间，皆无人户。此带行人，以茶背子为主，茶背子山行二三十里，即宿。此段长约90里，即有三日无宿处，故不肯行也。其路既少人行，新筑未坚，冰雪冻涨，益形松龛。年来崩溃益多，行人绝迹，反不如鱼进沟一路，尚时有负贩经过。民国十九年，余过泸定，陈知事谈及此事，痛诋新路之非，谓宜由公家拨款，速修鱼进沟新路。且将化林坪市街拆移于瓦板岩附近，化林县佐一同迁移，或移龙巴铺，以促成新路之发展。其人未几因事去职，议未克行。余曾细为比较：化林新路，虽较蒲麦地微纡而乏宿所，然坡度较缓，无艰难工程，即是胜处，将来真欲建筑马路，则新路实有采用价值。若只为背夫苦力开道，则略将瓦板岩修凿即可，原无开辟此线之必要也。至于化林坪市场，原为防营驻此而兴盛，防营撤后，已渐衰败。世势所趋，不久必废，本无维护之必要，亦无迁移之价值。

十、马鞍山小路

明代岩州茶路，系自雅州度飞仙关经始阳、天全、紫石关、南坝子湖、岩州河（今俗称昂州河）逾岩州大山至岩州。自清代废岩州卫，以化林营统摄边夷，番商往来，皆从相岭大路。岩州河路，仅为天全乌茶入番之路。乌茶者，混尖叶粗叶枝干焙蒸而成，为边茶中最下品，系明季所创。现在天全所制，皆属此茶，产额不大。水獭坪、南坝子、朱史坪、紫石关、蕨萁坪、天全等处，皆有茶灶。其茶自天全河溯岩州河，经岩州入炉，为路最捷。故岩州虽废，此路未易。自泸定桥成，冷竹关通，岩州市场，一落千丈，乌茶运者，皆另觅道向泸定行，始开马鞍山小路。其路自南坝子向西，经水獭坪、两路口、长河坝、门坎河，上马鞍山，循五里沟折至泸定桥。马鞍山陡立如刀背，五里沟系一峡江，崖壁如齿，阻碍行路，五里之内，度桥八道，其艰险难行，可以揣知。不过较崖州路为近泸定而已，非有价值之道路也。

今之长河坝即古之柘木场。《天全州志》云："明初重茶市。洪武五年，命左都督徐增寿，以碉门距河西口道路狭隘，跋涉艰难，市马数少。自碉门出柘木场径抵长河西口，通杂道长官司，道路平坦，宜檄所司开柘，以便往来。"杂道，亦作察道，在岩州南，大渡河岸。其西烹坝、子牛，即长河西渡口也。据此，则马鞍山路为明初勘定，后实因其险窄而罢。清季始复通也。

十一、二郎山新路

马鞍山与香炉山之间，有一山凹，高于海面 2750 米。距泸定桥 40 里，高差 1610 米，系一路土坡渐次斜下，并无深涧横流、巉崖绝壁、山陵起伏、盘曲迂回之苦，修筑大道，尚属容易。逾山，有一溪水，曲折东流，自两路口入天全河。溪流两岸，皆天然森林，向无人户，亦无道路，唯时有天全土民，来此伐木烧碱，暂住即去。其后木厂碱房渐多，渐有烧山垦地，播种粮食，架室居住，作长久计者。因此渐开一路，经鸳鸯桥，冒水孔至两路口割马鞍山小路，以出天全。其路至大火地而止。大火地以上，道路人户，同时断绝。或传此为古昔天全、泸定通道，非也。大约清代中叶以后，泸定县境森林采伐已罄，有人逾二郎山来此河谷采伐木料，始与河谷住民通消息。天、泸之人，皆知有此山道，犹未得为通路也。民十三年，刘成勋自雅州攻取炉城。自飞越岭、蒲麦地、二郎山、马鞍山四路进兵，是为此路行军之始。军行骚扰，民不堪命，冒水孔以上之民户，悉行迁避，垦地仍荒，鸟径复绝。

民国二十年夏，二十四军屯殖司令青飞如，闻二郎山道为雅炉间各路线之最捷者。派阆中赵竹铭君前往踏勘。赵君绘具图说，证其可能。青司令复携带各种仪器，躬往视察，信为确有经营价值。已经汇集图说，呈请刘省主席拨款修建，另有专案，此不赘述。

当青司令踏勘此路，余与马骕尘、唐世丞两君，亦同行考察。据个人意见，此路线在川康各路中，有下列优点：

1. 最直捷。路成之后，自雅至炉，五日可达。若相岭大路，则须八九日。

2. 只逾二郎山一重，高度与飞越岭、马鞍山相当，而倾斜则较缓十倍。中间虽有竹杠小山（1605 米），亦可循河岸筑路绕行，无须逾越。

3. 大段循天全河河谷斜上，鲜见悬崖绝壁。非如荥经河之有九把锁、硝岩、偏岩诸险阻。

天全一面，森林饶富，可垦之地亦多，建筑台站，招民住垦，皆易。泸定一面，地势缓纡，土味腴暖，林垦牧宜。目前虽乏民户，将来可望发达。不似荥经新路之多童山石田也。

然有一短，即天全至二郎山，凡 200 余里间，皆系开荒凿险，且多硬崖，工费不赀是也。若修寻常担抬大路至于完善，以平均每里工费 1000 元计，约需 70 万元，始达泸定。如此巨费，仅为商旅缩短三日行程，殊嫌不值。如修成车路，无论通行马车、汽车，则增工费一倍即可，而交通效率至少增加五倍。若藉沿途水力发电而成电车路，则只增加工费五倍，即收百倍之利。故如此新路，与其以小资经营，徐图改善，莫若率投大资，一劳永逸。然而目前川省贫乏，安能得此大款，兴此大利耶！[①]

十二、黄胜关古道

大渡河上游为金川地方。金川东北为松、理、茂、汶。此两区域人种、习俗、宗教、文语，皆同西康。唯政治区划数千年隶属川省。隋唐之际，吐蕃掩有西康，东北及于陇右之地。曾乘安史乱后，侵入长安。建中四年，唐蕃会盟于清水，"以兰、渭、原、会西至临洮，东至成州，抵剑南西界磨些诸蛮，大渡水西南，为蕃界。"（《旧唐书》）松理之外，皆成蕃地。韦皋、李德裕镇蜀时，屡与蕃军攻战，争城于茂、汶之间。吐蕃行军转饷之道，系自今青海南部，经昌都、界谷，沿巴颜喀喇山脉南麓大草原，绕避雅砻江、大渡河谷，以出金川之北。逾羊膊岭，入黄胜关，至松潘，循岷江之谷下争安戎城。自是之后，黄胜关成为川康要道，与打箭炉路并称。直至今世，番商牧民，尚遵循之。此路优点，在于始终平旷，最宜于游牧人民之行旅。其劣点，在海拔过高，冰雪太重，气温太低，空气太薄，又无民舍寄宿之所，与汉人旅行所需条件完全相背。故汉商足迹至松潘而止，曾无知川康间犹有此大道者。

十三、巴郎山大道（俗称西路）

自灌西行，逾牛头山、巴郎山至懋功。又循小金川至丹巴。自丹巴溯牦牛河，逾大炮山至打箭炉为一道。自丹巴溯丹东河，逾党岭至道孚为一道。皆川康间重要之商道也。此道开辟，始于明清之交，而成于金川之役。金川之役，前后数十年，转饷运输，皆以此为正路。乱定之后，建设懋、抚、绥、崇、章谷五屯，设官置戍，招垦开市；官商军民之往来，货品粮食之出入，又皆取道于此。故其兴盛一时，曾不让于相岭大道。至今沿途民房商店，尚属密接，负贩往来亦多。然此路逾山数重，

[①] 中华人民共和国成立后修筑川藏公路，即采此路线修成。

寒燠屡变，颇为行旅所苦。（灌县海拔 500 米。巴郎山 4750 米。丹巴 1700 米。大炮山与党岭各 4000 余米。）又西康重心为打箭炉，自成都至炉，以此道为最险远。故赴康官吏，不由此途。因此之故，其路不得官府爱护，屡有坍坏。民元以后，以丹巴划归川边，即赴丹巴之官吏，亦自炉城绕行。丹巴、懋功间之路亦败矣。

现在懋、抚、绥、崇四屯，与松、理、茂、汶四县，皆属二十八军防地。军吏往来其间，有互通小道数县。

1. 由懋功西行，自丹巴三岔沟口溯沟逾山，至崇化、绥靖二屯，旁行入曲司家土司①地。亦自二楷沟通道孚县。

2. 自绥靖屯北溯马塘河，逾山，至松潘南循大金川至丹巴。

3. 自懋功北溯抚边河，逾洪峤山，至理番②接汶茂大路。傍支西通卓克基割马塘路。

凡此小路，皆小商贩往来所取道，亦可供行军参考，无有建设大商路之价值。然有一点值人注意者，即西康商路，南路就废，北道渐兴。将来北道全盛之时，川康交通重心，势必移于成都、甘孜二处。雅州与打箭炉，能否保持旧日地位，尚属疑问。万一炉城、雅州失却旧日地位，而川康商业重心移注于成都、甘孜者，所谓西路，即将成为川康之新交通中心。灌县与道孚间之道路建设，为此新时期之一极大问题。其时之新商路建设计划之须参较此诸路线，当亦如今日之推敲雅炉间各路线矣。顾目前去此时期尚远，故此等路线，仅足排列备数，以避罣漏之讥，尚无充分研究之必要也。

十四、夹金山小道

自雅州经穆坪逾夹金山至懋功，有一小道。系金川之役所开。《金川琐记》云："往年征金川，进兵共分五道。一由灌县至懋功，为东路。一由打箭炉至章谷③，为南路。一由杂谷至抚边，为西路。一由绰斯甲至绥靖，为北路。一由穆坪至颚克什（即沃日土司，属懋功县）为中路是也。"民国十三年，陈重生徒步旅行，亦系循此道达雅州。自川康交通言，其路较汉代零关古道更为迂险，实无开发价值。

---

① 即绰斯甲土司。
② 今四川阿坝州理县。
③ 此"章谷"指丹巴县。其地原名"鲁米章谷"。

十五、河　道

　　大渡河自泸定境南流，至越巂、安顺场境，折向东流，曲折恰成直角。河曲以内为汉源县境。岸山较高，支流短促，沿岸农田民户较少。连坡湾以上，悉无场市，统称为礼乐乡。连坡湾以下，沿河山势较弱，农地较多，始有美罗、大冲两场，与八排、紫阳溪诸繁盛乡村。

　　河曲之外，为越巂县地。沿岸地势殊复杂。大抵近河之地，多岩岸少平原，然岸山皆不甚高，腹原广阔，村落繁密。高山雪岭，悉在距河绝远之处。以此之故，支流皆长大甚宏，各成溪谷，正交于大河。如田湾河、出落沟、紫打地河、新场河、察罗沟，其著者也。豁谷与豁谷之间，小冈横出，直抵大河，称为崖岸。如碗冈、塔冈、葱冈等是也。诸大场镇，多在谷内。场与场间之道路，必须逾山度谷，登降频繁，为此部交通上最大缺点。

　　河道七场者，皆越巂属。曰田湾、海尔挖（黑老鹳）、安顺场（紫打地）、新场、察罗、洗马姑、纳尔坝，而大树堡与新兴之老鹳漩农场不预焉。如此九场，互有通路。其与汉源各村市，亦皆设有舟渡，可以互通。川人经商于此者，通称之曰"河道"。

　　富林在大树堡对岸，当流沙河口，河道之中枢，亦汉源县第一巨市也。自此北逾相岭通雅州，西北逾飞越岭通泸定，南渡大树堡通建昌①，皆官马大道。西沿大渡河而上，即河道各场，并大渡河而下，为马烈，为黄木厂，为金口，为大维龙池，为峨眉县，以通嘉定。并非沿河而行，俗亦称为"河道"，以其在大渡河谷斜面中也。

　　兹为叙述便利，称富林以西为上河道，富林以东为下河道。上河道地质，为砂岩，或火成岩，或变质岩，却无灰岩、页岩之属，故虽岩岸，而非绝壁，风化水蚀，作用均匀，使河岸缓斜成 V 字，随处可见开路。纵建铁路，亦不甚难。下河道，什九为石灰岩，质甚坚硬，不受风化，而易为水蚀，故随处皆成峡江。绝壁插空，酷似巴峡。支细溪流，皆如排井，往往可以对谈之地，把晤须历半日，商旅大路之不能沿河敷设，而必绕行于距河数十里之高山附近者，避峡江也。如此地势，修路最难。数千年蜀宁交通，不循大渡河部而甘逾相公岭，即由此故。大约清道光时，剿

---

① 即西昌。

凉山倮夷，军事定后，官方开凿此路，以取包围钳制之势也。黄木厂，当雍乾时尚为荒山老林，现已为大市场，设有县佐，则此路开辟之功也。

大渡河水面，在富林外，高于海面750米。安顺场760米。海尔挖840米。其间可以行船。唯因水势汹涌，土人又不精航术，每当夏涨辄封舟不用，冬季水落，航船始多。富林以下，河床斜急者多。金口市外大河水面海拔570米，水道才长于海尔挖段十分之一，而高差大至二倍。沿河两岸，又皆绝峡，无路可资牵挽，故不能通船运。自金口以下，水道可通嘉定，即陆道亦颇平坦矣。大抵大渡河水势，与川楚间水道仿佛并非绝不能通航之河。其现在所以无船行使者，徒以沿河产业幼稚，民户稀少，无大宗货物进出之故。诚使康宁两区之产业与人口，略能与四川比拟，则已早有汽船驶入泸定矣。

余曩阅西文地图，见嘉、峨至富林路，作大路符号。又闻富林至磨西，有路可通。私念如能循河道开路至炉城，当较雅炉间任何道路为平坦。且沿河农工商矿各业，皆可因是开发。大渡河之航运，或能因此路线而通，亦未可知。此念既发，常欲一游河道，察其究竟。因于本年夏初，迁道过之，曾制有二万五千分之一《河道图说》，另为专著。兹撮其要略如此。

十六、未来之川康铁路

当川汉铁路开工建筑之时，曾有建筑川藏铁路之议。实不过时人偶为大言，并无人拟具计划。即其路线当如何敷设，亦无人指出之也。先总理之《实业计划》，曾将成拉路线指出。系自拉萨循清代官道至昌都，弃官道，折北至界谷，循西康北路至道孚，又循本文之巴郎山路线至灌县达成都。西康唯北路能筑铁路，为国人所不知，总理独能出此卓见，盖曾着人踏查后之言也。其人盖未曾至河道，故于川康之间，主张依西路敷设。实则西路筑路不易，凿山架桥，殆无间断，不如直由北路出打箭炉，沿大渡河岸修出嘉定，较为经济。其路线如下：

自打箭炉出瓦斯沟，渡大渡河，循河东岸，经察道、泸定、冷碛、沈村、得妥、雨洒坪、八排、大冲至富林。由富林循河北岸，凿岩通路至金口，又循河至新场、大维、龙池、峨眉至嘉定之苏稽为终点。别图联络他线出川达海。

此路线有下列优点：

1. 直接联络西康运输于长江航运终点之嘉定。
2. 避开邛崃山脉，省凿巨长山洞之工程。

3. 始终沿河岸行，倾斜匀缓。
4. 横渡河流绝少，架桥不多。
5. 沿路皆气候温和，人口稠密，物产丰富之地，运输价值较大。
6. 沿河多有煤矿，燃料不乏。

以上六长，即西路之六短。不唯西路，即任何川康间之路线，亦皆失此六大优点也。是故川康不修铁路则已，若修，则绝不能舍此线而他求。不唯铁路，即电车路，亦宜出此。

十七、其他交通事项

川康电线，清光绪末年架设。系沿官道逾相岭至打箭炉。由炉城沿南路经理塘、巴塘至昌都。由昌都循官道至拉萨。拉萨至江孜一段，尚未完成，藏乱已作。一时理塘以西之电线，概被乱番割毁。民四，陈步三之乱，又将理塘至炉城一段电线割毁。遂未修复。现在电信，只能通至炉城。（二十四军曾修复炉城至河口一段。闻已通电。）系用电话代码。识者咸谓关外夷乱不常，有线电信甚难保护，宜改用无线电台，通递消息。然目前经费无着，唯盼建省后筹办之耳。

关外邮使，旧曾通至拉萨。民国六年以来，只能通至巴安与甘孜。邮路分南北两路，七日一班，雇夫专送打箭炉外，概只设有代办处，无邮局也。炉城至成都间，一日一班，通讯尚便。其路亦循相岭官道。须时半月始达。

川康航空，民国十八年，曾经有人议及。曾有长文，在四川某报发表，今已不能记忆。大抵多属理论，而于航线与通航价值，未曾切实商讨。余之意见：川康航空，诚较修路便而易举。唯川康间一切货物之运输价值，统无可以抵偿飞航之消费者。此实川康飞航不能实现之唯一条件。其余皆空言耳。唯如于成都、雅州、炉城、甘孜、理塘等处附近，建筑停机场，以备军事航空之应用，则尚可也。

十八、结　语

西康行将建省矣。顾西康省内之交通状况若何？电信邮政，尚未敷设；轮车板船，尚无模型；悬绳飞越，以为桥梁。浑脱浮沉，以济津渡；羽檄飞递，以达军情；舌人驰语，以布令教。如此而欲政举化行，边安圉固，安可得乎！故建省后之建设，当先筹利交通。而交通建设之初步，又在开辟门户大道，以利人物之出入，食货之吞吐与一切建设材料之搬运接济也。西康之门户大道，将何属乎？南与滇省之间，峡谷盘错，绝岭迂回，鸟道千盘，宛转难至。北与甘青之间，荒原辽阔，更拥横岭，寒于两极，燥似戈壁。其西，则藏番也。唯东与川省之间，较与温和平缓，略有办法。故川康交通问题，实为新西康省之生命问题，为建省前必须讨论之要务，建省后必须经营之大端。

观上述十四条川康交通路线之历史，可知从来川康交通建设之谬误，酿成屡改不定而终未妥善之原因，只在未曾高瞻远瞩，普遍探检，详为比较，定于一是，以求一劳永逸耳。鉴古知失，不蹈覆辙，区区之意，盖在于此。

西康地图谱

(1943—1944 年)

余自民国十七年起,搜集康藏与其相邻地方之地图地志。二十五年八月,曾将地图之部,略事整理,共已 97 种,170 余幅。其后入康陆续征购,至三十二年一月清理,已有 280 余种。近又续有增益,截至九月三十日止,共凡 380 余种,920 余幅,唯亦间有搬运散失,及借人未还者。余既据以编撰康藏标准地图,惜其采录不尽,惧复散佚,乃分四种编号造册,分别贮藏之。并撮记其内容,为此谱录,盖亦书录解题之意也。

造谱之先,拟有略例如次。

1. 谱中图目,以笔者私人搜藏之本为限。已得复佚,与借人未还者,亦俱著录。曾经见及,拟购未得者,亦偶录之,别加星点其上。

2. 分下列四类编号。

(1) 总图。图幅包括康省全部及康区或宁区、雅区之全部者属之。

(2) 部分图。图幅包括二县以上之局部地方,或路线图属之。

(3) 县区图。内容限于一县区及更小于一县区之局部地图属之。

(4) 邻境图。内容不属于康或不全属于康而与康省有密切关系之地图,如西藏、青海、川滇边等类属之。

3. 依原图装置,分为下列各种册幅。用二字注入谱内:

(1) 巨幅。长 120 厘,阔 80 厘以上之单幅。

(2) 中幅。长 60 至 120 厘,阔 40 至 80 厘以上之单幅。

(3) 小幅。长 60 厘以下,阔 40 厘以下之单幅。

(4) 割幅。巨幅图之划分为若干同面积之小幅绘制者。

(5) 插幅。插附他书,幅面未能超过书面 4 倍以上者。

---

① 原连载于《康导月刊》1943—1944 年各期。

（6）巨册。装册长 40 厘，阔 35 厘以上者。

（7）中册。装册长 25 至 40 厘，阔 20 至 35 厘者。

（8）小册。装册长 25 厘，阔 20 厘以下者。

（9）附图。图幅之附绘于他幅内者，择其有价值者录之。

4. 图名悉依原字。其属西文标题者，译录音义。仍附原文。

5. 原图缩尺，经纬，投影法，套色次数，绘制与审订者，印刷者，售者，凡可考见，皆录入谱。

6. 分类编号次序，依制作或出版时间先后。其编号已定，始征得者，分于各类之末，编为补一号至若干号。

7. 依各图取用资料与精审程度分为 4 级 12 品，各用一字注录于图目下：

甲级，实测图——实施导线测量与经纬测量所制之图。

上品，三角定点或经纬定点，精测精绘，忠实可靠之图。

中品，用单一导线略测，依法绘制，大体可靠之图。

下品，简单仪器粗测制成之图。

乙级，路线图——未施水准测量，但依目力观察制成之图。

上品，具高度与经纬度，标绘精确足与实测图同功者。

中品，观察未尽周密，而标绘忠实，图法不谬者。

下品，观察疏，图法谬，但曾亲历考察依记录以制图者。

丙级，意匠图——仅凭记忆、见闻与想象制成之图。

上品，追忆旧游，审慎绘制，合图法不欺妄者。

中品，周慎访，或参考可靠游记，依图法制成者。

下品，不明地文，妄依坊肆图，添饰改绘，苟以欺人者。

别级，纂绘图——纂绘或翻印他人图本之图。

上品，本身明晓幅内情形，更能精选慎择，汇聚众长，无有欺饰，译名审慎不讹者。

中品，不明幅内情形，但能忠实汇纂他图，阙所未知，注明来历，于译名未得确解处，附注原文者。

下品，妄采道听途说，改造原图，或剽袭他人图本，妄为增饰，而以实测欺人者。

8. 笔者贫乏僻处，集图有限，又未得名家指示图法，谱中所录，挂漏固多，乖讹亦所难免。甚盼博雅君子，有以教正哀益之。

一、总图之部

　　康藏荒僻险远，向为探险考察者所不曾至，近世虽渐有之，亦各仅知其一部，难语全局，科学测量，更从未大规模举行。故今之西康，仅有可靠之路线图与部分图若干种，虽有总图，率多不精。其导源，以康熙内府舆图为祖，其图系延天主教士分区测制。康藏之部，仅驿道一线，经其实测，余皆访问补缀，不尽可靠。图成之后，藏之内府，国人莫能见之。教士则别绘副本，寄回法国发行。各国翻印，流行甚远。十九世纪以前，世界共知之中国轮廓，恃此图也。我国人自制康藏地图者，始于松筠，曾刊《西招图略》，未为国人所注意。咸同时，胡林翼、严树森等，据内府图制中外一统图。光绪时，邹代钧又以内府图参译西图，为中外舆地全图。民国一十二年，丁文江、翁文灏、曾世英三氏，以西图为蓝本，参补国内外诸家调查路线图，为中华民国新地图。如此四图，为中国图学四大进阶之代表物。自松图外，皆为全国总图，康藏之部，著录甚少。西康专图，始于傅华封之西康全省舆图，其人未曾参考先出各图谱，但凭所经历与档卷中图稿，审慎汇绘之，精当之处，后莫能逾。松图以后，此为最佳也。此外国人作品，荒唐居多。陆地测量局，曾经粗测路线图数条，后人依之而制总图者颇多。添补之部，殆无不谬。西人于二十世纪初期，入康藏探险者极众，路线图多至百余种，中如斯文•赫定之于西藏西北部，印度测量局之于康藏南部，法教士之余西康，英俄间谍之于康藏之间，皆调查精绝，得图甚多。其各国制图机关，又善于汇绘各路线图为总图，故西人对于康藏，恒较我国人更为明了。我国人之考察西康，创制正确图稿者，始于谭锡畴、李春煜二氏，然所制非全图。余自民国十七年入康，开始自制地图，旋复收集中西图本，审订其精度，采用其优点，陆续制有小图发表，最近始撰巨幅之康藏总图。窃谓傅华封后，此图为进步矣。内府舆图，余未能得，兹以所藏松筠以来，康藏或西康总图，编为总字若干号，汇为一部。宁雅划入康省较后，其总图例得附入。余自制图之已发表与待发表者，并列入焉。

　　1.《西招图略》（乙下）

　　清驻藏大臣松筠制。筠字湘圃，蒙旗人，通汉、满、蒙、藏、回语，好佛，嗜文艺，以译业起家，官至大学士。乾隆五十九年任驻藏大臣，至嘉庆四年，曾出巡全藏，周知其地理、民俗，著《西招图略》与《西藏图说》，嘉庆三年合刊。又有《西藏巡边记》与《西招纪行诗》，记叙皆实。有清一代，驻藏大臣之最贤者。其图凡16幅，总图外，15幅东西蝉联，作长卷状。西起济陇，东止打箭炉，南至聂拉木，北至哈拉乌苏。有相衔接者，相错叠者，以南为上，北为下，山水城镇，皆绘立体，无缩尺，方位准望道路纡斜，俱非正确。然依履勘所及，审慎描绘，无所欺饰，收录地名，亦皆得当。在胡唯德译图未印行前，一百年中，此为藏图之最佳者也。其时西藏名称，尚未确定，曰图伯特，曰唐古忒，曰乌斯藏，曰卫藏，曰炉藏，曰西域，曰西竺不一。笃奉佛，重寺庙，故曰西招。招，蒙语寺庙也。

此图原刻未见。余所得为道光二十七年成绵道王勉斋师道重镌本，图说即附各图页后，光绪二十三年，黄沛翘纂《西藏图考》，又曾翻刻原图，去其图说暨巴塘、理塘、打箭炉三幅，余亦收录之。

兹摹原图前后藏间一幅（原为第八幅），并说明其价值。图无拉萨与日喀则字，但曰布达拉与札什伦布，曲水在雅鲁藏布江（图未标名）会口之上方，渡河为巴则、巴孜，逾上当羊卓雍错（图曰洋卓云错海）之侧为白地，朗噶孜（浪噶子）越山为春堆，坦途直达江孜汛，沿年渚（图未注名）河经白郎（巴浪），又进度桥为札什伦布，绘三寺骈列，以象班禅之宫；一碉，以象堡聚。别道，经僧多寺，然巴，仁本（仁蚌宗）逾山至白地，又自仁本逾山达江孜，路线皆合，险夷不谬。又自布达拉南逾藏江（图未标名）为得庆，得庆逾山为萨木耶寺，即桑鸢寺也。萨木耶三字，译音较桑鸢为佳。自桑鸢渡藏江（雅鲁藏布合流以后之藏江）为乃东（乃冬城），道通布鲁巴克（布丹），别道经琼结通哲孟雄（原未注入）。布达拉北经郎孜（浪子）、德庆（另一德庆），至阳巴井（羊八景）、巴布赖，亦通札什伦布，与今地图形势全合。唯羊八景河，系自业党附近入藏江，此则示其流至拉萨之东，为不合。盖当时藏中调查未周，山谷盘错，非经循溯之水道，则易因揣测误绘也。

2. 英文《鞑靼西藏与中华图》（乙上）

西人霍克与噶伯特（Huc and Gabet）于道光二十四至二十六年，自北平、张家口，经内蒙古、青海入藏，出康循长江转赣入广，折赣浙，循运河返于北平。有游记刊行，插图曰 *Map of Tartary*，*Tibet and China*，依经纬度绘，缩尺甚小，附游记中。其川藏界线为雅砻江，以巴塘、德格、霍尔等部划在藏境，盖雍正以前川藏旧界，自雍正四年竖宁静山界碑至是已110年，不应仍如此标界，然亦可见其人系以内府舆图为蓝本。内府舆图者，康熙晚年，延法国天主教士，往各地测量经纬，制绘地图，康熙末年与雍正初年曾两度镌刻之，法教士亦曾以此图稿，用法文在欧洲发表，各国转相袭制，流行甚广。当时西炉隶属四川，炉边如霍尔、德格、巴塘、理塘等部，尚为藏境，此图犹援据之，是以误耳。图中又误标大雪山脉为云岭山脉

（You Ling Mts），又以巴塘作 Bathan，江达作 Djomda，河作 Tchou，皆与今世英文图异。

3.《皇朝中外一统舆图》（别中）

同治二年镌，湖北巡抚署景桓楼藏版，有湖广总管官文，巡抚严树森叙。又有严树森后跋，记胡文忠以来，编制原委。计坤舆图 2 幅，亚洲总图 1 幅，中国全图分割为中卷，南 1 至 10 卷，北 1 至 20 卷，共 31 列，延续相衔，线装为 22 巨册。康藏之部，自南四延至南六卷。有经纬度，河流概作双线，山脉作人字纹，城市用圈，道路用横点，界用实线，盖以内府舆图为蓝本，而参用当时本国制图之成法，一改绘间，差误滋多。其康藏之部，仅驿道一线，相当正确，此外皆凭访问补绘。山河村镇，与今地图较，出入甚大，然大体方位不谬，由蓝本正确故也。有清一代，坊间地图，康藏之部，莫不依照此图绘制。虽在今日，亦尚有当保存者三点：一，查对新旧译名。二，查考清代土司辖地之方位。三，查考清代图法演进之情形。二十一年，余游成都羊市街旧书肆，得全部，完整无缺，以银一番易得之，肆主云：如货废纸耳。

4.《中外舆地全图》（别中）

新化邹代钧光绪二十九年制。凡 68 幅，为一厚册。本国之部，曾参内府舆图，但仍以中外一统舆图为底本。外国之部，概为译品。绘图全遵西法，铜版绝精，盖民国二十年以前最佳之图本也。单色，宣纸印，青海、西藏共一幅，五百万分之一，大部仍依前图改绘，仅驿道一线可靠，唯桑昂、察隅之部，著字颇多，以竹瓦寺为多瓦噶穆巴，鸡贡为直空，札瑜为札隆（察哇龙），桑昂曲宗为桑加楚城，大浦兴（八宿地）为塔普辛，皆显然可见其曾译西图增补。以瑜曲为子楚，则于楚之镌误也。又以瑜曲与怒江间之山脉为他念他翁山脉，为国籍创名，当亦系译自西图耳，有图无说，未克注明来源，为可惜也。民初，余购自北平玻璃厂旧书肆。

附记：商务印书馆，曾于光绪末年，印行《二十世纪中外舆图》一巨册。完全翻绘邹图，康藏之部，只有沿伪，无所增补。余未藏。

民国初年，商务印书馆印《中华民国新区域图》，一中册，已有川边特别区域，仍系以中外舆图为蓝本，增绘界线，别无新义。余未藏。

此外民国以来风起云涌之小册地图，如《中华形势一览图》《中国分省新图》《中国标准地图》《中国地图集》《袖珍中国分省新图》。单幅挂图，如中华分类地图，各省明细全图，各省分县图等，皆于康藏极略，亦皆互相抄袭，以盲导盲。至于中外一统图，中外舆图等较佳之旧本，亦未暇参考。余收得甚多，审查无一有价值者，概不著录。

5.《新译西藏全图》(别中)

清光绪末年，出洋大臣胡唯德，就英法文地图译成。译名多沿一统舆图及松筠图，缩尺似为百五十万分之一，一时流行共广，旋即绝版，余未得见原图。但见其翻印本于边疆研究委员会及刘燮丞家，未曾收藏。此时英法人探险未盛，所知康藏内部地方殊有限。故此图除驿道一线，及西南沿边地外，亦无甚新资料。唯系依经纬定点，翻译审慎，在当时，实为最佳之康藏全图也。

6.《最新西藏明细全图》(别中)附川边山川道里图(别中)

图三百万分之一，中幅，红、蓝、黑、棕四色石印，附详密路程表及二百二十五万分之一川边山川道里图，未著编撰人与出版时间地点，余自成都旧书肆购得之，查系依据胡唯德、陶师曾等译图缩绘，并曾参考小方壶斋各种行记，颇用考订工夫，出版时间，当在宣统之世。

7.《西康全省舆图》(别上)

清末代理川滇边务大臣傅嵩炑制。傅字华封，四川古蔺县拔贡。以办团受知于永宁道赵尔丰，赵任川滇边务大臣，傅为总文案，从赵征讨，足迹遍全康。赵升川督，奏请以傅代任，傅因奏请划折多山与丹达山间之地建西康省。赵为同志军所困，调川边军入援，傅自率军赴之，苦战达雅州，清已逊位，赵被杀，傅缴械。民国元年九月，著《西康建省记》一书，插附此图。自序云："康境四至八到，已为汉人遍历，惜皆不谙测绘，于道途之曲直，江河之大小，能口言其势，不能笔绘其形，边务星使赵公，先后委员测绘，或因历险而坠死，或以阻雪而裹脚，几及三年，卒未成功。唯张君绍荃，张君穆轩，李君怀仁，居康数年，留心地理，各具舆图半幅，兹取而合为一。"其图中幅，单色印，每百华里开方，无县部界，著程站地名颇详。余购建省记得之，旋复失去。后钞得锌版缩印本，张季诸人原图，竟未获见。

8.《川边新图》(别上)

小幅，单色石印，无缩尺，有经纬度，精度以北平为中线，自西经13°至20°，北纬自27°至34°，省界东包泸定、丹巴、九龙，西无界，绘达瓦合山而止，无撰绘人姓名及出版年月地点。标有边军驻防地与陆军驻防地，已有九龙县，无安良县，而尚称瞻化为怀柔，德格为德化，当系民国二三年时所编，民国四五年所印，故地名之时间性，未能划一。然所收地名皆与川边档卷记载吻合，不似他图之沿用古称，盖亦熟悉边情者精心之作。似亦曾参考胡唯德图与傅嵩炑图，但非完全抄袭，惜其名不传，民国十九年，余购得于旧书肆。

9. 英文《西藏与其邻部图》(别上)

巨幅，原名 Tibet and Adjacent Countries，印度测量局据陆军大佐博拉德（S. G. Burrard）图稿制，1917年出版，缩尺二百五十万分之一，单圆锥投影法，自东经78°至102°，北纬36°至38°。包括前后藏、西康、青海、尼泊尔、哲孟雄、布丹、珞瑜之全部与印缅滇新之一小部，有等高线，加山脉渖晕，用红、蓝、棕、灰、黑五色印，相当精致，取材着墨，亦俱审慎忠实。西康之部，仅达打箭炉，未及泸定以东之地。康南康北，空虚未当之部尚多，珞瑜及西藏西南地方，则甚详慎。在民国初岁，当以此为康藏最佳图本。

10. 英文《赵尔丰经营川边改流地图》(丙中)

11. 英文《川边土司地图》(丙中)

二幅英领事台克满（Eric Teichman）附所著《土伯特东部游记》发表。并小幅，略示轮廓，其人另有大幅路线图详第二类。

12. 《川边各县舆地图说》(丙下)

新繁蔡廉洲制，中册。自康定至恩达，每县一幅。民国十年川边财政分厅厅长陈东府，携至北平，由京华印书局石印。蔡君系电务人员，略谙图法，亦颇留心川边地理，唯学识未副，谬陋甚多。据其图例，有边地图说与县地图说两种，康定至恩达17县，为县地图说，三十九族、桑昂、杂瑜、波密、察洼、俄洛等处为边地图说。又有川边总图与总路程图，兹仅印其县地图说一部，说又别汇为表。另印成册也。其各县境界，不能相嵌合。有经纬度，系依川边新图为之。各幅详略不一，无缩尺。康定、石渠、昌都等幅最荒谬，亦仍称瞻化为怀柔，德格为德化，而与邓柯、贡觉、察雅、恩达诸县，皆就川边新图，圈示县界，无所增益，余图出于访问，率意标绘，多有谬乱。唯得荣、稻城等数县，似为其身经地，微有可取。其叙文中有："大抵沿大江之滨，大山之麓，各地多暖。……道孚、甘孜，滨雅龙、金沙两江，义敦、理化，处于巴大朔两山间，炉霍、德格，为雀儿矮达诸岭环其外，故皆和暖"云云，则其强不知以为知，悍然妄言以欺世人之处甚多，毋庸更论其图也。

13. 法文《川边图》(乙上)

法教士古纯仁（F. Gore）制，缩尺百五十万分之一，有经纬度，单色石印，附所著《川边与滇边》一书，民国十二年，在康定出版。古君曾受法国中等教育，光绪三十四年，入康传教，研究康藏文语，亦识英文华文书籍，虽足迹未广，然在康法教士之旅行报告，均入其目。故于西康史地，甚为谙熟，积年从事著述，出品甚多。此图绘技虽拙，内容皆甚精当，康图之标绘土司部落界线者，此为首屈，尤为其特点云。

14.《川边地图》（别中）

民国十三年九月，四川督理署参谋处，嘱陆军测量局制，巨幅，缩尺以 4.8 厘表 100 里，似曾参考傅图与蔡图，唯大体皆依川边新图绘制，只西延至雅鲁藏布江，包有波密与江达，与川边新图不同。单色石印，加套民二失地与民七失地二色，有督理杨森题词。

15.《西康特区全图》（别中）

民国十五年，西康屯殖使署参谋处制，百万分之一，巨幅，单色石印。注云："依据中外新旧各种边藏略图编纂而成。"查其内容，仍以督理署制之川边地图为蓝本，唯增入地名颇多，道路、河流并较详细，无县界，有道界而无道名，以康、泸、丹、九、雅、道、炉、甘为一道，德、邓、白、石以西为一道，巴、理、乡、稻、瞻、得为一道。盖屯使刘成勋拟置而未实行者。德、邓、白、石，时已陷在藏方，刘氏徒有收复之意而已。此图未合图法，与乖误之处颇多，然自傅嵩炑以来之国人图本，多曾收备参考，可谓集华人川边地图之大成。惜未参考西图，果其参考西图，则轮廓部位，可较正确，便成有价值图本也。

16. 英文《中国分幅图》（别上）

英参谋部，用多圆锥投影法编印，四百万分之一，1926 年出版，七色套印，精绝。原题仅 CHINA 一字，似为世界地图之一部。内容包括腹地诸省及其附近地方。阙拉萨以西，及外蒙古与新疆（或另有图幅为余所未见），缩尺虽小，包罗甚丰，他种百五十万分之一以上之巨幅图，精详未逮此也。据其自注，所引用图籍，凡专集 23 种，路线图及略图 19 种，皆属名贵巨著，多为余所未得，兹译录如下：

伦敦公司出版之《中国分省图》（1905—1923 年。百万分之一及二十六万二千二百分之一）。

《海军部航海地图》3350 与 3274 号。

《印度与其邻部》（百万分之一，印度测量局 1907—1923 年出版）。

《中国西部地图集》（德文，百万分之一。1902—1912 年）

《中国土伯特路线图》（二十万分之一。Tafei 1905—1908 年）

《中国北部与土伯特西部图》（三百万分之一。Tafei 1914 年）

《中国地图集》（七十五万分之一。李希霍芬 1885—1912 年）

《亚洲地图》（法文，百万分之一，巴黎陆军地理研究会。1900 年）

《贵州省图》（五十万分之一，印度支那地学研究会。）

《印度支那图》（二十万分之一与十万分之一，印度支那地学研究会。1904－1911年与1923年）

《沙俄西北》（二十五万分之一，印度支那地学研究会。1919年）

《从后藏至云南府与丽江》（1910年）

《中国探险图》（二十万五千分之一，美国 Balley Willis 等。1904年）

《大地磁性之观察》（二万五千分之一。1915年）

……以下专集八种，略。

《台维斯（Davies）路线图》。（1908年）

《柯克罗夫（Koxiof）路线图》。（1910年）

《柯尔斯（Coales）路线图》。（1916年，第二类详）

《台克满（Teichman）路线图》。（1916－1919年，第二类详）

……此外路线图15种，略。

余于沪市觅得此图，因价昂，无力购买。后自友人李君处借得，用透光版在暗室中影绘，将西康与其邻部，分地文、人文两幅描绘。

17.《土伯特图》（别上）

英人贝尔（Charles Bell）制。附所著《西藏今昔》（*Tibet Past and present*），1927年出版，小幅，有缩尺，及粗陋不注字之经纬线，照相锌版单色印，英文，以厚线勾绘土伯特界，包西藏、西康、青海，用心实存不良，然贝尔于康青境所知甚少，图亦甚略，仅具各部落之大体部位，固无足取也。另有西藏部位图小幅，尤无足记。

商务书馆译印此书，并译此图，译名多谬，至以章谷为邓柯，其他西藏书，亦有译用此图者。

18.《川边各县舆地图》（丙下）

民国十七年，川康边政人员训练所就蔡图（总十二号）翻印，增列下3幅，合30图为1册，石印模糊，多有错字。西康各县路线图，为长58厘，宽35厘之小幅，每40里开方，并于大路线上注记里数，有省界，不精，西界为二线，内线在瓦合山，南包科麦、察隅、门空，北包类乌齐至衮萨寺。外线在丹达山，北包三十九族，南包波密之一部，颇嫌混沌不清。又自阿萨密有铁路达鸡贡附近，尤非。

《西康各县总图》，幅面同前，有粗率之经纬度，省界西线亦二重，唯此外线，又移在雅鲁藏布江及江达城外，总之无一是处。两图夫著绘制者，察其作风，应亦出蔡廉洲手，盖蔡君原有此二总图，见其序列，前在北平未印，此补绘耳。

《宁属及雷、马、峨、屏之大略图》，一百二十万分之一，有县界及山脉，轮廓不甚差谬，作风亦似前图。疑是边训所请蔡氏用《宁远府志》《四川通志》等图，及陆军测量局图本凑绘之。

19.《西康教区图》（别上）

康定天主教堂制，民国十八年余借摹，中幅，有经纬度，未注缩尺，其教区包括川边全境与云南之中、维、德、贡四县，注教堂与教会学校分布地颇详，法文，时余初入康，一切不明，特请主教华朗廷译解，即注其旁。

附记：《中国教区图》

中国天主教总会编印，三百万分之一，四色精印，标绘全国天主教区界线，与教堂分布，并分别各耶教教派着色，为研究耶教在中国详情之绝好材料，西康与宁远，为其两大教区。

20.《康藏图稿》（别中）

道孚法教士窦布来（A. Doublet），民国十八年赠。窦系欧战退伍军人，来康不久，此稿有经纬度，缩尺为二百五十万分之一，蓝、黄、绿、红、铅五色描绘。除取材古图（十三号）及普通西图外，尚乏新材，然其轮廓颇佳。

21.《西康西藏详图》（别下）

蒙藏委员会民十八年制印，五百万分之一，单色印，着字甚少，谬误层出，余曾收得，旋复遗去。

22.《巨幅川边图》（丙下）

民国十九年，广州中山大学资派魏大鹏、古振今等同瑞士人哈姆（第三类详）入康调查木雅贡嘎，西康政务委员会，请魏、古两君代绘西康详图，两君绘术甚佳，而不明西康情形，政会供给图稿，似只蔡图（十二号与十七号）一种。两君遂向壁虚构为等高线，造成五十万分之一之全康详图，作长240厘，阔140厘之巨幅，并署名其上。二十年由政委会呈送川康边防总指挥部用蓝红黑色精摹石印，余曾得其一份，盖一荒谬绝伦之巨图也。其绝伦处有如下者：

（1）魏、古两君，为探测木雅贡嘎而来，图中并无此山，即康定、泸定境界间，亦且无可代表此山汇之等高线。

（2）两君足未出关，不知关外作何状，亦未曾得有任何记载海拔之材料，乃敢用等高线，描绘全康地形。

（3）所有等高线，皆沿河流起绘，相结成圈，第二线三线，又沿之而起，约略作等距之不定型层圈,正如旧地图描绘湖海水纹之状,竟无一线横越河流,仿佛全康河身,皆略与海面同高,山皆由软岩侵蚀而成,无一奇峰绝壁者。

(4) 其他地名、部位荒谬之处,多不可纪。兹摹其康定附近一角,以见一斑。(盖康定为绘图者曾住数月之地。此幅即木雅贡嘎所在,为两君此行考察之目的地,此尚荒谬,则其余地方可知矣。)

①查此图缩尺为五十万分之一,则等高线为每500公尺。据是查核:折多山高于康定不过1000公尺,(实超过2000公尺)。瓦斯沟与康定同高,(实差1000公尺)。其山形之谬,率如此类。②磨西面水,自得妥入大渡河,此则自冷碛上方之甘露寺对岸入河。田湾水,自得妥南百里入河,此则自得妥之北入河,各错移百余里。水道之谬,率如此类。③鱼龙石河,南经梭波折西,入自营官寨南流之累曲河,会雅砻江。全流域皆在康定境内。此则与累曲各为一河,而称为九江,自宜顶以下,皆划入九龙。④一木居城子在鱼龙石一支流上,距九龙两站,距鱼龙石亦两站。此图则在此河正流上,距鱼龙石2厘,距九龙20余厘。且须经过迷巫绒、宜代、菩萨绒等地方。(此诸地为康定西南境,在累曲与雅砻江岸,此图概移列于所谓"九江"之西岸。)准望之谬,率如此类。⑤湾坝、洪坝,为松林河上游两河谷。其水自越巂安顺场入大渡河。距安顺场各3日程。此则即在得妥附近。而其南10厘外,又复有湾坝、洪坝重见。⑥万年为九龙县极西南之一村,此则绘在其极东北之湾坝、洪坝附近。⑦冷竹关至瓦斯沟十里,岩道盘旋,实仅隔一山嘴,此乃相距3厘,如40里。缩尺之谬,率如此类。⑧田湾属越巂,此划归泸定县。桂花桥属康定,此划归雅江县。迷窝绒等处属康定,此翻归九龙县。若及属康定鱼通,此划归泸定县。县界之谬,率如此类。⑨五色海子分布柳杨南北诸雪峰间,相距绝远。此则会于一处。其望文生义之谬,率如此类。

23.《藏人所分之西康部分图》

24.《清末川边部分图》

25.《西康县分图》

26.《西炉与西康》

27.《康境之变迁》

28.《西康疆域与省会》

上图五种,皆民国十九年余手绘,缩尺四百万分之一,单色,小幅,插附《西康图经·境域篇》,二十一年新亚细亚学会印行。对于西康之部分区划,考订甚备。经纬部分,一以英参谋部之中国分幅图为据,故轮廓亦甚正确。康藏地图之著县部区界者，自此诸图始，省界之正确，亦自此诸图始。

29.《森姆拉会议中英人提出之内外藏地界》

30.《森姆拉会议中我国提出之华藏地界》

31.《袁政府主张之内外藏》

32.《战败后之划界交涉》

上图四种，亦民国十九年余手制，插附《西康图经·境域篇》发表。原缩尺五百万分之一，红黑二色绘。缩制成单色锌版，小幅。于时余未曾得见森姆拉会议中，英人提出之草图，但依双方交涉条文，参对康藏部分绘制。后得见原图印证，竟完全吻合，而部分界线，则较原图正确。

33.《森姆拉会议草案原图》

民国二十八年，余于刘燮丞（赞廷）处见之。小幅，单色石印，勾绘红蓝二线，无标题及缩尺，有经纬度，约为二百五十万分之一，著字甚少，英文为主，间附汉字。余一见，判其为森姆拉会议中据以讨论之草图。刘云然，道所自得。二十九年，曾付西康文物展览会展览。此图内容甚陋，无康青藏界线与西康各部区界线，其内藏南界，仅包括巴、理塘、打箭炉三城，未曾包括康南乡、稻、得、盐等地方，足见当时，英人实不知巴塘、理塘之辖境。德格部分，亦惝恍不能确指。是故森姆拉会议中，不仅我之笑话百出，英人实亦未有真知灼见也。是图余拟摹绘，未果。

34.《西康人口分布图》

35.《西康种族分布图》

上二幅余民国二十一年手绘，四百万分之一，单色锌版印，插《西康图经·民俗篇》。二十二年新亚细亚学会出版，为西康人文总图之创作。

36.《中国分省新图》（别上）

民国二十二年八月初版，丁文江、翁文灏、曾世英三先生为申报馆六十周年纪念制，中华书局印刷，申报馆发行，小册，凡总图10幅，分省图24幅，附图48小幅，分绘50页，西康、西藏共一幅，缩尺七百五十万分之一。内地各省皆三百万分之一，蒙古、青海五百万分之一，其后修正版亦以康藏作五百万分之一。其图系以英参谋部之中国分幅图（十六号）为蓝本，参以北平地质调查所历收采探察之新材料，合地文图、政治图为一，精绘五色精印，一扫过去我国图籍粗制滥造之弊。

37.《中华民国新地图》（别上）

丁、翁、曾三先生与前图同时制，二十三年四月印，申报馆发行，中型厚册。凡图106页，总图4大幅，2中幅，21小幅，亚尔勃斯投影法。分图用多圆锥投影法，分割为22幅，人文图、地文图分制，共四十四幅，重要城市图61幅，一律十万分之一。西康划割在第二十六、三十二（二百万分之一）、五十（五百万分之一）三幅中。其材料来源，与精致程度，皆与前册同，唯较详密。翁氏有序，详论图法及制作此图经过，极名贵。曾氏有例言，详述绘制法，谓所据地图有7730幅之多。细审其西康部分内容，除谭、李两氏调查图外，（另详第二类）仍只以中国分幅地图（第十六号为据，增订之部甚少，省、县界与译名，有待于修正者甚多。盖其图详于内地，对边地尚未能精细考订也。总之，此二图为我国图学革命之最先成功品。一切可以空前，而非可以绝后。国人若能续起修订，则可由此改进成为精当之本国地图，若认有此为足，徒事剽制而不图匡正之，则负此图矣。

是二图出后，各书局争起仿制小册地图颇多，无一更出新意者，应悉摒弃不论。兹编所收新出地图，以能不全抄袭此二图者为限。

38.《西康地文图》

39.《西康山脉图》

民国二十二年余手制，插附《西康图经·地文篇》，二十三年新亚细亚学会出版。四百万分之一，单色，地文图系以中国分幅图为据，微有增订。山脉图为余所创作，石印颇失真。

40.《川黔滇康甘边区略图》（别中）

巨幅，三色石印，内容仅包多数地名与路线，精度极小。川康之部除陆地测量局图材外，无他资料。缩尺八十万分之一，无制印者姓名及绘印年月。疑是行营入川剿匪时或边政研究委员会成立时，嘱四川陆地测量局制。西康之部，至甘孜而断，非全域也。

41. 四川陆地测量局《川康十万分之一地图》（甲上，甲中，甲下，错）

清末四川开办陆军测绘学堂，开始实施四川内地之三角测量，制有二万五千分之一之军用地图。民初成立四川陆军测量局，陆续补测四川盆地之部，完成十万分之一军用图200余幅。民国十八、十九年，补测宁远各县，二十三年，补测康区及松、茂、理、懋。至二十四年，制成川康十万分之一全图，较前又增加200余幅。二十七年，补测俄洛野番地方，又增60余幅。现已制成者148幅。三色石印，非卖品，军用，当秘。其四川盆地之部与俄洛之部，测量工作颇精，殆全可靠。川边部分（包括今西康全省及四川之松、茂、理、懋、峨、马、雷、屏地方），则仅为草率之路线测量，并未施行三角定点，故其部位方向，不尽与实际吻合，且有数线仅属目测，又有多数地方，出于访问补缀，铸成错误颇多。因此图关系巨大，兹故分别指出其可靠不可靠诸点，俾使用者知所采择焉。

雅区——康定以东，雅安、芦山、天全、宝兴、金汤、荥经、汉源、泸定等县以及大小金川地方，测勘路线较密，故可靠成分较多。唯路线以外之山岳地形，概只目测估绘，虽具等高线，概不可靠，仅大体部位不差，可供参考而已。

宁区——大渡河以南，宁远及峨、马、雷各县，可靠者：

（1）自大树堡沿旧官道经越嶲、泸沽、西昌、德昌至会理县治一线。

（2）自富林沿大渡河至田湾河身两岸一线。

（3）自纳尔坝、安顺场经拖乌、冕宁至泸沽一线。

（4）自西康经盐中打冲河至盐源白盐井一线。

此外如盐边、会理、宁南、昭觉诸县境内重要地方，似曾为测量人员脚迹所曾到，但并未施行测量，似仅凭记忆制成图稿，除路线上村镇地名次序未乱外，部位与地形，什九不合，其完全谬误合当铲去图版者，有如下举：

（1）富林、大树堡、越嶲以东，峨边金口河以西，洪雅炳灵祠以南地方，全部谬误。例如呷撒即桂贤村，在大树堡东15里，与富林东南之万工堰隔岸相对。此图于万工堰对岸作临河堡，去大树堡约20里，又东10余里为水打坝，又东数里为呷撒，又东约10里乃为桂贤村，皆沿大渡河南岸。沿河要地尚且如此，其山地更属荒谬不堪。又万工堰以下，皆石灰岩绝峡，而图描山形悉甚圆融，可知访问时，未曾询及地形。

（2）大小凉山地方，即峨边、马边、雷波、西昌、越嶲五县县治间地带，除昭觉一线为访问图尚有似处外，余全谬误。

（3）盐源白洁河，洼里以西之木里地方，全部谬误。即大形势亦皆不合。幅面亦相差至2/3。

（4）会理东北境迤及宁南西境，即岔河、老碾、黄柏箐、新场北抵西昌缸窑等处，全部谬误。

（5）大小牦牛山脉地方。南自太平渡循打折冲河北山，直抵康定附近，什九谬误。无木雅贡嘎山，湾坝、洪坝、三垭与九龙南境地位皆不合。

其他小区域全谬误者尚多，本属夷巢，为测量人员所不能至，其未精确，原不足怪。可怪在于测量未到之处，悉用每距20公尺之等高线描绘为地形图也。

康区——康定以西测队所曾至者，为下各线：

（1）自康定经折多山、泰宁、道孚、炉霍、甘孜、竹庆至邓柯县城一线。

（2）自康定经雅江、理化至巴安竹巴龙一线（通过塔子坝与毛丫坝）。

(3) 自巴安经白玉折过瞻化，由甲司空至道孚一线。

(4) 自甘孜至瞻化一线。

(5) 自玉隆逾雀儿山经德格至冈拖河岸一线。

(6) 自德格柯鹿洞至邓柯之朗吉岭一线。

(7) 自康定经玉龙石、木居城子、九龙至八阿龙一线。

(8) 在木居城子经绿林、桂花桥、甲梗坝至折多塘一线。

(9) 自康定北逾大炮山入丹巴一线。（丹巴已详金川之部）。

以上各线，皆可靠。路线以外，悉留空地。此其胜于宁区之点。

42.《四十万分之一川康分幅图》（丙中）

民国二十年时，二十一军嘱四川陆地测量局驻渝办事处就十万分之一图缩制四川之部，凡16幅，宁雅在内，有县界，无等高线。二十四年，成都陆地测量局增绘川边九幅，颇于十万分之一原图外多有增补。唯所增补之材料甚少，反贬固有价值。有褐色套印之等高文山脉。由此山脉绘法，知其曾取材于魏、古两氏之谬图也。（二十二号）

43.《川陕甘青康滇黔湘鄂边区简明图》（别中）

二十四年七月军事委员长行营参谋团第一处调制，二百四十万分之一，赭蓝黑三色精印，甚鲜明，惜所征图稿未善，错误颇多，如明正土司，绘在盐边附近。无量河入金沙江之类是也。唯系依西图经纬度绘，故大体部位不差。

44.《西康省明细全图》（别上）

湖北亚新地学社民国二十四年九月出版，中幅，一百五十万分之一，有县界，四色套印，甚清晰。其县界，取材于余之《西康图经》。所装地名，有尚沿用中外一统舆图者。唯搜讨尚属审慎，不失其为佳本。该社尚有本国分省精图小册，二十七年出版。其西康幅四百万分之一，内容较其他各书坊所出小册分省图为精详。

45.《西康各县交通道里图》（别中）

二十五年六月，十六军五十三师参谋处，就陆地测量局十万分之一地图增补改绘，二十万分之一，割幅41张，图占32割幅，余载各县调查表，无等高线，于重要山口处偶绘等高线等之山纹。盖当时草率制成之军用图也，单色石印，未收藏。

46.《二百万分之一西康精图》（稿本）

二十五年，余手稿。根据当时所得之调查材料与西康图经纬定点精绘。虽小幅，精度绝大，线条细密，无法注字，如暗射图，图中地名，独余自知。原拟分制地文、人文二幅，寄赠申报馆或翁、曾两先生备修订中华民国新地图用者。嗣因抗战军兴，度印刷困难，缓之。其后陆续收入新调查材料甚多，随时修订，迄今已成破纸。故复换纸新制，作为绘制一切西康地图之稿本。

47.《西康讲授地图》（布绘）

二十六年，余担任西康县政人员训练所康藏史地教师时制。就布幅引经纬线描绘，无缩尺，大约为百万分之一。著字不多，有县界，又以彩色标染旧各土司辖境，为西康境域地图之较精确者，今作窗帘用矣。

48.《全宁属地势区域略图》

49.《宁属各地地质分布略图》

50.《宁属夏季作物分布略图》

51.《宁属冬季作物分布略图》

52.《宁属林产分布图》

53.《宁属畜产分布略图》

54.《宁属荒地分布略图》

上略图七幅，附见李明良《宁属农牧调查报告》。李君于二十六年春，与边政设计委员会边区调查团赴宁属分组调查，亲历地方甚多，所谓地势区域图，实即其经历路线图也。二百五十万分之一，单色石印小幅，有经纬度与县界、县治及宿所。余只大河数道，甚略。此次各组中，有地质矿产一组，当曾测制地图，惜未发表。李君盖即以此为蓝本而缩绘之耶。除木里一部分外，轮廓颇佳，错误甚少。想见原图较陆地测量局图为进步。地质以下各图，皆就前图轮廓填绘。地质有图无文，当系转摹地质组图稿耳。

55.《西康分县图》（别上）

二十七年，西康县政人员训练所毕业学员宋济元喜图，就余上项布幔讲授缩图，绘于纸，为一中幅，加藏文字于各地名旁，由建省委员会出资，用红蓝黑三色石印，颁发各县，各县府多有依此轮廓填绘为分县详图者。

56.《西康西藏详图》（别中）

二十七年，商务印书馆依蒙藏委员会之西康西藏图改绘，二百四十万分之一，中幅，有等高线，四色套印，附拉萨市与亚东附近图，康定市区图。制图者于康藏地形无所知解，徒采他人成本编制，固不能成佳本也。（其等高线，与拉萨市，大体依中华民国新地图。康定市，照绘余《西康图经》插图）。

57.《西康省详图》（别中）

中华书局印行，未注年月，余二十八年始见之于康定，当系二十六年制印。二百五十万分之一，中幅，三色印，有等高线。查其内容，盖全自西藏与邻部图（第九号）割截西康之部，放大译绘者耳，未曾参考其他任何图也。所有译名，除县名及康南驿道沿线地外，概与习惯用汉字不合，亦与藏文本音相去太远，唯能尊重原图，未尝有妄为增饰，率情窜改，强不知以为知之处，为胜于一般坊肆售图矣。注"单准标纬圆锥法"，而未注明原图，此为美中不足。

58.《四川省第十八区全图》（别中）

二十七年六月四川省第十八区行政督察专员公署制。缩尺六十万分之一，中幅，四色石印，除木里一部分，大体轮廓不差，小处尚有多误。未注材料来源与所依蓝本。以与李明良氏略图（四十八至五十四号）较，形势部位多相同处。疑皆取材于边疆调查团地质组之图稿。

图中标有指导区所在，颇多与今之政治指导区分布不同，故又兼有历史价值。唯无县界。又"土司署"标出寥寥，河流小误颇多，皆其缺点。

59.《西康省宁雅两属明细详图》（别中）

二十七年九月西康保安处制，巨幅，五十万分之一，四色套印。省界依当时新划定者，包有理化以东之地，实为西康新省全图，因纸幅不足而割弃一部者。唯雅、宁两属有等高线，康区无之。其雅、宁两部图材，完全以陆地测量局十万分之一图为据，沿伪之处甚多。绘制者不谙图法，新增错谬亦不少。其康区之部，曾对陆地测量局图本有所增订，唯无甚有价值者。石印模糊，尤为此图之累。

60.《西康省宁属全图》（别中）

委员长西昌行辕政治部制，李万里绘，青年书店发行，单蓝色石印，无缩尺与绘制年月。查与专员公署所制图（第五十八号）全同。当是转翻原图耳。唯有县界。其县界与李明良略图皆同，又似翻印时，曾得边疆调查团原图资以增订也。

61.《西康省宁属政治指导区图》（别中）

宁属屯垦委员会制，依前图轮廓标绘各政治指导区署所在及区界，标为五十万分之一，此足证前图原有五十万分之一缩尺，此图二十八年作，余二十九年自民政厅借钞。

62.《西南各省公路路线图》（别上）

二十八年七月交通部公路管理处制，三百万分之一，两中幅，三色印，颇精。友人赠余，非卖品，当秘。附西北公路路线略图，六百万分之一，皆足供制康图者参考。

63.《康青两省公路图》（别中）

修筑川康公路时公路局制，设计图也，三百万分之一，粗制，二十九年余自交通局借摹。

64.《西康省地图》(丙下)

西陲文化学院二十八年十月制,八十四幅,依经纬线割绘,缩尺二十万分之一与四十万分之一两种,有等高线,单色精印,装册高42厘,宽37厘,布面金字,为抗战期中国产地图之最美者。查其内容,荒谬亦为近年产品第一,无绘制人及审订人姓名,有不署名之例言八条,首条云:"本院成立即从事于边疆地图之整理,其整理程序,先就从来搜集之中外图籍,编成比较正确之新图,以树基础;次则组队前往边疆各地,实地勘测,所制新图,业已完成一部,兹将西康省地图八十四幅姑先付印。……"第二条云:"本图编制,以经纬度为准。凡重要地点之位置,悉就中外图籍所志该地经纬度数,加以考订,举纲例目,庶几疆域地位,山川形势,不至失真。"似此条文,至低可保证其为审慎不欺之合理图本,乃其谬妄,更甚于一般市售地图,除抄录陆地测量局十万分之一图本外,殆无尽不谬,无字不妄,而饰为精当以欺世人,其情形正与第二十二号图相同,是皆足为我国学术界叹息者也。

此图为二十万分之一缩尺,亦属军用地图之类,关系颇大,兹故指出其谬妄之点:

(1)无总图。每幅背面有索引一幅,代表总图。具圆锥投影法之经纬线,未注缩尺。查系依中国分省新图(三十六号)修订本西康幅绘,盖五百万分之一缩尺也。原图经纬线与要地部位,原无大谬。唯康藏、康青界线不合。此于康藏康青之界线,则沿之,要地部位,则变革或抹去之。例如昌都与同普、德格,原图殆成一直线,同在北纬31°至32°之间。此则德格、同普并肩,在32°度之位置,昌都远在31°附近。有末标武成、贡县、察雅、察隅、得荣诸县治,而盐井在澜沧江西,硕督在怒江岸上,石渠在雅砻江北,所谓总图,即已荒唐至此。

(2)即云"以经纬度为准",则应曾经参考测定经纬度者所发表之数字,再不然,亦当依据较有价值之经纬定点地图。乃此图并未曾参考罗克西尔、柯克罗夫、柯尔斯及谭锡畴、李庚扬等测定之数值,仅用申报馆五百万分之一图之大概轮廓,任情标绘。例如康定,谭、李测为东经102°2′(秒数略,下同),此为102°13′,差11′。丹巴,谭、李测为东经101°52′,此为102°26′,差半度有余。瞻化,谭、李测为100°16′,此为100°25′,差9′。邓柯,柯克罗夫测为北纬32°29′,此为32°37′,差8′。石渠今县治在菊母寺,台克满图,在北纬30°,此多14′。其他县治,除理化略与谭、李合外,更无一与任何人及任何图全合之经纬。而乃云:"加以考订",其自欺欺人,大率类此。

(3) 凡经纬线图，例于四边线上每 2 度间作 6 或 12 或 60 等分，以示未经标线之分数，各以黑白线相见填之。俾便左右上下引线，推量图中分秒，是为定法。此项二十万分之一图幅，乃于每 30 分间截 12 段，每段所表，为 $2'5''$，已属奇制，而上下左右，黑白线段相错，尤为图法所无。

(4) 此图唯一蓝本，为陆地测量局十万分之一地图，其他较有价值之中西图，实未见其采用一种，则其作图时，未曾搜集有西康之西文地图可知。即使曾得数种，当亦无力搬运入图。乃其例言，一再夸称"中外图籍"，已蹈妄矣。夫西文康藏图，缩尺未有大于百万分之一者。兹图于陆地测量局图所未具备之地方，皆有二十万至四十万分之一具有等高线之地形图，来源如何，绝不言及，乃于例言中以迷离扑朔之语，曰"中外图籍"，曰"实施测勘"，仿佛皆有依据，误人唯恐不澈，非妄之又妄者耶？

(5) 西陲文化院诸人，本不明晓西康地理，憾在陆地测量局图本有所缺漏，思欲征采地图，以补足之，无论其所搜采图，有无价值，均应将所取材料，注于图册或彰示图尾，俾阅览者克资为审量，应用者获知所取舍，则本身虽不能成可靠地图，亦可有功无过，其搜求未得之部，应留空白，以明未知，此图德所必当有，亦即制图之常识。今乃于测量局未曾标绘之西康地面，妄乃幻想，填绘为每差 250 公尺之等高线。虬曲精致，使不曾至其地者，认为实然，以为军用地图，则其罪殆有浮于汉奸者。

(6) 图中谬妄之处，巧历难纪，姑就县治所在言之，除陆地测量局测队曾到之 20 余县治外，全属向壁虚构，且其假想之程度，去实际情形甚远，知作者不唯未见各该县治之地图，抑且并关于县治粗浅调查记录，亦未获见也。例如昭觉县城，现只衙门 1 座，住民 10 余家，此图有大街 7 条，辉线宽 1 方厘，若与雅安同样繁荣。稻城，本在稻坝平原正中，一衙署外，更无居民，本图位于无名大河之北岸，有表示十字街之方点 4 枚。定乡县治，在桑披林寺外，此图无桑披寺，而有路径通得荣。得荣县治索美，在定曲河西岸，此图移于东岸 18 里处之山间。石渠旧治在色许寺，近移于其东南 40 里之菊母寺侧，有 7 方黑点表其为狭长之市街，若较邓柯为更繁荣。武城县原就雄松寺为官署，在金沙江西岸山腹之上部。此图绘于金沙江与一无名大河之会口下，亦有市街。义敦复治未久，就大朔塘支幕为治，尚无房屋，此亦有表示长街之方黑点 6 枚。他如盐边、宁南，无不谬误。又如以永仁兴左却为二地，相距 100 余里。雷波、马边、峨边、宁浪、华坪、永仁诸县名皆为分幅标题。皆其谬误之小者耳。

(7) 所有省县界，错谬者十之六七，山水村落地名，无根妄造者，亦十六七，部位形势谬乱者则十之八九,即川康、乐西两公路,亦系凭依想象标绘。例如二郎山顶距冷碛北山约 12 余公里,距两路口约 20 余公里,公路蟠曲甚大,此图公路为直线,通过冷碛市,自山口至冷碛约 45 里,自山口至两路口仅约 16 里,尤可骇者,沿金沙江有已成之川滇铁路,沙马土司属雷波境,(其东又别有安土司,亦属雷波境),贡嘎山(所指为木雅贡嘎),高 5500 公尺,打冲河在左所境内,凡此皆略具西康地理常识者所不当有之错误。而此军用地图竟有之者也。

兹附样本一角,藉以说明其谬妄之程度。图为原图第七十二幅,示得荣县治附近地形。关于此带地图,有傅华封图(第七号)、蔡廉洲图(第十二号)、申报馆图(三十七号),皆可采用,黄懋材游记,亦可参订,西图著此地者尤多。凡关于康滇藏之英法文地图,殆未有不绘入得荣县境者。任何学术机关,于乡稻可以不知,于此带不当有误。此图所依,大约为一极其简略之西图,曾经载入金沙江与得荣河之形势,与 Louxon M. Y 及 Choume, Katchoun 等三四地名。制图者无法译运,遂妄译而妄绘之以成此图。Louxon M. Y,建省记与旧档作浪藏寺,新档作龙绒寺,此译为鲁顿寺。Katchoun。新旧档俱作喀工,曾作县治。Choume,新旧档俱作索美,即今县治所在。此译为卡充与超美,皆非县治,别绘县治于其东岸 10 余里之山间。不但古今无是记载,即任何人物亦不至有如此传说。此外所有地名,则概无依据,全出臆造,而复确确然以等高线描绘地形,示其真实如此,此其所以为谬妄也。得荣河自大朔定波白松流来。藏名西名,皆曰定曲。依黄懋材日记,可称为巴隆达河。此图标为大朔河,虽无依据,尚非荒谬。乃其南另有"隆近河",实为剽窃川边图(第二十二号),巴隆达河四字之误刊,则真荒谬矣。"硕渠",即硕曲,旧译蜀溪河,为定乡县主流,自定乡经东阿绒,至耿中桥入金沙江,黄懋材日记曰交界河。此图乃自定乡西引入得荣河、巴隆达河。又于其下游更名"媠渠",一小角中,谬误如此之多。此外 84 幅中,更荒谬于此幅极多,兹分别提示如下:

全面错误,无一是处者,计凡 28 幅——原番号 7,13,14,15,16,17,28,35,36,38,39,40,41,46,47,48,49,50,51,52,57,58,59,60,61,66,72,73。

幅面有百分之一至百分之十可靠者 36 幅——原番号 4,5,6,11,12,22,23,27,30,31,32,33,34,37,42,44,45,53,54,55,56,62,63,64,65,67,68,69,70,71,74,75,76,77,78。

幅面有百分之十一至百分之四十可靠者 9 幅——原番号 1,18,19,20,21,24,25,26,29。

幅面有百分之四十以上可靠者5幅——原番号2，3，8，9，10。

全部图中沿用陆地测量局十万分之一图（四十一号）之错误处亦多。如越嶲桂贤村（已详前），康定长海子等。但有所依，皆不足议。兹仅略论其向壁虚构之点。

65.《西南各省明细图》（别下）

国立编译馆二十九年制印，青年书店发行。缩尺二百万分之一，有经纬线及简单之层高线，四色精印。川黔滇桂之部，大体皆合，唯西康之部，差误甚大。关外各县县治部位，殆全盘错误，地名亦悉与通用名字不合，不知所据何本。大抵制图时未曾注意康地，信手为之，全未参考他图故也。

66.《西康省宁属全图》

西康省宁属屯垦委员会制，民国三十七年七月出版，无缩尺，查系就十八区专署六十万分之一图照原样大改绘者，红黑色石印，对专署图（第五十八号）暨行辕图（第六十号）皆有所修正。有县界及政治指导区界，界划相当正确，为此图特色。又已有公路线，其余小路附记里数，亦颇正确，河道亦略有修正，如夷门河，北经老碾出锦川桥，将毕篆河缩短，皆其是处。唯沿误与改绘可疑之处亦颇多，如大树堡至桂贤村一路，田坝附近，木里地方，皆与实际不合。沙马土司与安土司属雷波等，其沿误处也。会川河直流向南、安宁河与雅砻江合流处与金沙江密近，至倮果与太平地隔岸相对等，皆与其他实地考察图不合，可疑处也。

67.《康青藏全图》（暗射图）

三十年余制，五百万分之一，单圆锥投影法，依中华民国新地图缩制。康青藏外，包括甘肃与新疆、宁夏、陕西、四川、云南暨印缅之一部。备作康藏建置沿革图底本用也。西康之部修正中华民国新地图处颇多。

68.《宁区与康南合图》（稿本）

三十年余制，百万分之一，绘北纬30°以南之西康省境，系以英文云南图为蓝本，参洛克贡嘎岭探险图，古纯仁等滇边地图及庄学本游记制。其后新得康南各县图材陆续增订，屡改，竟成破纸。

69.《新绘西康地图》

三十一年，川康边防总指挥部筹对藏用兵，闻康定刘燮丞家有秘藏军用图稿，派刘开晴赴康钞绘，阅时半年而讫。殊其所得大都为魏古两氏之川边图（三十二号）及大清一统舆图之类。唯经各方凑集，亦得有比较正确之略图数种，乃依中华民国新地图轮廓绘为西康全省地图，缩尺似为百万分之一，有等高线，甚精致，唯材料不足，伪饰之处颇多，沿用魏古两氏与西陲文化院（第六五号）之讹误亦不少，余曾见之，尚未标名。

70.《西康标准地图》

三十一年，余亦因备对藏用兵，就所收康藏地图用单圆锥投影法依经纬定点精绘，百万分之一，东至成都，西至后藏钠孜，包有西康全省，及西藏之重要部分。不用等高线，而以农牧雪山分布情形设色，力求精当，请何季赝绘，迄今已阅一年，易稿三次，大体已告完成，待价出沽。

此图取材极宏，凡本谱所录四类地图300余种，皆曾供参考采择。地图以外，复详参本人及其他先后服务康省与入康考察人员之日记报告书，与地理专著甚多。或已刊，或未刊，为数亦约300余种，未能悉举，拟另撰私藏西康书录解题记次之。

二、部分图之部

西康总图虽无佳者，部分图则佳品甚多。所有实测地图，科学考察，名人路线图，均当属于此类。前编陆地测量局之十四分之一图，虽云总图，其实亦路线图耳。先于陆地测量局者，有黄德润之巴塘至江孜路线图，成于光绪末年，为国人最早在康藏实施测勘之地图。其次有民国十六年之雅炉马路路线图，为康省实测地图之最精者。其后陆地测量局者，有川康、乐西、雅富、汉泸、康青各路线测勘图，皆可补订陆地测量局图本所未备。学人考察路线图，以谭寿田、李庚扬之地质图为首屈。面幅既广，调查细密，绘制尤精。此外当推西人罗克西尔路线图，成于光绪十七八年时，为康境精图之最早出者。韩劳策图，余未见。勒德尔柯克罗夫与柯尔斯图，仅见其蓝晒本与转写本，虽不必皆如谭、李图之精当，然所考察地域，恰为谭、李所未至，足相补缀，为可珍也。台克满虽非专门学者，游记较柯尔斯广，考察记载尤详。洛克考察，多属西康边界部分，图亦颇略。然如贡嘎岭、阿美马卿、墨地龙、木里诸地，尚无第二幅地图可资引用，亦其可珍处。高尔贝特等之西康西部探险图，对怒江流域，考察特详，尤可补上列诸人之阙。凡此诸图，虽或未具等高线描绘之地形，其价值实远在陆地测量局图之上。至于木雅贡嘎，为我国内域第一高峰，经国人熟视数千年，曾无见者，亦赖西人三次探险，制得精确地图，供我转用。此外价值较小之区域图与路线图尚多，仍依制出先后，汇举于次。

1.《雅州府属图》（丙上）

乾隆四年，曹抡彬修《雅州府志》时制，绘图者朱其森。插嵌高19厘、宽12厘之雕版书页，凡2面。略而颇精，应为200年前最佳之图本。其河道，与今地图殆全吻合，方向部位一无差谬。只城池造型过巨，又大渡河上游未合耳。（亦有雕版错误之处）。

此图有大雪山（误镌大雷山），其位置恰与今日木雅贡嘎地位相合。查木雅贡嘎山脉，包绕打箭炉盆地四周，分为东中西三列。雪峰30余座，南以木雅贡嘎为最高，北以甲热神山为最高。柳杨为东列山脉之裂峡，折多山为西列山脉之缺口，国人取道于此，知此而已，不曾知有贡嘎峰也。康熙时，法教士入藏测图经此，识诸雪峰，称为大雪山脉。当曾标其主峰所在。一统舆图"大雪山"三字，在打箭炉北，所指为甲热，非木雅贡嘎。此外坊肆间图，并甲热亦莫能指，漫云大雪山脉而已。唯此图以木雅贡嘎为大雪山脉主峰，位置最为正确。其附近地形、水道，亦无一不与今之实在地形符合。足见当时确曾有有心人穷履其地，著为图谱。朱其森特转绘之耳。惜其人名与原图，皆失传也。

此图称榆林宫河为泸河，知其上源有三海子。盖即今白海子、黑海子、吊海子（在雅加埂上）是也。称折多水为木雅河（误雕为大雅河），折多原是木雅乡之一村故也。称打颇拉流出之雅拉沟为东坡河，即打颇之异译。打颇，番语下马之意，今云大炮山是也。柳杨附近，绘有南北二小水，皆实有。北小水，即自红色海子流出者也。有柳杨而无瓦斯沟者，瓦斯沟为嘉庆以后新兴之地，乾隆初时，尚无人户故也。泸定桥（雕作泸定碛），标圈在西岸者，将军庙及御书碑皆在西岸故也。自此经飞越岭、泥头驿、清溪县、大相岭、荥经县至雅安府，皆无误。称始阳为碛所司（或是碛门司误镌），足见古碛门原是始阳。同书各县分图，则远不敌此幅之正确，甚可异。

此图称玉龙石河为什月河，今只称玉龙石，石即沟也。其下游，合营官寨河，今云累曲，此作瀰泣河，可叶累音。一统舆图作霸拉河，实属误刊。亦此图足以校正一统舆图之处。唯制此图者，足迹似未逾折多山与玉龙石而西，故幅中西南角，遂无可取，北界亦甚不合。以雅砻江为鸭绿江，虽译无定字，实嫌与东北之鸭绿江混淆。又喇衮安抚司，他图皆列于瞻对与中渡之间，相当今瞻化县东南境之曲羽。此乃书于霸泣河以南，相当今九龙县境，似亦非是。界外所注道里皆不清楚。其时，打箭炉同知辖地，西南抵雅砻江，包有瞻对，西北抵今之道孚、丹巴，包有泰宁。此则绘至东坡河源而止。仍注云交甘孜宜隆（当指蒲玉隆）界80里，皆其缺点。

2. 《打箭炉舆图》（丙中）

此亦乾隆《雅州府志》插图，同出朱其森手，而部位、形势、地名，均与前图不合。自泸定桥至西炉（即打箭炉），道路委曲，地名甚备。日地柳杨间，渡桥三次,大胡梯、小胡梯、组元、马池等地名,今皆已消灭。取道大冈,不经瓦斯沟,并足为考订故事之资。不云东坡河而云雅喇沟,不标木雅河、泸河,但书折多、鱼陵宫(榆林宫)等字。又绘甲热山特高大,标云:"雪山"。其下绘三海子,其外绘泰宁与惠远寺,皆足证其为亲出此途者所供图稿。唯自此以外,若鲁密,若上中下渡。俄洛、木雅,则全录传闻,无一是处矣。

3.《理塘舆图》(丙下)

4.《巴塘舆图》(丙下)

俱乾隆《雅州府志》插图。虽亦朱其森所绘,内容全无是处。盖供给绘稿之人,曾无国学常识故也。其理塘幅,以右为北,下方为东。东自打箭炉,西至金沙江,南包塔城关与永宁左所,北至叠尔格(德格)界,中间空无标字者甚广。山水皆不合。巴塘幅,以下方为南,而所谓南方,实西方也。包有金沙江上游之德格、邓柯(春科、高日、林葱、蒙葛,皆今邓柯县地)、石渠等处。交歇武界(图作召乌隆)。东北包甘孜、瞻对、毛丫,而东南无得荣、盐井等区,皆与当时土司及军粮府辖境不合,无用图也。

5.《雅州府图》(丙下)

6.《宁远府图》(丙下)

7.《西藏图》(丙下)

上三种,附镌于《大清一统志》。各合上下二页为一幅。河,双沟。山,人字形。府治,方形。县,圆形。州,菱形。厅,双圆。界,点线。窃谓一统志,必以内府舆圆为据,乃查其内容,全与实际不合,则固未曾参考内府舆图也。书成于乾隆二十九年,其记川藏界,尚仍康熙之旧。绘图示界,尤不分明。当时士大夫之不留心图学,如此。

此书在嘉庆、道光两朝,均经修改。曾取道光志阅之,所用仍是乾隆朝原图。即嘉庆《四川通志》之图,亦未采用。当时文人守旧泥古,宜其不能成一佳著也。

其雅州府图,实包今雅康两区之全部。宁远府图,包宁区全部。西藏图,包康藏全部。然边陬阙绘之地极多,故不列于总图之部。

8.《雅州府图》(别中)

嘉庆二十四年《四川通志》插图之一,谭光祐绘。此志所附各府厅州地图,并佳。当时似多曾实施踏访,惜其工作情形,未有著录;又似曾先经绘制全省舆图,标列府州厅界,再行分绘,故其各界,略可嵌合。120年前有此,亦难能可贵矣。无缩尺与经纬度,但与百万分之一缩尺图,无甚出入。故又疑其曾得内府图为蓝本,并曾参考《雅州府志》总图。要其考订精审，为清代各图经所不及。

此图用截割法，分绘于高 21 厘、宽 14 厘之雕版面。凡 8 页，镶接即成整幅，亦雕版图之善法也。图例依《大清一统志》，标绘法已甚进步，而地名、位置，每多偏误。例如松坪土署，在富林东北之木畬，此则标绘于清溪县治之东；大田土署，在汉源街之西，此则标于清溪之东南；富林，在大树堡对岸阚家营北近，此则在其东甚远。此可证绘图时，一面曾得精良底本，一面复以采访报告，增补底图所未备。增补之部，仅凭所记方向、道里为之，故未能与实在地位吻合耳。

此图第二优点，在标绘各大小土司部位，甚为详尽。虽准望、迂邪，颇有误差，大体方位，则能契合，贻后人以考订线索，为功不小。例如木辘土百户，余初以为是道孚县之木茹，其后自折多塘小道出甲桑卡，道经一农村名木洛，又疑是此地，内不能决。此图标木辘在打箭炉西南不远，余始信其为木洛村也。唯折多山误标于打箭炉南，足知其采访，未至此山。又自打箭炉经河口、理塘至巴塘路线，原系依北纬 30°左右通行，此图绕出南北，成多数折曲，盖由采用松筠图致误。松图系平远式之图画法，此系符号法之平面图，固不能袭其迥环之致也。

9.《宁远府图》（别中）

亦嘉庆《四川通志》插图之一，凡 4 页，两页合为宁远府北图，两页合为南图，可嵌合。与今地图较，差误甚少。以洼乌以南金沙江内之地全属会理，且江外普渡河口之法戛等地，亦属会理，颇与今界不同，他地名可供今日参对考订之处颇多，并不因其制于 120 年前，遂失应用价值。此二图原可列入总图之部，因全缺清末以来所置诸县，仅可作历史地图观，故移列于部分图类。

嘉庆《宁远府志》亦有府境总图，余未征得，度其图不能逾此图也。

10.《西藏图》（别下）

亦嘉庆《四川通志》雕插本。凡分西藏东图、中图、西图 3 幅，共 6 页。系以松筠图为蓝本，仅著驿道附近地名，依松图盘迂路线布绘。东起巴塘，西至宗喀。河流多误。仅有参订译名之价值。

11.《四川水道全图》（别中）

12.《江源图》（别中）

二种并前书第二十二卷雕插。前种 2 页 1 幅，即缩绘各府州厅图之河道为之，颇精致。雅宁两区及康区东南部在焉，大体与今河道合。后种自岷江源（嘉陵江亦绘入一部）至雅砻、金沙、澜沧与黄河源。比例与前种同，约为三百万分之一。此凡 6 页，3 幅。曰岷江源图，曰雅砻、金沙、澜沧江源北图，南图。地名皆夹蒙语，与今藏语不合。大体形势，则不甚谬。盖依康熙时探江河源之图本缩绘。余故疑《四川通志》，曾得内府舆图为蓝本也。中如无量河入金沙江，谢楚（鲜曲）为雅砻江小支流，及查坝河为雅砻正流，而以瞻对境之雅砻江为支流，曰敖宜楚尔古河之类，皆缘法教士未至其境，臆测拟绘之稿而误。就时代评之，尚未足为大病。

13.《罗克西尔路线图》（乙上）

罗克西尔（W. Woodville Rockhill）于光绪十七年，自北平西出考察内蒙古与土伯特地方，经绥远、宁夏、兰州、西宁、贵德、柴达木，深入羌塘内部，至东经90°、北纬32°附近之爱得龚（Edjong），折东入三十九族（Jya-de）、类乌齐，绕昌都南出乍丫，经江卡（Markams Gartok）、巴塘、打箭炉至重庆，浮船出上海，阅时两年，（图幅绘至巴塘为止）于1894年发表其《蒙古与土伯特》（*Mongolia and Tibet*）一书，附著此图。原题为 *Route Map of Explorations in Mongolia and Tibet*，巨幅，四色精印。西宁以东，蒙古之部为一图，西宁以西以南，土伯特之部为一图，合绘于一纸上。缩尺俱为二百零二万七千五百二十分之一。外附小幅路线总图，有经纬度与等高线。唯罗氏仅曾测量少数地方之纬，故其全幅之经纬度不能十分精当。又其棕色等高线，仅能代表沿路线之地形大概，等于晕渲，实未足以等高线名之。然在50年前，西藏尚为销国，测量工作，倍感困难。罗氏此图，在当时固为绝精，即至今日学人探险之路线图，亦尚莫能逾此范畴也。图中未注各地高度，但其书末附有行程及注所测各地之高度与纬度甚详。

14.《勒得尔路线图》（甲中）

勒得尔（Capt. C. H. D. Ryder），于光绪二十四、五、六年间，入川考察，至巴塘止。所制五十万分之一路线图，收入地名甚少。然定点准确，足与罗克西尔路线图相续，增补其川康之部。且其自川入康，系取道嘉定、富林，沿大渡河一线。盖最先以大渡河两岸地形昭示世人者也。余于谭寿田、李春煜两氏处，见其蓝晒本。

15.《台维斯云南图》（甲，别上）

英陆军少佐台维斯（H. R. Davies），于光绪中，屡入云南探测，后复参考他人实测地图30余种，编绘为云南全图，包有北纬30°以南之西康地图。原题为 *Map of Yun-nan*，1906年（光绪三十二年）初版。余购得其1908年第10次修订版，巨幅，一百二十六万七千二百分之一，红蓝黑绿棕五色精印。以晕渲表山脉，路线分大小三级，标注民族分布情形，及城市等第、电局、教堂、寺院等，极其细密。未经探测之地，即留空白。其于西康地图之帮助，有下列数点：

（1）收入勒得尔路线图，转绘忠实，无所移改。

（2）自雅安南经荥经、汉源、越巂、西昌、会理入滇路线，较其他本国地图精当适用，可补陆地测量局图定点差误之失。

（3）会理境内，至今尚无定点准确之轮廓图，此图此部，有可靠之路线图五道，组织成为比较合理之地图，遗漏地方甚少。

（4）盐源县境，现亦缺乏准确地图，此图亦有五条路线通联西昌瓜别、梅雨堡、黑盐塘、左所、永宁、盐边、木里等处，构成相当准确之轮廓，为各重要地方定点。

（5）木里经李郎、隆达至中甸，与永宁至中甸二路线，现已不通，赖此图传之。

（6）巴安、得荣、盐井与中甸、阿敦子、丽江等地间之交通线，此图搜罗颇备，足补国籍所缺。

（7）康南地方，为西人所不能至，国人更无定点准确之可靠地图，此图收入一西人路线图，系自康定经雅江之夺牙宗、茨巴绒、马岩入理化之拉波，由稻城、定乡、义敦至巴安，此路线历世无人勘测，从无可靠图本。兹著此线，极为可珍。所惜记载沿途情形甚略，且不精，似记忆图。亦未注制此路线图者何人。曾以之询古纯仁君，据推为首创巴安福音堂之史教士云。今日理化东南境所可参考之西人地图，仍唯此一路线图而已。

（8）金沙江沿岸情形，中西图籍均略，唯此图表示最详。

（9）此图附有藏缅语译名解释表，甚便于翻译。

（10）注民族分布情形入图，此为创制，足供给研究康滇民族问题者初步应用。

查台维斯于1895年与1898至1900年，皆在云南从事探测工作。于全滇情形，极其明了。又搜罗关于滇省及其邻部考察者之路线图甚备，悉取入图，故其精确程度，高于其他一切云南地图。印度测量局之百万分之一《印度与其邻部图》，康滇之部，实即取材于此。

16.《巴塘至江孜路线测量图》（甲中）

十万分之一，长卷，四巨幅，光绪三十四年，川滇边务大臣赵尔丰派测绘员黄德润率队测量绘制。系为筹备自巴塘至后藏安设电线用，故于沿途程站距离，地势夷险，森林分布情形，记载最详。有等高线表示地形，唯无高标数字。棕蓝黑三色绘。每两宿站间，皆将旧里数，实测公尺数，及实合里数记出。另用文字注明沿途情形。分自巴台至察木多，察木多至拉里，拉里至前藏（拉萨），前藏至江孜四段具报，并附有表，载入川边档卷中。民国十八年，经西康政务委员会，用单色摹绘，寄成都翻印，载于《边政》月刊。摹绘人未明等高线之意义，信手乱抹，又每每将未曾注字之村舍寺院等符号遗漏。一经上石，复有删改省并之处，比之原图，相差万里矣。余得边政本，镶凑恒不可合。后至康定，查原档，全图均已被人窃去，不复可校。其后偶于某处，见原图一幅，绘制绝精，完全合于图法。于路线曲屈当逸出幅外之部，辄以直线截断之，另画直线，与前成V字形，缘之续绘。依V线折叠，即成为完整正确之平面图。纸与色料绘技并佳。虽未注高标数字，实以相差50公尺高度勾绘。山顶与山麓之高距，皆可按验。应推为康藏最早最精之实测地图。惜今不可得再见矣。

拟傅华封文：赵尔丰先后派人员测量之地区，似颇广阔，即于黄德润此图，亦可窥见当时测绘工作，已有坚强之组织，乃此图外，更无图本在档。傅氏所云："或以历险而坠死，或以阻雪而裹足，几及三年，卒未成功"者，必非测量队员畏难不行，盖赵傅于地图事，皆无近代知识，一切责在苟简速成，而测绘人员则非实施测量，不能成图，双方意见不合，掣肘多端，三年无成，甚可慨也。

傅华封之东行，携有张绍荃、张穆轩、李怀仁等地图，而未言及黄德润图，张李诸人，皆不习测绘，其图不能准确，傅反重之。此足为傅氏要求水准甚低之证。测量人员之三年不能成图，弊在此也。

张绍荃、张穆轩、李怀仁之图今不可得，余未获见为憾。然余识张穆轩（慕轩）非能制图者也。

17.《穆坪与雅州考察路线图》（甲中）

法人禄方济，光绪三十四至宣统二年，考察四川西北边地，制成之简明路线图，四十万分之一缩尺。属今康境者唯此幅。幅内包括雅、芦、天、宝四县与大邑邛名，仅有河流市镇与路线，但甚精。且注各地海拔。由其路线与河道之配合，可以推见沿途地形。民国十九年，余自友人处借得，摹绘此幅。其时穆坪新改流，地理情形不明，屯殖司令青飞如，拟筑公路。其秘书吴毓江称道于余。余谓："依禄方济图揣之，穆坪不能建筑公路。"迨测勘后，果然。青吴二君均服余善推。可知地图之价值，不在详度，而在精度，陆地测量局十万分之一地图，宝兴、芦山诸幅，貌似精详，顾其内容，未逮此寥寥数十字未具山脉与等高线之地图也。

18.《修建河口至三坝桥梁道路图册》（乙下）

宣统元年，理塘粮务张秉钧，奉川滇边务大臣赵尔丰檄，修建道路桥梁，因舞弊被革。此其报销工费所附图也。在雅江至三坝厅之二郎湾大桥，标绘桥梁甚备。有双线表示之河流，及道路与岸山符号，作长卷，绘法甚拙。原载川边档卷中，张植初采入其《赵尔丰如何解决西康交通》一文中，已见第二卷康导。（文中尚有三坝厅邓梁材修路图，应列县区图类。）

19.《荥经县至皂角顶合打箭炉大路图》(丙中)

赵尔丰经营川边，拟建成都至康定间通行骡车之道路，对于绕避大相、飞越二岭之新道，甚为留意。有荥经某绅，谓自小河逾香炉山，出皂角顶至泸定，路最平捷。赵即委其前往踏勘，该绅具呈此图入档。民国十九年，余闻其事，函请政务委员会检档钞赠。原幅颇大，计宽85厘，高45厘，无缩尺，亦未开方，然部位准望甚佳。与今世十万分之一图较，出入甚小。其路线，自飞水场之茶盒冈与小河相离，由此上大岩，经大包、二包、三包、中冈，至香炉山，循山脊至光头山，向皂角顶斜下，与泸定大路合。有图说百余字。据云："由茶盒上香炉山五十里，下山至皂角顶七十里……皆荒僻少人烟，故着人采访，经三次往返，数月乃采通。"大抵此路线实有采用价值，近世拟筑之汉泸公路，即沿此旧迹选线也。该绅有名载档，钞者未及，仓促未及查补。

20.《闷空全境舆图》(乙中)

宣统元年，赵尔丰至昌都，闻英人曾派队至桑昂、杂瑜地方测量地图，竖立国旗，胁迫土民支差，因命管带程凤翔，率军赴此一带震慑，稽查外人，以固边圉。此带地方，自雍正四年划归西藏管辖，历以鸯远，且河谷郁热多疠，为藏人所不喜，故仅设一营官驻桑昂寺理之，称为桑昂曲宗。共辖四墨色，曰冷卡，曰察龙，曰门空，曰杂瑜。各有地数万方里，相当内地四府之面积。门空又辖春迁，与缅甸接壤，地尤广大。辖地既广，政力遂薄。其南与珞瑜野番连接，界线不明。珞瑜之南，为印度阿萨密部，界亦不明。故英之探险家，与印度测量队，常购一人为导，越境测量。藏官蕃民，皆甚恶之，而无力拒阻。程军既至，藏官逃逸。头人百姓，纷纷投诚，请援巴塘、德格例，改流设官。程查杂河谷炎热非常，盛产热带植物，种稻可收三季。蕃人畏热，悉荒弃之。最宜安插垦民。请先设桑昂、杂瑜委员办事。赵虑程武人轻率，观察未周，复于宣统三年，委候补州判段鹏瑞赴其地，调查地理，绘图报核。段于地学图法，皆非素习，然办事尚属认真。先赴杂瑜，遍踏其境，具报地图。复赴桑昂，踏勘冷卡全境，报桑昂曲宗大江西面图。嗣赴门空，踏勘全境后，具报闷空全境舆图，实际门空、冷卡、杂瑜总图也。(于理应更有察龙图，但档中无之。)赵尔丰由是设桑昂、杂瑜两委员。尚拟设门闷空、察龙两委员。因调任川督，匆匆遂去。随有波密之役，与征边军入川之事，竟未增设。民国二年，国府改两委员地为科麦、察隅二县。实则其地及门空、察龙，已复为藏军占领，迄未恢复。界线并未划定。兹故以其图列第二类。

此图每100里开方，有比例尺，每分10里，墨绘，不合图法之处甚多。有说颇详，图说参校，约可得其地形概略。余曾反复校订数日，终未能馨悉其地形实况。然关于此带之国产地图，此为仅见，固可珍也。

附一　《杂瑜全境舆图》（乙中）

附二　《桑昂曲宗大江西面舆图》（乙中）

并段鹏瑞绘，实可谓前图之分图。系40里开方。唯与前图校，多不可合。亦各有说明。此二图虽先出，精审逊于前图，故附著焉。

21.《柯尔斯打箭炉至昌都类乌齐间路线图》（乙上）

英人柯尔斯（Oliver Coales）于民国五、六两年自康定经道孚、甘孜、德格至昌都，深入类乌齐，复由昌都经察雅、贡觉至巴安，转德格、甘孜，返打箭炉。此行目的，在考察西康西藏间兵要地理，且为森姆拉会议之内外藏划界悬案作进一步之研究，以利解决。曾经测定各地纬度与高度，对沿途地质地文概况，农牧森林分布详情，记录甚详。西康中部之有精确地图，此为始也。原图在英国皇家地学杂志发表。中幅，百万分之一缩尺，经纬定点，精绘。以晕滃表沿途地形，注有九个地点纬度，及各要地高度。附五万分之一昌都平面图。余所得为北平地质调查所摄影蓝晒本，凡二幅。曾再用镜放大另绘之，故全部清晰，唯失原色。原是用棕红蓝黑四色印也。原题名为 Eastern Tibet，一般译为东部西藏，殊恶目，兹用其下注文 Ronte Froni Tachienlu to Chamado and Riwoche 为题也。

22.《台克满西康地图》（乙上）

英人台克满（Eric Teichman）于民国六年三月以副领事名义入康，从事探险工作。其路线务为屈曲环绕，尽其足迹所能至。初由康定经泰宁、道孚、炉霍、甘孜，入杂科，出竹靖，绕由邓柯、石渠入青海，经玉树、囊谦，五月至昌都。时边军统领彭日升新败降藏，藏军陷昌都，正东侵康地。边军分统刘赞廷在巴安，与镇守使陈遐龄不协。台氏为藏军谋，虑其合力抵御，乃乘驿传苁巴，说刘分统与藏单独媾和。七月，偕刘氏同返昌都。所取得为喜松工，贡觉，乍丫一线（与柯尔斯东归路线同）。既已订立刘与藏军媾和之条约，又自昌都取道同普、德格，转甄科小道至绒坝岔，促成陈遐龄代表与藏军订立媾和条约。盖英人一贯之主张，为德格、昌都都划为内藏，未拟将甘孜、巴安等地划入。此时藏军占领地域，已与英人要求目的，全部符合。藏军尚欲乘势东侵，与康军相持于绒坝岔，互不相下。台氏唯恐汉军增援，藏军挫败，致将已陷地域丧失，故疾驰至此，调停和议。此时康藏两方势不相下，皆盼媾和罢兵。而又皆矫为倔强，声言苦战。尤以西藏军官为甚。台氏乃劝立休兵一月之约。谓亲持此约返昌都，驿请达赖批准。其实台氏此来，原受昌都噶伦降巴登达重托，办理和议。且台氏此时已成藏军言听计从之白衣军师，固毋庸有此一场奔波请示也。故其行程，极度迂回舒缓，以达广泛考察之目的。自绒坝岔经甄科、河坡、嘎托、白玉，渡金沙江，由贡觉、乍丫别绕烟袋塘转昌都，阅时一月，绒坝岔条约，由是完成。民二以来，英藏争持之内藏界线，阅时数年未克达其目的者，今乃于不分内外藏畛域之意外收获下，美满完成之。于藏人为有厚惠，于英国为有大功，于川边将领陈遐龄、刘赞廷等亦有涸辙沃水之德。踌躇满志，乃南出云南桥，经八宿边界，穿察哇龙至盐井，绕达巴安度岁。翌年一月下旬，复自巴塘北上，经白玉，嘎托，仍从甄科出甘孜，至康定，旋返北平，促英大使朱尔典向中国政府催促承认此项条约。综其在康行程 2677 英里。自甄科至绒坝岔，甘孜至康定等少数线段外，略无重复。所至考察地形、民俗、宗教、物产、政军情形，至为详尽。此光荣之游记（Travels in Eastern Tibet）实著作之权威。尚无第二种关于西康之作品，可与较长短。其篇幅甚巨，国人屡有译之者，然迄今日，尚无译本刊行，兹故传其大略如此。

其图为中幅，百万分之一，红蓝黑三色套印，折附前书，不单行。有经纬度与海拔数字（英尺），精度不逮柯图。然游记二倍于柯，且对宗教调查独详，为其特点。绘技虽拙，记载忠实。亦系经纬定点。采载有罗克西尔，柯克罗夫之路线图与经纬记录。其采载他人路线，既已用黑色为区别，乃不存其委曲，概以直线表之，殊足为憾。然西康西北数十万方公里之地，藉是图而始明。台氏盖不仅为西藏之挚友，英国之功臣，陈遐龄之上客，谓为助我国人了悉康情之导师，亦无不可也。原图题 Part of Kam 小字。更标大字云 or Eastern Tibet，盖英人呼西康东为土伯特，已经滑口。台氏固知其名未当，故先标康字，而后以彼通俗之名标图也。

23.《雅康路线图》（甲上）

民国十六年，二十四军司令部参谋处制。自雅安，经荥经，循小河，逾蒲麦地山口，下龙巴铺，由泸定至康定。缩尺万分之一，割为 39 幅，单色绘印，甚精。查其内容，全部正确。盖曾经水准测量之巨幅地图也。相传刘禹九为屯垦使时，有志建筑避开大相、飞越二岭之川康马路，曾延土木工程人员精测此线，绘成工程设计图。是年测量完成，刘氏下野，防地为二十四军接收，其图亦归二十四军，故由二十四军参谋部付印。查二十四军于民国十六年始接收雅康防地，此图于十六年出版，则为二十三军驻防时所测，固可信也。应尚有断面图与图说，皆未见。其后二十四军建修荥经新路，即系依照此图。唯因化林坪绅民请求改道，故未经过蒲麦地，另沿戴黄沟出化林坪合龙巴铺云。

24.《探险贡嘎岭路线图》(乙上)

澳洲人骆克（Joseph F. Roeka），受美国国民地学杂志、哈佛大学等机关补助，专在西康高原四周，从事探险雪山，采给标本，研究民族社会语文等工作。于1928（民国十七年）3月，由丽江至木里。6月，得木里土司派人护送，前往稻城县南境之贡嘎岭（KonKaling）雪峰探险。自木里经稻城南界之嘎鲁村，赴贡嘎山西北之崇谷寺。绕行却拉夺吉、安姆白扬、沈累日克三峰一周。（各高约6100公尺）是年8月，复往探险一次，并绕游蒙自区及木里北境，有文记、照片、地图，在《国民地学杂志》（The National Geographic Magazine）发表。其图五十万分之一缩尺，占书2页。单色。包括稻城县南境与木里中部。具经纬度。

据骆克记，1909年，贝考德（Jacpnes Bacot），曾至稻城中部之贡嘎岭寺（距此山三四站）望见此山。台维斯，则曾至云南境望见此山，著于游记，皆未克达山下。西人游此山者，迄今实骆克一人。若我国人，则曾过崇谷寺者不少（寺为稻城东义间往来必经之地），竟无知此有山者。康藏蕃族，则认此山为著名神山。往时每岁来朝者甚众。自清末乡稻不靖，香客绝迹者30余年。骆克独能南游之，制为此图，介绍此间地理情形，诚足以愧我人之管理其地而足迹不至者。

25.《探险木雅贡嘎路线图》(乙中)

民国十七年春，骆克复自丽江经木里、九龙，探察木雅贡嘎。至打箭炉，获取生物标本。复由贡嘎、木里返丽江，将木雅贡嘎与其附近诸峰位置略测，逐一命名，摄取影片，撰有游记，在1920年10月份国民地学杂志发表。其图以1英分表5英里，略而颇精，有经纬线，单色。九龙以南，往来异道，故所探地域颇阔，与前图合并，即成木里与九龙、稻城、永宁间之可靠轮廓。更与台维斯云南图参绘，可构成完全正确之木里地图。凡骆克所游，皆国人与一般探险者未能构图之地。故其图虽略，价值不小。又其首先介绍木雅贡嘎于世界，功绩尤为卓异。（骆克尚有喀哇革波探险记舆图，阿美马顷探险记，并附地图，另详第四类。）

26.《考察泸康丹道炉甘瞻理雅九县路线图》(乙中)

民国十八年，余任川康边防总指挥部康区视察员，阅时年余，经历9县。所有各县城乡要地，莫不履勘，测制地图。（另有分县图，见第三类）用古纯仁川边图经纬线定点，分县具报。其后返川，制路线总图一幅，附继报告书内。幅面小，无缩尺。三色绘。

27.《瞻化至理化地图》(乙中)

民国十九年一月，余自瞻化赴理化，以测制沿途地图事，嘱同行董委员兆孚。

董君素不习图，沿途见余所为，亦能为之。在甘孜日，派赴札科考察，作札科图，尚不佳。在瞻化日，派赴河西区考察，所作图已有进境。此行所绘尤佳。至理化后，合瞻化河西区，绘为一幅缴余。无缩尺，故部位距离，不免小错。有线条表示山谷地形。边地无图纸，即用一外国画报纸背面为之。今存。

28.《康定经鱼通至懋功路线图》（乙中）

民国十八年，法人万司铎，自康定，经鱼通，逾山至懋功，制有路线略图并说明，呈缴华朗廷主教。余于十九年访华主教见之，立即摹绘一纸。其图无缩尺，然各地距离，标绘颇审慎。据云："新房子（金汤辖地）至懋功300里。第1日行105里，宿岩洞。第2日宿药棚。第3日逾加当梁子至懋。此山口海拔4500米。"足见此路荒凉，往来之人绝少。万司铎此行实具探险性质。大抵天主堂教士，皆喜探险，探险所至，亦例有路线图缴呈主教。此其精神，甚可畏也。

29.《川南教区图》

宜宝天主堂教士沃舍提（R. P. Rochett）1929年（民国十八年）编制。内容包括川南教区及宁远教区之一部。三色石印，巨幅，四十万分之一，有经纬度、县界与倮夷分布界线。载各地教堂甚备。绘法虽粗陋，内容颇佳。

此图虽以川南教区标名，但包有越巂、西昌、昭觉三县。中有1907年Gue Zriant教士与SOlane将军自西昌入昭觉，出金沙江河口（Hokeou）路线，与1927年R. P Biron自峨边深入凉山，抵牛牛坝路线。并可珍。缘此带实地调查之路线图，甚少见也。

30.《东部西康地质图》（乙上）

民国十八年，北平地质调查所，派谭锡畴、李春昱两氏赴川，考察地质。两氏此行，考察地域，极其广泛。东至重庆，合川；南至泸县，宜宾；北至松潘，平武；西至理化，甘孜；西南至西昌；西北至懋功，宝兴诸县。属今西康省境者，占大半部分。其时泸定以东，俱属四川。所谓西康，仅包泸定以西15县。谭、李两氏，于民国十九年春至康定，受西康政务委员会请托，顺道考察关外各县矿产。自康定南入九龙，远达雅砻江岸之八阿龙。转雅江、理化、瞻化、甘孜、炉霍、道孚、泰宁、丹巴，由大炮山路返康定。所经达11县区。西康地质考察之广泛，地质判断之正确，要地经纬之正规测量，皆由两君创始。返川后，先撰成《西康东部矿产志略》一文，专论康定以西地面，在川康边防总指挥部主编之《边政》月刊发表，插附此图。五十万分之一缩尺，中幅，三色石印。盖最先出版之西康经纬定点图也。

31. 《川康地质图》(乙上)

谭、李两氏所历,除关外11县外,其余雅宁两区地面,则为雅安、天全、芦山、宝兴、荥经、汉源、越巂、冕宁、西昌9县,旁达雅砻江之麻哈,与越巂西境之安顺场、竹马坝等地方。此外则今四川省境之松、理、茂、汶、灌、彭、眉、夹、峨、乐、犍、宜、荣、威至合川、江巴等地,共凡川康50余县。合撰为《川康地质调查记》,中西文两种合订。北平地质调查所二十三年发行。附此图册,二十万分之一。割幅37。加二十二年李春煜与巴勒加调查之涪陵至彭水一带地质图,与总图图例,订为活页专册。盖川康间最有价值之地图,亦川康地质之权威作品也。图依地质时代分层设色,与调查记合售,余未能购,自友人处钞绘其总图与康境各分幅图,图色俱依原制。

32. 《西康东部森林水平分布图》(乙中)

民国十九年,中央研究院派郑万钧赴西康考察森林。郑氏经泸定磨西、九龙、康定、丹巴、道孚等县,有《西康东部森林考察记》在《边政》发表,附五十万分之一地图一幅,系嘱余代缩,大都依谭、李两氏五十万分之一图本,增加磨西等部分而已。其森林分布部位,则郑氏手填也。

33. 《道炉甘三县河流图》(乙下)

民国十九年余考察西康报告书内,言及经行东谷、朱倭、炉霍、道孚之鲜曲水,与甘孜境内之雅砻江,皆可试办航运。川康边防总指挥部令西康政务委员会派员踏查。政会派蒋显光查勘呈复之报告书,附此略图一幅。仅地名15个,绘法颇劣。盖此时康境尚无明晓图法之人,蒋君虽勤,无以补此短也。

34. 《天泸路线图》(甲下)

民国十九年,川康边区屯殖司令部参谋处制。十万分之一缩尺,中幅,三色石印。有等高线,无高标数字。内容包自天全逾马鞍山至泸定路线,足补陆地测量局十万分之一图所未及。先是屯殖司令青飞如,拟自天全筑路迳通泸定,闻马鞍山路最捷,故派员前往测量,制有割幅图十四页。原图似为万分之一,或二万五千分之一,余未得见。此图盖其缩绘本也。仍分14段为文,注明沿途险夷各情形。唯无高标,方位亦不甚合。似原测人员,非习谙图法者。

35. 《川康交通图》(乙中)

民国二十年屯殖司令青飞如,知马鞍山路不可通,闻有二郎山一路,为前第三军蓝旅长进攻康定时所开,较马鞍山尤捷,唯已废坏,青将自往探之,函请余同行,时余供职川康边防总指挥部兼办夹江棉场。乃自夹江、洪雅、雅安赴天全,与青氏步行逾二郎山，三宿乃达泸定。青由马鞍山返防，余则自泸定赴康定，取道雅加梗雪山，经磨西面、得妥、田湾、海尔洼、安顺场、农场、八排、美罗、富林、马烈、黄木厂、瓦山、金口、龙池，出峨眉，返夹江。所至皆绘地图。后归成都，撰《川康交通考》。历叙自汉以来，成都康定间路线变迁沿革，与其得失，附此图幅，分寄《屯殖》月刊与《新亚细亚》月刊发表。

原图缩尺五十万分之一，红蓝黑三色绘，凡标古今路线 13 条，多已为余所经历，且俱有高度表记录，故相当精确。《屯殖》系依原色上石，《新亚细亚》系锌版缩印。其二郎山一线，即英顾问开恩浩选定川康公路线之所依据也。

36.《河道图说》（甲中）

大渡河中游两岸地方，土人习称之为"河道"。余既通过此带，所至绘图。返成都后，制成五十万分之一总图一幅。起康定，迄峨眉，并分划为十万分之一图 7 幅。用高度表记录，作粗制之等高线，表示沿途地形。其中可以修正及补缀陆地测量局地图之处颇多。唯分图仅曾绘成 3 幅，即因事冗而罢。今其图稿颇散失，幸乐西公路即循此线，今已由测勘修筑，底于完成，有公路图可用，亦已无完成前业之必要矣。

此割幅图第 2、3 幅所绘，为泸定磨西面至越巂安顺场一带。其所以能提前完成者，由余抵书劝泸定县长吴筱波罢磨西开渠工作，移其经费，开凿自安顺场经田湾、磨西，逾雅加埂，迳通康定之米运道路，为制此图，藉以说明磨西水利之不足恃，及开凿此路之必要。此议经吴氏呈请政务委员会施行，并以此函及图，付《边政》月刊发表。

37.《康区米运比较图》（乙中）

亦余致吴筱波书所附图。五十万分之一，三色绘。东至雅安，南至冕宁，西北至康定。用两种线表雅安米与冕宁米分由新旧两路运达康定之距离，与前三图俱付《边政》摹印。唯比例尺摹误。

38.《西康略图》（丙上）

民国二十八年八月，西康三十九族民众代表彭楚等刊发之《三十九族人民的痛苦》一书，插附此图。无缩尺，中幅，红、蓝、黄、黑四色印，甚粗略。河道仅三线。地名于昌都、前藏、噶如、戒古、康定、出脚用大圈，称察雅为札雅县，宁静为麻康县，科麦境为察木城县（当系察绒误书），武成为察合县，波密为不母，鹿马岭为工八拉，石渠为色虚，可知为彭楚口授其音，指说形势，请汉人绘之者。大体方位俱合，亦难能也。其所详，单在三十九族之部。余曾持此亲访彭楚，逐一询问，为之批注，中间亦颇有可贵材料。关于三十九族之地图，国产者仅此一幅，余甚珍之。

39.《鲁共拉与丹达山》(别中)

小幅,四十万分之一,民国二十年余依黄德润图所制。插《西康图经》,被制锌版缩小。

40.《喀木地形与雍正四年界标》(别上)

三百万分之一小幅。对金沙江与鲁共拉间各部界线及4000公尺同高线之勾绘,颇审慎。

41.《汉藏警戒线之移徙》(别中)

绘示民元至二十一年康藏两军占地消长情形。原五百万分之一。制锌版时缩甚小。

42.《桑昂、杂瑜、波密与珞瑜》(别中)

二百五十万分之一,中幅,单色锌版缩印。系余以土伯特与其邻部图(见第一类)为蓝本,参酌多数地图记绘制。有标英尺之同高线示产业分布情形。部分界线中,杂瑜北境之八宿属地,曾缘段鹏瑞图致误。近经考订此部,实在波瑜、冷卡之间,非在波瑜、杂瑜、珞瑜三部分之间也。附此更正。

43.《滇边图》(别中)

一百二十六万七千二百分之一,中幅。系余以台维斯云南图为蓝本,参古纯仁滇边图及黄懋材日记编绘者。

44.《建南民族分布图与政治区划图》(别中)

二图合为一幅,原三百万分之一,被锌版缩小。

45.《川康天然界线》(别中)

原一百五十万分之一。所示邛崃山脉,特绘。不属此山脉者不录。虽木雅贡嘎,亦仅标数点。

46.《卡拉县分》(别中)

原百五十万分之一,与前图可以叠合。此系专示明正土司故地各县界与其形势,包有康、泸、丹、九、雅、道六县地。绘山脉多所缺略,缘当时意有所偏重故也。原系黑黄二色,照相制版失其黄色。

47.《霍尔县分》(别中)

缩尺同前图,可以相衔。包括道、炉、甘三县。甘孜、道孚两县界,今昔已有异矣。

48.《巴塘疆域图说》(别中)

缩尺同前,包括巴安、盐井、得荣、义敦四县,其说不载图内。

自三十九至四十八各图,皆余二十年手制,插附《西康图经·境域篇》。当时参考图籍颇多，绘制审慎，绝少沿伪之处。然自今日视之，当改正者仍有多处。若以与一般市售图论，则又不失其为精绝矣。

49.《西康明确详图》（别中）

民国二十一年，李策勋绘。李为瞻化佐治员，藏军陷瞻化，与县长张楷同被押至昌都。唐柯三赴康，与藏军交涉，张李等获释。是年二月，行抵炉霍，镇西康驻防旅长马驌为乱兵所害，余如海旅填防来康，意在用兵。李解康语，在昌都时，行动每得自由，因随时刺探藏军分布情形。及是，条陈余旅，陈说藏军虚实。附此图，说明藏军分布情形。其图系以民初之川边新图（已详第一类）为蓝本，无缩尺，无巴理以南部分。可贵在藏军分布情形也。

50.《木雅贡嘎之冰河》（甲上）

民国二十一年，广东中山大学，资派其瑞士籍教授哈姆（Professor Arnold Heim），率华籍职教员，组队来康定，探测木雅贡嘎。抵康定后，因经费问题，意见不合，内部溃裂，华员多怠工。唯哈姆自山之四周，上探冰河，测制地图，勤研阅半年之久。其后返粤，竟未以其考察所得，报告学校，迳行辞职返国。著有专书发表。又有文在英国《皇家地学杂志》（*The Geographical Journal*）1936 年 5 月份发表，插附此图。小幅，无标题，有缩尺，已因照相制版缩小。原似为 2 英分表 1 英里，即约二十五万三千四百分之一。有经纬度。幅面自东经 101°44′ 至 102°13′。北纬 29°27′，至 29°44′。包括磨西与贡嘎喇嘛寺中间诸地。绘自木雅贡嘎四方流出之冰河原委至详，实为此山四周地形图之最有价值者。前骆克遥测木雅贡嘎之高度，谓在 25600 英尺以上，即约合 8700 余公尺。哈姆此图，标为 7600 公尺，为近实也。其《木雅贡嘎》专书，当有更精密之插图，惜余未见。

51.《木雅贡嘎地带图》（甲上）

52.《打箭炉雅州间图》（甲上）

53.《木雅贡嘎附近立体地图》（甲上）

上三幅，均载 1935 年出版之 *Men Against the Clouds* 一书中。此书又名《木雅贡嘎之征服》（*The Conquest of MinyaKonka*），最近世之探险巨著也。先是，民国二十年，美国探险家布尔莎（Richard L. Burdsall），艾猛斯三世（Arthr. B. Emmons 3rd），与其助手猛季（Terris Moore），及华侨杨帝泽（Tack Ther dore Yamg）四人来川，探测木雅贡嘎大雪山。溯航江水至嘉定，游成都灌县等处，至雅州度岁。明年（1923 年）7 月，赴打箭炉。由榆林宫折西拉至玉龙石。8 月着手探测此山西南两部地形。选玉龙石东侧长岭上相距纬度 1′48″ 同经度之两点为基点实施三角测量。10月，自山麓之贡嘎寺（海拔12588英尺，即合3837公尺）开始登山，预于雪线（17700尺）下扎基本营幕（14415华尺，即4394公尺）一座。雪线上扎营幕三座，节节移进。10月16日，升至海拔23400英尺处，因设备不足折回，增设第四营幕于22000英尺处。20日，再自基营上升，卒于28日由艾猛斯、猛季二人升达山顶，树立各国国旗。艾猛斯脚被冻毁，急返雅州锯去。此次彼辈测探工作，极其精细。故此三图，皆极有价值。

第一幅，原题 Minya Konka Region。三十万分之一缩尺。经照相制版缩小。有每距五百英尺之等高线。幅面自东经101°38′至55′，北纬29°25′至52′，观察未及之部，悉留空白，绘制绝精。附有断面图及说明。比较骆克图，多艾迭格尔峰（Mt. Edgar）、桑雅尊峰（Mt. Sunyat）、曲峰（Mt. Chu）、泰峰（Mt. Tai），皆海拔20000英尺以上之雪峰也。又有罗奇马（Nochma）及其他未定专名高近20000英尺之山峰3座（Peak 46，Peak 53，Peak 57），皆绘具地形。（曲峰，泰峰，桑雅峰，罗奇马并已见哈姆氏图）此外尚有南方近处5雪峰（Peak 185，187，148，153，158）及北方较远之甲热（Jara），与打箭炉峰（即五色海子山），皆引线表明其方向距离，盖于木雅贡嘎大雪山脉之地图，此为绝品矣。

第二幅，原题 Tatsenlu-Yachow Region。百万分之一。有经纬度分。幅面包括东经101°10′至103°5′，北纬29°15′至30°32′。绘笔颇粗，然依经纬定点。各要点部位极准确。有表自雅州周公山与大相岭上，测木雅贡嘎方向、距离之直线。甲热（19383）打箭炉3峰，雅加埂2峰，及前图所未收入之南方5峰，皆于此图标列位置。雅安、康定与木雅贡嘎间之地形轮廓，皆推此为标准也。

第三幅作地面模型状，原题为 Block diagram of the Minya Konka and Vichinity in Chinese Tibet，艾氏制。包括木雅高原至四川盆地间诸山谷，即前图所示之面积以内地。用实体镜观之，有如鸟瞰。唯东南角所示颇误，由其脚迹未至，想象出之，遂与实际地形不合也。

查木雅贡嘎，早见于乾隆《雅州府志》，称大雪山，盖康熙时法教士入藏测图时所定名也。乾隆以后，竟为国人所忘，世人所称之大雪山脉，皆认甲热为主峰。直至清末，英人拍里拉探险川边，始再发见之，当时认为其高度与额非尔士相当。骆克因拍里拉之介绍，入康探测，哈姆因骆克介绍，续起详测，布艾二氏，又因骆克、哈姆之介绍，始来完成全山之精确测量。而我国人之近此山居，毕生易世者，尚莫或知焉。兹故因论此图，志其事之大概如此。

54. 《西康东部地质图》（别中）

民国二十三年，余就谭、李两氏五十万分之一地质图缩绘，为二百五十万分之一图，插附《西康图经·地文篇》。单色，以条线代色别。

55. 《瓦合山断面及平面图》（别中）

余就黄德润十万分之一路线图改绘，缩尺以 6 厘表 100 里，东起恩达，西迄嘉峪桥，具等高线。其断面图，系依黄氏所记沿途地势与植物分布情形拟制，只标海拔 4000 公尺一横线，约示大概，非精图也。

56. 《雅砻江流域图》（别中）

57. 《金沙江流域图》（别中）

58. 《澜沧江与怒江流域》（别中）

上三图，皆余二十三年为《西康图经·地文篇》制。缩尺同为每 3 厘表 200 里，所绘地域，限于在康境之部。其时宁远区尚未划隶康省，故其金沙江绘至丽江境而止，无宁远部也。

59. 《川康甘青边区各县详图》（别下）

军事委员会川康甘青边政研究委员会印行，二十四年十月刘开晴绘。巨幅，四色石印，缩尺四十万分之一。西康之部收入道、炉、丹、甘四县，有等高线，内容大抵依邮政图及孙伟松、魏大鹏、古振今等图本，参以访问，其所示高度界线，与方位准望，殆无不谬，毫无价值之图本也。其后似因议者甚多，又补标为"松理茂懋汶五县抚绥崇三屯之图"，实则即此五县三屯之部，仍多不合，仅可以意匠图目之耳。

60. 《泸定至金汤沿途地形要图》（甲下）

二十四年十月，十六军参谋处派人测制之兵要地图也。中幅，无缩尺，有每差 500 米之等高线。附说明 8 条，附记 3 条。蓝色褐写纸印。南起泸定，北至门子沟。于大渡河东岸之部，标绘颇详。其附记谓假定泸定海拔 15000 米，盖 1500 米之谬也。

61. 《康定雅江九龙各县路线图》（并中）

二十五年五月，十六军参谋处制。单色石印。无比例尺与经纬线。幅面包康定、雅江以南，东至洗马姑，南至冕宁，西南至稻城，约为二十五万分之一，人地名颇多，驻有各地相距里程。惜余出于访问，概不精确，绘制亦甚粗陋。

62. 《勘测天泸旧道路线图》（乙上）

民国二十六年春，张涤生制。张奉命同赵技正，于二十五年冬赴泸定之岩州，考察明代自岩州卫迳通天全故道，能否复开。携有高度表、步度表与指南针。至岩州大山，阻雪，折由泸定返康定，绘制此图呈余。小幅，红蓝铅三色绘，甚佳。附所经各地高度及距离表。无缩尺，而所表地形部位皆合。张素不习图事，然使老于此道者为之，亦不能过。足见制路线图甚易，但患记录不实，观察不周耳。

63.《德邓白石四县合图》（别中）

二十六年，余托县训学员出关工作者，调查地理，绘制地图。虑其未有蓝本，无法定点，乃取所藏西图，依经纬度绘制百万分之一略图分赠之，嘱其放大填绘，皆红蓝黑三色绘。此其一幅。此外多分县图，又曾拟绘康南各县合图，当时因资料缺乏，未竟而罢。不录。

64.《康定泰宁间地形图》（乙中）

二十六年夏，余同沈明伦技正，自康定北经中谷，溯龙步沟，逾色拉梁子至踏公寺，踏勘飞机场址，及其与省会间之公路线。遂自踏公寺穿木雅草原，至八美、泰宁。由泰宁热水塘，逾海子山口，返康定。绕行甲热雪山一周，所至测勘地形与高度，绘为此图。二十万分之一，中幅，单色，有高度，无等高线。未刊。甲热雪山四周地形，至是始明，康道间牧运路线，由此行选定。

65.《康北暨瞻化雅江交通图》（乙中）

二十六年夏，西康建省委员会科长刘衡如、李章甫、杨子和同驻军营长向传桐等，赴康北各县步行考察。自康定经泰宁、道孚、炉霍、甘孜、德格、白玉，转瞻化、雅江返康定。有报告书在建委会公报发表，附有此图。中幅。著其路线、道里与各地高度，无缩尺与经纬，绘制甚粗略，盖记忆图也。就幅面估计，大约为百万分之一，刘君旧习制图，此当是其手稿。

66.《藏布之东喜马拉雅》（甲上）

名植物采集家华金栋（F. Kingdon Ward）于1932年深入察隅、桑昂与波密东南部探险采集。其明年，于皇家地理杂志发表其采集经过，插附此图。1937年发表其《土伯特植物采集者》（A plant Hunter in Tibet）一书，亦附此图。原题为 The Himalaya East of The Tsangp。小幅，五十万分之一，两色精印。其幅面包东经95°20′至97°20′，北纬27°至30°，以波曲上游之歇敦寺为中心。对波曲源头之阿达康拉（Ata Kang La）山口附近探测颇详。南及察隅，东北至怒江岸，所至测量纬度与高度，注入图中，多有可以增补土伯特与其邻部及印度与其邻部诸图之处（二图已详第一类）。余本年初见于华大图书馆，特抄录一幅，以补订前撰之《西康标准地图》。

华氏专作滇康印藏峡谷地带之植物采集与探险工作，前后发表之文篇与书册颇多，并详陈宗祥氏康藏西文书录。其他种插图，则详本文第四类。

67.《高贝克路线第一图》（甲上）

68.《高贝克路线第二图》（甲上）

此为华金栋助手高贝克（Kaulback R.）1932年与华金栋分道探测察隅县境之图。原二图。题 Map I. 者，注云 Showing Mr Kaulback's outward route as far as, and route of his return Journey to Fort Hertz，所云 Rima，译绒密，即察隅县治也。又题 Map II 者，注云 Showing the More northery Past of Mr. Kaulback's route。为自察隅循龙多曲（Rong to chu）至阿达康拉之路线，二图并其行记俱于1934年5月份皇家地理杂志发表。亦萨地亚、察隅、科麦、波密间之重要参考图也。

69.《探测怒江流域略图》（甲上）

高贝克与其助手汉贝札塞（My. N. J. F. Hancury－Tracy）于1935年自缅甸密支那入察隅经波密春多寺，逾山至硕般多，深入三十九族西北境探测萨尔温（怒江）源，行至勒学毕鲁（Naksho Biru），被藏军阻留，至翌年春释放，迫令折回，二人因循怒江干流至八宿，转回萨地亚。在1938年2月份皇家杂志发表其探险经过，附著此图。原题 Sketch－map of the Suiween and Tsangpo basins to Show the routes lollowed bu Kaulback and Hanbury－Tracy。小幅，单色，有经纬线与缩尺及测勘路线。未知之地，皆以虚线表之。包括东经93.5°至98°，北纬27°至32°地面，即察隅、科麦、硕督、恩达等县与波密、八宿、三十九族之地。此两年中实测面积有2万余方英里。西康西部之实测地图，当以此为首屈，闻其详图已附专书出版，尚未获见为憾。

70.《康定至甘孜牧站分布图》（别上）

民国二十七年，余为西康牧运公司制。十万分之一缩尺，分绘二中幅，三色，有等高线。系用陆地测量局十万分之一地图为蓝本，参合余民国十八年制分县地图，依经纬度定点绘制。泰宁至中谷一段，则余筹办牧运时所测稿也。

71.《康印康缅国际路线图》（别中）

72.《由康定至察隅路线图》（别中）

二十七年西康交通局为筹建康缅公路设计制。甚略，无比尺，附有里程表。

73.《康滇公路路线图》（别中）

二十七年建省委员会技正沈明伦踏勘康定、昆明间各路线后所制选线图也。五十万分之一蓝晒本，有等高线。系沈君依陆地测量局十万分之一图改绘。

74.《川康公路雅安康定段平面略图》（甲中）

川康公路工程处二十七年测制。缩尺五万分之一，巨幅，附断面图。余得其划分三幅之蓝晒本，有粗略之等高线，绘工甚佳，细按之，则多有疏谬抵牾之处。似原测有万分之一精图，此仅其粗率之缩本耳。高标以雅安为750，二郎山口为2900，康定为2421，均与普通地图不合。

75.《川康公路康雅段平面略图》（别下）

西康交通局就前图所绘为二十五万分之一图。蓝晒本，小幅，较前图尤为粗疏。

76.《康定至湾坝沿线地质界图》（乙中）

二十七年十一月建委会科长张伯颜，技正汪国栋，赴九龙县之湾坝调查地质制。附其报告书在康导发表，小幅略图，无缩尺，原只水成岩、火成岩二色。另附湾坝区矿区略图，较详，仍无缩尺。湾坝之图，此为仅也。

77.《俄洛分幅图》（甲上）

四川陆地测量局，于民国二十七年，派队深入俄洛野番地方测量。二十八年以后次第出图，余所见者31幅，一切依前十万分之一图制，而此诸幅则较其他川边图幅为精确周详。盖民国以来该局实施测量之图版也。

78.《乐西公路工段分配图》（别中）

二十八年十一月西康交通局制，附《乐西公路选定甲线理由节略》一文在康导二卷六期发表。所谓甲线，即今乐西公路路线。其乙线，为自乐山龙门场沿沙坪金口一带大渡河岸，自盐井溪渡河，经田坝、海棠、竹马，出洗马姑，折向冕宁、西昌一线。其丙线为自海棠经越巂、小相岭、泸沽、西昌一线。图中记甲线较详。

图中乙线海棠以东之部，从来尚无实测与比较正确之路线图。据云曾经交通部公路管理处，令派督察工程司赵福基前往勘查，则至少当为曾经履勘之路线图，足补一般地图所阙，惜其收入此图者甚少，且无缩尺，亦未著路线以外之山河形势，故所能增补者亦有限。安从得见赵氏原稿，斯为快耳。

79.《雅富公路工段分配图》（别中）

80.《汉泸公路工段分配图（别中）

两种皆二十九年西康交通局雅富汉泸公路工程处制。二十万分之一，小幅，蓝晒本。雅富路自雅安、荥经、泗坪、汉源达富林，共长149.5公里。汉泸路自泗坪分出，达泸定，长76公里。比系施工设计图，应尚有选线测量图，未见。

81.《乐西公路路线图》（别上）

二十九年十二月，交通部乐西公路工程处制。六十万分之一。蓝晒长卷。附里程表（公里），原历有详图，未得见。唯此虽缩制，颇精。

82.《雅富公路路线图》（别上）

三十年八月，西康交通局雅富汉泸公路工程处制。十万分之一，长幅。划三段绘，分附比照断面图。横 1∶100000，纵 1∶10000，甚精。蓝晒本。

83.《雅芦名邛四县地形图》（别上）

二十一年冬，余为《芦山新出汉石图考》一文制，载康导第四卷六七期。四十万分之一。修改陆地测量局四十万分之一图为蓝本。不用等高线，而分上田、中田、山地、山林四层设色，藉以说明古代川边汉族发展地带之可能程度。在边区，此种产业分布图，较之等高线图，更有价值。余自试作此图成功后，续出地图，如康藏产业分布图，康藏标准地图等，莫不尽量用此种方法。

84.《陈渠珍通过酱通沙漠路线图》

85.《文成公主入蕃路线图》

皆余三十一年发表考订旧籍之略图，略依土伯特与其邻部图绘制。无缩尺，插附《康导月刊》。所包地域，为青海省与西康旧境之西北部。

86.《康巴公路路线图》（甲中）

西康地质调查所技正兰仲明三十一年制。附其《兴筑康巴公路刍议》一文，在康导第四卷四五期合刊发表。比例百万分之一，小幅，单色石印。据其文"三十年六月奉派同崔克信等，调查南路各县地质矿产，由仲明负测绘责任，历时六月，……"云云，可知其尚有未经发表之地质图，应甚详明，此特其抽绘之缩本耳。绘笔甚佳，虽节略，表示极清楚。图中有自毛垭坝子逾女帕拉，循冷卡石河下游入七村沟一路，即兰氏所拟之康巴路线。又康定折多塘经阿家哈、甲根桥、宜马宗、脚尔马达山至理化两路线，为旧日地图所未及。此外如西俄洛至理化两旧路，理化至巴安两旧路线，皆有参订西图修正旧图之价值。

87.《川滇西路路线图》（别上）

三十二年，川滇西路管理局所出《川滇西路》杂志创刊号插图。一百五十万分之一，小幅。东起内江，西南至祥云，包有内乐、乐西、西祥三段，余觅西祥公路图未得，恃此图补之。

88.《康青路工段分配图》（别上）

三十二年，川康公路管理局制。十万分之一，蓝晒，巨幅。起康定，迄甘孜。用红色厚线标绘公路线，甚精。

上部分图之类 88 种，207 幅。余所得藏者 200 幅，征购未得者数种，征得后再续谱之。

三、县区图之部

雅宁两区各县县图，旧见于府州厅县志者，悉无佳构。民间制作，及县府搪塞功令之图，无论翔实程度如何，要可以不合图法赅之。二十八年，西康开办土地陈报、实施丈量，自雅宁始。分县制成坵图、段图、保图、乡图、县图。今已办竣者十余县，其图最详，然未施水准精测，不能表示地貌，独详农田分布情形而已。康区山多田少，地旷人稀，目前尚未办理清丈。其县图旧无可靠者。余入康时，曾经分县略测，制成图本。足迹未至之地，则以他人游历考察图补缀之。尝欲编为西康分县图说，总嫌搜讨未备，未敢着手。二十七年，县政人员训练班毕业，余曾将足迹未至，图本缺乏诸县区，先就西图，依经纬定点，绘成具有县界之简略图，分托各学员，各就所悉，随缘增补。此后三数年中，康定、巴安、定乡、白玉诸幅，均臻上乘，去实测图不远。县图成绩，竟可超越雅宁两区，甚可喜也。

凡余所集西康各县分县图，除蔡廉洲图集外，共有242种，300余幅，合县境内之小区域图及市街图等，统为一类，分县汇列于次。

1.《雅安县舆图》（乙下）

乾隆四年，《雅州府志》插图之一。朱其森绘，雕版印，合两页为幅，以上为南，下为北，无比尺。县城附近所占面积最大，较远之地，具名而已。此为旧时制图人，不解准望法之通病，未足为怪。所可注意者，在今昔地名之不同。今人呼青衣桥下水为青衣江，此图作陇西河。今周公河，此图称沫水。今孔坪、沙坪，此图曰罗村、景村。今东门石桥，此图作铁索桥。凡此皆足考订乾隆时地名与今相异之处。又以蔡山与周公山为二，当时似以顶峰为周公山，龙洞巷所在为蔡山也。

2.《雅安县境图》（乙中）

民国十七年修《雅安县志》附图。余彦良绘，中幅，每10里开方，四色套印。形势部位皆不谬，似曾经测量者，标注有经纬度，唯悉与近测数不符。所分区保，与今区划异，足供考订沿革用。

3.《青衣渠工程图》（甲上）

民国二十八年青衣渠工程处制。渠自青衣江分水灌包城坝，为近年西康水利巨工之一。二十九年工程完竣。三十年春，放水。因屡圮，其水迄未入田，今尚在修复中。

4.《雅安县统计汇编》（甲中）

民国二十七年秋，雅属划隶西康，开始设立土地陈报处。自雅安县起，实施清丈。先用三角定点，测量各联保轮廓，由保分段，测制坵图，以坵图，段图，充实联保图，由联保图制为县图。以县图，联保图，合丈量统计，制为统计汇编，二十九年完成。计包总图1幅，十万分之一，城厢镇图1幅，万分之一。联保图19幅均五万分之一。无等高线，及经纬度。单色绘，制作颇佳。

5.《西康省雅安县全图》

6.《雅安县城乡镇图》

7.《雅安县孝廉凤鸣乡合图》

8.《雅安县草坝水口乡合图》

9.《雅安县合江乡图》

10.《雅安县大兴乡图》

11.《雅安县蔡龙、孔坪乡合图》

12.《雅安县严桥乡图》

13.《雅安县晏场乡图》

14.《雅安县大河乡图》

15.《雅安县沙坪乡图》

16.《雅安县观化乡图》

17.《雅安县紫石乡图》

18.《雅安县多营乡图》

19.《雅安县太平乡图》

20.《雅安县下里乡图》

21.《雅安县中里乡图》

22.《雅安县上里乡图》

上图十八幅，民国三十年雅安县政府翻印统计汇编原图插附《雅安史地》一书中。内容具详第四号说明。

23.《高颐墓地图》（甲上）

民国三十年，余嘱刘开晴测绘。千分之一，小幅，包高颐墓，阙至姚桥景贤堂，单色绘。

24.《周公渠工程图》（甲上）

西康水利局周公渠工程处三十一年制，五万分之一，蓝晒，中幅。此渠自周公河开闸，循周公山麓，灌大兴场农田，并拟引倒虹管渡江灌草坝等地。现大兴场以上已修成。尚难通水。

25.《雅安县河北乡地图》（乙上）

民国三十一年，雅安县分多营乡置河北乡。第一任乡长王定金手绘缩，中幅，无缩尺，但所表示部位地形并佳。

26.《雅安附近地形图》（甲上）

民国三十一年，雅安军官训练团地形学教官率学员实习制。建康日报社三色石印。中幅，万分之一缩尺，原制绝精。石印本颇嫌粗率，有等高线。地形部位，皆较土地陈报处图精确。幅面东尽水中坝，南至平石坝，西抵龙观山，北抵塔子山。

27.《雅安城郊图》（甲上）

三十二年何季赝绘。何君前任土地陈报处测绘事，有万分之一之城厢图稿。余属其补绘近郊地形图，收入红崖、黑水、青衣、周公四堰道。并参五万分之一雅康公路图，与军训团万分之一图制。

28.《雅安县综合地图》（别上）

余近设计，属何季赝制。十万分之一，有经纬度分及乡界。不用等高线，依土地陈报处之坵，缩分为田、地、山地、茶山、林山、荒山六级，以代等高线。仍分注海拔高度于各要地下。公路，大小道，桥梁，津渡，场镇，公所，学校，寺观，教堂，古迹，并注入图，用特号、大、中、小及斜体、长方六种字精绘。其参考资料，以土地陈报处图，陆地测量局图，雅康公路，川康公路，雅富公路图，雅安附近地图为主。此外则台维斯，禄方济，沃舍提，布尔莎，艾猛斯之图，（并已详前两章）皆有所采撷。现尚未完成。

29.《芦山县舆图》（丙中）

乾隆四年《雅州府志》雕插，两页合幅。作风与雅安县舆图同，唯系以上为北，下为南。所示地形，较雅安幅为佳。

30.《芦山县统计汇编》（甲中）

土地陈报处二十九年开始清丈，三十年完成。计总图一幅，十万分之一，城厢图一幅，万分之一。联保图九幅，五万分之一。（以下各县统计汇编，所有总分图缩尺并同）现派人钞绘中。

31.《樊敏墓地图》（甲下）

三十年余赴芦山考察樊敏墓时目测手制，甚粗，无缩尺。略示古墓、碑、阙、羊、虎之位置而已，小幅，单色。插附《天芦宝札记》。（三十三年春，余三赴芦，借土地陈报处所制二千分之一坵图为蓝本，改制为具有比例尺之樊敏墓地图，未发表。）

32.《芦山县全图》（乙上）

三十一年何季赝绘，十万分之一。小幅，《芦山县志》采用之。县政府石印。

33.《芦山县综合地图》

现甫起稿中。一切如雅安县综合图规制。余拟以此法绘成西康三十三县，四设治局之综合地图，现甫发端。其尚未着手者不更著录。

34.《天全州舆图》（丙中）

乾隆四年《雅州府志》雕插，两页合幅，朱其森绘。法与芦山幅同，可作古地名考订资料。

35.《州地舆图》（丙中）

咸丰八年《天全州志》雕插。两页合幅之旧式图也。

36.《州城图》（甲下）

咸丰八年《天全州志》雕插平面图，其略。此外尚有始阳镇图、八景图、试院图等，皆画片，凡画片图，本谱不收。

37.《由天全到牛顶木厂图》（乙上）

原题由天全到牛顶木厂沿河棚站位置及交通路线情形要图。民国十九年，川康屯殖司令部派余叔平氏采办牛顶山木材时所制。小长幅，三色绘。采伐码头在半顶山下之岩烟沟，距沙坪175里。凡十一棚站至沙坪，为絷筏码头，中间道路村落，皆备于此图。此带僻远，为一般测量人员所不至，故此图亦足珍也。天全县长吴毓江赠。

38.《天全县图》（别上）

民国二十六年十月，天全县政府，就陆地测量局十万分之一图缩制为二十万分之一。三色石印，中幅，有等高线。末列川康公路，附有各场镇距城里数及赶集日期表。为过去天全县全图之最佳者。

39.《天全县统计汇编》（甲中）

土地陈报处制总分图共21幅，余托人钞绘，尚未寄到。

40.《天全城郊图》（甲中）

即就土地陈报处之城厢联保图添补而成。万分之一，县田赋管理处三十年绘赠。

41.《天全水利设计图》（甲上）

42.《始阳水利设计图》（甲上）

图皆扬子江水利工程处派队来康所测制。三十一年完成测量工作。余曾见其图极精，缩尺似为五千分之一，征蓝晒本未得。

43.《木坪土司图》（丙下）

乾隆《雅州府志·图考门》，有图三幅，未标题。据目录，当是口内土司图。此幅合二页成。查系木坪土司地图也。绘法与县图异致，全幅皆满，略无隙地。自小关子，经兵难攻，至木坪，沿途情势，皆与今合。其所表路线：用两种符号。点线表示平土路，小长方接成之锁线，表山岩石路。另有图画状之符号，表示民房、桅杆、关塞、碉房、桥梁、兵营、山崖森林等，为一具有历史价值，极可玩味之古代地图。兹说明于次。

（1）此图非乾隆四年原刻，由其作风与朱其森各图不同，已可判断。又其图带有金川用兵时兵要地图之浓厚色彩。乾隆四年金川尚未用兵，故知此图系乾隆十二年以后所绘。此志虽成于乾隆四年，今所流行为嘉庆四年赵金笏补镌本。赵有小序，谓旧版残缺颇多。"爰觅士林素藏旧本，共得20余篇。一一摹付划刻，弥纵其阙。"注此20余篇者，有图考47页在内，即此幅也。可知当金川用兵时，曾有往来木坪学人嫌旧图未当，改绘雕易。赵氏据新图补镌耳。

（2）图中小关子至木坪一段地形皆实。木坪碉房即今喇嘛寺侧山尾上之故土署。泉水庙，即今城隍庙，其南之城塞，即今建定西将军阿桂纪念碑处，城垣已撤。绘图时有城无碑，可知其时金川军事尚未完结。约当是乾隆三十年前后也。

（3）屋上标旗处，为当时之军营。金川之役，五路进军，木坪一路，最当冲要。驻有重兵供前方应援，后方转运之役。已详《天芦宝札记》。

（4）制此图者，似为驻防木坪之军佐人物。足迹所到，木坪为止。故于木坪西南地理情形不悉。颇以金川、鱼通等地方之地名，窜乱入图，形势部位，则皆不合。如大马村，是金川地名；昂州是泸定地名；大冈、鱼通是康定地名；汉牛是懋功县地名；札谷关是理番地名。皆当时围剿金川时驻兵之地。兹乃悉收入木坪地界，漫列于图之西南隅，与尧碛、赶羊等地名相乱。至以汉牛河下游流入木坪河（木坪河为青衣江上源）皆其证也。

44.《宝兴县图》（丙中）

余三十年过宝兴县，县射检赠。小幅，铅绘甚粗，无缩尺。河皆双线，形势部位并与陆地测量局图及禄方济、谭寿田等图（并已详前编）不合。盖民国十七年改流时所制旧图也，未知出于何手。余于真可疑处，皆征询土人，批注入图，以供补缀修正。

45.《探访穆坪祖墓路线图》（乙中）

余游宝兴时，曾往木坪土司祖墓碓窝山、大石板、凤窝山等处，探检碑志铭诔，即游羊村。探访沿途石刻。制有路线图，小幅，无缩尺，未刊行。

46.《荥经县图》（丙中）

乾隆四年《雅州府志》雕插，两页合幅。朱其森绘，以上为南，作风同雅安幅，在全书各县图中部位形势最谬。标入天全界之水曰邛水，傍城之水曰荥水。邛水之名，甚合古义。唯此段系全县水道之总出口，图乃绘极细狭若干小支流。又无青龙关大道，仅有大庙、双溪、新添站、石家桥，至高桥路线。又大庙河与太湖寺河同源异流。又紫眼河极小，自花滩以西概未收绘，皆其未合处。

47.《荥经县五区图》（阙）

民国五年荥经县曾载此目。余所得本阙此图。征补尚未得。

48.《荥经县城街道图》（甲中）

《荥经县志》载平面图，木雕版。小幅，无比尺。西门外有大道缘城墙达南门，标云"军道"。志中复记有"军路"一条。谓自南门逾鹿子冈，接雅安观音堡军路，自南门西行经小河场，新庙场，九把锁，若断若续为至打箭炉之军路。盖即清末民初创建之川康马路也。使其五区图在，必将绘入此军路分布情形。

此县城街道图前，又有"县城图"一幅，为鸟瞰式之图画，可与街道图参考。

49.《荥经县统计汇编》

荥经县统计汇编，早于二十八年制成，有十三联保图及总图。现托钞未竟。

50.《荥经全县各联保各坝水陆详图》（别上）

民国二十八年六月二十，荥经县政府制。十万分之一缩尺。小幅，三色石印。有联保界，驻各坝名称。标煤厂，铁厂，铜厂分布地，皆可贵。雅富马路线经黄泥堡，且云已成，则非实也。大抵此图系以土地陈报处地图为根据，而以县政府所知材料参入，故轮廓与内容皆有可取。荥经县图，此为佳也。

51.《西康省荥经县全图》（别中）

缩尺十五万分之一，小幅，蓝印，填黑字。三十二年萧县长竹船赠查，亦系自土地陈报处图本缩绘者。唯已改称联保曰乡。此两图对于新庙场西至泸定界之距离，均嫌太促。足证土地陈报处对于此区之工作未尽精到。是则宜以雅泸公路图厘正修改者也。

52.《清溪县舆图》（乙中）

乾隆四年《雅州府志》雕插，二页合幅，自黄泥堡界碑至县城，舆出西门，经富庄、泥头，至飞越岭一线，录地名甚多。出东门，经汉源街，至富林，亦大致合。

大渡河未画去路。其上游，则有海流，西底，中池，八迫（八排）等地名，牵贯于一路线，迳通大田土司，皆访问之失也。松坪，大田两土司地，皆别自为图。

53.《大田土司地图》

《雅州府志》雕插图，作风与木坪土司图全同，当是一手所绘。图之四方各有界至，注文云"东至富林营，150里山路，与河南大田土司界"。此所谓东实即南方。河南大田土司，谓大渡河南田坝之岭土司也。于大渡河外，绘有大树堡，沙落乌河，鬼皮落，望乡台，沙嘴，黑麻溪，曲曲乌等地名，足资今日参订越巂、峨边间地图之用。又云："南自紫打起，共120里，与沈边土司地界。"此所谓南，实西方也。此紫打，是富林西南之紫打营，非指安颐场。所谓沈边地界，指海流北之雨洒坪（误雕作雨坡坪），自海流沿大渡河至紫打营，旧云120也。图中紫打，与富林及清溪皆有城。紫打城，在富林与哇喔营之间。足供考订乾隆时西南营戍之用。又云："西自羊老起，蝦麻溪，野狗山，羊庄坪，黑岩关止，清溪县界。"此所谓西，实西北也。羊老谓羊老山，在富林流沙河之西。蝦麻溪，野狗山皆在流沙河西南，今后域乡境。羊庄坪，黑岩关，皆在流沙河之北，富庄左右。此条实指土境中间包括之地名，非谓界至。又云："北自清溪县起，共80里山路，与松坪地界。"此所谓北，实指东方。谓自县城迳东至马料坡，为松坪地界也。图东北角兼绘松坪土司地一部。而未明将界限绘出，大抵当时大田土司所辖，自汉源街至富林一线以西之地，南止大渡河，西迄雨洒坪，北至黑岩关皆是。此带原属黎州土司辖地，大田乃黎州分封。今无黎州土司而大田石其故地。可知自雍正六年改土归流后，黎州土司消灭。而大田土司反兴盛一时。此其情形，正如清末民初之理塘改流，理塘土司虽已消灭，而其小土司崇喜、毛丫等反突增兴盛。今大田土司，已完全消灭矣。于此亦可知改土归流之实际效力，当视同化夷民程度之深浅而定。同化浅，则废一土司，仍复有土司代兴。同化深，则土司不废自废耳。此等土势力演变痕迹，为新旧方志野史所未载，赖此图以传之。世辄旧雕版图为无用者，不得其用也。大田土司署，在汉源街西，今为小学校，此图所绘，远较同书之清溪县图为详。

54.《松坪土司地图》

亦雕插《雅州府志》中，作风与前图同，当出一手。其四界至注云："东自松坪起，至围杆回止，接峨边界，二百四十里"。"南自松坪起，过马料坡，遂马营，（三字不明）一百四十里。""西自松坪起，至刚寨，直抵大渡泸河界，一百三十里。""北自松坪起，至木蓄山，至清溪县一百五十里。"所谓松坪，分为三堡。一为土司住所，一为中堡子，一为下堡子。地位，在木蓄之东，马料坡之北，马当之西北，马当之南为坝堰溪，赵侯庙，与大渡河南岸之黑麻溪遥对。赵侯庙之西为岩门，与东皮落相对，又西为水尾松坪，近万上堰，此带地势崎岖险狭，国内外考察探险者，足迹不至。虽乐西公路经此，路线以外地理，仍无知者，此图颇传其梗概，亦足贵也。

围杆坪，在蓑衣岭东。此图绘在大小天池之间，然则松坪东界，已逾蓑衣岭，即汉源与峨边县界，应在瓦山也。

又此图东南角，即金口河西南，绘有归化汛城，标"归化千总"字。其南大渡河上有"官渡"。官渡南又复有一城，形式一如归化城，作凹字形相对，下刻"半漩堡"三字（其地当是今之罗回镇）。有路自此经牛漩堡，大漩，盐井溪，大板房黑麻溪，达大渡河岸至鬼皮落。今此带完全为生猓所据，汉人不能通行。归化南城，亦化乌有，至足应叹，此图与剿办曲曲乌夷之军情公文及善后公文对看，足相互发明，以补汉源、越嶲、峨边三县间测勘未及之地图空白。纠正陆地测量局图之误访部分。

55.《汉源县境略图》（别中）

民国二十九年，汉源县政府印行《汉源县故概况》一书，插附此图，无缩尺，有等高线，未注高标。当系以陆地测量局十万分之一图缩绘者。

56.《汉源县统计汇编》

总分图凡16幅，尚未钞得。

57.《汉源县全境略图》（别上）

民国二十九年，汉源县政府印行《二十九年度之县政与路政》一书，插附。小幅，缩尺四万分之一，蓝黑二色印。系依统计汇编绘制。较汉源县境略图为精确，无等高线，有山脉纹。修正前图，河流颇多。复有乡镇界与乐西公路及孟获一片地。为汉源地图之最佳者。

58.《汉源县孟获城略图》

附载二十九年度之《县政与路政》一书，中幅，十万分之一。单色石印，题有"二十九年十一月二十六日测。萧杰三绘"等字样。无等高线与高标，有山脉纹。土地陈报处之作风也。有竹林、针叶林、阔叶林等符号及路线一条，当系略测之路线图耳。

此区与黄泥堡，俱在大相岭山脉以北，属于荥经河流域。据此书所载，"面积约500方公里，无人居住，异常荒芜，富有森林。气温最高华氏65℃，最低在零下10℃左右。旧有人集资前往开垦，试种玉蜀黍与洋芋，均能收获。因资本缺乏兼有匪害，前后三次均归失败。现经废弃已30年左右，有民房遗址及土人入山采寻所搭之棚厂"。以此估计此区高度，山地在3000公尺左右，河谷在2000公尺以上。位于阴山，阳光不足，且多匪害，此其所以荒废也。

59.《汉源县主要贸易市场及工业区域分布图》。

60.《汉源矿产分布图》。

61.《汉源县合作社分布图》

上三图均插附汉源县二十九年度《县政与路政》一书。单色石印，缩尺大小不通皆未注比例尺。其图轮廓，与汉源县全境图不同。乃系以第五十五号为蓝本缩绘者。未识同一书中之插图，何以互异如此。

62.《汉源县全境略图》。

63.《汉源县疆域图》。

64.《汉源县山脉图》。

65.《汉源县河流图》。

66.《汉源县旧乡区图》。

上五幅均插附三十年初版之《汉源县志》。其全境略图，与第五十七号图为一版，只河流用绿色印不同。此下四图，复与第五十九、六十两图为一版。轮廓与内容，俱与总图异。亦无缩尺，约仅为总图四分之一。此外插附同轮廓之小幅图尚不尽录。

以上雅区凡六县，一设治局，除金汤无图外，其六县共图66种，凡140余幅，余已搜藏者56幅，中有2幅尚未绘成。征购中者80余幅，皆各县土地陈报地图与水利工程图也。

金汤虽无专图，然如第二类图中，陆地测量局十万分之一图，法教士鱼通至懋功路线图等，殆已绘入其全部，无有专图固无疑耳。

67.《泰宁协舆图》（丙上）

乾隆《雅州府志》插图之一，两页合幅，以上为北，下为南。然虽谓南，实西方也。图幅包括今泸定县大渡河东岸加郡（图作贾郡）以北之地。以化林坪为中心，所注道路形势，皆与今合。题云泰宁协者，雍正时，迎达赖喇嘛坐床泰宁，置泰宁协，辖五营，分驻西炉各地以卫护之。其后送达赖喇嘛返藏，泰宁协不废。唯以泰宁高寒，道远，转饷不易，移协署于化林坪。仍辖五营兵马，兼管口外各土司。乾隆中，复改泰宁协为阜和协，移协署打箭炉。化林坪驻军一营称泰宁营，此系乾隆四年制图，尚未改阜和协也。

其时，飞越岭以外为口外。大渡河东，为沈边、冷边两长官司地，河西为咱里、明正等土司地，直达金沙江以西，大小土司一百余，皆所谓口外土司也。此图题泰宁协舆图，只绘大渡河东之地者，似当未改阜和协前，打箭炉厅系与泰宁协分地而治。即以大渡河为界水之故也。此种史程演变，未经方志记载，专赖此图传之。

此图于上举之历史价值外，尚有足资考订沿革变迁者数点。一是飞越岭有城垣弩楼。二是化林坪有城，只二门，题云："化林坪即泰宁协"。三是瓦窑坪置云窑坪。龙巴铺只作龙坝。四是冷碛橙子坡，此云子牛冈。借对岸子牛村为名也，甘露寺，此云干日寺。可知其原是喇嘛寺，乾隆后始改为汉寺，易名甘露也。五，泸定桥头有都司署，与巡检署。又有碉门街，足见泸定市之原始街，借天全之碉门为名。亦可见此市之发展，与天全关系最密。大抵自安乐坝以北之地，康熙以后，割划天全土司管辖，名义上应为天全州辖地，事实上则为马鞍山以外汉夷皆受泰宁协钤束，故此图北包岚州也。六，明岩州卫，今云昂州，一般书作岚州，岚州二字，始见其图。但木坪土司地图，又作昂州。可知岚州是雍乾时字。昂州是金川之役以后所用字。（参看第四十三号）

68.《泸定县全图》（乙上）

民国十七年，泸定县佐治员张哲绘。张自边政人员训练班毕业，分发泸定，曾经踏查全境，创绘此图。小幅，无缩尺。分全县为四区，大体部位距离皆合。远较蔡廉洲图为佳。

69.《泸定县地图》（别中）

民国十八年，余视察康区，就张哲泸定县图，加绘农地、林地、雪山三道界限，分别着色。为西康有产业分布图之始。原随《泸定视察报告书》登载《边政》。梅心如所著《西康》，曾转录此图，改以条线代色别。康、丹、道、泸、甘、瞻、理、雅各县图并同。

70.《磨喇水堰略图》（甲中）

民国二十年泸定知事吴筱波钞赠。原题五十万分之一，铅钞小幅。先是磨西面至喇嘛寺小堡子间15里皆平原，有水可以引灌。清末，打箭炉同知刘廷恕，创修水堰未成。及是，吴知事拟修复之。此其派人测勘后设计图也。颇粗陋，当非习测量者所为。又其比例尺应是五万分之一，非五十万分之一。题磨喇水堰，撷磨西喇嘛寺首字为名寺。此喇嘛寺一场镇，旧曾有寺，久已消灭，仅除一却登遗迹耳。

71.《泸定县境图》（乙中）

民二十六年泸定县府制，无缩尺，精度与幅面，均不逮张哲原图。盖亦无所因袭之创制图也。图分全县为三区，亦与张哲时异。

72.《泸定县市图》（甲上）

民国二十七年，县长李林，请川康公路测量队测制。缩尺二万五千分之一。中幅，甚精，余借摹。

73.《岩州地图》（甲中）

二十七年冬，余游泸定，住岩州一日，目测地形，绘为此图。小幅，缩尺约为二万分之一。以等高线描绘地形，其等高线依气压表记录定之。余有《泸定导游》，考订岩州古今沿革甚详。插附此图，载入《康导月刊》第二卷。但被编印者将图遗失。今存其初稿。

74.《化林坪图》（甲中）

二十八年，余第四、五两次过化林坪，目测此市故城遗址，古今市坊，制为此图。无缩尺，约为五千分之一。附《泸定导游》刊在康导第二卷，有详文考订此城兴废过程。

75.《自飞越岭西望》（甲中）

二十八年夏，余过飞越岭作。作画面图条线，实一立体图也。图示五色海子南北诸山峭拔之势，与高入雪线之程度。东侧诸河谷与村镇所在，皆用天线指出之。近达化林坪，至瓦窑坡，与前图同载康导二卷某期。

76.《五千分之一泸定市图》（别中）

二十八年，西康交通局，就二万五千分之一泸定市图缩绘，蓝晒本。

77.《二十万分之一泸定县图》（别上）

二十九年，余制二十万分之一西康分县图，始于泸定。凡此一县，所参考之地图43种，加以余游泸定全境之记载，与手制之路线图，颇为精详。共经纬度，参依谭、李地质图与布尔莎哈姆等之木雅贡嘎位置图（并已详第二类）高度，参用余所自测及陆地测量局图，与雅康、川康等公路图也。

78.《康定府城厢道图》

此康定市最早之实测图也。四千分之一缩尺。有"康定府知事颜谭跂，天彭吕维泽。测绘"等字样，知其是民国元年，尹督西征时测制，绘笔甚佳，内容亦甚美备。三十二年，王铭琛得于成都旧书肆，转赠。

79.《康定县全图》（乙下）

余于民国十七年视察西康时制。其时所知地面有限，又乏参考图本。须予修正之出尚多。（县境西南角为尤甚），以五六米毛表十里。分农地、草原、雪山着色。有区分，梅心如之《西康》所载康定县图，即全翻绘此图也。

80.《康定城区街道图》(甲中)

民国十八年西康政务委员会派员测制。二千五百分之一，中幅。记全市机关、学校、公所、锅庄与寺庙等部位颇详，无等高线。

81.《打箭炉市》(别上)

民国十九年，余以雅康公路图为蓝本，增补附郭地方，绘插《西康图经·境域篇》，万分之一缩尺。小幅。有每高 50 公尺之等高线。

82.《康定至长海子》(乙上)

长海子在康定北 60 余里丛山中。海拔 4000 公尺，长 5 里，阔 1 里。四周皆森林，距农村甚远。余旧见陆地测量局十万分之一图，绘其附近地形，有广阔平原。疑可开飞机场，或可垦牧。二十五年冬，同技正张志远往探。自三道桥进沟，备险阻始达。支幕住一日，探测海周地形，实无平原，只海尾有小草地，余皆森林与绝壁也。归途循山道径达康定后山，制有五万分之一路线图。用等高线表示地形。

83.《探险五色海子山路线图》(乙中)

余素闻康定南山有五色海子，人迹可到。二十六年秋，同建委会职员多人往探。自榆林宫上山，二日始达白海子。一小形方湖耳，位雪峰直下，近雪线处。水乳白色，掬之无色，盖由岩质为长石，映水作色耳。海水溢出，为牛窝沟，入打曲。自此逾平岭北下，为蛇海子。长渠蜿蜒数里，如长蛇。深不可测，阔不足七尺，甚奇。自此循冰堆石之长岭，直下驷马桥。始知所谓五色海子者，非一海。绿色海在雅加埂，即吊海子也，余旧曾游之。白色海子即此，黑色海子在蛇海西北，其水流出跑马山测之小沟。余拟一探，未果。红色海子在柳杨正北，附近有大森林，采木者往往游之，其水溢出至柳杨入打箭炉河。无黄色海子，大抵此带雪山四周，海子极多。此诸湖外，头道水与冷竹关后山皆有海子，水色互异，土人漫呼为五色海子山耳。余有地图，志此行路线、高度与水道山形，有等高线，不精，小幅，缩尺五万分之一。

84.《孔玉详图》(乙上)

二十七年任汉光，往孔玉查灾放粮。自余处借钞陆地测量局之十万分之一地图以行。遍历孔玉各村后，撰有《孔玉考察记》，附绘此图。缩尺三十万分之一。修订前图之处甚多。其考察记在康导创刊号发表，图以赠余。未付印。

85.《鱼通略图》(乙中)

二十七年蒋五骥赴鱼通放赈之路线图也。附所撰《鱼通缩影》一文，在康导一卷二期发表。无缩尺。

86.《吉曾义待路线图》（乙中）

二十七年康定县府科长宋济元，赴吉曾义待区放赈时所绘。此区偏在康定县境西南角。雅砻江外，素为考察探险者不至。宋君在县训学员中，最嗜地图，练习目测尤勤。所制图皆能如法。惜早卒。此图自康定经下木雅之明巫绒、菩萨绒等处至义待。无缩尺。有产竹地界限。又于菩萨绒全村之地形，绘写特详。余索钞一幅，并面询沿途情形，为注补之。得此图，而后康定境内无遗地也。

87.《康定市区详图》（甲上）

民国十七年，西康地质调查所测量组精测，绘制。缩尺千分之一。巨幅。余得交通局蓝晒本。测量队初至康定，于市内地之性质与名称不悉，未注入图。于地形委曲高地，则测量绝精。

88.《康定市街图》（别上）

西康交通局，就前图缩绘为二千五百分之一。二十八年蓝晒本。

89.《康定县图》（别上）

二十八年宋济元君绘，三色石印，中幅，无缩尺，有经纬线。过去康定县图，此为最佳也。

90.《康定县境详图》（别上）

二十八年，余用谭、李地图作蓝本，用布尔莎等测量图修订经纬度，用陆地测量局十万分之一图，及余本人历次考察所得，绘等高线。用骆克、哈姆、任汉光、蒋五骥、宋济元等路线图，补缀上列各图未及之地区。共凡二中幅，缩尺二十万分之一。三色绘。尚未完成，因事暂辍。今其稿存。

91.《康青公路康营段缩制平面图》（甲上）

民国三十年，西康交通局，就实测康定至营官寨公路路线图稿，缩绘为二万分之一图。巨长幅，余借钞。

92.《康定最新街市详图》（甲上）

民国三十年九月，西康通志馆测绘员刘开晴用前康定市街图作蓝本补测缩绘，为五千分之一，小幅。颇多增修之处。又曾与郭和卿合作增入藏文地名。就康定用色相套石印出书。

93.《章谷舆图》（丙中）

同治元年，吴德煦撰《章谷屯志》雕插此图。章谷屯，今丹巴县也。图二页合幅。无缩尺，亦未开方。绘法仿《西招图略》，亦以南方为上。足可考订今古地名之用。

94.《实测丹巴县图》(甲上)

民国十八年夏,余观察西康至丹巴县,阅临二旬,足迹遍五大河谷,所至用指南与步度表、气压表等简单仪器测绘地图,分日绘于日记中。返康定后,撰具观察报告,绘成此图。有缩尺,每厘表一华里,有县界、区界与土司地界,分别汉村、夷村、土署、喇嘛寺、学校、教堂,精细注入。复分农地,森林及草原,雪山三种分布情形设色。梅心如之《西康》,翻绘此图为单色。

95.《实测丹巴县东部图》(甲上)

余视察西康,所制各图,俱用长 28 厘,宽 21 厘之布纹西式信笺北面而绘。限于幅面,各县缩尺不一,既绘前图,嫌其缩尺过小,不能传河谷地形之实况,乃更增绘革什咱以东之部为一幅,以 2.4 厘表 1 华里,用褐色晕滃线表河谷地形,紫色木轮线表山岳地形,黑点表汉户住宅,赤点表夷户住宅,道路、桥梁并极详确。其后见测量局十万分之一巨幅图,觉其精度,犹未能逮余也。此两图,并随报告转载于《边政》第二卷,四色精印,余收回其底本。

96.《丹巴五谷会流图》(甲上)

余为《西康图经·地文篇》作,二十四年出版,插幅无缩尺,约为十万分之一,单色,锌版,用晕滃法示丹巴县治附近地形。

97.《丹巴县语言分布图》(别上)

上图,与丹巴土司辖境图,丹巴县境图,共三幅,皆民国二十七年庄学本视察丹巴后制,附《丹巴调查报告》,在康导一卷七期发表,曾声明系仿余丹巴图制,就中语言分布图一幅,最可贵。图示巴底及阿娘沟以东为西戎语,巴旺与丹东、革什咱、东谷、牦牛为道坞语,余部为西康语。庄君此行最大收获,在分析甲绒区域之民族与语言,具报告书与此图,并有学术价值。

98.《九龙县略图》

二十七年九龙县科长邱述钤,因查放赈款,周历全境,所至绘图。附所著《西康三大民族缩影》一文,在康导一卷三期发表。小幅,缩尺四十万分之一,单色石印。有十四村界线,道路村落之分布,并颇精确。各区皆汇列汉、番、倮一二族户数,又有矢线示汉倮两族发展路线。文质两佳之作也。

99.《九龙县图》

二十七年十一月,邱述钤、宋济元合制。三色石印,中幅,二十万分之一,系宋君就邱君前图放绘者。废十四村界,存四区区界。内容部位,微与前图出入。精确之度,似反逊于前图。

关于九龙县之地图，前有蔡廉洲县图（已见第一类），测量局实测图，谭、李地质图，十六军调查图，张伯颜湾坝图，以及骆克路线图等（并已详第二类），邱君皆未参考。然而邱君之图，实胜于诸人之处。故知地图之价值，固当视测之精度而定。而足迹之广狭与观察之精细，亦大有关系。

100.《西康九龙洪坝森林基本图》（甲上）

101.《西康九龙洪坝森林林相图》（甲上）

上二中幅，及西康洪坝森林位置略图与洪坝松林两河流域图，二小幅，并插附二十九年金陵大学林学系出版《西康洪坝之森林》一书中。教授朱惠方氏所编也。朱氏于前岁率金大学员自越巂安顺场入九龙县之洪坝，实施测量，工作甚久。制成五万分之一地形图与林相图，为九龙县境实测地图之最精者。即就全康言之，除少数城市及公路线尚有精测地图外，所有乡村山野之实测地图，亦当以此为首屈。其书，亦为研究康区森林者最精之巨著，插附图表甚多，其所插二小幅图，则略示洪坝之位置，无甚可取，且幅面跨越两县，故不入于此类。

102.《九龙县全图》（乙中）

民国三十一年，九龙县长段崇实测，中幅，内容微与邱图不同，大约是就邱宋合绘图加以修订者。

103.《泰宁实验区图》（乙中）

泰宁原隶道孚县，民国二十六年，成立垦殖实验区。二十七年，区署绘制此图，中幅，无缩尺，有等高线，未施测量之意匠图也。然所包地域褊狭，大部为区署人员足迹所曾至，故仍有参考价值，该区绘呈省府一幅，余已有目测精图（在康定二十万分之一图幅内），未更钞绘此幅。

104.《泰宁设治局地图》（图稿）

民国二十八年改泰宁实验区为设治局，划入康定之上牛厂（第四区）道孚之查坝与竹窝、汤龙等区，勘定界至后，曾有地图，余未得见。但得李鉴铭绘草图一小幅，无缩尺与经纬，而以藏文注字，为其特色，余又曾自制一泰宁草图，二十万分之一。因查坝之部尚待补缀，故未发表。

105.《道孚县境图》（乙中）

道孚县于宣统三年成立设治局，民国二年改流，应有地图在档。余民国十八年视察至此，搜求无所得，于时所传，唯蔡廉洲图本，谬不可用，乃自随足迹所至，目测所及，创制为此图。自泰宁横出炉霍一线，全部可靠，斜出支路，仅龙步沟温泉以南，铜佛山以北之地，经略测，其余则以古纯仁川边图为蓝本，参以访问，补缀而成，故有经纬度，无缩尺，亦分农地、森林及草原、雪山三道设色。有区界，及今视之当修正者甚多，此图随道孚视察报告，在《边政》第三期登载，四色石印，梅心如之《西康》又采录之，单色印。

106.《道孚县略图》（乙中）

民国二十四年一月出版之《川边季刊》第四期，载有羊磊《道孚小志》，插附此图。小幅，三色石印，无缩尺与经纬度，有区界，其图颇与余图异致，显然未见余与古教士之图，似曾参考蔡廉洲本，但详确精当，并远过之，幅中，亦唯泰宁横出炉霍一线可靠，自县城入鱼科一路，似亦受其履迹，无竹窝、汤龙与康定第四区，为其疏处，此图与余图异者，多布朵（余图作不朵）附近之"平西桥"与将军桥金矿区，又曾示森林分布地，未将农牧地界划出，要可互供参订，羊君《道孚小志》甚佳，其人似曾供职此县府，近世之有心人也。

107.《瓦日木茹查坝略图》（乙上）

民国二十七年，县府科长赵留芳，赴查坝查灾放赈时，沿途绘制地图，回县后，纂为此幅寄余，小幅，无缩尺，三色绘，有等高线表示地形。赵君初未习制图，复未携有仪器，但凭回想审察，制为此图，颇能传此带真实地形，甚难得也。先是木茹一区，素称匪窟，自改流以来，迄未有汉人入境，地图更无从得，旧见古纯仁图，有某教士自道孚纵穿木茹、查坝出雅江路线，曾以此勉县训学员，赵君血性人，似有所激，遂深入而图之也，赵又有《查坝调查记》，载康导一期，亦附此图，三色石印。

108.《道孚县分区详图》（乙上）

二十七年七月，赵留芳赠，小幅，黑、绿、朱、紫、蓝六色绘，无缩尺，然调查详确，为道孚图佳本。

109.《道孚县草图》（别中）

民国三十年李鉴铭绘寄，甚草率，然要地悉附藏文，足供校正各地译名意义之用，凡李君所寄之图，悉以此点足重。

110.《炉霍屯图》

同治中，废霍尔章谷土司，创设炉霍屯，当时印有《炉霍屯志》，冠以此图，三色石印，小幅。

111.《炉霍县地图》（乙中）

民国十八年，余视察西康过炉霍县后制，除将军梁子至罗锅梁子一线外，曾循泥曲至四季，全县农地十分之八以上地面，均经目测，牧地概未涉足，轮廓则依古纯仁图，仍分农地、森林及草原、雪山三级设色，迄今炉霍县图，尚未有能逾此者，图同炉霍视察报告，载入《边政》第三册，梅心如《西康》曾用单色翻绘。

112.《炉霍县草图》（别中）

民国三十年李鉴铭绘寄之藏文图也。

113.《绒坝岔战争形势图》（丙上）

台克满制，插幅，双色印附其游记中。志民七汉藏军相持于绒坝岔之形势。

114.《甘孜县地图》（乙上）

民国十八年余视察甘孜，阅时月余，周历甘孜平原全部，及东谷区。又派董兆孚雇勘杂科。所至绘图甚备。视察结束时，绘制此图。依古纯仁图定经纬点，无缩尺。分农田、草原、森林、雪山四种设色。考订乡区界划，俱颇精到。除大塘坝与泥马沟二部外，迄今尚完全适用。（其时甘孜辖地尚未包有热锅牛厂）。其时余尚未见台克满与柯尔斯图。陆地测量局十万分之一图，亦尚未测及此部。其后取以互校，悉无荒谬。盖视察途中，练习目测已久，皆能校正视差故也。此图经《边政》用五色翻印。亦被梅心如用单色翻印于其《西康》一书中。

115.《绒坝岔战迹图》（丙上）

民国十七年余据县人传说，叙述民七汉藏两军在绒坝岔作战情形，于视察报告中，插附此图。以前图为蓝本，放大一倍。自甘孜县治至其西界之约白拿则卡，七种色绘，有等高线表示地势夷险。分驻两军攻守变化情形于图中。上幅余地，绘附德格甘孜形势略图。

此虽历史图，描绘甘孜绒坝岔间形势甚备，足备施政行军参考。时余尚未知台克满亦有如此性质之图。其后取以参考，台氏图殊粗陋。《边政》月刊，曾将此图用四色翻绘。

116.《札科图》

民国十七年董兆孚绘，与前二图同幅面，无缩尺。有铅色、等高线。及农地与森林别色。时董初习绘画，准望不精。然观察颇周密。

117.《甘孜市》（丙上）

民国二十年，余依旧游日记所留图稿创制。插附《西康图经·境域篇》。与甘孜市照片共为一幅。有等高线。系假定县府海拔3350公尺，以每50公尺计数。

118.《甘孜平原民十七之雹灾》

民国二十二年，余为《西康图经·地文篇》制。以甘孜县地图为蓝本，单色绘。示雪山、森林、草原与雹灾之关系。锌版缩印，具存原笔。

119.《甘孜市街图》

民国二十六年，甘孜驻军章团部测量绘制。用复写本呈报建省委员会，余得见之。小幅，记街道颇尽，未注缩尺。向章团征取未得。

120.《甘孜县草图》（别中）

李鉴铭绘寄之藏文图也。甘孜县除上列各图外，复有谭、李地质图，柯尔斯、台克满路线图，四川陆地测量局前后所测十万分之一地图。（前测西康之部，仅得大道一线，近测俄洛之部，已将大塘坝、东谷一带补足。）康青公路测勘图，笺纂会为二十万分之一综合图已可无复缺憾。惜余无暇竟此功也。

121.《瞻化县图》（乙中）

民国十八年余视察西康，驻瞻化长久。瞻化改流以来，向无地图。余循雅砻江自甘孜测绘入理化。又嘱董兆孚、万腾蛟分道测绘河西、河东两区，依古纯仁图定经纬，制为此图。用三色线图示冬季积雪界，九月积雪界，与盛夏积雪界。及今视之，大体尚无荒谬。此图与该县视察报告载入《边政》第四期。

122.《瞻化县治图》

方三英寸，小幅。缩尺约为五万分之一。余民十八年在瞻化日手制。有等高线表示地形。记市街、碉房、桥梁、道路，颇精致。插绘于《西康札记》瞻化县治条内，藉以说明藏官驻瞻时一切部署。（凡大碉1座，小碉12座。）《边政》载其文，未刊此图。余曾抽制底稿，克以保存此图。虽小幅，可珍物也。

123.《瞻化县麦科金矿区域图》（甲上）

谭寿田与李庚扬，民国十九年考察麦科金矿时制。小幅。五万分之一。余得其蓝晒本，《边政》第六期，复曾翻印原图。三色，图幅包括麦科河中上游。

附记：先于谭、李者，有万腾蛟《瞻化河东区地图》包有麦科金厂及上甲司空拉日麻等地。余已采入瞻化县图。原图遗失。万君尚绘有洞达金厂断面图及工具图，皆画片。余尚保存。后于谭、李者，有张伯颜、唐尚炯，于二十七年出关考察矿产，曾至麦科。其报告书刊载康导，附有麦科金矿图，即就谭、李两图标示当时采金之地区而已。

124.《西康瞻化县舆图》（丙中）

墨绘，无缩尺，著字不多。方位略似。山水界划轮廓皆非。曾旅长言枢征得转赠。未知何时何人所作。

125.《瞻化县草图》（别中）

李鉴铭三十一年绘寄之藏文草图也。

瞻化地图，自上列诸图外，有四川陆地测量局十万分之一图（有自瞻化县治至甘孜，至道孚，至白玉三线。）谭、李两氏地质图（有自理化穹坝至县治一线）刘衡儒路线图（有自县治经曲羽至雅江一线）及绒卜松氏路线图（有自曲登经县境西北角入甘孜一线。）相互联合，参订藏文即可成一完美图本。

126.《西康省白玉县简要图》（丙下）

民国二十八年曾言枢赠，未著绘制者与其年月。小幅，铅绘。缩尺二十五万分之一。有等高线，无高标数字。似为驻防军欧閟方记里之想象图。

127.《白玉县图》（乙中）

二十八年二月，傅贞元、魏玉书合制。蓝色石印，中幅，绘尺二十万分之一。有经纬线各仅一条。就余邓、德、白、石四县图轮廓放大，以所经历考察情形填补之者。其补益余图之处甚多：如金沙江西岸之白玉县辖地部位与村名。金沙江东侧沿岸之村落名称，甑科村之位置。及填充意都麻陇以南之空白，圈出昌泰河流域之甘孜属地等是。

甑科一地，余前依柯尔斯与台克满图，绘在甑科山南侧。此图绘在洪拉山与麦学之间。傅君曾言余，台图有误。然台克满曾三度过此，似不应误。窃疑两科头人有两官寨，台与傅所至各有不同耳。傅于二十七年因抽查户口，经历白玉地面颇宽。有《白玉概况》一文，甚佳。在康导发表。

128.《白玉县草图》（别中）

李鉴铭三十一年寄藏文地图也。

白玉县图自上三种外，尚有科尔斯、台克满二人之路线图，陆地测量局十万分之一图（自县治东入瞻化，南至巴安一线）亦可参合为一蓝本。

129.《西康省德格县全图》（乙上）

民国二十八年一月，德格县保安总队附余国权测绘。中幅，五十万分之一缩尺。无经纬，每10公里开方。三色精绘，县长范昌元寄赠。有铅绘每50公尺之等高线。余所得西康分县图，此为最佳。

先是建省委员会保安处，令饬各县呈报兵要地图。德格县报之图，似曾派人实地查勘，而不合于图法。余甚惜之，逐予指摘，饬其另绘具报。余君乃遍历县境，踏查地形，用余邓、德、白、石四县图轮廓放大，绘为此幅。其精细程度，有较陆地测量局图尤高者。盖余君曾习制图，足迹既广，观察周慎，既得正确轮廓，更能参考前此各图所标之海拔数字，以为配绘等高线之标准，故成就能如此也。

130.《德格县图》（乙中）

民国三十一年，李鉴铭制德格图。系用余图轮廓，等高线，蓝红二色合印之德格图为底本，加注藏文，其印底似系德格县府所固有者。李君在德格考察甚久，此图所注藏文，皆从各所在地喇嘛咨询得来，其音义尤为正确。

131.《邓柯县图》（乙上）

民国十八年，邓柯县秘书张捷学绘寄。中幅，四十万分之一。有经纬度线，绘画不甚精致，而其优点极多。一、各村地下附注所辖农牧户数，使阅者一望而知各该村辖产业分布情形。二、邓柯辖境，被德格、石渠两县截割中断，形成东西二部。其间地界形势，世莫能详，独此图详之。三、虽无等高线，但所用疏牛毛晕纹，足以表示地形梗概。与他图之不绘山纹，或仅绘山脊之部，或妄造等高线欺世者不同。四、附绘邓柯县治地图一幅，以每厘表200公尺，又邓柯地势图一幅以每厘表20公里，谓其高标数字，曾参考英大佐 S. G. Burrod 之土伯特地图，皆足增益此图之价值。

大抵张君足迹所至殆达全境，又能随地留心，勤访博咨，且谙图法，故其所制，迥异常品。余于邓柯仅得此图，一夔已足，亦不待更求矣。

132.《邓柯县草图》（别中）

李鉴铭绘寄之藏文图也。

以上邓柯二图，与德格二图，皆未绘入金沙江西岸县辖旧地，缘被藏军占据后无从探访踏勘故。

133.《玉树至竹靖路线图》

民国二十六年庄学本绘赠。小幅，无缩尺。庄于廿五年随班禅行辕至青海玉树，已有青海至玉树程站图。廿六年自玉树来康定，余求其更作玉树至甘孜程站图。庄君检其日记，追忆旧游，绘此赠余。其时石渠县境，除台克满图外，别无可资考订之材料。庄君此图虽粗略，余恒珍之。

134.《石渠县地图》（乙中）

民国廿九年，县府科长马栋材绘赠。先是，廿七年陆地测量局测绘俄洛地图，曾至石渠，测绘石渠县境西北部地方。留有部分图稿在县府，马君惜其非全图也。就平日足迹所至，耳目所及，补绘为县境全图。知余搜集县图，即以寄赠，意至可感。其图无缩尺，亦未开方，无经纬线。又未得台克满图以资定点，其河川村落之分布，与相互间之部位距离，不能信为精确。每欲得测量局原图校正。数请县长张相戌检寄，皆未查得。后得陆地测量局十万分之一俄洛分幅图，石渠仅长洒贡马温波杂义等村，取以校核马图，知其精度未足。然今日之石渠县境全图，实只此幅而已。

余既得十万分之一俄洛分幅图,对石渠西北突出部分,及东北境外围形势,已获正确轮廓。拟以台克满图定经纬,参酌马君此图与康青公路路线图,订正其内容,为石渠综合地图。因康青公路路线图尚未征得,故未着手。康青公路路线测勘日记,余已见之。其测勘缘自德格之竹靖至石渠之觉阿寺。自觉阿寺至石渠县有两道,皆经测量。恰足补台图所未及。又自石渠县经色须寺(旧县治)至青海之歇武,则与台克满路线略同。其图比尺甚小,稿幅甚多。未可检钞。将来选线既定,必有缩绘本公布,届时当取用耳。台克满图,又曾采录柯克罗夫之路线图。恰为横过石渠县东北境之路线。以此取图参校,成一完全之石渠县图甚易。余近制之百万分之一西康标准地图,即系以此诸图为基础。

135.《石渠县草图》(别中)

李鉴铭绘寄之藏文图也。

136.《色尔巴金矿区域一般图》(甲上)

民国廿六年,普益公司开办色耳巴金矿之初,实测精绘。缩尺五万分之一,上自谷伦卡,下至泥蒙达,为一中形长幅。有等高线。余借绘一份,悉仍原式。色耳巴在炉霍县东北,属绰斯甲土司旧辖地。绰斯甲尚未改流设治,故以其图缀于康北各县之后。其地属色他河之下游,温暖宜农,兼擅森林、畜牧、矿产之地。他日正宜设置一县也。

137.《色尔巴矿区图》(别上)

附张伯颜、唐尚炯《调查道炉甘瞻各县矿产报告》,在康导第一卷六期发表。其图十万分之一。上自忙达,下至中色尔巴之亚衣寺而止。比照前图多有增添。如前图无路线,此则有之。村落地名亦较多。盖公司实施采矿以后,修订前图,改制为此幅也。

以上康北各县区。

138.《雅江县图》(乙中)

中幅,道林纸,毛笔绘。十二色铅笔分区着色。无缩尺,铅线开方。有图例,注"每方格30里"。有说明一则,云:"查河口一隅,今改名雅江,踞雅砻江之上游,万山环抱,一水中流。东为川蜀之咽喉,西为藏卫之要道。康定、理化旧于河心分界焉。既改县设治,以形势论,则东西两俄洛,地丑民齐,实天然界限。即依勘划界址。用开平方法,计得每1方格约30里。分作东西南北中五区域。中区则分为前后左右四乡。东西南北四区,各以一、二、三、四、五等数目字别之。盖以区统乡，以乡统村，用便观览，而清眉目。中华民国二年四月十九望益子绘。"据此，则是民国二年初置雅江县时，首任县令所制划界分区图也。清末时，赵尔丰虽奏设河口县，似尚未与康定、理化划清界至。至民国二年改雅江时，始正式划界设县。其时雅江东界，逾高日寺山，包有今康定县之西部。如此图，以踏公寺、白桑、扒桑为北三区。高日寺、东俄洛、新都桥、居利苦为东四区。甲桑卡与阿泰所属塔那沟，为东三区。又以谷哇卡、木恩、陈子绒、薄乌绒、菩萨绒为南三区。皆今康定县地。未识是当时雅江所拟划入而竟未划入者耶？抑其后再经改划入康定耶？图中载列大小村落甚为详尽，部位亦合，盖曾经实际踏勘之作。后来雅江县图，未有能逾此者。唯诸水道，相互交错如运河，则由原稿尽同源之水，过于接近，转绘人不明地形，妄通之耳。据此，亦可知测勘者与绘图者为二人，所谓"望益子"当是县府职员，转绘此图者也。三十二年，王铭琛自成都旧书肆购得，赠余。

139. 《雅江县地图》（乙中）

民国十九年余视察西康时制，连同雅江县视察报告书具报。无缩尺，分农地、森林及草原、雪山三种设色。余过雅江，仅经过西俄洛，麻盖宗，八角楼，卧龙石一线。其余地方，余出访问。然时值年节，驻县城七八日久，逐日召询七人土兵之常往来各区收粮征差者，详询道路起伏，村落形势，及其与山河配布之情形，记录极详。返康定后，参酌古纯仁，台维斯二图轮廓定点，就访问记录，与蔡廉洲图，及川边各图反复推究，制为此图。故其部位形势，较望益子图为优。

余先绘康定县图，对下木雅乡一部，错辞甚大。（已见七十八号说明）此次返康定，更召土兵通事，详询记录，即附此图东南幅更正之。此项访问意匠图，有可证之奇迹三点：

（1）关于宜马宗至雅江之道路，后经余履勘，路线部位全合。仅距离伸缩之比尚修正耳。

（2）康定西南营官寨至木居城子路线，后得谭、李二氏图与陆地测量局十万分之一图，以与此校，大体可合。仅金冈以外，棱波地位荒谬。

（3）自甲梗桥经明巫绒、菩萨绒至吉曾卡路，后经宋济元履勘，与此图合，其色乌绒支路，亦合。

此外，知此图中下渡马岩等部不至十分乖讹。《边政》第五期，曾载此图，梅心如之《西康》亦转载之。

140. 《雅江县图》

西康保安处民国二十八年征得。小幅，无缩尺与经纬。绘法甚陋。然收入村落地名颇多，路线附记道里，有新划之区界，亦尚不无足资参考处。附有说明 8 条，注记牛麻，森林，矿产，耕地，人口分布，牲畜分布，粮食分布 8 项，未注作者及其年月。大抵民二十七八年时雅江县府所制也。

141.《雅江县略图》

曾旅长征得转赠。小幅，无缩尺。收入地名极少。山河皆率意为之。未知何时何人所作。

142.《雅江县草图》

民国三十一年，李鉴铭寄之藏文图也。鉴铭自雅江返康定，邀往祝靖学法。未更赴康南巴、得、乡、稻等县。致此带地名无法用原文校正音义。惜哉。

143.《雅江至王屋沟路线图》（乙上）

三十二年八月二十六日，雅江县府绘赠。小幅，无缩尺。五道色绘，注自雅江经谜水沟至王屋沟垦场，沿途路线迂曲，绘村落分布情形甚详。先是往来于康南者，率取道八角楼河谷，此河支流谜水沟，源流颇长，多有汉夷村落，以道险，鲜为外人所知。近年金业颇旺，出入者多，始有知其内容者，亦无地图。是年，有县民贺赓虞呈请于其上游之王屋沟垦。县府派人往勘，始知其有长 40 余里之广大平原，及旧碉遗址。绘制此图。西康近年发现广大之无主地域，可耕垦殖者颇多。汉源之孟获城，雅江之王屋沟，皆其一例。

144.《理化简明舆图》（丙上）

宣统元年，理塘设厅，通判李克谦奉札划界时呈报之地图也。小幅，无缩尺，未开方。有疆界、道路、河流、民房四种符号。全无图法。唯所呈图说颇详。余采载《西康图经·境域篇》。该员又有理化县初定四至界址村落图。实系一表。余亦采载。

145.《理化县图》（乙中）

民国十九年余视察西康，自瞻化入理化转雅江。沿途绘图，参以访问所得。制为此幅，连同理化县视察报告书具报。无缩尺。分农地、森林及草原、雪山三层设色。其东南西南部，全出访问。《边政》第五期原色翻印。梅著《西康》，单色转载。

146.《百万分之一理化县图》（别中）

民国二十七年，余毁前制理化县图，参考谭、李地质图，测量局十万分之一图，古纯仁川边图，台维斯云南图，及蔡廉洲图，李克谦图，用经纬定点，制为百万分之一小幅图。计得可靠路线 8 条。其余空白地方，及怀疑虽定各点，共签 10 余条，函请理化县长张楠楷代为查填。图中未知之部，用虚线描写轮廓。村落部位未确定者用？号。虽非完图，较前已大进步。

此函去后，张县长，曾有复函，解答各条，据通事土兵之言，仍念悒恍。虽亦寄还有修正图，但因其未解图法，修订原图之处极少。

147.《修正理化县图》

二十九年理化张县长卸任过炉，余持其前寄还之修正图稿，向其逐一询问。承张君将所经历各地，沿途情形，逐段详述，余即于图内外用符号与文字次第注入。张君所历，为木拉石与由穹坝入噶坝路线，皆能明确回忆，补益理化地图不小。然理化境域辽阔，此图虽已收入路线十条。亦尚存大部空白，无凭补缀。其后得张子惠濯桑垦区图，曾言枢《宣抚日记》，与骆克贡嘎岭探险图，（其东北幅抵理化界，足资定点运用）。始勉强构成理化轮廓，绘入百万分之一西康标准地图中。

148.《理化县图》

曾旅长赠，盖理化县府就余前寄图绘呈旅部者。惜将农村完全标作？号。由转绘者未解原制本线所致也。

149.《濯桑垦区图》（乙中）

张子惠，附所撰《理化莫拉、濯桑两区人民生活状况考察记》，在康导一卷二期发表，插幅，单色石印，无缩尺。

150.《理化县草图》（别中）

李鉴铭三十一年所绘藏文图也。李自理化转雅江返康定。此图与雅江图皆返康定后制。所收地名，不逮前寄各图详备。

151.《稻县舆图》（乙中）

道林纸，中幅，单色，毛笔绘。题"民国二年四月廿二号蒋士倬绘"。王铭琛购赠，无缩尺，铅线开方，每方格四十里。图例除寺庙外，一切与前一三八号之雅江县图同。书法亦似。窃前之望益子，即蒋士倬。或蒋君摹绘望益子图本也。

此图可惊异者数点：

(1) 题云"稻县舆图"，不云稻成，稻城或稻坝，与《西康建省记》及今名不同。查今稻城县地，在藏语，为一字地名曰稻。其人曰稻巴。清末汉人遂呼其地为稻坝。改流时设稻县，后衍其义为稻成。民国四年以后，乱离失印。二十五年补颁铜印，遂误为稻城县也。然旧籍，依旧省记作稻成。稻县之名转没。余旧知其如此，而苦无文籍佐证。遂亦沿伪曰稻成。得此图，足证改流之初，固云稻县也。唯民国二年四月，中央已有明令改作稻成县（实系尹督拟上之名）而此犹二稻县者，可知蒋系摹绘清末原图，非创制。（蒋氏一月中绘成数县地图，其为摹绘他人之图无疑。）

清末原图，当是改流时，初任县令踏勘界至时制。

（2）其图著字虽不多，山川、道路、村落部位皆颇正确，近世稻城县图，皆不逮此。蔡廉洲稻成县图，亦与此异致。足见此图，系被某吏自稻县档卷中窃取携入成都。得以供蒋氏摹绘也。

（3）此图称巨龙村为巨浪村，稻曲为巨浪河，而"浪村"二字，逸过雅江县界，在巨浪河东。又有"八丽村"三字，在巨浪村南，亦跨巨浪河，而"八"字逸入九龙界。此为改流初时，东界未曾划清之证。

（4）此图已有贡嘎分县。书曰哇村为日娃，东义村为冻义，蒙自称为孟子。焦亦土村大字。仅有"赤拖"小村。似旧时贡嘎所辖，原止日哇村自东义三大村也。

152.《稻城县图》（丙中）

曾旅长言枢赠。小幅，无缩尺。黑蓝铅三色绘。与蔡廉洲分县图本较，绝无因袭痕迹。盖一未得图法者之创绘图也。

153）贡嘎岭略图（乙下）

亦曾氏赠。为一甚简略之小幅图。用一蓝色纵线为河，红色圈十一为县治与贡岭十村。黑色直线三歧示联络各村之道路，详注里程。又记森林一处，寺庙一所而已。当是贡嘎事变发生后，进剿叛夷时急切调查地方情形时所制之参考图。

154.《征剿贡岭叛夷地图》（乙上）

龚营自贡岭进剿蒙自叛夷。军事定后，绘呈进军路线与双方攻守情形之地图，附《征剿贡岭叛夷记》在《戍声周刊》发表（贡岭事变专号）油印本。小幅。稻成南境蒙自区之主要地方，备于此图。亦国人在稻境内唯一之实地粗测图也。

155.《西康稻城县详图》（丙下）

民国二十八年一月十九日县政府制呈保安处者。为一荒谬绝伦且潦草不堪之地图。五色涂绘。毫无地图价值。

156.《西康稻城县全图》

157.《西康稻城县略图》

二图皆二十九年稻城县政府检得蔡廉洲分县图摹绘而成。蔡图中，此与得荣两幅，为最详尽。虽不合图法，尚较以上各图为佳。其"略图"一种标有五万分之一之分数。蔡原图实无比尺。此盖县府所自加也。

定乡县长伍进修，明晓稻城地理而不解制图，余曾邀其到寓，详询稻境情形，注入图中。其后张子惠、蓝希夷两君来炉，余复邀到寓详询，亦注入图。据此诸人所述经历情形则此图村落距离，山河大势，所当修正者甚多。要其大体部位，尚不甚误耳。余之百万分之一西康标准地图，系以台维斯云南图定稻城县治之经纬位置。骆克之路线图定贡嘎雪山与崇谷寺及蒙自之位置。参照伍张蓝等口述之形势道里装绘之。今日之稻城地图当以此为较善。因尚未以此县单独成图，故附志于此。

158.《定乡县图》（乙中）

王铭琛购赠。"民国二年四月十二日模绘"有"士倬"图章。道林纸，小幅，毛笔绘，单色。每四十里开方。图例与稻县同。当亦蒋士倬摹绘改流初岁之定乡县府档中图也。

此图县界作方形。东云"稻成界"，不云稻县界，界亦与一五 号之稻县舆图不能嵌合。足知两图虽固出蒋士倬手，康本则各不同，且亦悉依原图，未曾加以修订也。四界皆标有界山，东曰别底山，当斜贡马村入稻城之路。东南曰宝纳山，当认多村通贡嘎岭之路。南曰坭色山，当鲁打村通中甸厅之路（时已废厅为县。图仍称厅）。西云"度乡恶太石"，不云山而作山纹，为得荣界。西北曰日打山为巴安界，实即通白松村之山口也。北云拏陇公格山为巴安界，实西北也。又必乌圭兹山为三坝界，即义敦县界也。中间郎绘三大河。称硕曲（蔡图作蜀溪河）曰无量河，实误。称东龚河曰马河。定曲（即大朔河）曰定江。注无量河与定河并云"发源于金沙江"。发源当系"流入"之误。全幅无一寺庙，无大村名。而标注小村甚详备。部位与道路分布亦佳。想见其为普遍踏勘后所绘制。

此图不标东阿龙与诺苴寺，而于西南界内容一大幅。盖当时踏勘未入东阿龙境，故阙之也。又清代图籍，皆言中甸厅以雍水关（或翁书关）与理塘之乡城为界。此图以坭色山为中甸界。疑其山即雍水关之北山。

159.《定乡全县地图》（丙下）

民国二十七年定乡县府呈报保安处之地图。全幅之一横河，与联络各村间之直线道路。外唯同觉山脉巴蒙山脉八字，最粗陋。大抵前号地图，已随档卷遗失，此固无所依仿故也。

160.《定乡县略图》（乙中）

二十七年县府科长蓝布夷查灾周历全县，创绘此图。定乡之有合理地图，比其滥觞也。小幅，无缩尺，有表地形之等高线。唯该县无可靠图本与实测记录，蓝君初习制图。一切无所依凭，故地形与方位，皆多不合。其后县长伍进修卸任还炉，余曾数至询问，随注入图。多有足资修订之处。

161.《定乡县地图》（乙上）

蓝君就前图改绘寄赠者。幅面较大，标为五十万分之一。各区村之部位距离，已大厘正。绘笔亦甚明净。铅墨二色。有区界。较前图大有进步。为今日定乡县境最佳之地图。

162.《定乡县全图》（乙上）

为蓝君第二次修正本。幅面与前图相同，比率改为一万六千分之一。疑皆百六十万分之一。然究不如五十万分之一为合。较上二图，无表地形之等高线。区界之外，更用红色标各大村名。（各大村又包有小村若干。前二图有小村名无大村名也）犹为醒目。民国二十九年蓝君来康定手赠。余即按图逐一询问，注其表示未到者于图中。

另有定乡县全图一幅，标为"约十六万分之一"，无红色标之大村名，而有里程注明于路线上。亦蓝君所绘。似绘以赠曾旅长，曾氏转赠余者。

163.《西康巴安县全图》

民国二十四年十二月《川边季刊》，载羊磊《巴安小志》插图也。中幅，单色石印。缩尺五万分之一。有方格，未记每方里数。似县府旧有此图，羊君转绘也。五万分之一比例，显然不合。当是五十万分之一。其图法虽嫌腐旧，俱各村部位，相当准确。道路、河川，亦委曲详尽。非足迹遍全县者不能为。惜其名竟失传。金沙江西岸各村，全部绘入，且村落道路之配绘方法与准确程度，亦皆与东岸图幅一致，是可判其为民国二十一年以前所绘图（由蒋士倬汇绘雅、稻、乡、义四县图稿推测。巴安在改流初，当已制有曾经踏勘之详图在档）。羊君之文载至二十四年止，故知此图出于临摹也。然羊君《巴安小志》一文，极佳，非足迹广泛者不能为。至少亦当对原图有所修订。

164.《巴安城区略图》（丙下）

《西行艳异记》载有此图。小插附。余旧未至巴安，曾持此图询巴安来客。据云大致不差。余疑该图系采西人图也，曾转载入《西康图经·境域篇》。近得巴安实测市区图相较，知此图亦不可用。

165.《西康省巴安县简要图》（别中）

西康保安处征得。未著绘者与时间。二十五万分之一。略小于羊磊巴安全图，内容则殆相同。此有代表山地之等高线。道路不似前图之委曲。地名较多。黑蓝铅三色绘。

166.《巴安县属陆路交通略图》（别中）

曾旅长赠。小幅，无缩尺。盖就前图作简略之缩本图也。三色绘。路线仅四条，注有里程。

167.《巴安县图（附义敦县）》（别上）

民国二十六年十二月余为县训学员分发巴安者制。五十万分之一缩尺。三色绘，中幅。内容依据台维斯云南图，古纯仁川边图，柯尔斯与台克满路线图，黄德润与陆地测量局实测路线图（采用蔡廉洲图本）。有县界、经纬线与度数字。未明之部，概用虚线表之。译字极其审慎，旧无定译，均附原文。即嘱其特赴县境覆验修订，并填补之。附有说明。

又其时义敦县已复治。县长实未到任，常寓巴安，县界亦未固定。余故以其右方空幅，镶绘义敦县境图。

168.《西康巴安县全图》

民国二十七年县长赵玉龙就所履勘及派人考察所得，依余图轮廓放绘为二十五万分之一。中幅。增绘山脉，对河流与村落、道路之配布均颇详慎。附有说明六条并佳。

169.《巴安县全图》

二十七年九月，巴安县府就前种图缩绘，无缩尺，应为十万分之一。增入道路里程数字。三色绘。二十九年三月，余借钞。

170.《修正巴安县全图》

二十七年十二月，赵县长第二次修正图本，与前种幅面同大。无比例尺。有附记四条。谓"此图系照县长及各科长到各区工作所绘草图及记载编绘，并召集诸人，会同改正而成。欲方向部位及地名错误较少，但原有地图，均出采访，未经实地测量，故未用标尺。仅设方格为50华里以纪其大概。又山地起伏太多，道里不能显示，只有因红色数字以表示之"。盖各县调制地图者之矜慎翔审，忠实不欺者，赵君为首屈云。

赵君治巴三年，有出巡日记数册。甚翔实。二十九年卸任，赴鱼科督办金厂复有详细精澈之记载，并未发表，皆特许余借钞。余甚敬其人。今已离康去矣。

171.《巴安县市区图》（甲中）

二十八年，曾旅长征得，转赠。复写纸印，小幅，未著绘尺及测制者姓名与年月。唯确系实测图。疑是傅团所测绘者。

172.《巴安县全图》（别中）

民国三十年，县长许文超，延请县长吴文渊，撰《巴安县志资料初集》，插附此图。黑红蓝三色绘。无缩尺。查核，盖百万分之一图也。内容全依赵图。

173.《巴安县市街全图》

巴安县志资料插附。缩尺千分之一，未及域外。对街巷、宅圃、碉楼、机关、寺庙之标示极详尽。又附有巴安县全景之照片八寸，系自西门外康宁寺后山中拍摄，显示康宁寺巡抚署，巴安城，架鞑顶，与大小巴河及热水塘河谷全景，与此图参看，如身践其地也。

174.《三坝县治舆图》（乙中）

王铭琛赠地图之一，亦蒋士倬绘。纸与绘法并与稻县图同。题有"民国二年五月六号绘"九字，加"士倬"图章。幅面较稻县图大，每方格表20里。查三坝清末改流曰厅，民国二年改义敦县。此图题名作三坝县，疑蒋氏所用蓝本，原是三坝厅转绘时权书作县，未知并县名俱改也。治字当系原图衍文，蒋仍之耳。

此图亦系改流之初，踏勘界至时所绘，内容甚为精确。近世所出义敦县图，未逮此图远甚。余旧搜西康各县地图，各已美备，独义敦一县。其后多方征求，得二十九年义敦复治时县府呈报之疆界图，以为替本。而实陋略难为依凭。兹得此图而后义敦情形了然矣。其优点甚多：

（1）山河形势，皆与西图部位吻合。而道路村落则百分之九十五皆非西图所详。

（2）四至界线，委曲矜慎，与他县之直率悃恍者不同。

（3）此县所辖毛丫、曲登、冷卡石等部，多为牧场，游访者所难深入。此图标有其山河、村落、道路之分布，相当详细，足补他图所未及。毛丫土司地，分隶理化、义敦两县，县界从何剖析，唯此图能明之。

唯一有一缺点，如牧场村落与庄房村落，未经分别标明，一律记之以小图。兹则其逊于二十九年县府所制图之处也。

图称冷卡石为领冈速，定乡河为徙楚卡场河，即硕曲之异称也。东龚河为芒处卡场河，即莽曲之异称也。列东龙所辖十小村名，无东龚字样。称大朔河为登河，又曰定曲河，即定曲也。（由沿河有定波村得名）称毛丫河为毛丫洞，洞当是河字之误。标西北界云德格界，尚以白玉县为德格境也。标东北界为怀柔界，其时瞻化县尚曰怀柔县也。民国二年改怀柔为瞻化县。此之怀柔是为原图成于清末之证。此外地名之足供考订者甚多。

175.《三坝道路形势图》（乙中）

宣统二年二月，三坝厅候补通判邓梁材，奉赵大臣饬，修厅所管地界道路桥梁，造报之工费估计数粘附此图。用立体式旧法绘，详于旧大路沿线山河村落之配置。亦重要参考图也。经张植初采之于《赵尔丰如何解决西康交通》一文，见康导二卷六期。

176.《义敦县分区图》（丙上）

民国二年改三坝厅为义敦县。七年因夷乱荒废。二十五年，恢复县治，置复治委员，驻巴安。二十八年正式委放县长。徙治大朔塘，重新划定界至。此二十九年三月新县府所制县境图也。标四百万分之一，查覆非是。约只百万分之一耳。分区着色，绘法甚旧，亦未依余巴塘图所附义敦轮廓。即与蔡廉洲分县图亦不雷同。大抵新县府对其辖境曾经一度踏查。惜其人未解图法，又苦在无法定点，譬如剔骨之肉，粥然堆凑。然其内容尚不甚谬。若以两图经纬，将四亚界标定点，重新调绘，亦可成为佳图。

177.《西康省义敦县全图》

曾旅长征得转赠。两色绘。即摹前图为之也。

178.《义敦县图》

余甥蒋永和征得寄赠。内容与前二图同。余用台维斯云南图为骨架，以此图装配之，绘为百万分之一义敦县图稿，收入西康标准图内。今得蒋士倬三坝县图，拟更改绘之。

179.《西康省得荣县简要图》（丙下）

中幅，二十五万分之一，三色绘。作风与西康省巴安县简要图全同。似出一手。唯此幅则荒谬绝伦，无毫厘似处。亦与魏古二氏及西陲文化院两种荒谬图不和抄袭，盖搪塞上峰征索之虚妄图也。

180.《得荣县略图》（乙中）

二十七年三月县政府三色绘，中幅，无缩尺。收入地名颇多，部位大体皆合，虽不精，尚不失为县图之佳者。

181.《得荣县图》（乙中）

无缩尺。幅面与前图同大。四色绘。颇粗率。所收地名颇不少，标字与部位，并与前图微异。又少金沙江沿岸地名，为其不逮前图之处。两图均失绘制者姓名，皆以东阿绒为滇境，当系民二十七八年时，查灾放赈人员所制也。

182.《得荣县图》（乙中）

县府科长朱刚夫绘赠。幅面较前二图小。无缩尺。朱君有《得荣鸟瞰》一文，在《戍声周刊》发表，附有此图。

183.《得荣图稿》（别中）

得荣地图，除上诸图外，旧有蔡廉洲分县图，已详第一类。蔡制诸图中，此幅为最佳矣。刘赞廷之《筹边刍言》，曾附得荣县图一幅，即割此图为之，无所增损。此后如屯垦公署之西康图，魏古二氏川边图，西陲文化院之西康图（并已详第一类）

皆曾直、间接依据之。毫厘千里，荒谬转甚。西人图本，收入得荣地界者颇多，而甚疏略，仅具轮廓。余于民国二十六年，曾用台维斯，古纯仁，华金栋及印度测量局出印之土伯特图，互参定点，用《西康建省记》插图、蔡图、屯署图及《黄懋材游记》等，装点内容，拟授县训学员持往得荣踏勘修订。稿成，朱及绘正，而学员各已出关。其后征得上列各图，加以改绘。多数地方，尚只隔靴搔痒，未能确得其是。二十八年，更以高度表托庄学本君，前往踏查，逐日绘图于日记中。既归全以假余钞录。乃复另绘为五十万分之一图稿。虽仍有未凭志处，亦以尽此心力矣。

附：庄学本路线图，自康定经雅江、理化、毛丫至巴安。又自巴安循金沙江至绿玉、中咱。自中咱经茨坞岩房至得荣。自得荣县治经龙绒寺（浪藏寺）至金沙江边。沿江卡下行，至峡口转奔郡回得荣。又自得荣绕白松，返中咱。自中咱经雅海贡，红日工，入义敦县境，由波密村至大朔塘义敦新治，逾大兴山转巴安。自巴安返康定。半年中逐日有图有记，有高度，合而参之，康南了然如亲曾游历。其图既按日分绘于日记册中，未成整幅，故未收列此谱。

以上康区现辖19县1设治局，共图117种。123幅，未经绘入者2幅。各县最少者2图，多者至10余图。其属跨越2县以上者不与焉。凡此诸县区，西人游记较稀，西图较少。余故详为搜讨，以资参证也。

184.《姚莹乍丫地图》（乙下）

姚氏《康輶纪行》，松筠《西招图说》，黄沛翘《西藏图考》并曾镌录之。在清末世，为一名贵地图。内容非常粗陋。仅界线、大路与界碑三种符号，其余村落，寺庙程站，部落等，概用文字说明。无比尺，亦未开方。然调查矜慎，记述翔实，虽在今日，亦尚有参考价值。姚氏以百年前一文人，深入边地，无所资藉，而能成该幅图，图亦可贵矣。

185.《杂瑜全境舆图》（乙中）

宣统二年，边务大臣赵尔丰委派段鹏瑞测绘。小幅，每40里开方，标绘村落、寺庙、道路、桥梁、荒地、荒田颇详。附有图例、图说及户口，租续牲畜表。杂瑜设治初之实地踏勘图也。民国改察隅县时，地已沦于藏方，迄今未复。故国产之察隅县图，仅有此幅，亦可珍也。原载川边旧档。民国十九年，经《边政》季刊转载。

186.《上下杂瑜地面舆图》（别中）

王铭琛，得于成都旧书肆，并赠，道林纸，毛笔墨绘。一切全依段图，无所增损。图说后有"民国元年五月三号蒋士倬模绘"一行。查此图，今尚在西康档库中，民国元年时未曾流行入成都市。疑蒋氏各图，系在打箭炉绘成，携入成都者。

187.《考贝克察隅路线图》（乙上）

原载英国皇家地学杂志 1934 年 3 月册。凡二小幅一题 Showing Mr. Kaulback's outward route as far as Rima, and route of his return journey to Fort Hertz 示印度萨地亚溯 Lohit R. 河谷至绒密。复有绒密至缅甸 Fort Hertz 路线，绒密，即故察隅县治英文作 Rima 也。一题 Showing the mare northerly Part of Mr. Koulbacks route. 示其自绒密溯龙多曲（Rong to Chu 段图作罗楚河。）至阿踏冈（Aia Kang la）路线，并有经纬与缩尺与高度。足补段图之阙。以此图经纬定点参合段图即成完美之察隅县图矣。

考贝克氏为名探险家华金栋之副手，探险康藏滇印缅间各河谷殆遍。其图幅分详第二类舆图类。

188.《桑昂曲宗大江西面舆图》（乙中）

宣统二年段鹏瑞绘。实即桑昂设治初之界至踏勘图也。小幅，40 里开方，附有图例、图说。所谓大江，指怒江。怒江东岸为察哇龙区，旧为桑昂营官，而面积辽阔，当时原拟与门空协敖之地，各自成县。故此幅所包，仅为冷卡协敖之地，亦即桑昂设治委员固定辖地，民国改称科麦县者也。

其察哇龙与门空二区，尚未筹定设治，即于民国元年沦于藏方。民国拟划隶盐井县，未果。现西藏均分设营官管理。段氏另有闷空全境舆图，已详第二类。

189.《类乌齐八宿合图》（甲中）

三十二年王铭琛与蒋士倬绘各图同时赠，亦系得于成都旧书肆者。未著作图者姓名年月。余考：系清末赵尔丰时派员实地踏勘之图，图法颇精，判系黄德润辈所为。中幅。磅纸四色绘，每方 20 里。河流参用单双线，染蓝色。山脉作等高线式，赭色。类乌齐辖地与八宿辖地插花，分别用绿蓝二色标其界限。标绘寺院、村庄、牧场地名，并甚精妥。有省界，其西南两方界外，标云"藏属"。系以洛降宗以西之地属藏。而三十九族与波密列于省界内。又以察哇龙地属藏，而三岩曲中地（即桑昂曲宗）列入省界内。可知其图成于宣统元年。盖宣统元年，赵尔丰至察木多，三十九族，波密代表皆来纳款，而藏军尚据嘉峪桥以西之地。又其时赵派程凤翔率军经略桑昂、杂瑜，而察哇龙尚为藏军守，故其界限如此作也。

类乌齐、八宿两区，旧为两呼图克图辖地。民国之恩达县，即以此两区地方为之。故此图，恰为恩达县境全图。宣统元年时，尚未设县，亦未设委员与理事官，故题为类乌齐八宿合图（篆文），夫既以两区合并为图，则宣统元年时已经拟合二区为县可知矣。

此图所包地方，大都为中西探险者所未至。一点一画，莫不可珍。尤可贵者，在于部分界限之细密，如类乌齐辖地飞至昌都东北，八宿辖地，飞至类乌齐北，洛隆宗界与八宿犬牙相错之情形。八宿寺与拿拉寺海子之位置等，神余制图之处甚多。（旧闻刘鼎彝言，曾探拿拉寺海子，相传海中有岛，全由翠玉积成。）唯西南哇纳山以外之地，未经实测。恰有华金栋之探险地图，足以补之。余制西康标准地图，自昌都以西，多所阙漏，而以恩达县境为甚。造化盖颇矜悯，乃以此图假手王君相贻，俾臻美备者然。为之欢忭累月。

190.《东南部土伯特图》（甲上）

华金栋 1923 年探险雅鲁藏布江下游及工曲河谷地方。于 1926 年 2 月份皇家地学杂志发表 Explorations in South－Eastern Tibet。后附此图。中幅，五十万分之一。三色精印。有经纬度与缩尺。标绘山河形势、道路、村落、寺庙甚详。注有高度，附 11 地纬度表。图中大部分地方为西藏工布、江达两营官辖地，即民国拟设之太昭县境。故此图可视作太昭县境图也。原题 Map Showing the Planc－table and Compass Traverse by F. Kingdong Ward and Eal Cawdor in SCH－EASTERN TIBET。华金栋并有专书记其探险经过，亦附此图。

上西康省属藏各县分县专图 7 种，共凡 8 幅。今日西康省境之在藏军辖地者，凡有盐井、宁静、贡、同普、察雅、昌都、恩达、科麦、察隅、硕督、嘉黎、太昭 12 县，三十九族、波密、察哇龙、门空 4 区，及巴安、武成、白玉、德格、邓柯 5 县，西岸之地。兹仅得此 8 种，实嫌太少。然自昌都以东与察哇龙以东北沿金沙江岸各县，已有柯尔斯、台克满路线图，纲严甚备，复有古纯仁、黄德润、傅华封、蔡廉洲诸图及英法文诸巨幅图助之，大体可以完备。三十九族、硕督、嘉黎、波密之部材料比较缺乏，亦有考贝克怒江流域图，华金栋喜马拉东部图，及彭错三十九族图，傅华封西康图，印度土伯特邻部图，勉强可以敷用。合此诸幅，而恩达、察隅、科麦、太昭亦略备焉。综面覆之，如此金沙江西岸诸图，为量虽小，精度则大，尤以具经纬，有高度之路线为多。以与东岸诸县图较，比康北诸县不足，比康南诸县为胜也。

（后宁区地图及第四类邻境图略）

四川经济地理大纲[1]

(1936 年)

一、自然区划与天产之配布

四川 148 县，面积 415535 平方公里有奇（据陆地测量局报告。曾世英据中华民国地图推算，为 403634 平方公里）。就地势言，可分为四川盆地与非四川盆地二部。就土地利用价值言，可分为盆内，盆舷，盆外三部。部各分为若干小区如下：

（一）盆内部分

即四川盆地中心，比较平坦之部。包广元至雅安，雅安至叙永，叙永至云阳（黄汲清君延扩至奉节，略嫌未合），云阳至广元间之梯形地域。凡 108 县（内有 26 县仅属半县或大半县）。面积 193000 平方公里有奇。平均高出海面 400 公尺（自 250 至 750 公尺）。土壤最腴，气候最良，水利最大，产业最盛，人口最密。是为川省政治经济之中心部分。又可分为四区：

1. 第一区，川西平原。即成、绵、眉、嘉、邛属之平阔地区通称成都平原。此区外与盆舷部之界线，甚为整齐。大约自江油县城至名山县城之间，引一长线，通过安县之县城及睢水关、绵竹之汉王场、什邡之街子场、彭县之关口、灌县县城与太平场、崇庆之怀远镇（即分州）、大邑之灌口与清源市、邛崃之水口场，约略成为直线。线外皆山：曰窦圙、圣灯、鏊华、玉垒、青城、蒙山，俨如锯齿骈列。线内则极目平野，直至数百里外之龙泉山脉而止。

龙泉山脉为盆地内后成地褶之一，西南起乐山县境之嘉定峡，斜贯仁寿、简阳，自金堂之怀州峡渡沱，没于绵阳县境。为成都平原之天然界限。成都平原生成之理，即可假定嘉定、怀州二峡尚未深陷以前，岷、涪、绵、湔诸水，挟西北高原之泥沙，

---

[1] 载《经济杂志》1936 年第 1 卷第 3 期，第 5—6 期。

潴郁于此，成为一时之沼泽。其后水泄，泥沙沉积不去，经杜宇、鳖灵之疏导，李冰、文翁之开辟，遂成今之沃野也。唯此平原东北西南两部，涌起甚多硬性赤黏土之丘陵，生产力甚薄。其土含多数圆砾，似为第四纪之冰河运积物。无论冲积土与冰成土，要为新自他处运来堆积所成之物，故此区可称为运积区。全区内无任何矿产（彭、灌、崇、大等县矿区，皆在盆舷部），故又可称为无矿区。更可分为下之二亚区：

（1）水利区。包括成都，郫县，温江，崇宁，新繁，新都，广汉七县之全部，与华阳，金堂，双流，新津，彭山，眉山，青神，乐山，夹江，峨眉，洪雅，蒲江，邛崃，大邑，崇庆，灌，彭，什邡，德阳，绵阳，安县，彰明，江油，绵阳，二十四县之一部，为一纯粹之冲积平原。高出海面五百公尺左右。受岷江，湔水，绵水，睢水，涪江，南河，青衣江，大渡河，诸江灌溉，水利之盛甲于天下。农产稻、叶烟、芸香、蔬菜、豆类。家畜豚。木类楠、桤及竹。河水皆设闸灌溉，不利舟楫。运输用车。气候温和，水旱从人，无凶年忧，俗不愁苦，号为"陆海"。

（2）浅丘区。包括名山、丹棱、罗江三县，与前举二十四县之一部，及简阳，仁寿龙泉山脉以北之地。为冰积土与白垩纪地质构成之高地。高出海面六百公尺左右，经河水侵刻，成为丘陵状之地形。河谷腴美，产稻麦。山地瘠薄难耕，多以之育赤松茶桐之属，取薪榨油，为冲积区柴薪之给源，生产力不逮前区远甚。其人善负物。男女齐力，无车船代步。民生郁苦。视冲积区若霄坏也。

2. 第二区，川北丘陵地。包括旧川北道属之三台、中江、射洪、蓬溪、遂宁、安岳、乐至、潼南、南充、西充、盐亭、梓潼、蓬安、南部、阆中、仪陇、营山、岳池、广安，与武胜、合川、内江、资中、资阳二十四县，及仁寿、简阳、金堂、绵阳、剑阁、昭化、广元、渠县、铜梁、大足、荣昌十一县之一部。所占面积最大。全部为白垩纪之赤色软质页岩所覆蔽，夹以薄层之软质砂岩，水平重叠，未现微绉，故可称为水平区，岩层极易因风化水蚀，变成黏土粒组织之假壤土。概成赤色，蔽满山谷，故又可称为赤土区。此种土壤，具有绝大之生产力，与优良之理学性质。山椒水湄，尽成耕土。加以气候温和，雨量适中。故虽丘陵错落，而农产丰盛，足与成都平原媲美。特灌溉之利不如耳。农产分三部：嘉、渠、涪、沱四水沿岸冲积土与浅丘沃土，盛产桑、蔗、烟叶、芸薹、豆麦。丘陵间之低谷，多半蓄水种稻，为一作田。丘陵部分不能蓄水者，产棉、薯、麦、秫、豆类、果实之属，地壳过软，水行多滩涠，故除嘉、渠、涪、沱外，无水利。其人尚用肩，勤苦力作，质朴谨厚。地下产盐。无煤铁诸矿。其林木无松楠，独盛产柏。皆为此区特点。又可细分为二亚区：

（1）棉蔗区。即涪、沱两江流域之部。高出海面四百公尺左右。地势较为平夷。农产较盛。为全川棉蔗出产中心地。外产稻，麦，烟草。橘柑亦多。因耕事发达，已将木伐尽，成为纯裸之赤色农地。人民居室，多用石柱土墙，一般卑陋。然料奇贵。

（2）自给区。即嘉，渠两江流域之部。高出海面400公尺至700公尺，地面之凸凹较著。农作情形，至为复杂。凡四川之所产者，无不有之，亦皆无大量出产。材薪，牲畜，桑麻，蔬果，皆能自足。人口虽稠，犹得保存疏林，点缀农地之间。其人安土重迁，乏于商业才能。一切可以自给自足之原则括之。近年渐喜购用外物，独仍无相当土货输出，以抵漏卮，此其所以民生日益穷困也。

3. 第三区，川东骈褶带。华蓥山脉，为此区与第二区之天然界线。主峰在广安、岳池、邻水三县界间，高出海面1560公尺。地质为二叠纪石灰岩。自此向东北延长，经渠县、大竹界间，自三汇峡渡渠，为达县境内之黄瓜梁山脉，没于宣汉县境。平均高1000公尺，为四川盆地内部突起最高之地褶。其西南扩为三支，逾嘉陵江，没于江津县境，构成嘉陵三峡（盐井峡、温塘峡、观音峡）与长江上游之猫儿峡。此山脉之东南有与并行骈列之地褶五列。第一列为穿过铜锣峡之山脉。第二列为穿过明月峡之山脉。第三列为穿过黄草峡之山脉。第四列为经过涪陵、丰都、忠县，与长江并行之山脉。第五列为长江外方并行之石柱山脉。由此入于盆舷部分，至最外之七曜山脉，为四川盆地之东南极边。此诸山脉，崛起程度较华蓥为小。高度在千公尺以下。如此地褶平匀骈叠，若有秩序，实为此区地理上之特点。故称为骈褶区，凡所包括，为巴县、江北、璧山、邻水、大竹、开江、云阳、梁山、垫江、忠县、长寿十一县之全部，江津、綦江、南川、涪陵、丰都、万县、开县、宣汉、达县之一部。其土地之经济价值，可分向斜部与背斜部言之：

（1）背斜部。即各山脉分布所在之部。多半因背斜顶部破坏，露出三叠纪之石灰岩。复受水蚀消磨，陷为狭长之槽形平地。余留侏罗纪硬岩，形成夹墙式之双重山岳。槽形平原中，多有凹地潜流（或称天池，或称罗锅荡）土质瘠薄，为比较的劣等耕地。民多蓄水种稻，亦产麦及玉蜀黍，成为山中之繁荣地带。山岳与其两侧斜面，则十九成为林地草坡，唯遍含侏罗纪之煤层，为川东燃料取给之所。又山中遍布石灰岩，故凡当交通便利之部，（如断峡处）烧灰之业亦盛。

（2）向斜部。即山脉以外部分。大都为下层白垩纪赤色砂岩分布地。地势平坦者多。土富石灰质，不似川北区之腴肥。然因山脉分布形势，恰能使长江河谷之湿热空气，深达盆舷之下，故其全年温湿多雨，宜于稻作。多雨与石灰质继续增加，恰能维持土壤之中性，故其斜坡旱田之生产价值，亦足与川北自给区伯仲。向斜部之当大河沿岸者，每能形成阶段原地，成为高价之生产地区。惜其面积，在全区中不过百分之五六而已。

4. 第四区，川南微褶区。盖前举三区之综合地带也。包括铜梁、永川、隆昌、泸县、纳溪、江安、南溪、长宁、古宋、富顺、威远、荣县、井研、犍为、宜宾十五县之全部，与合江、大足、荣昌、叙永、兴文、琪县、庆符、仁寿、屏山之一部。其大部分地形地质，均与川北丘陵地及川东向斜部相同。含有小部分之微起地褶。其地褶虽大体为东北西南之方向，但不似川东区之骈列整齐。崛起甚微，而多断绝。一般只露出侏罗纪与下白垩纪之岩石。无凹槽与双层山峰。故称微褶区，与第三区别。河谷多有平原沃壤，亦不似川东区之狭促。（如犍为，五通桥以上河原，直与川西水利区相似。但其水不用于灌溉，而用于交通，为不同耳。）其高度多在 300 公尺左右，较各区为低。又接临郁热潮湿之金沙江谷，故气候在全川为最暖，可以种植荔枝龙眼等热带果品。又可分为二亚区：

(1) 内方丘陵地。即岷江，长江，河谷以内之广大高价值生产地带。河谷产稻、蔗、果实。原田麻、秫、豆、麦。山中煤铁。地下富食盐、石油。自、贡、犍、乐四大盐厂，并在此区。除少数山地外，生产力与川北棉蔗区较，有过之，无不及。

(2) 近边丘陵地。即岷江，长江河原以外之山地。因历史上开发较迟，地力尚未尽启。山地多为柴林。矿产亦未开发。（唯犍为境因盐场需要，采煤颇甚。）社会民生，远不及前者之繁荣。楠竹，竹荪，为此区特产。

(二) 盆舷部分

前述四区以外，海拔 1000 公尺左右之山岳地带属之。大抵自盆内平原或浅丘尽处，突起山岩数重，愈外愈高，成为环拱之势。最外山脉，连成环形，包绕盆地全部。西北为九顶山脉，（主峰在茂县东南，即古之汶山也。）其外为松潘高原。正西为邛崃山脉（今大相岭，为古邛崃山，在汉源县北），其外为西康高原。西南为凉山山脉（为雷，马，峨三县猓夷据地连山之通称），其外为宁远高原。正南为娄山山脉（在贵州境），其外为贵州高原。东南为七曜山脉（主峰在万县，利川之间，为与华蓥山脉类似之大地褶）。其外为施南盆地。正东为巫山山脉（主峰在巫山县东），其外为云梦盆地。东北为鸡心岭山脉（主峰在川鄂陕三省交界处）。其外为兴安盆地。正北为大巴山脉（主峰在南江县北境）。其外为汉中盆地。故四川盆地之实际界线，应为此诸山脉也。此线以内之水，大部横穿重山而出，汇于盆地内部诸大河。其在盆舷部内，每每造成小面积之耕地，成为重山中之经济政治中心。如平武、北川、芦山、天全、荥经、雅安、峨边、马边、雷波、古蔺、石柱、奉节、巫山、巫溪、城口、南江，及贵州之桐梓、土城皆是也。除此狭小河原与段丘外，率为峻阪急坡，不堪耕种之地，成为天然之育林区域。但遭数千年来盆地住民之采伐，已乏大木良材，仅饶杂树茂草，微有挖瓢烧碱之业而已。

此区地质分布，大抵成侏罗纪、三叠纪、二叠纪之三重环绕。间有断裂错出之部，夹杂石炭纪泥盆纪之地层。故矿产价值，较盆地内部遥大。其煤质较内部之侏罗纪煤为良，煤层亦较厚，兼饶铜铅铁锌诸矿，惜交通未便，不尽能开采耳。（彭县铜矿，荥经煤铁，宝兴锑，綦南煤铁，广元煤铁，皆产于盆舷部分。）

茶叶，亦为盆舷部之重要产物。因其树性喜温润常湿之瘠质山土也。雅州、灌县，为川省两大制茶中心。然其原叶，实自远道之盆舷山间搜集而来。（叙南六属之叶，均售入雅。）因川农唯知重谷，喜营平原浅丘，对此山地之特殊农利，历未顾及。故造林、种茶、开矿三者，皆为盆舷部分待发之利，殊值未来之大规模经营也。

如此环状部分，包括平武、北川、芦山、宝兴、天全、荥经、雅安、峨边、马边、雷波、高县、筠连、古蔺、南江、通江、万源、城口、巫溪、巫山、奉节、石柱二十一县之全部，与广元、昭化、剑阁、江油、安县、绵竹、什邡、彭县、灌县、崇庆、大邑、邛崃、洪雅、峨眉、屏山、珙县、兴文、叙永、合江、江津、綦江、南川、涪陵、丰都、万县、宣汉等二十六县之一部。面积凡十一万平方公里有奇。细分之，可得下列六区段。

1. 岷涪流域区。地形南敛北扩。地质复杂，土质瘠薄，因开化较早（夏禹生于此部。汉以来历为郡县），又逼近肥沃之成都平原，产业之开发较尽。药材，山货，木材，并为此区名产。矿产多已开掘。农产唯玉蜀黍独著。茶业普遍，以灌县为制造中心。

2. 青衣流域区。为一星芒形之山间小盆地。天，芦，雅，荥四县治附近，均为肥沃平原，农利不减盆地中心。因地质复杂，山岭瘠硬，致大部地方，除矿利外几无生产。地当番族贸易要道，社会经济，全以对番族交易之茶布等业为中枢。历因番乱，开化较迟。（汉置郡县，清雍正时始完全改流。）其产业之不兴，地利之未尽，盖有由也。

3. 峨马雷屏区。亦可称为凉山区域。为汉、猓二族交争之肥美山地。其河流自中心向北东南三方辐射，分汇于大渡，岷，金沙三江。河谷平原之美，山间耕地之广，地下矿藏之富，俱远胜于青衣流域。特以猓夷骚扰太甚。故虽开辟较早，（汉代置县）迄今仍为獉狉之地。清代屡剿猓夷，曾拓垦区入于山内。近世戍卫政敝，陆续陷没。今已突过雷、马、峨三县治，仅县城未陷而已。此区以农垦，采笋，采药，与对猓人之盐布贸易，为主要生业。汉人甚少。猓人之调查尚不完备。其人口密度，无从考订。

4. 叙南诸县。包括符水，淯水，纳溪，赤水四河上游山地。地质以侏罗纪岩石为主，常夹有白垩纪地层。地势在盆舷部为最低平，气候为最温暖，产业应较发达。乃因开辟最迟之故（宋代始设夷州，明代始行改流），至今尚多荒地。除筠连当川滇商道外，人民悉甚贫苦。无若何可称之业。

5. 川东边区。包括合江以东，綦、南、涪、石，至于二巫峰一段。地质分布较整齐，二叠纪三叠纪最占势力。矿产相当丰富。农林地配置亦殊匀称。土地之生产力虽不甚大，但因开辟日久（秦以来历为郡县），又当黔、楚交通要道，故其人口与产业均有较大进展，去其相邻之川东骈褶区为未远也。此区产盐，亦由开辟较早所诱致耳。（盆地内随处皆可穿井取盐，其各县不尽产盐者，先起已定引岸成案，则禁后起掘井故也。）

6. 川北边区。即昭、广，至宣、万、城口一带。地质以侏罗纪与白垩纪为主。其较深地层，多在陕西境内。故本省之部，土质较腴厚。兼以开辟最早（秦汉之间，此带富庶已与盆地中心相当），故其土地之利用亦较尽。河谷皆成农地，常有繁盛之村镇产于其间。山地森林颇多，唯乏矿产。放种木耳之风特盛。银耳成此区特产。

（三）盆外部分

四川盆地之外之高原部分，现隶四川省境者，计有酉、秀、黔、彭、松、理、茂、懋、汶，与建南之越嶲、冕宁、西昌、盐源、盐边、会理、宁南、昭觉、汉源九县。面积十一万二千四百六十平方公里有奇。（内松潘、盐源等县面积，因未经全部测量，多非准确。）经济状况，可分三区言之：

1. 酉秀黔彭区。面积三万四千余平方公里，为已经开发三百年之苗族故地。（秦汉虽已置郡县，实未有显著经营。后复陷末夷地。明末犹为土司管辖，清代始行改流。）地面主为三叠纪与二叠纪之石灰岩。常涌起为广垣之台地，或凹陷为平展之小盆地。土人称台地为"盖"（如广阳盖、罗家盖，均在酉阳界），或"坪"（如桑枯坪，盖阳坪，均在彭水界），称凹地为坝。随处发现潜流绝峡凹，地邃穴，情形与川东背斜带之夹槽相似。特组织更为复杂，局面更为开展耳，农产以玉蜀黍为主。有相当之稻田与林地。桐油产量甚大，品质亦良。矿产有锑汞之属，颇与湖南相近。其秀山一县，属于沅水流域，坝地广阔，人物繁富，风趣与湖南竟无二致。龙潭以北，概高出海面一千公尺以外，为与贵州高原类似之高原也。

2. 建南区。即旧宁远府境八县与雅属之汉源县。面积四万五千余平方公里。平均高出海面二千公尺。但因纬度低，而河谷多纵向南，故其气候温暖，与四川盆地全同。历为倮倮所据。虽自汉辟郡县，历唐宋元均以化外视之。明清改流置戍，移民兴教，曾经繁盛一时。民国以来，防务废弛，夷患突张，渐有回复唐宋故态之势矣。现其经济情形，可分为五部言之。

(1) 安宁平原。安宁河纵贯此区中心，北届冕宁之大桥，南迄德昌，迷易，旁连会理，中包西昌，为一狭长形之大冲积平原。产稻最盛，号称川边之谷仓。使能讲求水利，则其生产力应不让于成都平原也。住民全属汉族，密度不大。天产既丰，社会安乐。唯防倮夷出巢侵掠而已。

(2) 河道盆地。大渡河曲之部，南岸当越嶲西北境，北岸当汉源东南境，多有广平可耕之地，且饶矿产。加以逼近四川盆地之故，产业开发较尽。人口村镇较密（清溪，泥头，汉源，富林，大树堡，纳耳坝，紫打地，田湾，美罗均属此部），世俗称此带为河道。对四川贸易颇盛。自川输入者，布匹，盐茶，杂货。自此输入川省者，花椒为大宗，余为鸦片、小猪之类。

(3) 两盐平原。盐源、盐边，附郭皆冲积平原。面积亦颇不小。虽隔小岭，而气势衔络，应可作为一区。土地腴沃，复产食盐，为川边可贵之生产地区。惜以险远多乱，移民未盛，地利未尽启也。

(4) 倮患地区。前述三区以外之山地，与小面积河谷原野地方皆属之。为倮夷居处所在，或其新近占领之地。农地矿地牧地林地，并丰而佳。现皆无从开发，仅倮人饬其掠得之奴隶（汉人）从事耕牧而已，阴沉木为此区特产。乏于盐布，倮人每以土产（花椒药材兽皮之属）与汉商交易。或竟以力劫之。倮人不喜稻麦，稻田皆种玉米及荞。其中有可纪者数处：

宁南河谷。即披沙河谷，下游通于云南之巧家县。颇腴美。现在已置宁南县。

昭觉平原。为雷波，西昌间最大之河谷平原纵横数十里，绝腴美。清末治县，民初为倮所陷。刻未恢复县。

越嶲河谷。包括小相岭北，晒经关南，越嶲、海棠等处。为狭隘之河谷平原。因历为川滇要道，官戍未废，故能保存汉村，未为倮陷。然除沿道一线外，皆猓巢也。

麻哈矿区。在打冲河东，西昌、冕宁界间。为伟大之岩金产地，清末曾开采。现废。

金河附近地方。大都为会理南部之地，距金沙江百里以内。地势较低，气候较热，夷患较轻。河原农业发达（如通安，姜州等处），山间富于铜矿。金沙江有数段可行船，三磊子即其水埠也。

其余地方，皆生猓区域，至今犹甚秘密也。

（5）木里地方。为盐源县西境，雅砻江与理塘河流域地方。属木里土司管辖。土著为番族，奉喇嘛教，与西康同俗，迥异于猓区。其地山高谷深，河流湍急，林地多于地农。人重牧事，产金最富（洼里，龙达均属此区），亦与西康相同。地理上应属西康高原。只行政区域之名义上隶属盐源县耳。

3. 五县三屯区。即松、理、茂、懋、汶五县，与抚边、绥靖、崇化三屯地。面积五万二千六百四十六方里。住民以西番为主。河谷农地，始有汉人移居。实与西康，青海为同体相连之高原也。细分之为三部：

（1）岷江流域。即黄胜关以南，松、理、茂、汶四县之地。岷江河谷，多有耕土，兼为番商要道，历代对番用兵，建筑城堡颇多，移民颇盛，市井相属。高山产药材。有林牧之利。其经济地位，约可比于平武。就中汶川县境，所有番族，都已完全汉化。苟非"松理茂汶"已成不可分离之称呼，则划此县为盆舷部可也。

（2）金川地方。即大渡河上游，大小金川与梭木、松冈、卓克基、绰斯家、党坝五土司地。世称五屯五土。今懋功屯为县。抚、绥、崇三屯隶之。章谷屯并入西康之丹巴县去矣。其地理情形，较前区为优。唯因历史上开辟较迟（清乾隆末年）。故汉民不逮番民之众。产业开发亦不若前区之盛。土产麝香，虫草，药材，云母。其与前区，因洪峤山脉隔绝，交通不便。论者谓以划入西康为合。

（3）松潘草地。即黄胜关以外黄河流域之高矿部分。为纯粹之番族游牧地方。其与西康青海，甘肃省界，不甚明了。或谓其直达西康之石渠县境。因汉官从不过问此区民财诸政，莫由知其详也。其地地旷人稀，无建筑物。人随天幕，逐水草，食肉，饮乳，衣皮，牧牛羊。地产秦艽，虫草，贝母，大黄，为输出品。输入唯茶。

二、交通之配置与货物之流徙

四川内部交通，可分为水陆两大系统：

水系交通，以重庆为中心，向盆地四周，作偏心轮状之辐射，各达盆舷部分而止。凡在盆地以内，皆属比较平稳之航线。其有勉强延伸达于盆舷内部者，皆属非常危险，或继续换滩之航线。例如：自重庆向东北，溯渠河，虽可达丫子口，南江城等处；平安水道，则至宣汉巴中而止。向北溯嘉陵，虽可达略阳，碧口，然平安水运，至广元而止。向西北溯涪江、水运至中坝而止。又西北溯沱江，至赵渡而止。（赵渡为川西平原区与川北丘陵区之界点。其川西平原区内之沱江，本可通航至盆舷之下。因被农田水堰截阻不获行船。非地势不许也。）又溯岷江，至灌县而止。溯青衣江，至雅安而止。溯大渡河，至沙湾而止。正西溯金沙江至蛮夷司而止。西南溯横江，至老鸦滩而止。符水，至星罗渡而止。溯渭水，至梅桥而止。溯纳溪，至叙永而止。溯合江河，至赤水而止。南溯綦江，虽可达松坎与万盛场，安全水运，则至綦城而止。东南溯黔江，虽可入贵州境，然其平安水运，实至涪陵之羊角碛而止。唯正东之大江，直穿三峡，通于荆楚，远届重洋。然其平安通航之部，亦至奉节止耳。于此须当补述长江中断说之概略；据近年地质学家李四光、李春昱、谢家荣诸氏之研究，当今宜昌之西，黄陵庙附近，原有一大分水岭，隔断四川盆地与云梦盆地（今湖南湖北两省间地）。其时巫山奉节一带之水，皆向重庆西流构成小湖于浍、泸之间，而与今之长江隔绝，川东骈褶区之并行地褶，即在此时造成。不过因地褶掀起之速率，不及河流侵蚀速率之大，故仍不能阻止辐射状河水之流向；仅生成多数绝峡于此区内，妨害其通航之利而已。又其后，四川盆地之地盘，整个的向上升举；其速率西部又较东部尤盛；致使内湖所汇诸水，集向奉节，巫山一支逆流，侵蚀正东盆舷部之石灰岩层，而泻于云梦盆地，以与长江通连也。今之巴东三峡，受川康甘陕黔滇六省一万余公里地面集水之侵蚀，已能打破盆舷之障碍，造成川省对外之一线光明。然其奔流激湍，尚充分表示地壳之不甘容受；与龚滩以上之黔江相似。是故，连接四川辐射状河流之平安终航点，以为四川盆地之界线，实为最妥当适合之方法，其勉强通航之部，概属盆舷区带。盆舷部外之河流，除长江外（如西康贵州境内之四川系河流）概不通航。

四川河流航线表（据中国银行经济室调查）

	河名	地段	船只	里数	备考
扬子江干流	金沙江	宁波桥至蛮夷司	小船	720	中须搬滩
		蛮夷司至叙府	小船	340	
	扬子江	叙府至重庆	大船	926	
		重庆至宜昌	大船	1825	

续表 1

河名				地段	船只	里数	备考
扬子江支流	横江			老鸦滩至安边	小船	350	
	南广水			罗星渡至南广	小船	300	南广离江岸五里不能直接通扬子江
	安宁河			梅桥至安宁桥场	小船	100	
	永宁河			安宁桥场至江安	小船	70	
	赤水			叙永至纳谿	小船	296	
	狮头			茅台至赤水	小船	310	中须搬滩
	綦江	本流	松坎河	赤水至合江	大船	100	
			綦江河	两河口至河口	小船	85	
		支流	蒲河	松坎至三溪	小船	190	中须搬滩
	太洪江		东河	三溪口至江口	小船	240	
			幺滩河	万寿场至三溪口	小船	75	
	小江	本流	东河	四合场至长滩	小船	112	两段可以联运
			小江	幺滩至五宝场	小船	260	搬滩
		支流	沙河	榨井场至开县	小船	125	中须搬滩
			浦江	开县至双江镇	小船	170	
	大宁河			铁索桥至开县	小船	115	中须搬滩
				跳磴场至渠口	小船	145	同前
				檀木坪至猫儿滩	小船	32	隔猫儿滩
				猫儿滩至巫山	小船	278	
岷江正流	府河		府河	成都至江口	小船	130	
			岷江	江口至嘉定	小船	227	
				嘉定至叙府	大船	340	
岷江支流	南河	本流	西河	怀远镇至江口	小船	170	
			南河	平落坝至新津	小船	130	
		支流	蒲江	蒲江县至永兴场	竹木筏	70	
	大渡河		雅河	雅安至嘉定	竹筏	300	
			铜河	沙湾至嘉定	小船	198	
	四望溪			王村至竹根滩	小船	50	
	清水溪			舟坝至河口	小船	130	
沱江正流	绵阳河			兴隆场至赵家渡	小船	140	夏秋行船冬春断航
	沱江			赵家渡至富顺	小船	795	
				富顺至泸县	大船	180	

续表 2

河名			地段	船只	里数	备考
沱江支流	北河	绵竹河	石桥滩至双江渡	小船	110	夏秋行船冬春断航
		鸭子河	洞仙桥至复兴渡	小船	70	同前
	青白江		三邑桥至赵家渡	小船	80	增水季可上溯三十里之兴隆堰
	毗河		三江沱至赵家渡	小船	70	增水季可上溯六十里至三道堰
	清流河		李家街至王爷庙	小船	190	
	荣溪	本流	荣溪	金子困至李家湾	小船	240	中须搬滩
		支流	威远河	老河桥至牛角沱	小船	180	同前
	恒水	本流	思济河	三溪镇至胡市	小船	220	
		支流	九曲河	嘉明镇至福集场	小船	70	
嘉陵江正流	嘉陵江	本流	嘉陵江	略阳至昭化	小船	440	
				昭化至阆中	小船	480	
				阆中至合川	大船	915	
		支流	白龙江	碧口至昭化	小船	280	
			东河	旺苍坝至东河口	小船	350	
嘉陵江支流	涪江	本流	涪江	何家坝至中坝	小筏船	57	中须搬滩
				中坝至太和镇	小船	320	
				太和镇至合川	大船	390	
		支流	安昌河	安县至绵县	小船	90	
			凯江	中江至潼川	小船	120	
			梓江	安家场至龙宝山	小船	250	中须搬滩
			小安溪	万寿场至溅滩	小船	50	中有溅滩乱石埂阻十里
				溅滩至临渡河	小船	220	
	渠河	本流	前河	丫子口至樊哈店	小船	240	
				樊哈店至宣汉	小船	300	
			渠河	宣汉至三汇	小船	260	
				三汇至合川	大船	695	
		支流	中河	官渡场至普光寺	小船	100	
				普光寺至宣汉	小船	90	
			后河	田家坝至长滩	小船	85	
				长滩至普光寺	小船	160	

续表 3

河名				地段	船只	里数	备考
嘉陵江支流	巴河	本流	南江河	南江县至巴中	小船	220	中须搬滩
			巴河	巴中至江口	小船	210	
		支流	清化水	木门至恩阳河	小船	150	
				恩阳河至三江口	小船	120	
			通江 大通江	两河口至瓦子铺	小船	220	中须搬滩
				瓦子铺至江口	小船	290	同前
			小通江	符阳场至小江口	小船	150	同前
	流江			龙滩至渠县	小船	90	同前
黔江正流	本流		乌江	思南至龚滩	小船	500	同前
			黔江	龚滩至羊角碛	小船	600	同前
				羊角碛至涪陵	小船	120	
	支流		白崖河	石阡至思南	小船	120	
			唐崖河	灌河坝至龚滩	小船	300	中须搬滩

由此水系辐射状之交通线，构成四川商业之活动基础。举凡各种土产之输出，外货之输入，均以此辐射轴点之重庆为集散中心。故能于重山凌压之峡谷岩岸间，造成五十万人口之拥挤都市。且其人口之增殖，地价之升腾，与市肆之纵的叠积，横的拓展，均有方兴未艾之势。沪、汉而外，此为长江第三商埠。然其市埠发展之条件，仅一四川盆地水运中枢而已耳。

四川之次大都会，除成都、自流井、万县外，亦皆位置于水运之次要中心。且其繁盛程度，亦适与所绾水道之长短为正比例。如泸县、宜宾、嘉定、合川、涪陵，皆人口十万左右之内地商市。虽亦兼为次要之政治城市，然其政府之重要，系由于所在经济地位之重要，亦即以其为商业中心故也。

四川之第三级繁盛都市，除极少数位于水运大河之中间节点外（如遂宁、南充等），大都产生于水运终点，衔接陆路商运之处。如广元、中坝、灌县、叙永、綦江，皆是显明之例。其他著名场镇凌压县治者，不可胜举。

陆系交通，以成都为中心。由此向盆地四周，作偏心轮状之辐射，穿越盆舷部分之峻岭，以通于盆地外各省区。其间小路横连，经重纬轻，恰似檐间蛛网。唯其交通价值，偏重于政治军事方面；具有经济价值者不多。成都地位之优越，远过重庆，徒以不为水运中枢之故，经三千余年政治家之苦心经营，已成陆路中心。而市肆繁昌，终不逮自然发展之重庆远甚者，历建各路，皆无经济价值故也。

五十年前，四川之陆路干线，以北大路为巨擘（自成都经广元入陕）。其次为东大路（自成都经渝、万入鄂），南大路（自成都经雅安入滇、入康），小北路（自成都经南充、万县入鄂），西大路（自成都经灌县入草地）皆驿路，非商路也。近年驿递已废，公路勃兴。最长者为川鄂、川陕、川湘、川黔、川滇、川康、川甘诸线。较短者有成嘉、成潼、成彭、成灌、成仁、成崇、成温等线。然除成嘉、成渝、成雅三段略有货运外，其余各线，皆与经济无关。故其沿线都市，并不因马路通过而增进繁荣。反有因而衰落之势。其以关系川省经济甚小，故不具论。唯万县以当东大路小北路与长江航运之交点。故能成为四川第二商埠，第三都会。又内江与嘉定曾因马路通车，微增繁荣，是其例外也。

川省陆路之具备经济价值者，为盆舷部分衔联航运终点之各险窄山道。其路概沿河谷敷设，大者通驮马，小者仅供步行负贩。其作用在媒介四川盆地与其相邻各高原或小盆地间之货品交易。前述四川之第三级都会，大多产生于各航线终点地方者，即赖有此诸山道为之吞吐送纳也。兹举其尤要者如下表：

四川盆舷部分商道表

路线	起点	经过地	通联地区	自川输出货品	输入川省货品	运货方法
宁远大路	雅安	荥经、汉源	宁远各县	盐布茶药	鸦片花椒生药	驮或担运
雅康大路	雅安	荥经、汉源、泸定	西康高原	茶米绸布杂货	药材山货；鸦片	负运
天全小路	天全	马鞍山、泸定	西康高原	小路茶（乌茶）		负运
金川路	灌县	巴朗山	大小金川	盐布杂货茶	鸦片药材山货	负运
松茂大路	灌县	汶川、茂县	松潘草地	茶杂货绸布	药材山货羊毛金	驮或担抬
石泉小路	安县	曲山关、北川	白草番地	布盐杂货	药材山货	
平武大路	中坝	旧州、平武	平武草地	盐布杂货	山货药材烟土	担或负运
阶文路	三磊子	碧口、文县	甘肃南部	盐布杂货	山货烟土绵烟	担运水运
阳平路	广元	阳平关、略阳	秦凤盆地	盐布杂货	山货药材烟土	担运水运
南江路	巴中	南江、米仓山	汉中盆地	盐布杂货	山货药材	同前
通江路	通江		汉中盆地		山货药材	同前
万源路	宣汉	万源	兴安盆地	盐	山货药材	同前
城口路	巫山	巫溪、城口	同前	盐		担负
巫宁路	巫山	巫溪大宁、镇坪	房竹山地	盐		同前
利川路	万县	利川、施南	施南盆地	盐布杂货		同前
龚滩路	涪陵	彭水、龚滩、思南	贵州高原	盐布杂货	贵州各土产	水运
南川路	南川	正安	同前	微量盐布	未详	

续表

路线	起点	经过地	通联地区	自川输出货品	输入川省货品	运货方法
綦江路	綦江	綦江松坎、桐梓	同前	盐布杂货	贵州土产	
赤水路	合江	赤水、茅台、仁怀	同前	同前	同前	
永宁路	叙永	毕节	同前	同前	同前	
筠连路	叙州	庆符、筠连、盐津	云南昭通	盐布	鸦片	负担
横江路	同前	安边、横江、盐津	同前	同前	同前	水运
雷波路	屏山	蛮夷司、雷波	宁远	同前	山货药材	负担水运
马边路	嘉定	黄丹、舟坝、马边	凉山夷地	同前	山货药材石炭	同前
峨边路	同前	峨眉、龙池、峨边	同前	同前	山货药材竹筍	同前
河道	同前	金口、富林、紫打地	宁远		花椒山货	同前

凡二十六路，以宁远、雅康、松茂、平武、阳平、龚滩、叙永、横江等八路为最繁盛。前四路，为川省山货药材之主要来源地；后四路，为川省盐之输出地。各路又兼为烟土输入线。横江一路，烟业最盛。

关于木雅贡嘎[1]

（1945 年）

一、中国专有之第一高山

世界雪峰，高出海面 7600 公尺即 25000 英尺以上者，悉在中国西南边境印尼两国界上喜马拉雅与喀喇昆仑两山脉内。兹举首届 10 峰如次表：

次第	峰名	海拔公尺	海拔英尺	所在地	所属山脉
一	挨佛勒斯（Everest）	8840	29002	西藏尼泊尔界间	喜马拉雅
二	奥斯腾（Osteng）	8611	28250	新疆印度界间	喀剌昆仑
三	肯青将噶（Kinchir. junga）	8579	28146	锡金尼泊尔界间	喜马拉雅
四	马喀洛（Makalo）	8470	27790	挨佛勒斯东南	同前
五	刀拉吉日（Dhaulagiri）	8167	26795	尼泊尔境内	同前
六	果僧让（Gosainthan）	8013	26305	西藏尼泊尔界间	同前
七	定山（Tin Mt）	7937	26040	尼泊尔境	同前
八	朗达得菲（Nanda Deui）	7817	25645	西藏印度界间	同前
九	卡美特（Kamet）	7756	25447	同前	同前
十	噶拉芒打达（Gurla Mandhata）	7727	25355	藏尼印界间	同前

如此两山脉中，次级之高峰，海拔在 7000 至 7550 公尺之间者尚多，其在 7550 公尺以上者，除前表 10 峰外，尚未有所发现。

西康之木雅贡嘎雪山，海拔 7587 公尺，即 24891 英尺[2]。为世界第 11 高峰，亦即亚洲第 11 高峰，就中国境域言，为第 8 高峰。若以全山脉皆在中国境内者言之，则为第 1 高峰矣。

---

[1] 原载于《康导月刊》1945 年 6 卷 7—8 期。
[2] 中华人民共和国成立后新测定木雅贡嘎山为海拔 7556 公尺。

二、全部形势

此山与其邻近诸峰，为太古代地层构成之少年山岳地带。峰顶恒作圆锥形半圆锥形或金字塔形矗立，高出 6000 公尺之山峰 20 余座，蔚然成一雪汇山。即世所传之大雪山脉。细分之，可别为东中西三列。

中列诸山，骈列于东经 101°52′左右。北达康定西南，南抵康定、九龙、越嶲界间之洪坝。中间包括雪峰如下（自北而南列举）：

峰名	海拔（公尺）	海拔（英尺）	位置
桓河北峰（Peak 27）	5502	18050	玉林宫西南
桓河南峰（Mt，SheraD）	5508	18069	折西拉山口之东
奇布龙贡嘎（Chiburong K.）	6028	19775	前峰之东南
泸溪贡嘎（Ruchi Konka）	6600	21653	前峰之南
折西贡嘎（Djaze Gongkar）	6321	20739	与前峰相连为一山
格洛斯温诺山（Mt. Grosvenor）	6458	21188	前峰之西南
雷多马因（Reddomain）	6207	20365	前峰之西南
未定名（Peak 46）	6013	19727	前峰正南
未定名（Peak 53）	6038	19810	前峰正南
艾牧司峰（Mt. Edgar）	6699	21978	前三峰之东
打多马因（Daddomain）	6421	21067	正跨 101°50′
打多西峰	5355	20850	前峰之西甚近
龙吉马因（Longemain）	6357	20856	前峰正南
未定名（Peak 87）	6140	20144	正跨 101°50′
诺奇马（Nochma）	3454	18530	前峰之西
木雅贡嘎（Monya Konka）	7587	24891	北纬 29°36′32″。东经 101°52′12″
贡嘎附峰（Peak 111）	6470	21226	主峰西南
桑雅尊山（Sunyatden Mt）	7007	22990	木雅贡嘎东北
娘波贡嘎（Nyambo Konka）	6105	20028	木雅贡嘎西南
曲山（Mt. Chn）	6543	21467	木雅贡嘎东南
泰山（Mt. Tai）			前峰东南
未定名（PeaK 148）	5858	19219	田湾河之南在九龙界
未定名（PeaK 156）	6108	20039	前峰西南
未定名（PeaK 153）	5946	19506	前峰东南近

东到当山，骈列于打箭炉东侧，北抵丹巴县，南逾雅加埂，与中列诸山依结。中间有打箭炉至瓦斯沟之绝峡。构成川康间唯一之河谷通略，今川康公路因之。峡谷海拔仅 1500 公尺至 2500 公尺。其南北岸山，比率在 6000 公尺以上。所包诸峰，今日尚未探测明白。兹约举其已知者如下（自南向北列举）：

峰名	海拔（公尺）（大概数）	位置
雅加埂山口（Yachiagan P）	4000	奇布龙吉峰之东
白海子南峰	5400	玉林宫正东
白海子北峰	5300	前峰西北
黑海子南峰	5200	康定驷马桥之东
黑海子中锋	5700	前峰之北紧相衔接
黑海子北峰	6000	前峰之北紧相衔接约当康定城东南
红海子雪山	5000	柳杨正北
鱼通山	5300	下鱼通之西
万年雪山	5800	康定县中谷之东
华山	5200	鱼通孔玉间
大炮山山口	4500	康定丹巴界间

西列诸山，即西康高原与大渡河谷之天然分线。可以认为西康高原之东界。北起康定泰宁交界之甲煞山（海子山），南临折多山口，折西拉山口（俗云鸡矢山）为玉龙石东侧长岭。迤南达九龙县境，约长 150 公里，中以折多山口为最低，成为入蕃要道。一般称为折多山脉，而称东中列诸山为大雪山脉。就地质地文论，实可认为是一山脉也。其所包山峰山口如下：

峰名	海拔（公尺）	海拔（英尺）	位置
甲热雄山（Jara）即海子山雪峰	5898	19383	在康定县极北与大炮山相对
甲热雌山	5300		前峰之东南
折多山口（Cheto La）	4572	15000	前峰东南
阿泰梁子（Atei La）	4694	15400	折多塘西南
折多山	4951	16245	折要山口之北
折西山口（Djazi La）	4647	15685	在前峰之簏
玉龙石东山长岭之最高点	4840	15879	木雅贡嘎正西
芝米拉（Fsmai Ia）	4660	15288	玉龙石赴贡嘎寺之山门
未定名（Peak 187）	5598	18366	木雅贡嘎西南远处在康定九龙界上
未定名（Peak 185）	6535	18486	前峰之南

三、诸山之生成

余于地质学之涉猎至浅，亦且未对此带地文作精细之考察。唯据谭寿田、李庚扬两君之地质属，与布尔莎，艾猛斯之平面图，可以判断西列山脉——折多山脉——生成较早。因其于所有山形，多已进入中年时代。而地质时代则较近于东中列诸山也。大抵侏罗纪末期，或白垩纪初期，川康之间，曾发生伟大之造山运动。西康高原，即于此时高举。此山脉，为高举地层东界，因此发生构折或断层，使其东侧下陷于四川湖。邛崃山脉或亦此时所生产，别起成为四川湖之西缘，迫使大渡河谷之水，南流入于云贵高原之古内海中，今之安宁河，其故道也。今打箭炉盆地之水，当时或系与大渡河并行南入雅砻江之一小水（故道当在今布西河谷之部）。或即与大渡河合为云贵古内海北方纵长之一岔港（今之宁远高原于时当为云贵内海之一部）。

中列山脉之生成，或许与云贵高原生成同时。此时造山力，乘四川湖与西也（当为山）高原之裂隙，发放内部岩浆，掀起古生代地层于此部，成为一大山焉，迫打箭炉附近之水，东流入大渡河，其向时南流一故道，已被扰乱，别成为出湾河（即布曲之下游，亦曰草柯河、松林河、自洪坝、湾坝，河东流至安顺场入大渡河之水）与三垭河入雅砻江套等，或东或南，大渡河被迫东向，入四川湖，而与安宁河断绝，或即是此时间，盖大渡河与今安宁河古是一水，证据颇多，李懋田氏亦曾论及。

东列山脉，虽与中列诸田，同作少年姿态。但其生成时间，显然较中列为晚。盖如与中列诸田通事。则打箭炉盆地之本，必北流入于丹巴，或西流入于累曲（自营官寨南流之河）。抑或潴闭为内陆湖，断无凿成数千公尺深之绝峡而泄入大渡河之理。今从北河峡观察两岸岩层对应之状，可知其古代是一鉴合山头，并非断层裂隙，亦非石灰岩群容易受水溶成之岩质。其成峡之唯一原因，在于西侧地壳徐徐上升，抬高水位增大其浸刻岩层之力量而已。大抵中列山岳生成以后，鱼通与康定东北部，尚陷凹为一大盆地。其后造山力使五色海子山，北延达于丹巴，中分此大盆地，为打箭炉盆地与鱼通盆地，且打箭炉盆地随新山脉而上升，鱼通盆地下降，以成今日之现状耳。

四、名 义

如此三列30余峰，皆翘举于雪线以上，纵长300余里，盛夏积雪，聊成银墙。反映日光，照射数百里外。四川境内，如峨眉、东西瓦山、周公山、蒙山、赵公山、鍪华山、大相岭皆可望见。然前人望见此山者虽多，究莫知其确在何处，姑妄呼之为西番雪山，亦有呼为西蒙雪山者。乾隆《雅州府志》，嘉庆《四川通志》；皆标入地图，曰"大雪山"而无文字记述。大清《一统志》，收入其名，又注11字云："大雪山，在打箭炉南，甚峻，四时有雪。"如此而已。

世居康藏高原之蕃人，有崇拜雪山之习。如此诸山，在木雅高原（折多山脉以西狭长地带之专称。参下解）内，随处皆可望见，故其入于藏籍记载最早。一称西藏编年史，记吐蕃皇帝赤热巴金时，与唐穆宗同时之疆域云："素龙山（Sro－long－Shen）如银白丝帘，为与以占星学著名之中国交界处。"指此山脉也。近世地书以雅砻江与金沙江间之分水线，称为素龙山脉，实属错误。查素龙，即徐霞客游记中之鼠龙。为明清间盘踞理化，雅江，康定，九龙一带之大部落。清初覆亡，地为明正、巴塘两土司所分。此山脉为其故地之东界，故藏人称为素龙山也。此编年史撰于明时，非唐时即呼此为素龙山。唐时何名，今已难考。

蕃文贡（གངས）冰雪之义。嘎（དཀར）白色之义。雪山之称贡嘎者甚多。木雅二字，显然为此专名特冠之区别字。其解有三说。书字亦随之而异。一作（འབངས་ཁུལ），义为敬爱地区。其说出于贡嘎寺之喇嘛，似含有暗示他人敬重此山之意，必非正解。一作（མི་འལ），此字为藏人对于胡民族，如辽、金、及鲜卑，吐谷浑等之专称。或因该族为蒙古所逐，来居于此。吐蕃认此山在木雅国境，遂乎此界山为木雅贡嘎耶？一作（མི་ཉག）即木雅乡之本字，义为"不崎岖"，凡折多山与高日寺山之间，南北狭长地带，包括康定县第三、第四、第七、第八各区之地皆是也。此山适位其东界，故以为名。总之，藏文同音异字，同音异字之处极多，故若干名物皆无定字定解。即如此木雅贡嘎四字，除上三种书法外，亦可书作（མིན་འབམ་ཀྱུན་གར）曾经哈姆，摹入其游记中。谓出贡嘎寺喇嘛之手，其养奶为木雅乡之白雪，则不管木雅两字书法大异。即已有定解之贡嘎一字，亦其异矣。

西人又或称此山为 Bo Kunka 奢清叶伯爵（Couat Szecheryi）曾用之。见《骆克游记》。蕃字，当译为"播贡嘎"，或"西蕃雪山"。播，即吐蕃旧名。与今日之

Tibet 义全合。故如以英文演绎，则为 White ice of Tibet 也。奢氏所以如此命名者，盖由汉人呼此山为西蕃雪山之故。亦或是康藏境内所有雪山之通称，未足为此山合理之命名也。

五、发现与探测者

木雅贡嘎山汇，在西蕃人视之，虽为圣洁之神明所依，实于国计民生无大关系，故除宗教的崇拜外，极少列入载纪。汉人则于如此可憎之无生地区，更属熟视无睹，决不留心。最先收入志记者，似为徐霞客。徐霞客传，谓其登峨眉望见西蕃云山，慨然往游。然霞客此段日记残缺，究曾往游否？今为疑案。此后，直至民国二十七年八月，蓝学本率康人鲁色尔，郭喇嘛二人，来此考察，住贡嘎寺七日而去，始为汉人之真正能到此山者。

西人之发现此山者，似为康熙时入藏测量之天主教士。其过打箭炉，约载康熙五四、七、八年时。当时土人似只单呼此山为贡嘎。故教士译意为大雪山，注入内府舆图。此后则英人拍里拉（Pereira）游历川边，脚迹颇广。曾经望见此山，称其高度足与挨佛勒斯峰匹敌。而奢清叶伯爵呼之为播贡嘎。皆满清末年人也。美人洛克（Joseph Rock）于 1928 年探险稻城南境之贡嘎岭，望见此山，询知其名，书作 Minva Konkaoi 疑其即拍里拉所指之世界第二高峰。遂于 1929 年 3 月，率磨些士兵数人，自丽江，经木里来此山探险。因游打箭炉，获取动植物标本，归途又住贡嘎寺数日，拍摄照片多幅，粗测地图而去。其游记与照片地图等，在美国《国民地理杂志》（National Geographic Magazine）1930 年 10 月份发表此幽居僻境之中国第一奇峰，始为世人所注意矣。

骆克在康日，余适劳考察边区政务到打箭炉。闻其人住福音堂艾牧师处。并往访之，值其上马率队返滇，未及晤谈。后闻政务委员会中人谈：骆入境，实无护照。政府派人盘诘，彼自称哈佛大学博士、来探此山，因粮尽入炉。并大宴军政常局，各赠所摄照片，表示愿为政府考查地质矿产。亦实会同政府中人，往二道桥等处，妄指某处有煤，某处有铁。实则其人并无学问，徒以此欺侮当时执政诸人获免阻留耳。木里素称锁国，深闭固拒，非外人所得入窥，骆克独能与其酋项称巴友善，屡入其境，藉其资助以探测于人迹难到之地。此其为技，殊未可及。

继骆克而来者，为瑞士人哈姆（Profeasor Arnold Heim）等，与任广东中山大学教职员，于民国二十一年组织探测队来康测勘此山。抵康定后，因经费支配问题，与中大其他教职员发生纠纷。一行工作多忙。唯哈姆察勘此山四周,用力甚勤。阅时半年返校,学校解聘。哈姆因挟其测勘资料返国。发表专书。又于1936年在英国《皇家地学杂志》(Gaographical Journal) 5月份,发表《木雅贡嘎之冰河》一文。其书系德文本,余未见。唯见此文。哈姆对此山四周地形之勘测,颇为详尽,且有深到之学理解析。唯尚未能作垂直的探究也。(与哈姆等同行之测绘师魏大鹏、古振今曾有游记在《新亚细亚》月刊发表)

继哈姆而来者,为美人布尔莎(Richard L. Burdall)、艾猛斯(Arthur B. Emmons Erd)与其助手猛季(Teoris Moore)、华侨杨帝泽(Jack Theadore Yaung) 4人。于1931年作大规模之探测。先溯航长江至嘉定,薄游成都灌县,至雅州虔岁。登周公山,遥望此银墙,选定测量目标。明年7月赴打箭炉,由玉林宫,折西拉,至上玉龙石村。8月,着手测量。10月,至主峰山麓之贡嘎寺,开始登山。其时雪线,为17700英尺(5395公尺)处。预于雪线下扎成基本营幕。雪线上分扎营幕3座,为登山休息所。如此节节上升。10月16日,升达海拔23400英尺处,因设备不足,折回。增设第四营幕于22000英尺(6700公尺)处。20日,再自基营上升,萃由艾猛斯,猛季二人于28日升达山顶。回国后,合著《云雾中工作》(Men Againat the Clouds)一书,于1935年印行,述探险经过甚详。

六、软性的国耻

布尔莎等之书,又一命名为(The Conguesg of minya Konka) 此可译《木雅贡嘎之征服》。当艾猛斯与猛季升达山顶时,曾于风雪激荡中树立美国国旗,拍一影片而下。此美国旗,并未取下,二人之意,欲其固养于冰雪山头,长久随风飘扬,以显示美人远征之成绩。如此友邦之青年,竖此旗时,固非有攘我山峰,侵我主权之恶意。然我国人阅此书者,亦宜知所惭惶矣。

当光绪三十年荣赫鹏远征军高擎英国国旗步入拉萨时,子女玉帛无所拾,土地主权无所利,与我驻藏大臣,拜会往来,杯酒欢谈,握别而去。虽与藏人订约有所掠取,旋复经其政府正式璧还于我国家。英人称,藏人不受约束,中国不能克服之,彼代我克服而已。再如八国联军入北京日,亦称并无利我土地之心,颇似代我中国征服拳匪云。甲午乙未间俄人之迫退日军,亦然。如此国耻,鸦片之役,甲午之役,九一八诸役,究竟不同。然而不能不认为我之国耻。所可耻在我自己之无能也。木雅贡嘎山顶树植之美国旗,当早已被刚烈如矢之雪风拔掷于数十百里以外,或掛于树梢，或堕于草原为牧人拾得，或被冻固于雪山冰雪之中，与各领事馆飘扬之国旗又不同。种种方面皆可证实其未含表示国籍之性质。然究为我自己无能，为克揭开此山之雪幕，致被异国籍人代庖之现代。余称此为软性的国耻。

同行华侨杨泽君曾晤面。据谓其亦曾以中国国旗在山顶与美旗同张。然书后附杨君记文一篇，未及此事。且查其人登高成绩图，杨君仅于 10 月 14 日升至第一营幕（海拔 5510 公尺）。此后并未上升。想是曾以中华国旗咐托艾猛二人。艾猛斯之曾否与美旗同张则莫由知矣。

艾猛斯登山后，因温度过低，冻坏一足，急返至雅州医治。经雅安天主教堂所办之仁济医院为其锯去。于此可以想见木雅贡嘎抵抗彼等之难烈，与彼等征服工作之困难。政府云云，名副其实。

七、献与续探此山丛者

艾猛斯，布尔莎诸人，对于木雅贡嘎之位置，高度暨其附近之地形，曾施精审之测量计算，附近物产与人民生活，暨此山之宗教地位，亦皆述及，关于此山之地理知识，已完全难立正确之记录。如有续探此山者，自可资为指南。此外则哈姆之书，对于此山峰四周之冰河分布，（亦即附近河流之水源问题。）地质地形等科学知识，必当有伟大之贡献。盖其人学问渊博，又非布尔莎等仅为泛泛之新闻记者比也。

余之足迹，实未曾登此山，唯于此山东北两面，及五色海子山、甲热山等峰周境足迹颇繁，今已衰迈不能更作深山之游。敬就所知旅途利便之事，介绍于有志续起探险此邈绵伟大雪峰群者：

探此山群者，宜以夏日自雅州出发。雅州海拔 600 公尺。其东门外之周公山，禹贡之蔡山也，海拔 1300 公尺，悬崖绝顶，肩舆半日可到，止有长平斜地，正对此山丛，晴日可用远镜窥觇其概。若在夏日战后仍可返宿雅安。如值云障，山顶有庙可宿，以待翌日。

自雅州赴康定，近有川康公路，如遇便车，二日可达。第二日车逾二郎山如遇晴日，可于山顶停车，望见此山丛，如列眼前。唯左右眉山每能障断适当视线，故须停车的升高，更觅佳适地点。选地适当，南至木雅贡嘎，北至甲热，中间五色海子诸山，可以按图索骥，收入指掌。缘彼诸峰，与二郎山脉（邛崃山脉之中段）间，只隔一大渡河谷，为径距离不过数里至十数里也。如因窥山耽延，可就宿山侧白拖村，或山上工棚。

康定海拔 2600 公尺。位于大雪峰丛至中央盆地最低处，仅一弯曲之绝峡与大渡河相通。受四围雪山影响，盛夏如秋，为四陲最佳之消夏地。西康省府设此。有英法美教堂，关于西康探险之各种西书大都可于此地借得。其地又为汉蕃两社会之自然界标，汉蕃贸易中枢，关于西陲政治文化经济一切情形，皆可于此觇其概况。又为地质与生物极度复杂之地，故亦适于自然科学之研究与探集。于此可以盘桓一月，从容准备出关探险一切工具与养粮。

探险工作亦可自康定开始。自市西上子耳坡顶，望见柳杨峡南北诸雪峰（即五色海子诸山）近如对面。唯云气起秒无常，除冬季外，机会难获美满。（冬季雪线下降，雪峰无复云障。）如需近视，可自南门外驷马桥教堂后，沿一冰河小溪斜上蛇海子，雪山下一长平谷中，一线蜿蜒深碧，恰作蛇状。宽才数尺，健夫可以跨越，深不知其底，亦可观也。再向南上行可至白海子，仅一小池，方而溧，水映池石色乳白，掬之无色也。池上即崇巍之雪峰。返望蛇海子后亦雪峰。如此上下须时二日，有数段，可以马佐步。

别自跑马山侧向东直上可至黑海子峰，峰下小池，水色映石黝黑。上下亦须二日，相传其山后当冷竹关，水源处有绿海子。不可得而至矣。

欲探红海子须从柳杨对岸上山，从步践石，困难万状。逾绝壁界，乃有森林，湖水色红，掬至亦清，亦再雪峰之下。

望鱼通山与华山，可自康定二道桥温泉斜上偏岩石金厂。金厂在山高处岩间，有路可循，厂虽陋可宿。翌日自厂登山脊，脊颇宽平，可施测量。羚羊成群，可猎。东望邛崃山脉，南望五色海子山，西北望甲热山，北望连峰直入丹巴界。华山最北而东向突出，峰如刀聚，故曰华山也。下山其易，数小时至二道桥，可以浴，可以饮食。

自二道桥溯雅拉沟而北，为三道桥，为鱼子通，为王母，为中谷，皆农村，仅90里。自中谷再进穷水源逾海子山口，海拔 2800 余公尺。有三海子在道侧。另一海子较远，其上即甲热雄山，康北最雄奇之神山也，孤峰矗峭，作锐三角尖。积雪似银矛，且微作曲勾，盖冰帽，非岩石如此也。山下为森林茂密之河谷，翠绿与银白相间，风景雄丽，得未曾有。有前牧连公司建设之牧站，工程坚实，尚未全圮，可宿。但虞夷匪。自此循大道可至泰宁。别有小道，出夹坝沟径通中谷寺，甚近。夹坝沟有夷匪，由此过不靖，故名。行者须有武术。

无论至泰宁或中谷寺，皆可由公路经塔公寺，或旧驿道经长坝春绕至营官寨。此所穿过，即为木雅高原之北部，可以饱看甲热雄雌二山之姿态。营官寨后山，望见木雅贡嘎诸峰，施行遥测最宜。此带地势已经高出雪界以上，晴日多，绝少阴霾也。

自营官寨可循公路返康定暂息。如探奇兴酣，可自堤茹沿滥泥坝河南行。此河流于折多山脉之脊山，坡脊为一浅谷，极其平坦。为狭长之牧场。水源既穷，即为折西山。逾山即石龙石河源也。若自康定经玉林宫至折西山，须上陡坡，其行较苦。

玉龙石为木雅贡嘎西侧之一番村，为探此山者必须栖息之地。其东有一浅岭为觇此山之最适当地方。浅岭南头山口芝米拉。逾此入布曲河谷，又上为贡嘎寺，海拔2837公尺，位一冰河之侧。其东即木雅贡嘎，我国腹地之最高峰，西康之顶点。汉蕃两族间天然长城之弩楼也。

自贡嘎寺下徇布曲，经吉达、插卡、坝洼、草柯，可出达越嶲县之田湾。唯峡道奇险，难行。宜仍由玉龙石返康定。如欲扩张游迹，则自康定经玉林宫，上雅加埂。如有耐寒设备，宜以冬季登之。秋冬间亦可。此地海拔并非甚高，然以南临暖谷，湿气疑重。在夏季云霜笼罩，过山时不可见物，同伴皆迷。冬季虽寒，清爽宜眺，远近雪峰罗列，爽心豁目，游人如在天上瑶池宫殿。亦可乐也。

自雅加埂下磨西面，穿经大森林，入于可以种稻之农地。所至成趣，无苦楚。磨西面诸水，皆从木雅贡嘎冰河流来，入手侵骨，哈姆氏用工甚勤即在此诸河谷上游。国人而罕能知其源委。自磨西沿大渡河经日地、泸定，沿大渡河而上，二日至安顺场附近之农场，皆以公路通于成都。苟循乐西公路，则尚可窥瓦山、峨眉之奇。

冈底斯与昆仑

(1946年)

一、秦以前之昆仑

我国古籍中，昆仑一词，所指屡变。《禹贡》"织皮，昆仑，析支，渠搜，西戎即叙"。此西北夷落名也。《穆天子传》"天子升于昆仑之丘，以观黄帝之宫而封丰隆之葬"，始指为丘，既有黄帝之宫，又有其臣丰隆葬所，则非高山可知。其北舂山，天子登之，乃曰"是唯天下之高山也"。"天子戍昆仑，以守黄帝之宫，南司赤水而北守舂山之瑶"。则其地应去中华不远，且为产生良粮之区。大约是今张掖，酒泉间地。

《庄子》"黄帝游乎赤水之北，登乎昆仑之丘"。全据穆传为文，唯穆传乃史官注记，事物真实。此则虚无之言，渐含神秘性矣。至屈原之《九章》"登昆仑兮食玉英"。《天问》"昆仑玄圃，其尻安在？增城九重，其高几里？"则已成为充分神秘之遐想。大抵战国末世，华人不复知昆仑所在。感于黄老假托之言，已承认昆仑为人迹难至之仙山矣。

唯当时虽已承认昆仑为幽渺难至之仙山，尚无形容其神秘环伟之资料。迨至秦末汉初，印度蕃僧，发现冈底斯山，认为须弥世界之中轴。由北来西域之弘法者夸张传播，屡转入于中华方士道流之耳，遂难取穆传，河图，庄骚之文，与梵僧传说相掺杂，乃有《山海经》《禹本纪》等志地之书。

二、《山海经》中之昆仑

《山海经》言昆仑者十余处，亦不一地。有可注意者三段：

"槐江之山……南擎昆仑，其光熊熊，其气魂魂。……西南四百里，曰昆仑之

---

① 原载于《康藏研究月刊》1946年1—2期。

丘。是实唯帝下之都。……河水出焉……赤水出焉……洋水出焉……黑水出焉。……"（《西山经》）

"海内昆仑之虚在西北，帝之下部。昆仑之虚，方八百里，高万仞。上有木禾，长五寻，大五围。面有九井，以玉为槛。面有九门，门有开明兽守之。百神之所在，在八隅之岩，赤水之际，非仁羿莫能上冈之岩。赤水出其东南隅。……河水出东北隅。……洋水黑水出西北隅。……弱水清水出西南隅。……昆仑南渊，深三百仞，开明兽，身大类虎，而九首，皆人面，东向立昆仑上。开明西，有凤凰鸾鸟，皆戴蛇，践蛇，膺有赤蛇……"（《海内西经》）

"西海之南，流沙之滨，赤水之后，黑水之前，有大山，名曰昆仑之丘。有神……处之。其下有弱水之渊环之。其外有炎火之山，投物辄然。有人，戴胜，虎齿，有豹尾，穴处，名曰西王母。此山万物尽有。"（《大荒山经》）

该书体例：西山经言禹城内山，海内经言四夷大山，大荒经言海外大山。乃三环皆有昆仑，且其情状若一。足见撰此书者，实不曾确知此山，偎随所闻而次载之。如此三段，系据三人之传说。一言地近，则系于西山经。一言绝远，则系于大荒经。然三人所谈，实唯一山，不只名同，情致亦殊一致也。

于此可注意者：

1. 三者所言昆仑，皆在中华西北。
2. 皆言昆仑为四大水所从出。（海内经虽言六水，亦分四派）
3. 皆谓此山绝高，不可阶升。
4. 皆谓此山为神仙屈穴，天帝之都。
5. 皆言山上富有怪禽奇兽，珍异草木。（原文在删节中）

如此五者，无一不与前二世纪初期梵僧所传之须弥山及今世印度人所盛称之冈底斯山情致符合。不过四大水之译名，采用《穆天子传》中，昆仑附近所固有之河，赤，洋，黑四水，与今水名不合而已。

尤可注意者，在此写实文中所用之若干特殊形容字。"其光熊熊"谓山顶莹雪映日反射之晶光也。"其气魂魂"，谓山腹雪融时云气蒸腾聚散无常也。"非仁弈莫能上冈之岩"，谓山间削壁万仞，无阶可登也。（赘入仁弈二字，显为神仙家言）插入"冈"字，正与冈底斯之名吻合，尤有意义。所谓"南渊"即玛胜错湖也。"弱水之渊环之"，谓绕山二水也。凡大山之麓，皆距水远，或只一侧近水。唯冈底斯，四周峭壁直入水次。凡此，若皆特为冈底斯山写照，更无他山足以当之。此山附近皆草原，无树木。今如巴尔喀，达靖等矮屋，皆系自南方三百里外运来。故人皆依崖旁石为土穴以居。大荒经"穴处"二字，亦似为原始牧民写照。（此带牧民，周秦时尚无文化，不知制帐幕。）又此带人民，原系女性中心社会，直至唐世，尚以女子为王（详《唐书·女国传》）。游此山者，传其俗于中国，著此书者，遂以西王母附会之耳。实则西王母乃西方古国，数见于《竹书纪年》与《穆天子传》。其国当在今新疆西南，于阗疏勒之属。非昆仑附近民族之称也。

《海内西经》所言之"凤凰鸾鸟"，盖即今印藏佛教徒所言之大鹏。自婆罗门，佛教至喇嘛教与印度教，皆有此神之绘偶与雕塑像，衔蛇，踏蛇，以蛇为怖。与"戴蛇，践蛇，膺有赤蛇"之语巧合。此为中华方士剽窃释之传说之铁证。盖中国习以凤凰为仁鸟，非练实不食，醴泉不饮。安得与蛇为缘？与蛇为缘者，佛家所传之大鹏灵鹫。不过谈者述者因无适当译字，遂之译为凤凰鸾鸟耳。

又大"弱荒经水之渊环之，其外有炎火之山"等句，不过形容此山之不可刹达。为过去述昆仑者所不曾言。弱水尚指为绕冈底斯之二河。炎火之山，即此间无有。然此情形，甚与印藏佛教徒理想之"檀城"相类。余所见诸佛檀城图，皆如岛状，渊水环之。中为宫阙，有似极乐世界。外则刀山剑树，烈火，魔厉之属。表示其为另一世界，非有佛根，至性，勤修持者，不容度脱达檀城中。大荒经所言之昆仑，盖已深受檀城说之影响。于此，更可知秦汉间人所传之昆仑，为印度教徒发现冈底斯后，夸大传述于中华，而方士更为之改头换面以为神仙道术之言也。（外如开明木禾等异物，皆可以佛法之说解释之，文多，概从删剔。）

三、冈底斯山之发现

上章，说明秦汉时人，已闻关于冈底斯山之传说。传说来源，为自印度北逾葱岭在西域弘法之梵僧。其时蕃僧实未径入中华。唯当秦始皇时，中华人之西入西域，远逾大漠者已多。（《史记》"匈奴传"与"大宛传"，《汉书》"西域传"并见"秦人"。当时所称之秦人，犹后世云汉人也。）或因经商，或为方士探奇，成逃避暴秦之亡命者。此辈收集梵僧之传说，携回中华转播于好奇之士也。

印度梵僧之发现冈底斯山，约在秦始皇时。其来此之原因有二：一是阿育王之奖励。二是须弥山之探求。

印度阿育王在位时（前271－253年约当周赧王时）佛教最盛。王曾奖励僧俗，远出弘法。南入锡兰，东入缅甸，北逾葱岭而入西域，西逾县度而入中亚细亚，皆自此时开始。其与西藏之间，因喜马拉雅山脉阻绝，印人不能自剧热之印度平原急剧升入酷寒之雪国西藏。唯北印度（今克什米尔一带）海拔较高，山谷丛错，气候地势，皆去雪山高原不远。梵僧能循信度与萨特日两河谷渐次上行，入于阿里（上部西藏）再由上部西藏而东入于雅鲁藏布河谷。冈底斯山为此途所必经。亦此途最堪注目之地。

佛书夸张须弥山，谓为世界之主轴。上入于天，下没于海者各八万四千由旬。息壤旁出，为四大部洲。山顶为帝释天子之宫（对照"帝之下都与天帝之都"句），其四周为四大天所主之世界，日月星辰尚在其下（对照《禹本纪》"日月所隐避为光明"句）。又其上为三十三天。其说出《俱舍论》，阿育王第一次集结所有之经也。至今佛教徒尚深信之。印度为南瞻部洲，须弥山应在其北。适有喜马拉雅山脉耸峙北界，高入云界。古代印人当疑其为须弥山基，而直有上探索者。特为气候地势所扼，不获成功。北印度人因弘法深入而达冈底斯下，见此奇峭山柱，周四日程，高不见顶，山顶风雪诡幻若有神在，则误指为须弥山顶，帝释所居，以夸侪辈，而证佛经，为势所必然也。此古代印人所以呼此山为"苏迷庐"（须弥）也。

最早入藏弘法之僧侣，称为"绷波"，今云"黑教"。西藏初期文化赖以建立（另有文详记）。最早之西藏史书，曰《黑教史》。见引于福幢之《政教史鉴》。谓黑教系自象雄地方传入西藏，初盛于聂赤尊波王时，距唐初700余年。查象雄今云古格，为萨特日河上游部落，距冈底斯甚近。聂赤尊波为西藏第一代国王，与汉景帝同时。然则黑教徒宏教于上部西藏，建立冈底斯道场，为秦末汉初时。其最初发现此山，当在秦始皇时也。

初期黑教徒入藏之生活资粮，皆仰给于北印度，故发现此奇山后不久，已盛传于印度地方。由是传入西域梵僧耳中。又辗转入华人之口。数度传译，四水名，神名，物名，地名，人种名，皆渐不能详举。故方士得以《穆天子传》传益之而人莫能驳。

然方士辈不能凿空杜撰，一切仍依于传者之口。故《山海经》所述之昆仑，仍与此山实际情形及须弥山之理想的传说相近。（近人丁山先生有《须弥山与昆仑山》一文，载《说文》第四期，可参阅。）

四、山名与译名

冈底斯山，何以被撰《山海经》者译为昆仑？兹当解答此题目：昆，取音近。仑，取形似。因昆仑为华籍已有之名山，而与彼有音形之近似，故用之耳。

何言音近？西藏土人，呼雪山为"冈"（Gangcs）又称"贡嘎"（Ganga－diar），"噶"义为白，系后起追加字甚明。然则古代土人，固只呼雪山为"冈"也。推想黑教徒初到此山，询名于土人时，土人必指曰"冈"。故《海内经》，尚云"非仁弈莫能上冈之岩"。盖聆译时偶然录字异耳。昆字，古读如"衮"。汉碑"衮职"多别作"锟职"或"昆职"，足证。又如棍，槶等谐声字，皆与藏文 Gangs 音近。则译冈为昆，为无足怪。何言形似？余曾见印度人与西人所摄冈底斯全形，酷肖一尖积白盐之圆囷，正似小篆"仑"字。即如谢国安先生所言，亦与此照片合。盖冈底斯为平积石灰岩层构成之奇峰，其顶之尖削与四周浑圆而峭绝之程度皆与仑字相称也。

何以又称冈底斯，兹亦论之。谢先生别云"藏文 Ti－se 二字，为印度文"底舍"二字褪变写成。"底舍"与"底扯"同义，解为"大钻砧"。兹对照镌示如下。

印文（𑖝𑖰𑖬𑖿）底舍 （𑖝𑖰𑖬𑖿）底扯

藏文 ཏི་སེ （Ti－se） ཏི་ཚེ （Ti－tshe）

故冈底斯藏文亦得作 Gango－ti－tshe。如是，则可知此山最初土人原只呼曰"冈"。印度人呼曰"苏迷庐"。后因印人来观者多，觉其形体虽伟，尚不足与须弥山相称，乃废去苏迷庐称。而以铁砧之义代之。仍冠土人之称于前曰冈底斯也。藏文本依印文成字。当制造时凡人地名已习用印度语者，则直翻印字为新字，而以藏音读之，不更立新名。然其时西藏尚无打铁工业，藏人多未曾见铁砧，故多不解冈底斯之义。遂有谓冈底斯为此山一带地域之古地名者。又有谓斯义通于雹（se＝ser）底义为水液，因此带夏季多雹着地即融，故云底斯者。均非原义。

五、《禹本纪》与张骞所寻之昆仑

《禹本纪》与《山海经》，俱言昆仑，俱不见称于周秦诸子而盛称于汉武之世，则其同为始皇汉武同求仙方士所撰甚明矣。《禹本纪》久佚。《史记》"大宛传"赞曾引其文而斥之云：

"《禹本纪》言河出昆仑。昆仑，其高二千五百余里，日月所避隐为光明也。其上有醴泉、瑶池。今自张骞使大夏之后也，穷河源，恶睹《本纪》所谓昆仑者乎？故言九州山川，《尚书》近之矣。至《禹本纪》，《山海经》，所有怪物，余不敢言也。"

司马迁以史家审慎态度，不信山经禹纪之说，谓亲闻张骞言，已穷河源，未见有似昆仑之仙山也。然据本传上文，则获张骞在出使前，实未先闻河出昆仑之说。因在西域见塔里木河，土人指为中国黄河上源，归为武帝言之。武帝聚博识者考订，指河所出为昆仑。骞固未尝探昆仑也。本传述张骞之言云：

"于阗之西，则水皆西流注西海（此指中亚之咸海）其东，水东流注盐泽（谓罗布泊）。盐泽潜行地下，其南（谓于阗南山之南）则河源出焉。多玉石。河注中国。……天子案古图书（指山经、禹纪），名河所出曰昆仑云。"

于此可注意者：

1. 张骞出入西域，皆取道匈奴中。最南，不过"并南山（祁连山脉）欲从羌中归"，仍为匈奴所得。则其未见星宿海河源可知。然则何以能为潜流重出之说乎？此可推想：其时西域已有方士曾探河源者，见星宿海涌泉与罗布泊之水不溢也，因指塔里木为河源，发为潜流重出之说，播散于西域中。西域人已深信之，转告张骞如此。古人未知蒸发之理，谓海有"尾闾"。其信罗布泊潜流出星宿海，为必然矣。（此说未入《山海经》，应是山经已出世后所探得。《禹本纪》或曾言之，故司马迁特著于赞。）

2. 《山海经》言河出昆仑，只"河水出焉"，"河水出东北隅"数语。并未言河源在西域。更无潜流重出之说。何以探险之方士，竟敢确指塔里木为黄河上源，而西域人信之不疑，张骞、司马迁辈亦听信之矣？此可推想：先曾有人指出西域大水导源于昆仑之山。探险方士，因《山海经》谓河出昆仑，而穷星宿海、河源未得昆仑，遂推断此西域大河为黄河上源也。又可推想：最先言塔里木导源昆仑者，实唯曾探冈底斯之梵僧之游西域者。盖冈底斯流出四大水中，其巨狮口水系直向西北流去，既逼哈喇昆仑，乃转西折南为信度河。而塔里木源，即在哈喇昆仑山中。山险岩绝，不可采源。梵僧以其方向近冈底斯，谓为信度河之支派，遂谓源出昆仑耳（参看《大唐西域记》）。此其转折甚多，而理实一贯。

3. 塔里木四源，葱岭流出之疏勒河最大。哈喇昆仑流出之于阗河次之。即如张骞之说，西海与盐海之分水脊，亦当是葱岭，非于阗。疏勒、于阗与葱岭，又皆张骞所曾经。何以独指于阗河为黄河源？此可推想：骞在西域，已习闻昆仑之名。当询土人以昆仑所在时，土人遥指东南远处。盖先时梵僧所示如此。（冈底斯在疏勒、于阗诸国东南。）骞既信塔里木发源昆仑，以疏勒去此山远，而于阗河源直指东南，有导源于该山之可能。但未能登于阗南山一探究耳。骞固已信河源出于昆仑矣。且曾向武帝言之，只未能指证古图书耳。

4. 冈底斯附近不产玉，梵僧应无昆仑产玉之说。《穆天子传》，亦不云昆仑之丘产玉，其北舂山乃有瑶耳。即《山海经》，亦但言玉槛瑶池，未言其山产玉。自张骞，始言河源之山产玉。后世言昆仑者，辄联想及玉，若昆仑为玉之主要产地者然（《尚书》之"昆冈"，非昆仑）。查《穆传》：天子甲子日发昆仑丘，癸巳至于群玉之山，"取玉三乘。玉器服物，于是载玉万只。"庚戌西征。癸巳至西王母国。甲子觞于瑶池。以今地望测之，昆仑丘在武威界，西王母在疏勒界。群玉之山在于阗界，即于阗南山也。张骞所言河源是也。

综此四者，可知汉武帝所定之昆仑，是今于阗南山产玉之地。已非梵僧所述之冈底斯山，更非《穆天子传》之昆仑矣。

六、《十洲记》与《淮南子》所记之昆仑

东方朔《十洲记》与《神异经》，皆言昆仑。其说又与山经禹纪及张骞之说不同。《神异经》载昆仑有混沌兽，如《山海经》补注，与冈底斯无关。《十洲记》述昆仑山，宏侈至不可思议，直与佛家须弥山说同科。

聚窟洲，在西海中申未之地，地方三千里，北接昆仑二十六万里……昆仑山，号曰昆仑。在西海在戌地，北海之亥地。去岸十三万里，又有弱水，周回绕匝，山东南接积石圃，西北接北户之室，东北临大阔之井，西南近承渊之谷。此四角大山，实昆仑之支辅也。……山高平地三万六千里。上有三角，方广万里。形如偃盖，下狭上广。故曰昆仑山。三角，其一角正北，干辰之辉……其一角积金名天墉城，面方千里。城上安金台五所，玉楼十二所……真宫先灵之所宗。上通璇玑，元气流布。五常玉衡，理九天而调阴阳。品物群生，希奇特出，皆存于此。天人济济，不可具记。此乃天地之根纽，万度之纲柄矣。……

所言动辄若干万里，而刻画部居，若亲见然。全是佛教《俱舍论》作风。谓昆仑支辅，东包积石。积石，今青海阿尼玛靖山，禹导河所自始也。北户、大活、承渊，皆无考。以意度之，承渊，指阿特黑日河谷，谓承"昆仑南渊"（即马胜湖，见《山海经》）之水也。北户，即汉之南山，今云昆仑山脉，谓其南高北下，承北风也。大活之井，或指青海。佛教徒藏人传说青海古代原为神井，活万家，后井溢成海。

东方朔盖已闻此故事。若然，则《十洲记》之昆仑，实际包举康藏高原全部言之。古印度人曾疑西藏高原为须弥山。正与东方朔此记契合。足知此条材料来源，全依于梵僧之须弥山说也。

又所云"天墉城"，酷似佛家所云帝释天子宫阙。所云"上通璇玑"，"理九天而调阴阳"，"天人济济"，"天地根纽"等语，无不与须弥山说合符。故谓《十洲记》之昆仑，即俱舍论之须弥，应无不可。盖撰《山海经》之方士，所闻为冈底斯之实物，微及须弥。至东方朔所闻：则为须弥山之详述，而非谓冈底斯之实物也。

《淮南子·地形训》，更剽窃须弥山说，为道家言。杂取穆传、庄、骚、山经、禹纪、十洲之文而改作之：

禹乃以息土填洪水，以为名山，掘昆仑虚以为下地。中有增城九重（见《离骚》），其高万一千里百一十四步二尺六寸。上有木禾（见《山经》）……旁有四百四十门，门间四里，里间九纯，纯丈五尺，旁有九井……县圃、凉风、樊桐在昆仑阊阖（见《大人赋》）之中，是其疏圃。疏圃之池，浸之黄水。（五色水，见《河图》）黄水三周复其原，是谓丹水，饮之不死。河水出昆仑东北陬……赤水出其东南陬……洋水出其西北陬……凡四水者，帝之神泉，以和百药，以润万物。昆仑之丘，或上倍之，是谓凉风之山，登之而不死。或上倍之，是谓悬圃，登之乃灵，能使风雨。或上倍之，乃维上天，登之乃神，是谓太帝之居。

四水之说，依于冈底斯四水。大帝之居，依于须弥帝释之说，甚为显然。唯托之禹贡，亦荒谬矣。其高，其门，又多于山经五十倍以上，而言之凿凿尽尺寸，可谓妄绝。

于此，知汉武帝以后，言昆仑者有三派。其一为于阗南山，河源产玉之昆仑。今尚称此山脉为昆仑山脉；其一为荒谬幽怪，不可实指之昆仑，即佛家想象之须弥山也；其一为张掖郡之昆仑塞，即《穆天子传》之昆仑丘。他人已不复言，只彼地方志不能率之耳。此道中华西北之昆仑山也。其他称昆仑者尚多，俱不与此相涉。

七、由昆仑转为阿耨达

印度人初称冈底斯为须弥，播扬甚广。其后来者，觉山形虽似，体量尚小，不与高八万四千由旬之山王相称，尽罢其说。故魏晋以来，梵僧不更指出之为须弥。

然不能忘其峭丽，则复造为"阿耨达"说以尊美之。"阿耨达"者，彼言"无热恼世界"。印度酷热，此则盛夏凉爽，故云然也。经康泰《扶南传》，释氏《西域记》等书传入中国。均见引于《水经注》：

> 释氏论佛图调列《山海经》曰：西海之南，流沙之滨，赤水之后，黑水之前，有大山名昆仑。又曰钟山西六百里，有昆仑山，所出五水。……又近推得康泰《扶南传》，传昆仑山正与调合。……泰传亦知阿耨达山是昆仑山。释氏赖得调传，豁然为解，乃宣为西域图，以语法汰。法汰以常见怪……释氏复书曰：按《穆天子传》……何得不如调言？子今见泰传，非为前人不知也。而今以后，乃知昆仑山为无热丘，何云乃胡国外乎？

诸书今皆不传。就郦注推之，康泰当是吴人。所作《扶南传》，言印度之事甚多。其时印度人已称冈底斯为"阿耨达"。且已闻华人呼此山为昆仑之说。康泰因使扶南，至天竺，备闻其事，故曰"恒水之源，乃极西北出昆仑山中"。又曰："阿耨达山是昆仑山"（并郦注引文）。夫泰既吴人，不知西北之山，何以能将昆仑收入《扶南传》内。《扶南传》而有此说，则其时此山之犹盛称于印度人中可知矣。

佛图调，当是西域僧来华，通中文典者，依据所见撰列山经，与《山海经》为表里，译名并依《山海经》，故有西海、流沙、赤水、黑水、钟山等名。状物，则自从所见也。其人来华，或在佛图澄后。来华之先，应曾至冈底斯山，而知其即昆仑。又已知阿耨达新称。云山出五水者，于四大水外，更增黄河。以与华人所传相契也。

释氏亦当是蕃僧。其时西域僧来，多以族名为名。氏当读氐（原刻每误为云字。）盖月氐国人也。因其多闻梵僧之说，故能为昆仑即阿耨达之强烈主张者。但未曾躬览冈底斯，故其言虽辨，而不能使人尽服。

唐张说叙玄奘《大唐西域记》曰：

> 赡部洲之中地者，阿那婆答多池。（阿耨达池）在香山（冈底斯）之南。大雪山（喜马拉雅）之北。周八百余里。金银、琉璃、颇胝（玻璃故字）饰其岸焉。金沙弥漫。清波皎镜。大地菩萨，以愿力故。化为龙王。于中潜宅。出清冷水。是以，池东有牛口，流出殑伽河。……池南面金象口。……池西面琉璃马品。流出缚刍河……池北面颇胝狮子口。流出徙多河（信度河），绕池一匝。入东北海。或曰潜流地下，出积石山，即徙多河之流，为中国河源。

此与晋魏人所云阿耨达山者，自是一地。不过魏晋犹重在山，唐人乃单重在池（马膀错）。且已称冈底斯为香山，不更知其为昆仑，亦不称之为阿耨达山矣。对于阿耨达池，则又夸张过甚。此亦足见一时代之风趋。

自唐以后，更无记述此湖山者。由吐蕃强盛，地方闭绝，而华印之人亦鲜交通故也。直至清康熙五十六年，遣蒙古喇嘛楚儿沁藏布，兰木占巴，理藩院主事胜住，同法国天主教士，深入西藏测绘地图。曾至此湖山间，属而志之，归报清帝。帝于五十九年撰文论西陲地理，有云：

梵书言四大水出阿耨达山下，下有阿耨达池。以今考之，意即冈底斯，是唐古特称冈底斯者，犹云众山水之根，与释典之言相合。冈底斯前，有二湖连结，意即阿耨达池。

自是以后，华人始复知此为阿耨达。然已莫能知其山即昆仑者。

八、结　语

综合前文，约束其意曰：印度远出弘法之僧伽，于西藏未有文化前，已由北印度深入藏地，发现冈底斯山，指为须弥，播扬于五印度及西域各国。由是传入不解佛典之中华方士耳中，遂缘《穆天子传》等书，译称之为"昆仑"。

由《山海经》《禹本纪》《十洲记》《淮南子》等书之称道，使昆仑一词，震灿华夏。入华梵僧知其即彼所云之须弥山也，又传昆仑之音于印度。其时中国佛法未昌，莫曾知所谓须弥山也。

已而印度人觉冈底斯非须弥，改称为阿耨达。且诚信即中华所云之昆仑。经康泰曾合此二名词，写入《扶南传》中。魏人释氏与郦道元等力主之，辩论于中华境内。故华人未知昆仑即须弥山，而知为阿耨达。

然华人足迹，终始曾无达此湖之间者，故莫能确知其地位所在。逮康熙末，始有华人踏勘至此，亦非汉人，且未能详言之。国人之能详述此湖山者，始于谢国安先生。至如印度人，则知此山最悉。西人之踏勘此湖山者，始于斯文·赫定。后来益多。若夫汉人，则迄今尚无一到者。

康藏标准地图提要[①]

(1948年)

康藏地形，未经全部实测，即余足迹所至，亦未达全面之什一。兹绘此图，安得即以标准自夸耶？余之敢用此名者，以其具备下列条件：

1. 余所收藏康藏地图，精粗巨细共凡1000余种（另详《西康地图谱》），均经审核其精度，订正其译名，厘矫其讹谬，参验以探险考察者之游记与报告书，必其确定无疑者始予绘入。一点一画、一曲一直之微，皆有依据。绝无信手勾绘率意布置之笔。

2. 以北纬30°为中线，用多圆锥投影法，依经纬度定点。皆部位、距离、面积，皆较其他康藏地图精确。（目前康藏尚无统一测定之经纬度可用。本图甘孜以东依谭寿田、李庚扬两氏所测定者。甘孜、昌都间各地，依英人柯尔斯、台克满二氏之图。台氏虽未曾测量经纬，柯氏虽亦仅曾测量纬度，但各俱曾参考其他西人测定数值应用之也。康南近滇之部，参依台维斯云南地图及中华民国新地图。大小凉山一带，参用法教士云南教区图及常隆庆氏地质考察图。贡嘎岭及康、青、川、甘间，依澳人骆克旅行图。昌都以西，西藏、青海之部，依英文土伯特与其邻部地图。此中参订斟酌，艰苦万分，虽未能满意之处尚多，然在民国三十二年以内亦足为经纬定点之康藏标准图矣。）

3. 所收地名，概由实地考察者之路线图为据。仍参考其记录。凡足迹未至而目光已达者，亦敬录之。苟未合此两条件，纵可确信其中某部位者。亦以问号标之，或虚线表之。绝无强作解人以疑传信之笔。

4. 山河与道路城村之配置，及其相互间之关系，毫厘委曲，亦必审慎。例如峡谷中道路线，有紧沿河岸者，有阻于绝壁而傍河逾山者，有频频度桥者，有放弃沿

[①] 本文原载《康藏研究月刊》20期。系作者1942年为所绘康藏全图所写之序。1948年发表。

河路线绕越甚远者。高原阔谷中路线，有沿水道者，有穿行河原中央而距河甚远者，有因河水环曲而屡渡河水，或逾土阜取捷者。翻山路线，有山脊绕狭仅一山口者，有山顶作长槽或台地有二山口者，有一侧平斜，他侧陡落者。凡此诸式，皆尽纸墨所能容受，尽量写实，阅者可以按图领悟，绝无粗制滥造之笔。其有调查未详，与原图未精者，则道路河流无存部位，无复委屈情致，以示区别。其当存疑者，则以虚线表之，绝无妄为增饰之笔。

5. 康藏地名之翻译最难：藏音已非汉字所能适应。汉音又各省各地不同。而藏文地名写法亦多歧义（例如塔公寺有 lHa－dGaa, iHa－sGang, lHa－dGongs 三种写法。音相似而含义各异。土人往往各执一词），汉方旧译既分歧不一，政府文书，又多新为异称（例如硕督，即硕般多，又有硕板多，索般多，所班多等译。麻康噶妥克，官书旧作江卡，又改宁静县。察隅，旧作咱义，近作绒密，英文 Rema 译为里马，等是）。标字用舍，极费周张。本图，凡属专有名词，皆用官书最通行之译名。官书多无，乃取私家记载。图籍向无译名者，始自译而标注英文，以资参考。凡属专名附纂之音通名者，其审义已确者，则用余自所假定之标准译字：如山口曰拉，山脊曰卡，河水曰曲，湖泊曰错，山梁曰冈，小沟曰石，大谷曰龙，河谷草原曰龙巴，荒漠草原曰塘，官寨曰宗，农村曰仲，河口村落曰达，两水会流处曰多。山峰曰热，省作峰。桥曰桑巴，省作桥。渡头曰曲卡，省作渡。喇嘛寺曰共巴，省作寺之类。不尽依旧译也。（如谢楚河作鲜曲，白衣共巴作白衣寺。）其如审义未确者，则仍沿用旧译以避歧误。（如测量局十万分之一图中之错纳山即雀儿山，实藏语中铁山口之义。故用"濯拉"一字附注。缘本图定译生铁为濯，山口为拉也。又如问纳脉，泥纳脉二地名，似当作闻拉，泥拉，唯牧场语异，确义难知，则仍从原图。）各译一名，皆曾参订多书，绝无率尔操觚之失。

6. 康藏部分界线，向无注意之者，偶有地图绘及，亦仅作圆圈或缭曲弧线，莫或自知其确实界标所在。民国五、六年时，法教士古纯仁，英人柯尔斯、台克满等，始从事于川边部分之界标调查。确定其界线。昌都以西部分，则莫能定也。余当考察西康之初，即已注意其部分界划，其后博参中西图籍、地记，反复参定，厘析界至，绘入《西康图经》。坊间各图，多曾采用。毫厘千里，差误滋多。此图确得界标材料，较前精确；部分区划，较前详备。按图比例，推算各县区面积，可以不差累黍。非唯足知其部位交接而已。

7. 余每参考西文图书，皆先摘录各地高度，集为专册。每派人远出调查，皆以测量海拔为重嘱。又常以气压表请托出差人员随缘记录之，或借钞游历考察者之簿记,积至今日,凡得3000余数。虽非如水准测量之精,然以制百万分之一地形图,已足用矣。顾余究嫌其未精密,故弃等高线不用,改以农牧产业分布情形,表示各地高下夷险。盖康藏界内,海拔2000公尺以下,为两获农地。2000至3500百公尺间,为一获农地及伟大森林区。3500至5000公尺间,为草原与寒带森林。5000公尺以上,为雪山、冰河,不生产地。虽河谷方向,纬度高下,地形凸凹等错综条件,各地微有差殊。要其大体,去此定式不远。观审产业分布、高下险夷即可概知。且地形所重,固亦在此不在彼也。

8. 三十二年以前,康藏新建设之关涉地理者,率已具于此图。

往时西康各县府,苦无地图者,或聚会通事土兵,详询各区村道里方位。记录率已翔实,终莫能据以制成图本,无法定点故也。余每得图籍阙如地区来晤人士,必执笔详问当地情形。谈者娓娓,尽日如数家珍,然命粗绘形势,则不知下笔。即使绘示一村一镇之图皆然,未习图法故也。又曾试就西图经纬,描绘巴安、理化、邓柯、德格、白玉五县轮廓,寄请各县府装填内容。巴、白、邓、德四县,旁及定乡、石渠之政工人员,皆由是引起制图之兴趣,蔚成佳构,寄以报我。盖定点有所依凭,则制图不难也。去稔知一地方地理情形而才技不克绘图者,与力尽制图而无法定点者多矣。使政府能颁发经纬定点轮廓正确之标准地图,俾各地方政府与局部考察人员,各就所知而充实厘正之,则积二三年,毋庸实测,精图可构。今人对于康藏地形,茫然如在雾中。启导之资,非图莫属。需要既切,投机者兴,遂有向壁虚构为山脉河流与等高线,妄作十万分之一,二十万分之一与百万分之一之西康地形图者。当局不察售而刊行,贻误国人与《西行艳异记》《江湖奇侠传》何异?余作此图,准备工作阅14年……虽嫌缩尺太小,收列地名不多。然已端详各县区之轮廓,确定各要地之地位,俾有志力于作县区详图者,资为定点标准,则由百万分之一扩至五十万分之一,十万分之一,皆可资为证据,曾参订消息之烦,无嵌合抵牾之失。至如地貌之描写,产业之配布,亦可拟为椎轮而推展之:名曰康藏标准地图应非夸耳。顾一人资力有限,搜讨阙漏犹多。海内贤良如怜其志而校正衰益之,国家之利,此身尤所感也。

三十一年四月十九日记于雅安魏家冈

这是我初绘百万分之一康藏地图完成时写的一篇序文,录在图上。便在这年秋间,我离开西康到成都教书,此图搁置未售。本年因绘五十万分之一的康藏图集,开支浩繁，用度不足，乃检此图向中央测量局求售。特将序文抄录下来，刊在这里，便作为我编绘康藏地图集进程报告的一篇登场引子。因为有这篇序文，亦可以保证我编制康藏地图集的胜任愉快。但序中有几句，是我当时气质未化，发愤骂人之笔。兹为节去。

三十七年五月三十一日于成都

三体译文康藏地图略说[①]

(1948年)

西藏地图制作之难,不难于地形之描绘正确,而难于译名之用字适当。盖地形一见可识,明图法者足及、眼及之处,皆可依法描绘成图,使熟通此道者,一见而知其形势之当然。译名则非探索本义,制定标准译字,使所标之文足以代表本语之自音义不可,此则非有积年钻研工夫,不能胜任愉快也。

过去西藏地名译字,皆凭通事访问之音,率意书之;土人发音有缓促,通事转口有清浊,而记录者又各从方音以录字。于是同为一地,书自各字不通。百千人书,有百千译字。或一书而前后异字。异代异时之记录,更难得而会通之矣。

兹举一例:如西藏三大寺中最大之哲蚌寺,距拉萨仅十余里,汉人在藏学法者必依止之。其在我国名著中之译名,有下列多种:

布雷峰(《大清一统志》)

布赖蚌(《卫藏通志》)

别蚌(《西藏志》)

哲绷(《西藏民族政教史》)

其他异译如布来绷,者布,德滂等尚多,毋庸悉举。即此上列四书,已鲜人能通为一地也(黄沛翔《西藏图考》,以布雷峰与别蚌寺并列为二寺)。实则如此诸异译,皆出于藏字。

Baras—spung(哲蚌)一字。本义为"米聚"。前两种译字,系依蒙古习惯缓读之音译;后二种,系依藏人习惯促读之音译。译时皆未参订旧译,任情自书,遂致歧异若此耳。

---

① 本文原载于《康藏研究月刊》1948年第21期。系作者为其所绘之"三种文字对译康藏全图"所写之说明。该图为当地国内首幅按现代地图要求,经纬度定点绘制的康藏全境地图。1950年初绘成。解放西藏时被用为进军之图。

译道，当遵旧译。而过去西藏图书作者未守此义，任何地名，皆有如此异译至三四种以上，今将何所取舍耶？

不只中文如此，西文各种地书、地图，译字亦皆互异。即如此寺，便有Brapang、Draubung、La pang、Tsalpun诸异译。皆由漫采土语录音，未解藏之本字，故不能为定译也。

余近编绘康藏地图集，深以抉选译字为苦。为求读者便于会通群籍起见，凡属要地，皆以汉文、藏文、英文三体并书。其法则如下：

1. 汉文　先自拟定标准译字，如米曰"哲"，聚曰"蚌"，水曰"曲"，原曰"塘"，山口曰"拉"，湖泊曰"错"之类，用为本译，而采旧译之较著名者附著之。唯旧译夙已固定，如"拉萨""日喀则"等，则虽与所订标准不合，亦遵旧译。

2. 藏文　藏文地名，亦往往各书异字。本图所采，皆曾请谢国安先生校订，务以出于藏文经籍中者为主。附注罗马字标音。盖罗马字代替藏文，今世已有定法。足以表藏文之形，传藏文之音，存藏文之义。以此校订西籍，亦甚便也。

3. 英文　以印度测量局制百万分之一西藏分幅图所标之文字为主。此图所采探险考察者之路线图，超过百种。各原图译音所用标准亦互不同，有存藏文形义者，有漫采土语者，有得藏文之意而简写其音者，亦有径采汉语及印度语者。其编绘时未能深下厘正工夫，故实为一音庞杂之复纂地图。然今日描绘西藏之地图，未有更佳于此图者，故特遵之，以便参阅其他西籍也。

如此绘成地图后，中国图籍、公文，对于西藏地名，必可渐归统一。即一体使用罗马字代藏文，与配合此项字根之本国文字。余欲作此贡献，余正努力。

四川地名考释[①]

(1980—1984年)

一、成　都

我国地名，从古至今没有发生过一次变更的只有一个，那就是成都。成都之所以独得具此特点，自必有它独特的原因。这里不暇分析它的原因，只说它命为成都两个字的缘由。

成都名称，是从蜀王开国奠都开始的。蜀王这个王族，原是太古时代陇西羌族的一个支派，由草原游牧兼狩猎生活，转进至岷江河谷温暖地带居住，号"蜀山氏"，蜀山氏与中华黄帝通婚姻，最早于《世本》。为《大戴礼》《史记》《帝王世纪》等书言，昌意娶蜀山氏女生颛顼的史文所据。是我国发明养蚕缫丝的民族部落。"蜀"这个字，在中华文字的原始含义为野蚕，本是桑林自生，食叶结茧、可以抽丝的虫类。这个民族部落最先住入这段长有野蚕桑林的河谷山地，故号蜀山氏。其最早创造成功把野蚕饲养为家蚕的人，为"蚕丛"，其子孙别称为蚕丛氏。现在茂汶县北界的叠溪湖，在汉代为蚕陵县，可能就是蚕丛王的故居。叠溪营曾出土汉碑有"蚕陵"字。参看拙著《蚕丛考》。蚕丛氏部落，从茂汶县东的土门这个山口，进入四川盆地，初时只在鍪华九顶山脉东侧的斜坡地带过狩猎兼耕牧的生活，并在今彭县关口以北海窝子小盆地建成了都邑，称之为"瞿"。时间大约与商王朝相当。那时，山下的成都平原还是一片森林和沼泽，没有人住。蜀族也还只能住居在山坡上。但是，他们必然是向往平原的，终归于进入平原来了。

成都平原，原是侏罗纪内海的一部，进入第三纪、第四纪仍然是小内海。这时海虽已干涸成平原了，却还潮湿得很，沼泽沮洳，不能入居。蜀族初进入时，营邑

---

① 原载《社会科学研究》1980—1984年各期。

于"郫"。其地在今彭县西部九陇的黄土丘陵间。秦为郫县。汉代把郫县治迁过沱江以南后,其故治仍属郫县,蜀人称为"小郫"。唐以后才划归彭县的。"九陇"是九条黄土冈的统称。其土属第四纪冰积黄土,分布较冲积平原高出,蜀族下山来,只能居住于此。

蜀族住居到九陇的郫邑后,出了一个名王叫"鱼凫"。(蚕丛、鱼凫,都是后人加于死去部族首领的称号,以纪念他们发明、创造的功勋。他们的子孙,也便用这些称号为氏族的标识。中华的伏羲、神农、轩辕等氏族称号亦是如此。)他向平原的河流与沼泽发展渔业。同时也在九陇黄土冈陵间开始耕种粮食。并且很自然地把耕地向冲积平原扩展。

鱼凫之后又曾出过一个名王叫作"杜宇",他是耕种能手,也善于教人耕种。蜀国农业由他大兴,从而富强起来了,于是建成了国家,蜀人把他称为"杜主"。杜,古与土同音。今人称作"土主",又或称为"穀神"。四川往时各城邑皆有土主庙。杜主的子孙,以杜宇为氏。传了若干世才到望帝杜宇,政权为开明氏所夺。常璩《华阳国志》(以下省称《常志》)说:"七国称王,杜宇称帝,号曰望帝,更名蒲卑。……会有水灾,其相开明,决玉垒以除水害,帝遂委以政事。法尧舜禅授之义,遂禅位于开明,帝升西山隐焉。"他是根据扬雄、谯周等人的《蜀本纪》写的。杨雄,又是据民间传说写的。后世引用《蜀本纪》的人,又多有体会不同,随意加工,常璩亦所不免。他最初把教民务农的杜宇(杜主)与禅位于开明的杜宇(望帝)混为一人去了。我考这两个人,都不是"七国称王"时候的人。七国称王时,已是开明氏第十二代的蜀王了。上距开明夺国篡权,至少有三百年,已是春秋之世。至于杜主,更应生在西周年代或且在殷末年代。关于蜀国古史,拙作《华阳国志校补图注》另有考辨。

在杜主到望帝的若干世中,经过三次迁徙都邑,皆筑有土城,而称曰都,即新都、广都、成都。

"新都",是从郫邑迁出的第一座都城。大约是因为九陇地面不够耕种,蜀族又未能渡过沱江(郫河)时,向东缘山脚地带发展耕地,发现平原东部广阔的黄土丘陵时营建的。原址不是今时的新都城而是在弥牟镇附近那个黄土包上。俗传弥牟镇的"八阵图",乃是蜀王族群葬的墓地。蜀国葬制,例于墓上立大石作标志。《常志》说:"蜀有五丁力士,能移山,举万钧。每王薨,辄立大石,长三丈,重千钧,为墓志。今石笋是也。"又说:"其亲埋作冢者,皆立方石以志其墓"。弥牟镇的墓群,被人妄指为孔明练兵的"八阵图"了。

成都平原东部有大面积的第四纪黄土铺盖的浅圆陇冈，从新都越过沱江，缘近龙泉山脉向东南延展到牧马山。当蜀族畏避卑湿平原，喜在黄土冈陵间发展耕种时，居处新都既久，自然能突过沱江，缘龙泉山下黄土带向牧马山区发展。由于隔于沱江，管理不便，故又在沱水以南创立一城，称为"广都"，等于一个陪都。"广"，是推展扩拓的含义。都，是筑在土城的国邑之义。其故址，当在今沙河堡大观堰附近。大观堰，古名"千秋池"，就是为筑广都城取土而挖成的鱼池。《常志》说："仪与若城成都……其筑城取土去城十里，因以养鱼。今万岁池是也"。万岁池，今云白莲池，在公墓狮子山下，原是赤里街旧城取土之处。张仪筑城可能取土于此。沙河堡还有个"大观堰"，旧名"千秋池"，面积与万岁池相当。那不能也是张仪张若取土之处。纵然他二人在此取土，亦当因从前筑城取土于此，发现土好，才会远逾十里来此取土。故知"千秋池"是筑广都城挖开的。它与万岁池，都不是天然自生的。

但秦汉的广都县治，已经不在沙河堡，而是循着府河向牧马山方向屡次移徙。隋代以来又已徙至今天的双流县界了。广都县治，屡次移徙。汉武帝时，已在牧马山东麓，北距成都三十里。有望穿原。详见《常志》（校注本）。晋世，又徙至牧马山西侧，置蜀郡。隋改曰双流县。唐代又分双流南境置广都县。元代与双流同省。明清复置双流县，广都遂省。

成都城，则是蜀人已经向平原冲积土发展耕地时候（广都城已经向牧马山方向移进之后）才营造的。大概在蜀望帝杜宇任用鳖灵治水的时候。所谓鳖灵治水，不过是把成都平原的沼泽积水排除，造成沟洫，使平原农田逐步增加起来。并不如昔人传说他凿开了那匹山把水放走。《常志》云"凿玉垒"。他书引《蜀本纪》或作玉山，或作巫山，全是不足信的话，那时人类还无凿山通水的条件。正与说"禹凿龙门"一样荒唐。蜀民得到平原农田的生产丰收，大大富足起来，所以人人爱戴鳖灵，望帝也把政权交付与他，自己逃避到西山老林去死了。蜀民虽爱戴开明氏鳖灵，也仍不忘历世杜宇发展农业的功劳，怜念这位亡国之君，把催耕的布谷鸟称为杜宇，说他是蜀王杜宇的魂。

望帝杜宇新营造这座都城，之所以取名"成都"，可能是取成功、成就、完成的意义。当时他是满意于得到鳖灵为相，把屡世希望垦辟这个冲积洳湿平原成为农田的愿望实现了。他选择的成都城地点，位于黄土冈陵与冲积大平原之间，既便于管理旧的农田，也便于开发新的农田；既不受潮湿水灾之害，又能收交通便利之效；他已踌躇满志，认为建国功成，可垂久远，这个都城可以一成不变了，所以命名为成都。这与舜的"一年成聚，二年成邑，三年成都"的成都含义是有所不同的。

成都这个地名虽古今没有更变，它的城址却有多次迁移。蜀王杜宇的成都旧址在今昭觉寺北将军碑附近的一块黄土浅丘上，不过一平方公里的地面。即《常志》所云"赤里街"。今已化为农田。到了开明九世时，冲积土覆盖的平原全都开辟出来，蜀国更富庶、更强大了。这位开明王把都邑向南移进了十多里，约当今天的驷马桥附近。汉城北门外有升仙观，原是迎送官吏之公所。俗称"升迁观"。后世嫌其不雅改作升仙。去观不远为驷马桥，本名升仙桥。相传即司马相如题桥柱处，故改称驷马桥。秦灭蜀后，置县。张仪更筑新城，比开明城扩大。世称"张仪城"，又叫"龟城"。其城，南北各只一门，东西各二门，椭长似龟，故曰龟城。城高七丈。周回十二里。六门皆巨石装砌，上建楼观。北曰咸阳门。南曰江桥门。西二门北曰宣明门，南曰朝阳门。（东二门失名）。全形似龟，故曰"龟城"。《元和志》"张仪筑城时，屡颓不立。忽有大龟周行旋走。巫言依龟行处筑之。城得竖立"。宋明清代地理书，遂传此说，更多加工，皆缘不考秦城规制，望文生义，胡说八道，不值评辩。城内建蜀郡太守府，蜀藩宫府。按《常志》"秦惠王封子通国为蜀侯，以陈壮为相。置巴郡。以张若为蜀国守。……六年陈壮反，杀蜀侯通国。秦遣庶长甘茂、张仪、司马错复伐蜀。诛陈壮。七年封子恽为蜀侯。"其后恽中谗，夫妇自杀。"蜀人葬恽郭外。十五年，王封其子绾为蜀侯。"绾"迎丧入葬之郭内……车至城北门忽陷入地中"云云。蒙文通教授认为守、相同城，写有论著。旧《昭化县志》载蜀侯恽墓在昭化北山，则守、相非同城也。我考张仪筑成都城，原建有国相、郡守二署。但蜀侯通国贪近咸阳，实居葭萌（昭化），不至成都。国相亦当同住葭萌。第二次伐蜀诛陈壮，兵力亦只到葭萌。蜀侯恽亦仍是住葭萌。葭萌居所领蜀、巴、汉中三郡之间，绾毂三郡交通，故建藩于此为更适。常氏言"蜀人葬恽郭外"者谓葬葭萌郭外（北山），非谓成都郭外。常云"闻恽无罪冤死，使使迎丧入葬之郭内"者，谓绾居成都，自葭萌迎丧来葬于成都郭内。因车所陷，遂葬于今羊子山处。羊子山战国墓，冯汉骥先生已经发掘证实为蜀王墓。若谓恽先所葬是成都郭外，则羊子山已是秦城北郭外，更何劳"遣使"迎丧乎？然蜀侯绾实居成都，故知张仪初计，已营蜀侯、蜀相与蜀守府署和兵营、仓库、祠庙、及其他官吏人员住宅。商贾指定朝阳门外营居，禁入龟城。成都县尹则居杜宇旧城。

张仪返国后，蜀郡太守张若，因商肆繁荣，户口增盛，又于宣明、朝阳二门外增筑小城三面，徙成都县治于此，护理市肆。称杜宇旧城为"赤里街"，以黄土色赤褐，故称赤里也。于是人称张仪城为"大城"，张若城为"少城"，亦曰"子城"。少城面积，相当于大城之半，故曰"小城"，高厚皆同。东以宣明、朝阳二门与大城相通。其北门曰"朔门",南门曰"市门"。市门内外繁荣益盛,乃使其佐李冰,开渠引郫邑之沱江。《禹贡》"岷山导江,东别为沱"。所指为会绵、雒二水,穿金堂峡至泸州合江之沱江。《尔雅》"水自江出为沱"。《说文》"水别流也。出岷山",皆符此义。但《汉书地理志》以威州枝江为沱,湖北枝江亦为沱,故魏晋人但呼成都之沱江为内水,或湔水,或绵水、雒水。(后三者皆缘所纳支流为称。)实当正名为沱江。流绕少城西南两面,以护少城外商肆,是为"郫江"。张若死,李冰继为蜀守,更作都江大堰,分内江(旧沱江)水贯穿大平原中心至成都城东南郊合江亭与郫江合流,过广都县境夺黄龙溪,这是自龙泉山区流入外江的一条小河,《常志》称为"赤水"。因刘备时出现黄龙,故又叫"黄龙溪"。李冰合二江泄入此溪,遂成大河,通舟楫。实当称为武水,武阳因在此水北岸故名。秦灭蜀追擒蜀王于此,军事结束,取"止戈为武"之义,故曰"武水",至武阳与外江会。合江亭下水可行舟。《史记·河渠书》言蜀守冰"穿二江成都",谓郫江、检江也。

李冰因于大、少二城南门外作桥跨江是为江桥与市桥。江桥外跨检江作万里桥。市桥外跨检江作夷里桥。又于少城西郫江上作冲里、长升、永平三桥。七桥分布形势,似北斗七星,故合称为"七星桥",省云星桥蜀自李冰始建木桥,以前但有津渡。

汉武帝元鼎二年(前115年)扩修成都城北、西、东三面,各里余。大城、少城各有九门,门皆有郭(门外护城,俗称瓮城),是为二城十八郭。于是官寺、祠庙、商店、居民皆在城中。更于市桥外开辟商肆,以便四夷市易,称为"州市"。至元帝时城内户七万六千二百五十六,仅次于长安,为全国四大都市之一。

大城、少城合并既久,张仪城旧墙浸没,平为民居。仅余宣明门石基与楼观,为士民观赏、官绅燕集之所。王羲之致周益州帖,曾询及此楼。后世地理书道及此遗址者甚多。《四川通志》详具。其后楼观亦灭,仅余石笋旧名。今西城石笋街民相传有石笋埋于地下(陈世松同志说)。常璩《蜀志》所言石笋甚多。大都为蜀王族志墓之石。今文化公园"支矶石"即其一也。(原在毗桥,后人移置城西北隅之武担山上。民国初年又在少城支矶石街公园内。中华人民共和国成立后移置文化公园。)

汉景帝时庐江文翁为蜀郡太守,于市桥外近检江处立州学(学堂),培育郡县文学子弟。当州市南,今石室中学即其故址。又有锦官、车官二城,皆在其附近,统于"工官"。施工与教学,皆以远于市肆为便,故三者皆设于远郊,近检江处。织锦业为汉代此区最大工业,丝锦漂濯水须清洁,故锦官城远筑于检江近岸。并改称其水为"锦江"。

隋炀帝封宠子秀为蜀王，州郡为之营庭苑宫室于宣明门故址，称"宣华院"。秀未赴国。唐代因以旧宫室为节度官邸，以苑居官妓。杜甫诗云"锦城丝管日纷纷"，谓此处也。

自秦汉以来，城皆土筑，随时皆崩圮。唐代更筑新城，稍移向南，跨过郫江，抵于锦江，城基皆砌砖石。今东城区之天涯石，即唐城东门遗址。郫江一段既包入城内，久而淤塞，逐渐填为民居。分段留为池沼。今王家塘、洗马池，与其间方正街一带，地面特低，往时水道未修，暴雨后水溢浸街尺余，民户须乘木排出入，缘是古郫江故道，填土松塌故也。

唐末叶，南诏内犯，至城郊，大掠财物，掳工匠。内中乏水，摩诃池污水皆尽。高骈为节度使，筑罗城，周二十五里括锦江一段于内。今武侯祠西有地名"五块石"，重叠如幢，即罗城西门旧址。罗城附唐大城西南（南诏入寇恒自西南雅、邛、嘉、眉方来），只东西二门，瓮有砖壁。诱寇入城，即封扼其门而歼灭之，如张罗捕禽，故曰"罗城"。锦官原在南郊，故以此城护之。

唐代织锦工艺极盛。南郊户口日多，水渐污浊，更移锦官至锦江上游十里，称浣花溪。《蜀梼杌》记前后蜀事甚详。亦载涛与浣花夫人事。多采民间传说，有所误会。谓夫人微时为僧浣秽污衣，濯沫尽成莲花浮去。此妄说也。唐时蜀锦皆著花卉图案，濯锦如浣花，故称锦江为浣花溪，非由冀国夫人得名也。历届节度使多建别墅于其旁。节度使崔宁妾冀国夫人微时居此，既贵后，仍常居此别墅，故得免于杨子琳之难，并自此纠合官民击走叛军。今草堂寺冀国夫人祠（浣花祠），其故址也。杜甫入蜀亦居此区，留诗甚多。今为草堂寺。

前蜀王衍时，天下方乱，蜀独富盛，衍因宣华苑，筑宫城于成都中。绕宫城为御河，会于摩诃池，通于锦江，皆可行舟。衍与其母徐妃姊妹，常维舟以锦障泛游至浣花溪。其母子与妃嫔所作宫祠近百首，以咏颂此乐游者为多。

后蜀孟昶时，蜀仍富盛，锦城名满天下。时罗城因无人居，为樵牧所坏，昶修复其一部分为马牧，称养马城。后世讹为"羊马城"。《一统志》与《四川通志》皆作"羊马城"。昶又在大城上及城濠间遍植芙蓉，秋日繁艳如锦，故世人又称锦城为"蓉城"。

宋初平蜀，废唐节度制，置成都府，统故西川节度所辖州县，仍以成都县为首县。都市富盛积久，农村人口繁重，产业凋敝，人民不堪豪户剥削，激成王小波、李顺起义，占有成都，与宋军战斗屡年。李顺败灭，全蜀亦为之残敝不堪。成都市亦随之衰落（织锦工业同时衰败）。蒙古军入蜀，成都陷落尤早。终元之世四川首府转回向重庆，成都无可见称。蒙古骑军所向无敌，宋人唯凭山险制之，故成都平原陷落最早。余玠守蜀时，成都州县皆聚守金堂之云顶山。宋末三十余年中，成都平原无居民。称"成都"者，皆指云顶山城。

明初平蜀，复建成都为四川省会。重作砖城，与唐城旧址无大出入。明太祖封子椿为蜀王，因五代宫城遗址，筑宫，蜀人称为"皇城"。明末张献忠因此建国。献忠败走，全城焚毁，复为旷土。其时唯保宁、嘉定与重庆人口较多。残明军与清军分据一隅作战，弃成都平原视同沙漠。至康熙五十七年（1718年）全蜀安定，乃再筑成都城。由全川各府、州、县分段包修砖城，砖样、土质、制式皆有严格规定。其城周环二十二里有多，穿城九里三分。只东、西、南、北四门。金河穿城，亦只留出入水窦，封以铁栅。城上宽丈余至二丈，铺砖，可并行十余人。四门皆突出，更筑瓮城外护（只一偏门），其内皆可列肆，雉堞楼观并宏伟益固。城内有三十六大街，七十二小巷，四大较场。各级衙署、兵营、各省填川人士自建会馆及制定神祠与民间淫祀合占地面十分之八，居民与菜圃只占十分之二。齐鲁大学迁成都时，向某收庄家购得乾隆时高手所绘巨幅"成都城立体地图"。与我在上海所见某公司巨幅壁画"上海市立体地图"绘法相同。用投影法自东南侧鸟瞰全市，楼阁掩映，层次朗然，如照相摄影，着色，街道纵横远近，可辨。寺宇建筑标有名字。法极精巧。我于闻在宥先生处见之。部位与实测街道图全合。此云"占十分之几"者，即据此图为言。其时全川户口犹稀，省会工商业未盛，唯旅舍业与茶馆较旺而已。

乾隆以后，逐步兴盛，至清末，有外国教士推测市人口已近百万。1917年美国出版有纪念巴拿马运河通航的《世界地图集》附有都市人口表，谓成都人口为一百万。所据系传教士的估计，未必精确。历经军阀盘踞混战四十年，已经繁荣之市场又复虚竭。中华人民共和国成立时人口尚有六十万，今又已增至二百余万。

清代于各省会分驻满族戍军，设将军领之。自为市区，划筑军城于西南隅，用秦"少城"故名，实非古少城故地。军阀混战时代，先拆满城为大街（东城根街）。各段大城亦次第拆毁。中华人民共和国成立后改修街道，并拆皇城。现已不复留故城砖土，但其遗址可考。关于成都城的发展历史，此仅凭记忆所及考订一些有关地名的取义，供修史者参考。未暇翻检书史，详作考证。愿得抛砖引玉，征求不同意见，更作分别讨论，期于折中允当，非敢自限于此也。

二、重　庆

"重庆"的由来，经历过一个长时期的演变。上古时为巴国都邑，称为"江州"。秦灭巴蜀，于此置江州县。张仪筑江州城，为巴郡治。萧齐以郡立"巴州"（江州县改为垫江县）。萧梁改称"楚州"。宇文周更名"渝州"（改垫江县为巴县），隋、唐、北宋因之。北宋末，再易名"恭州"。南宋光宗即位，因是他旧时封邑，升为"重庆府"，历元、明、清三代而未变，治所皆在江州旧城。

上述种种名称的由来，历代史籍很少研讨。兹就积年探索所得，试解说如下。

巴国都邑的由来

《华阳国志·巴志》云："巴子时虽都江州，或治垫江，或治平都，后治阆中。"尝考巴族，原居荆州的云梦泽地区，以捕鱼为业。初建国邑于洞庭湖水入大江处，称为"巴丘"（今岳阳县至城陵矶一带山冈），又称"巴陵"。其民族系自南来，以热带大蟒为图腾。中华称热带大蟒为"巴蛇"，缘之而称其人为"巴人"。《山海经》说："巴蛇食象，三岁而出其骨。"《说文》巴字云："虫也。或曰食象蛇。"（盖中华上古人实无由见热带大蟒，由巴人传说知之，故云"或曰"）。《山海经》说的"巴蛇"，亦是据巴人传说记述。古地理书《浔阳记》言："羿斩巴蛇于洞庭，委其骨成丘。"[①] 巴丘这个地名，最早见于《三国志·吴志》[②]，足见汉代已有此名。按上古中华地名规律，凡称丘者，皆传说中的古帝王（指原始社会的民族首领）聚族而居之处。以此，可知巴丘为巴族国邑故处。"羿斩巴蛇"，可以设想为夏代的后羿破灭了巴族旧国（《山海经》屡称后羿为"神羿"，足见其人征服地面很宽）。

巴族又是如何到四川建国的呢？原来，渔业民族需要食盐最多，而云梦地区不产盐，从来都仰给于巫山盐泉的盐。那里是古巫载国地。故巴族与巫族从来就是有商务联系的。巴丘国族既为羿所破灭，必有一支巴人逃奔到巫载来。巫族利用他们善于操舟行水的能力，为其运盐到大江与其支流地区去兑换土特产。《山海经》曾多次说到这个国家（拙著另有《巴东盐泉与巴东古民族》一篇，对此作了详细研述，此处从略）。巫载国极盛时在夏殷间，那时荆、夔、儵、鱼、百濮都可能是它的属部。因巴族为它行盐市易有功，故许其在鱼国（汉鱼复县，今奉节县）之西建立国

---

① 《浔阳记》已佚。此据汇书转引。唐人《元和郡县志》亦载此文。
② 见孙权、周瑜、鲁肃等传。《蜀志·宗预传》亦有。

邑。其地今为“故陵”（属云阳县）。《水经注》引庾仲雍说：故陵是因楚先王陵墓得名，是错说的。楚先王陵墓在三峡东的夷陵（今宜昌）。楚先王国也不可能越过巫山。我考故陵六座古坟是巴人重建国时的先王之坟①。巴国由此发展起来，沿着长江西进，扩张领土。随着国域的展拓，次第移徙国都到平都（今丰都），到枳（今涪陵），到江州（今重庆）。徙都江州时，约当殷末。四川地面它已占有一半了。那时的巫载和鱼国与百濮都转而成为巴国的属部②。

巴国定都江州很久，其时王墓都修建在“西枳”（今名冬笋坝）。周武王伐纣，相从的“八百诸侯”中就有巴王。其事著于《华阳国志》与《宋书》《唐书》③。巴国羡慕中华的农业兴国，从此在他本国的红丘陵地上发展农业生产，同时进入了奴隶社会。由于倾向中华文化，巴国把国都循嘉陵江向北移进，由江州到垫江（今合川），又由垫江徙阆中，到阆中历若干世才为秦所灭④。巴国未曾筑城，所居都邑屡徙，故只称为“国邑”，不得称为都城。

“江州”“巴州”的由来

“江州”这个“州”字的含义，与《禹贡》“九州”和后世“州郡”中“州”字的含义不同，是用的造字时的本义。《说文》“水中可居曰州”，即后世“州”字的含义。《诗·关雎》“在河之洲”，原字无水旁，后世俗本乃加水作“洲”。也因后世借“州”字代表广大地区的名称，才作“洲”字来与“州郡”字义区别。后人习用，竟把“州”字本义忘失了。重庆这座山城的各方面，十之八九都是大江和嘉陵江包围了的，只西面鹅项颈（今云两路口）一线窄岭与浮图关大山相连。所以古人把它叫作“江州”。刘备灭刘璋后，在江州置都督府。其后征吴败还，以李严为大都护，屯江州。严嫌张仪旧城狭小，“更作大城，周回十六里”。其城址已经扩展到今天的通远门、打枪坝了。他还“欲穿城后山（指鹅项颈），自汶江（指大江）通水入巴江（指嘉陵江），使城为州。求以五郡置巴州。丞相诸葛亮不许”。（《华阳国志》）这一故事，反映出李严还懂得“州”字的古义，也懂得“州郡”字的新义。他还想用实际行动把新旧二义沟通，作为求作巴州牧的借口。因被丞相诸葛亮否决了，已经开工的凿山工程又停止下来。今其岩端还有凿山遗迹可寻。

---

① 说在《华阳国志校补图注》。
② 关于巫载国的考证，另详《巴东盐泉与巴东古代民族》一文。
③ 《蜀都赋》的“巴歌渝舞”，《华阳国志》《水经注》作“巴渝舞”。《宋书》与《唐书》的《乐志》都对它做了翔实的叙述。
④ 巴王族世系无闻。按冬笋坝发掘出来巴居江州时的船棺，与居阆中时宝轮院船棺的葬制推测，应当相距有几百年，或十世左右的时间。

李严请分益州的五郡别立巴州，虽被否决了，其后李雄据蜀时，却分益州的巴国故地别立荆州刺史①。又后到谯纵据蜀时，真的在此建立了巴州。刘裕灭谯蜀，取消州名。南齐又复置巴州②。

"楚州"的由来

江州从来就是巴地，与楚无关，为什么梁太清四年（550年）要改巴州为楚州呢③？这个取义，从史籍旧文里是找不出来的，只有从地理条件去分析，才能找出答案。还当回溯到春秋战国时，原来荆、梁二州的人都吃巴东盐泉的盐，所以巴族在云梦破灭后，逃奔巫載，又能在四川重建巴国。巴国进入奴隶社会后，王族成了养尊处优的奴隶主，生活腐化，脱离劳动。运盐经商的业务委由奴隶经营。楚国善于经商的人，从而得以侵入巴地来了。秦灭巴蜀时，楚国也抢得了巴东盐泉分布地，西至于枳。并沿黔水（今乌江与郁江，其时称"丹涪水"）略地至夜郎，以为黔中的"商于之地"（亦称"巴黔中"）。秦既灭蜀巴，以为郡县，而失去了巴东盐泉，故不能不向楚武力争夺。楚人顽强固守，争战数十年，乃克有之④。蜀、巴土著短于舟运，秦汉的川东盐业，仍多由荆楚商人经营，且多落籍于巴。故但望在《分巴疏》中曰："江州以东，滨江山险，其人半楚"。谓沿江多有楚人也（《华阳国志》）。自三国至西晋末年，巴、蜀苦于兵燹，人口锐减，至于"千里空虚"。燕子无屋营巢，巢于林间。东晋之初，荆楚祸乱频仍，而李雄在蜀极力招徕，故荆、湘商民，多同垦户入峡落户。历宋、齐至梁，江州与其附近，多是楚人填住，是可以设想的。时去李雄招徕已二百四十余年，楚人皆已巴蜀化，知其先世居楚而已。梁武帝以其子武陵王纪镇蜀。梁武帝死后，纪率军出荆州争国，兵败死。当其初镇蜀时，蜀地人口已密，相当富庶，因侨民土断，增置郡县；把汉代的益州地面，析置二十余州。巴国故地，已分置南州（今南川区），黔州（今彭水苗族土家族自治县），邻州（今邻水县），信州（今奉节县），万州（今达川区），渠州（今渠县），巴州（今巴中市），安州（今剑阁县），新州（今三台县），泸州（今泸县）。而益州亦已分置江州（今彭山区）⑤。巴州、江州名皆重出，故因齐巴州多楚籍旧民，改称楚州。宋、齐、梁时，郡县改易名称者甚多，每多迁就侨民，从其所愿。故垫江改东宕渠，盐亭称北

---

① 李雄改元玉衡后，曾任命李恭为征东大将军、南蛮校尉、荆州刺史。见《华阳国志》卷九。雄当时国境至巴东而止。故知所置荆州，只领三巴、涪陵、宕渠五郡。
② 《南齐书》，武英殿刻本全脱巴州郡县（只存有最末一行），商务印书馆影印宋蜀刻本，存其全文。验于《太平寰宇记》说，珍贵可信。
③ 太清四年，于巴郡置楚州，据《通典》与《太平寰宇记》。《隋书》已云"梁置楚州"，但未说有年份。
④ 秦、楚争夺巴东盐泉过程，详著《华阳国志图注》。
⑤ 详龚熙台撰的《四川郡县志》。

宕渠，通泉称西宕渠，而安汉称南宕渠。宕渠郡地大，人多，扩散广远，所至立侨郡县，土断时迁就其人所愿，遂有五郡同名。他郡亦多如此。巴州之改名楚州，其原因盖亦因其人多楚籍，从其所请也。

萧纪出峡争国败死，巴蜀为西魏夺得，西魏文帝复改楚州为巴州。时间为大统十七年（551年）。故这次称楚州的时间只一年。但是周孝闵帝元年（557年）仍复称楚州①。

"渝州"② 的由来

《华阳国志·巴志》云："阆中有渝水，賨民多居水左右。"所言渝水，指汉昌县（今巴中市）之巴河。其水南入宕渠水。故《华阳国志·平州县》云："宕渠盖为故賨国。今有賨城、卢城。"水随所决入而得通称，故巴河、渠河皆为古之渝水。渝水至合川与西汉水（嘉陵江）、涪水合流，故合川之下之嘉陵江，亦得称为渝水。《水经注》潜水，引《常志》此文，系于宕渠郡下，正以此故。汉昌县本是阆中县地分置，后属宕渠郡。故谯周以渝水为阆中所有，而常璩引之；郦道元则系之于宕渠也。

巴渝舞，相传武王伐纣时，巴渝人"歌舞以凌殷人"，因而战胜于牧野（说出《白虎通》）。它是武技歌舞，自秦、汉、六朝皆颇流行。唐代用其乐歌和舞法制为"秦王破阵乐"，曾流行于海外诸国。是故六朝与隋、唐人皆重视"渝水"这个名称，从而把这段嘉陵江的许多旧称——潜水、西汉水、桓水、白水、阆水、巴水、垫江、字水等别名都忘去，而只称为渝水了，并把它与大江会合处的大城称为"渝州"，称其城为"渝城"。

西魏改楚州为巴州，复巴旧名。但其时于太谷郡（治梁广，今巴中县）置巴州已久，同在渝水源委间，嫌重复③。寻废州名称郡，改渝水源之巴州为清化郡，渝水会之巴州为巴郡，巴州就不嫌重复了。隋初复废郡名为州，乃以清化郡为巴州，而以巴郡为渝州。历唐、五代、北宋，皆称渝州。历五百余年之久，人民习便其称。故虽至今日，人犹呼重庆为"渝"。

"恭州"的由来

人民已经习惯了五百余年的渝州名称，至宋徽宗有何必要把它改称"恭州"，

---

① 《太平寰宇记》说："西魏大统十七年改楚州为巴州。周闵帝元年改巴州复为楚州。"
② 《隋书·地理志》：渝州"梁置楚州。开皇初改为渝州"。《元和志》云："梁武陵王萧纪置楚州。开皇九年改渝州。"《太平寰宇记》云："开皇元年改。"《一统志》云："隋开皇初，郡废改州。曰渝州。大业初，复罢州，为巴郡。唐武德元年复曰渝州。"
③ 太谷郡，《梁书》云普通六年置。《太平寰宇记》云：后魏"延昌三年于太谷郡地置巴州"。是后魏已置郡于巴州。寻废州为郡。梁又重立巴州。

"恭"字是何取义？这问题，从来没有人阐发过，也不可能用地理条件来找解释；我试从历史文献去探索，取得一个假说如下：

北宋因王安石变法未得到良好贯彻，酿成了元祐、绍圣两派的党争。以司马光为首，拥护宣仁太后高氏。推翻熙宁、元丰新政的"元祐党人"，与以章惇为首绍述神宗旧政的"绍圣党人"迭互夺权，深相排斥，势同水火。夹杂宫闱争宠争权之变，一直闹到汴京沦没还未休止。哲宗把元祐七年（1092年）经宣仁太后选立的孟后，在绍圣三年（1096年）与元祐党人一同废黜了。把与绍圣党勾结的刘婕妤立为皇后。元符三年（1100年）正月，哲宗崩，无子。皇太后向氏选其弟端王佶嗣位，是为徽宗。徽宗初政，黜章惇与刘后，复尊哲宗废后孟氏为元祐皇后。追复元祐党人司马光等官秩。已而曾布为相，渐用绍圣余党。崇宁元年（1102年）蔡京用事。是年七月，禁元祐法。九月，立元祐党人碑，列百二十大臣罪状，斥为奸党。徽宗御书刻石，立于端礼门。十月，复废元祐皇后孟氏（后经南宋高宗迎立，称隆祐太后）。三年之内，反复为政，俱至极端。故徽宗、蔡京等讳渝字。《尔雅释言》："渝，变也。"《诗·郑羔裘》："彼其之子，舍命不渝。"又云："邦之司直"，"邦之彦兮"。誉贤者言行不变其度也。渝字，自水名外，只此一义，故徽宗讳之。其改渝为恭者，盖取《尚书·甘誓》"今予唯恭行天罚"之义，谓徽宗手书元祐党碑，笔诛奸党，如夏帝启之躬亲征伐有扈氏也。此乃于无可索解中创为假说，请海内学者指正。

"重庆"的由来

《宋史·光宗本纪》云："孝宗第三子也。……封恭王。"封恭王。就是封国在恭州。但他那时才十五岁，孝宗喜爱，意欲立他为太子，故留在汴京，未曾叫他之国。到乾道七年（1171年），竟立他为太子，并使他判京师临安府政务，培养他行政才能。到淳熙十六年（1189年）二月，禅位于他。孝宗自己称太上皇，移居重华宫。

孝宗承继高宗，是高宗才五十几岁还健康时，就传位给他的。高宗也是称太上皇，与其皇后一同退居德寿宫。孝宗原是远宗秀王的儿子。因高宗太子死了，无后，选立他为太子。既禅位，孝宗仍常朝德寿宫，行定省礼。高宗活满八十岁才死，称为"寿皇"。寿皇后还在，仍居德寿宫，孝宗仍克尽子道，所以谥为孝宗。孝宗禅位时，把德寿宫的太上皇后称"太上皇太后"。故孝宗所居称"重华宫"。是取两重内禅的意思。相传尧禅位于舜，舜又禅位于禹时，尧还活着。世人称尧曰放勋，舜曰重华，禹曰文命。这也是孝宗所居宫名"重华"的一种取义。这个重字遂被用到重庆来了。

宋代制度，凡由宗藩入承大统者，其原封邑称为"潜邸"，例于即位庆典中升为府,不论他到过其地与否。虽属偏州僻邑,也不例外。例如宋孝宗生于秀州,就升秀州为嘉兴府。绍兴十二年(1142年)封他为普安郡王,并未之国,即位后,就升普安郡为"隆庆府"(今剑阁县)。光宗子宁宗,初封嘉王,即位后,即升嘉州为嘉定府。果州,因理宗潜邸升为顺庆府。忠州,因度宗潜邸升为咸淳府。其地皆在四川。光宗初即位,即升恭州为重庆府。因太上皇与太上皇太后俱在,临视庆典,故曰"重庆"。

"垫江县""巴县"的由来

南齐以巴郡立巴州,嫌郡治江州县的州字重混,当改名。时原垫江县(今合川)已置宕渠侨郡。宕渠侨民人多势盛,县人徙避入江州者多,亦立垫江侨县。故遂改江州名为垫江,而改故垫江县名为宕渠。原宕渠县,则改名流江。梁代因之。西魏改东宕渠郡为垫江郡,改旧垫江县为石镜县,置合州。又改楚州为巴州,领巴郡、七门郡。巴郡领垫江、枳、涪陵三县。周明帝武成三年(561年),楚州领巴郡、七门、涪陵三郡(七门郡在今江津),改垫江县为巴县。因为它不是古垫江县地,又与当时的垫江郡名重复,所以改称巴县。巴县这个名称,一直到今未变,只由于新置市区,县治位置变了,辖境也历有变化。

三、自 贡

自贡世称"盐都"。其盐井原分自流井与贡井两群,合称自贡。

四川在上古时代,只销巴东的泉盐(主要是巫溪、云阳、忠县、彭水四县,其次是奉节、万县、开县、长宁四县,邛崃县的火井槽,上古时也有盐泉)。秦灭巴蜀时,巴东盐泉被楚国占有了。于是秦国与楚国为了争夺巴东的盐泉发生了几十年的拉锯战,直到楚亡才结束。在秦人尚未夺得巴东盐泉之前,蜀郡盐荒严重。蜀太守李冰,创造坑道取盐的方法,在广都县界(今成都附近双流一带)掘深坑取得含盐的水来煎盐,解决当时食盐缺乏的困难。《华阳国志》说李冰"又识齐水脉,穿广都盐井诸陂池,蜀于是盛有养生之饶焉"。这是我国古代很大的一项科学技术的创造发明,可以同都江堰水利工程媲美。

李冰创造的坑井,是掘地作大坑取水,挖造梯级,用人携牛皮袋下去汲水,肩负出来煎煮。比较盐泉煎盐困难百倍。但是经过劳动人民不断改进,最后变成筒井,终于压倒盐泉生产而成为几千年来四川首屈一指的经济生产事业。

贡井这个名字,原始名称为"太公井",是第六世纪就已有了的。那时并无竹筒井，只有坑井。唐人李吉甫的《元和郡县志》说：公井县，"本汉江阳县地。周武帝于此置公井镇。隋因之。武德元年，于镇置荣州，因改镇为公井县"。《两唐书》与《太平寰宇记》并同。足见太公井是北周以前就已凿成了的。北周以前，这个地区为獠人所据，号为"铁山"部落，汉官不得入境。周武帝招抚獠人，才置为镇。显然是因太公井的盐产量丰富，需与邻近州县的汉人市易，因而容许汉族盐商去居住。汉商多了，地方土著倾向汉化，这才有可能建立镇戍。入隋后，又于其北九十里的大牢井置镇（今为荣县治），并于其东北百余里的地方置威远戍（今威远县治），"以招抚生獠"（《元和志》文）。入唐之初，便于公井置荣州（后徙大牢），领公井、大牢、威远三县。此后，铁山獠和其他獠乱被陆续平息，公井地区盐业便一直发展下去了。宋熙宁四年（1071年）省公井为镇并入大牢县（《宋史·地理志》）。这说明各地盐井互有兴衰，那时竹筒小井大兴，坑井渐被淘汰，大牢井更兴旺了。但大牢与公井是同属荣溪（拥斯茫水）这一井群。清代把这一井群地区，称为"贡井"，仍是公井的字变。

最初的"太公井"是谁人开的？按陵井是张道陵所开的传说来推测，太公就是开创此井的人。他可能是个獠人。因为其时这是獠区，汉人未来。獠语地名，在此区保存甚久。如"拥斯茫水"，就是獠语。唐立荣州，就是借此水名之音而称荣州（荣拥同音）。唐代还在此区建立婆日、至如、隆越三县，也都是译用獠语；用汉文说是无意义的（关于獠人在四川生产上作的贡献，另有文详论）。

自流井兴起很晚。清《嘉庆一统志》都还未说到它。那时富顺县的富世井，虽以出盐多著名，仍只是个大坑井。但邓井关以北的运盐河（威远河）与荣县河沿岸，已经开办竹筒井了（时人还称坑井为大井，竹筒井为小井）。自此以后，自贡的小井勃兴，邓井与富世这些坑井全废。

自流井名称的取义，旧说为"相传井水自然流出"（《地名大辞典》），显然不合事实。我的解释是：此区（大坟包井区）原只有坑井。大约在咸同年间，已有巨商投资，钻竹筒深井，得水很旺。自贡地区，由于积世煮盐，山林已尽，燃料缺乏，至烧牛屎饼。深井所得盐水虽旺，煎煮困难。有人创竹管引水之法（当地人称为笕），把盐水引到产煤的地方（或水运煤价便宜的地方）去煮煎，故称"自流"。光绪年间，此区有人穿出火井。燃料问题解决了，该地盐业才大大兴盛起来。我曾到过此区，看见遍地都铺装竹笕，或把盐水引火井。或把天然气引近盐井。自流井的名称，应是缘此而立。

四、温江地区

温江地区行政区划，中华人民共和国成立后，曾经过多次调整，现在辖有温江、邛崃、大邑、蒲江、新津、什邡、彭县、崇庆、广汉、灌县、郫县、新都共十二县。兹将各县的地名考释分述如下。

温江县（附释万春）

温江的含义，有人解说为江水温暖，这是"望文生义"。其实，它同成都平原各县江水温度都是一致的，又怎能独称"温江"呢？

在魏晋南北朝时，四川一直是属于南朝的。梁武帝派他的儿子武陵王肖纪镇蜀，蜀地安静长达十七年之久。尤其是川西平原，物产极为丰富，人口十分稠密。公元549年，梁武帝被侯景困死。其后，侯景败亡，肖纪与湘东王绎争夺帝位，出兵攻伐。肖绎求助于西魏执政宇文泰，泰遣尉迟迥率军消灭了肖纪，据有两川。迥因郫与江原两县户口过多，请割二县之地，置此新县。郫与江原两县，原是以岷江正流的外水（现称金马河）为界的。岷江这条河，在当时称为"汶江"，新县境跨有此河，故迥拟名"汶江县"。尉迟迥是代州人，发音温、汶不分。承办文书的人，因当时汶山郡已经有过汶江县了，于是依其语音写作"温江"。这是北人刚进入四川，不明地理沿革，随音说字之误，正如《史记》把《禹贡》的岷江写作汶江一样，都是依照当时蜀人语音作字，颇有"译言无定字"的味道，并不是因为它的水特别温暖之故。

西魏新立的县治，在今县治西北十六里，地名叫舒家渡（一称柳江镇）。距金马河不过十里，距郫县治四十里，距成都五十里，在杨柳河东岸。这个新县只存在二十八年，到隋初省并郡县时就裁废了。公元602年又单分郫县南境置万春县，故城就是今天滨杨柳河的县城，所以温江县城亦称"柳城"。隋炀帝大业初年，曾将万春县同郫县合并。唐高祖武德二年（619年），又再分立万春县。太宗贞观年间，才又改万春县为温江县。沿用至今。

万春县名是怎样取义的？ 温江别称"柳城"，这与杨柳河的柳树有关，可以想象得到当时那里的柳树是种得很多的。古代文人学士常将柳树代表春意。因为万木中唯有柳树得春最先，发叶独早，所以人们往往把"春风""杨柳"二词紧密联系起来。唐诗有"万里和风生柳叶"，宋诗有"鹏鸣翠柳"等句，都是以柳树代表春意的。直接咏颂柳城的有"万户垂杨里，莺歌绿满城"。可见，因以万柳而取名为万春县，这也许是合乎情理的。

温江有如此新旧二城，旧时讲地志的人，把靠近金马河的旧城说为"鱼凫城"，这是一种误解。鱼凫这个蜀王，可能到过此地，但他的都邑远在今彭县西界的九陇，不可能建邑于此。在鱼凫时代，蜀地也还没有筑城的事实。

郫县（附犀浦）

郫县，是四川历史最悠久的一个县。早在三千年前，蜀王鱼凫氏从瞿上（海窝子）山地徙居成都平原时，建邑于九陇黄土丘陵之间，当时就把它叫作郫邑了①。秦灭蜀，以郫为县。张仪筑郫城，周七里，大约为当时成都城的四分之一；高六丈，低于成都城一丈（据《华阳国志》）。这个城在沱江（今名毗河）北，所以李冰分沱水过成都，称之为郫江。汉筑郫县新城于沱江南，即今郫县治。其沱江北的秦故城，仍为县邑，唐时称为"小郫"（见《元和志》），在今彭县丰乐公社地界。

秦、汉郫县，北包蒲阳河，南抵外江（金马河），西至都江堰，东与成都接。其后分置湔县、温江，又分置崇宁县。迄今仍为川西的重要县份。

崇宁县故城，今为唐昌镇（先锋公社）。唐仪凤二年（677年），分九陇、导江、郫三县地置唐昌县。实皆秦、汉时郫县辖地。武则天改国号周，遂改唐昌为周昌（长寿二年，693年）。中宗即位复改唐昌。梁太祖朱温又改唐昌为归化。后唐庄宗复改归化为唐昌，都因国号为祝愿之名。后晋又改曰彭山，因所辖黄土岗陵为彭州西山，故曰彭山。后汉、后周复改称唐昌。宋开宝四年（971年），改名永昌。崇宁元年（1102年），随年号改名崇宁。清康熙七年（1668年），并入郫县。雍正七年（1729年）复置。现仍省入郫县。

郫县东有犀浦镇。《元和志》说："本成都县地。垂拱二年（686年）分置。取李冰所造石犀为名"。《宋史·地理志》说："熙宁五年（1072年）省为镇，入郫县。"按，《华阳国志》说："李冰'作石犀五头以厌水精。穿石犀溪于江南，命曰犀牛里'。"今犀浦河，即李冰所开之石犀溪（溪当作渠），现在的镇就是犀牛里。渠水分自检江，灌成都西郊田，复入于郫江。李冰开渠所置的石犀中，唐时只有这个犀还存在，所以叫犀浦。

灌县（附考湔氏道、导江、灌宁、灌州）

现在的灌县，秦、汉叫湔氏道。凡是汉代称道的县，都是秦代开通"蛮夷"地

---

① 蜀族与华族是否同一语言，这是古史上没有解决的问题。按蜀山氏与黄帝通婚，及"昌意降居若水，青阳降居江水"，与同颛顼、帝喾、大禹等自蜀地入为中原大君推断，就应该是同语言的。但是否蜀开国时就有文字，并造出郫这个字来，则又是可疑的。按郫这个字，中华只作地名用，别无取义。《元和志》说："郫望帝治汶山下邑曰郫"。是郫虽为译蜀语所造的字，亦有华言卑邑之义。"汶山"，泛指九顶诸山（包括瞿山）。"汶山下邑"正是郫邑的地位，所以叫郫。

区道路的施工工程处。道路修通后，设官（尉职）管理修治，隶属于县。直到汉代才都升为县①。郫县平原以北诸山间居民皆出于瞿上的湔水，蜀人华化后，称山民为湔氐。李冰作都江大堰，多得湔氐之力，故常璩称其堤坝曰"湔堋"。李冰既作大堰，分内、外水，开渠灌溉川西诸县。因并开龙溪、娘子岭径通冉、駹的山道，亦多得湔氐之力，故曰湔氐道。汉升为县。蜀汉时，湔氐亦皆已华化，故改称曰湔县②。这时县有堰官，专管水利。晋因以堰官理民，改称"都江县"。经过南北朝夷汉兵乱，置、废、分、合，纷然难理，唯堰官如故。刘宋时，旧汶山郡地没于夷，遂置汶山郡于此。（汶山郡治原在绵虒，即今茂县）。后周恢复旧汶山郡，而以此为汶山县，属汶山郡。隋废汶山县，以其地还属郫县。堰口，称为灌口。唐武德元年（618年），于灌口置盘龙县，寻复改曰灌宁。明年又改曰导江，取《禹贡》"岷山导江"为义（此据《元和志》）。贞观中又改名灌宁。开元中复改导江（此据《新唐志》）。前、后蜀于灌口置灌州（据《一统志》）。徙导江治于今之蒲村。宋废灌州，改置永康军。故《太平寰宇记》说："导江县在军东十八里。"宋末之乱，户口锐减，元世祖至元十三年（1276年），废永康军为灌县。并以导江、青城二县省入，相沿至今。故今之灌县境域包括有青城县故地。

邛崃县（附考临邛）

现在的邛崃县，为西蜀最古的工商业名城。秦置临邛县，属蜀郡。张仪筑城，周六里，高五丈，与成都、郫县、巴县同为四川最早筑成的四座城。这就说明两千年前这四个地方在政治、经济方面的重要性。其城址在今城外南河坎上的"古城坪"，是当时邛国、筰国、滇国、徙国各族人民与蜀人市易集中之地，故汉代临邛多大富豪。卓王孙、程郑、邓通、罗裒皆在此地有工矿作坊，兼贩卖奴隶，富可敌国。西魏于此立邛州，以县为州治。元代户口稀少，才省县入州，以州隶嘉定路。明洪武九年（1376年），降州为县，曰邛县。成化十九年（1483年），户口大盛，再升为州。民国二年（1913年），废州、府，改名邛崃县。

---

① 《汉书·百官表》说："县有蛮夷曰道。"但汉代县有蛮夷者数百，称道者只三十二县（《齐召南有三十二道考证》）。今考此三十二县皆秦开道置尉处。所以《百官表》的话不足遵循。
② 《三国志·蜀后主纪》建兴"十四年，夏四月，后主至湔，登观阪，看汶水之流。旬日，还成都"。裴松之注："湔，县名也，属蜀郡。音剪。"《三国志》无地理书，后人多未解此文。"观阪"，即今宝瓶口上的伏龙观。后人以为离堆者是也。汉时人称岷江为"汶江"。四月，都江放水期，后主借省水利，流连游览于此者旬日。湔本瞿上水名。因湔氐、湔堋，等地名转移，遂谓此为湔氐。《汉书·地理志》湔氐道云："禹贡岷山，在西徼外，江水所出。"谓都江水出岷山，非谓湔氐道在江水源也。后人不审，遂谬谓汉湔氐道在今松潘。当时，松潘草原为汉人足迹所不至，怎能成为蜀郡属县，汉武帝乃开汶山郡，而《汉志》竟把湔氐叙在汶江（今汶川）、广柔（今理县）、蚕陵（今叠溪）之前，有这道理吗？此大谬昧之说，被近人广泛引据，故必须加以订正。

这一州县名称，历史上变革不大，但人们一直在误解中，而且一误再误，至今还是沿误未改。为应地名普查的需要，特详考证如下。

秦代为何命名临邛？唐以前无说。宋《太平寰宇记》乃云："取南界邛来山以为名。"① 明、清说者遵之，民国仍旧改县名为邛崃。这是以误传误。按《汉志》临邛县注："有仆千水（《华阳国志》曰布仆水）……有铁官、盐官。莽曰监邛。"南境并无邛崃山之说。严道县注乃言有"邛来山"。《续汉书·郡国志》严道县亦云"有邛僰九折坂"。《华阳国志》临邛县，云有火井，"取井火煮之一斛水得五斗盐"，"有石矿，大如蒜子，火烧合之成流支铁，甚刚，因置铁官"。又云，文帝赐邓通铜山，"邓通钱亦尽天下"。不言有邛崃山。《汉书·王尊传》说，"行部至邛崃山九折坂"（即严道县注所谓邛崃山）。《后汉书·西南夷传》言白狼王奉贡，"经邛来大山，零高坂，峭危峻险，百倍歧道"。即指的九折坂。《古本华阳国志》② 严道县云："邛来山，本名邛莋，故邛人、莋人界也。岩阻回曲，九折乃至。山上凝冰夏结，冬则剧寒，王阳行部至此而退者也。"（并详《华阳国志校补图注》）《元和志》严道县云："邛来山在县西五十里。"又"九折坂，在县西八十里"。通检唐代以前地理书，没有说邛崃山在临邛县境者。自秦世置县，就有严道与临邛县并存。考各书所言邛崃山，皆指今荥经与汉源两县界上之大相岭。其山高达海拔三千公尺以上，盛夏常有冰雾。北侧大关山，去荥经（秦汉曰严道）五十里。南侧九折坂，山坡陡绝，纤回辟路，故曰九折坂（今云九十九倒拐）。秦汉时山南属莋国（今汉源以西）与邛国（今越巂县以南），邛国开化甚早与蜀地贸易频繁，来蜀必经此山，故名曰"邛来山"。后世乃作邛徕或作邛崃字。临邛既与山隔县（六朝以前，隔严道一县。隋唐以后严道、荥经两县），则县名与此山无关可知。

临邛的取义是怎样来的？临字古义为食盐。蜀国地面，唯此县的火井槽有盐泉与火井。秦代就有人利用气火煮盐③。临邛市场在蜀国兴盛最早，此为其主要原因。临字本义为煮盐工人，按古文字，象人注目器内。煮盐工须伺候火色，故其字后转

---

① 《太平寰宇记》的作者乐史，博取群书而失考订，错误与自相矛盾的地方很多。即如此处，已说肖纪"始置邛州，取南界邛来山以为名"了。其临邛县又说"邛水出严道邛来山，入青衣江，故云临邛"。是以县在邛水沿岸为义。然此县在布仆水（南河）沿岸，与邛水隔了几重大山。毫不相涉。又其雅州严道县，有"九折坂"一条。又说"本自邛莋而来，故名邛崃"。则是以雅州之山。说邛州之名，其自不统一如此，所以援据者多致错误。
② 宋刻《华阳国志》已脱了汶山郡的后大半段，汉嘉郡的全段，越巂郡的前半段。邛崃山在全脱的汉嘉郡文内。《元和志》与宋元明清各种汇书中每有引文。
③ 晋初，张华撰的《博物志》已详著临邛火井煎盐事，说诸葛亮曾去察看过火井；但当他（张华）知道时火已灭了。李冰以前蜀郡食盐，全靠巴区供给蜀郡。邛人也运来一点，都在此地出售。两汉年代，蜀地自有火井，临邛盐市乃衰。

为监。周秦以来监转为盐。临乃转为降临与逼近之义。魏晋以后更无人知临之本义者。秦汉之际的地名，带临字者，则几无不具食之义。如：《汉志》金城郡、临羌县，王莽改名曰"盐羌"。班固说："有仙海盐池。"考即今青海之察卡盐池，从古出盐极丰，湖水汲出如浓盐水，稍曝即成结晶盐。沿湖平原亦皆是岩盐铺成。地近青海湖。青海湖古称仙海（或鲜水），故汉人称察卡池为"仙海盐池"。陇西州郡人民，仰羌人输此盐而食，市易恒在此地，故汉曰临羌，王莽曰盐羌。他如：安定郡临泾县，"莽曰监泾"。朔方郡临河县，"莽曰监河"。西河郡临水县，"莽曰监水"。巴郡临江县，"莽曰监江"，皆因县境产盐为名。其说繁多，我们始以巴郡临江为例，这个县就是现在四川的忠县，县东二至三十里的甘溪与涂溪盐泉旺盛，《巴志》说是"一郡所仰"。秦、汉时巴、蜀郡县无不沿江，而独此一县称临江，就不能解释为临逼之临。县盛产盐而莽曰监江，则更非释临为盐不可。是皆秦汉时呼盐为临之证也。其字，唐宋人别写作䴇（《广韵》，"郎丁切，壀䴇"）。《集韵》，"郎丁切，盐也"。大抵古羌语呼盐为临。故古羌族分布地区亦呼盐如此。故至汉世，凡近羌之地保存临字地名最多。火井煮盐也可能是邛人盐工所创，所以秦筑县城，名为临邛。但王莽没有改名为盐邛。

为什么西魏不叫它作临州而单称邛州？因西魏时已升临江县为临州，故升临邛为州，就只好叫作邛州了。这时早已没有邛国和邛人的名色，邛崃山内外全为僰人所据，蜀人称之为獠。所以升州时，不可能联想到邛地商人旧义上去，而只截旧地名一字为州名。明初废州时，已经无临邛县名了，遂率性改称"邛县"。民国缘宋以来的误解，把邛崃山瞎扯到邛州来，改县名为"邛崃"二字。

蒲江县（附考依政、蒲溪）

蒲江县，因蒲江水为名。蒲水，今叫"南河"。源出名山、百丈关诸黄土丘陵间，循总岗山脉北麓向东北流，到新津县南入岷江。古以沿江产蒲蔺（供织席用）著名。蜀地在东晋孝武帝世，曾一度为秦王苻坚所有（373—383年）。苻坚本姓蒲，好符命，因蒲字地名，于水北置蒲阳县。不到十年，坚败死。晋复得蜀。废其县。《水经注》依《益州记》文谓"秦置蒲阳县"；所言苻秦，非嬴秦也。秦汉世蒲水流域属临邛县。

南齐时，临邛以西地为群獠（实僰人）所据。梁武陵王纪镇蜀，徙临邛县于依政（今邛崃县固一镇）并置邛州以镇之。西魏得蜀地，平定诸獠，复临邛县，并置临邛郡，又置依政、广定、蒲溪等县。于广定立蒲原郡。今蒲江县寿安镇，即当时郡治。隋废蒲原郡，改广定为蒲江。宋末，县境荒废，元以其地并入邛州，明复置县，徙治今县城（明天顺中筑此城）。

西魏置的蒲溪县，在临邛县东三十里，唐改名临溪。其地产铁与盐，南宋初废，并入蒲江。蒲江县境具产盐、铁。北宋时蒲江盐，临溪铁，都很兴旺。以后临溪铁尽，县遂废。

大邑县

在临邛东北五十里，属斜江流域①。位于临邛与江原之间，地偏僻而腴饶，鲜罹兵燹。汉时张陵行道于此，农民附之。产业兴盛，邑聚富乐。唐咸亨二年（671年）乃置县。《太平寰宇记》说："在鹤鸣山东。其邑广大，遂以为名。"

崇庆县（附释江原、晋原）

崇庆县地属文井江流域②，在大江（金马河、即外水）之西。秦时与大邑俱属临邛县；此部最东，近成都，李冰时已开渠置稻田，建桥，通驿道于临邛（见《华阳国志》）。汉置县于驿道与文井江交会处，称江原县。李雄玉衡二年（312年），于此置汉原郡。桓温灭蜀，改晋原郡，县台仍叫江原。后周废郡，为晋原县。唐垂拱二年（686年），于县置蜀州。本蜀郡地，故曰蜀州。南宋绍兴十年（1140年）以高宗潜邸，升崇庆军节度使，孝宗淳熙四年（1177年）升崇庆府。元至元二十年（1283年）改州，民国二年（1913年）改县。

新津县（附旧县）

成都平原西半部的水，为总岗山脉所阻，都会于新津一处。经过千万年，横绝山脉而出，至彭山"江口"（古武阳县治），会府河，入眉、嘉界，至宜宾，是为岷江正流，古称"外水"。成都与眉、嘉、叙地区的交通，必须通过此处。但这段江面宽阔，水流洄激，横渡甚难。从来就有"走尽天下路，难过新津渡"的民谣。历代有许多人民找寻新的渡口，进行改道。每改一次，都把新改的渡口，叫作"新津"。所以新津这个地名，虽然从来沿用，其所指的部位则是经常改变着的。现把改变最大的几次考订如下。

汉以前，成都平原与眉嘉平原的通路，水陆皆会于武阳（犍为郡治）。自武阳渡大江，有汉安桥（竹索桥），是为古玉津。《华阳国志》犍为郡云："郡去成都百五十里，渡大江。昔人作大桥，曰汉安桥，广一里半。每秋夏水盛，断绝。岁岁修理，

---

① 斜江，《一统志》作牙江。云"合邛水（白木江）处，有石如象牙，因名"。鹤鸣山，在县西灌口场，当两溪会合处，山水林木甚美。即张陵行道处。
② 文井江，今分州河（怀远镇，旧置分州），一曰西河。《华阳国志》李冰"又通笮"（谓跨江作竹索桥），通文井江，径临邛，与蒙溪分水白木江会武阳山下。（谓把文井江水引通到白木江入新津南河。）后世地理书，自《水经注》以下多误谓邛州河为文井江。《一统志》沿误，当正。

百姓苦之。建安二十一年，太守南阳李严乃凿天社山，寻江通车道，省桥三津。吏民悦之。"又蜀郡，叙大江五津云"五曰江南津。入犍为。有汉安桥玉津"。这就说明玉津在犍为郡治武阳（今江口镇）渡大江处。因犍为山出白玉，故曰玉津。这是外江主流最早的一个重要津渡[①]。这里江水虽大，但流势平缓，故可建桥。桥名"汉安"，当然是汉代才有的。可能是汉武帝太初四年（前101年）益州刺史任安筑武阳城（见《华阳国志》与《水经注》），或昭帝徙郡治于武阳时兴建的。建桥前，它只是舟渡，也就是最早的新津渡口。比它后起的是现在新津县宝子山下的渡口，那里水急多漩，舟渡最难，所以从前的行人就从武阳渡江。

玉津的汉安桥，是竹索桥，不能通行车马，时被大水冲断，行旅阻绝。所以李严又在上流金马河与南河上架木桥几座，绕天社山（宝子山）山嘴，出大江西岸，使车行直通眉嘉平原。其架桥处，以前皆是舟渡。金马河渡头，在旧县镇（今为五津镇，已架铁架），古称"新津市"（《元和志》与《太平寰宇记》）。其南河渡头，原已修有"蒲江大堰"[②]（见《华阳国志》）。堰水从天社山（即宝子山）嘴作渠引灌眉山平原。李严认为是旧渠道，交通不便，又凿山为路，使手推车能通过桥梁与渠岸往来于两大平原间。新津市之名始此。

李严功成以后，旧武阳城亦徙过大江西岸，汉安桥废，上游的新津市繁盛起来了，但还没有新津县。新津县名，是后周开始有的。

《隋书·地理志》蜀郡云："新津（县），后周置，并置犍为郡。开皇初郡废。"龚熙台《北周疆域沿革考》说："又有新津渡，谓之新津市。周闵帝九年于此立新津县"，当误。周闵帝只一年。《太平寰宇记》引"《周地图记》云：闵帝元年于此立新津县也"，闵帝元年（公元557年）不误。又引"李膺《益州记》云：皂里江津之所，曰新津市"。皂里江为都安外江之别称[③]，则新津在今新津旧县，不是周隋之新津县治。周隋之新津县治在天社山南，今彭山县邓公场附近，即《华阳国志》所谓"六门水"（朱遵拒公孙述战死处）属犍为郡界内，故周徙郡治于此。非之《益州记》所说"新津市"也。考地理者不审地形，单凭书本，望文生义，谬相连缀，自《水经注》以下，如此错误者不少。

[①] "玉津"这个地方，初出于《蜀都赋》。《华阳国志》明明说的它在武阳汉安桥下，由于《蜀都赋注》不能正确指什么地方，作方志者不考史实，随意附会，纷纷异说难以枚举。常璩与左思、刘逵同是西晋生的人，璩又生长在蜀土，应以璩说为断。
[②] 《华阳国志》犍为郡·武阳县说："蒲江大堰灌郡下六门。"是汉代已有此堰。唐西川采访使章仇兼琼扩修为通济堰。渠水灌达眉州，为西川第二大堰，见《新唐志》。今人讹称童子堰。
[③] 皂里，崇庆州江之别称。入新津县界入于大江。会口在旧县北，故旧县之大江亦有皂里江之通称。

《隋书》既以新津县隶蜀郡（治成都，领十三县，全在武阳江口以北）。而以眉嘉平原故犍为郡地为眉山郡。则其时新津县治，必不能再是六水门的邓公场，而是已徙至外水上游，皂江东岸的"新津市"，即今称"五津镇"，中华人民共和国成立前叫"旧县"之处。

武则天垂拱二年（686年），又把新津改隶蜀州，则其县治就不会仍在大江东岸的旧县，而必然迁徙到西岸去了。因为蜀州（崇庆州）与蜀郡州县从来就是以江水为界的。今天的新津县城，是"明成化中筑土，正德中甃石"（《一统志》）。唐、宋时的新津县城是否也在此处，很难判断。按"旧县"之名，中华人民共和国成立前都还存在，而遗址则全没有了。按此推断，新旧县城分别在大江的两侧则是可以肯定的。

如此看来，"新津"之名虽古今相似，但地址至少已改变过四个以上了。如近世的新津县城虽已五百年未再变动，若说城外大江的津渡，则是屡有变化的。就我所经历言之：曾经从旧县直接渡过皂江到邛崃。也有大段时间须要从旧县渡过宝子山，再渡南河入新津城再向邛崃。哪儿是旧津？哪儿是新津？经千多年来的新陈代谢，难以确指什么地方了。

新都县

蜀王鱼凫氏都郫。开明氏才自郫徙邑于天䧹山（今云天回山）外沱江之北，称为"新都"。开明氏九世曰开明帝，始徙国邑于成都；其死仍葬于新都附近。二月，新都马家公社发现战国时的棺墓，疑是开明王墓①。

秦灭蜀，置新都县，与成都、广都皆用蜀国旧称。汉置广汉郡，以新都隶之。晋初属梁州新都郡，后属广汉郡。西魏废郡留县。隋改县名"兴乐"，后与新繁皆省入成都县。唐武德二年（619年）复置县，仍叫新都（《隋志》）。迄今未改。

彭县（附考繁县、九陇、濛阳）

---

① 《华阳国志》"开明位号曰丛帝。丛帝生卢帝，卢帝攻秦至雍，生保子帝。帝攻青衣，雄张獠僰"，这说明当时的蜀国已很强大了。续云，"九世有开明帝，始立宗庙。以酒曰醴，乐曰荆。人尚赤。帝称王。……开明王自梦郭移，乃徙治成都"。又说"开明氏遂亡，凡王蜀十二世"。是此开明王之后三世而周亡。秦灭蜀在周慎靓王五年（前316年），即秦惠文王后元九年，三世不能过百年，即不出于战国期内。按墓中所出金石钟鼎刑制，知其文化已高。中有一鼎，盖内方有铭文四字，似大篆，足知其已用华夏文字。这四个字，四川大学历史系伍仕谦同志释为"邵之食鼎"，谓开明氏始祖"荆人毙伶"系楚昭氏之族。邵、昭古通。四川省博物馆王家佑同志释为"启之享鼎"，谓启上右侧画为门户之义，不是邑字。开明与启，古形义通，故微子开一作微子启。二人审字虽异，其订为开明氏蜀王之墓则同。又有一铜印，不是镌的文字，而是阳阴二人心相联系之图像，与壶、钟、左衽衣诸像，颇似其王时尚无文字。其鼎彝诸器有自华地购入的可能，然世界民族已有文字而押印仍用图画者亦多，不能认为战国时蜀无文字之证。

唐武则天垂拱二年（686年），分益州九陇、导江、唐昌、濛阳四县置彭州，因天彭阙为名。有说为《牧誓》彭国故地者，必非。彭字地名，四川各地都有。此州地面，系蜀族立国的原始核心部分，决不容有彭族在此立国。（《牧誓》的彭国，在今阆中。另详阆中条。）

考蜀王蚕丛氏之后裔已自岷山进入湔水上游居住。王柏灌氏之世，建国于"瞿上"（今彭县海窝子）。鱼凫氏之世，乃下居于郫。鱼凫氏进入农业经济时，先作田于九陇的黄土丘陵与瞿上的河谷间，慢慢发展到繁邑的冲积平原内。秦灭巴蜀，分置郫、繁两县（郫义已前释）。繁字本义为马缨，引申为簇集众多之义。开明氏已引湔水灌溉，这时蜀中只有这里生产最好，人口最密，所以命名曰繁。（常璩说"蜀川人谓郫繁为膏腴"。）郫、繁与瞿上，为蜀王开国的三个中心，这三个地方分布在天彭门北、西、东三方，如鼎脚一样。

秦以天彭门北瞿上山地属郫县，冲积平原部分为繁县。汉代徙郫县治于沱江南，仍管郫县故地，后周划沱北郫地置九陇县。唐于九陇与故繁县地立彭州，州治在故繁县界内，北循湔水，正对天彭门。《华阳国志》说："李冰能知天文、地理，谓汶山为天彭门。乃至湔氐县，见两山对立如阙，因号天彭阙。仿佛若见神，遂从水上立祀三所，祭用三牲，珪璧沉渍。汉兴，数使使者祭之。"这就是彭县得名的由来。

彭，鼓声也（《说文》），亦用为车马之声。《诗经》云："驷骤彭彭"（大雅），"行人彭彭"（齐风）。海窝子水出关口，声响如雷。劈开两山，对峙如双阙，所以李冰为此称。这时蜀族居平原者接受中原文化，而称山间所居的人为"湔氐"（指海窝子以西到都江后山一带的山民），故秦置"湔氐道"（故城在今灌县）。李冰创都江堰，原亦称为"湔堋"。蜀汉改湔氐道为"湔县"（参看灌县条）。《后汉·郡国志》湔氐道，刘昭注云："《蜀王本纪》曰：县前有两石（当作山），对如阙，号曰彭门。"即指此处。

汉徙郫县治于沱江之南，九陇地区仍属郫县。故城曰"小郫"。六朝之乱，晋寿（另详广元县）流民侨居于此，刘宋置南晋寿侨郡，肖梁为晋寿县，置东益州。后周更名九陇县，改东益州为九陇郡。历隋、唐、宋均为九陇县。元代省入彭州。

秦汉繁县故城，为今濛阳镇竹瓦铺。在沱灌区大干流青白江之北。（湔水诸渠下游皆归青白江至金堂县入沱，故亦称为湔江。）蜀后主时，姜维招抚陇西羌，白虎胡王来县，安置于青白江南，使率其众屯垦，因称其地为"新繁"。后周于此置新繁县。中华人民共和国成立后省入新都县。其竹瓦铺故城，隋置濛州，经过二十年而废入彭州（581—605年），后为濛阳县。

《唐志》彭州领九陇、导江、唐昌、濛阳四县。其导江县，即今灌县。其唐昌县，宋改永昌县，又改崇宁县。（参看郫县条）其濛阳县，即隋之濛州。州废七十年后，仪凤二年（677年）复置此县。明洪武十年（1377年）省入彭县，为濛阳镇。今彭县东南角，皆旧濛阳故地。青白江旧称濛水，县在其北，故称濛阳。

什邡县

什邡，原是川西地面很早一个古国的名称。它与蜀王蚕丛氏是否同族，尚待研究。这个古国被蜀王征服了，但只是作为部落，并没有灭掉这个国家。所以秦灭蜀后，就首先设置为县，初属蜀郡。汉代分巴割蜀，置广汉郡于梓潼，什邡县被划入。《汉志》把什邡县叙列在涪、雒、绵竹之上，就可说明它与梓潼，都是秦代的旧县。

这县名两字，在《史记》《汉书》里，有多种写法。如：《史记·高祖功臣侯者年表》作"汁方"；《汉书·功臣表》作"汁防"；《汉书·地理志》作"什方"；《后汉·郡国志》乃作"什邡"。这就说明，汉代并没有规定的统一写法，而是依其民族本语录音作字的通例，并不是秦人给它取的名称。（王莽把它改名"美信"，才是以华言命名。）这个县，在汉代川西平原里，面积很小，而且大部分是山地。但因它是旧县，所以历代的版籍，总是把它叙在郡属县邑前面的。汉高祖虽然最讨厌雍齿，但为了消弭诸将反侧情绪，听从张良之计，先封雍齿为侯，就是封的汁方侯。这说明什邡是川西比较差的地方，所以才用来对付雍齿。

古代华语，习惯上都称少数民族地区为"方"。如羌方、鬼方、蛮方、朔方、荆方、徐方等称谓，在甲骨、金文、周诗和子史中，经常遇见。可以肯定，对汁方的含义都应如此解释。汁这个字，古义可释为桼，即后世写的漆字，今人写的漆字。（古文十与七，二字笔画相同。）恰好这个区域的山地，自来就产漆。汁方就是发明用漆的民族，所以古代蜀人把它称为"汁方"。也由于它是蜀地一个具有悠久文化的族落，所以蜀王没有灭这个国家，而秦朝首先置县。颜师古《汉书·注》引"应劭曰什音十"。若读如十百之十，则秦汉人经常把什代替十字，应劭何必注云"音十"。正是当时把这个字读为漆音，不读十音，所以应劭才如此作注。我们可以设想，应劭是注的"汁方"字，为了把它读为什方之音，所以如此作注。更可以设想，应劭写的是古文十字，则当是七字的音，不是十字的音。颜师古所根据的写本，并非应劭原本。

当然，这些都是大胆的推测，不能成为定论。如不作如此推测，这个县名又是怎样取义的呢？秦汉置一个县，很不容易，难道可以任意抓两个字来命名吗？

什邡二字，自后汉制定下来，迄今没有改变。只是周闵帝时，曾因它地面狭小，把它并入雒县，改名"方亭"，仅仅六十三年（557—620年）唐高祖又把它恢复为县了。中华人民共和国成立前夕，什邡县的石城，是明正德八年（1513年）因旧土城包砌成的。古什邡城，用郫县沿革推测，或亦在靠近高景关之部。

广汉县（附释雒县、汉州）

今广汉县，秦、汉原为雒县。武则天垂拱二年（686年），置汉州，以雒县为州治，辖什邡与德阳、绵竹、金堂，凡五县。宋末，蒙古军屡侵四川，川西平原的州县都遭荒废。元世祖中统元年（1260年），复置汉州，属成都府。雒县遂省入。明、清均只为汉州。民国二年（1913年），改州为县，不知其原是雒县，亦不只称汉县，而是误用汉代广汉县旧名，当正之。

汉代广汉县治，原在涪江与梓潼水会口以南。魏灭蜀后，改称广魏，故地在今射洪"广魏坝"（俗作广味坝）。属涪江中游，与今广汉县不相干。但与雒、绵诸县间是汉代广汉郡属县而已。

汉广汉郡，高祖六年（前201年）分巴、蜀两郡十三县置。郡治梓潼县，著于《前汉书》。但是益州刺史治在雒城，王莽改雒为"吾雒"，表示其虽然不是郡治，所领益州诸地则皆其所有也。东汉乃徙郡治就刺史治，表示雒为益州首邑，亦不以广汉郡称，所以《后汉书》的广汉郡，虽然首列雒县，却大书"州刺史治"四字，明雒为州治，不是郡治①。汉灵帝时，重刺史权，升为州牧。中平元年（184年），以宗室刘焉为益州牧。时黄巾马相据蜀称帝，刘焉滞留荆州界，不能讨。州从事贾龙起兵讨灭马相，遣人迎刘焉（在中平六年）。时贾龙兵据成都，守雒城，焉不敢入雒治，驻于绵竹。既灭贾龙，乃徙州治于成都。刘备取蜀，刘璋以重兵扼雒水以拒之。雒城破，刘璋降，刘备入成都。终蜀汉之世广汉郡治皆在绵竹。晋灭蜀后，雒县属新都郡。历南北朝之乱，侨民迁流，纷立侨郡侨县，境域混乱，名称屡改。虽《隋书》有广汉字，不足据为典实②。唐置汉州以后，更无论矣。是故改汉州为广汉县，是没有道理的。

雒县的秦汉故城，在今广汉县治附近，雒水之南，因水为名。雒水，出今什邡县北的九顶山，汇集阳平、武都诸山溪水，出高景关入于川西大平原。李冰、文翁

---

① 《续汉书·郡国志》广汉郡十一城。首列"雒州刺史治"文，次"新都"，乃当时的郡治。故蜀汉，有新都郡，晋为新都国，后复为新都郡也。谓雒为后汉广汉郡治者，非也。
② 《隋志》蜀郡、雒县云："旧曰广汉。又置广汉郡，十八年，改曰绵竹。大业初改名雒焉。又有西遂宁郡，南阴平郡。后周废西遂宁，改为怀中，南阴平郡曰南阴平县。寻并省。"后人据此遂谓六朝时广汉郡治在此，不知此文所谓"旧曰广汉"与"广汉郡"，明明指的"绵竹"。六朝时雒县地为西遂宁郡与南阴平侨郡。隋统一后，曾改绵竹旧城为雒。非雒旧城，亦非绵竹旧城（参看绵竹条），乃是今县东北之小汉镇也。

相继开辟分渠，灌溉农田，著于《华阳国志》。其水搬运山间泥沙量大，灌渠易淤，水道屡改。唯干流仍为大河。所以贾龙、刘璋先后皆据此水以扼东兵。蜀汉以后，广汉故郡地区重心转至绵竹与涪城，凭绵水与涪江以御东兵，雒县转为后方，不复成为重镇。唐置汉州时的雒城，在今"小汉镇"，即隋大业中的雒县。本在雒水之北，其后移治雒水之南，即今县治。于时此城以州为重，故称旧汉州治为"小汉"。凡徙治城后，旧治户口仍多，每留尉官镇之。新、旧二邑同名，所以在旧邑加小字，小汉、小郫、小广魏，取义都是如此。

汉置广汉郡而郡治不在广汉，是最能使后人迷惑不解的事。其实这类事，历史上往往可见。如《前汉书》河南郡治在雒阳县，而不在河南县；汝南郡治在平舆县；沛郡郡治在相县。近如明、清，还有武昌府有武昌县而府治在江夏县的事例。当然，如钜鹿郡治就钜鹿县，千乘郡治千乘县，零陵郡治零陵县（并《汉书》），和成都府治成都县，这类的事例更多。这些都待经过把地名落实到地图上来才会分辨得清。望文生义，给地名沿革乱贴标签，就会贻误后人。不可不辨。

附　成都市郊县

双流、金堂两县原属温江专区管辖，1977 年划归成都市领导，现将二县地名考释分述如下。

双流县（附释广都、华阳）

蜀王都邑，鱼凫氏居郫，开明氏徙新都。复更营建广都于沱江南方的大观堰附近。取推广、展拓之义。秦灭蜀，置广都县。其县治沿锦江（府河）南移，今仁寿县境亦是秦汉间广都县地。李冰曾多次凿盐井于龙泉山脉南侧诸地，所以《华阳国志》说："冰又识齐水脉，穿广都盐井诸陂地。蜀于是有养身之饶焉"。齐水，读如剂水，谓煮盐之水①。

秦广都县城，当在今籍田铺、秦皇寺处。秦、汉时人似曾立李冰祠于此，所以后人有秦皇寺之称。经过六朝之乱，此广都县仍然存在。元代乃省入仁寿。

双流县名，始于隋仁寿二年（602 年），系分旧广都县北境平原地区置。取《蜀都赋》开二江之双流为义。李冰开成都二江，自合江亭以下可以行舟，是为府河。县治原在府河岸中兴场附近，所以叫双流。以后屡向西迁。何时徙至今县位置，或

---

① 李冰所作盐井为大坑，工人负牛皮囊下坑取水煮之。盐尽，则蓄水陂池，养鱼、菱、茭蒲。后世对筒井言称为"大井"。今籍田、贵平一带仍多盐井。

疑在唐龙朔二年（662年），再置广都县，或疑在宋末蒙古破蜀以后。总之，明、清时代之双流县，已在今县位置。故康熙元年（1662年），曾省双流入新津，雍正六年（1728年）复置（据《一统志》）。今人说隋已置双流县于此者，这是错误的。诚使隋已置县于此，即不得名为双流。

成都建市后，曾把华阳县治徙在中和场。中华人民共和国成立后，与成都县境同划入市区。1977年，原属温江专区的双流县划归成都市领导。

金堂县（附考金渊、金水、怀州）

金堂县平原部分，秦、汉原属新都县，故《华阳国志》谓李冰"又导洛通山洛水……会新都大渡"。今"赵家渡"即古新都大渡，现为金堂县治。

沱江正流，原为岷江最古的分支。岷江上游多金矿，所以沱江水流常常挟有金屑（今沿流仍可淘金，但不能多）。当沱水阻于龙泉山脉，成为内海时，此处最低，所以此地沉淀金子颇多。他县亦有，但因被晚期沉积的砂土覆盖，人不能识。只有这里水穿峡而决，浸刻特别深。故古时曾发现沙金矿。西魏因之而立"金渊县"，同时并置金渊郡，可以想见其一时淘金的盛况。唐初改名"金水县"，宋为金水郡。宋末荒废。水东岸云顶山。崖壁险峻，宋人徙成都府治于此以抗元师。蒙古军攻之十数年，乃陷。金水县为之荒废。

当金矿盛时，此地人民大集。唐咸亨二年（671年），又于金渊与新都之间，分置金堂县。取在金渊峡门内，为其堂奥之义，故城即今金堂县之"城厢镇"。五代、宋、元、明、清的金堂县治皆在这里。中华人民共和国成立后，乃徙治赵家渡。故称旧城为城厢镇。

宋乾德五年（967年），又在金水峡中置怀安军，明初升为怀州，辖地远至乐至界。寻复省入金堂县。故城临沱江。今人仍呼为淮（怀）州，是故今之金堂县境，兼跨沱江与龙泉山脉，半属成都平原，半为红土丘陵。现在平原部分已经工厂林立，宜划入成都市；红土丘陵部分较远，宜因在怀州故治复置金水县，划归中江县。

五、绵阳地区

绵阳地区所辖十八县，中华人民共和国成立前为剑阁专区与遂宁专区，中华人民共和国成立后，并为一区。各县的地名考释如下。

绵阳县（附涪县、潼州、巴西与罗江）

绵阳县在汉为涪县，属广汉郡，因城外涪江得名。涪水，发源于松潘县东界的雪宝鼎（海拔五千五百五十五米的大雪山），经平武县流入江油县界，三百里间海拔降落四千米左右，奔湍喷沫，浮沤腾泛。蜀人谓沤沫为涪，故曰涪水。（《集韵》涪，"蒲侯切"。音桴。今人谓浮沤曰"泡沫"，即古涪沫音变。）

涪县故城原在涪江东岸，直到唐代，县城仍在东岸。《元和志》云："依山作固，东据天池，西临涪水。"又云"天池山，在州东北二十余步"。刘备得蜀，立梓潼郡，治梓潼县。刘宋孝武帝徙郡治于此（天池山下）。西魏取蜀，在这里建立潼州。又改郡名巴西，县名巴中，缘左思《蜀都赋》有"于东，则左绵巴中，百濮所充"之语，西魏因改涪县为巴中县，均是出于对左思赋的误解。

隋开皇五年（585年），改潼州为绵州，仍治巴西县（古涪县城）。大业初改金山郡，领七县：昌隆（即废入江油的彰明县），涪城（六朝时始平郡治，西魏改涪城县。故城在今三台县北的胡卢坝。缘涪音讹），魏城（元省入梓潼县为魏城驿。今属绵阳县），万安（本古羼亭，晋置县，唐改名罗江县，今省入德阳），神泉（后详），金山（详安县条），金山郡以有此县为名。

绵州得名，《太平寰宇记》以绵水为称。而州属八县，都没有绵水。《汉志》广汉郡绵竹县云："紫岩山，绵水所出。"这条绵水，就是从绵竹汉王场出山的"深沟"，入平地后分支灌溉绵竹、德阳两县，自金堂界与雒水会合入沱江的"绵远河"。魏晋人以为沱江的正流，不是隋、唐绵州地界内的河流。隋绵州七县地面，皆属涪水流域，绵水相隔，以鹿头山脉为分水线，有东川、西川之分。绵州绝无因绵水为称的道理。隋制州名用绵字，也是取《蜀都赋》"左绵巴中"之义。六朝时巴西战乱频仍，人民向蜀界流徙，遂于州界侨立巴西县，并土断为实县，故隋人误解"左赋"本义，称之曰"绵州"。

自隋至清，绵州不改名。州治巴西县，元代省并入州，以州属潼川路。明代改属成都府。清雍正五年，升为直隶州，乃划西川平原的德阳、绵竹两县来属。民国二年，废州为绵阳县（缘《州旧志》谓县在绵山之阳为称），今为绵阳市，在涪江的西岸。

县城（州城）何时由涪江东岸移于西岸？《（同治）绵州志》云："康熙三十一年，涪水暴涨，冲城直过，城垣、民居，大半削为河道。……涪河日冲日深，河岸塌卸，旧城之西南，仅有半隅，势如壁立，每遇盛涨，震撼坍塌，在在不免"。当是徙城的原因。绵州徙治金山驿后，于乾隆三十五年，又曾移治罗江县。

绵阳新城，则是嘉庆六年（1801年）修建的。嘉庆五年，巴山区白莲教农民军攻至绵州，成都清军凭涪水阻御。事平，蜀人乃更重视涪水防线，故新筑州城于涪水西岸，徙州还原地，同时复置罗江县。所以，清末绵州领"安、绵、德、梓、罗"

五县。

罗江县，汉代曰"潺亭"，属涪县。《前汉书》云"涪，有潺亭"是也。汉代县以下分乡、亭。当驿道之乡曰亭，设亭长，分理徭役邮递之事。亭界有潺水（今马家河，其下游入中江县称凯江）。《水经注》：涪县西有潺水。"出潺山，历潺亭，下注涪"是也。潺山，在今安县界，古有金矿。《华阳国志》梓潼郡、涪县云："孱水，出孱山，其源有金银矿。洗取，火融合之为金银。"

晋代置黄安县属梓潼郡。《宋志》《齐志》作万安县。龚熙台《四川郡县志》云："黄安，系'监本'万安之讹。"黄安，由孱水淘金为义。宋、齐时蜀燹频仍，淘金业废，字乃转为万安耳。《隋志》金山郡、万安县云"旧曰孱亭。西魏改名焉，置万安郡"，亦非。西魏因万安县名置郡。唐天宝初，又改县名罗江者，盖当时孱水已久不产金，故改称为罗江。罗之取义，为诱敌入网之义。故高骈筑成都外城以御南诏，称为"罗城"。孱水纵绝鹿头关东道。蜀军恒设防于鹿头山，设伏于此河谷以待北来寇盗。盗至必败，故曰"罗江"。鹿头关，即白马关，在罗江与德阳界山上。1949年后，罗江县并入德阳。旧县城今为宝成铁路罗江站。乘客过此，纵观地形，就可以想象罗江之义了。

德阳县

德阳作为县名，始于东汉。自汉迄今，四川境内的德阳县有三：一是东汉的德阳县，属广汉郡，当在梓潼县北亦作汉德；二是蜀汉的德阳县，治所在今遂宁县南；三是唐置的德阳县。

今德阳县，本汉绵竹县地。蜀汉分绵竹置阳泉县，治今孝泉镇。晋降阳泉为亭，入绵竹，李成因之。东晋安帝时为了安顿秦州流民，在此置晋熙郡，领晋熙、苌阳二县。南北朝时，此地变化很大。隋大业二年（606年），又改为绵竹，恢复了汉代辖地。唐武德三年（620年），分雒县置德阳，直至今天不改。

德阳县名的由来：一说在德水之阳。上述德阳县的三处治所，无一有名德水的。故此说难于成立。另一说德阳缘旌阳而得名，今德阳近郊尚有旌阳公社。传说西晋初年在德阳县曾置旌阳县，许逊为县令。但葛洪《神仙传》却无许逊传。宋以后，江西甚传许逊仙迹，建祠、树碑、立传，颇为风行。此说仍然易生疑问。首先，旌阳县既不见于《晋志》也不见于《沈志》，容或《晋志》疏略，《太康地记》不会有失。沈约时，《太康地记》犹存，《沈志》征引之处甚多，而广汉太守下有阳泉令，并无太康时为旌阳的注文，是太康时无此县。其次，传说许逊为旌阳令时，该县连年饥荒，民困于赋役，许逊施用了点金术，于县衙后圃埋瓦砾，叫老百姓去挖，因得黄金，以充赋役，县志载有"瘗金圃"，即许逊埋瓦砾处。这纯属无稽之谈。再次，武德时，道教还不盛行，许逊也不如宋以后那样神乎其神，武德置县，又何得以许旌阳命名？最后，德阳名县，起于东汉。加上上述三条理由，德阳之名当源于汉代。西汉有德阳宫，东汉有德阳殿，李尤作有《德阳殿赋》《德阳殿铭》，《铭》中有："大汉体天，承以德阳"。德阳之名，疑是置县适在京师修建德阳宫殿时遂以为县名。

绵竹县（附晋熙、孝水）

秦汉绵竹县，辖地广阔，外以鹿头关为屏障，内与成都平原联为一体，安全、富庶。每当蜀有乱，剑外流民都乐于迁来。魏晋南北朝时，此县居留侨民很多。晋安帝于此立晋熙郡与晋熙县。《宋书·州郡志》（以下简称《沈志》）云："晋熙太守，秦州流民，晋安帝立，领县二。"（晋熙，苌阳，并云"安帝立"）因土断时，秦州流民已多、势盛，绵竹旧民衰少，故改县名立郡。此后绵竹之称暂失。《沈志》又云："南阴平太守，永嘉、流民来属，寄治苌阳，领县二。"（阴平、绵竹）苌阳县故城《一统志》谓"在德阳县西北"，当在今孝泉镇附近，疑即是今绵竹县地。

《隋志》蜀郡、绵竹县云："旧置晋熙郡及长杨、南武都二县。后周并二县为晋熙，后又废晋熙入阳泉。开皇初郡废，十八年改为孝水。大业二年改曰绵竹。有冶官。有绵水。有鹿堂山。"又雒县云"旧曰广汉。又置广汉郡。开皇初郡废。十八年改曰绵竹。大业初改名雒焉。又有西遂宁郡，南阴平郡。后周废西遂宁改为怀中；南阴平郡曰南阴平县。寻并废"。

分析这两条资料，可以看出南北朝时，这个外来流民汇集的绵、雒二水地区，由于地当冲要，兴废频仍，农村残破迭甚，人民流亡日多，原土断时的晋熙、新巴、广汉、南阴平、南武都等晋县凋残不堪。郡县次第合并，到了隋代，就只剩绵竹和雒县了。不但名称屡变，治所亦随时迁徙。就汉代绵竹的旧域来说：晋安帝隆安二年（398年），土断流民，立晋熙郡与长杨、南武都二县。又有阴平郡流民续来，寄居长杨（即《宋志》的苌阳）而立南阴平郡。其县北境原已立有南武都郡，则南境又已立有新巴郡①。到西魏、北周之世，南武都、南阴平、北新巴郡都已全部消失了，长杨与南武都县（原为郡）遂合并为晋熙县。不久又以晋熙县合并于阳泉县，但晋熙郡仍未废，仅领这样一县，辖境与秦汉时绵竹县相当。隋开国废郡时（581

---

① 《晋志》新巴郡领新安、晋安、晋城三县，显然为巴西郡流民所立。土断后遂为实郡。《宋志》又有南新巴郡。足见此新郡人民还在不断地流动。宋国武都郡流民立武都侨郡，后遂在绵竹北山立南武都实郡。遂谓其山为武都山。其他如南汉中、南阴平等侨郡皆随流民所在寄治，未有固定实地。

年），大概已把晋熙郡治阳泉县移于全郡最中的孝泉镇去了，所以开皇十八年（598年），又把阳泉县改为孝水。同时把广汉县改名绵竹。炀帝即位后（605年），又才把孝水县改名为绵竹，而把以广汉改名为绵竹的再改名为雒县。自此以后，绵竹、雒县分域略定，直至今日。唐初，分绵竹南境（阳泉故城）立德阳县。于是汉绵竹故地，再分为南北两县，至今无改。

孝水，与孝泉同义，以姜诗夫妇孝迹为名。其事详具《后汉书·列女传》。其地今为孝泉镇，在德阳、绵竹两县界上，距两县城各四十里左右。镇有三孝祠与姜诗泉，古称"孝水"，南流入绵水。

绵竹县城，何时自孝泉徙至今治？可能即在唐初。唯平原土城，迁徙甚易，世久则难辨。明天顺初，始筑石城。石城成，乃不更徙。

绵竹县，县名取义于地方特产，可定。其《县志》谓此竹"叶细、片多而节长。……每节上有圆圈，中黑如太极图"。谓此县特有。杜甫《从韦二明府续处觅绵竹》诗云："华轩蔼蔼他年到，绵竹亭亭出县高。江上舍前无此物，幸分苍翠拂波涛。"

安县（附晋兴、龙安、神泉、益昌）

《一统志》："本汉涪县地。宋孝武侨置晋兴、益昌、西充国三县，属巴西郡（即绵州巴西）。隋为金山、神泉二县，属金山郡。唐为龙安、西昌、神泉三县，属绵州。宋熙宁五年（1072年），省西昌县入龙安。政和七年（1117年），以龙安、神泉二县属石泉军。……宝祐中（1253—1258年）移石泉军治龙安。元至元元年（1264年）开军为安州，属成都路，以龙安、神泉二县省入。明洪武七年（1374年）降州为安县，属成都府。本朝（清）雍正五年（1727年）改属绵州"。所记沿革最清晰，兹只释其名义。

晋兴因各地流民侨居绵、涪地区者多，而旧涪县地面甚大，故于其西北部的安昌河上游分立三县。晋兴县，在龙安山下，山以产金著名。各地流民汇集开采，户籍难辨，唯统称为"晋民"，以别于氐羌。故定县名为晋兴。西魏改名"金山"。隋末县废，唐初复置，改名"龙安"。《元和志》龙安县有金山，"在县东五十步，每夏雨奔注，崩颓之所，金粟散出，大者如棋子"。又有龙安山，"在县北十里。隋开皇中，蜀王秀立亭馆以避暑。县因山为名"。故县城在今安县治东北之辕门坝。金山与龙安山为一山脉，远连江油、平武县境。安县缘之得名，龙安府亦缘之为名。

神泉，故城在今安县城南五十里塔水坝。附近地多涌泉，并有温泉。旧有巴西、西充国侨民聚垦于此。晋孝武帝土断为西充国县，仍属巴西郡（绵州）。隋初，嫌与旧巴西及西充国同名，改名神泉县。

益昌，本葭萌县改名，因其侨民立县。故城在今安县东三十里之文峰场。安昌河至此，平原开展，与涪江之汉昌平原相似。蜀汉时并为荒沙荻洲；魏晋间，益昌流民集此垦居，遂成沃野。土断时称西益昌。后复改为"西昌"。

石泉军详下条。

北川县（附石泉军）

县境属涪江支流石泉河上游，西以九顶山脉与岷江分水。汉为蜀郡北部都尉治。九顶山脉在此有很低的浅山口（土门）直下至茂州（今茂汶县），故汉、晋、宋、齐时，县境皆属汶山郡。也是汶山郡通联涪、巴的捷道。北周始于石泉河西源近茂州处置北川县与北部郡（旧城在今属茂汶县地界）。唐贞观八年（634年），于其东三十里置石泉县，属茂州。宋政和七年（1117年）置石泉军，属成都府。元、明、清皆为石泉县。民国改北川县。

北川县名，始于梁代。梁武帝普通三年（522年），置绳州北部郡，立此县名。然其地在今威州坝，改汶川县治与今县境无涉。其称北川者，时人谓成都平原为西川，涪江平原为东川，岷江此处亦有较为开敞之平原，在西川之北，故改汶川为北川。西魏、北周，仍称其地为汶川，更于茂州界内立北部郡与北川县，其故治在土门，已属石泉河上游。《隋志》，汶川、北川同属汶山郡。云北川县"有龙泉水"，即今茂县东界之土门河。

石泉县旧治，在石纽山下，今云石泉堡。当片口河与土门河会口的"墩上"附近。唐永徽二年（651年），省北川县入石泉。两县同河谷相距只三十里，固当省并。治南有甘泉出石穴，故曰石泉。

宋置石泉军于白草河与青片河会口，即今之"治城乡"。政和七年，静州少数民族攻茂州城。成都守孙义叟请置军戍于此，以捍御之。宋制：府州下有县，有监，有军，并管民事（有官营工场之县曰监。兵要置守之县曰军。军与州级相当）。

元石泉县属安州（今安县）。明属成都府。清属龙安府。民国三年（1914年），因与陕西县同名，改曰北川。中华人民共和国成立后，徙治曲山关，在旧县东四十里。

江油（附龙州、彰明）

江油，"油"字本作由。其最早见于《三国志·魏志·邓艾传》。"艾自阴平道，行无人之地七百余里，凿山通道，造作桥阁……将士皆攀木缘崖，鱼贯而进。先登至江由，蜀守将马邈降。蜀卫将军诸葛瞻自涪还绵竹，列陈待艾。"《华阳国志》阴平郡、平武县云："有关尉。自景谷有步道径江油、左担出涪，邓艾伐蜀道也。刘主时置义守，号关尉。"此江由关尉驻防地，在今平武县东南百三十里的旧州坝（南坝）涪江西岸。涪江自石头坝折向南，穿龙门山脉，百余里出平夷坝（平驿），始入平地。其间两岸悬崖绝壁，道路奇险。唯此地有小河原可屯戍，故置关尉，率民兵戍守，稽查出入。江由，即涪江从此流过。江边置戍，因为关戍之名。

江由旧戍（旧州坝），"晋于此置平武县（参见晋平武县条）。西魏平蜀，于此立龙州。并置江油郡与江油县以属焉"（《元和志》）。

龙州，因龙安山为名，龙安山脉自安县向东北绵亘，过涪江峡入青川界，为四川盆地与川西北高原之界山。涪江峡口，古有龙门之称。《新唐志》龙州云"义宁二年曰龙门郡……贞观元年曰龙门州"。（龙门洞，在江油北城坝北五里。泉水入涪。）今云龙门山脉是也。州治在此峡中，故名。《太平寰宇记》谓州城在涪水南一里。今名南坝。即旧龙州治。

南宋宝祐六年（1258年）徙州治于峡口，即平夷坝（今作平驿）。那时蒙古骑兵驰骋蜀地，宋人不能御，而州界氐羌附宋，故徙州治近平地，俾平时便屯垦，战时能扼守。元代省江油县入州。元末（顺帝时）乃徙州治于今平武县之古城坪。明太祖平蜀，仍立江油县于平夷坝。后复徙白石坝，即今之北城镇。清代因之。中华人民共和国成立后，再徙治中坝。

何时改江由字为江油？疑是后魏字讹。隋唐书字皆作油。今人亦讹平夷铺为平油铺。《九域志》已有"油溪"这样的地名，显然缘江油字造。

彰明县者，涪江入平地后，行百余里，扩散为若干支流，平衍卑湿，本汉涪县农地。因蜀屡乱荒芜，东晋平蜀后，各地流民聚垦，复臻富盛。晋孝武帝时立汉昌侨县，以祝愿民族昌盛为义。宋齐土断为实县。西魏更名昌隆县，除去汉字。唐玄宗即位（712年），讳隆字，改昌明县。《宋志》作彰明县，亦缘宗室私讳改也。

平武县

旧州坝以上之涪江上游地区，在汉为刚氐道，属广汉郡，著于《汉志》。后汉为广汉属国都尉领。《华阳国志》作"广汉北部都尉"。汉代郡置都尉，管理有少数民族的县，民事仍隶于太守。安帝以后，陇西羌频频叛乱，延及蜀土，遂升都尉所领三县为阴平郡。（领阴平、甸氐、刚氐三县。前二县皆在今甘肃省。）常璩云："刚氐县，涪水所出，有金银矿"，今县境犹以产金著名。《大清一统志》云："三国汉分置平广县……晋太康元年更名曰平武。宋属北阴平郡。齐因之。梁时为氐豪所据。西魏改置江油县，为江油郡治。寻为龙州治。隋为平武郡治。唐宋为龙州治。宝祐中随州徙治今江油县界。元以江油县省入龙州，又徙治武都镇。明洪武二十二年复移州于今治。嘉靖四十五年改州为府。万历十九年，始复置平武县为府治"。清同。

青川县（附马盘、白水）

《新唐志》龙州清水县云："本马盘。天宝元年更名。"《太平寰宇记》作清川县，云"后魏于此置马盘县及马盘郡，属龙州。以界内山名郡邑"。又"马盘山，在州北二百十里（谓旧龙州之北）。高三千三百丈，重峦叠嶂为行人所难。"《一统志》龙安府、古迹："清川故城，在平武县东北。……宋端平三年废。元初复置。至元二十二年省入龙州。明洪武四年改置青川守御千户所，并置思曩安抚司，隶四川都司。嘉靖四十五年改属龙安府。本朝顺治十六年并入平武。"

青川县，字本作清川。清川即循宝成铁路流至宝轮院入白龙江那条"黄沙河"的上游部分。在海拔一千公尺以上的万山中，略有平阔的河原，水流清浅，故曰清川。中下游入红土丘陵区，乃称黄沙河。隋唐故城，在溪南二十里，今曰"古城坝"（前进公社）。溯溪源，逾摩天岭，下景谷河，至阴平桥头，有小道，为邓艾伐蜀所开。摩天岭即古之马盘山，最高峰海拔2784米，为川甘两省分界。山口今称黄土梁，亦有千五百公尺；坡道纡回，故曰马盘。西魏再分兵由北路入蜀，因即开置郡县。自古城坝溯循曲河溪，逾山，直下石坎河，有小路直抵旧州关，不过百余里，即邓艾入蜀之路。

唐末清川、平武土著杨氏、李氏据地自擅，故龙州仅辖旧州坝以南地方。明清皆藉土司管理。清末乃复以土司故地置青川县。县治初在极西之青溪镇，其后屡迁。中华人民共和国成立后迁于乔庄。乔庄，属白龙江另一支流"孔溪"的上游，地形较开阔。孔溪河口白水街有水运之利，公路径通。

白水街，在汉为白水县，属广汉郡。因白龙江水为名。其辖境循江上溯至阴平桥，与景谷县接。历南北朝剧乱，县民流散，曾与景谷合并，立平兴郡，治碧口。隋初为平兴县。江水至碧口始渐平缓，可以行船，故曰平兴。开皇十八年（598年）改名景谷。唐贞观元年以景谷属利州。宝历初县废。寻复置。五代时遂废。

广元县（附兴安、利州、葭萌、昭化）

广元县，在秦、汉、魏、西晋皆只为葭萌县①境邮传之一驿，至东晋，始立兴安县（《太平寰宇记》谓在孝武帝太元十五年）。

为什么县名兴安？先是，汉末有略阳氐人阿贵，称兴国氐王，据渭水上游与嘉陵上游地区。晋初，以其地立秦州，氐人仍然缘袭旧称为兴国氐。十六国时期，秦州氐民流离入四川的侨居嘉陵两岸诸山中，与蜀人市易于此。苻秦据蜀时，于此置县，故曰"兴安"。苻秦崩溃后，地曾入魏。晋既收复蜀地，仍其县名。历宋、齐而弗改。

后魏攻蜀，阻于白龙江，不能前进，因于兴安立益州，表示其为益州之地。《隋志》义城郡云："后魏立益州，世号小益州。梁曰黎州。西魏复曰益州。又改曰利州，置总管府。"

后魏不能得蜀，以此为古益州地，而置益州，是可以理解的。梁代为什么要把它叫作黎州？颇费解释。梁武帝时，武陵王肖纪镇蜀，那时大渡河内外的邛、黎、嶲等旧州皆已被夷獠占领。肖纪好功名，于蒲口顿另立邛州（已详温江区）。又招抚越嶲郡夷，立嶲州。唯黎州不服，故于这里另立黎州以欺世。亦以汉沈黎郡人属氐类，此间土民亦氐类，故假黎之名也。《元和志》云："大通二年，克晋寿，始通剑阁。改西益州为黎州。"（《太平寰宇记》作大同二年。龚熙台云："考晋寿克于太同元年。当以《太平寰宇记》为是。"）西魏末又改称利州。宇文泰重古义，以此地既非益，亦非黎，缘黎音改。学作利者，古以军旅速进为"趋利"，既得要隘为"得利"。尉迟迥急趋夺蜀口，既得此作桥头堡，遂克全蜀，故改黎州曰利州。《元和志》云："武陵王僭号于蜀，遣席嶷为黎州刺史。纪败死，嶷及州属后魏，改为西益州。"《周书》云："废帝二年（552年）改西益州为利州。"

隋开皇十八年（598年），改名绵谷。《太平寰宇记》云："因东南绵谷以为名。"今广元市东南的南河河谷为一狭长平衍河谷，断续横延数百里，故称绵谷。

---

① 葭萌县：旧城在今宝轮镇之安城坝。地当黄沙河（清川）入白龙江处。古从秦陇入蜀，这里是要津。河原沙浅，蒹葭丛生，蜀王于其地立苴侯为藩国。苴侯亲巴，蜀王讨之。苴侯奔巴，巴为之求援于秦。秦师伐蜀，蜀王自率师拒秦于此。秦师击破之，遂灭蜀及巴，以为郡县。蜀语"苴"，秦语曰葭萌也。蜀汉改葭萌为汉寿县。晋统一，改汉寿为晋寿县，并置晋寿郡，领晋寿、白水、邵欢、兴安四县。永嘉乱后，蜀民流离转徙，纷立侨县。葭萌旧民南徙，他县侨民复来填住。至刘宋时，分立白水郡，领新巴、汉德、晋寿、益昌、兴安、平周六县。于时，葭萌故城为晋寿县；其南嘉陵江会口为益昌县（白水街为新巴，剑阁县为汉德，广元为兴安，旺苍为平州）。不久，民流移徙，迭岁纷更，名实混乱益甚。其后，益昌县治皆在桔柏津，葭萌县治皆在宝轮院。至宋开宝五年（972年），改益昌为昭化县。元代省葭萌、白水二县入昭化。于是昭化县境亘白龙江两岸，狭长达二百八十余里。中华人民共和国成立后，并昭化县入广元县。今人呼旧治为老昭化。宋改县名昭化者，以东晋时曾立昭欢县，一作（邵欢）。相传蜀汉时已立，取昭烈帝得汉中而喜之义。宋人缘其音为昭化也。

唐武德二年（619年），置利州总管府，管利、龙、隆、始、逢、静六州。皆是四川盆地内之地。自是，绵谷县为蜀北重镇。其时，葭萌旧县已分割为若干新县，转为利州属邑。唐末王氏据蜀，于此置昭武军节度使。宋分巴蜀为益、梓、利、夔四路，绵谷为利州路治。元宪宗三年（1253年）立都元帅府于此。元世祖至元十四年（1277年）既已灭宋，蜀地大体略定（只合州一城未下），罢都元帅府，改曰广元路，隶四川行省（元曰广元，与汉立广汉，魏改广魏之广同义，为元朝疆土扩充之意）。明太祖平夏，改为广元州。洪武十四年（1381年）又降州为县，属保宁府。清朝沿用，直至现在。

旺苍县（附嘉川、静州、通平）

旺苍县，是清末分广元县东境设立的。县治望苍坝，属于嘉陵江支流"东河"的中游。东河发源于陕西宁强县东境的黎坪场。其他属大巴山区，流贯旺苍、苍溪两县境，至阆中入嘉陵江，全长五百里，两岸群山全是参天林木。岸窄水激，唯此间河原平阔，横展二十余里，又有东西二小河注入，为较平展的谷地，西逾白水镇一小山（海拔六百余米）与绵谷衔接，平行达广元，只二百余里，故从来只以此为广元属地。其南，水道可行船入嘉陵江，历世为输出木材的集结中心。坝上四望皆苍松翠柏，故名望苍坝。置县时缘音改作旺苍。

望苍坝西端的庙二镇，有嘉川公社。传为古嘉川县治，这是不对的。《隋志》义城郡，嘉川县，云"旧置宋熙郡。开皇初废"。《太平寰宇记》集州嘉川县云：在集州（今南江县）"西一百二十二里。本汉葭萌县地。宋武帝于此置宋熙郡，及兴乐县。后入于魏。至恭帝元年（554年）改兴乐为嘉川。取嘉陵江所经为名。隋开皇三年（583年）以县属利州。唐贞观二年（628年）改属静州。十七年，复属利州。永泰元年（768年），割属集州"。其县入元乃省。由"取嘉陵所经为名"一语，即可断其非望苍坝。查嘉陵江自阳平关南流，至燕子砭附近，微开展为东西横斜的小平原，长约十里，距广元百余里。又至朝天驿附近，再开展为小平原，距广元五十余里。两处皆有置立郡县之可能，疑古嘉川县当在此部。唯南北朝郡县流动性大，嘉川县人在流徙中，亦可能侨立县名于此。

旺苍在清之前曾多次易名。《太平寰宇记》云："废通平县，在（集）州西一百一十五里。梁中大通六年于此置池川县……唐武德元年（618年），分清化西北界置狄平县，属静州。二年，改为地平县，取天成地平之义。七年，以静州自木门故城移理于此。贞观十七年废静州。以县属集州。永泰元年改为通平县。皇朝乾德五年并入嘉川县"。考地平、通平，与旺苍地形符合，唯梁为池川县，唐为地平县，曾为静州州治。代宗时改通平县。宋乾德五年（967年）并入嘉川县。当时嘉川县，则确已徙到望苍坝内，非复嘉陵江岸也。

剑阁县（附普安）

秦汉以前陇蜀通道与今宝成铁路线同。秦汉世，褒斜、子午阁道开，汉中成为重镇。然，自汉中入蜀之路仍是从广元、宝院，循黄沙河，越马鸣阁（今云马角坝属江油县），出江油入西川平原一路，不由剑门。即古所谓"石牛道"（说在《华阳国志》）。剑门关路，乃诸葛亮相蜀时开，以便转广汉与成都粮入汉中。并曾置汉德县于关内，以护阁道。今剑门场，即其故治。（参看沈约的《宋书·州郡志》）自是，马鸣阁旧道圮废，陇蜀往来皆由剑阁。故钟会伐蜀，姜维自陇西还救，闻汉中、阳平已陷，乃从阴平还守剑阁，扼钟会军不得进。

剑阁，"有剑阁道三十里，至险。有阁尉、桑下民兵也"。《华阳国志》剑门山脉，为白垩纪砾岩构成。砾岩坚如铁石，不可钻凿。然性脆，每因地心热力激荡，震裂成刀斧劈开的壁立绝峡。四川西北面有如此砾岩带，是为剑门山脉。曾被称为"梁山"（见张载《剑阁铭》）。其山脉西连马鸣阁、窦圌山，远达玉垒、青城、灵关等处，有断立绝壁甚多，游者随处可验。涪江以西，即为四川盆地的边缘。灌县伏龙观，江油窦圌山皆由断裂处形成。其在窦圌以东者，则在盆地以内涌起，东西横亘五百余里，越过嘉陵以东。剑门一段，与黄沙河平行。河谷海拔不足500米。其南突起为绝壁百里，不可逾越。连峰高在1000米以上[①]。但有纵出的断裂两处，为剑阁县北（平均海拔500米）的部分山水的出口，是为大剑、小剑二水。二水所经的峡壁，是为大剑、小剑两山和两剑门。二水穿两剑山，合流入黄沙河，为黄沙河谷与剑阁县仅可能有的通道。大剑在东，纵裂口较阔，亦较长。小剑在西，裂口较狭，亦较短。两剑门相距不过十里（旧传三十里）。古循峡水往来者，当涉水行，每值暴雨，恒被漂没。诸葛亮始依栈道法，于崖壁上凿孔植木，斜出，以支桥道，以通车马。木桥经雨则易朽败，故必更于桥道上作连阁，盖瓦蔽护之，是谓"桥阁"。如此偏桥阁道，称为"阁道"，或"栈道"。剑阁之名，缘此。马鸣阁亦有一段阁道。阁坏道绝，故诸葛亮更开此道以取捷。今绵广公路，亦是循旧阁道。唯不是用木，而是用石与钢筋水泥建筑而已。

南北朝，此县恒因兵冲，兴废不一，建置混乱。《隋志》普安郡云："梁置南梁

---

① 在地文学上，黄沙河实为剑门山脉横断的地堑。用地质学推断，这一横裂的时代，当在白垩纪的末期，与龙泉山脉的生成同。大小剑的纵裂又在其后。那都是人类出现以前的事。

州。后改为安州。西魏改为始州。统县七。"其七县，首普安，云："旧曰南安。西魏改曰普安、置普安郡。"故城即今剑阁县治也。唐初仍曰始州，先天二年改曰剑州。宋代仍曰剑州。绍熙元年（1190年），以其为光宗潜邸，升绍庆府。蒙古攻宋，州县移治苦竹隘，凭剑山之险，固守数年乃破（事详《宋史·张实传》）。元代复为剑州普安县。明洪武十四年（1381年），省普安县入州，隶保宁府。清代不改。民国废府州，改名剑阁县。

梓潼县（附寿安）

《隋志》云："旧曰安寿①，西魏置潼川郡（《太平寰宇记》作东川郡）。开皇初郡废。大业初县改名焉"。其名，历代相仍至今。《太平寰宇记》引《华阳国志》云："汉武元鼎元年置。以县东倚梓林、西枕潼水，以此为名。"今按：此谬说也。常璩未有此文。《前汉志》："广汉郡，高帝置。"以梓潼县为郡治。（《华阳国志》云"高帝六年置郡"）则秦时已置此县矣。岂待武帝时？班固又云："五妇山，驰水所出，南入涪，行五百五十里。莽曰子同"。是今之梓潼河，汉曰驰水（一本作蛇水）。无潼水之名。王莽改其字作"子同"，则明为秦人译夷国本语，非潼河、梓林之义。五妇山者，在今马阁坝南之青林口（青寿公社）。《华阳国志》梓潼郡云："故蜀五丁士所拽蛇崩山处也。"又《蜀志》云：秦"惠王知蜀王好色，许嫁五女于蜀，蜀遣五丁迎之，还到梓潼，见一大蛇入穴中，一人揽其尾掣之，不禁，至五人相助，大呼枻蛇。山崩时，压杀五人，及五女，并将从。山分为五岭"。其说出于扬雄《蜀王本纪》，亦由土民因蛇水所谬造，后世遂传为故实耳。梓潼水实发源于此五岭，流行于红土丘陵之平谷间，蜿蜒回曲如蛇形。故先民呼为蛇水。亦曰"九曲水"。古蛇字作虵。今《汉志》讹为驰字。

汉梓潼故城，原当在五妇山附近，疑即黄沙河上游之雁门坝。其地乃是秦汉间陇蜀要道，亦有关尉。刘备入蜀，命霍峻守葭萌。"刘璋将向存、扶禁由巴阆水攻峻，岁余不能克"。备既得蜀，嘉峻功，分广汉置梓潼郡。即以峻为太守。（领梓潼与涪、汉寿、汉德、白水五县。见《华阳国志》）。当时剑门阁道未开，不可能在今县治处建郡。若雁门坝，则适居五县正中，扼陇蜀大道要隘，于史事乃合。若然，

---

① 寿安，《太平寰宇记》云："西魏于此置东川郡。移县于郡南三十里，改为安寿县。于此置三年，废郡，移县复旧治，犹以安寿为名。大业三年还名梓潼。"未详所据史志。此书脱讹甚多，疑是西魏曾于故县置东川郡。而虵水地域置寿安县隶之。寿安之义，谓地僻而腴，无兵燹饥馑之难。蛇水流域尽紫土丘陵，由原皆可耕牧，有剑阁、马阁外护，故云寿安也。寿原是土城，故屡圮徙。改名梓潼后，乃作城于剑涪大道上。在七曲山之南。七曲山，旧名梓潼山。其时蛇水已称潼水。"梓潼"（子同），缘故夷落旧称为字耳。

则梓潼水（蚰水）在五妇山南，县治在山北，更不能说"西枕潼水"了。今梓潼县治，应是蜀汉通剑阁道后徙治。

盐亭县（附永泰、东关）

梓潼水流入盐亭县的紫土丘陵区，河谷愈深陷，山势渐高险，在古代为偏僻的山夷（民）地区，附属于梓潼县。大约在蜀汉世，有广都盐工至此仿李冰法开盐井。汲水煎盐供应一方。由是渐有汉户，置亭长管理，称为"盐亭"，仍属梓潼县。民缘之与汉民融合。晋宋之世，各州要道郡县人民流徙，逃就此区者甚众。曾立方安县，未几复废。于时称此段梓潼水为灵江。故《太平寰宇记》引李膺《蜀记》①云："灵江东盐井亭，古方安县也。"又引《周地纪》②云："梁大同元年于此亭置县。因井为名。"并云："管盐井二十。井见煎。"系谓宋初的竹筒小井③有二十眼煎煮也。梁大同元年（535年）为武陵王萧纪镇蜀最强盛时，不但于此置盐亭县，并于此县立北宕渠郡。梁时有五个宕渠郡。此为最北，故曰北宕渠。于是一方更兴盛，发展为永泰④、东关⑤等县。入元，仍并为盐亭一县。县不产煤，煎盐用木材。残毁山林后，盐业渐衰。成为川北贫瘠小县。

三台县（附郪王城）⑥

今三台县西南九十里古有郪国。王城遗址五代时犹存。盖郪与梓潼及丹、犁、彭、濮、苴、诸国落，先于巴人、蜀人占有四川盆地，后皆为巴、蜀所灭。郪，其最后亡者也（说见《巴、蜀民族古史》）。秦曰"郪道"。《汉志》作"郪县"。《三国志·姜维传》言，维方拒钟会于剑阁时，闻诸葛瞻军破，"或闻后主欲固守成都，或闻欲东入吴，或闻欲南入建宁，于是引军由广汉郪道以审虚实。旋被后主敕令，乃投戈放甲，诣（钟）会于涪"。可见蜀汉时仍作郪道。魏晋又去道字。刘宋于此始筑城，置新城郡。梁立新州。《隋志》云："新城郡，梁末置新州，开皇末改曰梓州，

---

① 此李膺是晋人，曾从桓温伐蜀。非梁代撰《益州记》的李膺。
② 此即《周地图记》。见《随书·经籍志》。
③ 李冰所作盐井，只是大坑，称为"大井"。唐末已有竹筒小井。入宋转盛。称为小井。小井大行后，大井尽废。
④ 《太平寰宇记》永泰县云："唐武德四年，巡检皇甫无逸以四境诏远，人多草窃，遂以当州（指梓州）盐亭县、剑州普安县，阆州西水县三县界析置此县，因以永泰为名。"故治当是今富村驿。
⑤ 《太平寰宇记》云："本盐亭县雍江草市也。伪蜀明帝四年，以地去县远，征输稍难，寇盗盘泊之所，因割乐平等三乡立招葺院。计征两税钱一万三千贯硕。皇朝乾德四年平蜀，升为县。取古东关地之名。"故城在今日羊桃溪。（盐逃蹊字讹）盖初税盐时，商贩逃税，走私要道。故置关稽征之因以名县也。
⑥ 郪王城，在今中江县之通山乡。有郪水经蓬莱镇入涪。《太平寰宇记》云在郪县南九里，当误。

统县五。"首真郪云："旧曰伍城①。西魏改曰昌城，仍置昌城郡。开皇初，郡废。大业初置新城郡改县名焉。"（余四县，射洪、盐亭、通泉、飞乌，并后详）。

中江县（附飞乌、铜山）

中江县，本郪县地。蜀汉时，于此立五仓、储粮，仓皆有城，置尉主之。后置县，因名五城县。（说在《华阳国志》。）晋太康六年（285年）省县，七年复置。宋齐作伍城县。后周改名玄武县，以县东玄武山出龙骨，改名。

玄武山，《华阳国志》作宜君山。其山绵亘于郪与五城两县间，六屈三起，又名三隅山（见乐史引《九州要记》及李膺《蜀记》），相传真武祖师修炼处，故名玄武。县因以改名。山临水，平静可行船。其上源出罗江旧县，就是古孱亭水。绕此县城过，东入于涪，古称五城水，一曰凯江。隋仁寿初，于此置凯州，因江水为名。寻废州及县，并入郪。

宋大中祥符五年（1012年），更名中江县，沿用至今。清人李元《蜀水经》云："凯江谓之中江，源出安县东北爬鹿山……凯江又东经中江县城西南为中江。"《太平寰宇记》云："中江水在（郪）县西南三里。"中江县由是得名。

宋末蒙古军入蜀，四川盆地内部人烟稀少，有飞乌②、铜山③二县入中江。元、明迄今，中江县境南北长达二百三十里者，合并此二县故也。

射洪县（附通泉、广汉）

射洪县旧治，去三台只六十里。《隋志》云："西魏置，曰射江，后周改名焉。"《太平寰宇记》引《益州记》云："郪、倭滩东六里有射江。土人语讹以江为洪。"所言"射江"即今潼射溪。自潼射山间直泻入涪。疾如发矢，故称射江。江字，古读如共，（公）音。后转如缸。蜀人读如煎。后周用北方音而变其字，改作洪也。故城在金华山下。县徙后为金华镇。

---

① 《隋志》"伍城，当是新城字"。参看中江县条。唐仍称梓州。天宝元年（742年）改梓潼郡。乾元元年（758年）复为梓州，并为剑南东川节度使治。宋咸平四年（1001年），分巴、蜀为益、梓、利、夔四路，此为梓州路治。重和元年（1118年）改称潼川府路。至明洪武九年（1376年），平蜀，降州为潼川州，省州治郪县。清雍正十二年（1734年）仍升为府，更立三台县为府治。外领"三、射、盐、中、蓬、安、乐、遂"八县。民国二年废府，八县直属于省。三台山，在治西，层起级叠，三作台状。县因山为名。

② 飞乌县，隋开皇中置。《元和志》云："开皇十三年置镇。明年改县。"故城在飞乌坝（今胖子店），缘附近有飞乌山得名。旧有盐井兴旺。

③ 铜山县，唐调露中置，因旧有铜山知名。故治在今县南九十里之通山场，属古郪王城附近。郪江导源于此。《新唐志》云："南可象山，西北私镕山，皆有铜。"《太平寰宇记》铜山县云："景龙二年，采铜利害使、西台侍御奏称：梓州玄武县，简州金水县，兢铜官坑。按两县图经，其铜官山合属玄武县。请徙铜官于山南三里。"又云："私镕山，在县西二十四里，高一里，出铜。昔时任百姓采铸。可蒙山在县西北三十里，高一里，出铜。赖应山，在县北三十里，周二里。出铜及空青。出铜山甚多，此略书三所。"大抵唐宋时此县产铜极盛。山空后，县亦废，近人遂讹其字为通山也。

今县徙治太和镇，乃古通泉县治。通泉县，《元和志》云："西北至（梓）州一百四十里。本汉广汉县地。宋于此置西宕渠郡。后魏恭帝移于涌泉山，改名涌泉郡。周明帝置通井县。隋开皇三年改为通泉。"这比《隋志》叙述更为详细和准确。又云："通泉山，在县南二里。"《太平寰宇记》则云："在县西北二十里，东临涪江，绝壁二万余丈。水从山顶涌出，下注涪江。涌泉郡故城在此。"所记又较《元和志》可靠。其山当在今小味坝（前锋公社）西的武南公社。昔时山林茂密涵濡水源，有泉甚旺，溢流入涪。古人不识森林与泉源的关系，怪其山高泉旺，妄谓与涪江水通，故曰"通泉"。西魏得蜀，斥通泉为妄，改名涌泉。后周因土人坚持江涨则泉涨，为水相通之说，故复改为"通井"。隋初又遵旧名，还为通泉。所云"郡故城在此"者，谓小味坝原是西宕渠郡，西魏改涌泉郡之故城。隋初废郡，仍改县名通泉也。其时侨立之宕渠郡，此为最西，故曰"西宕渠"。其后宕渠流民更北流入盐亭县，复立宕渠郡，称北宕渠。（已详盐亭县条）

龚熙台《四川郡县志》卷一，广汉郡、广汉县云："《水经注》：'涪水，出广魏、涪县西北。南至小广魏，与梓潼水合。'按：小广魏，即汉之广汉县。在汉曰广汉，在魏曰广魏。称郡，则单称广魏。称县，则加小字以别之。是涪水与梓潼水合流处，即历代广汉县治地。治今射洪县（指旧治）东南三十里小广魏坝。"今按：此即俗称之"小味"坝。蜀汉分置东广汉郡，领广汉、德阳、郪、五城县。此为郡治。晋末以故广汉郡之雒、什邡、绵竹、新都四县为新都郡；广汉、德阳、五城三县为广汉郡；广汉以南为遂宁郡。广汉郡还治雒城，此处仍为广汉县。隋避炀帝讳，改广为光。寻废其县入通泉。《隋志》云："又并光汉县入（通泉）焉"是也。通泉县何时徙至太和镇，史无明文。按《隋志》，通泉与光汉已是两地，则非同在小味坝与通泉山间也。后魏置通泉县时，广魏郡已徙在石坪（参看遂宁县条）。隋乃合并广汉县故地于通泉县。其县唐隶梓州。大历二年曾经改隶遂州（今遂宁），则其时通泉县治必已南徙至太和镇，距梓州遂州道里相当。否则无改隶之理。

元世祖至元二十年（1283年）又并通泉县入射洪（见《元史·地理志》）。然射洪地狭促，不如通泉镇工商业繁盛，故中华人民共和国成立后徙焉。

蓬溪县（附唐兴、长江、青石）

蓬溪县在本地区设置最晚。《元和志》云："永淳元年（682年）割方义县北界于今县南二十里蓬川置唐兴县。长寿二年（693年）改为武丰。神龙元年复为唐兴。天宝元年改为蓬溪"。《太平寰宇记》则谓："唐开元二年（714年）置。天宝初改为蓬溪县，取邑内蓬溪为名"。《旧唐志》用《元和志》说，更增"景龙二年（708年）

分唐兴置唐安县。开元元年（713年），废唐安县，移唐兴于唐安故治。天宝元年改唐兴为蓬溪"等句。《元和志》云"今县南二十里"者，今大石桥公社为永淳元年的唐兴县治。"长寿二年改武丰"者，武则天已改国号周，废唐旧称。中宗即位复为唐，又改还唐兴旧称，其故治皆在今大石桥。景龙二年置之唐安县治，那才是今之蓬溪县治。开元元年，合并唐安于唐兴县，并自大石桥移县治于此。更阅三十年皆名唐兴。天宝元年乃改名蓬溪。沿称至今。

《明一统志》谓蓬溪因发源于蓬莱山得名。《清一统志》谓蓬莱山在治城东二里。今按：县境位于四川盆地紫土浅丘陵之正中，无高山深谷，而乏水运之利。六朝时其地非巴、蜀往来所经，曾经为夷獠据地。仅涪江沿岸为华族所在。隋唐逐渐以兵威招抚夷獠，开置州县，故一时唯涪江沿岸置县最密。射洪、通泉、长江、方义、青石等县相距不过四五十里。自涪水向西，则开有安居、铜山、飞鸟、安岳、乐至、普慈等县。自涪向东，则开置盐亭、唐兴等县。缘梓潼水向北推进则为盐亭。缘蓬溪水向东推进，则为唐兴。唐兴县治先在大石桥。再向东推进为唐安县的原因在此。至于"蓬溪"之水，乃汇此区丘陵田亩间水成河，无所谓源出蓬莱山。今县治东侧有山，戴砂岩平石层，四周断绝如壁，今云"赤城山"，即古蓬山寨。此种山形，宜于筑寨御暴，昔时獠人依之，称为蓬山。如此之山，地文学上称为方山，在嘉陵江以东极多，如营山县，仪陇县皆有大蓬山，俱獠语旧称也。嘉陵江以西，如此之山甚少，故特为新置州县所重。唐安县缘之而立。县治立于山下，溪水绕之，故称其水为"蓬溪"。县名缘之而改。后人因蓬字，附会为蓬莱山，非獠语本义也。（参看仪陇营山两县文）

唐兴县面积原不甚大。宋末蒙古骑军入蜀，涪江沿岸无险可扼，受害最深。余玠治蜀，曾徙遂州于此山以自固，是为"蓬溪寨"。元初，沿涪诸县多荒废，遂以长江①、青石②两县地合并于蓬溪。留遂州治为小溪县。相沿至今。故蓬溪县境从北、东、南三面包围遂宁县。

---

① 长江县，《晋志》有"巴兴县"。沈约《宋志》云："疑是李氏所立"。实东晋穆帝永和十一年置，《隋志》属遂宁郡。云："旧曰巴兴，西魏改名焉。又置怀化郡，开皇初郡废。"《太平寰宇记》云："后魏恭帝改巴兴为长江县，以界内大江为名，即涪江也。唐上元元年（674年），以旧县不安，移在明月山下凤皇川。明月山在县西二里。"故治在今蓬溪县西六十里之长江坝，南距遂宁五十里。

② 青石县，《隋志》云："旧曰晋兴。西魏改名焉。"《太平寰宇记》云："东晋孝武帝于此立为晋兴县，宋因之。后魏武帝改为始兴县。隋改为青石县，以界内有青石为名"。又云"青石山有祠，甚严"。《九州要记》云："天下青石无佳于此，可为钟磬。……民将采石，必先祀之。"故治在蓬溪县南百二十里，涪江岸。今仍称青石坝。清末划归潼南县。自米心溪至龙凤场之一段涪江仍属蓬溪县。今按青石山，《元和志》云："在青石县东南水路五十九里。"盖即合川界上之龙多山，为与华蓥山脉平行之微微隆起的山脉。涪江截割处，蚀露下白垩纪的青石层。为制古磬之石材。青石县缘之命名非县治河坝产此石也。

遂宁县（附德阳、小溪、方义、安居）

青石山，在汉为巴郡与广汉郡分界。汉高帝六年，分蜀、巴两郡间故什邡、梓潼、苴与郪国故地十三县置广汉郡。属涪江沿岸者为刚氐、涪、郪、广汉四县。自郪以南，皆广汉县地。蜀汉既先分立梓潼郡。复分郪县以南为东广汉郡。曾于广汉县南界置德阳县。《三国志蜀张裔传》刘璋"授裔兵，拒张飞于德阳陌下"。即谓此德阳（今德阳县在蜀汉为阳泉县）。《华阳国志》广汉郡有德阳县云："有青石祠。山原肥沃，有泽渔之利。士女贞孝。望山乐水，易为生事。车骑将军邓芝雅有终焉之思。后遂葬其山。"（1967年遂宁农民于县东南石马坝岸山发现汉墓，得殉葬陶马与古什器。余审其墓制，判为邓芝墓。）盖其时，自郪道以南沿江只两县。北为广汉，南为德阳。今遂宁之灵泉山与广德山为其分界处。两县河原宽阔，易于资生。六朝多乱，流民窜集，垦地益展，乃分广汉置巴兴，分德阳置晋兴。刘裕平谯纵后，蜀地凋残益甚。夷獠填入，每与土民兴难。旧东广汉郡治，地当梓潼水口，为獠人自铁山、向剑山地区移进之冲要，郡城不堪屡扰，乃徙郡治于石坪，改称遂宁郡。《太平寰宇记》遂州云："谯纵乱后，移于石坪。盖其地多獠，官方力弱，不相威摄。"说明徙郡治于巴兴（长江坝）以南之石坪山，和改称遂宁郡的原因。

石坪者，古称石盘山，一云石船山。今曰玉屏山。在遂宁县城西二里，受古代江水侵削，成十数里长之绝壁。其上平戴砂岩盘，厚十数丈。又其上复为紫土浅丘，有农田与林泉之资。石盘遥连灵泉寨。中间有灵泉溪。出梵宇山圣水井，经灵泉寺，至射洪嘴入涪。《太平寰宇记》云："梵云山，在州西南二里，三面悬绝，东临涪水，西枕落星。"（落星山，即灵星池所在之山，在其西北四里。即《舆地纪胜》所称之佛现岭，今人称为灵泉山者是也。）郡治徙此，因石盘为城，夷獠不能犯，故曰"遂宁"。预祝更无动乱也。山去旧广汉城已百三十里。然位置居当时郡境最中。遂成定局。

郡徙后，立小汉县为郡治，在今灵泉寺处。小汉者，"小广汉"之省称，以别于旧郡之"东广汉"也。梁改小汉为小溪县，非因字讹。乃因县外灵泉水为郡人所爱，对涪江言，习呼之为"小溪"，缘之改县名也。

宋恭帝泰始五年（469年），刺史刘亮表分遂宁为东西二郡。（据《太平寰宇记》）小溪为东遂宁郡治。西魏改小溪为方义县。古谓并舟相维以行水曰方。取石船山有方舟之义。后周改郡名为石山。隋初郡废。大业初复为遂宁郡，领方义、长江、青石三县。唐武德元年改曰遂州。旋置总管府，管遂、梓、资、普四州。贞观初，罢府。十年，复置都督府，督遂、果、普、合四州，十七年复罢府。宋太宗讳义字，仍改方义县为小溪。政和五年，升州为遂宁府。南宋宝祐六年（1258年），蒙古军攻下云顶山（当时成都府治），蜀帅蒲择之命杨大渊等守剑门及灵泉山以捍渝合。其后灵泉亦下，则守蓬溪寨。宋亡后，蜀地人稀。府境因当蜀、巴骑军驰骋往来要道，几无遗民。故元代仅存小溪，蓬溪两县。降府为州。明太祖平蜀，省小溪入州。又徙州治于山下河原，改名遂宁县。原筑土城。天顺与正德时，两次改作石城，即今治也。

唐、宋年代，在遂宁郡界，还设置了另一个遂宁县。《元和志》云："东南至州一百二十里"。《太平寰宇记》云："州西北一百二十里。本广汉郡地，景龙元年（707年）置县。取郡名以称邑。"考其地即今蓬溪县西界的蓬莱镇。属郪江中游。盖以盐井兴起置县。东距长江坝仅四十里。何时并入长江县，未详。长江并入蓬溪时，随之并入，故史文失之。《元丰九域志》谓其"在州西南八十五里"则误指为安居县也。

安居县者，《隋志》属资阳郡。云："后周置，曰柔刚，及置安居郡。开皇初郡废。十三年改名焉。"《太平寰宇记》云："周武帝建德四年置。"《旧唐志》云："旧理柔刚山。天寿二年移理张栅。"今其地名安居坝，在遂宁西南四十里。西南至安岳（唐普州）八十里。唐代隶属普州。何时转隶遂州，未详。今为遂宁县地①。

六、内江地区

内江地区现辖内江市、内江、资中、资阳、简阳、乐至、安岳、隆昌、威远，共一市八县。兹将各县地名考释如下。

内江县（附汉安、清溪）

内江县在秦与前汉时为资中县地，后汉又分资中置汉安县，属犍为郡。犍为郡在汉武帝建元六年（前135年）开南夷鳖（今遵义）、符（今合江）、南广、汉阳、郁邬、朱提、堂琅等新县（后详），并割巴郡江阳县与蜀郡武阳、南安、僰道、牛鞞、资中六县置。其武阳（今彭山）、南安（今乐山）、僰道（今宜宾）三县分布岷

---

① 遂宁、梓潼两郡治徙之改变，《三国志》无州郡，洪亮吉、谢钟英先后补志，亦因昧于四川地理和资料不足，未能切实。《晋志》系唐人修纂，更由于侨郡县名称混乱，谬误甚多。沈约《宋书》曾泛征故籍，审慎考订，亦未能全面解决，徒叹"巧历难算"而已。《隋志》最精审，于四川州县沿革，截至梁魏而止。故关于梓潼、遂宁两郡治徙之改变亦不能详。千余年后，人欲有所厘正，是很难的。但尽管人事千变万化，山水地形迄无大变。州郡建置配合地理，有一定的规律。循绎规律，考订史文，仍可得其流变之理。本文于此两郡之徙治，大胆言之，未必准确。但只提供同道者讨论而已。

江天社山以下的首、中、尾三郡。牛鞞、资中两县位于金堂峡以下的的沱江首部，约二百里地面内，江阳位于沱江会口之郡，中间沿沱江约九百里无县治，分隶资中、江阳两县，直到公孙述据蜀时都是这样。当时九百里间皆少数民族部落，地方极不安靖。《后汉志》乃有"汉安"县，排列于犍为郡末，以明其为后置县。刘昭没有注，不知置于何年？大概到汉末，沱江中游还不是汉民密集地区，但已有汉民耕种沿河的土地，所以能新立县治。《三国蜀志·李严传》："建安二十三年（218年），盗贼马秦、高胜等起事于郪。合聚部伍数万人到资中县，时先主在汉中，严（为犍为太守）不更发兵，但率将郡士五千人讨之，斩秦、胜等首。支党星散，悉复民籍。"高胜、马秦虽皆郪人（见《华阳国志》），属广汉郡，但他们的部队大多招于沱江沿岸地方，所以滋事地点在资中，属犍为郡。经太守李严讨诛后，全部复为民籍，可见沿沱的郡民附乱脱籍者之多了。即是说：沱江中游沿流数百里间，虽在后汉中已置汉安县，但这些人的反抗精神仍然如此，可知新置汉安县时，地方犹多动乱。县名"汉安"，盖因平乱后置县（时间远在建安以前），意在祝愿安靖之义。

《华阳国志》说："江阳郡，本犍为枝江都尉。建安十八年（213年）置郡。汉安程徵、石谦白州牧刘璋，求立郡。璋听之，以都尉广汉成存为太守，属县四。"可见汉安虽故资中县地，但此时已别隶于江阳郡。高胜、马秦之乱，只到资中，未到汉安，这与隔郡很有关系。更由于程徵、石谦提出以汉安立郡之议，就说明它已由动乱不宁的县转变为文化发达、拥护汉政权的文物之邦了。以此推断，汉安置县以后，可能已近百年了。

汉安社会转变的迅速，著于史籍还不止此。《华阳国志》又说："汉安县，郡东五百里①，土地虽迫，山水特美好。宜蚕桑，有盐井鱼池以百数，家家有焉，一郡丰沃。"还说县有"四姓""八族"。程、石两姓文化尤高，"郡常秉议论选之"。这说明县境物产丰富，在晋代，不但蚕业大有发展，还随地可作大坑井，取水煮盐。井废以后，又蓄水养鱼。鱼盐蚕桑之利，家家有之，所以置县以后，汉民乐于迁居。沱江中游九百里间，西汉时还是动乱频繁的落后地区，但经过平乱之后，由于汉民得到政府的保护，迁居者多，仅仅在一百年间，这里就发展成繁荣富庶之区了。

至于常璩说的汉安，是李雄据蜀时的情况。李氏末年，獠人大量入蜀，引起土著居民与獠人的冲突，蜀地动乱达二百年左右。由于獠人是从贵州方向来的，蜀南

---

① 东字，顾广圻较本疑为"有误"，谓在江阳郡北也。按：古言方位，多以道所出城门方位言。汉安水道出由江阳东门。常文未为有误。

郡首受其害。江阳郡与汉安县的官吏，和汉民绅士之家，早在李氏未灭以前，大都跑向靠近蜀郡的犍为郡北面诸县，建立侨郡县。汉安县本土又沦没了。桓温平蜀后，恢复江阳郡治。汉安县未恢复，它有一部分流民回依郡吏，在今江安县以东定居，为汉安侨县。以后就土断为汉安县。到隋开皇十八年（598年），就把它改为江安（参看宜宾地区江安县条）。后来竟有人说后汉的汉安县是今天的江安县，那是错误的。《舆地纪胜》卷一五七"资州"记有东汉永建五年（130年）《汉安修栈道记》和汉安县长《陈君德政碑》等摩岩石刻，是内江为东汉汉安县的确证。沱江南北九百里间，那时不能长期无县治，况《华阳国志》所记汉安的地理风俗，只有定于内江，也才能与地理情势相符合。

内江之名，始于后周，初曰"中江"。隋文帝避其杨忠之讳，改为内江。《隋书·地理志》资阳郡九县有内江，说"后周置"。《元和志》说："周武帝天和二年（567年），于中江水滨置汉安戍。其年，改为中江县，属资中郡"。这也是内江为汉安故县的有力证据。

《太平寰宇记》解释中江名义说："因有北江，故以中江为名。"意谓沱江的北段叫牛鞞水，为北江；南段属富顺、泸州界，古称"枝江"者为南江；其间自银山至牛佛渡一度为中江也。此种解释，不合古义，应是古称沱江为"中水"，见《三国志·赵云传》与《宋书·朱龄石传》。县治在沱江岸，故称中江。隋避讳改中为内，不是"内水"之义。因为那时，涪江为内水，沱江为中水，岷江为外水的称呼已不复存，所以易中为内，没有与涪江为内水之义相混。从此，内江之名不改。

周汉安戍，用汉安县旧名。戍所，在故治南，相当今椑木镇处。北周天和二年（567年）置中江县，即治此戍所①。后乃徙回汉安故治，见《太平寰宇记》。所说汉安故城，亦非即今之内江县治，《蜀中名胜记》说"在今内江县西二里化龙山麓"是也。何时迁在今治，无考。南宋绍兴十六年（1146年）又因江水飘荡，移县治于"安夷军故址"，在上游二十里之太平坝，见宋王象之《舆地纪胜》。即今四合公社处（高岩沱）。元代蜀地人稀，废内江县。明洪武四年（1371年）复置内江县于醮坛山北二里许，后筑土城于今县治处。成化五年（1469年）甃石，治所才固定，不再迁徙。

---

① 《嘉庆一统志》引《内江县志》说："中江，自资县东南经三堆山下，折而东，至县东复折而南，至椑木镇，又折而西，至黄市。市距三堆十五里。一水周环九十余里而县当其中，故曰内江。"原文称资中为"资县"，显然为明代方志。所言"周环九十里"之水，指三堆山以南椑木镇一段沱江。"县当其中"，谓明代县治在椑木镇附近也。此说非古义，亦与中江改名内江的史事不合。又有人说沱江自三堆山至白马场江水回曲成内字者，则更是清代已有实测地图以后望图设想之说，皆不取。

清溪县：隋大业十二年（616年），于内江县东北界置县曰牛鞞（时已改旧牛鞞县为阳安。这里承其名，实与故牛鞞县境无涉）。到唐天宝元年（742年），改名清溪。宋乾德五年（967年）废为镇，入内江，故治在州东北一百三十里，见《太平寰宇记》。《道光内江志》订为今县东七十八里之"石子镇"。又今县东北五十六里有高梁、白鹤两镇，与石子、平滩两乡皆属清溪水流域，应是古清溪县故地①。清溪，今曰清流溪，发源于安岳县东南界，汇红土丘陵诸沟谷之水为磨滩河（今已建成磨滩水库），流经安岳李家场，入内江界为石子镇，又入荣昌县界为吴家场、永兴场，再入内江界为平滩河，更经顺河、郭北两公社至大河口会沱江。沿河气候温暖，盛产稻麻桑蔗，故置县甚早。昌元、大足两县，皆出其后（另详永川地区）。今大足西北之双河场，与荣昌（唐宋世曰昌元）北部地面，实皆隋唐清溪县地，故治应在溪水沿岸，以今石子、平滩两处为最合。古县无城，随时转徙，不可固执一地以拟之。

资中县（附资州、银山、龙水、月山、丹山）

今资中县地，在秦汉时与内江县同为巴、蜀两郡少数民族聚居的地方，远附于蜀。汉开犍为郡后，划为犍为郡的资中县（今资阳县）境，到宋、齐、梁都是这样。西魏并蜀地，立武康郡于阳安（改汉牛鞞县名）。后魏末始立资州，初亦治阳安。北周武成二年（560年），徙州治资阳（改资中县名），同时始于今县治立磐石县，与其南的中江县（内江县见上）俱隶资州。隋开皇七年（587年），始移资州磐石县。大业初，改称资阳郡，领磐石、内江、威远、大牢、安岳、晋慈、安居、隆康、资阳九县。唐复为资州。元时民户锐减，州县并废。明玉珍据蜀，民户渐集，复置资州。磐石县遂废，入州。明太祖平蜀，降资州为资县，属成都府。清雍正五年（1727年），复升为资州，领资阳、内江、仁寿、井研四县。民国二年（1913年），废府州厅，用资中旧名。这样命名，极为不妥，当仍正名为磐石或资县较为合适。

初置县时，此区獠人犹多反复，故选治邑于沱江东岸的蟠龙山下，平时可以保卫行舟商旅，战时可以依山结砦据守。蟠龙山，为红土丘陵中带有砂岩绝壁的连岭，自县北来，环抱县邑，"嶙崒盘曲，隐如龙转"（《明一统志》形容语。嶙崒，山长而高貌）。故曰蟠龙。山上森林葱蔚，有天池蓄水，大旱不涸，栋宇云联，下接城市，故能保证无陷落之虞。取安于磐石之义，故曰磐石县也。

资州之名，《元和志》说："后魏废帝二年（552年），析武康郡之阳安县置资

---

① 高梁、白鹤两镇，属清溪支流地面，现在虽较石子、平滩两地繁荣，不可能是古清溪县治。又宋《九域志》昌元县有清溪镇，其地即今吴家场，与石子坝相隔不远，可能亦曾为县治。（参看永川地区）

州，取资水为名也。"今按：阳安即今简阳，有阳明产盐，为蜀郡所用。这盐由沱江水运穿金堂峡入成都郡县，故沱江有资水之名。北周徙州资阳，隋又徙州磐石，唐咸通六年（865年）又徙州治内江（次年复徙回磐石），皆资水沿岸地，故资州之名不改。

隋恭帝义宁二年（618年），唐高祖招抚资州豪杰，就在所在地立县，于是资州、银山、龙水、月山、丹山等县，到宋初，皆省入磐石县。

银山县，《元和志》："西北至州四十八里，汉资中县地，隋为内江县地。义宁二年分置银山县，因县界银山为名。"《嘉庆一统志》："银山，在州东南三十里，山形如（银）锭。"非产银之山也。故治今为银山镇，在资中与内江界上，滨沱江，水陆运输所汇，市场繁荣。

龙水县，《元和志》说：东至州百二十里。"义宁二年（618年），招慰夷獠，于此置龙水县。以县西北有溪，屈曲绕城如龙，因以为名。"《太平寰宇记》说："依龟陇山为城。"《宋史·地理志》说："宣和二年（1120年），改龙水资川，后复故，淳祐三年（1243年）废。"今按：龙水，源出仁寿县东禾加乡，入资州界，经龙结镇、球溪河镇至顺和场入沱江。球溪河镇以下，可以行船。龙结镇曾发现宋嘉祐八年（1063年）《龙水县龙潭记碑》，可知今龙结镇即唐龙水县治。龙水即因龙潭为名，其地当铁山区边缘，又与罗泉井接近，故素以盐铁工业著称。球溪字，本作镠，古人叫精铁为镠，故龙水河又名镠溪，因运盐镠需要，通航较早，后人传讹为球溪也。

月山县，"东至州五十里，内江水在县南一里。"所谓"内江水"，即沱江。自县溯沱江上推，五十里应在今甘露、双丰二场之间的江岸部分。今县东北六十里接安岳周礼场界有月山场，不是唐月山旧治。或是五代时曾徙月山县治于那里，宋初遂省。《舆地纪胜》资州说："月山，在州北三十里，状如偃月，范太史尝赋诗其上，石刻今存。"月山废县，当在双丰镇。

丹山县，唐贞观四年置，属资州。宋乾德五年省入磐石。《元和志》云："南至州一百三十里，取界内崇丹山为名"。崇丹山无考。今资阳县东五十里有丹山镇，南距资州百余里，与《元和志》合，应是唐分资阳县东境置。去磐石颇远，不应并入磐石县。《太平寰宇记》资州说："废丹山县在州西五十里，……皇朝乾德五年敕并入磐石县。"又云"丹神山，在（盘石）县西北五里"。《一统志》作"在州北五里，……旧志：故丹山县以此名"。如值天旱，祈告即雨。疑唐末蜀乱时，曾徙资阳县东之丹山县于磐石县西五十里铁山之下，约当今宋家场处。乾德五年与银山、月山同省，故乐史作如此记。四川盆地内红黏土遍地都有，称丹山者亦处处有之。崇丹山与丹神山，只因祷雨著名耳。

资阳县

今资阳县，在汉为资中县。原辖境包括今简阳、资中、内江诸县地。那时，铁山之铁，牛鞞之盐，与沱江沿岸之橘柚，皆由沱江水运，资给成都（资即供给之意），故蜀人称沱江为"资水"。沿沱江数百里间只此一县，居其中部，故称"资中"。汉武帝开南夷，置犍为郡，割资中属之。南北朝时，因獠人屡乱，县废。西魏废帝二年（552年）复置，仍称资中县。北周明帝武成二年（560年），改称资阳县。《旧唐书·地理志》解释说："在资水之阳。"今资附县南有入沱小溪，俗名黄鳝溪，《寰宇记》称之为"资溪"，以为县名因此溪改。其实，沱江自大洪场以下，流向转西与黄鳝溪会后乃转南，县城坝位沱北岸，为水之附，非因黄鳝溪为名。后人不知沱江古有资水之称，妄指小溪为资水以传"资阳"之义耳。

自此以后，经隋、唐、宋、元、明、清直到今天，一直叫资阳县，有时省称为"阳县"。县城所在的冲积平原，为沱江进入红丘陵地带数百里中最大的一个河谷平原。它成为最先置县之地，是可以理解的。但它除在北周作州郡治所外，不是隶属于其南的资州，就是隶属于其北的简州，甚至在元代还废县入简，到明代又才恢复县治。过去只有土城，在平原上时有迁徙，到明嘉靖间才砌石城。因为城在平原中，每值兵燹就会残破，这是它在历史上不能成为重镇的原因。若说文化发展，它在沱江流域中，则是领先的。相传周代的学者苌弘就是这里人。1951年发现的"资阳人"头盖骨，经学者们鉴定，是四川盆地内最先出现的真人遗骸。

简阳县（附婆润、平泉、简州）

简阳县，汉曰牛鞞县。故在今县城西南一里，因牛鞞盐井为名，牛鞞井名见《元和志》。古盐井为大坑，人入负瓮汲卤。井名牛鞞者，坑特深大，则卤水多，为旋道而下，用大皮囊盛水，引牛负之以出，故曰"牛鞞"。鞞字，《周诗》常见。"鞞琫有珌"，"鞞琫容刀"。古经师们皆释为刀鞘。音髀。蜀语作皮囊解。《汉书·地理志》牛鞞县注："孟康曰音髀。师古曰，音必尔反。"《广韵》作"府移切，音卑"，这个卑字，与四川土语谓负为背的背字同音，可见牛鞞为牛负卤水之义。

凡用李冰法作之大井，每因井水渐少，必须在较远处另掘新井。牛鞞井到唐代犹能汲煎，但已经产量不大了，另有阳明井起而代之。阳明井，早见于《华阳国志》的牛鞞县，但它不是牛鞞井的变名，而是另一口新井，在今县北石桥镇。《元和志》说："阳明盐井，在县北十四里。又有牛鞞等四井，公私仰给。"可见唐代的牛鞞井产盐已落在阳明井之后了。

西魏改牛鞞县名为阳安县，治绎溪会口之北，与阳明井只隔一阳安山。山川临江，便于守卫，保阳明井安全，故曰阳安山，县亦因之改名。西魏为保护盐井，在此山下立武康郡，并改县名。《太平寰宇记》说"后魏于此立郡，改牛鞞为阳安，以界内山名"是也。隋初郡废，县隶益州。

《太平寰宇记》又说："隋仁寿三年（603年），以此地土旷远，时多寇盗，须以郡府理之，乃分益州之阳安、平泉二县，资州之资阳一县，于此置简州，取界内赖简池为名。"

平泉县，在阳安西南四十里，本婆润县，后魏恭帝二年（555年）置。其地今名草池堰，旧有二盐井，曰赖黎池、赖简池，皆獠语。赖为产盐之义。《元和志》平泉县有上军、下军二井，疑即为此二赖。宋以来竹筒井大兴，旧时坑井皆废。但留此两旧名，以供考订而也。二池相距不远，今已还为农田，犹存"草池"之名。

"婆润"疑是獠语称呼。獠语婆，为产铁之义。应是后魏开蜀地时利其盐铁，抚用獠酋，因其俗以置县，故用獠语译字为县名。经周到隋，徙治于赖黎，并改县名平泉。故《隋书·地理志》蜀郡说："平泉县，西魏置曰婆润。开皇十八年（598年）改名焉"。《旧唐书·地理志》说："隋移县治于赖黎池，仍改为平泉。"《太平寰宇记》简州说："后魏置婆润县。隋移县治于赖黎池，仍（改）为平泉县。县旁平地涌泉故也。"

简州初置，似亦以婆润为州治，故因简池以为名。至獠人安定后，乃改县名，徙县治，而州治亦迁于阳安。州名不改者，大概初因獠语"赖简"音为字，就汉语古义言，则"简"字有大之义，《周诗·卫风》"简兮"，《周颂》"降福简简"，旧注皆云"大也"。又有检核人民分别良莠之义，《礼·王制》云"简不肖以绌恶"，用于州刺史亦浃洽。故简州之名遂不改，自隋至民国初年皆沿用。民国二年废州为县，称简阳县。

"简阳"取义，或疑是取简州与阳安各一字。然阳明井自宋代已改为竹筒井，称石桥井，阳安县自元代已省入于州。民国初，阳安之名，久已不存，此说不能成立。又或谓治所旧在简水之北，故曰简阳。此说亦难成立。第一，所谓简水（简阳河，绕城入沱之小溪），即发源于平泉县之小河，在唐代本名"赤水"，见《元和志》。宋以来称为"绛水"，《太平寰宇记》说："绛水在州南，色赤如绛故名。"《九州要记》说："简州在赤水之北是也。"（谓旧州治原在水北。宋代修城已徙于水南）绛、简音近，又自古赖简池来，可以称为简水。但民国初，州城已明明在此水之南，则不得云简阳矣。是故简阳之名实不恰当。查明洪武六年（1373年），曾废简州改称"简县"，到正德八年（1513年）乃复为州。今若审查地名，宜即改称简县，字省而义合，有例可循。

唐简州领阳安、金水、平泉三县。宋金水县为怀安军，简属只有二县。清代简州隶成都府，不辖县。但辖地甚广，包括有古灵泉、贵平两县地。

乐至县（附多业、普慈）

乐至县，唐高祖武德三年（620年）置。因县东有乐至池为名（据《太平寰宇记》）。乐至池，原李冰式之盐井（大坑井），唐时犹出盐。自竹筒井兴，废为鱼池，今乐至天池是也。原作大井时，久不得卤，凿得深广，出卤极好，故曰乐至。南宋宝祐中，蒙古入蜀，遂废。成明化元年（1465年）复置县，到今县名未改。

北周建德四年（575年）置多业县，隋开皇十三年（593年）改名普慈县，故城已不可考。《元和志》说："东南至普州一百里。"《太平寰宇记》说："在（乐至）县西一百里。"其地在今简阳县东之施家坝。《嘉庆一统志》说"在乐至县东北"，又说"旧志在乐至县东北三十五里"，应在今乐至石佛公社附近。乐至本系分多业县地置，不应只相距三十五里。但石佛与"多业""普慈"皆佛家术语①，当以《一统志》之说为是。

安岳县

安岳县地多高山，去沱、涪两江诸郡县较险远，秦汉末为守令所重视。梁武帝普通时，才置普慈郡安抚之。《太平寰宇记》说："梁普通中，益州刺史临汝侯，赐群僚金券镂书。其文云：'今为汝置普慈郡，可率属子弟奉官租，以时输送。'周武帝建德四年（575年）于郡立普州。隋炀帝初，州废，并其地入资阳郡"。《隋书·地理志》资阳郡统九县。其安岳、普慈、安居、隆康四县皆普州旧县。安岳县志说："后周置，并置普州。大业初州废。"周、隋之普州，因普慈郡为名，州治当在多业（普慈）县。大业初废州，唐武德二年（619年）复立普州，则州治已在安岳县。故天宝初改名安岳郡。五代、两宋亦称普州。宋宝祐中州废，但称安岳县。

安岳县，后周割资阳郡地置，为普州属县。唐为普州州治。宋宝祐末，与州俱废。明玉珍据蜀时，复置安岳县，到今未改。县西南一里有安岳山，岩险易守。当地居民倚之保卫家园，因此置县，故以山为名。

---

① 佛家语，人的行为所造的因果为业。善业有善报，恶业有恶报。置县设官，掌惠恤与威刷，以别善恶，恩威并用，故曰多业。佛法大慈大悲，普度众生，故曰普慈。

隆昌县

隆昌县，明隆庆元年（1567年）割重庆府荣昌县及泸州富顺县地置，属叙州府，以隆庆年号为名。永、荣、隆、内四县，都在大江以北，嘉、涪与沱江之间的主要交通要道。过去东大路驿道、成渝公路、成渝铁路皆由此经过。荣隆二昌民俗、经济尤同一体，不可分割。但自隆昌置县以来，一直与荣昌分隶叙、渝二府。近代划分地专政区，亦仍分开，实为区划上的奇异现象。

威远县

《隋志》资阳郡有威远县，"开皇初置"。《元和志》说：开皇三年（583年）置威远戍。十一年（591年）改为威远县。《太平寰宇记》说：开皇三年（583年）于威远旧戍置威远县。则旧戍为后周置也。威远县北的铁山地区，自六朝以来为獠人所据，后魏开益州，靠近铁山獠的郡县屡被扰害，故多置军戍以保卫。《太平寰宇记》此说，应可信。其县初属资州。唐武德元年（618年）立荣州（今荣县），改隶之。元明两代曾省入荣县。洪武九年（1376年）复置。威远之名，始终未改。因旧戍名，取威服山獠之义。

"唐初立荣州，领大牢、威远二县。唐贞观元年（627年）置旭川、婆日、至如三县。二年（628年）割泸州之隆越来属。六年（632年），自公井移州治大牢，仍割嘉州资官来属。八年（634年）又割泸州之和义来属，废婆日，至如、隆越三县。"（用《太平寰宇记》文）大概那时铁山獠已经安抚，故增置荣州以理之。然铁山獠屡叛乱，故婆日、至如等县不久复废入威远。和义、资官、大牢等县亦屡迁（隆越故县，在今泸县地区）。

附　自贡市郊县

荣县（附荣州）

荣县，中华人民共和国成立前与自贡市皆属内江专署辖区。中华人民共和国成立后，自贡升为省辖市，一九七九年原属该区的荣县，划归自贡市领导。现释名如下。

东晋末，岷江以西的地面，多为獠族所据。齐永元初（499年）于岷江东今荣县来牟镇与长山桥间立南安与南安郡，以后，因铁山獠强盛陷没。北周武帝时，复开嘉州平羌郡，招抚铁山南面汉夷，置汉安、威远、大牢等戍与公井镇，通岷江与沱江中游的驿道与铁山獠争盐铁之利。隋代遂发展为大牢、威永县，属资县郡。唐高祖武德元年（618年）分资州的这两县立荣州。又升公井镇为县，新置和义县，俱隶荣州。太宗贞观元年（627年），每向铁山推进，增置旭川、婆日、至如三县，又割泸州之隆越县来属，荣州领八县。婆日、至如废除后，犹领六县。州治曾在公井，因为它居全州地面的中央。贞观六年（632年）移治大牢县（俱据《旧唐志》），因为它是南安郡旧治，汉民户口多。永徽二年（651年），又徙治旭川县。因那时铁山獠已被征服，但尚未完全平静，须移州府镇压，从此，荣州皆治旭川。至南末宝祐末，荣州地因蒙古骑兵踩蹦荒废。明初复开废州为县，改称荣县。

荣州得名，《元和志》说：荣德山，在（旭川）县东三十五里，荣州取此为名。《旧唐志》《太平寰宇记》俱是此说，遂成定论。按：此说可疑之点甚多。(1) 立荣州时，已有大牢、威远两旧县。公井只是镇，旭川尚未开置，为何不从大牢、威远两县山水取名，而取于旭川界内的山名？(2)《太平寰宇记》说："荣德山在州东北四十二里。其山在川谷之中，独拔五百余丈，中有老君祠，刻石为像。有小路至山顶，以木为梯。"《清一统志》说："一名老君山。上有宋时山砦，路险，游人罕到。"又说宋"治平四年（1067年），旭川改荣德县"。唐代崇祀李老君，许人民随处造像立祠。旭川在南北朝为獠据区，獠人不奉道教，怎能为老子立祠。此山石像，显是旭川置县后才有。荣德山名，显系州治旭川后才有。是山因州为名，非州以山取名。设州因此山为名，则开置旭川时，怎能不直称为荣德县，而过四百四十年后，才改称荣德县呢？(3) 诸书记载并言此山高险，而近铁山，非当时汉民所能到，纵使獠语本名荣德，亦不可能用为州名。(4)《唐志》说立州时即治公井，亦可疑。大牢既为旧县，又是故南安郡治，州治必先在大牢，等升公井为县后，才会移治公井。公井县河（运盐河）獠语为"赖水"。大牢县河，獠语为"拥斯茫水"，即今长山桥下大河、今称"越溪"，亦称大牢溪。窃谓荣、拥同声（雍、荣、拥、用为平仄四声）。獠语"拥斯茫"写成汉文译无定字，亦可写作"荣斯氓"。州民用荣字的原因或在于此。

七、乐山地区[①]

乐山地区位于成都市南，它包括总冈山脉与牧马山以南，岷江中游与青衣江、大渡河及马边河下游的主、支流水堰灌溉的大片地区。沿江有冲积平原，最大的为

---

① 原文作者有邓自欣、张至皋。

彭眉平原。岷江穿过青神县的外江三峡①后，东岸有断续的小平原。经乐山大佛崖，与青衣江、大渡河合流后，东岸又现大平原，是为牛华溪五通桥平原（简称溪桥平原）。从五通桥以下，水行群山间，直至沐川河会合，再入山区，沿江只有断续的小平原了。青衣江上游属雅安地区，它从竹箐关以下，沿流有罗坝、止戈、洪雅、木城等小平原，过千佛崖后，平原开展二十多里。是为夹江城至甘江坝的大平原，古南安县治所在也。大渡河古称沫水②，中游属泸定、石棉、汉源诸县，流到东瓦山以下，为绝壁之峡流，出金口河入乐山地区界，沿河仍少平地。绕回峨山后，视线乃大开展，是为沙湾大平原。大渡河会合青衣江后，穿十里浅峡入岷江，彭眉、溪桥、甘江、沙湾四大平原，是本区开发最早、村镇密集、经济文化比较发达的地带。其余，全属浅山丘陵，气候温和，雨量充足，是农、林、工、矿资源丰富的地区。只有北部彭眉平原西侧，为第三纪黄土丘陵，土性黏重，生产率较南部白垩纪丘陵为低。大山如瓦山、峨眉、绥山（二峨山）、三峨等林矿资源亦颇丰富。乐山市，位于全区正中，当岷、沫二江会合处。虽然江山狭隘，但水运连接四大平原，控制全区，所以，从隋唐以来，成为川中重镇。

乐山地区在周秦时为丹犁国③。秦灭蜀的军队，刚到武阳就停止了④，没有灭丹犁，但是设置了蜀、巴、汉中三郡，而封蜀侯通国于葭萌，监察三郡，以陈壮为蜀侯相。陈壮企图据蜀自王，连丹犁、义渠以悖秦。秦讨杀陈壮，征伐义渠与丹犁，于是灭丹犁，建立南安县，隶蜀郡。这时，蜀郡管辖的县，以此为最南，故名南安⑤。故城在今夹江县甘江坝，有汉杨宗阙碑可证⑥。经两汉、魏、晋未废。

自晋桓温灭蜀，挟持降王李势仓促东归。蜀人群起反抗晋朝廷的统治。历经范贲、肖敬文、司马勋、李弘、李高之乱，与苻秦、谯纵先后据蜀，到刘宋朝的司马

---

① 杜甫寄岑嘉州诗："外江三峡且相接，斗酒新诗终自疏。"唐人称岷江为外江，沱江为内江。外江三峡者，乃岷江过青神，穿龙泉山脉背斜层尾部，刻成三段浅峡，所谓犁头峡、背峨峡、平羌峡是也。其北为眉州青神县，其南为嘉州平羌县。
② 沫水，《史记·河渠书》言李冰凿离堆避沫水之害。解说请见拙著《华阳国志校补图注》。
③ 丹犁国，著于《史记·秦本纪》。秦灭蜀后五年，乃灭丹犁，置南安县。历汉、魏、南北朝至隋，其民尚未全与汉族融合。隋因其旧称置丹棱县。解说请见拙著《四川上古民族历史》（巴蜀学会行行）。张守节正义，谬指唐代姚府管内之丹、犁二羁縻州，地理部位不能相应，不足取。
④ 另详彭山县章。
⑤ 蜀王之国，以"熊耳、灵关为后户，玉垒、峨眉为城郭，南中为园苑"。又保子帝"征青衣，雄张僚"。（并引《华阳国志》）足见其直接管理之地，不出汉南安县境。南安之南的僰道、鳖邑，为南夷地区，至汉武帝乃开为郡县。秦灭蜀巴时，那里还是夷落。
⑥ 《清一统志》嘉定府陵墓云："汉二杨墓，在夹江县南二十里，有碑二通。一曰'汉益州太守杨宗，字德仲'。一曰'汉中官令杨畅，字仲普'。"今石存。《夹江县志》载其拓片，称"杨宗阙"。《太平寰宇记》引《郡国志》云："龙游县有二石阙"。亦谓此阙。甘江坝距夹江城二十里，去龙游县城十里，亦曾隶龙游县故也。

飞尤之乱，先后一百年中，朝廷能统治的地方，不出成都平原与三巴沿江郡县。本地区，只有彭眉平原北部，因为靠近成都，又为华族所居住的地方，才奉行蜀郡的令教。此外，蜀西南大部山区，都为当地少数民族所据。到了南齐，肖鉴为益州刺史，招抚夷獠部酋，按族落置郡县，称为"獠郡"[1]。还从彭眉平原招抚没有组成部落的丹犁遗民，设置齐通、齐开二"左郡"[2]，再次推进华民入居南安故地为齐乐郡[3]。梁武陵王肖纪为益州刺史，在齐旧地建立青州。西魏取蜀（553年），改称眉州。"青州"，是指边界已抵青衣江为名。"眉州"，是指边界已抵峨眉山为名[4]。公元557年，周代西魏。周武帝时，州境夷獠作乱。平定后，新建峨眉县、夹江县与平羌郡（今夹江、峨眉两县地），青神县与青神郡（今青神县地）及齐乐县与齐乐郡（今丹棱、洪雅两县地）。复称眉州为青州，州治由通义（旧齐通郡，在今眉山县）迁至平羌郡峨眉县（今地后详）。有土城在青衣水畔，故复称青州。隋大业二年（606年），复改名眉州。新置龙游县为州治，统龙游、平羌、夹江、峨眉、通义、青神、丹棱、洪雅八县。这时，平羌县已迁至岷江东岸，并划分岷江沿岸与青衣江沿岸为嘉、眉两州。两州曾合并于嘉州，改为眉山郡。四十年间，急剧华化，州郡县屡有变革。史志混淆不清，历久转甚。这里，是根据《隋志》《通典》《元和志》《旧唐志》与《太平寰宇记》及历代地理志书，结合四川社会发展过程中的地理因素，加以考订，得出如上结论。如有不当，欢迎指正，以便修订。

唐高祖得了蜀地，再分嘉州之通义、丹棱、洪雅、夹江四县立眉州。贞观初，割陵州之彭山县入眉州。后分置仁寿、井研等县，改隶资州。经宋、元、明、清，郡县沿革不再有多大的变动，这个地区，始终保持嘉、眉、资三属，盖当地人民已完全与华族融合了。宋宁宗即位之初，因曾作嘉州守，谓为"潜邸"，升为嘉定府，属县不变。

清代把嘉定府（治乐山县，即故龙游县）及眉州与邛、雅二属同隶上南道，后

---

[1] 《南齐书》有越嶲獠郡，沈黎獠郡，甘松獠郡与始平獠郡，皆在本地区之外，属川边与大巴山地区。
[2] 《南齐书》又有齐通左郡，与齐开左郡，皆在今眉山、丹棱、洪雅、青神等县地面（后详）。在荆、豫等州还有许多左郡，皆是当地人民保其民族习俗，而无部落酋长听从华官编制乡亭，承担徭赋之郡县。
[3] 《南齐书》无齐乐郡。《元和志》洪雅县云："本齐乐郡之南境也。"《太平寰宇记》眉州丹棱县云："本齐之齐乐郡。"又云："废齐乐故城，在县东北二十里。"并引《周地图记》云："周明帝罢郡，以为齐乐县。"可见南齐确曾置齐乐郡，并非左郡，而为华人聚居之实郡，不过为时不久复废耳。故城无考。疑在秦汉之南安故邑，不然，亦在青衣水畔，应是南安故地内。
[4] 《元和志》青州"遥取汉青衣县以为名也"。嘉州"按州境，近汉之汉嘉县，因名焉"。此说不足取。汉青衣与汉嘉两县，一直隶于蜀郡，与本地区属犍为郡从无关系。而梁、魏、周、隋时代，这两县已为夷所占据，华人何得遥取作为此区之州名。《太平寰宇记》说青州因青衣江为名，眉州因峨眉山为名，较合理。（嘉州名义，另详乐山市篇）

改称建昌道。把资州与叙、泸二属同隶下南道，后改称永宁道。民国二年，废府厅州，一律为县，保存了道署。1935年，废道，改置行政督察专区，这个地区划分为眉山与乐山两专区。中华人民共和国成立后，合并为第五行政区，辖乐山、峨眉、犍为、马边、屏山、峨边、雷波、沐川（八县原属乐山专区）与眉山、彭山、青神、洪雅、丹棱、夹江（六县原属眉山专区），共十四县。1955年，将峨边、马边、雷波划属凉山彝族自治州。1957年，将屏山划属宜宾专区。1958年，将内江专区之仁寿、井研二县划入。1959年，撤五通桥市入乐山县。1970年改乐山县为乐山市。1978年将峨边县金口河地区改为工农示范区，划入乐山地区。现辖乐山市与夹江、峨眉、洪雅、丹棱、彭山、眉山、青神、仁寿、井研、犍为、沐川十二县及金口河区。

现按上列市县次序，论述它的建置沿革，同各相关废县，考订其位置与命名取义如下。

乐山市

本秦汉南安县地。当岷江、青衣、大渡河三水相会处，纵横十余里内全是高山，无河原耕土，不利于农业发展。封建时代，郡县必依靠农村，经两汉、魏、晋、南北朝，此处皆无县治。秦汉南安县治在青衣平原之甘江坝，辖境包括本地区的全部。陷于夷獠后，岷江水运亦难通行（齐抚沿江夷獠，舟运始通，故曰齐通左郡）。历梁与魏周，重开本地区郡县，立州，皆治通义（今眉山县）。至隋，沿江底定，舟运大通，始置龙游县于此，以为嘉州治。后并诸州，合嘉眉为眉山郡。炀帝二年（605年），又为嘉州。唐分立眉州，治通义。嘉州仍治龙游。经五代、宋、元，皆为龙游县。宋升嘉定府。明初户口少，洪武九年（1376年）降府为州，省龙游县入州。清雍正时，复升为府，并置乐山县以为府治。今为乐山市。

嘉州命名，始于周宣帝元年（《元和志》误为二年。宣帝无二年，《一统志》作"大成元年"当是，即公元579年），州治在平羌郡（今夹江县地），盖初分眉州与新开诸县设立也。隋大业二年（606年），又并入眉州，八年，改为眉山郡。徙治龙游（见《元和志》，参用《隋志》与《太平寰宇记》说）。《元和志》认为嘉州是借汉嘉旧名而来，这是错误的。《太平寰宇记》说成是"以其郡土嘉大为名"，"嘉大"一词，也是不当的。今按《华阳国志》犍为郡云："公孙述有蜀，郡人拒守。述伐之。郡功曹朱遵逆战，众寡不敌，遵绊马战死。郡（旧刻作遂）为述所并，而任光闭户，费贻素隐（谓不肯事述）。光武嘉之曰，士大夫之郡也"。嘉州之名，应取此义，怎能沿用汉嘉之典耶①。

龙游县，各书皆说因隋伐陈治舟于此，有龙导舟之祥，才以此名县。对于它的建置沿革，则与平羌、青衣相混淆。现考证如下。

《隋书·高祖纪》开皇八年三月，戊寅，下诏伐陈。诏语有"益部楼船，尽令东鹜。便有神龙数十腾跃江流，引伐罪之师，向金陵之路。船住则龙止，船行则龙去。四日之内，三军皆睹"。但九月癸巳，才写上"嘉州言龙见"。应是长安九月始得奏，而二月诏已据之，哪里有此道理？考高祖第四子蜀王秀，"开皇初立为越王，未几徙封于蜀，拜柱国，益州刺史，总管二十四州诸军事"②。虽镇蜀，常归京师定省，志在夺太子位。盖为迎合帝伐陈宿志，因贺岁，造此妖言以求宠。杨坚以其足励军心，而收入诏文。既以发诏，秀乃饬嘉州上表以实其伪，所以到九月始达京师也。龙，不是封建时代能看见的实物，而诏语绘声绘色，说三军皆睹者四日之久，非蜀王秀，谁敢造此大谣。开皇八年，已言龙游之祥，而十三年乃改称龙游县，则当时朝士已发其伪可知。开皇十二年，已征秀"为内史令右领军大将军。寻复出镇于蜀"（并引秀本传），所以十三年乃改青衣为龙游县，也是秀强为自己掩饰之迹证。

至于龙游前身之青衣县治，是否就在今之乐山市，也是个大问题。《隋志》眉山郡龙游云："后周置，曰峨眉，及置平羌郡。开皇初郡废。九年改县为青衣。平陈曰，龙见水，随军而进。十年改名焉。"③按：《隋志》蓝本为《五代史志》，谓齐、梁、西魏、周、隋五代也。其书上续《宋书·州郡志》与《魏书·地形志》，补齐、梁、后魏、北周诸史所阙，原文翔实。修《隋书》者过于删省，使读者难于考订。唐李吉甫还见其原本，所撰《元和郡县志》多取之，足补《隋志》所略。考订五代沿革者，必须用《元和志》与《隋志》互参，才可得其实。《元和志》嘉州龙游县云："本汉南安县地，周武帝保定元年（561年）于此立平羌县。开皇三年（583年）改为峨眉县。九年（589年）又于峨眉山下置峨眉县，改州理平羌县为青衣县，取青衣水为名也。十三年（593年）改名龙游，以隋将伐陈，理舟舰于此，有龙见江水，引军而前，故名县。皇朝因之。青衣水，经县南，去县（治）三里。苏稽戍，在县西南三十里。"用《隋志》来相互对照，知吉甫所引，亦非《五代史志》的全文。例如：先后两"此"字，即非一地。上云"于此立平羌县"的此字，应是指南

---

① 《水经注》卷三十六，"青衣王子心慕汉制，上求内附。顺帝阳嘉二年，改曰汉嘉。嘉得此良臣也"。《元和志》乃借此说也。
② 事具《隋书》卷四十五，秀本传。
③ 水上原脱江字。年上原脱三字。《元和志》可证。

安故治甘江坝南之苏稽戍。与上文"周宣帝二年改为嘉州"及《隋志》平羌县"后周置，仍置平羌郡"的话语相合。盖北周曾因平定羌乱，新开青神、齐乐、平羌诸县，建平羌郡，必然要取居中策应之地立郡以统之，所以用平羌为名，其后遂呼青衣水为平羌江。李白诗"峨眉山月半轮秋，影入平羌江水流"，正是他夜宿苏稽时的景色。如果置于龙游，则不能望见峨眉山月，也不能在去县三里之青衣水见月影，而只能在岷江水中见月影矣。说"开皇三年改为峨眉县"者，《隋志》"开皇初废郡"，因并改平羌为峨眉县也。其时仍有平羌县，但已徙至岷江东岸之"外江三峡"地区（下详）。"九年又于峨眉山下别置峨眉县"者，当时的境界已开拓至大渡河岸，故徙峨眉县至峨眉山下以镇之（《隋志》说是开皇十三年置。疑是九年徙至山下，十三年再徙。参见峨眉县条）。更可见周平羌县在青衣水南。隋废郡，才分成三县。徙平羌至岷江之东；徙峨眉至青衣水南，以南安旧治之甘江坝为青衣县，旋即并入夹江县。龙游，则是开皇十三年再分平羌、峨眉二县地新置。两志各有省文，故后人体会不同，故混淆不清也。

平羌废县，北周时在青衣江南岸，已如上述。隋废平羌郡，分立夹江、峨眉、平羌三县后，乃徙置平羌县于岷江东岸。《元和志》平羌县云："隋开皇四年，改州理平羌县为峨眉县，仍于今县东六十里别立平羌县。大业十一年夷獠侵没，移于今理。"唐人避高宗讳，改州县治之治字作理。这里所言"今理"，就是现在的关庙场。上文所谓"今县东六十里"之"今县"，是指唐代的峨眉县。其东六十里之新徙平羌县，应当在今关庙场东，铁山地区（《太平寰宇记》云"在荣州应灵县界"）。故址已不可考。原因是铁山獠猖獗，扰害县区，所以徙治关庙。关庙去州二十余里，沿岷江，农户较密，能御獠故也。《太平寰宇记》嘉州平羌县云：在州北三十里，"仁寿元年（601年），獠叛。大业七年（611年），移就大江。宝历二年（826年），又移于开峡驿。去旧县十五里"。又说"导江水，在县西二十步"。此皆唐宋年代平羌县在岷江东岸之证。这里所谓"旧县"，是指大业中徙治江岸之关庙场。经历二百一十五年才迁徙于其北十五里之开峡驿，仍在羌江东岸，是为五代及宋之平羌县治，已去州治三十多里了。"开峡驿"，今名板桥溪，在外江三峡的平羌峡口，江面自此开展，所以叫开峡。时铁山獠乱久息，而旧县距州太近，故徙至峡口，地处青神与龙游之间，兼理舟运。到熙宁五年（1072年），省入龙游，至今为乐山县地。隋徙平羌县时，铁山獠已经与青衣獠联合一体。隋先平铁山獠，在受抚地置县，故仍称所徙县为平羌。后世传者，每与周置之平羌旧治相混，还以此段岷江为平羌江，所以不可不辨。

乐山县名，《嘉庆乐山县志》说："以县境有至乐山为名。"《舆地纪胜》卷一四六，嘉定府云："至乐山，在龙游县东五里……号东山。"即岷江东岸之凌云山也，又名九顶山。《一统志》引《方舆胜览》云："山有九峰，曰集凤、栖鸾、灵宝、就日、丹霞、祝融、拥翠、望云、兑悦，下有凌云寺。唐开元中，僧海通于渎江、沫水、蒙水三江之会①，悍流怒浪之滨，凿山为弥勒大像，高三百三十尺，建七层阁以覆之。至韦皋时，积十五年而工始备。"今阁毁，像存，犹有凌云寺，为一方胜迹。又有东山、圣冈山、圣灯山与榜山等别称，而至乐山之名转失。至于有人说，县西南之乐都山是乐山得名的原因，我们查了有关记载，《嘉庆一统志》作落都山，别称茶山，与梨花山、尖山横连如平案之小岭，与乐山县治隔青衣水，素来无名迹，应与"至乐"之义不切。佛经上说弥勒佛为极乐世界主宰，祈未来福报者祀之。"极乐"系印度经语译称，亦译为"至乐"。故弥勒大佛像所在之山，宋人称为至乐山。从宋余玠，直到清初，府县每有军事，常拒守此山。舟人渔户，则在山北江岸之桑园结市。清初，为了防备明桂王之军取蜀，州城还在东岸之桑园坝，故取县名为乐山也。

夹江县

《隋志》云："开皇三年置。"《太平寰宇记》说在"嘉州西北（七）十五里②，本汉南安县地。即封宣虎为侯之地。隋开皇十三年③。分龙游、平羌二县置于泾上，临江水，故号夹江，属嘉州。唐武德元年移今理（治）。在泾水之东，平羌水西，南对峨眉，北连象山"。与《元和志》《旧唐志》略同而较详，当取。所谓泾上，指今之千佛崖。石壁数里临青衣江，有历代镌刻佛像三百余室，千数百尊。上方有"古泾口"三大字。南对化成山（又名依凤冈），夹束江水，旧治即在其下，故曰夹江。泾口上方南岸有木城坝，唐初曾置南安县，见《唐志》与《太平寰宇记》的嘉州总序，而所记的领县未收，盖武德初因地方豪杰归附权置，贞观初，即已废入夹江也。

峨眉县

《隋志》："开皇十三年置。有峨眉山、绥山。"《太平寰宇记》引任豫《益州记》："峨眉山，在南安界。今县在南安之西，峨眉之东。"此所指"南安"乃汉南安故址，非唐初之南安县也。又云"隋开皇九年立，因峨眉山以为名。乾元三年，獠叛，移

---

① 渎江，是说岷江为四渎之一。沫水、蒙水，是指大渡河与青衣江，二水合流后，流十余里即合岷江，故曰三江之会。
② 原作十五里，依《元和志》补作七十里。
③ 《隋志》云："开皇三年"，疑脱十字。《一统志》作十三年。

就峨眉观东，今县理是也"。峨眉山，最上之金顶、千佛顶、万佛顶，皆海拔三千公尺以上，连成新月状，面临绝壁，后山斜下，故曰峨眉。这个名字最早见于《纬书·孔子地图》（《华阳国志》引）。原是道家三十六洞天之一，曰"虚凌太妙之天"（《洞天福地记》）。隋唐以后，逐渐转变为佛家的"普贤道场"。全山由石灰岩构成，风景奇美。从山顶到山足，皆备四时气候与寒温热三带生物。上有云海、佛光、神灯、奇禽、珍药诸胜，号为全国"四大名山"之首。峨眉县治原置于山下老宝楼附近，后徙至大佛寺东（即峨眉观）。明正德中，因土城甃石。即今之县城也。

绥山废县，今峨眉县南二十四里二峨山下之青龙场，即其故治是也。二峨山，古称绥山。刘向《神仙传》云"周时仙人葛由骑木羊上绥山采药"者是也。山与峨眉相对峙，而较低千余公尺。多洞穴，神仙家多往栖游。其下成市。"《唐书·地理志》云："隋招致生獠，于荣乐城置绥山县，取旁山名也。"疑荣乐城，即南齐之齐乐县，在唐为嘉州八县之一。宋元丰《九域志》云："乾德四年，省绥山县为镇，入峨眉。"

罗目废县，《唐志》："麟德二年（665年），开生獠，置沐州及罗目县。上元三年（676年）俱废。仪凤三年（678年）又置，治沲和城，属嘉州。如意元年（692年）又自峨眉县界移罗目治于今所。"《元和志》云："东北至州九十五里。……麟德二年，招慰生獠，于今县西南一百八十三里置沐州及罗目县。……罗目，獠中山名，因以名县。"《太平寰宇记》云："嘉州西南二百七十里。伪蜀明德三年獠乱，移于今所。皇朝乾德四年，废绥山县入焉。"按：此诸书道里推算，麟德二年置之沐州与罗目县，当在今金口河。所谓罗目山，即今之大瓦山。现在大渡河南岸有一街市犹称"罗回"，即因唐置罗目县，所以这里就有这种称呼。此处所说"生獠"，其实指的倮苏（即黑夷，唐时混称南中少数民族为"夷獠"，未服华官统治者为"生獠"）。獠复叛后，县治内移。所说"今所"，皆指今之龙池或大为。所说"沲和城"，疑即龙池旁之镇戍。其地距绥山已近，故省绥山县，以其地合并于罗目。罗目县何时废入峨眉，史书记载不明。《九域志》说乾德四年省。疑是依照《太平寰宇记》"乾德四年省绥山入罗目"，实际是错误的。既然省绥山入罗目，则罗目就未废掉。可是此县獠乱频繁，必然到宋代省并，元、明、清各朝已没有再见罗目之名了。

洪雅县

《隋志》云："开皇十三年（593年）置。"《唐志》说："后周洪雅镇，隋改为县。武德九年置犍州，贞观初州废，属眉州。"《元和志》："本齐乐郡之南境。自晋迄宋，夷獠有其地。周武帝攘却夷獠，立洪雅镇。……县西有洪雅川，以为名。"

《太平寰宇记》说："周天和二年（567年）攘夷獠，立洪雅镇。隋开皇十三年改镇为县。"亦说因洪雅川为名。《一统志》云："唐武德九年于县置犍州。贞观元年州废，属眉州。开元七年，复于县置义州。八年州废，仍属眉州。宋初因之。淳化四年，改属嘉州。元至元二十年，省入夹江县。明成化十八年复置，属嘉定州。"按："洪雅川"即青衣江。隋于青衣江畔立雅州，故青衣江有"洪雅"之名。獠语大水为洪，指雅州之大河也。洪雅与雅州，以竹箐关（即熊耳峡）为界，故《元和志》云"西有洪雅川"。后乃说洪雅县境之青衣江亦为洪雅川，一曰"雅河"是也。洪雅城，明成化十九年始筑土城。正德八年甃石。

丹棱县

《隋志》云："后周置，曰齐乐。开皇中改名焉。"《唐志》："本南齐齐乐郡。后周改为洪雅县。隋改为丹棱，属嘉州。武德二年来属。"《太平寰宇记》："废齐乐故城，在县东北二十里。"《清一统志》："唐属眉州。宋因之。元省。明洪武十三年复置，仍属眉州。本朝因之。"又云："赤崖山，在丹棱县北二十里。其北高峻，色赤，有棱，状如飞旗，拱翼县治。县以此名。"按：丹棱因赤崖山为名之说，未见于隋唐。乐史引《周地图》，亦只说"昔齐乐郡城。周明帝罢以为齐乐县"（原脱周字与县字)，并无赤崖取义，而清人才因山有赤崖拱翼县治之说。过去从丹棱赴蒲江，过此山下，察着是溪流洗削黄土丘陵成的绝壁，凡第三纪黄土地带，有很多如此地貌，不能成为县名的专称。窃疑丹棱者，丹犁之异译也。秦丹犁国地，主要在于岷江以西。总冈山脉东南的黄土丘陵地带，不占河谷平原。秦汉时，华夏移民乐于居处河谷平原，不喜住山地。所以，秦灭丹犁，置南安县，以夹江之甘江坝为中心，从土门、思蒙一段山路与武阳县之岷江平原（即上章说的彭眉平原）遥相衔接。经晋末蜀中离乱，夷獠背叛（实际是丹犁夷民背叛），华民全部退出南安。经魏、周、隋，次第招抚，复为州县。丹犁民族，仍然退居黄土丘陵，保存其民俗和语言。丹棱县境东连夹江、洪雅。至于青神，皆属黄土丘陵，而丹棱部分与彭眉平原最接近，所以这些人最先受抚置县。华人已忘丹犁旧文，而写作丹棱，甚为可能。这种解释是否妥当，仅供研究古史的同志参考。

彭山县

彭山县，秦汉为武阳县，以位武水之阳为名。武水，一曰赤水，今称府河。《华阳国志》说建安"二十四年，黄龙见武阳赤水。九日，蜀以为刘氏瑞应"（谓刘备因以即帝位），所以又称"黄龙溪"。先是，秦伐蜀，"蜀王自于葭萌拒之，败绩。王遯走至武阳，为秦军所害。其傅相及太子退至逢乡，死于白鹿山。开明氏遂亡"。秦灭蜀的部队，沿赤水。追杀蜀王于此而止。"于文，止戈为武"，故赤水又名"武水"，故邑原在武水之北，故曰"武阳"。汉武帝太初四年（前101年），益州刺史任安，始筑城于武水之南，仍称武阳（即今江口镇），属犍为郡治。其南境包括岷江西侧狭长平原，至思蒙水止，才是南安县界。后因武阳城为犍为郡治，建万安桥，北通成都。西汉时，已经从新津引南河水为渠，绕天社山（即今宝子山）灌岷西平原，开六道水门放水。公孙述据蜀时，犍为太守朱遵拒战于"六水门"，即今邓公场至公义场各渠口是也。建安二十一年，犍为太守李严，"凿天社山，循渠通车道，省桥梁三津"（可从郡城乘车至成都，避开汉安桥与璧玉津等三次舟渡。其说的解释见拙著《华阳国志校补参注》）。这个时候的郡治已迁徙到岷江西岸，今彭山县城位置。晋桓温平蜀后，蜀地屡乱，县境被夷獠占领。梁武陵王抚慰夷獠，在此立犍为县，并置江州。《隋志》云："西魏改县曰隆山。后周省州（江州），置隆山郡。开皇初郡废，又并江阳县入焉。有冶官。有鼎鼻山。"按：西魏已立陵州于仁寿县。大业初，复置隆山郡于仁寿，隆山县亦隶属之。《隋志》又云"并江阳县"者，是说齐梁时侨置江阳县，不是说汉、魏之江阳实县也。《旧唐志》云："后增置隆山郡。以界内有鼎鼻山，地形隆起故也。"又云，"先天元年，改为彭山县也"①。（《元和志》同《太平寰宇记》作"贞观二十年改名彭山"，自唐至清皆属眉州。《华阳国志》云："彭祖家其彭蒙。"彭蒙山，亦曰彭亡山（亡音无），一作平模山，在今彭山城东十里岷江东岸江口镇后，与鼎鼻山连。相传彭祖家居在此，死葬此山，故曰彭山，县以为名。

眉山县

汉武阳县南境，晋末被獠族占据，南齐为齐通左郡。《隋志》云："旧置齐通郡及青州。西魏改曰眉州。开皇初郡废，改齐通曰广通。仁寿元年，改为通义。大业初，州废"，是说大业二年废州，为眉山郡也。唐武德二年（619年），分嘉州之通义、丹棱、洪雅、青神、南安五县置眉州（这时的南安县在夹江千佛崖西之木城坝）。天宝元年，改为通义郡。乾元元年，复为眉州。宋太平兴国初（976年）改通义县为眉山县。元以眉州属嘉定府路，至元二十年（1283年），省县入眉州。明洪武九年（1376年），降州为眉县。十三年，复升为眉州，彭山、青神、丹棱三县。清因之。民国二年废府州，仍为眉山县。因隋唐眉山郡旧名。隋时，眉山郡领八县，地至峨眉山南，故取眉山为名。唐时，眉州只领五县，峨眉已属嘉州，眉州之名与州境不合，故天宝改称通义郡。宋讳义字，改用眉山旧称，非县境有眉山也。齐云齐通，

---

① 先天元年（712年），玄宗李隆基即位，讳隆字，故改县名彭山。

是说齐始复岷江水道，与通向青衣水商道也。隋初改广通者，是取辟土日广，通道更远之义。仁寿元年，为避太子广讳，故又改称"通义"。

青神县

《隋志》云：属眉山郡，"后周置，并置青神郡。开皇初郡废"。《唐志》："汉南安县，属犍为郡。县临青衣江，西魏置青衣县。本治思蒙水口。武德八年移于今治，属眉州也。"《元和志》："本汉南安县地也。李雄之后，'夷獠'内侵。西魏恭帝遥于此置青衣县，属眉州之青神郡（原误青城郡），开皇三年废郡，徙县居郡理，属眉州。"《太平寰宇记》云："本治思蒙水口。唐武德八年移于今理。"又云："故青神城，在今青神（原误作青城。依《一统志》改。下同）县南二十里。青城（神）郡所居也。周武帝保定二年，更于其南五十步别筑城，移之。"唐、宋、元、明、清俱属眉州。有时省入州，寻亦复置。

青神得名，《舆地广记》云："昔蚕丛氏衣青衣以劝农桑。县盖取以为名。"按：此说不可信。青衣者，羌源民族之一支，自大渡河（古沫水，《汉志》作湔水）上游进入四川盆地西侧山谷间，自呼为傁。最先发明采蓝制靛，染麻布为青色，故蜀人呼之为青衣夷。"青衣神"，是傁所祀之染神也。我国采用植物染色之法，青用茶蓝（今称靛蓝。洋靛未输入前，蜀地农民普遍栽植）。红用红花与茜草，黄用黄姜，绿用槐花，黑用皂荚，皆殷周之时各族劳动人民所创造。它在我国使用已有三、四千年的历史。各色之中，青色早出。《齐民要术》与《天工开物》皆曾记载其栽培方法。如《天工开物》称山蓝为茶蓝，因它常靠近茶林野生也。山蓝最易插枝繁殖，染色深，即古所谓青色。此傁夷落之山地自生，所以他们发明此种染法最早，因而被称为青衣。这个方法传于蜀地，故蜀人亦祀青衣神。染业先用于麻，后用于丝，故蜀人把青衣神与蚕神合祠。宋人不辨源流，就造成"蚕丛氏衣青衣以劝农桑"之说。隋唐及其以前，根本没有这种说法。蚕丛氏虽是蜀族祖先，当时，他的住地还在岷江上游山谷中，没有进入四川盆地，怎能在青神地界劝农桑呢？

青神县有三大古寺，曰上岩，在今县东北五十里。曰中岩，在县东十里，舟行者可以望见，至今仍为乡人朝拜之地。土谣云"先有中岩，后有峨山"，是说它开寺早于峨眉也。古代只有青衣神祠配祀蚕神，青神得名，盖由于此。（下岩在县东二十里。见《一统志》）

仁寿县

《隋志》隆山郡云："西魏置陵州。"《隋志》仁寿县又云："梁置怀仁郡。西魏改县曰普宁。开皇初郡废。十八年改县名焉。"《元和志》陵州云："在汉，即犍为郡武阳县之东境也。晋孝武太元中，益州刺史毛璩置西城戍，以防卫盐井。周闵帝元年，又于此立陵州。因陵井以为名。陵井者，本沛国张道陵所开，故以陵为号。"又仁寿县云："后魏定蜀，于此置普宁县，属怀仁郡。"余同《隋志》。按：梁于陵井置郡曰"怀仁"。王褒《题金马碧鸡词》云："凤凰至今白虎仁。"相传武阳县出白虎，不害生物，有仁德。故《华阳国志》犍为郡云："白虎仁于广德，宝鼎见于江溉。"广德，山名，在此郡界。故名怀仁。西魏招服铁山獠，于郡立陵州。又开置普宁、蒲亭等县，其意希望獠乱停止，普遍安宁也。《元和志》周闵帝，当是明帝字误。明帝元年（557年），即篡夺西魏帝位之年，故《隋志》又谓"西魏置陵州"也。

陵州之名，各书皆言张道陵开，并无异说。窃疑葛洪《神仙传》及其他道书记张道陵事，没有说开盐井的。今仁寿北境籍田、贵平等区，本秦广都县地，即李冰最早开凿盐井地方，后来发展到开三隅、狼毒诸井。陵井，就在三隅山下，应当不是张道陵所开。其名陵井，或取三隅山为红土丘陵之义，还是秦汉巴蜀人呼盐为临，与灵、陵同音，而别作陵字，后人乃附会于张道陵耶？姑发此说，供研究地名者考订。

《元和志》又言：陵井原在三隅山下，"晋太元中，刺史毛璩乃于东西两山筑城，置上将防卫之。后废陵井，更开狼毒井，即今之煮井是也。居人承旧名，犹曰陵井，其实非也。今按：州城南北二面悬岸陡绝，四面显敞。南临井。此临井二字，亦可能即为陵井，一作临井之证。又曰："陵井纵广三十丈，深八十余丈。益部盐井甚多，此井最大。以大牛皮囊盛水引出之，役作甚苦。以刑徒充役。中有祠，盖井神。"这里说的"井神"，未云即张道陵，另有"张道陵祠，在县西南百步"，则是有人于旧陵井旁建张道陵祠，因地当县治，故信其说者多，传播特广耳。

《太平寰宇记》陵井监云："按图经，汉时有山神，号十二玉女，为道人张道陵指陵上开盐井。因此，陵上有井，名陵井。今州上有玉女庙，甚灵，有司奏之。"此亦可为因丘陵上作井而称陵井之证。陵井的"陵"，又作棱。《太平寰宇记》又云："陵井。在州南一百九里。唐时，官、私日收盐五斗五升。龙朔元年坏，上元元年重开。伪蜀栈塞（栈，疑当作淡）。至皇朝太平兴国三年重开，日收盐三十勐一十两"。又云："棱井，在州南一百里。伪蜀以前里塞。至国朝太平兴国三年重开，日收盐五十三斤八两"。又有"律井，在州南九十里"。废年同。律、棱、陵一音之转。所言皆指狼毒井，仍旧称陵井。乐史杂取象书，遂致重复耳（记载时间不同，而道里及盐量皆微异）。

至于仁寿县因何得名的问题，从来没有书说到。《太平寰宇记》陵州仁寿县，有"仁寿水，在县西十里，东流合婆支水"。有人推测，县因此水得名。恐亦未然。查

《元和志》仁寿县有"婆支水，出县北婆支山，去县四十五里"。是所谓婆支水，即今源出县西北红石坝之鲫溪，自顺河场入眉山县界，会合岷江。这里所谓仁寿水者，只能是陵阳场之小溪，不过十余里，流入婆支水。像这样的小溪，只能是水因县而称，不能说置县前已称仁寿水。考县名有用置县年号为名者（如温江专区的崇宁县）。隋高祖有仁寿年号（601—604年）似与有关。然仁寿县名始于开皇十八年（598年），早于仁寿年号三年，不能以此为义。窃以为是按怀仁郡旧名之仁字。也由于隋高祖晚年常居仁寿宫，故蜀王秀请改普宁为仁寿，以合其意也。按：《隋书·高祖纪》开皇十三年，"二月丙子，诏营仁寿宫"。十五年，三月"丁亥，幸仁寿宫"。至七月戊寅，始还长安（书"至自仁寿宫"）。十七年二月"庚寅，幸仁寿宫"。其五月"己巳，蜀王秀来朝"。九月，"甲申，至自仁寿宫"。十八年"二月甲辰，幸仁寿宫"，九月"辛卯，至自仁寿宫"。十九年二月"甲寅，幸仁寿宫"。至二十年九月"丁未，至自仁寿宫"，废太子勇为庶人，更立晋王广为太子。明年正月朔，大赦，改元仁寿。仁寿二年三月，"幸仁寿宫"，九月还。十二月，废蜀王秀为庶人。四年正月"甲子，幸仁寿宫"。七月崩于仁寿宫之大宝殿。"享年六十四"。查《隋志》仁寿宫，在扶风郡汧源县，漆水上游，原古岐山之地。隋高祖怕热，常常春居于此，秋才回京。炀帝时，因宫址置普闰县，唐作普润，后废入麟游县，漆水、歧水、杜水皆发源于此。故《隋志》普闰县说"有仁寿宫。有漆水、歧水、杜水"也。隋高祖以外戚夺周帝位，他把数百年纷乱之局面统一起来，使全国归于安定，自信是大仁大勇，应该长寿的，所以把统一后新建的宫室称为仁寿，并把满花甲的一年改元仁寿。开皇十八年，又把这西蜀产盐最多的县改称仁寿县了。

仁寿县从隋以后，没有改名，但陆续合并的邻县很多，而且都是产盐的富县，它成了川西面积最大和最富庶的一个县。

井研县

《隋志》隆山郡有井研县。《旧唐志》云："汉武阳县地。东晋置西江阳郡。魏置蒲亭县，隋改为井研。武德四年，自拥思茫水移治今所也。"《元和志》：北至州一百一十五里。"大业五年，因井研镇立县，取镇为名。属陵州。"《太平寰宇记》陵井监云："研井，在州南一百三十三里，唐时日收盐八斗，贞观二十一年崩坏。总章二年重修。伪蜀栈塞不开。皇朝乾德三年重开，日收盐四十九斤。"按：《旧唐志》说：隋改蒲亭为井研。不可为据。应是蒲亭县并入隆山郡后，研井开，别立井研县在蒲亭界内。至唐初，县治乃移就研井（在拥斯茫水侧，即今县治）。

研井得名，古无解说。疑研字，古通用为砚与碾字。《说文》："研，也。"凡是碾磨之物，皆求其极细，故又引申为穷究之义。自有毛笔、墨锭后，才造砚字。实则研与砚，音义相同。近铁山穹窿带地区，凿井稍深，往往遇下白垩纪与上侏罗纪之细致页岩，宜作砚与碾磨之具。此井穿达此地层，除得盐水外，又得碾磨之石材，所以才叫研井。《元和志》称之为"井研盐井"，疑是初开时只称研井。盐水淡废后，只取石材，则称井研，遂以为县名。以后再开。又称研井矣。

《清一统志》说：井研县"隋大业元年（元字当作五）置县，属隆山郡。唐属陵州。宋属仙井监，南渡后属隆州。元至元二十年，并入仁寿县。后明玉珍复置。明洪武十年，又省入仁寿县。后复置，属成都府。本朝雍正五年，改属资州"。仁、井二县地，去资州远，距嘉定近，故初置行政督察区时，改隶乐山专区。

犍为县

本秦汉南安县地。《隋志》犍为郡治僰道，领县四（僰道、犍为、南溪、开边）。其犍为县云："后周置，曰武阳。开皇初改焉"。《元和志》云："西北至（嘉）州一百五十六里。本汉南安县地。周于此立沈犀郡，并立武阳县。隋开皇三年废郡，以县属戎州。又改武阳为犍为县。前上元二年割属嘉州。大江，在县西十步。大鹿山，在县北一里。沈犀故城在县东南三里"。《太平寰宇记》："唐上元元年隶嘉州。天福元年獠叛，移于江西岸。"即今治也。

按：汉武帝建元六年（前135年）开南夷，置犍为郡。时郡治鳖县，在今贵州遵义县。《华阳国志》云："鳖有犍山，见《保乾图》（秦汉方士所造之纬书）。"是犍为取义，为遵义之键山。以山产野牛与猴，故曰犍为也。（为字古篆，像母猴之形。后引申为"有所作为"之为）又云："元光五年，郡移治南广"（今贵州毕节县）。"孝昭元年，郡治僰道（今宜宾市）。后遂徙武阳（今彭山县江口镇）。"自鳖至武阳，转历千里，骚乱很多，太守咸避远就近，以求安处。自秦灭丹犁，置南安县，骚乱未止。南安与僰道五六百里，只通水运，两岸山上全为獠族所据，舟运阻绝。北周就在沉犀滩筑城，置戍曰沈犀郡。以卫水运。隋废郡为犍为县。《太平寰宇记》："沉犀山在县南五里。昔有犀牛到此沉水。一名沉犀滩"。又云"惩非津，在县南二十里，渡导江水"。又云："导江水，在县东二十步，自玉津县界来，经本县，一百三十里，入义宾县界。"据此推断，隋唐时，犍为县治在岷江东岸沉犀山下。唐末，因铁山獠叛，乃徙于西岸之惩非津，即今县治，去沉犀故城约二十里。则沉犀滩当在今石板溪南与沙嘴矿山之间，石马坝渡头附近。顾此山区，獠乱时作。县治仍屡迁徙。到明正德中，筑石城于今治，才得固定下来。"惩非"之义，应是剿平叛乱所命。"沉犀"取义，唐宋人皆说犀牛渡此而沉。窃疑蜀地自有人类以来，已不见犀牛。《蜀志》云："李冰作石犀五头以厌水精"，应是江中有石似犀，而舟人说是李冰沉犀厌水处，就认为山是石犀山，水为沉犀滩了。

玉津废县，《元和志》嘉州玉津县云："西北至州二十九里。……隋大业十一年于此置玉津县，以江有璧玉津，故以为名。皇朝因之。峨江，在县城下。玉津镇，在县城中。"

按：隋置玉津县，唐代时废时置，宋乾德四年省入犍为，遂不复置。故地在今牛华溪，本是岷江一个大的津渡。㳯水者，本《汉志》之㳯水，后因它过三峨之南，故称㳯水，水势直冲涧崖，破坏舟船，李冰凿崖引其水入乌尤山峡道以杀其势，兼灌牛华溪一带平原。故牛华溪内河干流。亦称㳯水。岷江东岸，独此冲积平原最大，下连竹根滩与五通桥平原，长逾五十里。地很富庶。龙游县隔江管不便，故另立玉津县。开始只以农田富美立县，县废后，分隶于乐山、犍为两县。清代盐业大兴，遂成川南首富之区。中华人民共和国成立后，置五通桥市，归入乐山市。

玉津之名，亦系袭用《蜀都赋》"西越玉津"句。左思赋的玉津，实际是指武阳县外岷江渡，即《华阳国志》所云"其大江，自湔堰，下至犍为，有五津。……五曰江南津。入犍为有汉安桥、玉津"是也。其时，蜀郡至江南津为止。玉津是犍为郡治渡岷江处，不是指此南安县南界之地。隋唐人既引武阳、犍为之名，妄冒于此，则妄移玉津之名于此，是不足怪。如果说为"江有璧玉"，则容易使人混淆古今两地为一处，是"尽信书"之误人也。

沐川县

在犍为县南五十里，辖境跨马边河中游（火谷、利店至舟坝、黄丹的一段）与沐川河全流，为1949年分屏山县地设立之新县，县治靠近沐川河。县境有丰饶的矿产与森林，历代木材商采木于此，亦称木源川。字误为沐源。《读史方舆纪要》卷七三说："川旁有峰崖竦立，如人新沐，故曰沐川"，恐未必对。本犍为县地。唐懿宗咸通十年（869年），南诏内犯，"逾罗坡，奄至沐源川"，即是此处。南诏由此渡岷江，占犍为，陷嘉州（据《通鉴》卷二五一）。僖宗乾符二年（875年），西川节度使高骈，于此筑城置戍，称沐源城，为嘉州二十四镇兵之一（据《通鉴》卷二五二）。宋为防备黑夷，置沐川寨（见《宋史》卷二九六）。元世祖至元二十五年（1288年）"以旧隶嘉定府之沐川等五寨划归马湖蛮部总管府"（《元史》卷一五）。后置沐川长官司，属马湖路（《元史》卷三九七）。明改马湖路为马湖土府。洪武四年，置沐川州。寻复为沐川长官司。洪武二十六年省为乡，属屏山县（《明史·地理志》）。清雍正五年（1727年），裁马湖府（顺治屏山县），以县属叙州府（故马湖府西部为雷波厅），1940年分屏山沐川乡为设治局。1942年升为县。

金口河工农区

原峨边县地，在大瓦山下，大渡河峡谷中。大瓦山，亦称东瓦山（西瓦山在荥经县界），海拔三千二百余公尺。其东有小溪长仅三十余里，水急如奔，南入大渡河。两水会处曰金口场，对岸曰罗回，为汉夷商贸之所。1978年分峨边县西北的六个公社建置，隶属乐山地区。

金口，故称泾口。《太平寰宇记》嘉州罗目县云："秦水，在县西一百二十里。昔秦惠王伐蜀，移秦人万家以实蜀中。秦人思秦之泾水，乃呼此水为泾。唐天宝六年改为秦水。"

按：罗目县在嘉州"西南九十五里"。这里说"在县西一百二十里"。两者相加去乐山二百一十五里，古今里度、方位俱合，但所释名尚多可疑。秦惠王徙以实蜀万家，还不足以满足成都平原，到始皇灭六国，移民又陆续迁入，最远只至临邛（见《货殖传》）。纵使有工商户到此留居，思念家水，亦未必只有泾水。《太平寰宇记》所记唐人之说在此地区的，还有夹江之泾口，是记夷语之音，而非华语古地名有这个字。夹江之"泾口"。显然是以江峡为义。此地亦在大渡河之瓦山峡口，则瓦山东侧之小溪水口称古泾口者，亦可能是峡口之义，而不是因为秦人思泾水命名可知。这个地区的开辟，不是从秦代始，而是从唐代开始。一般讲来，南北朝时，这里都是夷族居住，安能流传秦代故事乎？字作金口，不知始于何时。从罗目荒废以后，大渡河中、下游淘金采矿俱盛。这一段系石灰岩绝峡，两水会处，故曰金口，实非《太平寰宇记》所说之字义矣。

再论成都得名

(1981年)

成都,这个地名,最先出现在《战国策》,苏秦原文为"西控成都,沃野千里"。后世因为蜀国都城就叫成都,便分别把苏秦所说这个"沃野千里"定为蜀国之地,而把"成都"二字定死为蜀国都城的专称了。从公元前316年秦灭蜀,置成都县起,迄今二千二百九十六年来,只北宋初年乐史撰的《太平寰宇记》解释过"成都"二字的取义。他说:

"成都县,汉旧县也。以周太王从梁山止岐下,一年成邑,二年成都。因名之成都。"这一推断,显然有三重错误。

1. 蜀族与周族都是唐虞以后,分别从梁州与雍州发展起来的。在周族迁岐以前这两族没有过政治军事的交涉,和经济文化的联系。这就不能说蜀国的成都,得名于周族迁岐的成就。

2. 周太王去豳迁岐,是举国迁徙,所至即成为都邑,并不似匹夫崛起,需要经过一年两年的经营才得成为国家,才得建成都邑。《大雅·緜》这篇诗,是周人歌咏太王迁到岐下时,开辟周原建造新都邑之诗。它说:"古公亶父,来朝走马,率西水浒,至于岐下,爰及姜女,聿来胥宇。"(第二章,说的是选地立国)"曰止曰时,筑室于兹。"(第三章,说的是卜定宅地)"乃召司空,乃召司徒,俾立室家……作庙翼翼。"(第五章,说建成官寺和宗庙了)。"百堵皆兴,鼛鼓弗胜。"(第六章,说民众齐心,应鼓声合力建筑)。"乃立皋门","乃立应门","乃立冢土,戎丑攸行"。(第七章,说国都建成了)。可知:他是初至周原,立即建立国都。哪能有"一年成邑,二年成都"的旧说可据。

3. "一年成聚,二年成邑,三年成都。"是《史记·五帝本纪》称道舜由匹夫崛

---

① 原名《赞同〈试为"成都"得名进一解〉》,载《社会科学研究》1981年第1期。

起，群众向往，积年发展过程的话。也是"成都"二字最早的出典，不合误加到周太王的身上来。就引据典实来说，也根本错误了。

我前写《四川地名考释》合当是二千三百年来第二个解释成都名义的。论据只在《华阳国志·蜀志》的"广汉郡新都县"有"蜀以成都、广都、新都为三都，号名城"这一句话。把这句话结合蜀族从汶水蜀山逐步移入成都平原，多次迁徙都邑的历史发展过程做出推断，以为他因为最后定都在此，遂未再迁，故曰成都。这一推断，是只用新、广、成和都字的华文含义造意，别无其他依据。不过比乐史之说较能符合于古代典籍和地理实际，还不敢自信是绝对正确的。

当时曾自疑的是：蜀族并无文字，其人语言是否就与中原语言相同？用中原文字含义来解释蜀人自己制定的地名，是否适当？从前，我撰写《华阳国志校补图注》，对这问题就曾考虑了很久。去年作《四川地名考释》，又曾考虑过一次，总觉得：蜀山氏曾与中原的黄帝轩辕氏结成儿女亲家；蜀地生长的颛顼、帝喾、大禹，都到中原作了皇帝；彭祖与苌弘也都是蜀人到中原作了殷周的大夫。那么蜀族与华族的语言应当是互通的。便再一次把成都名义这样肯定了。

本年夏，认识温少峰同志。他精通古文字学与音韵学而又富于深湛之思。他向我提出了更进一步的看法，认为："成"字以丁为声，与顶、颠、天等音同部，是羌族支派的本称，不当用华文字义作解释；并由"成孰"连称，涉想到蜀字音义来，使我受到很大启发。

我当时的感受，是不但新颖，而且正确。联想到陇西留下了"成纪"这样的古地名，四川也留下了"成都"这样的古地名。这些地名，都是周代以前就已有了的，不是秦汉才有的。我俩讨论下来，形成了"成"是"高原来人"之义，是古羌族分支进入河谷盆地经营农业者自称的共识。看来用秦汉年代的文义来解释"成都"的取义，与用"三年成都"来做解释，都是有误的。

在同意他"成，为羌支民族的本称"后，我还帮助他找到川边另一个叫"成都"的小地名。它在丹巴县南的大渡河岸，是只有一家人和一亩水稻田的夹谷平地。当土人告知我，其地名"成都"时，神态自然，绝无联想到省会成都的表情。这就可知那个"成都"与西蜀的"成都"是无关的。查丹巴县旧图，那里也标的是"成都"二字。这就可更明显地说明"成"为"高原来人"之义。（丹巴县的土著，原是康北高原来的羌支民族。）

同时，这还使我回忆到苏秦说的"西控成都，沃野千里"的"成都"，不是指的蜀国都城，而是指的蜀国的地面。否则，那句话就不通了。关于这一点，少峰同志在第二次会谈时，又提出"都"字古音与氏、榆同部，"斯榆""斯都"为同义语的见解来做补充。从而肯定了《西南夷传》中所谓"邛都""徙（即斯都）""筰都"和"武都郡"的"都"字，也与苏秦说"成都沃野千里"的"都"字一样，不是说的这些民族的都邑，而是说的这些民族分布的地盘。更还可以把"武都山"（即仇池山），"都江堰"（古称湔堋，秦为湔氐道）的"都"字作为氐字解释。因为《西南夷传》有句总结语"皆氐类也"正包括了这些"都"字地名的地面。

我虽两次都赞同了这样的新解，仍未免还小有所疑。疑在："新都、广都"和巴东的"平都"，同是先秦已有的地名。新、广二都，与成都尤为接近，合称为"蜀国三都"。成既是蜀族本称，难道新、广也是蜀的别称吗？关于这一点，我试作了自疑自解。那就是：（1）羌族进入四川盆地时，原有多数支派。例如青衣、冉駹、斯榆、丹棱、白马、湔氐、什邡、梓潼、郪莋、百濮、巫载，都是几千年前就已在盆地边缘山区居住的。（另详《巴蜀古代民族》）。湔氐和什邡，更是与蜀族同时进入成都平原的，所以秦代成都、广都、新都与什邡、湔氐和梓潼、葭萌（莋国）及蜀一同置县。则新都与广都，有可能原是另一羌支为蜀所并。（2）羌支未入川西平原以前，四川盆地原曾有人居住。这是可以由"元谋人"与"资阳人"这两次遗址发现而肯定的。新都、广都、丹棱和郪，都有属于"资阳人"体系而非属于羌族支系的可能。从而就有蜀族入居郫邑后，以次兼并新都、广都，而后定邑于成都的可能。（3）至于平都，即今之丰都，在巴国还未兴起以前，原是"百濮"之邑。巴族兴于朐忍之故陵，兼并沿江的濮邑之后才得建成国家。沿濮旧名曰平都，非巴语创名。故巴族于枳（今涪陵）不曰枳都；于彭（今阆中），不曰彭都；于郪于莋，皆单音地名而不加"都"字；缘平都为濮语，濮源出于羌支，故同以"都"字代表地域；枳、郪、莋、彭，可能出于"元谋人""资阳人"别支，非羌语，则不带"都"字也。这三种解释，只是我为赞同温氏新说而做出修正自己旧说的自解，聊备研讨此问题者参考。

成都城址变迁考①

一、蜀王创立的成都

"成都",是蜀王开明氏最后定都所取的名称。《史记·五帝本纪》说:舜为庶人时,年而所居成聚,二年成邑,"耕历山,渔雷泽,陶河滨。""一年而所成聚,二年成邑,三年成都。"这是我国历史上最早出的"成都"二字。但这连续的三个"成"字都是动词,表示当时人民乐于依舜聚居。我认为这"成聚""成邑""成都"的次第,就与原始社会的发展过程相符合,尤其与蜀国由五千年前的"蜀山氏"到两千三百年前的"开明氏"的社会发展过程相符合。

"蜀山氏"这个"蜀"字,甲骨文作🔣,表示为大眼虫,其实即是蜀地野蚕的象形字。蜀山氏可能就是嫘祖的家乡,是她把蜀地的这种养蚕方法传入中原了。蜀山氏的后裔,亦别称为"蚕丛氏"。"蚕丛氏"这个"丛"字,具有集聚的意思。可以理解为把分散生活的野蚕集聚到一个蚕箔里来饲养(是为家蚕)的取义;也可以理解为饲养家蚕的人户聚落之义。总之,自蜀山氏至蚕丛氏,都是石器时代的原始氏族,其酋长所居之地只能是"成聚",不能是已"成邑"了。再后出的柏灌氏,也可能只是如此。

再后起的是"鱼凫氏",顾名思义,是蜀族已经由茂汶河谷原陵转进入成都平原,由蚕业、农业为主,兼管牧业、狩猎多种经营,发展到再兼管渔业的时代了。这时候相邻各氏族间有了商品交换的市场,可以称之为邑了。当时蜀国产生了"瞿上"(即今彭县关口以北的海窝子)和"郫"(今彭县九陇地区,即秦郫县故城。汉代徙治毗河之南。唐代称为"小郫")。古蜀国这两个地方都是有望衡对宇,夹着市街的民居,由氏族酋长设官管理,可以算得上称"邑"了,但还不能叫作"城"。

---

① 连载于《成都文物》1984年第2期—1985第3期

（那时氏族与氏族之间虽已有进行战争的，武器粗笨，不利于攻坚，只有相互劫掠，突来突去，与追击夺回的体力之战，邑聚人众，莫敢轻犯，故不筑城。）《诗商颂》："商邑翼翼"，《大雅》："作邑于丰"，都是没有筑城的含义。蜀国此时亦不例外。

蜀山氏、蚕丛氏、柏灌氏、鱼凫氏都不是一个人名，而是一个氏族的名称。鱼凫氏最后一个蜀王名叫杜宇，他已舍弃瞿上，定都到郫邑来，专营农业。他在农业经营方面曾有许多的发明创造，生产发达，民庶众多。只苦于平原沃壤出水不久，耕地还只限于出水较高的第三纪黄土陇冈（如彭县九陇，与成都东北凤凰山、狮子山、天迴山下的丘陇和龙泉、大面、沙河及将军碑、董家山、牧马山这些黄土分布地带）。平原沃壤出水不久，还是沮洳沼泽状态。杜宇任用荆人鳖灵（开明氏）治水，把许多沼泽开沟泄水，化为耕地和水田，从而使蜀国农业有了突飞猛进的发展。农民歌颂鳖灵的功劳。杜宇年老，知民心倾向鳖灵，便把蜀国政权交给他，自己退隐到西山去了。蜀人仍然感念他，奉为农神，称"杜主"，又称为"望帝"。鳖灵号"丛帝"，仍用"蚕丛"之义。他的子孙称"开明氏"。传十二世，为秦所灭。

开明氏初亦以郫为都邑。因为国已富强，开始营都于沱江之南，天迴山之北，称为"新都"（今新都宝光寺处），又立都邑于天迴山之南，龙泉山以北，称为"广都"（故城原在今沙河堡万岁池附近，秦为县徙治龙泉山口秦皇寺北。南北朝时废。北周复置牧马山下琉璃厂。隋初徙于今双流县黄水河）。至开明氏九世乃徙逼近冲积大平原的黄土陇上的"赤里街"，称为"成都"。我认为"成都"二字是取一成不变、永不再迁之义。宋代乐史《太平寰宇记》说成都是取周太王迁岐"三年成都"之义，肯定是错的。温少峰同志说：成字古文作𢦏，作𢦏，以丁为声。凡从丁之字，皆有顶上（天）之义，订成是蜀族的旧称。我认为这个新说很有价值。

这里有三个问题必须给予解决：第一个问题是蜀国当时尚无文字，这些用中原文字表达的蜀国地名，是否是中原华人强加的，抑或是蜀族与中原华人语言相同，或蜀人使用的中华字义？第二个问题是赤里街究竟在哪里？另一个问题是当时的新都、赤里街的成都，是否已经筑城了？

关于第一个问题，可以肯定上古蜀族、华族的语言是大体一致的，他们都是羌语的支派。若蜀地与中原语言不同，则青阳降居江水、昌意降居若水怎么能与土民相处和通婚？颛顼与帝喾又如何能到中原去承位施政？既然语言一致，文字的含义也可能是通用的。不过蜀山氏到开明氏两千多年了，山水隔离，语言必然会发生变化，逐渐变到语言不同的地步。夏殷两代一千多年很难看出中原与蜀族有何政治与经济的联系。到了周代中原贩卖奴隶的商人，把江汉之间的蜀国交通打开了，随之其间的语言隔阂也打通了。若其不然,战国秦国司马错亦不会了解到蜀国情形那样清楚;秦军也不能远征数千里如入无人之境,轻易地在数月内征服了苴、巴、蜀、梗、丹犁诸国。这就可以说:"蜀山""蚕丛"等上古地名,是蜀与中原人的共同语言。"成都""广都""新都"等周代产生的地名也是蜀族与中原华人一部分人的共同语言。秦灭蜀后更推行和固定了中华文字。

关于第二个问题,赤里街究竟在哪里?《华阳国志》说:"成都县,本治赤里街,(张)若徙置少城。"秦惠文王更元九年(前316年),秦既灭蜀,即封公子通为蜀侯,"以张若为蜀国守",则当已置成都县了。成都县治赤里街,则尚未筑成都城的十七年中,蜀太守与成都尹皆系就蜀王故邑赤里街同驻可知。开明九世营新都邑于赤里街,显然是为了把国都从黄土丘陇区向冲积平原区移近。秦筑成都新城,必然会更推进一步,直入冲积平原。(不然李冰开的二江就不容易靠拢郡城了。)《太平寰宇记》卷七十二,益州成都县引扬雄《蜀本纪》云:"蜀王据有巴蜀(当作全蜀)之地,本治广都樊乡。徙居成都。秦惠王遣张仪、司马错定蜀,因筑成都而县之。都(县)在赤里街,张仪徙治少城内。"所引《蜀本纪》不是扬雄原语,显有误字。这里说的"徙居成都",当然不是指张仪所筑的成都城,而只能是指赤里街的成都(开明氏最后的都邑)。同书华阳县又引《蜀都记》云:"成都之南街名赤里"。《蜀都记》这个书名很少见。唯《隋志》记顾野王有《舆地志》三十卷和《十国都城记》十卷。乐史此句,当是引顾氏语。顾氏为南朝梁、陈间人,身未至蜀,此语采自何书,未能深考。

窃谓:就"赤里"字义言,可以用于成都东北南三郊的第三纪黄土和第四纪黄土冈陇。秦汉至梁陈的成都城皆建于地质学上所谓现代的冲积土上,城内地面无黄赤色土,则安得有赤里街之名。至于成都南西郊外全是冲积土,更数十里外乃有黄土,且秦时为广都县地,不可能又立成都县。

以此推断,蜀王最后都城(赤里街),只能从新都以南、广都以北的黄土陇冈求之。以将军碑黄土冈最为合适。其地在驷马桥北不远,为最逼临成都冲积沃土平原的黄土陇冈。蜀王徙都至此时,已改称为"成都"。秦因其名为县,为蜀郡所治。蜀郡与巴郡及汉中,皆隶于蜀国。蜀国侯公子通的都邑在葭萌(苴国故治),取其位三郡之间,便于监察督导。(另详秦城篇)

第三个问题,蜀王开明九世所迁居的成都是否已筑有城?这里可依都邑、街的字义解答如下。

邑发展到盛大时,商旅出入的道路就不只两端,而有许多条街道和许多道栅门了。《尔雅·释宫》云："路场，犹行道也。"我认为，"路场"可释为道路上的商贾临时交易处。当社会发展到市易逐步集中时，路场便亦逐步发展为有住民的邑聚，以至于设官管理的都邑了。也必然通连各地的道路逐步增多，便有四达、五达等制名。中原的市场级别之称不尽适用于巴蜀、陇西羌支民族地区。巴蜀、陇西的古地名，乃多有这个街字。据《汉书·地理志》载：金城郡有"允街"县；允吾县有"参街谷"；天水郡有"街泉"县；北地郡有"五街"县；西阳河郡有"乐街"县；越巂郡有"潜街"县。《后汉书·郡国志》记略有"街泉亭"。《华阳国志》记载武都郡下辨县"一曰武街"。可以肯定：这个"街"字，是出于羌、氐、蜀、僰等民族语言。表示为：民族部落酋长所驻的市易集中之处。它不是中原古语所有，故十三经中无街字。西汉以前典籍，我亦未见有街字，而衢字则甚多。许慎《说文》云："街，四通道也，从行圭声。衢，四达谓之衢，从行瞿声。"他于"衢"字用《尔雅》义；于"街"字何所依据呢？窃疑他是依据的《凡将》《爰历》等书，采用的蜀陇人民语文。后汉时，"街"与"衢"字通为一义，又才使用到指京城内的市街。

我认为，就秦汉时的语言说："衢"是华夏音，"街"是蜀陇土民音；后汉时人，"街"不读如"皆"音，而读音与"瞿"字相近。原发音读如"携"（见应劭《风俗通》）。衢、街二字含义原是不同的，街只表示重要的邑聚，住户不过几十至百家，通商大道不过四条，成个十字，与华文行（井）字相似，四个道口有门，四方住宅后壁土墙相缀，限制外来商旅。土著酋长驻宅在街内发号施令，虽未得为城，但具有城的作用。羌、氐、蜀、僰等民族，已经发展成为国家后也不知道筑城。蜀国都邑之未能有城是必然的。

若果再进一步探求"街"字的蜀语本音，就会发现蜀族旧邑"瞿上"的"瞿"字与"赤里街"这街字的关系。

我认为赤里街的街字与瞿上的瞿字含义相同。瞿上就是蜀语街子上的含义，周秦汉世译用字是不同的。非蜀王所居之街市则称街，经蜀王立都之街则称都。王都徙去后则还称为街。故杜宇先都瞿上（今海窝子），既徙都郫，则郫为都，瞿上为街。开明王营邑于郫江之南而徙都，称为新都。再徙向南，称为广都。再徙至赤里街，称为成都。秦初亦以成都为蜀郡治。经陈壮之乱残破，乃更筑新城于赤里街南，徙郡治。赤里街仍为县治。张若筑少城后，乃徙县治少城。

瞿与街二字，在羌支民族语言中是古今字。氐语称陇南仇池山为瞿堆，亦称武街。白马氐王据之称为武都。汉武帝灭白马氐王，以其地为武都郡，徙治下辨，故下辨亦有武街称。可见街与都，则是行政级别的关系。

二、汉代的成都城

（附锦官、学官、车官三城）

汉初蜀郡仍秦之旧，分大城与少城，但把二城俱扩大了。大概只有江桥门、市桥门不变。大城向东、北两侧扩展。少城向西、北两侧扩展。各在三方辟出三门，门外皆有护垣。旧称城门护垣为郭（今日瓮城），两城各有九郭门，共十八郭门。常璩《华阳国志》说："元鼎二年（前115年），立成都十八郭。"原来的少城只有半个大城宽大。这次扩建的二城面积，就有秦城五倍之大。九道门都有大街。左思《蜀都赋》说："辟二九之通门，画方轨（车辆并行）之广涂。"这样一来，城内人口多了，成为仅次于首都长安的全国第二大都会。（据《汉书·地理志》载：长安户80800，成都户76256；宛户47547；阳翟户41650。按：宛，即今河南南阳市。阳翟，即今河南禹县。）左思去汉不远，他笔下描绘的成都是："外则轨躅八达，里闬对出。比屋连甍，千庑万室。亦有甲第，当衢向术。坛宇显敞，高门纳驷。"可以想见其富盛情况了。但是大城仍以富豪甲第为多。巨商大贾，仍居少城。所以左思在《蜀都赋》里说："亚以少城，接乎其西。市廛所会，万商之渊。列隧百重，罗肆巨千。贿货山积，纤丽星繁。"又说他们经商兑货的遥远，则是"布有橦华，蓊有桄榔。邛杖传节于大夏（古代西域国名。在今阿富汗境）之邑，蒟酱流味于番禺（广东境）之乡"。这亦不过说它珍异之货而已。其实当时汉夷交易的商品，还要推牛马、珠宝和奴隶买卖为大宗。其市场仍在城外市桥的东南，称为"州市"。故址在今鼓楼旧址附近。与石犀渊（石犀渊故址，今为王家塘）相接。

李冰凿的郫江，原是从少城西边来，通过市桥、江桥，到万里桥下与捡江（锦江）会合的。唐代以后，把它包入城内，经常被市民侵削填淤。近世遂归消灭，而另从新开的护城河（油子河）代替了。其城内故道，即今宁夏街、王家塘、方正街、洗马池、新东门和莲花池这一带。在地下水道还未兴修以前，每逢暴雨后，常是街上水深尺余，居民须架临时桥梁出入。就是由于填土未筑，岁久塌陷了的缘故。

李冰凿的捡江，汉时还远在城南五里以外。窄桥建于其上，故又叫筰桥水（夷里桥，当通临邛大道，秦时还是索桥，故亦称"筰桥"。非今金牛区簇桥）。东汉初年，吴汉讨公孙述溯外水来。公孙述凭以水拒汉军。战于筰桥，吴汉兵败，堕水，缘马尾得活（《后汉书·吴汉传》）。便是此水。考此水旧道，就是今天城内的"金河"。当时所谓筰桥，大约在今百花潭附近。

笮桥下游的水，是锦工濯锦的地方。故捡江又称为"锦江"。汉代的织锦工业，唯蜀为盛。当时还是用素丝织花，织成后用清水漂洗，然后染色。后世才先漂丝、染色，后织花。漂锦，漂丝，都需要清洁的流水。郫江近市，水质受到污染，不能用，故濯锦者必须就五里外的捡江濯漂。汉唐织锦业都是官营，住居锦江的房屋，也筑有垣墉，隔绝外人，称为"锦官城"。锦官城，为就濯锦之便，修在捡江之南，并不在大城少城之内。其遗址在今南较场部位（今文庙西街右侧）。

又有学官城、车官城，也都是建立在远郊的。常璩《华阳国志》于蜀郡云："始文翁立文学精舍，讲堂作石室。……州夺郡文学为州学。郡更于夷里桥南岸道东边起文学（即学官，或学宫），有女墙（单薄不厚的墙）。其道西城，即锦官也。锦工织锦，濯其中则鲜明，濯他江则不好。西又有车官城。"此乃常璩就晋时叙述。所云文翁石室，原应在大城内。但后人传说以为在今文庙前街（故锦江书院和石室中学）。我考为那是晋代的"郡文学"，不是文翁石室原址。因为汉时以蜀郡为地方行政最高官署，故以石室讲堂为郡文学。三国蜀汉时益州牧为最高级地方官，故以石室为州文学；而别立郡文学于捡江之南，夷里桥东，正该是今文庙前街位置。锦官城则在道西，正该是南较场位置。车官城又在其西，遗址便难考了。

《汉书·地理志》载，成都与广汉郡雒城皆"有工官"。工官，是木工、金工、水工、土工、陶工都要经营的，故又称为"五官"。《百官志》有"五官中郎将"，就是管五官工匠的。常璩的《华阳国志》就有锦官与车官的区分了。其分出这两种专业的时间没有记载可定。我推测：可能是汉武帝收五官工巧归国营时就已有锦官。车官当要迟点，可能是诸葛亮时，或其以前。

成都平原适于行车。但因灌溉水道多，桥梁少，不能行驶牛马拉动的大车，特别是一人手推的独轮车，俗称"鸡公车"，因它行进时吱吱叫响。古时成为"鹿车"，因它善于经历险阻。无桥沟渠，只需架一独木条就能推过。能穿林间山道，奔走如鹿。这种车，后汉时就已有了。蜀汉丞相诸葛亮曾大力推行，他从蜀地运粮济汉中屯兵，全靠此车（另详《华阳国志校注》）。现在成都平原的乡村仍广泛使用。北方的大车，和江南的小车，则是从未在四川行用过的。我据此判断，车官城仍应在运行车材（坚硬木材）便利的锦江南北岸。按《华阳国志》说，在锦官城西。则当时今百花潭的南北。

锦官、车官、学官三城都不仅面积小，而且城垣也较低较薄，所以《华阳国志》叫作"女墙"，以别于大城的城墙。这三座小城都在秦汉成都城的远郊。又还有大城东西南北四郊各有一座驻军的营垒城，拱卫大城。这七座卫星城排列形象也似北斗。这是汉晋人多有天文与地理相对应的思想支配下的建筑布局。

三、唐　城

（附张仪楼与宣华苑）

　　唐代的成都城，与秦汉的成都城的部位和大小形制全变了。已经把南城推进到锦江北岸了。何时改变的，史无明文。我的推测，可能是梁武陵王肖纪镇蜀开始。他镇蜀十七年，蜀中殷盛，"内修耕桑、盐铁之功。外通商贾远方之货。"城南的州市，已成为繁闹的商业中心。因而扩展城垣，圈围保护，是势所必至的。肖纪因与肖绎（即梁元帝）争夺帝位相攻，西魏宇文泰，遣尉迟回取蜀。围攻成都战五十天，才攻破了。城内自必遭到一定的破坏。尉迟回镇蜀甚久，可能又把南城有所展拓。隋篡宇文氏北周位，继任益州刺史王谦据州反抗，被杨坚讨灭了。封他的爱子杨秀镇蜀，在益州二十二年（581—602年），奢侈不循制度，大兴土木，造苑囿，车服拟于天子。遂以罪废。疑唐城即隋蜀王杨秀时已完成。

　　唐城形制，依据一些文献资料，参验地理形势，试作如下考证。

　　唐城占地大于汉城两倍，周围约近于二十华里。用砖筑基，城门砌石。只有四门。城的东门，在今天涯石街。天涯石即其城门遗石。它的西门，在今西大街西头，稍南的石笋街。街民尚能指出石笋遗址所在。今只存石基，亦已埋没在地下了（据陈世松调查）。这两道城门，可以肯定。唐城的北门，已无遗址可考。我估计在今北门大桥附近，与秦城的咸阳门位置相当。如此推测的依据，是秦城的咸阳门与宣化门之间的距离只一里多。秦城宣化门故址，在今文殊院、东巷子附近。那条小街，过去也叫石笋街。《华阳国志》称之为"笋里"。王羲之《周益州帖》内所询问的"张仪楼"，就是此处。文殊院街与文庙街之间，原府文庙及红石柱街地面，就是隋建蜀王府宫城。唐西川节度使衙门，五代前蜀王建、后蜀孟知祥据蜀称帝，亦皆以此为宫城。宣化门楼即所谓张仪楼，几经加修，为西川节度府官员们宴乐之所（李德裕镇蜀时修的筹边楼也就在此附近）。其下为隋蜀王杨秀建成的宣化苑，为节度府官员与宾客游乐之所。杜甫于乾元二年（759年）十二月入蜀，后依其故人西川节度使严武，曾登张仪楼。其七言律诗《登楼》云："花近高楼伤客心，万方多难此登临。"他登的就是此楼。此楼以古城门石阙为基，在全城中最高，故能望见"锦江春色""玉垒浮云"。别处是不能有此高楼的。宣化苑里有些屋宇，居住当时的乐部伎工和以才艺食禄的人员，供节度使宴客时奏乐助兴。杜甫《赠花卿诗》中说："锦城丝管日纷纷，半入江风半入云。此曲只应天上有，人间能得几回闻。"花卿就是此间的乐工。犯官家中"充院"的妇女亦住此间，专供役使。妙龄者在此习艺。女诗人薛涛就是其中的一人。由于她诗文超妙，西川节度使韦皋拨充其为校书。

原来包入城内的一段郫江，唐时被居民淤塞了。上游河水，分从西北两护城濠流入捡江。宣化苑内水，汇于宫城为濠，绕城入石犀渊，入西护城濠。从宣华苑可以行舟入浣花溪。有《蜀梼杌》记王衍宴游事可证。南诏屡犯成都，并屡求以蜀王杨秀府苑驻军。（见《唐书·南诏传》）就是因为这一地区是全城最优美的乐园。

浣花溪，在锦江百花潭的上游。唐代织锦工人因百花潭江水已成了护城濠，污染大，不可濯锦，乃迁移到上游杜甫草堂附近洗濯。那里原是荒僻的农村，故杜诗中有"城中十万户，此地两三家"之句。又曰："舍南舍北皆春水，但见群鸥日日来"。皆是指的此处。但自唐代中叶以后，成都城内达官豪富，多营别墅于此。西川节度使崔宁的继室任氏，避大妇鱼氏嫉妒，就常居住于此别墅。大历二年（767年），泸州牙将杨子琳乘崔宁到长安去了，发兵来夺成都，占据了大城。未提防任氏就从浣花溪起兵，进据少城，把他赶走了。任氏以此功受封为冀国夫人。今草堂寺侧，古梵安寺故址，有"浣花祠"，内塑冀国夫人像，即任氏故居别墅所在。祠内原有宋代吴中复记任氏夫人事刻碑。说"夫人微时，见一僧堕污渠，为濯其衣，百花涌出。因名其潭"。这是谬说。锦皆有花，故谓濯锦为"浣花"。自遭南诏劫后，成都织锦业骤衰，入宋后犹未恢复。浣花溪不复濯锦。宋代人不解"浣花"之义，谬传为仙佛故事耳。

何以知成都唐城南垣是以江护城呢？《唐书·南诏传》说，咸通十一年，南诏入寇，西川人民扶携避入成都，"闾里皆满。户所占地不得过一床，……城中井为竭，则共饮摩诃池。至争捽溺死者。或筲沙取滴饮之。"（一作"取摩诃池泥汁澄饮之"。）若城内郫江还未淤塞，或包有锦江一段，则乏水不至于此。唯其郫江已淤，锦江亦未入城，乃能乏水如此。又，此前五十一年（太和三年），南诏入寇，从邛州攻陷了成都，掳去"子女工技数万人。……南诏自是工女织，与中国埒（相当）"。这又说明那次掳人的主要目的，在于锦官城里的工匠，必然把缫丝、漂染、抛梭、提花各项分工的匠人全部掳去了。锦官城，原在锦江南，若还已包入城内，则纵然城破，工人也会分散藏匿，不至于全部掳去。唯其工匠聚居城外的锦官城内才会全部被掳，南诏才可能"文织与中国埒。"这也说明锦江是未包入唐城内的。同样，住居城外的"郡文学"里的学生也必然被掳去。南诏没有自己的文字，所有文书都是借用的大唐文字。他们掳去这批学生，也是很有用的。当时的地方申报，和国家的史官记载，只说到了掳去工匠和子女，不曾说到学人。仿佛南诏掳人是无目的地掳卖奴隶，那是不然的。当时南诏多次残破的蜀地很宽，随处都可掳人。其破成都掳走的并不多。只居于郊外的锦官城工匠和学官子弟被全掳去了。所以成都的织锦业骤然衰歇下来。不明当时地理结构的人，是不可想到的。（自唐代江浙的丝织业大兴，成都织锦业已难于维持。一经南诏抢劫后，遂未兴复。宋代曾谋兴复，亦未著效。吕大防有《织锦楼记》可验。）

有名的女诗人薛涛，原是宣华苑内的一名官伎。后来亦曾居住浣花溪。晚年做女道士时，则居住到万里桥东的碧鸡坊。死在那里。那里与浣花溪是一水相通的。所以人们把她创制来自己专用的小笺，叫作浣花笺（即薛涛笺）。

碧鸡坊也是唐代成都城外一个著名的地方，有市街，繁闹不如浣花溪。为什么取名碧鸡坊呢？早在汉宣帝时，据方士传说：云南有金马、碧鸡两种神物，时常出现。得到它，可以长生不老。汉宣帝遣蜀人王褒去迎请。王褒作了祭金马碧鸡文祈祷。无效。迎不来金马碧鸡，于是他忧死在路上。后人哀怜他迎致无功，为他在成都和昆明的大道上，各建造二坊来表示纪念。成都的金马坊，建立在笮桥西通云南的大道上。碧鸡坊，建立在万里桥东水路旁的大道上。这二坊是何时建立的，史无可考。汉代与晋、宋、齐、梁年代是不会有的。唐代则已有了。我疑它与成都城的改筑，宣化苑的兴修，与金马、碧鸡二坊的建立，都可能是蜀王杨秀干的。那时成都城南门外，渡锦江桥（故址当在今人民南路的"三桥"附近），就分为东西二路：西道过锦官城外，惠陵（刘备墓）之北，往邛崃入云南；东道沿锦江到万里桥、合江亭（今九眼桥头，白塔寺故址处）坐船到戎州（今宜宾），也通云南。故在这两条道上分别建立金马、碧鸡二坊。今望江楼，就是碧鸡坊遗迹。薛涛井，就是薛涛居宅遗迹。

万里桥的名义和位置，以前的方志也都有误解。《元和志》说，此桥"架大江水上，在县南八里，蜀使费祎聘吴。诸葛亮祖（饯）之。（费）祎叹曰，万里之行始于此矣。"（一说为诸葛亮语）这都不过是因桥之名，联想到聘吴行程之远。并不能设想为因有聘吴之远而制桥名为万里。后人遂认为"桥名因此"，是错误的。李冰七桥，就已有万里桥之名了，何待蜀汉时才制此名？聘吴是一去万里。若还只到黄龙溪，到江口，到眉山，亦皆必自此乘船，则与万里何干呢？我考乡、亭、里、闾，都是秦汉编制版籍，划分户口区的名称。李冰七桥就有冲里、夷里等以里名者二桥；后世更还有笋里、笮里、锦里等名称，都与道里远近无关。"万里"可能是因当时当地万姓氏族聚居为义，不因费祎聘吴之行。正如唐明皇李隆基先闻僧一行预言他"行程万里"。迨唐明皇幸蜀后，游于此桥，叹其言验（亦出《元和志》）。并不是僧一行取此桥名一样。

据《一统志》说："万里桥在府城南门外。"引《华阳国志》"城南江桥"为据。他已经把秦城误为今城，江桥混为万里桥了。于是今人遂指南门大桥为万里桥。这种做法，搅乱了历史地名的线索，不可不辨。今南门河，并不是秦汉时的南门河，也不是隋唐宋代的南门河，乃是明清新城的南门河。试看河两岸的形状，与其海拔，就可以辨识出来。就以《元和志》说的"县南八里"为验，也不能就说它是在南门城下。此外，就毋庸多辨了。

杜甫诗有"万里桥西一草堂，百花潭水即沧浪"句指点他的住处。又有"万里桥南（俗本作西）宅，百花潭北庄"。清人考杜甫草堂位置，嫌万里桥在城南八里太远了，硬把南门大桥说为万里桥，不知南宋诗人陆游就曾考证过。他说杜甫草堂有二：一在万里桥、碧鸡坊外；一在浣花溪。杜甫《野望》诗云："西山白雪三城戍，南浦清江万里桥。"其绝句诗又有"窗含西岭千秋雪，门泊东吴万里船"。都可以说明他在万里桥、碧鸡坊有过居宅。"南浦清江"，就是指成都唐城南外的锦江（亦名清江，一曰流江）。此江在汉唐之世，要自万里桥下才可行船。所以说"门泊东吴万里船"。若还是浣花草堂，这句话就不成为"诗史"之言了。

四、罗　城

（附羊马城）

南诏自唐大历十四年（779年）至乾符元年（874年），五次逾大渡河，侵掠蜀西南州县，成都屡被困。乾符二年，高骈为节度使。筑罗城于大城西南郊，相传长二十五里（《四川通志》）。故址久已消灭。今查百花潭与武侯祠间、一环路道侧的五块石，原在田陇间，五巨石重迭如笋。故老传说，"原是一对，下有石基相联。其一已倒。其一有乡民烧香，奉以为神，故克保存"。尝察其风化程度，确可判为一千二百年城门遗址。然考历代筑城于此者，唯有罗城。应可定为罗城的城门遗石。

又，考南诏寇蜀历次皆自蜀州新津，即温江、双流一方来犯成都。蜀军防御之第一线为大渡河，此河破则川西大片地面遭难。第二线为新津河，此河破则成都危。第三线为锦江，已在城下。成都危则有第四线，为守郫江与沱江。郫江以东，南诏侵入甚难。历史上只有太和三年（829年）一次。以此可以推想，罗城旧址，是包围在大城的西、南两面。其城长二十五里，则与大城一周的长度相当。其筑城目的，在保护西南郊市街，俾寇至也有时转入大城，不至被掠。亦可诱寇入罗城而围歼之；

如张罗捕鸟，故曰"罗城"。

照如此推断，则其城当南包锦江以南的车官、锦官、学官三小城与其附近的市街。五块石为其南门。从百花潭跨锦江，北至九里提东，达郫江岸，回缀大城西北角。五块石以东，则延至今安顺桥处，跨锦江，连接大城东门。罗城只有三门：对大西门有外城西门；对西南角百花潭为外南门；东门角万里桥西，有东门。这种推断，也如考古学家得齿骨或颅骨一片，便据以判断其人全身形象是一样，不能绝对可靠。但也是否认不得的。在尚无其他田野发掘的物证以前，只可如此提出，供研究讨论。

筑罗城不是从远处搬运黄土来筑，而只是就近掘濠取土，所以不很坚固。筑城以后，南诏亦未再来，所以无史料参订。筑罗城后只十多年，王建据蜀保境，蜀中兵祸息灭，安民安富。城垣妨障耕作和交通，自然会迅速圮败。到孟知祥据蜀时，曾经修复起来供驻军和牧马、牛、羊用，称"养马城"。后世讹为"羊马城"。相传羊马城周四十四里，那就必然是把大城的东、北两方也包围起来了。

羊马城内，自然是不许农民耕种，只驻兵马的。这就是封建帝王为了王城安全，占用农民耕地的一种残酷手段。后蜀孟昶在位时，见得城的四周一片草原，也觉可惜。又命人在那四周的大片草地上栽植木芙蓉花。每当秋季登城观赏，红艳环绕数十里。故又把成都称为芙蓉城或蓉城。

五、宋 城

宋代的成都城，还是唐代的大城。不同之处，在于罗城与羊马城消失了。环城的芙蓉花也消失还为农民耕地了。因为西川自南诏衰弱，不再入寇之后，阅前蜀、后蜀两朝，大约一百年中，地方安静时多；人口滋繁，耕地很感缺乏。故自北宋灭孟蜀，便开放了环城的芙蓉田，让人民垦种粮食。

更还有一个与唐城不同之处，是已经把锦江的一段包进城内来了。因而宋城的面积比唐城又向南推进一步。宋代的成都城南门与现在成都城的大南门位置相当。现在的南门河，可能就是那时开凿的护城河。何时改造这段南城，无准确的考据。有人说：时间在唐宣宗大中年间（847—860年），白敏中做西川节度使时。这是可能的。但有说不通处，就是白敏中任节度使在大中七年（853年），而成都闹渴，在咸通十一年（870年）。若还大中时已把锦江包入城内，则南诏围城时，城中就不会缺水了。不管拓展南城在何时，宋代总是已经把金河包括进城内了。这却有可靠的就证据。

宋吴师孟《导水记》云：

唐高骈筑罗城，堰縻枣（按：即今九里提），分江为二道，环城而东，唯余一派自城西北隅铁窗潜流入城。岁久遂绝。天禧中（宋真宗年号，1017—1021年）王觌知成都，访得铁窗石渠故基。循渠而上十里许，至曹波堰，接上游溉余之弃水，于是导之而西门而南，至南□窗入城引而东。派别为四，又会于东门而入江。久之复塞。大观初（1107年）席旦复疏导之。宣和末（1125年）旦子益，以旧渠堙废复修筑城西外堤，引江水入城。如故，作三斗门节之。

细审所云"高骈分江水为二道"，是说高骈鉴于唐咸通时围城中的渴灾，在大城西北引縻枣堰郫江之水为西门城濠，流入锦江。把其余一派，引入城来，分为四支供城民汲用。因怕南诏军从这水门潜入城来，故在水洞上加了铁窗。这道入城水渠，似只引入摩诃池，至承宣华宛水而止。王衍开始的舟游浣花溪的河道，便是缘高骈开这两条渠展拓的。这条河在城西北，不是今天的金河。

至于王觌开的水道，虽然他曾找得了埋没已一百多年的铁窗石渠，却不是恢复西北城内的旧渠，而是从旧渠"上十里许至曹波堰"开的一条西城外的新渠，他引曹波堰水"自西门而南自南铁窗入城"。这明是在旧羊马城外开一条护城河，并从南铁窗引进城来。很值得注意的是"南铁窗"这个南字。它说明高骈筑罗城跨过锦江时，也安装了铁窗，远在縻枣堰水进城的铁窗之南，所以叫南铁窗。王觌把曹波堰水引至南铁窗外，以益锦江之水。从南铁窗入城，叫作金河。这就说明此时的锦江已经注入宋代的城内，而不似唐代的流在城外。（更不似汉代的远在南郊若干里。）这就必然是宋城已经把南城扩展过锦江了。至于入城之后如何分为四派，现在就更难考了。好在它是仍在城内会合从"东门"入江的。这个"东门"，我怀疑是"东水门"的含义，不是唐城的东门。不然，就是宋代的东门已改在锦江出口的附近了。尤其是南宋年间成都与京师（临安即今杭州）之间，全靠水运联系，东门改在锦江出口舟运起点的万里桥附近，是势所必然的。

锦江水入城后，自然易于淤塞，故大观实"复疏导之"。大观至宣和，不到二十年，不会又淤塞了。可肯定：席益"复修"的"旧渠"，是西门外王觌开的渠，不是城内席旦疏导过的金河。"引江水入城如故"才是说的金河。

雅安地区八县地名考释[①]

(1986年)

雅安地区八县，以邛崃山脉分水划为两个部分。山脉以内为青衣江上、中游盆地，属于四川红盆地的极西部分。青衣江自飞仙关以上为上游，山内之水分江为四大支。四支河谷各为一县：最东一支为青衣水主流，今呼芦山河。其河谷全部俱为芦山县境。西次为木坪河，古称沫水，合宝兴县全境水支流，至灵关，穿三十里绝峡入芦山河。故芦山河亦有沫水之称（"水经"之例，"随所决入而纳通称"）。《汉书·司马相如传》谓：汉武帝开西南夷，"关沫若"，即渭以此灵关水之故关为西徼也（故关为沉黎郡西徼，见《水经注》）。又西为天全河，古称徙水（即《汉书地理志》青衣县之大渡水）。所汇支流亦多，全属天全县境。又次南自邛来山来者为荥经河，《汉志》曰邛水。北穿峡谷入大渡水，再与沫水会于飞仙关外。秦汉时，蜀与滇、邛、筰地往来，只有自临邛、经火井槽沿青衣水，至飞仙关外渡河，循邛水逾邛来山一线通路，故青衣置县最早，徙与严道次之。因夷中有此通道、为商旅所便，汉民族渐来垦居，故置县早，社会进化亦较速也。

飞仙关与竹菁关（在洪雅县西界，名山县水口场外）间为青衣江中游、河西海拔降到700公尺以下，河原已较广阔，全属雅安县，其支流名山河流域，属名山县。凡青衣江流域六县（名称沿革后详）。

邛崃山脉为四川盆地西限。其脉自阿坝州草地南来，海拔由五千公尺之洪峤山，逐步下降，至巴朗山相爷坪，为4487公尺。入本区后，有甲金山口（4114公尺）、马鞍山口（2937公尺）、二郎山口（3437公尺）、大相领草鞋坪（3142公尺），皆古今逾山要道。其脉转东为东西瓦山（大瓦山在金口河北3236公尺）、峨眉山（万佛顶3098公尺）、二峨山（1909公尺）、三峨山（2023公尺）四峨山降至千公尺以下，

[①] 原载《四川地方志通讯》1986年第5期。

绝于沙湾西南之大渡河岸。

邛崃山脉与木雅贡嘎大雪山脉之间为大渡河谷，河身出康定界后，海拔降至千四百公尺以下，呈亚热带气候。出泸定县境渐折而东，穿大瓦山峡入金口河区。海拔降至 800 公尺以下。旧时河内为汉源县，河外属越巂县。今其两岸上段属石棉县，下段属汉源县。泸定县曾于 1955 年划入本区。次年复划归甘孜藏族自治州。故本区只八县。

全区介于四川盆地（海拔 1000 公尺以下）、西康高原（海拔 3000 公尺以上）、凉山高原（海拔 2000 公尺左右）三大自然区域之间，历史上为大西南汉、蕃、邛、笮与彝濮诸民族（古书每统称为"夷獠"）交通路线的枢纽。早在三千年前，已是各族商品交流之区。汉武帝开置郡县后，每每因中原内乱，夷酋据地自擅。皇进朝势力被迫退出（或退至邛崃山内，如汉末与宋末、明末。或退出全区，如南北朝时）。亦每因华夏安定、强盛，地区夷酋降附，重开郡县，汉地工、商、农民较高技术与文化，随之俱来，从而发展地方产业，巩固郡县政权，提高社会文化，促进民族融合。如此消长变化，越两千年，早已成为中华腹地。综其历史发展过程约如下。

公元前四世纪，蜀保子帝征服青衣羌。

公元前 316 年秦灭蜀。随即开临邛、青衣、严道邮路，逾邛崃山，通邛笮商旅。

公元前 182 年（汉吕后临朝六年）置青衣县。

公元前 111 年（元鼎六年）置徙、严道县与沈黎郡。越十四年废沈黎郡地，并为旄牛县，属蜀郡。

公元 37 年升青衣为郡领四县，寻废郡为蜀郡属国都尉。是时本区汉户剧增，文化高涨。

公元二世纪内邛崃山外夷屡叛，旄牛道闭（蜀汉至晋展开屡闭。至四世纪中叶本区全闭）。

公元 553 年，西魏取蜀始开辟新邮路，自临邛经百丈、蒙山、严道逾邛崃山。沿路开置郡县达于巂州（今西昌）。隋于邛崃山内立雅州，领严道、名山、荣经、芦山、汉源、沈黎等县。唐于邛崃山外立黎州领汉源、通望、飞越、大度等县。皆置都督府各领缴外羁縻州数十所。

公元 806 年（宪宗元和元年刘辟反于西川）以后，蜀地多乱，吐蕃、南诏迭侵巂、黎诸州，大渡河外次第沦没。

宋弃大渡河外不有。河内为杨、刘、郝三王部落，分隶雅、黎两州。

元世祖远征大理（唐曰南沼），循大度河进军夺雅黎两州地，置天全六番招讨司，与长河西、鱼通、宁远三安抚司隶吐蕃宣慰司。

明太祖取蜀（1371年）与云南（1382年），于本区邛崃山内立雅州，领名山、荥经、芦山三县与天全、黎州，穆坪三土司，及若干小土司。汉民渐复入居。（大渡河外属明正土司。）

清雍正七年（1729年），天全土司改流，置天全州与打箭炉厅，升雅州为府，置雅安县为府治；改流天全土司，立天全州与打箭炉厅。八年，改流黎州土司置清溪县。于是本区再一次恢复繁荣，于雅州立上南道，兼管嘉定府与邛眉两州，及口外一百二十土司。民国二年废府州厅为县。

1939年，西康建省，划本区属之。中华人民共和国成立后雅安为西康省会。1955年并西康省属四川，雅安为地区委员会所在，领上举的八县。

在如此历史情况下八县建置沿革屡变，名称亦屡变①。加以所治位置的变动②，与民族语言的掺杂和史笈作字的不同③，以及文字资料的残乱④，整理诠释，困难重重。兹为各县修志需要，初步依据旧文，考订条理，分县说明如下。

雅安县

原是青衣羌族分布地，与青衣江上游地区称"斯榆"（《司马相如传》云"略斯榆，举苞蒲"）。汉武帝开西南七郡，置徙县。故城在飞仙关外徙水之北（今为始阳镇），古称"斯都"。西晋改称"徙阳"（见《晋太康地志》）。曾因夷乱侨立于晋原郡界（见沈约《宋书州郡志》）。西魏规复北区，辟百丈、蒙山新道，改称"始阳"，建新治于蒙山西谷小鸡口（今雅安河北的包城坝），立蒙山郡，以便保护新道沿线垦民⑤。

斯，徙，始，皆羌语黄金（Sie）一音的异译。《禹贡》梁州厥贡，首称"璆铁"。其所谓璆，义为可以弯曲的玉，实即指的黄金（古以黄金归入玉类，只铜称

---

① 如严道与荥经、天全与始阳、汉源与清溪之类。
② 如雅安旧有蒙山、始阳、严道诸称。说者每与荥经、天全混乱。
③ 如斯榆，徙，是用青衣夷本语读音。青衣，是汉人对徙族人所加的称呼。始阳又是汉夷语结合的词汇。如《隋志》卢山，《元志》作泸山，《明志》作芦山。与汉原、汉川、汉源、蒙山、名山之类。
④ 如《汉志》青衣县云"禹贡蒙山谷、大渡水，东南至南安入溅"。显然指的青衣江。《禹贡》言，"蔡蒙旅平"，未言蒙山谷与大渡水。其间显有脱文。疑当作"禹贡蒙山在东。山谷为大渡水……"云云。由于《班志》有这样一条有脱误的文字，遂使说卢山地理者，认为罗绳山就是蒙山，芦山河就是蒙山谷。从而把卢山、蒙山、名山混淆不清了。其他类似如此混淆的文记还多，不可胜举。
⑤ 秦汉时，临邛火井为蜀西最大盐井，利用天然煤气煮盐。见张华《博物志》。故当时蜀邛邮路，由临邛、火井出青衣、徙、严道，逾邛崃山。晋世，邛升为夷獠所据，火亦熄灭，内地盐井已多，其道遂闭。西魏时蜀中垦民就平旷，向百丈、名山、逾金鸡关（原曰蒙山关，《新唐志》作鸡栋关，后遂改称金鸡关），入青衣河原。此河原系故徙县地，故魏移徙阳侨民返其故土。先居此，在夕政府保护下向西垦进，至于恢复故县。如此历史，旧无文记，唯综合汉魏隋唐一切史料分析，知其如此。如有不然，盼能抛砖引玉，取得新的论证。

金)。青衣江上游山岩至今产金未竭，是为青衣羌人自称曰 Sie 的原因①。蜀人因其人衣牦牛毛织之黑色布服，称之为青衣羌，所居之水为青衣江也。

两汉时，大渡水北岸为徙县，南岸属严道县。因驿道全在飞仙关外，故飞仙关以东（今雅安、名山两县地）汉民甚少。青衣、徙、严道沦陷后，其汉民东徙晋原郡者立徙阳侨县（见沈约《宋书州郡志》）。西魏取蜀，重开邛雅州县，因垦民向平原地带百丈、名山、移进，新开金鸡关（今各山、雅安界山。《新唐志》作鸡栋关），路入青衣江中游河原。于是在蒙山溪会口（今包城坝）立始阳县，置蒙山郡（据《隋书地理志》）迁侨民回故县。隋开皇十三年（597年）废始阳为镇。仁寿四年（604年），更于镇南岸苍坪山下置严道县，立雅州，领严道、名山、卢山、依政、临邛、蒲江、蒲溪、沈黎汉源九县。（时犹未立邛州。）炀帝改州为郡，雅州为临邛郡。唐初复为雅州。

唐高祖奄有巴蜀，招抚地方酋豪建置新县。雅州界内，新立蒙阳、火井、长松、灵关、杨启、嘉良、大利七县，于是雅州领十六县②。又割依政、临邛、蒲江、临溪（即蒲溪）、火井五县置邛州，割沈黎、汉源置登州，又割严道西部立荥经县。太宗贞观初（627年），废并新立诸县，雅州只领严道、百丈、名山、卢山、荥经五县。外领夷獠羁縻州十九③。

雅州得名，旧说有如下三种：（1）《元和志》云："因州境雅安山为名。"按祝穆《方舆胜览》"州治在雅安山麓"，则所谓雅安山，即今雅安城内之苍坪山也。因山为城垣，以卫州府。应是先有雅州，山因州名。不当是先有雅安山，乃称雅州。晚唐人习见雅安山名，倒果为因，说不足取。（2）《太平寰宇记》云："按《郡国志》云：汉源县有黎崖，即蜀守李冰所凿。离即古为雅字也，州以此为名。"查《后汉郡国

---

① 《竹书纪年》周显王八年，"瑕阳人自秦导岷山青衣水来归"。谓瑕阳人循青衣水出岷山通过秦国来魏经商（古商人，恒冒称使臣，故曰未归）。此瑕阳，亦当是徙阳之异译。青衣羌固守本俗者仍着牛毛衣；慕汉俗着麻布衣者被称为徙。其时徙未建国，但称"徙阳人"，华人译字为瑕阳也。唐时吐蕃亦称此族这"斜尔巴"义为东方人。《唐书》称始阳为"夏阳"，见《韦皋传》几此可属徙族古史，故附注于此，以资考订。
② 此据《旧唐书·地理志》，新立七县，皆在武德元年（618年）。蒙阳，在今大邑县境。火井，今邛崃火井槽。长松，在今汉源县东，后为松坪土司。灵关，今宝兴县灵关镇。杨启在今天全县。嘉良，今为泸定县嘉靖河坝，木族原在丹巴。因避民变徙此请吏立县，旋废为羁州。大利，疑即后来的大度县，在今泸定县沈村，后废县仍置大渡戍。一说即今汉源大树堡。
③ 《元和志》作十一州。《旧唐志》作十九州。《新唐志》作五十七州。并云："二十一州天宝前置。""三十六州元后置。"核对前二十一州，《旧唐志》十九州全在。只多了罗岩、椎梅两州。疑"天宝前"当作"开元前"。大抵《元和志》所记为武德中内附夷落。《旧唐志》所志为太宗、高宗时内附夷落。罗岩、椎梅系武后时增置的。又其罗岩州云"初隶黎州都督府，后来属"。罗岩州即今泸定县北之岩州。嘉良州，亦雅、黎两都督府并见。以此可知雅州都督所辖各羁縻州地皆今在泸定县以北，康定、丹巴与大小金川地方。而泸定、石棉、越西地面之羁縻州，则隶黎州都督府。至于各是今日何地，未暇悉考。

志》并无此文，未知乐史所据何书？脱误甚大。姑依此引文推测，原作者凭空捏造汉源县有黎崖，以为黎州得名原因。又以黎字通为离字，以协《河渠书》文，以为李冰所凿。再以离雅形近，便谓古为一字，作雅州命名解释，可谓信口胡说，荒谬重叠，直如疯人呓语矣。而乐氏采之，可发一噱！夫秦时西徼不过邛崃山，李冰何能至黎州凿崖？青衣江当名山河口有江中石堆（今云龟都寺），曾有说为李冰离堆者。离、雅两字分明，唐以前字书、韵书与经史文字，绝无可通子音义，而谓"雅即离字"，敢于妄言，于此为极。（3）"以山水清雅"见近世《雅安志》。窃疑雅字木为鸟名。周人借为乐曲名，为舞容端正、娴雅之义。可以形容人的一切动态，绝无用于器物、山水姿态者。雅州多雨雾，号为"漏天"，尤不适用"清雅"两字。（4）余曾推寻雅州命名取义。姑备一说：窃意雅者，羌蕃语牦牛之名（Yag）。其尾毛长，上古华人购为旌旗、车舆、刀矛、拂尘之具，其皮强韧，肉味鲜美。并为华人所重。而性畏热，内地不能生长。唯康青藏高原牧场盛产之。每年秋冬，水草将枯，蕃民量其过多之雅牛，组成商，运其土产至蜀徼市易茶、布、铁器、粮食、工巧物品，除留运回畜力外，并牛货售之，汉商运销腹地获利十倍。故《货殖传》称蜀有筰马、牦牛之利（陇西亦是牦牛市场）。两汉前，此种市场在大渡河外。逐渐逾邛崃山集中于临邛。六朝时番商推进至依政（今蒲江固依镇）临邛以西随之沦没。周武帝收复青衣邛、徙地区，推进汉民郡县。隋立雅州，限制西夷牛市至此为止。故用雅为州名，俾夷人亦知市场所在也。此虽亦只用历史地理学方法作推断，并无旧文依据，应较前此三说为胜①。

汉严道县，原包括大度水外之地。隋徙为雅州州治后。唐复于其西界邛水流域更立荥经县。而始阳县亦遂废并入严道。元末蜀乱，户口少。明太祖取蜀（1371年），省严道县入州。清雍正七年（1729年），升雅州为府，复置雅安县为府治。民国二年废府为县，县境仍唐严道之旧。

名山县

秦汉为临邛县西境（以蒙山，金鸡关与徙县为界）。因不当邛崃邮传大道，民户稀，夷患多，荒为森林。农村至百丈邑而止。晋宋齐梁之世，蜀地多乱，夷患猖炽，临邛沦陷。汉民退至依政以东，为临邛侨县。西魏取蜀（553年）时，只有少数汉

---

① 牦牛字，古有犛、氂、犛、犝、髦、牦等写法。皆重在其毛，作会意子。唯犛是谐声、但不通行。又𤚩头字，古不从未。原是从牙，作𤘝。或从牛，作𤙜。皆原始商人缘番语译造之字，表示牛市交易之处。作字书者咸失其义，今乃作𤛆，厘声。并𤛆字亦不用。故隋用雅字。此种古文，由于文士不用。本文亦即不引，只作附注提供来者考订。

民依附夷豪垦地种茶。尉迟回镇蜀，抚定西夷，开金鸡关新立蒙山郡，蜀民大至，地尽垦辟，于是新置蒙山县，因《禹贡》蒙山为名（山在治西十五里）。蒙山，主峰上清宫，海拔 1449 公尺，产名茶，与青衣江南之周公山相对。《禹贡》梁州"蔡蒙旅平"，谓梁州西山，至此而入平地也①。山以东水（《汉志》曰"蒙山谷"，今云名山河），南流至龟都水口入青衣江。山以西水为蒙山西谿，经雅安上里、中里、下里至青衣桥入青衣江。即西魏立蒙山郡处。隋开皇十三年，废郡为蒙山镇，因改此县曰名山，本作茗山，官文书省作名山，仍是因蒙山名著取义。

名山县东九十里百丈河侧，唐贞观八年（634 年）置百丈县，宋熙宁五年（1072 年）废，并其他入名山，至今。百丈河，源出莲花山，悬落百丈，储为深潭，曰百丈潭，又曰大池水，流经县治下，东南入蒲江。县名百丈，缘此②。

周公山在雅安东南十里，形如巨龟昂首，海拔一千七百公尺以上，与蒙山相望。古谓龟为蔡，故《禹贡》称为蔡山。

荥经县

古徙国地。秦开青衣道以通邛、徙，于邛崃山下置邮传以尉率卒守护之，称为严道。汉灭徙国，以其地置徙县（大渡水以北）与严道县（大渡水以南）。严道故城在今县西十二里之花滩坝。又其南二十里有严道山，即《华阳国志》所谓"长领"有"杨母阁之峻"处。今栖止铺附近梯子岩诸山是也（今本《华阳国志》脱汉嘉郡县。据刘昭《郡国志注》引文补说在掘著《华阳国志校补图注》）。长岭，亦作长渍岭，两岸绝壁，为邛崃山内最艰险处秦开梯道逾山（今云梯子岩，岩下平处即栖止铺）。故曰严道。严与岩，古字音义并通。《诗小雅》"节比南山、维石岩岩"，与瞻、谈、监为韵。《鲁颂》"泰山岩岩，鲁邦所瞻"。皆读岩如严（五咸地），石壁陡绝之义。后世引申为庄严义，乃别以岩字为巉岩义。习之既久，人遂不知严即古之岩字（《左传》隐公元年"制、岩邑也"亦当读戒严之严）。《太平寰宇记》谓"秦始皇二十五年灭楚，徙严王之族以实于此地，故曰严道"。著者乐史，去秦灭楚（前 222 年）已一千年，而宋以前史、地书籍未见此说，窃疑是乐氏因汉代讳庄为严所捏造。纵不然，亦当是魏晋以后人有此妄说。秦始皇时固不曾讳庄为严。即《史记》《汉书》亦不改庄蹻作严蹻。则岂能独改庄道为严道？又六朝、隋唐注《汉书》者若干

---

① 蒙山山脉斜亘于雅、名两县间海拔之 1500 公尺，北为火井槽东山，南为金鸡山（金凤山）极于青衣江岸。山多雨雾，产佳茗。历代征贡蒙山茶，限严于上清宫者。自此山脉以东，海拔皆在七百公尺以下，为成都平原西极。
② 百丈县得名，旧亦多作误揣。有谓自成都至此地面上升一百丈者。有知由百丈池而谓池广百丈者，皆由未见水源、姑妄猜测。今池水已成大水库，古迹泯矣。

家，何为竟无一人指"严道"为庄道之改称哉？

唐武德三年，复于汉严道县治东十余里之水口戍置荥经县（即今县治）。地当花滩河与邛水（见《汉书地里志》）会口，为荥经全县最低处，众水所会。《明统志》有"荥经水，在荥经县北曰荥水，南曰经水"之说（据《清一统志》引）。清以来释地名者遂谓县以此命名。窃亦疑其不然。元明以前，记荥经水道之书，皆只言"邛水"（汉志）或"邛崃水"（元和志），未见言荥水、经水。且《明统志》此部山水极谬乱（清统志已指出），显然未经研考史实，谬依浅人妄说。即在今日，亦尚无人呼花滩河为荥水，邛崃水为经水者。窃疑武德初招抚地方豪杰，邛崃山内外新附土头人授官者甚多，或有荣誉人物屡经宿此，请立县治，而制此名、非缘先有荥水、经水名称也。又，荥字，曾有作萦字者（未查实），邛崃水至水口戍萦绕三面，原取为义，后乃省作荥字，其或然耶？总之此县名为唐朝廷所制，未曾参用夷语。因唐代邛水沿岸全是汉民。

天全县

天全之名，始于元代。改流置州，在雍正七年（1729年），至今已二百五十余年，县人仍读天如"迁"音，与全国语音特异。若谓土民语音原是如此，经查此区民族，谓天为"屯摩西"。不作迁音。其土司、头人通用汉语已五百余年，多能诗文，不应读天字特异。旧时求其故不得，曾设想为：改流时迁上司全家至江西为民，土司家引为深痛，固不愿迁，武吏曾以迁则保全，抗则族灭威胁之。故虽沿用"天全"旧字，而土民读如"迁全"。又疑迁与羌同音，六番本羌族，元军入雅黎时六番曾助宋军抗拒（时高土司驻岩州先迎降）。蒙古法，攻城堡发犹不降者当屠，元世祖以高司先迎导军，特免六番之死故曰"羌全"（汉人尽被杀），而字作"天全"。故独此一县读音不同。此皆唯心推断，只算提出探寻线索。仍应深入求得史料与羌语勘合能得正确解释为务。

至于"六番"之义，余初疑为杨刘郝三王族与董卜韩三胡族之总称。陈宗祥先生提出六番即《后汉书》的"白狼楼薄"，我甚赞同（古今音并吻合。唐宋三王部落地面亦与白狼楼薄地面符合）。但未解楼薄名称何以转为三王部落，尚待详考。

芦山县

本青衣羌地。秦开青衣道、严道以通西夷，县境渐有汉民。汉吕后临朝六年（前182年），开青衣于沫水河原置青衣县（据《华阳国志》），故城在今县北、铜鼓庙（今云兴隆场）附近。其时，青衣夷王邑在今灵关镇，划大岩腔（灵关峡）为县界。辖地包括今始阳与荥经、雅安诸地（大岩腔，为灵鹫山砾断裂所成的峡道。灵鹫山，即《元和志》的"车灵山"。原文云"山有峡口似门，阔三丈，长二百步。关外即夷獠界"。长阔数字有误。《华阳国志》谓蜀王以灵关为后户"即指此关）。关内置邮传，汉民居于邮路左右、与羌民和睦相处。武帝天汉四年（前97年），于县置西部都尉主汉人（《后汉书·筰都夷传》）。

前汉末，公孙述据蜀，蜀人不服者，多避居此县，籍青羌力拒述。光武平蜀，下诏嘉美之。建武十九年（44年）以为郡（《水经注》寻罢郡仍为县。安帝延光元年（122年），置蜀郡属国都尉，领四县，如太守（《后汉郡国志》）。蜀郡属国四县为汉嘉、严道、徙、旄牛。甚易使人体会为其时已改青衣为汉嘉县。其汉嘉县下云，"故青衣，阳嘉二年改。"验以《宋书州郡志》晋原太守属县云，"汉嘉令，前汉青衣县，属蜀郡。顺帝阳嘉二年更名。刘氏立为汉嘉郡。"《水经注》亦云："青衣王子心慕汉制，上求内附。顺帝阳嘉二年改曰汉嘉，嘉得此良臣也。"则是阳嘉二年，只改青衣县名为汉嘉，非已改属国都尉为汉嘉郡。蜀汉时有汉嘉郡，见《三国志·蜀先主传》。然未言置郡时间。又，《水经注》上文固言"公孙述之有蜀也，青衣不服，世祖嘉之。建武十九年以为郡"。则汉嘉郡名，始自光武。但犹未改青衣县名为汉嘉。延光元年乃升属国都尉，仍治青衣。阳嘉二年乃升为汉嘉郡，改青衣县为汉嘉县。亦有可能。盖汉嘉得名原有二说，郦道元兼采之。沈约、刘昭俱但云"阳嘉二年改名汉嘉"，未明确其为县名或郡名，致后人推测难定。余旧补《华阳国志》汉嘉郡，依《后汉书》作"建武十九年以为汉嘉郡，后复罢郡为西部蜀都尉。……延光二年，旄牛夷叛攻零关，杀长吏，益州刺史张乔与西部都尉击破之。于是分置蜀郡属国都尉领四县如太守"为说。待更有地下资料订正。李膺《益州记》云："自晋永嘉崩离，李雄窃据，此荒地废将二十纪，夷獠居之。"（据《元和志》雅州，引文）旧自临邛经县境逾徙水大渡，出邛崃山邮路闭塞。（亦见《三国志·张嶷传》）西魏与周未能恢复，但别从蒙山金鸡关（《新唐志》作鸡栋关），开新路至始阳大渡。从而抚定青衣，至隋仁寿元年复于此立卢山镇，三年置卢山县（据《元和志》）。元作泸山，明清至今作芦山县。

"青衣"，为汉人所加于此地土著羌人之名称。其人自称为斯（Sie），黄金之义。原系自阿坝、金川地区徙来，衣旄牛毛纺织之青黑色衣。蜀人呼青黑色为青色（见《玉篇》），字省为青衣（《西南夷传》之徙都，《司马相如传》之斯榆，《魏略》之青代，《樊敏碑》之青羌，均指此民族）。其入居此区，早在三千年前。蜀王开明九世已征服之，故《华阳国志》云"以熊、灵关为后户"。秦灭蜀，迄两汉，青衣皆效顺，故在诸夷中置县最早。并即以青衣为县名，汉嘉为郡名。

隋改称卢山县者，土地沦没久，汉民尽新至，莫能知其旧称，乃因所倚之山险为名。隋故城在今县北之铜鼓庙（今隆兴公社）、东倚罗绳山脉，与故邛州火井县为界。南北延数百里，松杉密被，望之森黑故曰卢山。1500公尺以上（山脊全在海拔），在邛州称为正西山。《元和志》云："在县西北九里。"西字当衍。又云"县因山为名"。《旧唐书地理志》谓："卢山在县西北六十里。章卢山下有山峡，口开三丈，长二百步，俗呼为灵关，关夕即生獠也。"系刘昫误采《元和志》车灵山文与卢山相混。无取。《太平寰宇记》又谓："以界内卢奴山为邑之名"，"卢奴山在县东五里，与始阳山相接"，而称车灵山为灵关山，较《旧唐志》清楚（其"始阳山"云："在县东七里、本名蒙山，天宝六年敕改名始阳山。"所指为火井槽东之蒙山山脉）。

宝兴县

为青衣羌族进入四川盆地的原始根据地。其民族自呼为Sie，古曾扩散于青衣江流域全部，号为"斯榆"，（见《司马相如传》）。又曰"徙国"。（见《西南夷传》）。周末叶，蜀保子帝曾征服之（见《华阳国志》），不灭其国。阅秦、汉、魏、晋皆臣服请吏，受王侯割秩，族民与汉民逐渐融合，置郡县。唯此一部，在灵关峡外，河谷狭险，山岭高寒，可耕地少，汉官所不至，听当地头人以其本俗治理之。汉地商贸，与罪徒亡命每有往者。土民好客，慕汉制，从无叛乱发生。唐宋之际，亦曾有喇嘛进入传教，毕竟信奉者少。于是有土头七家，只董、朴、韩三姓奉之，元代与三王部落合称"六番"。明初有喇嘛名苍旺业卜者，率七姓归诚，乃分天全六番北部别立为"穆坪董卜韩胡宣尉司"。胡字，一写作瑚，喇嘛语为北方民族之义，谓其族在天全招讨司之北也。其国邑在穆坪（即今县治），世人省称为"木坪上司"。终明之世，木坪土司最强，屡出兵侵略小金川与杂谷河地区，《明史》有传，记其世次与史事甚详。清雍正七年天全改流，木坪土司不改。乾隆金川之役，木坪为进军三要道之一，定西将军阿桂驻此调督，建有定西城（苏城）与定西纪功碑。其时土妇王么么健在，兼理穆坪与明正两土司印，倾慕华化，子孙皆从汉制，习汉文。汉商云集，民俗丕变。道光时有两土妇争袭，缠控至成都阅六年久，臧贿所出，土民贫敝，土司家衰落不振，内乱频作。清末民初，土司绝嗣。外郎头人包虎臣、尧碛头人杨升安等争权相攻，木坪大乱，1928年，上南道尹黄煦昌率军平乱，进行改流。陇东头人包华轩等反对改流，联合若笔、尧碛、羊村诸区人民拥土司家老寡妇坚周氏为乱，至1930年乱平，置宝兴县。黄煦昌解释宝兴名义云："身历其境，见黄铜矿、黄碛矿晶体叠积成岩，砂金遍地，栱桐、熊猫满山，皆希世之珍。宝藏未兴，人民贫困。改流之后，宝藏开发、人将富乐。故制县名如此。"

汉源县

邛崃山九折阪，为历史上著名的险道，今为大相岭南坡。坡顶草鞋坪海拔接近三千公尺（2905公尺），直下四公里鸟程至清溪城北门、降低二千五百公尺，有如绝壁上作盘道，故汉益州刺史王阳循部至此，惧不敢前，返辔弃官也。然邛筰与蜀往来必须经此，故名其曰邛崃。山下流沙河，为大渡河内侧最大支流，发源于飞越岭，东南流宜东、富庄、九襄、富村、富林，造成若干段冲积平原，气候温暖，能种亚热带植物。故早在秦代已缘之开辟邮传路线南通滇邛，西通筰国。所谓"国"，实为西康高原之牧业民族，汉民称之为"牦牛王"，其本部在今康定木雅乡。支族分向大渡河谷与雅砻江河谷垦居者，皆用溜索渡河，古汉语谓溜索桥为筰，故呼其人为筰民，其部落为筰国。其时康定峡道未通。康区各部牧民对蜀地贸易皆自雅加埂逾木雅贡嘎山脉，经泸定磨西面、查威至大渡河东岸河原立市，与蜀、邛商民市易。商民称其处为"筰都"。汉武帝开西南夷，以筰都为沈黎郡。于邛崃山下置牦牛县，吸引牧民驱牛马逾飞越岭至此市易，筰与邛蜀商民皆以为便。沈黎郡属其他大筰、定筰等十余县，皆以夷酋为令长，因其俗以治之，不征田赋，具报户口而已。阅十四年，因丞相公孙宏言罢，以大筰，定筰等县改求越巂郡，牦牛县隶蜀郡。余各县皆废，并入牦牛。于牦牛分立蜀郡都尉管理夷民。故《前汉志》牦牛县辖地至鲜水（今道孚河）、若水（今雅砻江），以故关力微（见《水经注》）。故关，今甘孜州雅江县治处。是今雅江以东康定、泸定两县，皆汉牦牛县地也。后汉安市初，并蜀郡西部两都尉为蜀邵属国都尉，牦牛县隶之。其后因市易失平，牦牛王反叛，屡攻沿边县道，据县城，杀长吏，闭绝邛崃山道。至蜀汉张嶷为越巂太守时，暂得复通，西晋末复闭。李雄末年复开，置沈黎郡以通南中。蜀亡后复闭。刘宋复开置阳黎郡，领城阳、兰、牦牛三县（城阳，今富林；兰，即汉阑县，今越西；牦牛，今清溪城）。南齐为阳黎獠郡（参看《宋书州郡志》与《南齐书》）。后周天和三年（568年）开越巂，于此置黎州，与沈黎县。寻因夷乱俱废。隋仁寿二年（602年）平之，置汉源镇，因汉川水（流沙河）为名。四年，罢镇仍立沈黎县，属雅州（据《元和志》。参《旧唐志》）。寻废沈黎立登州。大业初州废，仍以县属雅州（时改雅州为临邛郡。见《隋志》）。

唐初，高祖招抚诸夷，于县境增置阳山、大渡、嘉良等县。贞观初（627年）废嘉良并入大渡（故县皆在今泸定县境。武后长安二年，又废大渡县，并入飞越），存阳山县（即刘宋城阳县故址）。仪凤四年（679年）置飞越县（故城在飞越岭下，今云三交坪）。"大足元年（701年）巡察殷股祚奏割雅州之汉源、飞越、通望（即阳山，天宝元年改名）。三县置黎州。神龙三年（707年）巂州都督元膺奏废（废黎州，以三县俱隶巂州）。开元三年（715年）本道使陆象先重奏置。天宝初（742年）废飞越县。"并改阳山为通望。黎州只领汉源、通望二县（用《元和志》文，加注）。于时流沙河两岸俱汉户，原有互落皆退为羁縻州。黎州置中都督府，绕制五十四川（名具《旧唐书》。其可考者：罗岩州，即今泸定之岩州。大渡州即原大渡县，今泸定沈村。米川州即今康定鱼通。甫岚州即今泸定之亢州。河东州即今泸定冷碛。亦云东嘉靖。其余各州大抵皆在今泸定、石棉县界，汉源与越西两县界亦有。如贵林州，疑即故松林土司地，邛川州，疑即越巂县地）。天宝年后，吐蕃内侵陷没大渡河以西诸地。吐蕃分崩后，备縻州或存或废，叛服不常。

宋王全斌平蜀，上蜀地图。宋太祖以玉斧划图大渡河曰"此外非吾有矣"。于是羁縻诸州皆罢，唯三王部落内附，经营华夷市易。庆历六年（1046年），省通望县（并入汉源）。

元世祖忽必烈远征大理，自率中路大军循大渡河西岸草原南下，抚有河西诸部，因即用为向导，以侵雅、黎而占有之，宋人未能收复。元军既定云南，屡从县境入侵四川。故元代黎、雅州县不属四川而遥隶于陕西行省之吐蕃宣慰司，一时汉户绝迹。

元末，明玉珍据蜀，恢复雅、黎、巂州及云南地，均因土酋为治。明太祖洪武四年（1371年）平蜀。置卫所戍军于缘边各地，世裂屯垦以制土民。二十五年，平建昌卫月鲁帖木儿之乱（据泸宁营作乱）边境至是静。本县仍为黎州土司领地。土司驻大田坝，初为长官司，嗣升安抚司。隶四川都司。万历中因罪降千户所。大渡河外则属长河西鱼通宁远宣慰司。均隶属于四川都司。

明末，张献忠据蜀，招降土民，黎州安抚司不服，与逃避入境之明遗臣曹勋、范文光等起兵抗命。后附云南永历帝与吴三桂父子。黎州兵燹频仍者四十年（1644—1686年），汉户复绝。

清雍正八年（1730年），黎州司汉户渐多，乃以黎州司地置清溪县。属雅州。民国改称汉源县，治城仍在清溪。中华人民共和国成立后徙治富林。划越西北界大树堡区入县。又划大渡河北岸部分入石棉县。

汉旄牛县取义，系因沈黎郡本因旄牛王（筰国）归附置，属沈黎郡。沈黎郡废，存此一县，实领旄牛全域，故县名不改。

黎州之名，系取《尚书》"黎民于变，时雍"之义。暗示其土人与"百姓"有别。沈黎郡、沈黎县黎字取义同。沈字取义，从来未见解释。窃按：《左传》昭元年，子产使晋，问晋侯疾。叔向对他说"寡君之疾病，卜人曰，实沈、台骀为祟。史莫之知，敢问此何神也？子产曰，……实沈参神也。……台骀汾神也。抑此二者不及君身（与晋君之病无关）"。参，在天为西方之宿，其神为实沈，省称为沈。旄牛为西徼外牧部，其时慕汉威德请吏，故称其人为沈黎耶？

汉源之名，制于隋代。《元和志》云"隋仁寿二年，平夷獠，于此地置汉源镇，因汉川水为名。"《太平寰宇记》云："隋仁寿四年，置汉源县，以大川之源为各。"二者显然同用一重前人资料而节取部分不同。《隋书》汉源县云："大业初置。"（实在炀帝即位，但非已改元大业）。可能同是依据的唐代黎州方志，可靠性大。所云"汉川"与"大川"，皆指今流沙河中游九襄镇平原，流沙河《一统志》曰"两涧水"系明代旧称，谓飞越水为西涧，清溪为东涧，会合于此，南流三十里至富林入大渡河，称"汉川水"也。但"汉川水"与"汉川"（大川）有别。只能是先有"汉川"之名乃称水作汉川水。不能先有"汉川水"名而后取名汉源。川字本义为两山脉间之河谷平原，自秦汉至隋、唐，皆只如此使用。（如《三国志》之"秦川""汉川"，《两唐书》之"东川""西川""大非川""美良川"皆是如此取义。川中必有河，故秦以前，宋以后亦每见用为河水之义。兹以"川水"两字连用，则汉川为九襄平原之称可知。）窃疑：此汉字取义为汉人，非汉水。此区汉民，原是经商、从戍、服官者落户之子孙，汉代最多。西晋末年，内地大乱，夷民叛离，汉民绝迹者已三百年。番民重牧，故种田亦喜山地。河原弃荒。隋代重开，置沈黎县，治清溪城，汉人再至。官商集于清溪。农垦则必先聚于九襄。"汉川"之名，盖仿于此（汉民垦辟的河原）。九襄垦民既多，更西向富庄、宜头（宜东乡），南向富村、唐家坝、富林发展。于是立汉源县以治之。至唐代，垦户更多，于是又增立阳山（通望）、飞越两县。犹有垦民沿大渡河岸发展为大渡县。九襄为汉民发展导源，非谓地在汉川水源。又或因炀帝以"汉川"为汉原，后人改原作源耶？

石棉县

本筰都县地。罢沈黎都后，并入旄牛县。因其地在大渡河外，隋唐时隶阳山（通望）县，曾两次转隶巂州。宋代为三王部落之郝王属地（有郝王墓在汉源白马寺）。元为长河西土司地。明代属越巂卫。清代属越巂厅，有松林河土千户分管。道光、咸丰年间，大渡河谷开采铜、铅、银矿，才大量引进了汉民，从事沿河开垦。新兴场镇七所，称为"河道七场"。大度亦被称为"铜河"。紫打地为河道七场首屈，石达开自西昌来，未能渡河，受到四山夷军截阻，进退无路，全军覆没。1935年工农红军亦自西昌来，得彝民协助，故能顺利北进，取得革命胜利。1951年，割越巂、冕宁、汉源三县地，于此置石棉县，属西康省。1955年撤销西康省，并归四川，隶雅安专区。

县治东南十余里马颈子大山北崖盛产优质石棉，县以此命名。

※本文尚涉及甘孜、凉山两州沿革，但因以雅安为主，故以此名。

第三篇 其他

论边疆文化与其人物[①]

(1946年)

一、所谓"边疆"

西康，中华民国最后建置之行省，一般视为边疆者也。边疆一词，虽已嚣腾众口，乃其界说，迄无定论。大抵凡民族复杂，文化落后，交通不便，产业幼稚，政治未能全部贯彻之地，即为边疆。相对边疆，则为腹地。（美人拉铁摩尔，为我国下一定义，以精耕农业区为腹地，粗耕与牧业区为边疆。甚合实际情形。然凡土地之不得精耕者，为有上列五大原因故也。综言，析言，其义皆同。）

诚以如是标准衡量历史，则我国秦汉时腹地，不过黄河流域之黄土平原地带，此外皆边疆也。魏晋时腹地，延展至长江南北，此外皆边疆也。隋唐之腹地，推拓至于五岭，其外皆边疆也。宋元之腹地，始包南海沿岸，而西南广大山地，仍为边疆。明代始将贵州建省，清代始将云贵改流。今日之云贵，已与四川同为抗战八年之根据地，最后胜利之依凭所，尚得谓之为边疆耶？

是故，边疆有定名，而无定地。边疆之名如舟，边疆之地如河。舟行于汹滩之上，则汹滩矣。高橹疾楫，沿溯而上，达于平流，则平流矣。端视乎舵工橹手之努力如何耳。边疆之舵工，政府是也。其橹手，人民是也。诚使政府与人民，通力合作，而得其道，则数十年可化边疆为腹地，诚使边疆人民能自努力，则数十年可登文化之绝顶以傲国人。何以言之？古有其例。

[①] 本文原载《宏康月刊》1946年第1卷2、3期合刊。

二、边疆文化

蜀当秦置郡县时,尚为汉夷混处、未有文学之区,即所谓边疆也。汉景帝末年,文翁为郡守,"见蜀地辟陋,有蛮夷风。文翁欲诱进之。乃选郡县小吏开敏有材者张叔等十余人,亲自饬厉。遣诣京师,受业博士,或学律令。减省少府用度,买刀布蜀物,斋计吏(岁赴京师上计之吏)。以遣博士。数岁,蜀生皆成就还归。文翁以为右职。用次察举,官有至郡守刺史者。又修起学官(即学校)于成都市中,招下县子弟以为学官弟子,为除更徭(免其家之差徭),高者以补郡县吏,次为孝弟力田(汉于各乡设置励俗劝农之官)。……每出行县(郡守出巡),益从,学官诸生明经饬行者与俱,使传教令,出入闺阁(谓衙署之门,平民不许入者)。县邑吏民见而荣之。数年,争欲为学官弟子。富人至出钱以求之。繇是大化。蜀地学于京师者,比齐鲁焉"(《汉书·循吏传》)。文翁如是兴学,约三十年而蜀地文物蔚兴。其人则司马相如,以文章显名全国,号为"赋圣"。张宽(即张叔)以经学压倒京师,号"七车张"。严遵,专精大易,著《老庄指归》,"为道书之宗"。林间,"学古博识",为扬雄师,与严君平均隐名遁世,而名不得隐,见称于《汉书》。李宏"威仪行止,邦家之师",扬雄谓"吾先师之所畏",皆武帝时人也。扬雄,文章齐名相如,经术齐名刘向,后世称为"圣人"。亦生长于宣帝之世,去文翁不远。(上诸人并详《华阳国志》与《汉书》诸列传。)常璩《华阳国志·蜀志》曰:"自时厥后,龙宗有鳞,凤集有翼。搢绅邵右之畴,比肩而进,世载其美。是以四方述作,有志者莫不仰其高风,范其遗则,擅名八区,为世师表矣。其忠臣孝子,烈士贞女,不胜咏述。虽鲁之咏洙泗,齐之礼稷下,未足尚也。故汉征八士,蜀有四焉。"夫以新置郡县,尚杂夷俗,未有文物之蜀地,赖文翁启导有方,都人士勤力自奋,遂能于三十年后,凌齐鲁而小洙泗,征士居天下之半。则边疆文化虽落后,他人未可轻加藐视,其人亦不可妄自菲薄,亦可知矣。此政教得人,数十年可进边疆于腹地之例子也。

三、边疆人物

夫谓一地文化落后者,谓其政治未善,教育不良,从事文化工作之人少,社会不乐于奖进文化事业也;非谓其人先天不足,其脑力智慧为不堪发展文化也。凡人类进化之历史同久远者,其脑力不能相差甚远。使其后天之教育环境优良,则边疆之学士，亦犹腹地之学士；边疆之豪杰，亦犹腹地之豪杰；边疆之圣人，亦即腹地之圣人也。不宁相埒而已矣，且因边疆人士世代生长于严酷艰苦之环境中，天赋奋斗精神，沉毅厚重，锐志奋发，其成就往往较长于安乐环境之腹地人士为大。故颛顼生于若水（雅砻江）之野，而为中原大君。禹生石纽（今汶川），启生涂山（今重庆），俱当世号为"西夷"之人。克平水土，统一区夏，父子相承，创立政治新局。此犹上古人物，其事未详，难为征信，即以自汉以来史事明确者言之。

西汉文章寄于辞赋。辞赋大匠，首推相如、扬雄，皆蜀人也。其余如枚乘（淮阴人）、严助（吴人）、朱买臣（吴人）等，亦皆当时所谓边疆人物。辞赋之祖，屈原、宋玉，皆生于楚，亦当时所谓边疆人物也。其造诣，皆非当时中原人物所能及。东汉重经术。经术以蜀为盛，齐鲁次之，是又当时所谓边疆也。其他英雄豪杰，逸群绝伦之士，若果有人为之统计，尤可证产于边疆者较腹地多。不仅两汉，历代莫不皆然。夫相如、扬雄，西蜀之曲士耳，非有炫世干禄之志，自为文章于边荒之中，被人辗转传诵，遍及中原，深入宫阙。武帝、成帝皆嗜其文，恨不与之同时。赖狗监杨得意知相如，议郎杨庄知子云，为帝言之，遂获征辞，一朝而踞凌天下，使国人不复敢以边疆而轻视巴蜀。边疆人物知名之难如此，而其成就之伟亦率如此。相如、扬雄，幸获脱颖者也。其他如严遵、林闾，老死瓮下，不获受知于时者尚多，未可胜举矣。

宋淳祐间，蒙古侵蜀急。制置使余玠，筑招贤馆府左，征募谋略于天下士。士有至者，不厌礼接，咸使得其欢心。言有可用，随即任之。苟不可用，亦厚谢而礼遣。如此数年，国中筹士云集，竟莫能制胡骑之驰突。播州，今贵州遵义，当时为夷地，微有汉人而已。有冉氏弟兄曰琎、曰璞，谓余玠贤，将往助之，诣宾馆，数月无所言。玠使人察之。弟兄终日对踞，以垩画地，窃窃议全蜀地形。一旦出语玠曰：唯徙城于险，足制胡骑。玠恍然悟，令徙全蜀州县于山地。其后蒙古军至，宋人坚壁清野以应之。胡骑大困。宪宗莽赉扣，困死于钓鱼城下。此后不复敢图蜀，别从襄樊侵宋。越三十余年，宋末帝已蹈海，蜀人尚为宋守，赖徙城也。此边疆人物，智计超迈腹地人物之又一例也。如此之例尚多，不可胜举矣。

今之世俗鄙语，呼愚笨为"蛮"，然如八思巴、宗喀巴、琐朗嘉措诸人，即以我之孔、老、孟、荀与比，亦讵多让。满洲世为蛮夷之国，努尔哈赤以武力崛起，未百年而并有中华。入中原后，始为汉学。成就通人甚多。他且不论，即如康、雍、乾三帝，其学问文章，虽犹下乘，已非一般舞文弄墨自名文士者之所能及。辽、金、蒙古诸族亦然。此具例亦不可胜举矣。

四、先进后进

今日掌握原子能独霸世界之美国，两百年前，尚属獉狉荒莽之地。此次支持太平洋抗战之澳洲国，一百年前，尚为獉狉荒凉之地。然则边地与腹地，亦何常之有耶？掀起两次世界大战，号称科学权威之日耳曼民族，与奋起于冰雪之中，自命为世界未来主人之斯拉夫民族，两千年前，俱尚未有文字与工巧，遑论文化。今也，孰待以其为文化后进而轻视之耶？然则边民与腹民，又何常之有哉！周人之言曰："先进于礼乐，野人也。后进于礼乐，君子也。"此言后进者胜也。

是故今而有轻视边疆人物，议其为文化落伍者，自暴之人也。生长边疆，不自努力奋发，而以文化落后自限者，自弃之人也。吾人当知边疆为富裕之旷地，并非不毛之石田。边民乃时代之弃儿，并非白痴之怪物。旷地得人，则腐朽可化为神奇，桑田可出于沧海。英人之于澳洲，美人之于其国是也。弃儿不死，则后稷兴周，其德配天，于群霸楚，其祀不喂。彼日耳曼与斯拉夫人，亦似之也。要视吾人自奋之程度如何耳。

五、西康之文化与其人物

今之西康，天然分为雅、宁、康三区。雅区为昌意降君之地，牧誓羌髳之国，交通中华最早。迄于周世，乃与中原隔绝，沦为夷狄。汉高后置青衣县，武帝开沈黎郡，皆因夷狄置官。渐徙汉人实之。入东汉后，文物渐兴，桓帝置汉嘉郡，已视之同内地矣。一时人物，如樊敏为"吏师"、王谋"卅里无续"。卫续"历职清显"。（三人并详《三国志·杨戏传》）高颐、张休，俱至太守。王晖、李磐，皆以末职知名。今其遗迹尚可考见，于时巴、犍两郡人物，犹未足与比盛矣。永嘉乱后，再沦于夷狄。文化断绝，一千余载。至清雍正六年，天全、黎州始复改流，犹附邛州科士。于时蜀地文化低陋，通边腹謦然。清之末叶，王湘绮主尊经书院，蜀人始薄制艺，崇重经史之学，文物勃兴。其佼佼杰出者，如吴伯碣、杨兰臬辈，则皆雅属人也。其他硕学鸿儒，颉颃吴杨者，多不胜举。此其勃兴之势，正与文翁以后之蜀士相同。只继相如、扬雄而起之人，不相牟耳。

宁区为历史上滇蜀交通之要道，秦世已与蜀中通商贸易。汉武置越巂郡。一时中华第一流文人司马迁、司马相如，皆曾辖车莅此。则汉之欲以文学诱迪其人可知。

然究以险远，刺史行县所不欲至，故其文物终不甚著。永嘉以后，沦为异域，与雅区同。下迄明代，始复徙入汉人，建立五卫，夷患稍戢。清雍正中改流，始有学校。然其人能自奋，文章学艺，常与蜀人抗衡。尊经开院后，宁士之往就学者多。分其余绪，阐演于邛海泠山之间，别成洙泗齐鲁。若颜桂山父子、刘景松师徒，亦严遵、林闾之俦也。鼎革后，夷患频仍，社会扰攘，而文化人士犹能孜孜日进，维持乡贤声誉于不坠，此则自奋之明效也。

康区历古闭绝，自成风气。至雍乾后，始有汉商来此，亦不能推行中原之文化。清末改流，赵尔丰延聘井研吴蜀猷先生兴学于巴塘穷山峡谷中，始播读书种子。其时甚暂，其术亦拙，不足当文翁之化，略似老学究教授乡钝顽童而已。然此一粒种子，已使巴塘之人物，在康区中特放异彩。今日言康区人才，必曰康定、巴安，足见文教之效，亦足见边区文物之易于突进矣。

至如现在蕃族，从未接受汉化之土人，于其特育之佛教文化中，成就伟大，足使五千年岸然自诩之汉人俯首称弟子者，尤多不胜举。是固不得不为伟大之文化，不得不为伟大之人物。即如倮族，世所斥为无文化之民族也。然如暖带田土司岭承恩，绘像紫光阁。其裔岭光电，博识能文，多数汉人不逮之。讵非后进礼乐之君子耶？

农本政治与儒术政治[1]

(1948年)

我国文化，原是以农业为基础，次第发育成功的。农本政治，便是农业文化的反映。自伏羲、神农、黄帝、尧舜，以至三代之君，莫不以农事为立国第一要政。农人如虞舜、伊尹，皆曾主持国家政权。研究农业的学者，如神农、如柱、如弃、如嫘祖，皆享人民奉祀。太康"去稷弗务"，便可失国。"义和尸厥官"，便有胤征。公刘、太王，能修后稷之教，便可推翻以武力著闻的殷商，以成统一之局。管子用耕战霸齐。李悝尽地力强魏。秦以农战并七国。始皇坑儒，不焚种稼树艺之书。文景郅治，由于崇本抑末，贵粟重庆，以孝悌力田奖士劝民。此史实之尤彰明者，是为农本政治时代。在这时代内，我国农事进步，极其迅速。文化与国力之发展，亦异常伟大，可算得中华民族爬上坡的时候。自汉武帝罢黜百家，专崇儒术以后，农人便抬不起头，农学便无人过问了。中国的文化与国运，亦即束缚于破烂没落之封建社会里，直至今日尚不能破茧而出。这后两千年，便是儒术政治时代。

儒术政治，在这古老的东方，自有它不朽的功绩，亦有它不磨的罪过。那罪过，便是用封建思想的墙壁，圈禁着中华文化的发展。推原祸始，便该从教祖孔老先生说起。

孔子本是封建时代一位贵族，不知稼穑的人。他的学问，许多亦与兵、农家相呼应，但究因不曾到过南亩，说来总是隔靴搔痒。譬如他的政治主张，也有"足食足兵""既庶加富"的一类标语。但要如何方能足食，如何方可富之？那他便不管了。因为对于这道不在行，所以另外高谈些君子政治、礼乐政治，来掩护他的短处。弟子樊迟请学稼，他很发气地说"吾不如老农"。樊迟想：一个生长在农教国家的大儒，蔬菜园子总会做的，再请他教，他又说"吾不如老圃"。待姓樊的刚出门去，他

---

[1] 原载《农业论坛》1948年第1卷第1期。

便当着众门徒骂道："小人哉樊须也！"后世不喜做庄稼的儒生们，拥护他这场穷蹙后的谩骂，说他的大志只在修身、齐家、治国、平天下，岂能关怀农圃小人之事。全不想孔子"祖述尧舜，宪章文武"。那尧、舜、文、武，又是怎样一套主张与行为。尧的毕生政绩，只是"敬授人时"一事。自己做不贯彻，又访来历山农人舜做了女婿，授以国政。舜登台第一项工作，便是"璇玑玉衡，以齐七政"。第二步工作，便是巡狩四方，祭祀祈年。咨十二牧语，首句便是"食哉维时"。其咨九官，首伯禹"平水土"，次后稷"播时百谷"。鼎鼎大名的皋陶老前辈等，都被压到第四以下去了。文王、武王，皆以能修后稷之教，化行江汉之间。这都是农本政治的典型人物。孔子随时想梦见的周公，戒成王语便说："厥父母勤劳稼穑，厥子乃不知稼穑之艰难……侮厥父母"。意思说：自远祖后稷以来，世勤稼穑，你如不知稼穑，便如侮你父母。这些都是孔子手定《尚书》里的文字。看来孔子之不讲农本政治，乃是不能，并非不愿。不料他徒子法孙辈，横抬一橛便跑，硬派说：儒家的君子作风，便是不务稼穑。务稼穑者，乃是劳力的小人。号为"亚圣"的孟轲先生，更强调这主张，将提倡"与民并耕而食"的农学巨子许行，骂了个狗血淋头。说道是"有大人之事，有小人之事。……劳心者治人，劳力者治于人。治于人者食人，治人者食于人"。又说"无君子莫治野人。无野人莫养君子"。（并见《滕文公》章）仿佛他们高车肥马，鲜衣美馔，吸吮农民膏血，乃是天赋利得。号称大人君子者，是绝不该去研究农业的，或过问农事的。

如此落伍的封建思想，虽然博得许多游手好闲人的信赖，但在生存竞争非常剧烈的春秋战国之世，却无一个实际政治家敢接受他的主张。孔子遍访七十二君，孟子跑了几国，都碰着只送脉礼，不肯服药的病家。有时连脉礼亦不肯送，弄得到处绝粮。唯有倒霉的鲁哀公，招来孔子一试。刚三个月，便已收刀检卦，悄然自去。后儒要借他的幌子招摇，偏说他"三月而鲁大治"。天明白，除冤枉杀了少正卯外，治绩在那里？真的他能使鲁大治，漫说鲁哀公，便是秦始皇亦必亲追去挽留回来，断不会放他出走。

然而，儒家所讲的君臣父子之序，确能适合专制君主的需要。所以在列国竞争时期虽无人理他，待到统一专制局面奠定时，他便吃香了。请看汉高祖尚未打倒项羽以前，是何等轻视儒生：见着儒冠，便揭来掷到溺里。既经统一，制朝仪的叔孙通，一日骤贵。"诸生弟子共定者，咸为选首，于是喟然叹兴于学。"为的什么？为的"吾乃今日知为皇帝之贵也"。（见叔孙通传）不过这时的儒生脑筋还受优势的农本主义所压倒，故晁错、董生等仍是拥护农本政治的儒生。到汉武帝，为要做到极权政治，便将名儒公孙弘，由白衣拔为三公，封侯。罢黜百家，专崇儒术。司马迁看得清楚，运用讽刺之笔在《儒林传》上写道"天下之学士，靡然响风矣"。又说"自此以来，公卿大夫士吏，斌斌多文学之士矣"。我亦可感慨地说：自此以来，公卿大夫士吏，相勉不问农事，而农人倒霉矣！

自儒术政治完成以后，政府与人民截然分为两橛，隔阂不通，治少乱多，外侮频仍。蒸蒸日上的中华农学，曳然停顿，反让后起数千年的欧美农业，疾驰过我，望尘莫及。可算得我中华民族滚下坡的时代。

现在我们从欧美农学家，搬运一些新鲜药饵回来，想挽救我们久病不起，奄奄一息的农村垂绝之命。但公卿大夫士吏与所谓大人君子们的脑筋，还受儒家思想所控制；一对眼睛，被"劳心者治人，劳力者治于人"的黄色眼镜罩着，压迫得农政之消沉如故，农学之晦暗如故，农人之倒霉如故，农村之荒残日有加焉。这不能不算是孔孟思想的遗毒。

话可说回来，孔孟并未遗毒，他们不过不懂农事，并非漠视农业。不但孔子主张足食加富。孟子亦屡次高呼不违农时。还拟订了些"五亩之宅，树之以桑……鸡豚狗彘之畜，无失其时"等方案。不过嫌得空洞罢了。儒术政治之轻视农事，后儒之罪为多。我们不轻视儒，也不非儒。但盼望目前的儒家士夫，认清历史，自己修正思想，从新建立祖述尧舜的儒术正宗。扶持这农本国家建立起农本政治。

古剧角色辨①

(1946年)

一、角色诸解

　　了解戏剧名称者，多出小说家言，信手掇合，实多荒谬。如《坚瓠集》②谓："生，狌也。旦，狚也。净，狰也。丑，狃也。俳优如兽，所谓复杂子女也。"《庄岳委谈》③谓："传奇以戏为称，谓其颠倒而无实耳。故曲欲熟，而命以生也。妇宜夜，而命以旦也。开场始事，而命以末也。涂污不洁，而名以净。是皆穿凿入妄。"祝枝山《猥谈》云："此本金元阛阓谈吐，所谓鹘伶声嗽，今云市语也。生即男子。旦曰妆旦。色净曰净。儿末曰末。孤乃官人，即其土音，何义理之有。"则又以不解解之。

　　自王静安撰《古剧脚色考》，据宋金元明遗籍究其流变，学士文人，始不复以此项工作为羞。踵事而起之论文，见于杂志者甚多。蒐讨之细，考据之精，如钱南杨《戏剧概论》，徐筱汀《释旦》，虽王氏复起，亦当拊掌叫绝。非余所得而愿也。

　　然余幼时，曾闻一造诣渊博之老伶工，讲生旦净末丑五种角色名义，甚有致趣。唯以其非学人，且余孩提时闻之，未能确忆其出处，故未敢公之于世。但相信其说确有来历，早迟当有学者发现之。殊静待三十余年，即如上举诸文，迄未及此。故率先揭示其端绪，愿有能证之者。

二、老伶魏某其人

　　先是，余孩龄好观剧，喜聆梨园掌故与戏剧批评。先大人功廷先生，游优唱曲，

---

① 载《风土什志》1946年第2卷第1期。
② 《坚瓠集》清褚人获著。
③ 《庄岳委谈》明胡应麟撰，泛论戏曲、小说等社会杂事。

尝组剧团传演蜀中。有老伶魏某，失其名，年五十有余，为剧团管乐师，不擅演技，偶然亦能充戏剧配角而已。但善教曲，蜀中人曾呼魏老师。剧团来乡，兄辈率余往听其说戏。见其人倦卧榻上，张灯吞吐。已而精神大发，娓娓终日，无倦容。梨园故事，能上溯至唐代。余甚爱其人，常移小凳就榻下，聆其谈讹。今其谈话风姿尚可想见，宛如隔夕。

魏自言，湖北故家子，以嗜曲，从徽人某习昆曲，兼能弦弹，能管笛。而出演非其所长，掌任导师。应川督某邀，组昆社入川演唱。川人不解昆，支绌日深，遂至昆社解体，流落至是。其教戏，一遵师某宗法。师某之父，乾隆时内廷供奉也。白莲教乱时被裁，教戏南北各省，悉用内廷准绳。师某幼承家学，兼擅文艺，每登台，万人空巷。然不常演，教曲之时为多。曾撰曲谱及戏本若干种。往来皆缙绅名士之正曲与清谈者。撰有《曲坛掌故》一书，魏老曾见之，所讲多以为据。

三、"五伶"与"五方"

魏言：古之人君，有供戏乐之人四种：歌而不舞者，曰倡；舞而不歌者，曰伎；扮演故事而不歌舞者，曰优；演奏音乐而不歌舞表演者，曰伶。至唐明皇时尚如此。明皇始合歌舞音乐为一堂演之，称为"乐府"，称其人曰"伶官"。唯尚不表演故事。至唐庄宗，始合优伶为一，为有戏剧之始。今戏班所祀之老郎神，即唐庄宗也。生、旦、净、末、丑五种角色名称，庄宗所创。

明皇时之乐府舞队，每队五人。四人代表四时，各执花枝舞唱，配以音乐。其一人匿大绢花中，歌不见形。最后破花而出，与四时合舞，是为花心。多以小童、稚女为之。至唐庄宗，制《太和乐舞》，则以五人代表五方之神。各有不同身段表情，配合唱词与音乐。

五方之神者：东方之神，其气少艾，其色婉丽，其质温润，其音婉悦，其舞缥轻，所以象征春日融和之气。南方之神，其气壮盛，其质强毅，其色光昌，其音清越，其舞激扬，所以象征夏日蒸盛之气。西方之神，其气肃杀，其质威猛，其色戾，其音粗刚，其舞沉雄，所以象征秋日凛肃之气。北方之神，其气老成，其质练达，其色浑朴，其音苍凉，其舞迟重，所以象征冬日衰残之气。中央之神，最后出场，与东、南、西、四方之神分别对舞，各如其态，故须兼四者之色艺气质，所以表天地四融和洽之气。故曰《太和乐舞》。

如此五伶，各有衣饰、各有执持，曲文舞姿，均自为一格。藉以配合五方，五行，五色，五味，五牲。伶官，各依性之所宜，专工练习，学为艺者。故中央一伶，最难其选。庄宗能兼众长，常自任之。粉墨登场，任人观览，以炫其能。后复翻太和乐为朝天乐，表演四方夷酋来朝天子之状。庄宗自演天子，歌词为庆祝、劳来、酬对之文，是为真正戏剧之藁矢。

自以五伶分表五行五方，伶官各有专艺，各自有专名：东方曰"旦"，谓日初出也；五行属木，故曰"木旦"；五色为青，故曰"青衣"。南方曰"生"，谓南岳主生也；五行为火，故曰"小伙"；古时之生，以着红袍者为正；着蓝衫者，乃后起小生也。西方曰"净"，谓净土在西方也；五行为金，故曰"金刚"；净以着白袍者为正，五色为白故也。北方曰"末"，四时之运，于北为末也；五行为水，故曰"末泥"；末以着黑袍者为正，五色为黑故也。中央曰"丑"，丑为牛也，中原为重农之国，所重在牛故也；五行为土，故曰"土地"（今伶工各角自为一会，丑角曰土地会，以此故也）。丑以着黄袍者为正，五色中央为黄色也。今唯青衣之名实尚存，其余衣色已多与古制异。

丑字，古非轻贱之词（古人名有逢丑父、公孙丑者足证）。因唐庄宗常粉墨扮丑，其后事败，死于伶官。后人以此嗤之，始有轻丑之意。然在梨园习惯，丑于诸伶为最尊，亦最不受拘束。凡尊贵、吉祥之人，例当以丑饰之。如太白金星、南极寿星、天子等是也。古时凡演帝王，亦必以丑角为之。今凡演大臣奉奏事，不出帝王，仅于帘内答话者，尚必须以丑角发音，犹古之遗制也。又各角色唱白，必须恪遵中州正音；唯丑角可用地方土音。各角演唱，皆须恪遵音律，不能意为增损；唯丑角则否，可以故为错乱，他人不得而责之。皆由唐宗所倡始也。

四、"五正"与"四隅"

自朝天乐始作人类社会情态表演。继之，遂有表演故事之举，成为真正之戏剧。亦唐庄宗晚年所为也。唯当时无论故事如何复杂，人物如何众多，角色分扮只此五种。又五种角色，皆可扮演女性，亦皆可扮演男性。但取性格身份之宜。例如《鸿门宴》一剧，则项王为净，沛公为生，范增为末，张良为旦，樊哙为丑。其舞剑一段，则又由丑饰项庄，旦饰项伯。舞退复改饰张、樊。如此热闹场面，五人已足，皆饰男子之例也。又如《康成诗婢》一剧，则康成为生，夫人为末，诗婢为净，旦与丑饰二婢。此皆可扮女子之例也。每演一剧，五者皆须登场。且皆为正工，无主角配角之分。盖犹太和、朝天二舞之遗意云。

下至宋代，扮演故事以为戏剧之风大炽。唐代歌舞遗制，殆全消灭。故事复杂，演员不可限于五人，乃于四方，各增副角一种，合成九角。先是，所演故事中，每有性格相似之二人，需用方位相同之二角者，则以丑角扮之。如需二旦，则丑与旦为之，康成诗婢是也。需二净，则丑与净为之，鸿门设宴之霸王与樊会是也。他如伯夷叔齐之需二生，羊角哀左伯桃之需两末，皆以兼擅四角之丑角合之。其后乃两部合演。即每一故事，可用丑、旦、生、净、末各二人。而别以至副，唯所代表之性格仍只五种。

至宣和朝，宫廷演剧，务为繁侈，剧伶至十余角合演；复嫌人性不止五种，乃于五方之外，更增四隅，配成九角正色。东南隅曰"小"，今云"小生"，性属旦、生之间。盖当时东南夷皆岛屿小国，故曰小也。西南隅曰"外"，今云"红生"，性属生与净之间。宋太祖以玉斧划大渡河，弃其外不有，故西南夷曰"外"也。西北隅曰"杂"，后讹为"札"，属性在净与末之间。于时西北民族混杂，号为"杂胡"，故云杂也。东北隅曰"扶"，后变为"夫"，为"呼"，属性在末与旦之间，故又为"老旦"。取"扶余"之义。或曰，其时宋金和好，未便显斥为胡，故取扶字也。"角色"二字，亦即起于此时，代表一方之性为一"色"。五正四隅，其为九色。"角"者隅也，对五正言之。其后五正亦皆云"角色"。

五、"十三角"与"四时"

宣和末岁，更以副旦、副生、副净、副末四各表一性，共成十三色。副旦，性格在旦与丑之间，后云"贴旦"，今云"花旦"也。副生，在生与丑之间，在今云老生是也。副净，在净与丑之间，今云三花，即小花脸是也。副末，在末与丑之间，今云短须是也。无所谓副丑。丑乃代表和谐之性，兼长之能。如以图解之，丑为轴，四副为辐，四方四隅为轮。

魏伶又云：此十三角色，以象四时成岁之义。丑为岁神。余十二角，表十二月之属性。小生、副生，属性皆在春夏之间；而小生软美，近于旦，故为季春；副生较为刚强，尤近于生，故为初夏，外为生之尤刚强者，故为季夏，谓其近于净也。余角所配时序皆可类推。古谓人禀四时之气而生，赋性不出于此十二类。合圆融和悦之丑为十三。故古剧角色，唯十三种，以代表此十三类型。

六、南戏与北曲

高宗南渡以后，戏剧分为两派：南派流行于大江以南，为唐宋伶之正宗。其剧重在和谐，十三种角色皆备。但因张南贱北，特重正生，多数行本，皆以生为主人，旦亚之，净、丑为次。末角仅用为配演。直至明、清皆然。

北派流行于黄河以北，为金、元两国修改宋代戏剧制度为之。重用末角、次旦与丑。无生。崇北蔑南故也。故北曲之剧以末与旦为主人。副末次之。旧时正生、正净、正丑诸剧，悉皆改以末角扮演（例如梁山泊李逵，古今皆用净或副净。北剧则用正末或副末）。又，北剧每折只容一人歌唱，余人只有道白，与遵循古制之南戏不同。又，北戏废除末、旦、丑、副末等以外之角色，改立孤、卜、夫、来等目，亦皆仅充配演之用。其所谓"孤"，相当于正生。其所谓"卜"，相当于外角。"夫"即扶角。"来"为副丑，即后世云小丑者是也。

南戏阅时既久，对于角色之名称与属性，亦颇有所改变。称副净为"次净"，副旦为"贴旦"。废副生，以小生兼之。其后别增小丑。又以副净为付。称杂为"杂净"，又称作"札"。积久寖失五方四时之义，而分角色为三大类：一曰阴性类，为专演女性之一类。旦、贴、夫，属之。二曰清阳类，为专演男性之不开脸者。生、末、副末，属之。三曰浊阳类，为演男性之开脸者。净、丑、付、札属之。小生属第一二两类之间，可演女性，可演男性。外角介第二三类之间，可以开脸，可不开脸。小丑介于第一三两类之间，可男可女，唯必开脸。

至清乾隆时，内伶意欲复古，研讨古剧，甚为努力。但时潮所趋，在于复杂变化，古剧格律过严，失于单调，不为观众所悦。虽在内庭与士大夫之间亦然。自白莲教兴，内廷裁减乐工，老伶星散。各省地方戏风起云涌，逐年演变，种类之多，不可胜举，角色运用，能遵古制者鲜矣。

七、川剧之流变

魏伶曾论川戏角色云：川戏因来源不同，角色之配备亦异。最佳之川戏为自昆曲演变之高腔，俗呼"排子戏"。其戏多属连台大本。有十大本头，《黄金印》《琵琶记》《红梅阁》《孽海记》《荆钗记》等是也。其角色皆生、旦并重。贴、净、丑次之。末、副净、副末、小生等已少重用。角色虽甚简单，配合组成之趣味则殊繁多。

例如《红梅阁》，演贾似道盛时情事，有前游湖，后游湖，众姬妾跑马、荡舟诸热闹场面。其所用角，仍不出生、旦、净、丑、末、贴、副净、小生、副末、杂十种。前游湖以裴生为生，二友为末与丑，卢氏母女为副末与旦，贾似道为净。姬妾只出慧娘一人为贴，余角为从人。后游湖以副末、旦（老旦）、贴、丑为四姬。副净、末、小生、杂为家奴。生、旦仍留作下齣主人。此其运用角色之巧也。又如《彩楼记》逐婿一折，以净为相国，副末为夫人，旦为小姐，贴为丫头，生为吕蒙正，末为老院。问对辩驳，变化万千，已使观者有山阴道上之感；更以无地安置之丑，扮为粗婢，中途出场，插科打趣，使全剧益增热烈。如此紧张热闹场面，仅用六角演成。就剧艺而言，可云神化。此皆由得力于昆剧之所致也。

其次由秦腔翻演之折子戏，通呼"介板戏"。如《杀狗》《梅绛雪》《古玉杯》《蝴蝶杯》等，其戏多只上下两本。以生、旦、净、末、丑，五角并重。贴、夫、副净，次之。唱词不多，而组织佳妙。巧于运用角色。如《古玉杯》，上下两本，各种场面具备，主角不过五人：严世蕃，净。汤勤，丑。莫怀古，生。艳娘，旦。莫成，末。配角不过三人：戚继光，副末。二提骑，副净与小生。此外皆由丑与净及杂兼饰。配置妥当，毫无拮据。又，各种角色，皆有重工戏以展其长，无所偏枯。如《赠绨袍》为副净戏。《杀狗》为贴旦戏等是也。是皆古剧与昆曲之旧典型也。

又其次，为自汉剧、徽剧、平剧翻演之皮簧戏。俗呼"丝弦"。多为单齣戏。其角色依徽、汉、平剧规制，正生皆褂须髯，与高腔异。又，净、旦、外三角，与正生兼重。末与贴次之。如《斩黄袍》《上天台》《铡美案》等是也。汉剧角色，有一末、二外、三生、四旦、五丑、六净、七贴、八小、九夫、十杂之目，足知其轻重。盖受北戏影响较深故也。然经搬演入川后，已无末角、外角，一概以生兼之。如《战长沙》，本为末、外之对工戏，川戏中则为生与老生。《斩黄袍》之赵太祖本为外，高怀德为武生，郑公子为小生。川戏中则赵为生，高为小生，郑公子为帕生也。

最无可取者，为川人自编之高腔戏，俗云锣鼓戏。仿高腔而无曲牌，唱戏如诵书。不用弦竹，但以锣鼓押场。所有《聊斋》故事戏皆是也。其戏恒分为上下二本，多有"排朝"等场面，用角多至数十人，有时须用生旦数辈。如《欢喜楼》，须用小生三人，小丑四人，小旦六人。无旦贴之别，与生、外、末、副之分。盖无学识之剧人，为迎合田间观众之心理，延不通剧艺者所编制。又有堆词砌典，编为有板无腔之皮簧或梭冈唱本者，如《春陵台》《江油关》《绛霄楼》及改良《出塞》之类，则直如听书，不成为戏矣。

八、结　语

　　以上角色之说，出于老伶工魏某，余所听记者，略加订正润色之。其以戏剧角色配合叫五方、四隅、四时、十二月、五音、五色之说，虽不能指出典籍依据，然余反复考校，确为颠扑不破之理。意者，乾隆时内府伶工，师承有据，后之俗伶不能尽传其蕴耳。近读徐筱汀《释旦》一文，引《乐府杂录》谓："唐代汀韶乐，舞童五人，衣绣衣，各执金莲花。"又引《陈旸乐书》谓："柘枝舞童，衣五色绣陈宽袍，胡帽银带。"又引史浩鄮峰《真隐漫录》，说明柘枝舞亦系五人。此外尚论及太清舞、采莲舞，皆五人成队。又有花心，为队首，自称"但儿"等（"但"字人旁，显系记述者所加）。足证魏伶之说，非全无稽。不过，古舞花心自称旦儿；魏云丑藏花心，旦为领队，小有出入耳。

　　大抵学人考据，专依典籍。典籍所载，或其目所未见，则不得论。伶人习为业专，口传掌故，不著书册。故其记忆能专，传承久。此正如无文字典籍之民族，能追述其祖宗数十代以往故事。善治史者，不能废焉。不过，传说之词，难免有穿凿附会处，必须根据文献材料，一以厘正之耳。余故录存魏伶之说，愿世之博古者，能厘正之。诚使确相印，亦艺林佳话也。

灯影史话[①]

(1979年)

一、从窗花剪纸说起

我国黄河流域的农村人民很早就创造了剪纸这种艺术。民间相传，是唐朝天宝年间已经有了的。我曾经寻求它的史籍依据，迄未找到。比较可靠的时间，是宋代，辽金侵据幽州、河北地区的年代。那些年代，汉族有钱的富家贵族都逃跑到长江以南的地区去了。原有的文娱活动随他们转到南方，只有逃跑不得的农民留下。辽金王朝携取入华的蹴鞠、马球等游戏，平民既不习惯，也无条件玩习，于是自己慢慢创造了一些代替文娱的方法：读书的人，纂辑一些故事，用民间歌曲写为宣卷、弹词、小说、平话，后来发展成为戏曲；好武的人，找寻高能的师友，练习气功、武术，后来发展成为镖师队伍和绿林豪杰；不文不武，安贫守分而手巧心慧的人，尤其以妇女居多，创造了剪纸这种艺术，后来发展成为皮影戏。他们之所以能够有这样一些创造发明的原因，是因华北农事集中在夏季的大半年。冬季有小半年农闲，若还是不兼营商业的人，闲暇无聊也是苦闷，所以他们就自然而然地向这三方面发展了。以下专谈剪纸一个方面。

剪纸是封建士大夫所不屑谈的一种手工艺，所以在文人典籍里找不出它的历史记载。它的生产工具只有一把剪刀，生产资料只需一张比较硬的纸。原始的剪纸，只是些简单的几何线条图案。后逐渐向复杂的曲线发展，剪出日、月、山、水的图案。再逐步发展能剪出花、草、人、物的图案，以至于肖形的画面来了。最初的用途，是作为织物和刺绣取样，渐由用为帘、幙、巾带的纹饰，逐步绝于灯彩、窗帘的边角。在元、明以来，普遍用于农家小户的贴窗花，即用比较硬而传有蜡质的颜

[①] 原载《四川工艺美术》。

色纸，剪成花、鸟图案，贴到窗户上，点缀年、节、婚、丧、庆、吊的心情。这也是士大夫家所不屑为，只有农家小户妇女才肯在这些艺事上用功的技艺。

华北风沙大，农家住宅全是土墙土盖，通光的窗子，在未有玻璃安装时，只用绵韧的构皮纸满糊。贴上窗花后，阳光透过有色的蜡纸，射进屋来，格外鲜美，能使室中人感到愉快，比贴在墙壁由日光反射入目美好。安装玻璃后，贴上的窗花更能悦目。窗花流行后，剪纸工艺有了市场，技巧也从而逐步提高，成了华北民间特种手工艺。

窗花剪纸，发展成为商品以后，专业工人也出现了，花样推陈出新，发展向人物故事方面。如天官、财神、土地、灶神、雷公、雷母、老君、佛祖、八洞神仙、十八罗汉之类。进一步又组成了多人一幅的故事贴片。如二十四孝、七仙姑下凡配董永、韩湘子九度文公十度妻、吕洞宾三戏白牡丹、雷打张继宝、庄周试妻等类民间流行的神话故事。最后便由固定的剪纸故事发展为演戏曲的活动的灯影戏了。

最先把剪纸用于表演戏剧的地方，是北京东面滦河流域的滦州。其地西距北京四百多里，东距山海关二百多里，是海河平原东北角的丘陵贫瘠地带。农业生产不很发达，但交通还有一定的方便，农民外出经营小贸而致小康的多。他们吸收各地农村和小城镇民间文娱的一些方法回来，改进本地区的文娱事业，由剪纸发展到纸影演戏。他们创造出把侧面人形的剪纸，划分为头、胸、腹、足各部和手臂、肘、掌、指等关节，用线连缀，套上肩部和双手三条竹签，使其能更生动地作进、退、跪、坐等活动形态。再配上一些家具和其他生物的形象的画片，用来表演故事，就比呆板的画片有趣多了。这一发明，得到迅速流传。至今河北一带农村还把这种戏剧，称为"滦州影戏"。论它产生的渊源，可能阅六七百年之久。

二、从滦州影戏到皮影戏

我最先看到滦州影戏，在北京西郊的八宝山。时间在 1916 年。那里有个小小的神庙，每年秋季都要演戏，报神庆丰收。有一个神会承担经费，但他们无力演唱大戏（指人演唱的戏），就只能演滦州影戏。其影戏的幕，是一张对方纸粘在一个木框架上的。竖立在小桌台上表演。乐器很简单，有琴，有锣鼓，只三个人拉打兼唱白。有两人操纵人影表演。五个人便把全部戏曲故事演唱完了。我最先看到的戏，是"观音成圣"的故事剧，出场的人物也还热闹，有生、旦、净、丑各种角色，还有打斗取笑的场面。他唱腔与乐曲都很低沉，隔几丈远就难听着。人影都只有几寸高，丈余远外就看不清楚。看戏的人，以妇女与小孩为多，也只不过十多二十人。钻到幕后围看的人反而更多些，我就是其中的一个。我留心看他们的影片，全是纸剪的。三条竹签，似是用胶糊粘着的。张幕那幅纸，已经被戳破了几个洞，又用纸补糊起。这样简陋的演剧形式，当然是很原始的滦州影戏演出形式。可以想见滦州人创造这种演戏方法的时间还不太远。它的流行地面，也还不出河北一省。但不可小视它。它是农村劳动人民自己创造出来"慰情聊胜于无"的一个剧种。它适合当时农村的需要，使贫乏农民不入城市而得到廉价的、可以满足文娱要求的故事、戏曲享乐。

滦州影戏，由于成了一大地区农村流行的剧种，专业艺人渐渐多了，技术也逐步有所提高。我第二次看见的，就有所不同了。1919年，北京开放先农坛为游艺园。经营其事的老板，延请了一个杰出的滦州影戏班来园，与其他许多剧种分庭表演。这个滦州影戏，幕面扩大，不是用纸而是用白绢了；人影也改羊皮雕刻；三条竹签，改成了铁弓和箭竹柄。剧班也由五人增加到七八人。但只乐器、唱白还是滦州旧艺。游园的人，争向京、昆、话剧场和电影、曲艺场觅座，看滦州影戏的人，往往不能终场而去。因卖座不佳，不久就自行撤退了。

当我第三次看到滦州影戏时，情形又大大不同了。那是中华人民共和国成立后的1953年，文化部招来一队滦州艺人，在天安门侧的人民文化宫表演。它每夜要到十点后才开演，使我这住在南郊的人很感不便。但我仍然看了它个终场。这次使我着了迷。表演技巧与音乐唱腔都有惊人的进步。幕面也有丈多宽，但仍是纸做的；大概是嫌绢纤维不透光的原因，改用了匀细强韧的特制纸。人影也是皮刻的，但有些影片似乎是纸剪的。那夜先演的《看会》，要表演龙灯、狮子、耍狗熊、滚飞刀和高跷、车灯等杂技。演得灵活可喜。剧中看会的，只有一个干部和一个老大爷，问答对话，配合杂技，谐趣蝉联。还吸着香烟，烟袅袅然腾起。拥挤的几百观众，无不悦乐称欢。压轴是《西游记·红孩儿》，就更妙了。火烧猪八戒一场，观众无不捧腹大笑。不但猪八戒滚火逃命情景可笑，当他还原型为一头猪，逃出火圈时，喘息许久，胸腹呼吸张缩之态竟能逼真。我赶到幕后去看他操作的方法。原来不过用一很简单纸剪的黑猪，用两手持着下方，对着灯光微微推拿，猪影射到幕上，恰是呼吸张合之状。我惊叹他们那样轻易的表演，仅仅运用光影适度，便有如此的效果！要说"七十二行，各出状元"，他们也可算灯影戏的状元了。

其后这个剧团，还在白天的暗室布置中，公开售座演剧一次。我特抢早购票欣赏。那天演侠盗丘小乙《打口袋》的故事，也是非常笑人的。无怪"滦州影戏"名满京东。像这样简单而有趣的剧种，施行于文娱缺乏的农村，应是再好不过的了。

那时还是抗美援朝的时间。据报载,前线守卫在山洞的部队,当战火间歇的时候,思得文娱,而无可供应。有个河北籍战士建议请滦州影戏班,轮流到各地道内演唱。慰问团采纳这一意见,募得一个影戏班前往慰问,并购买大批影戏道具赠送各连队,教导如何表演,使他们不感孤寂无聊,能在活泼愉快中休息,曾经收到鼓舞士气的效果。由此可见,皮影戏自有其所长。

三、滦州影戏入海后的发展

滦州,即今唐山专区的滦县,距海口只百来里程。滦河出口,地名滦沽,原是海上的渔村。不出海的渔民,群居结网,经常深夜未寝。他们爱好剪纸影戏。早在元明年间已经把它随着船输送出海。先在庙岛群岛、辽东半岛和山东半岛的沿海渔村流行。不久更推广到江、浙、闽、广沿海和台湾、琉球诸岛。这些海湾和海岛,在海禁未开,中西商舶未通以前,都只有近海捕鱼,兼营垦种的农村和渔村;各村人口不多,聚居点多不过数十百户。他们最需要这样一种设备简单,只在夜晚演唱的剪纸影戏。这种戏剧流行后,又促进了我国东南沿海各省剪纸工艺的发展。今天东南各省手工技艺之高,驰名世界,追本溯源,还当推剪纸影戏的先导作用。

东南沿海的剪纸影戏,不喜欢唱演现实社会事件,而偏向神怪故事发展,尤其是关于海妖水怪的故事。这与沿海居民对征服海洋的幻想是有关的。其中最流行的故事是《白蛇传》和《哪吒闹海》。后来又有《龙女传》(柳毅传书故事)、《张羽煮海》和孙悟空《闹龙宫》、二郎神《收孽龙》这些故事。今人考《白蛇传》这部戏剧本事的,都以为出自《西湖佳话》的"雷峰妖迹",那是太肤浅了。须知《西湖佳话》的这一条故事,恰是采自原始的剪纸影戏。其产生,早在元、明年代,当采入《西湖佳话》时,已经是第三次转手改造过的了。我看见家乡南充双桂坊龙归院的大雄殿壁画画的,全部《白蛇传》,是明代的壁画。它是由元代的剪纸戏曲,转变为《义妖传》宣卷,又才转入《西湖佳话》的。《哪吒闹海》也不是《封神榜》的创造,而是元明戏曲早已有的故事,清人采入《封神榜》去的。"孙悟空闹龙宫",也是清末的戏剧师,借哪吒闹海的故事,移栽到《西游记》来的。

《白蛇传》中的"水涌金山"一场,是郑成功的水军进取南京失败后,改写《义妖传》的人编造来悼念郑成功的影射故事,旧传的《白蛇传》影戏本无有。《义妖传》的许仙,是影射的明王朝;法海则指的清王朝。清王朝与蒙古部落在入关之初就已信奉传佛藏教。所以作者把白蛇称为"义妖",而把她的敌人海神,变为佛教代表的"法海"。又借西湖雷峰塔来影射郑成功败走台湾,不再犯大陆。因而《西湖佳话》的作者才造出"雷峰妖迹"一章来。

郑成功时代的海船,已大到能载几百人了。几乎每船都有一组剪纸影戏队伍供航海娱乐。由于海船上纸较难得,唯生牛皮多,改纸影为皮影的雕刻,大约就是此时进行的。故闽、浙、台湾的灯影戏都是皮影,不再用剪纸。他们用的乐器主要是鼍鼓与包锣。戏剧故事也渐由神怪转向表扬忠孝和义侠方面,社会性加强了。

郑成功和他儿子郑经虽然都困死在台湾,但他底下联系远到云、贵、川、粤各省,与桂王和李定国、刘文秀等随时都在准备进攻清朝。皮影灯戏成为他们宣传的工具,编造了许多忠孝节义的故事,演唱来激发人心。《蹈海记》(演陆秀夫负宋帝跳海故事)、《八义图》(公孙杵臼与程婴等保护赵氏孤儿的故事)就是当时灯影戏中最著名的创作。不称赵武的名字而口口声声只叫"赵氏孤儿",就是用他来影射的明桂王。这些戏,在康熙皇帝平定了大西南和台湾后,禁止演唱。因此,大西南的皮影灯戏,曾经骤然衰息。民间娱乐转变向花灯戏,以谈情说爱为主题了。

但不久,吴三桂叛清割据大西南地区数年,皮影灯戏又曾复活。吴氏败亡后,大西南久经兵燹,已杀得地旷人稀。州县统治难于出城太远。故皮影灯戏虽被禁止,仍在偏僻的农村保存得下来。

四、四川皮影戏的发展历史

吴三桂割据大西南时,残明的朱姓宗室已经绝灭,他只好自己称帝建国,与清朝对抗。四川的吴之茂、谭宏等残明旧将都拥他抗清。陕西、甘肃也有地方将领响应。但他遭逢英明的康熙皇帝,很快就失败了。他的遗迹在四川还保存得颇多。我所见到的有:南充天台山,有谭宏夫人为他祈福而修建的佛殿,中梁上朱墨大书"大周"年号,和祝愿"当今皇帝"(吴三桂)和"国公谭宏"姓名福寿的文字;雅安龙洞庵,也保存有"大周昭武元年"烧制的几个黄龙彩陶香炉。另外,雅安东郊观音庵保存有一本吴三桂颁发的历书(为友人余叔平所得)。这些遗迹居然在城郊大道附近保存数百年,终清朝之世未被惩罚和销毁,可说明清代文字之狱虽严酷,但对于这些人口稀少的山谷地带仍是统治得很疏忽的。

最可骇怪的一件事,是我幼小时在家乡看过叫作《山海关》的一本皮影灯戏,演述吴襄被李闯王夹死,吴三桂向清朝搬兵报复的事。把吴三桂开红脸,唱成大明的忠臣。而把清朝皇帝饰为丑角,称"归化老王"。当归化老王正在操演军队,猛听得吴三桂来了的时候，竟吓得屁滚尿流，匍匐迎接。三桂命他出兵，他战栗嗫应，一路随侍三桂左右，出力打仗。像这样抬高吴三桂，侮辱清朝皇帝的戏剧，竟能在光绪年间的四川乡村里流行演唱，而未被官府查禁，真是令人意想不到！这个清代文字狱漏网的禁戏，我只在农村的灯影戏中看到过（城市绝未见过）。这显然是谭宏与清代地下活动的哥老会人物，在"大周"吴氏政权消灭以后私下纪念吴三桂而编造的。于此可知：四川农村流行几百年的皮灯影戏，是从云南方面传入，而赖袍哥组织秘密保持下来的。这个剧种，原本不进城市。但在乾嘉以后渐渐在成都附近发展起来。尤其是道咸之际，就已深入成都城内。发展到光绪年间，成都市街有过六十几个灯影戏班，随时随地都有灯影戏在庙会和茶楼演出。

不过，成都市内在清代末叶蓬勃发展起来的皮灯影戏，不是承继郑成功和吴三桂所提倡的思明、反清的旧传统，而只是模拟四川已经通行的各种舞台大戏（包括丝弦、高腔和堂戏三大来源不同的，由人扮角色演出的戏）。这是由于反对清朝政权的袍哥组织，经过一两百年后，精神涣散，组织松弛，宗旨亦已模糊不清；皮灯影戏已由袍哥们的宣传手段转变为消遣的工具了。事物的发展变化，竟是与母体形质逐渐不同，以至于完全不同的。

为了说明袍哥与皮灯影戏的关系，得先了解袍哥组织的发展变化。

清代初期的四川袍哥，官府叫他作"啯喽子"，一称"哥老会"，是严令禁止的。但这种组织在基层社会里势力很大，平民在官贪吏恶的封建压迫下，宁愿依靠袍哥的侠义，也不愿挨近官府的威刑。每有官府试图镇压袍哥，就会激成星火燎原的民变。乾嘉年间的白莲教起义，太平天国年代的蓝、李起义，清末的余栋臣打洋教运动，以及保路同志军起义，都是袍哥组织的实力表现。清朝官府每当接受一次教训后，总有一次让步的措施。由似禁似不禁，逐步转变为分化利用，把袍哥分为清水、浑水两派。所谓"清水袍哥"就是守法安分的袍哥，准许公开活动。而官府憎恨的袍哥行动与其组织被称作"浑水袍哥"，要严法对待。这样一来，自附于清水的人不断发展，坚持秘密组织旧风格的袍哥，被斥为"滚刀皮"，人数便逐渐萎缩了。旧时哥老会的组织，分为仁、义、礼、智四堂，相当于绅、商、吏、流四类职业的身份。绅、商两类即所谓绅衿和粮户入袍，代表的是知识、能力和资财力量，是组织的核心部分。吏、流两类（即差役、兵士、巫、医、杂流，无产或半无产的人）是袍哥的外围和义侠行动的掩护者与推行者。原来四堂成员，都要学习文娱宣传的技艺。有专业的，有兼能的；有编写的，有演出的。自从划分清水袍哥以后，自附于清水的人就都不自己参加演出了。仁义两堂臃肿膨大，礼智两堂几于消灭。而仁字堂的坚决不承担演出，只以编、唱和器乐自娱，把戏剧表演委于义、礼两堂承担。于是袍哥内部也显示出阶级区别了。自命为"上流"一级的袍哥，虽亦嗜好戏剧，但只相聚坐唱，叫"打围鼓"；后来采用北京流行的"票房"称谓，叫作"玩票"，互相称为"票友"。演戏的人员则各成专业，被称为"戏子"。票友技痒，要求登台表演的，称为"下海"，以与专业演员区别。这是清中叶以来百年内事。这时期内，把人演的戏叫作"大戏"，把灯影与木偶戏叫作"小戏"。各自成为专业组织，称为"戏班"。

袍哥组织，仁、义、礼、智各堂，各有大、二、三、五、七的五辈，即所谓"坐堂大爷、圣智大爷、钱粮三爷、管事五爷"和"幺大"五个分工。没有行四、行六的。据说是最初的组织里老四与老六叛变投敌了，所以人皆以行四、行六为羞耻，因而废除了。大爷发号施令，五爷奔走联系，这两职最为重要。虽有随年资提升为大爷的，也只是"闲大爷"，主持者仍只一个，号称"一杆旗子"。发展到极盛时候，往往一乡一邑，一街一市也同时有几杆旗子。每杆旗子之下，大都有一个文娱组织，或为戏班，或是围鼓，或是其他游艺。四川在清末民初，袍哥组织公开泛滥的时候，成都一市就有几百杆旗子。从而有十多班大戏，六十多班小戏，和近百年来个围鼓组织。任何一天都有几个寺庙神会在演大戏，几十个地方在演小戏，和打围鼓。无论各种神会都要演戏，岁时节令也要演戏，各家婚、丧、庆、吊更必须演戏。雇不到戏班时，也要请人打围鼓。亲友致贺、致吊的礼物、金帛、联幛之外，也有送戏和送围鼓的。每当夜晚出街，到处都有锣鼓、管弦之声。这是清末光、宣年代的情况。那时候，整个成都城市，衙署、庙宇、商店，恰约各占三分之一。一个大庙总有十几个神会。大的神会，一演戏就十天半月，小的神会，每逢会期也要演戏一至几天。许多街巷平民组织的小神会，如土地会、娘娘会之类，都只能雇请小戏班。但他们分布得很普遍，每逢八月的土地会、三月的娘娘会，几乎每条大街都搭有跨街高台演戏，时间长延一月之久。加上许神还愿和其他庆吊集会，四五十个小戏班很少有停息的日子。

成都如此，其他州县、城乡也很少例外。大约可以依人口比例，发展成相应的数量。我小时，每年都要在我家乡那荒僻的山村里看到十多次皮灯影戏。那真是皮灯影这种小戏的黄金时代。

皮灯影戏在成都市特别集中发展的原因，是因为成都的票房多。票友们只打围鼓，没有形象表示，很不过瘾，下海又嫌有失身份，所以大都组织一个小戏班来排戏，提高坐唱的兴趣。于是皮灯影行时了。从而雕刻灯影和表演灯影的技术也逐步提高，使灯影这个剧种在成都很突出地发展起来，成为一时群众喜爱的风尚。

五、皮影的雕刻师和表演艺术

　　成都市乾嘉以来流行的皮影人像，可分三个时段。道咸年代，从头顶到脚，高一尺七八，皮厚一分，体重一斤以上，合铁弓与三条竹棍重约两斤，一个人只能操纵一个人影。每台戏的拦门师（皮影操作者）需三至四人。音乐师亦多至七八人。一切模拟大戏。演奏台或跨街如桥，或倚近墙壁，幕长丈余，称为"过街台子"。立而观者可达千人。然效果不大，能看终场者极少。同、光年间过街台子绝迹了。灯影戏一般只在长桌上安置布幕，人影皮缩到一尺二三，皮厚如铜钱，操纵较轻便。愿看终场观众可以坐看，合立观的临时观众，可达百余人，演出效果良好。这样的中型灯影流行时间很长，流行面也很广，遍及全省。到了宣统年前后，又出现了小型灯影剧团。人影小到八寸高，甚至只五寸高，雕刻玲珑精致，幕用生绢，拦门师一般只需一人。这种小灯影，适合家庭亲友小聚会的场合，二三十人可以坐观。各个围鼓组织都置有这样的戏篇，临时雇一执业操纵者拦门，演来自娱。

　　皮灯影的雕刻，在这三个时期内，成了专门工艺。全城有出售皮灯影的商店若干家。雕刻工人由家庭副业组成了专业的作坊，招徒传授。技巧亦逐步提高，曾出现过仲结子和刘灯影这样的一些名师。

　　仲结子的真名已无人能道了。蜀中称口吃病的人为"结子"。他有此病，很少与人说话。但心灵手巧，有绘画天才。家贫无力学画画，随师学刻灯影。能以刀代笔，用绘画方法刻皮。看戏后，即能依舞台脸谱刻成皮影，虽仅侧面，能酷肖名伶神态，见者无不惊叹其神技。他看人好从侧面，对于任何不同人物皆细心找出面相神情的特征，写入灯影头像，惟妙惟肖。我曾见郊区一收藏家保存仲结子刻的一个农村老妇头像，把那种慈祥、忠厚、浑朴而严肃的姿态刻画得深入骨里，虽名画师亦不能更过之。我曾用模拟方法，转写在牛皮上仿刻一个，刀法相差毫厘，效果远去千里，使我深叹艺事工夫深浅之理，对他万分钦佩。

　　仲结子徒众甚多。由于他拙于口传，徒众只能看他作法仿刻，不能得其理论。故造诣各有缺点，莫有能赶上仲结子的。比较出色的有个刘灯影。他的名字有人说过，我已忘了。他的作品我见得很多，以线条干净优美，刀法利落见长。他死在光绪中年。解放后还见过他的孙儿，能够继承他的刻艺。但因吸食鸦片成瘾成了个流浪颓废的人，人皆不敢接近他。偏又遇到全川灯影息业，他无可售其技巧的时候，卒饥寒发瘾而死。

　　刘灯影不能绘画，只能雕刻。那时有个大邑的富商刘某，是袍哥一杆旗子，嗜好围鼓和灯影，老刘灯影是他长期雇用的人，另外还延聘有画师（据传有冯灌父等）与他配合研究，创造出许多新型的灯影人物出来。刘灯影的作品也有了很大的精进，在光绪末，也正是成都灯影戏蓬勃兴盛年代，刘灯影的名，噪闻远近，与其师仲结子相当。

　　仲结子的缺点，是他生长在成都大戏盛行时代，足迹未出川西，只能向舞台人物取像。因而他的作品，只适用于演旧戏。主要是高腔、丝弦的折子戏。由于群众乐于欣赏他的影刻，灯影戏的内容也偏重到古装折戏方面，停滞很久不能向更新的方向发展。仲结子在神鬼、精怪、禽兽等方面造像很马虎，因而他的作品不适用于《二郎神收孽龙》《文昌帝君收五瘟》《西游记》和《三宝太监下西洋》等往时专为皮灯影编造的神怪戏。竟至于丧失了皮灯影的原质，变成跟在大戏后面仿效的小戏。阅时既久，观众亦颇生厌。要求恢复灯影古戏的民间呼声渐次涌现。于是，专业皮灯影班与围鼓用的灯影又开始分离。刘灯影时代，《西游记》《白蛇传》《收孽龙》《闹海》和《目莲传》等戏剧在皮灯影戏班次第上演，号召力很大，以至于大戏也跟着它搬演。但是那些灯影的造型，绘画师们也缺乏研究，革新设计的刻片也不能尽如人意。因而未能使皮灯影得到应有的发展。到了民国初年，禁演神怪戏，皮灯影又受到了限制。军阀横行时，各庙宇、会馆和民众组织的会产全被提走，大戏、小戏各戏班都因老雇主的贫困而解散，民间演戏绝迹，戏园代兴，灯影戏亦同时消灭了。

　　成都解放初还有一个灯影戏班，是由几个爱好小戏的票友组织起来，租用大邑刘家保存的刘灯影师徒旧刻的一个箱子表演。他们只习于唱《二进宫》《包公案》等坐唱的围鼓戏，不能跟上时代要求，戏没人看，不久也就自行消灭了。

六、传入四川过的外省皮影戏

　　毕秋帆巡抚陕西时，曾延聘戏曲高手编演时代新剧种，叫作"堂戏"，折中于梆子与弦乐之间，排去神怪，专造人间故事。流行四川很广，俗称"介板子"，作为大戏演出。他同时还创造了一种皮影小戏，剧本与大戏不同，格式是一致的。这种皮影流行于川北地区，称"渭南影子"。演法与四川灯影完全不同。拦门和唱念者只一个人。脚本是摊在幕台上的。只拉琴与敲锣鼓的坐在后面配合音乐。那个拦门兼唱演，四肢与五官并用，不胜其劳，人物上下场时须颇长时间找寻出场的影片，实在是笨透了的一种演剧方法。但他有特殊的号召力：第一，剧本故事新颖，台词典雅通俗，富有趣味，对城市士大夫和读书人们的思想感情恰恰适合。第二，他的影片别致，一个一个人像都是为编定的脚本刻制的，只适于那一本戏的使用，每戏一箱，不容假借。他的人形片，从衣、冠、靴、带、稚尾、背旗以至手中的兵器、巾、扇等品都是连带刻成的。易衣、变脸一次，就要当场变换成另一个画片。例如"三变化身""斫五刀""开棺劫墓""褪剥尸体衣服"等形象变化，都用影片替换，不着痕迹。能演各种杂耍，如狮灯、车灯、仙佛变化。趣味丰富，大大胜过四川灯影。第三，也有专艺人员，能有生、旦、净、丑多种唱腔和演出悲、欢、喜、怒各种姿态。一本戏一本戏排练娴熟，安排适当，演出也能紧凑。我曾见过一个西充人，叫"何二麻子"，擅长此艺，与地方士流绅衿欢洽，也是本名湮没了。人人只叫他"何二麻子"，他亦无愠色。这些绝技艺人，处在那种封建压迫的社会，要能生活得下去，以艺自立，只能如此生活。何二麻子死后，徒弟李华堂还能承继。李华堂死后，再也未见过这种灯影艺人了。

另外一个入川的灯影，是湖南皮影剧团，中华人民共和国成立后创造的《龟与鹤》和《猴与熊》两个动物戏。曾经拍摄成电影映放。它的优点是立体形象接近，生动逼真。"龟与鹤"只需两人操纵，"猴与熊"就须多到七八人。缺点是影片转不过身和演出时间短暂。四川的皮影剧团曾经如法炮制，也能演得很好，受到群众欢迎。"文化大革命"期间，灯影剧团解散，此调更无人弹，只能在电影上偶然看见。

另还有江浙等沿海地区的剪纸戏和皮影戏，但他们未曾入川。

七、成都解放后的灯影戏

成都解放后曾组织过两个小戏演唱组。木偶组曾经获得提倡和发展。灯影组也曾开园售票，维持了一段时间。由于七逗八凑的旧艺人，大都留恋围鼓时代的旧曲本，不愿推陈出新，久了无人愿看，自行消灭了。

我当时在川大农学院任教，深知道广大农村需要娱乐，而无力接待城内动辄百人组成的大戏班。认为原来流行的灯影小戏，有再推行的必要。在川大提倡学生唱戏，并自己买了一个相当好的皮影戏箱来供他们练习。同时联系灯影剧团，劝他们抑制对传统旧戏的热情，改向时装新戏方面发展。希望他们新戏本演成后，到川大来教习。他们说："没有时装的影子。"我愿承担为他们创作新影子的供应。于是商定了先演《白毛女》全本。用延安的脚本台词，川戏的唱腔和音乐。由我雕刻全套时装新片，连同配景借供他们使用，还请省市文化局支持他们新排。初步，各方都同意了，我开始寻找牛皮和雕刻师与绘画师，研究如何雕刻。经过一次一次的失败，转进，再失败，再转进，一年之中失败不止三十多次，才把《白毛女》的影子陆续刻成，交与剧团排练。最令人痛心的是他们排熟第一、二两场，试演之后，就认为读脚本和排练不符合现实利益，不肯再排了。他们所谓现实利益，是指政府的奖励和现金的收入。结果是《白毛女》只试演了两场，还未公开售票而罢。其他远景计划更无望了。

我既已开展改良皮灯影的研究工作，虽对那批演员失望，仍还想在农学院学生当中培养几个戏剧爱好者，组织一个业余宣传组到农村去演出。所以我决心每个月拿三至五十元来培养一个雕刻师，继续创制新型灯影。找绘画师不得，就自己研究灯影造型的方法。找雕刻师不得，就自己教导一个失业的侄儿雕刻。广泛搜购年画、商标、风景片和画报、画册来取样，试制各种时代人物和配景的影片。又经过了两年，逐步有了创造性的成就。每有成就，都无偿交与灯影组去试用，借以勉励他们改演新型的灯影戏。结果是新戏没有演，借去的新片也未还。等到我戴上右派帽子后，什么好事也成了罪状，竟有人说我扶助灯影戏是"想夺领导权"。我那个雕刻灯影的侄儿也被我这顶右派帽子吓跑了。可惜我剩下的大部分皮影，丢在废品楼上。现在雕刻灯影的人已经找不出了。但我总认为皮灯影这个剧种是消灭不了的。

第一，农村需要这样演员不多，设备不费，搬运轻便，夜晚演出，适合当前贫乏而居住分散的农村文娱的需要。它虽然是没有大戏那样好看，但也能比大戏有独胜之处。例如演《三打白骨精》这类寓意于神怪的戏剧，它就有胜过大戏之处。问题只在于雕刻造型和表演技术的改进。改进前途是宽广的。

第二，这种雕刻艺术，与绘画和雕塑一样，不会得不到发展。它的发展前途，应不限于戏剧，亦不会失去戏剧的利用。因为戏剧就是综合艺术。任何一种艺术，都必然随着社会发展吸收到戏剧利用上来。皮灯影是历史上已经成功了的一个剧种，虽然暂时在一个地区泯灭，终会因在另一地区得到发展而带动旧有地区的复兴。不过必然是随着刻皮艺术的提高，待到符合社会时代的要求以后，总能够以新的姿态复兴，绝不会使已淘汰的旧形式复兴。所以当前的皮影戏和刻皮工艺能否复兴的问题，还沉闷在刻皮技术与皮影戏剧种如何改良的研究阶段，也是重新创造的开始阶段。有了新的创造，能够适应社会发展新阶段的新创造，才能够复兴。而这些新的创造，还须得有人不怕牺牲去刻苦研究，加上社会力量的协助，才会取得成功。不是可以一蹴而就，轻易实现的。

第三，一种艺术的发展前进，总常是迂回曲折的。可贵在于迂回得失中总结出成功的经验来，为前进开辟道路。就灯影这一技艺说，滦州影戏、四川皮影、渭南灯影和湖南的动物灯影、江浙的剪纸卡通戏（例如《济公斗蟋蟀》这部影片）已经创造出许多人所爱好、称赞的成绩来了。若还有人把他们的优点综合利用起来，创造出更为新颖，更能符合广大人民要求的戏剧，工作就比几十年前，几百年前的发明创造者容易得多。戏剧最简单的莫过于掌上指头的"布袋木偶"，看过木偶电影《蒋干盗书》和掌上"长靠大战"的人，会能体会到任何艺技都可以发展到令人难于设想的境界去的。最简单的布袋戏尚且能够发展到群众欢快的境界，灯影戏岂能遂至长久埋没，无望复兴的么？

第四，现时中国艺术品，多种多样都有外商订货。无论金石、书画、象牙雕刻是外商咸愿高低抢购的。便如地方手工艺品，刻石、刻竹、刻瓜、刻经、刺绣、竹帘、织锦、编竹、棕编、漆器之属都已登上国际贸易舞台，有人嗜好。刻皮岂能永不出口？一旦刻皮技巧被外人发现，自亦必能进入国际市场。或亦可能如爆竹、焰火等引起若干民族嗜好，使国外灯影艺术有所推广，从而刻皮成为大量出口商品。甚至于有国外灯影戏带动原产地区灯影的改进，事亦能知。

灯影戏的皮刻艺术[①]

(1980年)

一、灯影戏发展简史

灯影（又称皮影）戏，是用平面画片，在白幕上透过灯光表演的戏剧。它在封建统治阶层里从未受到重视，在劳动人民生活的基层社会里却呈现过光辉的历史。因为它是结合绘画、雕刻、音乐、歌唱多种艺术为一体来表演故事的剧种，设备简单，需用人少，随时随地皆可表演，供给人们以廉价的文艺享受，使其快乐感与观看舞台上的"大戏"相差不远。即是说，这个剧种的劳动价值与其感动的效果能相当于大戏的十之八九，而其花费的代价只有表演大戏的十之二三。所以他和人演的大戏在社会上层与基层之间，长久的对峙，各拥地盘，各自发展前进，各有其盛衰、起落的历史。

南宋人的《梦粱录》曾说到北宋时已有公开表演的"影戏"，此外再没有人记述。据民间的口传，这个剧种起源是：后唐庄宗粉墨登场演戏的时候，后宫妃嫔也剪纸为人，在帷帐上演戏。后来传到宫外，成为民间一种娱乐。

由于它不为统治阶层所重视，不能登大雅之堂，只在市街和农村流行。明末清初，曾被郑成功、李定国等政权所利用，推广到川、云、贵、闽、广诸省的组织里，作为宣传革命的工具。我少年时曾经看过《山海关》这部灯影戏，戏中把清朝皇帝刻成丑角，称"归化老王"，他见吴三桂来了吓得发抖。这样丑化清朝皇室的戏，居然能在民间流行几百年，真是奇怪！但若从社会阶层的分野看，就不会感到奇怪了。

四川的皮灯影戏，在清代极其流行。主要是在农村和城邑的街道居民之间。只要有个小神庙，小到三块石板供一个牌位，如根苗土地、社坛土地、送子娘娘、瘟

[①] 原载《四川工艺美术》，1980年第2期。

神、雷神、火神等小庙，及其他诸种神庙、会馆、祠堂，每年都要唱一次以至十几次灯影戏。即如成都，这个大戏发祥和兴盛的稳固地盘内，每年三月娘娘会、八月土地会，也有四五十处同时演唱灯影。平时则在偏僻的茶馆及在婚、丧、寿辰的人家演唱。它与舞台上的大戏，分道扬镳，各显神通。

由于它的市场广阔，需要量大，所以专业人才多。技巧精湛的艺人，所在辈出；雕刻皮影的技艺，也不断发展，成就了仲结子、刘灯影等驰名的刻皮匠师。他们都是不识字，或识字不多，精心学艺，在劳动积累中创造经验，逐步革新，取得光辉成就的工匠。他们酷好艺术，埋头苦干，不务名利，别人也不晓得他的本名，只普遍称呼他的绰号"仲结子"，是因他口钝，少说话。"刘灯影"是他只刻灯影，不问别的事。文士既不传他，他们的名字就被绰号掩盖了。

二、刻皮的工艺流程

刻皮，是剪纸影戏发展到以皮代纸的阶段才有的新工艺，它的工作程序，可分为下列的几个阶段。

治皮

一般由硝皮作坊代制。手续很简单，不用鞣剂，只需把生牛皮泡水，湿透柔软后，平摊在案上，铲去表皮的毛后，翻过来，再铲去真皮下附着的韧腱和脚肉部分，只留一定厚度的真皮。铲匀后，用绳牵绷在方木架上，放置日光晒不到处，风干，就可卷藏备用。随灯影大小不同，留下真皮的厚度亦当不同。大灯影（人体高一尺五以上的）刻片，可厚到一分，或两毫米。小灯影，只需厚一毫米（可用羊皮制）。一般中型灯影（一尺二三高的人像），皮厚一点五毫米。唯必须通体平匀。

起稿

雕刻高手，如仲结子这样的技师，本身就具备书艺。他取一张已制成的皮来，估计可以划割成若干躯体部分。用锥在干皮上划个取像的轮廓，然后分割成若干方形片块。把这样的皮块用湿透绒布或毛巾包裹，夹在两木板间，微加镇压，使湿气浸透牛皮（此时皮张幅面要微微扩胀）。迨皮已湿透，回软时，取出进行雕刻。若是雕刻匠师不懂绘画，须得别人起稿，则把别人画成的画面，用干牛皮蒙上，利用真皮的透明度，用尖锥套绘出刀镂的线条来，然后发湿，开雕。（仍须面对原画雕刻，以免错误。）这样刻成的皮影，干后要比原画面缩小一些，故如要使成品符合规定尺寸，就须将原起的画稿幅度，比要求规格放大十分之一二。

开雕

在平木板上进行，刀钻用小木锤轻轻敲打。刀法巧拙，关系成品的美恶。故重要部分（如人的头像，及新造禽兽花鸟景物影片）在多人分工的作坊里，总是分与高手老师去作。初学者与低级匠师，只能刻配合部分（如衣袖、指掌、桌椅、景片之类）。

雕刻的工具，凿类（俗称钻子）需要繁多。最简要的也有十几种。最齐备的，多到百多种。例如刻直线用的方凿，起码要有长半分、一分、二分，至五分的若干把；细的可到小于一毫米，以便于作细致的图案。刻小圆形的，一般只作小圆点，要用空心的小圆凿。要能使凿断的圆内皮块自然吐出来。这在铁工说来，是个细致的、难度大的工作；要用硬度大而柔韧的钢，打成匀薄的小板，在匀细的钢丝上包围，烧熟，锤打匀通，才能自然退渣，使用长久。刻大点的圆圈，则用半圆凿，和三分之一、四分之一，以至若干分之一弧度的圆凿。原图案的直径大小不同，使用凿口的弧度也要不同。

匠师们准备的凿子，必须很多，要按圆径大小，分别装盒备用。刻曲线用的弧凿，一般只用不同弧度的圆凿配合使用。例如刻一瓣两端尖的空花，只取圆径不同的两个凿子各钻一次，使两端恰恰合拢就成了。若还要只刻线条，留出花瓣染色，那就要用与线条配合的弧凿，凿出空亮的线条。空亮的线条，不能长过三分、四分，故又须节节留下连皮的缝缀点。照例是用四方直角刀截留（曲线间的缝缀如此，直线也是如此）。因此，又还需要有大小不同的直角刀或大小不同的形凿。

技艺纯熟的匠师，随手取刀（凿），都能适合。每当直角处，两刀刻下，就能切透底面，恰恰交会，皮渣自脱，不伤他部，功率也就快些；拙手，便会刀达底面时不能恰合，或发生其他错误。皮渣不脱，还须再刀割断，或误伤线条外的部分，或将缝缀点截断致书片破坏。至于刻线错误的事，在不通绘画的拙手里，更是常见的。

是故，灯影刻皮不是小技，既要有高度的美术天才，还要有"熟能生巧"的操作本领，它比绘画和塑造都更难几分。

染色

湿皮刻成影片后，又要放到两木板间夹放风干，然后染色。颜色，除黑色用墨外，红、黄、蓝、紫、青、绿、橙等各色，皆须是能溶于水的颜料。再渗用适当的皮胶溶液（胶水）。不渗胶水，则透光后色彩晦暗；胶汁重了，则影片易拳曲僵硬，不能全面贴幕，显影恶劣。往时，黄色只用藤黄，蓝色只用靛。黄蓝调和，则成绿色。红色，旧用茜草、红花汁，后用印度虫汁（洋红）。红黄调和，为橙色。红蓝调和，成紫色。白色，则用真皮的本色。真皮透过灯光，自然作鲜明的白色映于幕上，与布幕的白色显然不同。若不在幕上透光，则真皮只是暗白色。（其他各种颜色，也是透光后才格外鲜美的）。凡不溶于水的矿质颜料，都不能用于皮影染色。如铅粉、朱砂、空青、石黄之类，不能透光，若还用于刻皮，则只在日光下平看，鲜美；在白幕上，因透不过光，更与墨色相同了。近年化学颜料，有可溶的，有不透光的，选用当慎。又，可溶颜料中，有经风氧化而易于褪色的。故调配成的绿、紫、橙等色用于染皮后，日久即会发生褪变。若干年又须重染一次。

染色上皮，可以分出浓淡。过去的灯影，全是色块不分浓淡。又只净角是满脸，丑角是半满脸。生角、旦角都是空脸，只存额、鼻、唇、下颏与眉、眼的实线条。近岁灯影，则倾向于全用满脸，俾面部染色与戏剧化装一致。从而把刻皮与绘画艺术更进一步地结合起来了。

装配

刻成染色后，又要平放在两木板间，加大石、重物压十余日，使其平正，定型。然后才取出来用细韧麻线穿缀关节，先在雕刻时，已在关节部留有穿线连缀处（即把相关的两片重叠穿一小圆孔。）此时用挽结的麻线贯穿，再挽结后才截断。所联的两片，就联成能活动的一体了。旧时，一个人体灯影，除头部外，一般要分为胸、腰、前足、后足、左肘、左臂、左掌、左指和右臂、右肘、右掌、右指，共十二节。头部一般另雕，留长头。胸部一节留短颈，并用于短颈同大的皮片帮衬，用细铜丝捆若干转固定，使成颈腔，以便插入人头的颈部（这部分颈项不透光）。

头像有连帽的，俗称"连头"；有不连帽的，只刻成网巾与发髻状，但不染色，以免妨害所戴帽的色彩。帽片与发髻、网巾相配合，底边整齐，也加一小条皮片绑合。但不是绑定，而是两端贯穿小孔，用麻线缀合的。帽部套上头部后，别有一条短麻线引到颈底的人形小口内，与颈一同插入颈腔，使其固定不脱。这种将头、帽与身部分为三段的办法，是为节省影片成本作打算，便于脸谱与衣冠互相搭配使用。这显然是大戏流行后，仿照大戏箱制作的，对于影片的美感颇有伤害。

渭南灯影，则全是帽连头的，只头与身分，以便配换，是最进步的影片，对于主要角色和仙、佛、鬼、怪等形象，都是头身连刻的，那就好看得多了。未来发展，必须是一个人有一个身像，关于衣冠和脸谱的变化，都只用不同的影片调换，应不会再采用身首分刻的方法。

过去，灯影在幕上操纵方法，都只用三根棍。主要的一根称为"背弓"，系用一支相当于直角的铁弓，一端绑在影片的肩部，一端插进竹棍，供操纵人掌握。绑在肩部的一端，先卷成一个小圈，穿孔，用细铜丝（或不锈钢丝）缚在皮影上；隔寸远处，再松松加上一道绑丝。这样做，人影便可俯、仰、进、退和转身了。指、掌两节，是拇指联掌，余四指为一节。两只手的指节上各穿小孔，贯以比较刚劲的铜丝或钢丝，作小圈状，后再扭合拢来，插入箭竹杠内。这三根竹杠装好，便可上幕演戏了。

四川灯影的背弓，是伸转在后方的。因而武将背上不能插旗，天神也无法披风带，雷公无法张翅膀。渭南灯影，把弓安在胸前；背上装饰就容易满足，但有些不好看。近年温江专区有人试把背弓改装到头顶；并把两足各分作两节，用五根棍操作的。用于演时装戏很成功。自然，也还有许多困难未能克服。

湖南灯影，率性把影片只用一面，从单方面，装操纵杆，并从三根加到五根，使动物的双手、双脚，合全身都能活动；它演出《龟与鹤》《猴与熊》，很成功。但还未见用于其他动物及人体。我想若还推广到《武松打虎》《红鬃烈马》这类戏的斗兽特写场面，是适宜的。未来的皮灯影戏会将如何发展，正待有人继续推动。

三、皮灯影戏操纵艺术

刻皮这种工艺，只有配合灯影剧艺，才有可能相互为用，并肩发展。自从开设戏园以来，皮灯影几乎绝迹。刻皮工艺亦消亡了。我国过去曾有"印花布"这种刻皮染色的创造。就是用白真皮雕刻各种花纹图案，密贴在宽布上，刮涂石灰、石膏调和的浆液。灰浆涂上后，待至于凝时，才取下刻皮，把布投入蓝靛染缸，染出蓝布后，脱去灰浆，便在蓝布上现出白花。这种印染法，在清末还很流行。道光、宣之交，西法印花布传入后，刻皮印花布遂被淘汰。我小时曾看见这种刻皮印花，上面还沾满了石灰。现在农村，还或遇见到小儿衣服缀补有这样印花布的残片，并还有印花布的包裹、印花被面、印花头巾保存，使用着。但已多是蜡染的了。科学发达，印染进步以后，这种工艺故不能免于淘汰。至于灯影戏用刻皮这种工艺，是否也会淘汰，则不成问题。

盖灯影这个剧种，不只在我国有过光辉的历史，并且已经流行到海外。即如国内各省区，现前也正在发展前进，方兴未艾。四川灯影戏与皮刻艺术的中衰，只能是暂时的，四川人民仍迫切地需要它，无论它在美工艺术方面是别树一帜的，只拿人民对戏剧的需要来说，也是必须发展这个剧种的。

大西南有许多偏僻州县，和广大的农村社会，当前都高度感到文娱的贫乏。大剧团动辄就是百人左右，他们不但延请不起，就是送演，只供伙食居处，他们也供养不起。若非有皮灯影、木偶剧这一类只需十来个人组成的小剧团供应文娱，并发展各地方自己的剧团，来丰富社会基层人民生活兴趣，是难以满足社会主义文化建设的需求的。未来的四化建设中，这样一些戏剧，必然会成为百花齐放中普遍开展的一种花树。因而刻皮工艺亦必普遍发展起来。

或谓刻皮的画片毕竟是死的，不可能像活人演大戏那样逗人喜爱；皮灯影这个行业，终不免因大戏和电影普及而被淘汰。我以为这又不然：大戏演员若还未经过学习锻炼，演出戏来也是难看的。戏剧是综合艺术，它的优美不完全依靠于肌肉表情，以物模拟的表情更能增加艺术的趣味。我曾看过滦州影戏演《红孩儿》，戏中火烧猪八戒的猪奔出火团外后，喘气的形象逼真，引起全场大笑。我跑到后台看他表演的方法，原来只用一个纸剪成的黑猪，对着灯光用两手微微使它胸腹闪动。幕外看来，便真像一个猪在急促喘气了。又如湖南灯影剧团创造的《龟与鹤》，也是生动如真的。其后又创造出《猴与熊》玩吊钟一剧，令人如看马戏班表演一样。这可证明，皮影戏的表演技术是可以不断提高的。

我十二岁时，曾在家乡农村看见一个六人组成的灯影剧团，有一个"拦门师"（操纵影片的人），不知姓名，人只呼他作"哑巴"。但他有听觉，能说话，只是不能唱戏，不能奏乐，专擅"捡门"（操纵皮影）工巧。他能演灯影叹气、吐痰、发怒、发欢各种姿态；表现在影片的轻微振动，恰到好处，使观众感到与大戏里的活人无异。我还记得他演的《梅降雪》花节狐妖一场，和《杀经堂》点烛念经的情景，觉比活人演得更有味。当时满座戏园赞不绝口，事隔七十多年了，我都还能记得那次演出的情景。

西充罗梓卿先生谈："演唱渭南灯影的何二麻子，西充人，家赤贫，从小流落广元、巴中地区学戏。天才既高，加以刻苦勤奋，成就卓越。他组成一个剧团，在保宁、顺庆、合州、沿江水运场镇演唱。一日，在合州演剧后到茶馆休息，闻邻座有人闲谈云：'这个影戏，拦门匠太好！'一人应云：'大体不错。有些地方还不过坳。'（意谓还未翻过山脊。）他顿时向茶堂官访得其人姓名，便送茶去，称师，求教。那人喜他诚恳好学，就茶堂取纸捻三根，（旧时茶座皆有人供应水烟，取钱。用革纸搓捻成条，用以点烟），代替竹棍，教以拇指与食指如何变换配合，操纵竹棍，能使影片模仿活人动作的方法。他大有开悟。真就盟磕头拜师。连日向他学习。从此'捡门'技巧大进。晚年嗓音败了，人犹乐于观赏他所演渭南影戏。"

足见操纵影片，也能成为绝技。并且这种绝技人才，并非不世出的，埋没在社会基层的颇多。任何事物，都只要有深入刻苦研究，虚心学习，皆可以成为绝技。皮灯影业是否能够复兴和发展前进，关键在于刻皮工艺是否能逐步改进，操纵影片艺术是否能不断提高。

民间文学史话[①]

(1986 年)

一、我国民间文学的诞生

人类自有语言即有诗歌。如其说诗歌是文学产品的体现,那么,原始社会就已有文学产品了。《吕氏春秋·适音篇》云:"昔葛天氏之乐,三人操牛尾投足以歌八阕。"八阕之辞不传。今世所传的古诗歌,属于尧舜之世者有下列几章,是否真是唐虞世产品,还值得分析。

1.《尚书·益稷篇》载帝与皋陶诸臣僚相勖勉的歌辞三章。其一,帝乃歌曰:"股肱喜哉,元首起哉,百工熙哉!"其二,皋陶赓歌曰:"元首明哉,股肱良哉,庶事康哉!"又歌曰:"元首丛脞哉,股肱惰哉,万事堕哉!"

2.《尚书·大传》:"维十有五祀,卿云聚……,日月光华,旦复旦兮。"

3.《列子·仲尼篇》载:尧游于康衢,闻儿童谣云:"立我蒸民,莫匪尔极。不识不知,顺帝之则。"

4.《帝王世纪》谓:帝尧之世,天下太和,百姓无事,有八九十老人击壤而歌曰:"日出而作,日入而息,凿井而饮,耕田而食,帝力于我何有哉。"(未详所据。后世合并康衢谣为一事,称"康衢老人击壤歌")。

5.《尸子》和《家语》《乐记》并谓舜作五弦之琴,歌南风之诗。其辞曰:"南风之薰兮,可以解吾民之愠兮。南风之时兮,可以阜吾民之财兮。"

有人怀疑:尧舜时,中华是否已有文字都还难定,安能遂已有了这样一些文学作品?况"立我蒸民"二句,是《周颂·思文篇》语。"不识不知"二句,是《大雅·皇矣篇》语,皆周代文学作品,如何尧时儿童就在歌唱?撰《帝王世纪》的皇

[①] 原载《民间文学论丛》第一辑,1986 年 5 月。

甫谧，魏晋时人，上距尧世两千年了，为何三代、秦、汉未见此说，反从他开始传出《击壤歌》来？而《列子》《尸子》两种书，不可靠的成分居多。从而否定了上举五章史事。

我以为：这样怀疑可以，否定则不必。须知文字，是人类造来代表语言的符号。它和语言，都只是人类心声的鸣放。人的心有巧有拙，巧者其声捷美，为群众所爱悦，流传。其尤巧而协于韵律者，听之悦耳，习之口顺，则流传更速且广，更能转相传授至若干世，逾千年者亦有之，一经写成文字，遂可不灭。不能说当时无文字便无诗歌。《尚书》赞尧，首称"钦明文思安安"。"文思"二字就是表示他组织语言的方法。刘勰著书论文学方法，名为《文心雕龙》，不用文章、文思字而曰"文心"，正好说明文章与言语都是代表心思艺术的。古今有许多一字不识的人作出了最好的诗歌和言议，不能说不识字便无文心。

至于《康衢谣》四句都见于《周诗》，亦须知《周诗》多有使用前代成言的例。如《小雅·出车》是周宣王时的诗。其第五章"……未见君子，忧心忡忡；既见君子，我心则降"。二十八字，与《召南·草虫》首章二十八字全同。《召南》若还是周初召公奭从南国采得的诗，就不能说他是剽用了《出车》原句。即如召穆公所采南国之诗，亦是与《出车》同时之作。

再说，《尚书》的《虞书》五篇，尽管不是用当时已有的文字写成，而只是后世依据古代流传的诗歌编纂成的（按殷墟甲骨文字推测，殷末周初亦还不可能有这样的文字。只可能是东西周间史官所纂）。但它仍保存了原诗的实质。例如《尧典》首章，歌颂帝尧的德业，"克明俊德，以亲九族。九族既睦，平章百姓。百姓昭明，协和万邦。黎民于变，时雍"。这就可说明当时不是封建统一国家，而只是氏族公社开始发展成为联社制的中央公社的首领。"九族"，就是联合中的氏族。"百姓"，就指附属的小部落氏族。"万邦"，就指的是与中央公社有物资交换，庆吊相通的四围独立的氏族公社。"黎民"，指的是"万邦"所有的人民。"于变"，是说他们原是与尧领导这个公社对立的，由于慕尧之德，逐渐转变为亲附之情，敌忾潜消，时势雍和了。

又如，《舜典》命官，只有八个，"伯禹作司空"，弃"后稷"，契"司徒"，皋陶作"士"，垂"共工"，益作"虞"，伯夷"秩宗"，夔"典乐"。说明当时的中央公社只有这八个脱产的专职干部。合舜为九。舜亦就是"九族"的首领。另外则有"询于四岳"的公社外围四方大首领和"咨十有二牧"的已经附属于中央公社的氏族首领。（即万邦之转变成百姓者。"姓"这个字，原是代表血统氏族的。）这只是原始社会末期，开始向国家制过渡的体现，而不是奴隶社会与封建社会如殷周时代的格局。从而可以知道《虞书》五篇，虽是周代史官纂辑成的，却保存着虞、夏年代的诗歌实质未变，足为信史。《列子》与《帝王世纪》依据何书，今已无考；其必亦如《虞书》之有古歌谣的依据，就不待更辨了。

但，原始社会无阶级，即无朝廷与民间的区分，亦即不当把原始社会的诗歌说成是"民间文学"，而只当把它叫作"原始文学"的作品。不过发展到氏族公社向国家制过渡的期间，亦即有庙堂文学的萌芽。相对为言，亦即逐渐有民间文学的区分了。例如：上举尧舜时的五条诗歌，《康衢谣》与《击壤歌》全是生产劳动者的语气，《元首歌》与《南风歌》则是脱产执政者的格调。他们的发展演进，便成为民间文学与庙堂文学的分野。

二、庙堂文学与民间文学的分野

何谓"庙堂文学"？氏族公社，俱有供奉其氏族相先神主的场所，称之为"庙"。每于阖族祀祖祭享时，商决当做的大事，共同遵行。迨发展为多族联合成为一大公社时，那个特别强大有力的领导人（元首），即自命为天帝的化身（帝），便在祖庙之外，另立祀天的场所议政施政，即汉儒相传的所谓"明堂"。故后人称国家议政、施政的机构为"庙堂"。庙堂人物，有其抒情、纪事、祈禳、颂祝、令教之文，是民间所无须学的。民间亦自有其抒情、纪事、祈禳、劝诫的语言以表达情感的心声。分野于是形成了。但他们到底仍是同出于一体的派分，距离不大。随着国家组织的发展，境域的扩大，统治阶层的增多，劳动人民地位的低落，民间文学与庙堂文学的距离亦发生了变化。

从夏代中叶少康之世开始，直至殷末，大约一千年间，是我国中原地区的奴隶社会时代。这一时代内所谓民间，就是奴隶阶层；所谓庙堂，完全掌握在奴隶主（贵族）手里。奴隶主养尊处优，不愿劳动，也很少研究文学的；其庙堂文字，殆完全依靠于知识奴隶。《尚书》所载《五子之歌》，还能记得其"皇祖"之训："民为邦本，本固邦宁"。迨少康复国以后，其子孙奴隶主，仍是残民以逞，至于亡国。商汤能重视奴隶的智慧和力量，故能代夏而有天下。其子孙又复残民以逞，至纣而极，卒以众叛亲离，"前徒倒戈"亡国。所可怪的，是这千年之内没有民间文学作品传世。《尚书》的夏、商两书各篇中，全属庙堂文章。《伊训》《说命》两篇，虽著明为奴隶之作，但伊尹传说是身为上层知识奴隶，已经不是民间奴隶了。但也不能因此遂谓夏殷两代没有民间文学；只不过奴隶主们不容许奴隶阶层人民诗文流传而已。

周族兴于邠歧，原很微小。但他一贯厚待奴隶，能得奴隶死力，故能灭纣而有天下。例如：太公望、散宜生、南宫适等周室功臣，都不是周的贵族人物而是周室的奴隶，或外来逃奴，被称为太公。《诗·豳风·七月》八章的歌词，就是周公旦用公刘居邠以来保存的农耕奴隶们的多篇诗歌汇纂而成的。（说详拙作《周诗新诠》稿。下引各诗同）这就可以说明夏殷民间仍有文学作品不少。

从周灭纣到秦统一（前1122—前220年）的一千年，是我国奴隶社会向封建社会过渡的时间（或称"封建前期"），也是民间文学发展达最高潮的时间，不但中原的各种民间文艺蓬勃发展，长江流域的所谓"南国"的民间乐歌亦大量传入中原，被各国太师谱为乐章，孔子把他收入《诗经》，供朝野弦诵了。

今世仍然流行的《诗》三百篇，是孔子从列国乐官选取自所喜爱，能弦歌以教弟子的乐章，依南乐、风乐、雅乐、颂乐分类的乐章原文。其中《周南》十一篇全是周初采录的南国奴隶之诗。《召南》十四篇，旧传是周初召公奭采的，一说是周宣王时召穆公虎平淮海后采录的南国诗歌，十九是奴隶所作，不过亦已有华人用南乐歌唱之作了。（《何彼秾矣》就是鲁国士人歌唱鲁庄公迎娶哀姜之诗。）《邶风》十九篇中，自《日月》以下十五篇全是民间之诗。《鄘风》十篇中，亦有过半为平民之作。《卫风》十篇亦然。《王风》十篇，自《黍离》外，九篇皆属民间作品。《郑风》二十一篇，只四篇属于郑国贵族之诗。《齐风》十一篇，有平民之作五篇。《魏》《唐》《秦》《陈》《桧》《曹》诸乐歌，大致比例亦如此。《豳风·七月》，为周公旦纂辑夏殷世农耕奴隶的旧歌，已如前述。还有《东山》《破斧》两篇，与《小雅》的《采薇》《出车》《蓼莪》三篇，皆是农奴应征从军的兵士之诗。"伊威在室，蠨蛸在户"，"鹳鸣于垤，妇叹于室"，"亲结其缡，九十其仪"，"哀哀父母，生我劬劳"各句，都说明他们是有分地和室家的自由农民。凡《小雅》七十四篇，属于统治阶级之作者不过十二三，属于民间歌谣者十六七。其比例亦与列国的风诗相近，但所谱乐类不同耳。唯《大雅》三十二篇，与《周颂》三十一篇，为周室庙堂之诗，《鲁颂》四篇与《商颂》五篇为鲁、宋两国庙堂之诗。

《邶风》与《小雅》俱有"谷风"一篇，同咏王畿泾渭地区民间一个弃妇的事。《邶·谷风》六章，九十八字，叙述夫妇初有"德音莫违，及尔同死"之约。嗣有"宴尔新婚，不我屑以"之憎。念及共营鱼梁，生产致富的艰苦，既已生育子女，乃因既富娶妾而被遗弃的怨忿。"既生既育，比予于毒"。"不念昔者，伊余来塈"。怨痛之情，如出劳动妇女亲口。能使读者发为同怨，算得民间文学上品。《小雅·谷风》三章，三十字，只说："将恐将惧，唯予与汝。将安将乐，女转弃予"，"……将安将乐，弃予如遗"，"忘我大德，思我小怨"。不及造梁设笱，生育辛苦，及其他生产致富之劳，显然不是劳动人民语言，而只是脱产士大夫表示同情之意而已，应不属于民间文学之列。

孔子所录以教弟子的，只周太师与列国乐官所掌乐诗的十分之一。《墨子·公孟篇》说：当时有"诵诗三百，弦诗三百，歌诗三百，舞诗三百"。诵诗、弦诗，皆平民与四夷之诗，非孔子所录。尚有《左传》《国语》及先秦诸子所传古代诗歌。足见《史记》的"古者诗三千余篇"之说不是夸大。所逸诗中，出于民间风谣者，必然更多。

《左传》襄三十年，载有郑国两首民歌，值得一提。它说：子产为政"使都鄙有章，上下有服，田有封洫，庐井有伍。……从政一年，舆人诵之曰：'取我衣冠而褚之。取我田畴而伍之。孰杀子产，吾其与之。'及三年，又诵之曰：'我有子弟，子产诲之。我有田畴，子产殖之。子产而死，谁其嗣之？'"这充分说明了劳动人民对于政治措施的现实感。商鞅说"民可与乐成，难与虑始"，正是缘此而发的。子产、商鞅之世（春秋中叶），正是奴隶社会向封建社会过渡已临近完成的时候，许多敢于前进的政治家，已不似从前那样勤于倾听民间风谣，因其俗以治其民了。入战国后，民间诗歌再被压抑下来。但"民为邦本"的概念，在列国统治期间，仍是重视的，故民间文学仍然在地下发展。例如《战国策》所载许多有名的寓言，如"狐假虎威""南辕北辙""鹬蚌相争"之类，就是来自民间。

春秋战国时代，民间文学不只诗歌丰富，散文亦多有价值的。比如《考工记》记述春秋时的工匠技巧，在我国科技史上是一颗明珠，它的作者姓名不传，但是战国世匠师们奉为法则的宝书。汉儒把它附在《周礼》，以补《冬官》之阙文，由是获传至今。又，《周礼·地官》文中，记录了许多耕种养畜的方法。《吕氏春秋》的《上农》《任地》《辩土》《审时》四篇，全是说的农务。显然都是取自许行之徒的《神农书》（见《汉书·艺文志》。孟子书曾说"有为神农之言者许行"）。此皆当时从事工农劳动生产者传授弟子之法则，文章大有功于世道者。此外如《山经》《海经》介绍地理知识的篇章，医药、卜筮等方术之著述，见于《艺文志》者还多。在当时，都只能算为民间作品。它们与庙堂文学是迥然不同的两个发展方向。

三、封建社会年代的民间文学

自秦统一至清亡的两千年,是我国的封建统治时代。在这悠长的时代里,识字的人大都争取脱产入仕,只留下不识字或识字不多的人从事生产劳动。亦有封建士大夫失意归耕、在农村终老的人,例如陶渊明、阮籍之类。但他们都只诗酒自娱,笑傲于林泉之间,对人民生活不大关心。且看陶渊明这个代表人物,从他发愿归田起,直到他死,所有诗文,没有一句是研究农桑衣食之用的。他所欣赏的,是"山气日夕佳","秋菊有佳色","一觞虽独进,杯尽壶自倾","欢言酌春酒,摘我园中蔬"。原说他"依依在耦耕",结果是"既耕亦已种,且还读我书"了事。这样归耕的人,只算得寄食于农村的真文士、假农民。这样的文章,不能归入民间文学之列。

农村受压迫最深重的尤在妇女们。她们不但没有条件读书,更还受到男子们的歧视,与家族制度的高压,因而时有愤发而成的抒情诗歌,亦有深厚感人的力量。兹举我所听得的两首儿歌为例。

其一:"青枫叶,背背黄。巴心巴肝去看娘。妈妈见我哭一场,哥哥留我耍半年。嫂嫂嫌我吃得多,提起板凳要砸锅。多谢哥!得罪嫂!从此他家不来了。"

其二:"篾板凳,坐一排。对门幺嫂哭拢来。办陪奁,十几抬。嫁个丈夫不成才!又吃烟(指鸦片烟),又打牌,赶场去便不回来。锅无米,灶无柴,娃娃哭得不下台。鸡儿叫,狗儿咬,当门烟灰回来了!"(俗谓门外田间为"当门",嗜吸鸦片者为"烟灰"。)

这两首儿歌,是我七十年前一个五岁的侄女从她外婆家学来歌唱的,我至今欣赏不忘。前一首,是一赋性刚强的农村妇女之词,尽管艺术粗糙,语意不够圆足,却把农民家庭母子、兄妹、婆媳、姑嫂之间的情感和姿态,与作者的个性,表现得非常清楚;后一首,是邻里农民同情一个孱弱女子遇人不淑的诗歌,描绘得极其深刻,足为近代农村妇女抒情的代表作品。它俩的共同特点,是把农村妇女受到社会压力,无可如何的情致,作为控诉性的抒发,与《邶·谷风》可以先后媲美。这类文字,在近代方志里也很少见收。大概是因为说它是乡曲俚歌,不堪登大雅之堂。在妇女已得解放的今天,来回味这些具有民俗真实性的诗歌,是很有价值的。所以我把它介绍出来。

封建时代,广大的劳动人民的文思脑力,并不因受到社会歧视而衰退、熄灭。他们虽不识字,或识字不多,亦会自己找寻它的出路。民间诗歌能手,仍然不少,大都表现为山歌、儿歌、竹枝词，金钱板、乩笔、巫词，僧谒、道情、平话、戏曲，小说、江湖语、灯虎、劝善书之类。小说如《水浒传》《西游记》《绿野仙踪》《金瓶梅》《大红袍》《红楼梦》《儒林外史》《三国》《列国》《说唐》……都是民间文人编造的。戏曲到了清代，已经从文士词章逐步转入演员编造了。并且有些原不识字的演员所编造的剧本，比文士编的更受群众欢迎。例如：四川的四十八本《目莲传》、上海的《狸猫换太子》和《铁公鸡》《七侠五义》之类，几乎完全摆脱了文士词曲，专以音调技巧见长。

我小时所见市井间的娱乐，只有说评书、金钱板、打道情、放焰口、跳端公，和看坝坝戏。中华人民共和国成立前后，还听过李劼人说评书，邹忠新打金钱板，贾瞎子打竹琴（道情）。他们唱故事外，还有《瞎子算命》《舵子回门》《小菜打战》《麻雀子嫁女》等荒唐故事，令人笑不可仰。至今还能记邹忠新《小菜打战》几句："豆腐老豆登了殿，要杀小菜一满门。冬瓜拿来做大炮，豇豆拿来做火绳。韭菜拿来做飞剑，豌豆拿来做流星。……打得南瓜遍地滚，打得西瓜跑不赢，苦瓜烫起一身泡，丝瓜打成一包筋，还有苋菜挨得惨，横身上下血淋淋。……"直唱到小菜反攻，得锅铲大将军的帮，把豆腐切片投入油锅。吓得屁滚哺哺，面目焦黑，终被两个快捕（筷子）押进牙门，送到五府（五腑）定罪去了。这样异想天开的笑歌，只有农民与厨师才想象得出来，我认为它是民间笑料的上品。

在我国还未有石印、铅印的时候，各乡镇市集有人卖架架书。一人肩荷木架，上面挂满了雕版印制的民间小书。如《女儿经》《百家姓》《哭嫁书》《猜谜书》《江湖话》《三字经》等，全是帮助劳动人民识字、讲话的廉价书本。我见到一本字谜书，亦很笑人：它折一个"舜"字，是"一家三合头，走马转角楼。（两句皆农村建筑术语）披床滥席子（夕），看守歪角牛（牛）"。猜"夫妻义重"四字是："二人力大顶破天，十女同耕半丘田。我王头上生双角。千里连土连阡"这真是叫人发笑的文艺。但若还站到初学识字的劳动人民地位去看，便会看出他们互相带动识字方法的文思来。如果这些作者文化高的话，是会写出惊人的文艺。

四、现代民间文学的重点

中华人民共和国成立以来，民间文学作为社会主义文学的一部分，获得很大重视。发掘、整理、研究、弘扬我国民间文学的工作有声有色，取得了很大成绩。但是也应该看到，我国是多民族国家，地域宽广，各兄弟民族文化丰富多彩，两千年来封建统治者推行大民族主义，忽视兄弟民族的文化，不仅造成了一定的民族文化隔阂，也造成了一些少数民族的民间文学记载缺失、研究空白和收集整理的难度。是故，当前民间文学的重点，应该放在少数民族方面。尤其是那些语言与文字俱不同的民族，他们的民间文学，代表着他们的思想意识和历史文化，是认识了解他们民族心理与文化传承的重要入口，也是加强和促进中华各民族团结的重要纽带。

例如：藏族，自有文字与其特殊的宗教，已千多年了。今天不容易使其他五十多个兄弟民族的人民都能了解他的语言、文字与宗教。但若能从他古今流传的民间文学作品翻译阅读，则易让人逐步了解其社会历史的真实，亦容易认识其意识形态与社会状况。这些趣味丰富、引人入胜的民间文学，对沟通民族的情感亦会起到良好的作用。

藏族有一部民间文学，叫《林·格萨尔传》。在藏民中，比内地的《西游记》《红楼梦》和《三国》《水浒》在民间有更大的普及率和吸引力。虽经黄教祖师反对，禁止僧迦读；但其他各派喇嘛（尤其是花教僧侣）却一再多次抄写流传。现已由元代初的三部，发展到一百多部了。这样的一部作品，其能代表藏族人民的思想意识是无疑的。我在1929年考察西康时，看见藏民如醉如痴地彻夜倾听它，我曾延请通译翻讲几段，初亦觉得荒唐无味。迨考察一年以后，便理解得藏民如狂如痴的嗜好它的道理了。曾函商青海杨质夫先生译印。经过十年动乱后，我风闻第一册已出版了。但当我函向青海购买时，才从回信中知道：杨质夫已在动乱中被整死，其书亦被没收焚毁，令人长叹觖望！未曾想到，近年这部书又由王沂暖先生和同志们把它翻译印行了。又还有戏剧工作者把藏族最流行的《卓娃桑姆》改编为舞剧，向国内外演出了。与此同时，我省文联的萧崇素先生，与民研所组织一批中青同志，深入大小凉山去搜集彝族文艺。更还有八十高龄的艾芜老先生，远赴云南西双版纳，去搜求傣族和另一些民族的民间文艺。这些很令人鼓舞的喜讯不断出现，对于未来民族地区的文化建设和民族民间文学工作会有如何先导作用，是可以想见的！

略谈易学[①]

易学是中华民族五千年文明史中一颗璀璨的明珠。它对我国的哲学、史学、文学、宗教、医学、天文、历算的形成都产生过巨大的影响。直到今天，易学的许多内容仍充满奥秘，吸引着国内外无数人。过去对易学曾有过一些误解，把它单纯看成是古人进行卜筮的唯心主义的东西。其实，易学经过几千年的发展变化，早已成为集我国古代哲学、科学之大成的具有丰富内涵与外延的学问。历代的学者都把易学作为探求深奥知识的研究对象，甚至有"易为《五经》之首"的提法。据统计，我国历代研究《周易》的专著，在3000部以上。自从意大利人利玛窦于明万历年间来北京传教时将易学中的八卦学说译成拉丁文传播到欧洲后，西方人也对易学发生了浓厚兴趣，研究者不断增多，而且把现代科学引入易学研究之中。40多年前，我国留法学者刘子华先生，以易学之八卦宇宙论结合现代天文参数进行研究，推导出太阳系存在着第十颗大行星的论断，引起西欧天文学界轰动，被巴黎大学授予博士。近年来，随着我国中医、针灸、气功等在国际上传播，易学之神秘与奥妙吸引了千千万万的人。1984年，在武汉召开了第一届全国《周易》学术讨论会。1987年，又在济南召开了国际《周易》学术讨论会。这两次会以现代科学理论从多角度来探讨了易学，把易学研究推向新的高度。目前国际上已成立有国际易经学会。作为中国人，更应对我们祖国这一优秀遗产有所了解。有感于此，现将我几年前提交周易学会的一篇长文，汰繁就简，浓缩为一易学源流之简介，以供读者参考。

一、卦爻起源

易学最初是上古人类卜筮之学。因当时尚无文字，只有靠符号、图像来表示，这种以符号组成的图像，叫"卦象"，其基本符号是一长画（—）或两短画（--），

[①] 载1988年《文史杂志》三期。

相传它来源于伏羲氏时的"俪皮聘婚"之制,所谓的"俪皮聘婚",就是将一整块兽皮,自脊缘处剖开成两半,用作聘婚之用。如女方允,则将两块缝合为一;不允,则以两半退还。巫师们把这种剖开为二,或合二成一的占卜方法,用于卜筮,就创造出了"筊卜",即用牛角或竹节等物,中剖为二,将它合而掷于地,视其俯仰变化而占卜,这就是卦爻。两扇爻掷出后,会组成四种"卦象",用符号来表示就是,一(太阳),═(太阴),这就是"两仪"。在"两仪"上叠加═和一,就变成"少阴"和"少阳",这就是所谓的"四象"。如果在"四象"上各添一阴或一阳,就组成为八种卦象,这就是"八卦"。而它的基本符号一、═,就是阴、阳。因为上古人类认为,世上的万事万物都源于阴、阳两端,它们的表现形式也都不外乎阴、阳两象,(如日月、阴晴、雌雄、正反、明暗、胜负、吉凶等)因此,一阴一阳是组成世界的两个基本成分,易学称它为"两仪"。《易经》把它们的演变过程概括为:"易有太极(指宇宙的混沌状态),是生两仪,两仪生四象,四象生八卦。"而八卦则演示万事万物。

二、周易以前之易

我们现今所说的易,指的是周易。在周易以前还有连山易、归藏易。

连山易,传为夏代时的易,用筊卜法。它是人类初有文字而语法尚不完备时的产物,故它的支词中没有动词。

归藏易,传为殷代的易,它用的是龟卜。就是用火炙龟甲,视裂诉情况以占卜。一个龟共有64块甲(纹),背甲有3条隆椎,中脊为6大块,左右各4大块(见附图一),其中最高处的一块叫泰一(太乙),它与左右8块构成"九宫"。殷代的易家以太乙、五行、八卦、九宫错综排列,分成四派:排八卦为四方四隅形,是为"卦环";排九数成龟形,是为"洛书";排十数为方阵,是为"河图";将河图中之十移到外环,作圆形,自中心向左右划分阴阳两列数为渐变的两部,成为"太极图"。(见下图)

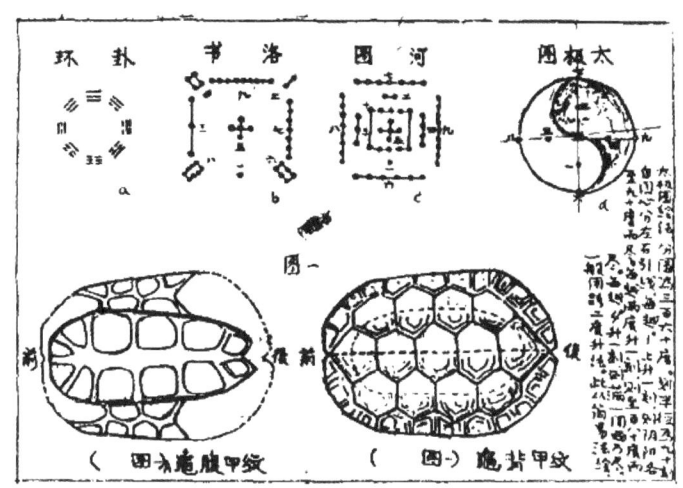

由阴阳两种符号演变出如此复杂的数学图形,证明那时我国的数术已相当精妙。卦象学已由简单演变为繁复,易学有了新的发展。

三、周 易

周代祭祀、祈禳已用士流担任。知识层次的提高,推动了易学向更富于哲理性发展。八卦也变成六十四卦,由于能示现更多的物象,故更便于用在作数理、物理、人事的研究。这时的易可以说是我国自然科学与社会科学综合研究的导源。《周易》包含两部分:《易经》和《易传》,前者主要讲占筮,包罗了我国古代所掌握的自然科学知识。后者讲哲理,是当时社会科学之结晶。不过《周易》并非是周代之易的原样,他是孔子及其弟子们重新编纂订正过的。孔子周游列国,对易产生浓厚兴趣,为学易他曾求教于老子和苌弘,读易曾"韦编三绝"。因此,他所编订的《周易》也杂采了老子、苌弘等人的一些说法在内。

周易的占卜方法与连山、归藏不同,是用蓍草来占卜的。虽然在表示方法上仍用长短线来表示阴阳,但它不用殷易的五行学说。

四、周易的衰落

孔子虽编订了《周易》,但当时并不受人重视,靠了他的弟子商瞿大力宣传讲授,才有人接传了下来。后来秦始皇焚书坑儒,《周易》因为是占卜书,故得以不在焚书之列,保存下来。到汉武帝时,罢黜百家,独尊儒术,孔子的地位被抬得很高,

《周易》也因而成为儒生们普遍研习的"热门"。号称商瞿一派嫡传弟子的杨何，被汉武帝征为博士，官至中大夫，天下皆尊杨何之学。于是，全国说易者皆守商瞿所教，以为家法，倘有敢于背家法、违师说的人，便会被加以"非圣人之意"的异端邪说帽子，不得入国学，甚至被害死。一些反对周易，宣传占易的人，不得不改头换面。于是，便编造出"纬书"，与儒家的《易经》相对抗，甚至用占卜造"图谶"以惑众。

到了东汉时，由于光武帝信谶纬之说，杨何一派受到冷遇，学易的人又复古了。儒士们也以谶纬说经，竞相谈论灾异占验的图谶之说。一直到南北朝时，萧梁、刘宋才开始禁谶纬之学。尤其北周及尔后的隋朝，更是以严厉禁绝。但相应的阴阳五行、数术、方技、神仙、占验之书却大行起来，老子的五千言被尊为《道德经》，受人重视的程度远超过《周易》。隋唐之世，"连山""归藏"等古易又出现，而且因与阴阳五行、医方占验之术结合，演化出数十流派，成书之多，十倍于儒家的易说，从而在数、象、理、气这四大派中，涌现出不少颇有影响的名家，使易学在这几方面大大弘扬。

易学流派综述[①]

(1988年)

易学导源于卦象。卦象开始于阴阳（一与--），它取象于日月，引申为天、地，为男、女，为刚、柔，为明、晦，为吉、凶，为一切对立的事物形象。古人的概念是：天地交而生万物，万物交而生同类，男女交而生子女。人事万态，莫不可以归纳于阴、阳变化。易学由是产生，并随着人事发展前进而亦发展前进。是故，研究易学源流，必须结合到人类社会文化发展前进的各个阶段。只注意历史阶段，而未注意到易学的支派流别，是意义不大的。只注意到派分发展，而未注意到历史阶段的社会要求，也是意义不大的。只有从社会发展各个阶段，分析流别派分的情况，才符合现代科学的要求。

基于这样的观点，初步分析易学流派如下。

一、迷信鬼神阶段的占卜之学

即《连山易》出现以前的占卜学。历史时间当在盘庚迁殷以前。操其术者，全是巫师。因为那时人皆迷信鬼神，认为只有巫师能与鬼神交通。其实巫师即已发生为若干派。例如口占派，与珓卜派。口占与珓卜，又各有分派，例如占梦与三兆，观象与望气，物候与声律，都属口占；求神指示，才用珓来判决。珓卜又有玉珓、杯珓、竹筊、木筊的分派。这些派别，在殷代是知识奴隶的学派。周代视巫低于士人一等，巫被迫退入基层社会（民间）。直至近代仍保存其为一个教派（巫教）。其源流变化，士人没有考究，巫师亦不能自明，他们与易学的关系亦显得完全脱离了。

[①] 此为作者提交1984年在武汉召开的首届周易学术讨论会之论文。载湖北人民出版社1986年出版的《周易纵横录》。

若要研究中国宗教史，就还不能抛弃巫教及它与易学的关系。

二、研究物象与数理阶段的易学

即《连山易》出现以后，《周易》出现以前，这一阶段的占卜学。它已经是用文字写成书来流传，而称之为"易"了。《归藏易》是这阶段的主要著作。还有《河图》《洛书》与其他一些占卜用书出世，自为派别。要皆以阴阳变化说判吉凶顺逆之理论。其历史时间，在盘庚迁殷以后，平王东迁以前，大约五六百年（公元前十四世纪至前七世纪）。这段时间，《周易》与蓍卜虽已有了，但还不很通行，龟卜、珓卜仍然流行于士大夫与平民之间。操其业者，已不限于知识奴隶，奴隶主们（贵族）与士大夫和基层人民也都习易、能占了。周以士流主祭祀称之为祝。这是与奴隶社会向封建社会过渡的社会制有密切关系的。另详拙著《周诗新诠》。

这一阶段的易学，派别很多，最主要的是数、象、理三大体系。甲、数学，以卦数为基础，从研究天文、律历、农事、贸迁等方面入手，兼行占卜。向数理方面探索易理，成为我国数学专业的滥觞；"河图""洛书"，是这一体系的代表。乙、象学，以卦象为基础，以阴阳二爻代表当时人类所重视的事物现象，分析其发展变化的规律，称之为"道"。其后发展为道家和阴阳家。道家哲学，实为我国自然科学发展的开端。丙、理学，偏重在人事方面的易学理据，是孔子所提倡的。（另详见下节）还有养气之学，已开始从易萌芽，但在此阶段还不成为一个学派。《连山易》《归藏易》《周易》是这阶段三部著名的古易，皆属于卦象派。《河图》《洛书》属于数象派。此外还有《乾坤易》等书。宋人发现的"古三坟"有《乾坤易》，谓是地皇轩辕氏的"形坟"。考其文字，当是《归藏》与《周易》之间的一种殷人之书。它开始使用了乾、坤作卦名。其余六卦作阴、阳、土、水、雨、风。可以设想为文王八卦的滥觞。

三、《周易》处于压倒优势阶段

孔子罢鲁相后，周游中原诸国，广泛接触了老子、师襄、苌弘等明于易学之人，归而笃嗜易学。手自编订《周易》，以为上经。当时虽不通行，却有弟子商瞿作为专业传授。秦焚儒书，《易》以占卜用书不毁。至汉武帝罢黜百家，专崇儒术，《周易》成为儒生通习之书，《连山》《归藏》《河图》等殷代易书，为儒生家所不读。等于禁止士流研习。元帝、王莽重儒，一切以孔子之书为经。非孔子之书不得入太学。于是习易者皆只学《周易》。这种情况，实际贯穿了两千余年。唯东汉、魏、晋以降，情形微有不同。北宋以后，情形又更不同。兹分为三段论述。

以下论述先秦与西汉的易学流派。

《史记·儒林传》谓："孔子卒，商瞿传易。六世至齐人田何而汉兴。田何传东武人王同……传淄川人杨何。……言易者本于杨何之家"。杨何，字叔元，武帝延光元年（公元前234年）征用。自孔子卒（周敬王四十年，公元前480年），商瞿传易，至杨何二百五十年，皆恪遵商瞿章句、解说，称为"家法"。汉儒从师，皆必须恪遵家法，不许参用别家之说。有敢参用别家之说者，即为儒林所不齿，甚至群起诋斥之。易学受家法限制，不得发展，只能一届不如一届，承传愈下。占卜又每不验，在人民群众中不受信任。儒生内部渐已有人放弃家法，自创新说的。《汉书·儒林传》言：田何"授东武王同（字）子中，雒阳周王孙，丁宽，齐服生，皆著易传数篇，同授淄川杨何"。"宽授同郡砀（县）田王孙。王孙授施雠、孟喜、梁丘贺。繇是易有施、孟、梁丘之学。"施雠一家，又有"张、彭之学"（张禹、彭宣）。孟喜一家，又有"翟、孟、白之学"（翟牧、白光与喜）。梁丘一家，又有"士孙、邓、衡之学"（士孙张、邓彭祖、衡咸）。元帝时，东郡顿邱人京房《汉书·儒林传》有两京房。一为太中大夫京房、杨何弟子、齐郡太守、梁丘贺之师，武帝时人。一为焦延寿门人京房，成帝时人，别有专传。受《易》于梁人焦延寿。"其说长于灾变，以六十（四）卦，更直日用事，以风雨寒温为候，各有占验。房用之尤精……初元四年，以孝廉为郎……数上疏，先言其将然，近数月，远一岁。所言屡中。"［《汉书·卷七十五》，本传。文补（四）字。］由是贵幸。与尚书令五鹿充宗同以易显，"论议相非"。充宗与中书令石显嫉其宠，多方排害之，弃市。然其弟子殷嘉、姚平、乘宏，仍传其学，称"京氏易学"。其书称《易林京氏传》，流传至今。班固《艺文志》所举十三家易，各为一条。唯此一条三十二字，包举四家之书。混两京房为一人。未知是刘向父子已误，抑是班氏误并。于理，四家当分列，"十三家"当为"十六家"。班氏《儒林传》，述两京房未加区别，但时间不同，甚明。前京房与孟喜皆自田王孙受易。不得云"孟氏京房"。后京房受易于焦延寿。"延寿云尝从孟喜问易。会喜死，房以为延寿易即孟氏学。"就汉儒师承家法说，后京房可称"孟氏京房"。前京房不得称孟氏京房。若此"十六篇"书是前京房传，则首"孟氏"二字，为刘向《七略》所不当有，是班氏缘下文误加。下文"灾异孟氏京房"六十六篇乃后京房书，即今世所传《京房易传》，六十四卦加前后序、跋为六十六也。五鹿充宗即与石显谋害京房者。不能与前后京混为一家。段嘉为京房弟子，其书直称"京氏段嘉"。

京房《易传》有云："孔子云有四易，一世二世为地易。三世四世为人易。五世六世为天易。游魂归魂为鬼易。"此说《周易》所无。疑纬书之说有之，故时人莫肯指斥。盖殷易家言也。于此，即可知焦赣、京房之说非全出于《周易》，徒以其筮用蓍，而占卜有验，元帝尊信之。五鹿充宗等不敢以家法斥之，乃以潜排之于外，而后诬以罪，致死。这说明儒士之易学，由于家法束缚，多失数术之效。儒生内部不满者多。于是有术士与儒士之争发生。但儒生专政时，术士虽精如京房，见信于天子，仍不能免于陷害以死。

儒士之愿革新易学者，亦不自焦延寿、京房始。《汉书·儒林传》又云："孟喜得阴阳灾变书，诈言田生且死时售"。受梁丘指斥。元帝"闻喜改师法，遂不用喜"。更还有赵宾一条云："蜀人赵宾，好小数书。后为易……持论巧慧，易家不能难。皆曰'非古法也'。……后宾死，莫能持其说。"是赵宾亦因以数术说易、远胜家法诸儒。诸儒徒以"非古法"一语斥之，使宾不得进用，至于弟子不敢持其说。传又言：东莱人费直，"长于卦筮，无章句，徒以象、象、系辞十篇文言解说上下经"。又有沛人高相，"治易，与费公同时，亦无章句，专说阴阳灾异"。自言出于丁宽。传其子康。康候气，"知东郡有兵"。"翟谊兵起"，"莽恶之，以为惑众，斩康"。而民间传易"有高氏学。高、费皆未尝立于学官"。这说明前汉儒家与数术家斗争。儒家虽无能，然以掌握政权，镇压数术家，虽自称儒生所传者，亦斥不用。然而民间自奉行之，儒亦不能禁绝也。

汉成帝时，宗室大儒刘向父子，总群书为七略奏之。曰"六艺略""诸子略""诗赋略""兵书略""术数略""方技略"与"辑略"。班固撰《艺文志》因之。其六艺略皆孔子师徒经典，凡收到易学十三家、二百九十四篇。包括施、孟、梁丘三家、周王孙、服光、杨何、蔡公、韩婴、王同、丁宽十家之书，与"古五子""淮南九师说"在前列，"古杂八十篇，杂灾异三十五篇，神输五篇，图一篇"次之。"孟氏（二字衍）京房十一篇，灾异孟氏京房六十六篇，五鹿充宗略说三篇，京氏段嘉十二篇"与"章句施、孟、梁丘氏各二篇"殿之。所收前汉儒家易说著述如此，可资参订《儒林传》文。

其《诸子略》分为九流十家。儒家之书除六经传记外，犹有五十三家，八百三十六篇；合六艺略，为一百五十六家，一千九百三十九篇矣。道家，为汉初朝廷尊崇的学派，合太公、管子、老、庄与伪托伊尹、鬻子、黄帝之书，才三十七家，九百九十三篇，实皆易学家言。阴阳二十一家，三百六十九篇，实皆出于易学。《老子》有《邻氏经传》《傅氏经说》《徐氏经说》与《列向说老子》四家，即可知皆儒生之说老子者，不可能闻发易学本旨，唯阴阳家必不可能脱离易理。今老子五千言全文皆在，是否脱离易学，亦易明了。

法家十部，名家七部，墨家六部，纵横家十二部，杂家二十部，农家九部，小说家十五部，似皆与《易》无关。然苏秦说赵王，有请别黑白所以异，阴阳而已矣（《史记·苏秦传》）可知，纵横家亦出于《易》。《庄子》举名家言，有"径寸之锤，日取其半，千万年不能竭"一句。这与上举《八卦次序图》理论殆同；设非明于易学，不可能得此妙理。农家亦是汉儒难于设想其出于易学的。然，农耕必依于历法，历法即出于《易》。是农道即易道也；故谓"易其日畤""深耕易耨"者，即直称耕耨为易。其他诸子之不能不与《易》有源流关系更可知。谓整个中国文化由《易》诞生，亦无不可。《兵书五十一家》，明著"阴阳十六家"，实则谈兵权谋、兵形势、兵技巧者，亦莫不出于易学。"数术百九十家"，数量之大，更多于六艺与儒家书之总和，其实正是殷易的支派。其分目为"天文二十一家"，即易字取义所据；"历谱十八家"，即易学最早效用的本体。"五行三十一家"，实为殷易的理论基础①。"龟蓍十五家"，明明为出于《归藏》《河洛》（龟卜）与《周易》（蓍卜）的卜法。"杂占十八家"，包括"占梦""相衣器""嚏、耳鸣杂占""祯祥变怪""禳祀""祈福""请雨""候岁""种树、藏果、相蚕"及"耕种""钓鱼"等原始的巫术。"形法六家"则堪舆、相法之书。足见儒、道、名、法诸家虽占有上层社会，仍尚有大量巫师生活于基层社会广大人民之间；并且正在发展壮大，不断创新以适应更多的人民需要；而且不似原始社会徒以鬼神欺人，而是具有文化，能自著书立说的术士了。此外还有"方技三十六家"，其分目为"医经七家"，包括《黄帝内经、外经》《扁鹊内经、外经》《白氏内经、外经与旁篇》。"经方十一家"包括痹、疝、瘅，风、寒、热等治方，针灸方，又"五脏伤中""疯癫""金创、疭瘛""液津""食禁"。又"房中八家"包括"阴道""养阳""有子"诸方。又"神仙十家"，皆"养生""摄气""按摩""步引""芝菌""技道""烧炼（黄冶）"之术，皆假托为伏羲、黄帝、神农、泰壹所传。其实皆秦汉方士所作。凡诸医道，莫不因于阴阳、五行，故曰"医者易也"。

刘向所收录，皆当时执政儒生所愿收录之书。其属儒家所不喜，民间亦未甚流行，而被摈于《七略》之外者尚多。例如《连山》《归藏》后世习见，"三坟、五典、八索、九丘"，著于《左传》，《禹本纪》见于《史记》，"本草"见《王莽传》，皆未

---

① "五行"一语，初见于《尚书·甘誓》，谓"有扈氏威侮五行"。又《洪范》始明著水、火、木、金、土之次序。《河图》《洛书》，始以五行为卦中心。与龟背文的体验有关。故知其为殷易的理论基础。《周易》不言五行。此殷易与周易最大不同处。

收录。则或由当时求书未得，不可谓已亡佚。尤可怪者：当时大量流行的六经纬与图谶，多见于传记，亦无一种收入《七略》。其为刘向所有意排斥可知。《后汉书·方技·樊英传注》，易纬有《稽览图》《乾凿度》《坤灵图》《通卦验》《是类谋》《辨终备》六种，其文汉儒注经者，如郑玄等亦多引用，称为"文纬"，皆不著作者姓名。盖前汉方术士不乐遵儒者所作，托为孔氏之言，谓可与六经交织；实皆与儒家经义立异者，援用夏殷古易与河图、洛书及洪范九畴之说为之。出于焦延寿、费直、高相之徒，刘向父子之所欲禁而终不能禁者也。是故，儒家易学，自汉武、宣、元、王莽之世为极盛，亦由内部崩溃而渐衰。盖广大人民所重于《易》者，在于占验实效，而儒易于此为短，此刘向诸儒所以不能禁制也。

四、方术压倒儒士的易学阶段

《后汉书·儒林传》，亦是以治《易》诸儒前列，谓"费直传易，授琅琊王横，为费氏学，本以古字，号古文易。又沛人高相传易，授子康，及兰陵毋将永，为高氏学。施、孟、梁丘、京氏四家皆立博士，费、高二家未得立"，可知其缘为"古文易"，故被摈也。

《范史》所收易学凡十二人。刘昆"受施氏易于沛人戴宾，能弹雅琴，知清角之操，……能降雨止风"。实为风角术开派。洼丹，"世传孟氏易，……作《易通论》七篇"。任安（绵竹人）"受孟氏易。兼通数经。又从同郡杨厚学图谶，究极其术"。杨政"从代郡范升受梁丘易"。张兴"习梁丘易"。戴凭"习京氏易……京师为之语曰'解经不穷戴侍中'"。盖亦赵宾之流也。孙期"习京氏易，古文尚书"。又云："陈元、郑重，皆传费氏易。其后马融亦为其传。融受郑玄。玄作《易注》。荀爽又作《易传》。自是，费氏兴而京氏遂衰。"足见古文易至魏晋南北朝大行，依附儒师之京氏易亦退逊之。此儒家易学发展中的一大变革。

推动这一变革的原因，显然不是由于政权关系。因为，光武、明、章几朝仍是崇儒的。不过光武与各地农民革命军推翻王莽政权时，谶纬已大行于全国了。"图谶"是"文纬"末流的产物①，属于巫师迷惑民众的一种手法，群众信之，光武亦因而信之。东汉易学诸儒，无奉杨何、施雠家法者，奉孟喜、梁丘贺与京房者亦不

---

① 文纬依附于七经之文，叙前古之事，不作未来事预言。留谶依托于河图，造为预言未来之谶语，西汉末叶乃盛。

多，而费、高古易家乃大行，是乃易学复古，偏重占验的社会条件所致。

《范史》分士流为五类：儒林、文苑、独行、方术、逸民，与从政者分别作传。《独行传》首举阆中人谯玄与其子瑛。玄"能说易、春秋"。"瑛善说易，以授显宗（章帝）"。《逸民》皆深得老子易道，迷于肥遁之义而归隐者也。故向长"性尚中和，好通老易"。逢萌"素明阴阳，知莽将败"。高恢"少好《老子》，隐于华阴山中"。《文苑传》，则如夏恭"习韩诗、孟氏易"。边韶（字孝先）自嘲云"寐与周公通梦，静与孔子同意"。其他服官有专传者，亦多兼通五经，治孔子易学及古易者不少。至于《方技》上下篇所载数十人，更无不是东汉易学主流中各派人物。故其序言云："仲尼称《易》有君子之道四焉。曰卜筮者尚其占。……若夫阴阳推步之术，往往见于坟记矣。然神经、怪牒，玉策、金绳，关局于明灵之府，封縢于瑶坛之上者，靡得而窥也。（按：此谓方士传说之书）至乃河、洛之文，龟、龙之图，箕子之术（指洪范），师旷之书（指七略兵阴阳"师旷八篇"），纬候之部（指谶纬），钤决之符（指六韬、阴符），皆所以探抽冥赜，参验人区，时有可闻者焉。其流又有风角、遁甲、七政、元气、六日七分、逢占、日者、挺专、须臾、孤虚之术，及望云省气、推处祥妖，时亦有效于事也。……光武尤信谶言，士之赴趣时宜者，皆驰骋穿凿，争谈之也。……郑兴、贾逵，以附同称显。桓谭、尹敏，以乖忤沦败。"

又说："中世，张衡为阴阳之宗。郎𫖮征最密"（并有专传）。所举方技传中人，上卷任文公父子（阆中人，晓天文、风角），郭宪、许杨、高获（并汝南人，道家称其神术），王乔（河东人），谢夷吾（会稽人，风角占候），郭凤（渤海人，图谶、占候），杨由（成都人，少习易，并七政、元气、风云占候），李南（丹阳人，明于风角），李郃（汉中人，"通五经、河洛、风星"），段翳（新都人，"习易经，明风角"），廖扶（汝南人，"明天文、谶纬、风角、推步之术"），折像（雒人，"通京氏易，好黄老言"），樊英（南阳人，"习京氏易，兼明五经，又善风角、星算、河洛、七纬、推步灾异"，"著《易章句》，世名樊氏学。以图纬教授"）。下卷。唐檀（豫章人，"习京氏易、韩诗、颜氏春秋，尤好灾异、占星"），公沙穆（北海人，"习韩诗，公羊春秋，尤锐思阿洛推步之术"），许曼（汝南人，占卜），赵彦（琅邪人，善孤虚、遁甲术），樊志张（汉中人），单飏（山阳人，天官、算术），韩说（会稽人，图纬），董扶（绵竹人，图谶），凡明易学占候者二十三人，以蜀人为多。又郭玉（雒人）、华佗（沛国人）、吴普、樊阿（皆吴人）四人，又神仙家冷寿光、徐登、费长房、左慈等十八人（无蜀人），其实亦方士也。方士传易，至后汉，遂以神奇炫众，至于发展为农民革命之宗教（太平道、五斗米道之类），与依附统治者之宗教（道教），皆由士流倡之，非由巫师。

《后汉书》与《三国志》无艺文志。《晋中书簿》《梁七略》皆无全文。唯有《隋书·经籍志》，可资以分析南北朝易学流派。

魏秘书监荀勖分群书为甲、乙、丙、丁四部，分阁贮藏。《隋书》称为经、史、子、集四部。经部易类凡六十九部。首"归藏十三卷，晋太尉参军薛贞注"。以下全是《周易》各家，包括京房、孟喜、费直、郑玄等汉儒旧注，并有"卜子夏传二卷"。后序云："归藏，汉初已亡，案《晋中经》有之，唯载卜筮，不似圣人之旨。以本卦尚存，故取贯于《周易》之首，以备殷易之缺。"又经部《论语》后，有图纬十三部，首"河图二十卷"，无洛书，次"河图龙文一卷，易纬八卷，郑玄注"。以下为书、诗、礼、乐、春秋、孝经纬（合称七经纬）。其后序云："易曰：河出图，洛出书。"……其理幽昧，究极神道，先王恐其惑人，秘而不传。此指沈约《宋书·符瑞志》关于河出图、洛出书诸说。与自宋大明至隋大业禁图谶事。是文纬家言。说者又云：孔子既叙六经以明天人之道，知后世不能稽同其意，故别立纬及谶，以遗来世。此是录取图谶家言。……汉末，郎中郗萌，集图、纬、谶、杂占为五十篇，谓之《春秋灾异》。宋均、郑玄并为谶律之注。……汉时又诏东平王苍正五经章句，皆命从谶。俗儒趋时，益为其学。篇卷第目，转加增广。言五经者皆凭谶为说。此指东汉世学风。……魏代，王肃推引古学以难其义，王弼、杜预从而明之。自是古学稍立。至宋大明中，始禁图谶。梁天监以后又重其制。及高祖受禅，禁之逾切。炀帝即位，乃发使四出，搜天下书籍，与谶纬相涉者皆焚之，为吏所纠者至死。自是无复其学，秘亦多散亡。今录其见存云云。足知文纬兴于汉初，出于河洛，只为易学别支，后遂泛滥于易外六经。图谶为纬书末流，落于妖妄，在前汉末王莽当政时，士流之憎恶朝廷者造之，结合占验，大行于时。光武即依谶言称帝，统一天下。故后汉许以谶纬说经。历魏晋齐梁及隋，始克禁绝。而中秘仍有其书，但禁人窥习而已。（以上论纬书兴灭）

《隋志》又有"河洛语音一卷"，在字学类，盖研究河图洛书古文音义之书。足知虽禁谶纬，未禁河洛古易，故仍潜行民间，至隋犹存。

《隋志》子部儒家有《扬子太玄经》三种，包括宋衷、蔡文邵、虞翻、陆凯、王肃诸家注。扬雄作太玄以拟易，当时不行，至汉末乃大行。隋、唐犹重视之，亦儒家易学一支派也。

又道家之书七十八部，属于《老子》注解者十八种，罗举注家河上公、毋邱望之、严遵（君平）、虞翻；王弼、张嗣、蜀才（范长生）；钟会、羊祜、王尚述、程韶、邯郸氏、常氏、孟氏、盈氏；孙登；刘仲融、巨生、袁贞、张凭、释惠琳、释惠严、王玄载；卢景裕；李轨、戴逵；梁旷、顾欢、何晏、葛仙公（葛洪）、梁简文帝、韩壮、刘遗民、宗塞、山琮；释惠观、孟智周、韦处玄；梁武帝、戴诜；四十余家，多是魏晋周隋出世。亦后汉以后士人"老、易"混合之书，为易学的又一支派，与道教之建立有密切关系。

《隋志》子部无阴阳家，有兵家一百三十三部，天文家九十七部，历数家一百部，五行家二百七十二部，医方家二百五十六部。兵书中有《太公六韬》、《太公阴谋》（魏武帝解）、《太公阴符钤录》与《周书阴符》皆此阶段术士伪托之书，亦可算作易学一支派。又有《孤虚》三种，云皆梁代有，实则《汉志》已有。《乾坤气法》与《对敌占风》及其他杂占之书十余种，亦可算作易学一些支派。天文原是易学产物。《隋志》天文又有占星、占日、占月、占风、占气之书二十余种，皆阴阳家支流，亦即易学之另一支派也。"历数"包括历法算术与声律之书，实为易学主流。《隋志》此部自《九章术义》以下，二十七部，中有"婆罗门算法"三部，足见易数之学已渐与印度数学融合。世传僧一行种种神异，均为佛教徒深研易学之证。五行为殷易之创说。秦汉以来，自阴阳家分派为若干种方技之学，为儒家所排，而基层人民信向之。在此阶段更得蓬勃发展，成书之多，超过儒家之书数倍，法家之书数十倍，名家之书数百倍。社会学说之发展变化显著如此。凡此"五行"二百七十二家中，包括风角、五音、九宫、太一、遁甲、孤虚、逆刺、乌情、元辰（玄成）、推步、须臾、堪余（堪舆）、禄命、禁忌、神通（坛登）、占梦、瑞应、祥异、玄石、相地、相人、相畜、相墓、相器，及其他杂占似巫术者，数十种类。皆有书典，言之成理，为师儒所习。其书名冠以"周易"字或"易"字者甚多。其实亦无一非殷易之支派。其中竟有"连山三十卷，梁元帝撰"。梁元帝去隋不远，应非伪托。其医方家中，针经、脉经、本草、汤药、散方、丸药、食经、儿科、外科、妇科、服食、炼化、金丹、房中、痈疽、灸砭、治鬼、兽医、养身、行气，各科俱有，大体与近世同，这说明中国医学在隋代已发展到近于极限。

在此汉魏至隋年代里，道教产生了，印度佛教亦从西域与海道输入。《隋志》子部收载《道经》三百七十七部。分目为"经戒三百一部""饵服四十六部""房中十三部""符箓十七部"。未列书名，大抵已分编于上述诸目中。《后序》论其发展事迹，与其科仪颇具。不言襄楷所上《太平经》，与张陵演教事迹，当是由黄巾与张鲁诸路败亡，道士讳之；亦缘《隋志》不记魏晋以前事而削去，以避道流所讳故也。所叙"事迹"，谓："汉时诸子，道书之流有三十七家。大旨皆去健羡。处冲虚而已。"盖同"老子五千言"之教，得《易》"遁世无闷""亢龙有悔"之旨。赓举陶弘景与梁武帝，寇谦之与后魏诸帝阐教事迹。续称："后周承魏，崇奉道法，每帝受箓如魏之旧。寻与佛法俱灭。开皇初又兴。"此指周武帝灭释道法。在公元六世纪中叶，武帝死后，释道复盛。隋高祖虽雅信佛法，亦未毁弃道教。入唐后，以老子姓李关系，道教深受尊崇。易学成为士流首经矣。

《旧唐书·经籍志》《新唐书·艺文志》皆与《隋志》同式，衔接。兹依《新唐志》续述唐代三百余年，易学态势如下：

《唐·艺文》经部"易类七十六家，八十八部"。首列"连山十卷"。"司马膺注归藏十三卷"。其余皆《周易》注家之书。《隋志》所云卜商、孟喜、京房、费直、马融、荀爽、郑玄、刘表、董遇、宋忠、王肃、王弼、虞翻、陆绩等汉魏诸家皆备，晋宋隋唐人更多。值得注意的，有僧一行周易、大衍、义决等四种。无释慧琳、惠严、惠观三僧的易注。又"谶纬二家九部八十四卷"，首"宋均注易纬九卷"。可知隋亦未能完全禁绝纬书。子部儒家有注《太玄经》者五家（陆绩、虞翻、范望、宋仲孚、蔡文邵）。"道家类一百三十七家，七十四部。"注解《老子·道德经》有六十余家（原与神仙、释氏错简。校点本未纠正）。"法家类十五家十五部"（管子未列入）。名家十二，墨家三，纵横家四，杂家六十四；农家十九，小说家三十九。并微多于《隋志》。"天文类二十家，三十部"。"历算类三十六家，七十五部"。"兵书类二十三家，六十部"。"五行类六十家，一百六十部"。大体与《隋志》同。新开"杂艺术类十一家，二十部"，为博弈、书画、游戏之书。又"类书类十七家二十四部"，为书目学有志之始。"医术类六十四家，一百二十部"，已有"疗目""膏方""药图""图经""验方""名医传""脚气""口齿"等新目。又"神仙三十五家五十部"，亦多托名老子之书，与摄生、气诀、丹诀、烧炼诸方技。又"释氏二十五家，四十部"，与道家错简。

从后汉到隋、唐、五代这一历史阶段的历史，有几个特点：

一是农民革命军频频发生，并皆有宗教形式的组织，和相当大的战果。——这乃是方术家不满儒术专政，利用农民对他们的信仰而掀起争夺政权的行动。从黄巾到黄巢的若干次农民战争皆是如此。

二是道教成为宗教。——这乃是方术家比较温和的一派，从学术方面自奋。穿戴儒衣儒冠，打进统治阶层企图与守旧儒生分庭抗礼的行动。后汉张衡，六朝的陶弘景，后魏的寇谦之，唐初的李淳风，中唐的李泌，五代的杜光庭，都是划时代的代表人物。他们未能推倒儒家专政，却建成了道教，自立山头。

三是隐士享高名者多。——方术之士的自了汉，以肥遁自高。潜修学术，不求闻达，而名满天下者，在此时期，多不胜举。例如管辂、华佗、祖冲之、孙思邈、赵直、葛洪、袁天纲等，都是术上之有特长者。其书流传至今。

四是方术之士不满于儒术者，编造纬书数十种，七经皆备。渐转为图谶，在后汉世侵夺儒家经坛，几于成功。至隋乃被禁绝。——这是方术之士不择手段与儒家争胜，失于妖妄的结果。优质的纬书，如《参同契》，则非唯不能禁，且在唐宋年代大量流行，收列《道藏》。与老、庄、列子同重。

魏伯阳《周易参同契》二卷，载《唐书·艺文志》，并有"郗还注"一卷。魏伯阳，传为"汉时吴人"，不见正史。其书多言坎离、水火、龙虎、铅汞烧炼之法。通《易经》《老子》与炼丹术为一体。谓天、地、人同具阴阳变化之道，故曰参同契。《隋志》不载，内府无其书故也，民间则流行广泛，故唐代得入中秘。入宋而其书大行，奉为丹术之祖。纬书多用三字命名。《参同契》，当是最后出的纬书。其书不附文纬，亦不附图谶，专言道家修炼之术，故为道士所重。

五、儒家易学革新阶段

唐末人陈抟，举进士不第，习服气避谷方，云游全国。世人以为神仙。抟精于古易，著有《指玄篇》八十一章，言导养、还丹之事。见《宋史本传》，又有《易龙图一卷》，见《宋史·艺文志》，盖传授《河图古易》之书。道州大儒周敦颐实得其意，著《太极图说》。《河图》依阴阳分别勾绘，即成太极图，故知其说出于陈抟也①。周氏又著《通书》四十篇，发明太极义蕴。传河南程颢、程颐弟兄。颐著《易传》。二程皆大儒，弟子满天下。其学合儒老为一家，号为"道学"。同时，关中张载、闽中杨时与之相呼应。一时士大夫多尊仰之。稍晚有范阳人邵雍，常居洛阳，精于象数，更能弘扬周、程之学。著《皇极经世》，阐明河洛义旨。士大夫从游者甚众。言易，邵更精于周、程。于是朝野风靡。宋儒殆无不习易者。南宋则朱熹直承二程、邵氏之学，极究易理。其弟子蔡元定，学宗邵氏，著《洪范解》《大衍详说》，《律吕新书》行世。

大抵宋儒疾汉唐儒生固守门户以悖易道，徒以经书干禄，丧失民众信仰，故以

---

① 朱熹《易图说》云："伏羲四图，其说皆出邵氏（雍），盖邵氏得之李之才、挺之。挺之得之穆修、伯长。伯长得之华山希夷、陈抟、图南者。"

正心修身，饰德砺行，持遁世之道，居易守命，以矫儒流积弊。而以理数前知自慰。言易虽以《周易》为宗，而不守师儒旧说，参取河洛古易、数术理论以自革新，故能风靡一时。

元、明、清世科举，专用朱熹之说取士。故宋儒革新之易学，能长保不败，而发展不大。

《宋史·艺文志》经部"易类三百十三部，一千七百四十卷"。无《连山易》，有"薛贞注归藏三卷，传十卷"。"陈抟易龙图一卷，范谔昌大易源流图一卷，证坠简一卷。"云坠简，则其所据为古易可知。又有"陆秉意学十卷"，即持"医者意也"说者也。又言陆氏于王洙家得"古易十三卷"。王洙自有《言象外传十卷》。又刘牧（范谔昌弟子，其学皆出于邵雍）有《新注周易》十一卷，《卦德通论》一卷，《易数钩隐图》一卷。邵雍有《皇极经世》十二卷，又《叙篇系述》一卷。《观物外篇》六卷。《观物内篇解》二卷。皆其门人子弟所录。其他大儒、名臣，如胡瑗、欧阳修、王安石、司马光、苏轼、张载、吕大临、龚原、晁说之、游酢、安咏、朱震、林鲦、袁枢、晁公武、胡铨、程大昌、吕祖谦、张浚、项安世、王柏、真德秀、李焘、魏了翁等皆有易学著述，不可胜举。李平西著《河图传》一卷。朱震有《卦图》三卷。程大昌有《易老通言》十卷。皆为宋儒说易取材广泛之证。朱熹有《易传》十卷，《易本义》十二卷，《易学启蒙》三卷，《古易音训》二卷，集宋代易学之大成。《宋志》又有"易纬、乾凿度"等九种，共十四卷。说明易学思想解放后，历世禁锢之书亦得复出。

《宋志》子部之书三千九百九十九部，分十五类。其道家类一百二部，注《老子》者二十家，注《阴符》者十九家，注《参同契》者五家。多属唐代已有。

其神仙类三百九十四部，有"魏伯阳《丹诀》一卷，《周易门户参同契》一卷，《大丹九转歌》一卷"（可能有伪托。不真是魏伯阳书）。又有"襄楷太平经一百七十卷"，"华佗老子五禽气诀一卷"，"尹喜黄庭外景经注一卷"及"施肩吾《真仙传道集》《群仙会真记》"，皆难信其实有。大抵宋人因对易学开放，从而作伪假托者亦多也。又载有陶弘景六种，孙思邈四种，张果三种，杜光庭九种，高骈一种。皆不尽可信。又有《大易志图参同经》一卷，云是唐玄宗与僧一行、道士叶静能问答语。则是宋人已有儒释道三教合一思想的反映。又有青霞子《旨道篇》《龙虎金液还丹通玄论》《宝藏论》各一卷，则又似已由炼丹术转入采矿冶金技术研究之书矣。又有张君房《云笈七签》百二十卷、辑各家道书精义，汇为一部，洋洋大观也。

其"名家类"只五种，"墨家类"只墨子一种，"纵横家"只鬼谷子三种，皆先秦书，而"农家类"有一百七种，多宋代新出。足见宋代由于异族威胁，而朝廷务苟安，士流不愿仕进，以实业自立者多。数术方技为士林谋趋避者所重，为之作书宣扬者尤多。此宋代学术发展方向之特色也。

《宋志》天文类一百三十九部，历算类一百六十五部，兵书类三百四十七部，杂艺类一百一十六部，医书类五百零九部，皆与前代书量接近。唯五行类多至八百五十三部，二千四百二十卷；首"郭璞《三命通照神白经》三卷，陶弘景《五行运气》一卷"皆当是宋人伪托。余皆宋人自名之书。其中冠有"周易"字者二十余种。足见宋代术士皆自信其术之出于易理也。其品目与《唐志》大体相同。特有"飞燕转关林""鬼录林""周卦辘轳关"。"易辘轳图颂"等名目，及其他气功占卜之书。大抵年命、关煞与气功之学，虽始于唐，至宋而盛。遁甲、孤虚之书，则至宋转微矣。

其蓍龟类三十五部，一百卷，列五行下，有"三坟易典三卷，题箕子注"。盖即宋人所得之"古三坟"（已详上章）。又有"轨革传道录一卷"，"轨金庭玉鉴七卷"，杂于龟、蓍、卦卜之间，为前代所无。"轨革"者，以镜为卜具，盖唐宋间人所创也。其初称为"镜听"，创自巫师。对镜诅祝后，听鸟声、人语以占休咎，妇女多习之。久而转为镜中显幻象，称为"圆光"，云求卜者能见之。然多不能见，唯巫云见之，而以形象使求卜者证信。其幻象能变，如今之电影，以答求卜者问，称为"轨革"。求卜者既不能见，则卜者用简单笔调作连环漫画，付求卜者，称"卦影"。此种卜法，较之龟、蓍、打卦、抽签更能使人厌服。故发展甚快。至今仍有习者，但不敢作为卜业，因历为政府所禁故也。

总之，宋代儒家易学，由于吸收了河、洛、图、纬知识，大作革新，是我国易学研究的一大跃进，亦带动了各种方术、技术的发展。从前儒士是无条件鄙弃一切方术技艺的，宋代不是如此，已经有大量儒生投身到方术研究了。但大都只取方士术士实验创造的一些成绩比附易学，自己却未肯下工夫去探究易理，所以成就不大。

元、明、清代科举取士，经义专崇朱熹。朱熹是以河洛太极理论说易的。但他正如孔子说易一样，打开一条新路便抛开了，未能培养继承发展前进的人。易学，是需要依靠数学理论才可能成为高明哲学的，朱氏本人缺乏数学知识。其弟子蔡元定颇有，但很早被废黜了。故阅宋、元、明、清四朝，易学精义仍是晦昧不彰的。明清的科举制度，把广大文士吸收入八股无用的"净罐"①里，委方技数术于靠迷信糊口的基层人民。他们文化水平低，师承源流尚且不知，更无从阐明易理了，自

---

① 世俗谓禁锢妖魔之所为净罐。

不可能希望易学发展前进。

宋、元、明、清这一历史时代，是东西学术交流，由神学发展为哲学，哲学发展为科学的伟大历史时代。欧洲人把中华的易学输入，以发展他们的科学，我国人却未能吸取他们的科学来改进自己的易学；而且从儒家传统的观点，漠视科学和冻结易学，茫然不问易学与科学的关系。更还颇有涉猎科学皮毛的人，竟把科学认为西方特产的经典，而说易学是我国圣人的哲理，从而把一切可用易理说明的事象，斥为非科学的妖妄，这是深可叹息的。

张澜先生轶事

(1980年)

一

张澜，字表方，四川南充人，是前清的廪生，于光绪年留学日本。1903年归国，创办南充县高等小学堂。这是清朝废科举、兴学堂那年川北地区最先兴办的一个学堂。虽叫作小学，招收的学生，大都是应过科举考试的童生。一般年龄在二十岁左右，有高到三十岁的。课程有读经、修身、历史和地理，有格致、算学、图画和体操。教师多是老儒。"格致"取《大学》"致知在格物"的意义，内容是讲一切生物、无生物，利用厚生的道理。一般老儒对这门课是如对"丈六金身"，摸不着头脑的。张先生虽原是廪生，以辞赋见长；但他留学日本弘文馆，却是学的这门课。回国后，各地学堂都需要他。南充士绅以桑梓之谊把他挽住了。他给学校运回来许多日文的科学新书、图谱和标本、仪器，并把他自己的私人藏书也寄存到学堂的图书馆，供学生阅读。那时的日本书籍，大半的字都是汉文，只夹用很少日本新字，稍稍学习"东文"（日文），就能看懂。他做校长，就聘请有个名叫中村的日本人来教东文。我十一岁考入高小，是这个学堂年龄最小的学生。特别爱看他带回来的地理书和地图。记得有一册名叫《支那疆域沿革图》的巨册，我特别喜爱，要求借来托绘，蒙师特例许可。我从那时起打下了研究史地的基础。

学堂有一圈颇高的围墙，我与一个同学发现一架竹梯靠在墙上，我爬上墙顶眺望，被同学开玩笑抽去竹梯。我窘极了，大吵大闹。被先生听着，走来，搭梯接下，拾地下篾片打了我的头。我冤屈不已，开始恨他。但不久，便从种种事实的感动，转变为钦佩他与敬爱他了。

---

① 原载《龙门阵》1980年第1—2辑。

那时教学，全是在黑板上写讲义，学生照抄。我们发现他格致课讲稿的书壳上，大书"半明白先生"五字。心想："他都没有学通，就来教我们。"但听他讲的全都新鲜，没有可以怀疑之处，也没有人能驳倒过他。后来与同学议论：像他那样"卖独行"的教师，在别人，打肿脸也要充胖子，而他却自署为"半明白先生"。这种虚心自律的精神，正可说明他的高尚品德。

先生嫌原讲修身课的老儒言论迂腐，改为自己来讲。所讲的也是经史格言，但不是理学家那一套，而是鼓励奋发有为，自强不息的一类古籍成语。有一次期考，他出的题是"如何才能改过"。他却并未曾讲过有何方法改过。考生问他，他要学生自己开动脑筋去思考。许多年纪大点的同学，引经据典、长篇大论去阐述。我对经籍一窍不通，只曾读过《论语》，记得子路好勇和他闻过则喜的故事，便勉强出："唯有勇才能改过，故子路人告之以过则喜。"自嫌十七字不成文章。恰好历史课讲过了汉武帝晚年厌兵，下诏悔过。于是再配上一句："汉武帝晚年悔过。"凑够二十四字搪塞，羞缩缩地把卷交了。万未料到，他给我这卷子打了一百分，并用红榜贴出来，为全校示范。这真使我感到已被绑在高跷架上，不能不努力学走了。以后我有过失，老师总是用"你从前是怎样的"这句话来责问我，使我不能不痛改前非，力求上进。

南充是顺庆府的首县，城内有府衙、县衙、经司、游击、外委、府学、县学等许多官署，满城都是官吏、员司、兵差人役。商业街市并不多。学堂是由县官作监督。县官每出必鸣锣吼道，旗、撒、鼓吹、舆马、照牌一大路。他随时开进学堂来，接受酒食招待，遍及从人而后去。原是县学训导骆腾焕（骆状元的父亲）做校长。骆到甘肃作县官后，表方先生受聘做校长。他对府县官来校，只在客厅待茶会报。要求夫马停在校外，"以免扰乱学业"。县官邓隆，仗恃进士出身，又是候补道员的头衔，对此冷遇，怀恨而无可如何，从此不再吼道来校。官绅间的摩擦也尖锐起来了。邓隆评告先生为"革命党"，但无实据，未能成罪。先生亦联合县绅评发历年县府陋规，及邓隆的父亲同住署内，潜出招摇纳贿各事。结果绅方胜利，邓隆被调走。许多陋规也取消了。

那时南充的绅士，分为两派。有林举人（名宝书）、肖拔贡（名子仪）等把持"三费局"，专为县官办理筹款、纳捐的事。每借兵差、官差、学差、赈灾、醮禳等名目，通过"三费局"的局绅（例由官府派任）向民间筹款。筹款一万，入官七千，局留三千，是公开的官绅分赃规定（此外还有衙门直接贪赃的规定，都是公开收费）。所以叫作陋规。县官全年的规俸不过百多两银子，而从陋规取得的，则往往超过一万两。府衙的陋规更多、更大，所以有"一任清知府，十万雪花银"的谚语。地方的"局绅"们，虽只喝点陋规余沥，也无不发家致富。因此民间把受派入局比于"拜相"。他们既由县府拨用，自然唯命是听，甘作县官鹰犬。有时陋规太多，遇上峰批斥，他们就用地方绅民名义去为县官辩护。官绅如此勾结，所以陋规不断膨胀，漫无制约。这是封建政权日趋腐朽的一个原因。各县皆然，不仅南充如此。

先生回国后，发现局绅无耻各节，乃于作校长时延聘县中正绅有学才德者胡德宣讲地理，邓克钦教数学、图画，王焕廷教说文，何淦侯讲经学，任玉阶、曾慎修为监学，庞明钦办女学。团结一致，与官吏、局绅斗争。清廷既已颁布"预备立宪"，许各地组织农会、商会、学会。先生乃同各教师分别联系群众，组成这三个公会，在大北街成立三会公所，依法取得全县民意机构地位，联名申请裁并"三费局"，与户房合并为经征局，直属于县府，不再代表民意。这一胜利，把林举人、肖拔贡那批劣绅的"相权"摘掉了。（旧时，府县衙门都有六房典史员差办事。吏房主拴选；户房主田赋，礼房主祀典，兵房主盗贼，刑房主刑法，工房主工匠。唯户房权势最大，刑房次之。余四房最冷落，几乎无事可办。后遂裁废。）旧时陋规，亦陆续有所裁革，官吏也不敢公然贪污了。

清朝末年，地方社会崇尚"斯文"（俗语用于称读书人为斯文），出门要穿鞋袜、长袍、马褂，戴披肩风帽，勾腰驼背走路，若还不拿拐杖，就要提个烘笼。这才叫作"斯斯文文的人"，才会受人尊敬。表方先生办学，首先提倡体操。在南较场办运动会，大字悬牌："禁止风帽、烘笼入场"。又旧时妇女都缠小脚，出门，虽一条街，也要坐轿，不能把脸给人看见。读书只许读《女儿经》。先生回国，才创办女学堂（后改称"端明女校"），开"天足会"（先叫放足会，劝妇女放足。后来放脚的人多了，才改称天足会，不许小脚女人加入）。先说服开明士绅家送女入学，再由一批女生去提倡、串联、组织，逐步把风气改变了。

学堂第一、二批学生，大都是学过八股文，应过科举试的富家子弟，穿着华丽，但功课却做不走。也有几个贫苦学生如任依块等，学业都很出色。先生要矫正风气，提倡朴素、勤劳，每期考试，各班前三名都免交食、学费，还奖给图书。他常到自习室来辅导学生（那时学校建筑分教室、自习室、寝室、大礼堂、大操场、食堂和厕所等部分，学生过集体生活）。对于贫寒学生，慰勉备至，格外亲切些。浮华学生怕被抽问，见他来时，总是把头埋起。他曾在讲台上讲述"绣花枕"的故事，说得那些华丽无实的学生面红耳赤。表方先生培育出来的学生，大多能敦品力学，多少有所成就。

南充在宋明两代，文化较高，学士、文人、名家颇多。清代文风衰歇，读书人只习八股应试。科考也多是买外县高手顶替，举贡生员，几乎没有一个通人。先生家近西充。西充地瘠民贫。学人努力，学风踏实，治经史，成进士者多。太老师海楼先生，曾向西充名家受业，回县教学，才开始在上西区打开了经、史、辞章的门径。较远的县城与东、南、北区，学风仍是很落后的。即如县城首席局绅林举人，就是讲陋不通的代表。他给某孺人做了一通墓志，镌立在西郊赛云台山上，中有"暮春之交，暴雨横行……，是皆予所目击见闻也"等语句。先生与罗梓青、蒲伯英、胡德宣四人游山看见，相与捧腹大笑。四人各凑一句，用瓦片刻在碑文上道："好大一篇狗屁，尽是目击见闻，若要狗屁洗净，还待暴雨横行。"（这是罗梓青先生谈的。我1927年游此，还看见这个碑与瓦片划字存在。证明罗言不虚。）自从张先生办南充高小以后，学风大变，这样不通的人逐渐少了。然而在此以前，连举人也是这样狗屁不通。

三费局撤销后，林举人、肖拔贡把学堂恨之入骨。林举人自知不济，都还罢了。肖拔贡自信是饱学的，也在社会上联络一些人，去"包围"县官，自告奋勇要"打倒张澜"。他知道学堂宣传科学文明，骂他是老腐败。他也卖弄歪才，在他当街大门上贴一副过年对联道："张吻鼓颐，吸血呼膏，真所谓蚊鸣世界；济困扶危，出经入史，原无愧虎拜先生。"西兴场有个姓蒲的学生，性滑稽，素来憎恶肖的言行，他用白纸写了一副短联，半夜贴在肖家门上大红对联的下面："三费局张了贪吻，鼓了馋颐，肖子仪出的月经，入的狗矢。"于是此事传遍学校。学生们把两副对联说与张先生。先生微笑道："这位拔贡一片虚骄，实无学问，恒灯成词，典实疏谬。他的上联，恰好像他们在三费局的自赞。他的下联，恰成了他们对官吏犬马效劳的报功。蒲生的上联还切合其人，下联则不成辞矣。"学生们说："骂他是阴类丑物，我们就觉骂得好。"先生正色教育道："评论人物，须当心安理达，恰如其分。虽当面言之，亦能折服。不可涉于刻薄谩骂。若说他们诣谈助虐，是舒的吏困，扶的官危，却符合事实。月经、狗矢就太庸俗了。"学生又说："蚊鸣、虎拜，就是他在谩骂。"先生笑道："可能是他在骂街。但若用经义解释，就等于他在骂自己了。所以应该说他是典实疏误。"于是学生问："他这两句出于何典？"先生笑道："《诗·齐风》'虫飞薨薨'为'苍蝇之声'，喻小人成群谗害君子。蚊鸣无典。蝇蚊同类，可以借用。这岂不是他自明谗口？《礼·檀弓》'苛政猛于虎也'。虎拜无典。只有此典。这个拜字岂不恰好表明他与官吏勾结的身份么？"先生之因势利导，循循善诱的方法，大都如此。

封建社会的另一个特点是迷信宿命。关于先生福泽，地方上也有许多传说。何淦侯先生说："先生诞生的一夜，太老师梦见大海汪洋，有一小舟荡漾，不能自进。海浪时起高澜，推舟前进，浪复一浪，推动多次遂达于岸。故为先生取名澜，字表方。"（方，是方舟之义）。何又说："先生面相，山根有断纹。相法云，四十岁死。尝病虐，大烧谵吃，自言梦至一大殿外，见张榜云：张澜四十岁。怒，撕去四十字。其后满四十作川北宣慰使，乘马，马忽暴跳，坠地臂折，几死，然竟治愈。"说者以为阴德之报。我曾问先生"信有之否？"先生曰："有之。适然之事，迷信者以为果然。相士先有妖言，故惜梦中有此谵语。省躬清明，无所畏怯，则亦无验。怪力乱神，子所不语。信之有害，斥之无益。但当修身力学，无须问此。"

二

清宣统三年（1911 年），邮传部大臣盛宣怀建议：把征派民股的川汉铁路收归国营。四川谘议局邀请各州府民股代表到省城商讨，一致表示抗议。四川总督赵尔丰，狃于他经营川边的胜利、颠顶慓妄，逮捕了议长蒲伯英、副议长罗梓青和言论激切的民意代表九人。张先生就在其中。逮捕形式，是邀请入署议事。初亦在客厅供茶。赵出，先饬放弃抗议，蒲等拒绝，赵色然退入，率武装士兵再出，厉色咆哮。诸人各俯首无语，独先生高声斥责道："请来议事，何得如此威胁？！"于是有两持刀武士在先生左右肩各架一刀，两持枪升兵对胸背前后各抵枪。来客皆泣下。先生则毫无惧色，侃侃然持理争辩，赵不能屈，怒问："你叫甚名字？"先生抗声云："川北民股代表张澜。"赵悻悻然退，遂拘禁九人。奏请候旨斩决。

九人在拘禁中。料定必死，或泣或默。议长蒲伯英，每宽慰诸人，谓"表方一人得了虎须，恐不能免。立宪方开，我辈当无死理"。因倡赋诗、会文消遣。诸人多称冤怨叹诗，先生则多用"正气歌"语意。我不能记，但记一事，足概其余。有一次，蒲倡"撞诗钟"，出题为嵌青黄赤白黑五字，半日莫有应者。或问蒲，"愿闻成竹"（谓出题时必已有成联），蒲亦无有。先生从容曰："得一联，或可搪塞。"联云："黄州赤壁东坡赋；黑塞青林太白诗。"间狱称叹，有泣下者。蒲伯英赞不绝口，每对人言："表方气节，人所共知，他的诗才，则还少人知道。从这一联，就可看出他巧思超妙，运典如神。尤难得的，是他表现的风趣、情操。显得他气壮河山，临死无畏，雍容闲雅，仍从敦崇友谊方面构思，有生死不渝之概。"（黑塞、青林是杜甫梦李白诗语。）

赵尔丰这一着，未能杀害这九人，反把他自己的脑袋搞掉了。自九人被逮消息传播，全川各县人民次第造反了。各路保路同志军围攻成都，要求释放九人。赵的兵力镇压不了。清廷亦不敢轻许杀害民意代表，只派大臣端方率新军入川"查办"。端方甫到资中，黎元洪已在武昌起义，所率新军哗变，杀了端方，退回湖北，参加革命军。不久，清帝便交出政权了。赵得清帝退位消息，向九人议和，交出四川政权，让同志军入城，成立四川汉军政府，推蒲伯英、朱庆澜为正、副都督。这时，张先生任川北宣慰使，率军回顺庆，部署新政。他素知封建官吏罪恶，每因人民控告，惩治贪污、凶残的员吏不少。杀晏弘事，是民间最流传的。

蓬溪县大地主晏弘，起家衡吏，以袍哥首领为县局绅，作恶多端，人莫敢诉。宣慰使至，拦马控告晏弘者甚多。既加逮捕，则函电营救者亦沓至；并有结队拦舆求保释者。先生谓僚属曰："保晏弘者多于控晏弘者，诸君拟如何处？"或曰："宜释放、候查。"先生曰："不然，我观控晏弘者，尽皆衣服褴褛，指由受害实事。保晏弘者，莫不衣冠楚楚，不言其于社会有何可称，而徒作求情空言。恐一经释查，穷人们的冤怨更应有理。宜查实置于重典。"即遂斩晏弘。各州县劣绅、衙巷闻晏弘死，皆逃遁潜匿。川北吏风，缘此而肃。

先生在顺庆坠马、伤重时，成都在十月十八有赵尔丰所属边军索饷，哗变劫落库事。蒲、罗惊骇，潜匿不出。遂有凤凰山新军与保路同志军入城定乱，推尹昌衡为都督。尹杀赵尔丰，撤销四路宣慰使。先生伤愈，同罗梓青赴京任众议院议员（蒲先在京任参议院议员）。袁世凯图复帝制，改组众议院。先生还乡任顺庆联中与南充中学校长。

蔡锷从云南组织反袁联军，派人到四川联络反对帝制的人。有两人到川北来做工作。逢人便说"找张罗"。"找张罗"，是乡俗读书人向人求周济的代词。他二人用为寻访友人的暗语。用来沿途访问罗梓青与张表方，没人怀疑。罗梓青住西充城内，容易找得。张先生年、暑假住在偏僻的张冠沟（是佃耕西充王姓的田庄）。他二人多方寻到，次日便同先生经西充与罗一路回顺庆布置起义。不久便联合第三师师长钟体道等军队和地方武力，在顺庆树立讨袁联军旗帜。众推张先生为川北道尹，主持民政。

先生住南充中学校内。记得一夜，他召开全校师生大会，讲述袁世凯篡国经过，探测群众态度。学生中有二人发言，表示愿加强军事教育，准备进行第二次革命。获得全场响应。先生一面聘请退役军人赵保祯教操练，发动全校师生每天下课后齐赴操场进行锻炼；一面广泛发动地方人士组织武装和寻找宣慰使任内的旧部，发展武力。既得钟体道支持，川北反袁独立便成功了。

在独立前，袁世凯已派其心腹陈宦主持川政。还派有曹锟、吴光新、冯玉祥等率北洋军入川，分驻川东要地，准备镇压。倒袁工作做起来十分艰苦。由于先生德望宿孚，号召有力，群众同心，地下工作顺利。酝酿数月，未曾有过内叛者。时北洋军旅长冯玉祥驻镇顺庆，知南充中学练军事操，饬县府传话禁止。先生谓来使曰："袁大总统顺民意请求，筹复帝制。既已'万众归心'还怕学生造反么？方今万国皆是全民兵役制，我国的征兵制度，势在必行。本校提倡军操，正是先进学制，岂可勒令停止？"便引使者到操场看操，全是木制假枪。笑谓使者曰："烦转达知事和旅长放心，这些青年学生中间纵有好事者，凭这木枪也造不了反。若还监督张皇失措，传令禁止，笑话流传，反使人心不安，有伤治道。"县府遂以木枪为解，回复冯旅。冯终疑之，而不能难。一日冯便衣简从自来学校察看，他已先闻先生伟躯长髯，留心观察，先生亦在操场与师生同练。心自钦佩，又似欲试先生胆识，故作威胁。有意行抵先生附近，询一教师："此人是谁？"教师知他是冯玉祥，惧当场逮捕先生，畏懦不敢对。先生昂然走近曰："我叫张澜。"冯惭沮，唯唯而去。冯旅不久出川，钟三师填防川北，遂宣布反袁独立。学生亦未参军。

先生作嘉陵道尹两年，澄清吏治，振兴实业，弘扬教育，整饬风纪，声誉隆洽，从所未有，蔡锷病死后，唐继尧统滇、黔军进取四川。北京任命先生为四川省长。时刘存厚附北洋政府，代表川军驱滇。战祸反复，民无宁岁。川北绅民不愿先生离任，或劝电辞，或劝留顺庆就任。先生曰："川滇战争连年，未有了局。川北独立，终非长计。苟有调解机会，不可轻弃，此所谓'知其不可而为之'。无负川人所望可也。"遂决以卢子鹤先生代道尹，钟三师仍留川北，自己轻车简从，身赴成都。抵成都时，川滇两军正激战。月余，无可设施。刘存厚败走汉中。先生欲回川北，顺庆已被石青阳攻占，钟三师败入汉中。张、卢两先生俱赴北京。北洋政府饬用省长行署名义，保持反攻。未久，钟部亦被刘存厚吞并，川北全局摧毁。先生亦于1920年奔母丧回县。

先生治理川北的方法，是一切取法诸葛武侯，以身导化，开诚布公，信赏必罚，循名责实，虚伪不耻。并也确曾做到了"吏不容奸，人怀自奋，道不拾遗，风化肃然"。一时有"川北圣人"之誉。隐德庞多，先生从不自言，但有丰神气度，使人畏敬而已。我曾欲写先生行，求先生告以所不知的事。先生不答。请久之，先生徐徐云："我不自觉有何可值称颂者，一切行心之所安而已。只有一事，非心所安。"以下敬录先生原语：

我作嘉陵道尹，未曾迎养老母入衙。一个岁末，封印后，回家省亲，准备过年。弟兄聚议：年节，来客必多，接待费如何筹措。或主张趁年节未到，先行遍辞亲友，以节靡费，或谓近亲可辞，远友尚多，拟向至亲借贷筹措。议久不决，老母闻之，出谓我等曰："你们来此佃耕，已四辈人了。焦悲寺那点祖业，还在佃给人耕，我早就主张卖去，你们不肯。现临过年，待客需钱，卖了它岂不够用了么？我弟兄总以出卖祖业为不可，欲不从。老母厉声决卖，只合遵了。"

先生作道尹时，年四十五岁，谈此事时，年七十。我生平闻先生所自述者，仅此数语。

百行唯"戒得"最难。古今服官者，无贤，不肖莫不"润屋、润身"。于车马享受之外，置产连田，转为富室。即有廉吏，亦多属庸碌自好之士，于社会民生，无所裨益。先生于军阀猖狂之会，南北混战之间，赤手起兵，参与推翻帝制，能保持川北一区二十余县人民于兵燹祸乱之外，安居乐业。军民爱戴，令行禁止，而其家计窘乏如此，迄无人知。环堵萧然，先生亦若曾无所觉，致劳兄弟愁商，老母刚决，为延宾而卖去祖业。比子侃母剪发，海家红袍（陶侃母剪发事载《晋书》。海瑞家推有一领官服，有大红袍传奇）。不更为难见之奇事乎？

先生家历世佃耕西充王姓田业，作道尹时，太师母已年近七十，不受迎养，仍同姊娌们操劳家务。先生作省长时，师母与子女仍在田野劳动。石青阳既占顺庆，所部皆招自绿林，习于劫掠。既以张、卢为敌方，查抄财产，城内一无所有。询地方人，虽怨家（如"文党"）亦称其廉洁。石派人暗访到乡，见其家人勤劳，耕作熟习，坦然无忧戚之态，嗟叹而还，报曰："川北之誉不谬。"于是莫敢议及先生家口。亲友因而获保全者亦多。

其后蒋介石入川，召见先生，先生不赴。蒋甚忿恨。有人承旨诬先生侵吞川汉铁路股款，蒋扬言将兴大狱，以胁先生，有人劝先生出辩。先生曰："将谓避其威胁而辩之乎？苟欲杀我，辩之何益？若只威胁，则事实明著，何庸辩说？辩口当寄于舆论，舆论自有公道，何用辩为？"竟坦然不理，威胁谰言，果自熄灭。

先是，川汉铁路随粮附加的股款，保路同志会既已争得，四川军政府成立后，开过多次股东大会，议决仍继续征收。立即动工从宜昌修起，东段修向汉口，西段修向重庆、成都，江西李烈钧发动第二次民主革命失败后，政局混乱器材缺乏，工程停顿。最后一次股东代表会议，为防止军阀挪用股款，决定把款长期存入中国交通银行保管生息，由保款董事会经理核算，随时向代表大会汇报，以待复工。四川军阀混战，股东大会迄未召开，保款董事亦杀改选。存款本息若干，历年无人过问。先生住嘉陵道尹与四川省长期间，提倡留法勤工俭学。南充先已送出十余人。留法勤工，到后虽有人接洽安排，而长途旅费所需仍多，四川农村贫乏，学生清苦，出省求学与留法勤工，皆有困难。因有人建议借用路款，俟各地留学生学成就业后归还，交由在京省长行署办理。先生极为赞成，派人与财政部、中交两银行及在京股东、董事等商定。委省财务处长奚致和主持其事，那时我正在北京农学院读书，与农院川籍学生每人都按规定借支六十元，具有手印借券。申请留法勤工者借额较高（系按留学地点远近规定借额）。事实上，因先生交省长后无人催问，其款没人归还。

　　当蒋帮威胁谣诼发生后，我在重庆，为先生担忧，曾去问过先生："当时借券，还全部保存否？"先生不答。久之，反诘曰："你问此何意？"我嗫嚅不能成辞。又久之，先生微笑曰："你怕清算路款么？"我惭答："然。"先生正色云："路款早就该清算了。你们借了钱的人怕算；我就与你们不同。我就赞成清算，只可惜四川没有人能说清算和贯彻清算罢了！"我说："我借的六十元，归还不难。也知先生不怕清算，可畏的是他们不是为的清算，而是嫁祸诬蔑，遂其陷害阴谋。"先生微笑云："你太稚气！所谓人言可畏者，非谓诳谤之言。孟子言：'自反而不缩，虽褐宽博吾不惴焉。自反而缩，虽千万人吾往矣。'（缩，谓正直之意）奚致和是个精细的人，当时不但保存着借券专档，并复制有清单，一丝不苟，分报财政部、银行、董事会备案。省府移交时，全案就已清算点验，取有总结保存。他尚且对此谣狱漠然不理，你还替我担忧么？"我受到这次教训后，也懂得对待陷害诬蔑的道理了。